文成年鉴

WENCHENG YEARBOOK

文成县地方志编纂委员会　编

2022

方志出版社
Publishing House of Local Records

图书在版编目（CIP）数据

文成年鉴. 2022 / 文成县地方志编纂委员会编. —
北京 : 方志出版社, 2022.11
ISBN 978-7-5144-5457-4

Ⅰ. ①文… Ⅱ. ①文… Ⅲ. ①文成县－2022－年鉴
Ⅳ. ①Z525.54

中国版本图书馆 CIP 数据核字(2022)第 252609 号

责任编辑：李志瑜
责任校对：刘玉霞
责任印制：梅中英
出 版 者：方志出版社
地　　址：北京市朝阳区潘家园东里 9 号（国家方志馆 4 层）
邮　　编：100021
网　　址：http://www.zgfzcb.cn
发　　行：方志出版社图书营销中心（010-67110500）
印　　刷：杭州富春印务有限公司
开　　本：889 毫米×1194 毫米　1/16
印　　张：29.25
字　　数：802 千字
版　　次：2022 年 12 月第 1 版
印　　次：2022 年 12 月第 1 次印刷
定　　价：198.00 元

文成县地方志编纂委员会

主　　任　　罗招政

副 主 任　　吕金记　吴可塑

委　　员　　县委办公室主任、县人大办公室主任、县政府办公室主任、县政协办公室主任，县人武部政工科科长，县委组织部常务副部长、县委宣传部常务副部长、县委统战部常务副部长，县公安局常务副局长，县委编办、县委党史研究室（县地方志研究室）、县档案馆、县发展和改革局、县经济商务和信息化局、县教育局、县民政局、县财政局、县人力资源和社会保障局、县自然资源和规划局、县住房和城乡建设局、县交通运输局、县农业农村局、县文化和广电旅游体育局、县卫生健康局、县统计局、县机关事务管理中心等部门主要负责人，各乡镇长

文成县地方志编纂委员会下设办公室，负责日常事务

办公室主任　　周建东

办公室副主任　　季志娥

《文成年鉴（2022）》编辑部

主　　编　　季志娥

执行主编　　余贤福

编　　辑　　雷晓敏　纪迎春　王晶晶　郑威威　朱莲莲　程淑飞

编 辑 说 明

一、《文成年鉴(2022)》以马克思列宁主义、毛泽东思想、邓小平理论、“三个代表”重要思想、科学发展观、习近平新时代中国特色社会主义思想为指导,运用辩证唯物主义和历史唯物主义的立场、观点和方法,遵照党的路线、方针、政策,遵守国家法律、法规,力求客观、系统、真实地记述文成县自然、政治、经济、文化、社会的历史和现状。

二、《文成年鉴(2022)》是文成县地方志编纂委员会承编的综合性地方年鉴,旨在记述文成县自然、政治、经济、文化、社会概貌和发展情况。全书设特载、2021年文成县大事记、文成概览、中国共产党文成县委员会、文成县人民代表大会、文成县人民政府、政协文成县委员会、群众团体、法治、军事、生态资源保护、农业农村、工业、城市建设和管理、商贸流通、旅游业、交通邮政、信息传媒、综合行政管理、财政税务、金融保险、科技教育、文化卫生体育、社会生活、乡镇概貌、附录、索引等类目,为各级机关单位和社会各界人士了解文成、研究文成、投资文成,提供全面、翔实、系统的信息资料,为文成县积累史料。

三、《文成年鉴(2022)》收录范围:地域以2021年12月31日文成县行政区划为界,时间以2021年1月1日至12月31日为限。为保持事物的完整性,记述时间适当上溯或下延。书中“建制沿革”类目内容记述时间起自事物发端,“特载”中部分内容时间为2022年。全书采用分类编辑法,以类目、分目、条目(有的含子目)3个基本层次组成框架结构,用设类立目突出地方性和年度性,记述并展示全县经济社会发展的综合概貌。装帧为彩色精装本。

四、《文成年鉴(2022)》数字用法、标点符号、计量单位分别执行国家标准《出版物上数字用法》(GB/T15835—2011)、《标点符号用法》(GB/T15834—2011)、《国际单位制及其应用》(GB3100—1993)和《有关量、单位、符号的一般原则》(GB3101—1993)。为尊重地方居民的认知习惯,记述农业事项时仍沿用“亩”作为面积单位。

五、《文成年鉴(2022)》采用的文稿、图表均由县各机关、部门单位和乡镇提供,经年鉴编辑部修改、统稿。由于统计数据来源、口径、方式、时间的不同,所载数据存在不一致者,均以统计部门的统计数据为准。

△ 2021年3月2日，中国人民政治协商会议第九届文成县委员会第五次会议在县文化中心剧院举行(王健 摄)

△ 2021年3月3日，文成县第十六届人民代表大会第五次会议在县文化中心剧院开幕(王健 摄)

△ 2021年5月13日，文成县人民法院人大代表联络站成立(王健 摄)

△ 2021年5月27日，文成县第二届农业投资洽谈会在百丈漈镇召开(王健 摄)

△ 2021年6月1日，“童心向党”庆祝建党100周年文成县中小学生艺术节暨乡村学校少年宫展演活动在县文化中心剧院举行(王健 摄)

△ 2021年6月29日，文成县“红色坦歧·星火1935”启动仪式在珊溪镇坦歧村举行(王健 摄)

△ 2021年6月30日，文成县庆祝中国共产党成立100周年"七一"表彰暨文艺汇演在县文化中心剧院举行（王健 摄）

△ 2021年6月30日，在庆祝中国共产党成立100周年大会上颁发"光荣在党50年"纪念章（王健 摄）

△ 2021年6月30日，文成县首个百亿元文旅项目——文成天顶湖国际旅游度假区项目签约仪式举行(夏季 摄)

△ 2021年7月30日，娃哈哈文成智能化饮料项目签约仪式在杭州举行(郑国统 摄)

△ 2021年10月19日，文成县为侨服务"全球通"场景应用正式启动（王健 摄）

▽ 2021年12月28日，中国共产党文成县第十四次代表大会在县文化中心剧院开幕（王健 摄）

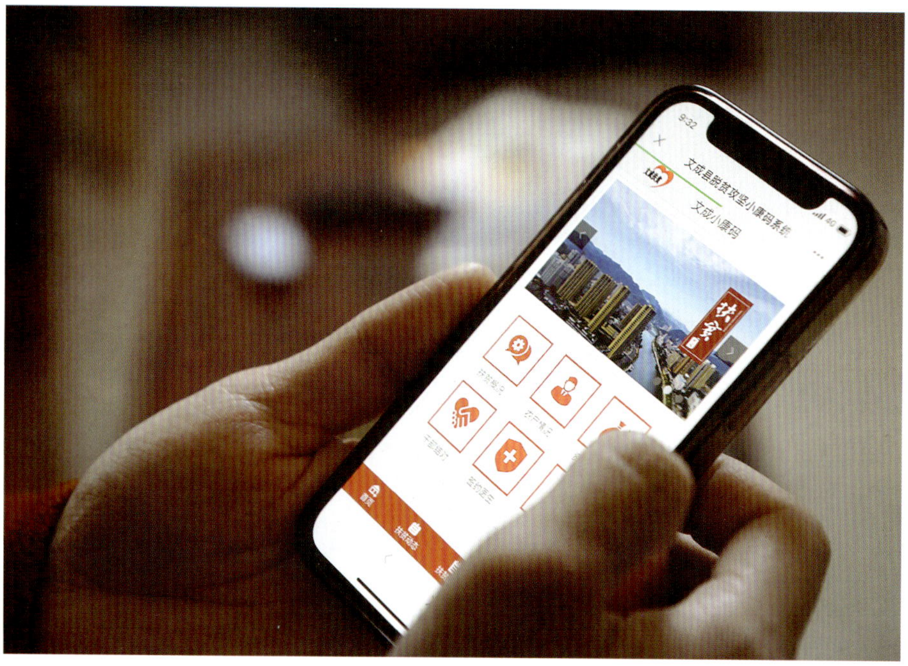

◁ 文成县全面运用“小康码”系统，通过大数据精准对接，为低收入农户量身定制帮扶计划，图为2021年2月25日，大峃镇凤垟社区农户正在使用“小康码”(王健 摄)

▽ 2021年6月27日，南田镇九都村郁离荷塘，荷花盛开，游人如织，成为刘基故里一道亮丽的风景线(王健 摄)

△ 2021年7月15日，游客在百丈漈镇大月湾生态休闲乐园观光打卡（王健 摄）

△ 2021年7月29日，首届刘伯温故里文化旅游节暨刘伯温诞辰710周年太公祭秋祭大典在刘基庙举行（王健 摄）

△ 2021 年，建设中的景文高速高岭头水库特大桥（王健 摄）

▷ 2021年10月，文泰高速珊溪枢纽航拍图（王健 摄）

◁ 2021年，建设中的巨屿水经济产业园娃哈哈智能化饮料项目（王健 摄）

▷ 2021年11月3日，西坑畲族镇让川民族村村民在自家舞台展示独特的民族风情（王健 摄）

总　目

Table of Contents

目 录

中国共产党文成县委员会

文成县人民代表大会

文成县人民政府

政协文成县委员会

群众团体

法　治

军 事

生态资源保护

农业　农村

工 业

城市建设和管理

商贸　流通

旅 游 业

交通 邮政

信息传媒

综合行政管理

财政　税务

金融　保险

科技　教育

文化　卫生　体育

社会生活

乡镇概貌

附　录

索　引

特 载

牢记重要嘱托 扛起使命担当 打造高质量发展建设共同富裕示范区山区样板

——在县委十三届十一次全体(扩大)会议上的报告

县委书记 刘中华

(2021年8月4日)

一、认真总结上半年工作,坚定打造共同富裕山区样板的信心决心

今年以来,全县上下认真贯彻落实中央、省委、市委决策部署,按照市委“勇争先、强执行、开新局”要求,以经济赶超、环境再造、民生幸福、铁军锻造“四大工程”为主抓手,突出主体引育突破年、项目推进攻坚年“两个年”主题开展“三百攻坚”,开启“十四五”现代化建设新征程,全县经济社会发展稳中有进。上半年,实现地区生产总值增长7%,财政总收入、一般公共预算收入分别增长28.7%、33%,城乡居民人均可支配收入分别增长14.3%、16.9%。

(一)聚力经济赶超促产业转型。紧盯主体引育和重大项目抓突破、增后劲、开新局,成功签约引进天顶湖国际旅游度假区项目、希尔顿惠庭酒店,实现百亿级文旅项目和国际知名酒店入驻“双破零”,创成“侨家乐”高端民宿3家、培育15家,全市“侨家乐”现场会在文成召开,推出“初心之旅”红色精品游线,上半年全县接待游客同比增长22.9%,旅游总收入同比增长67.2%。娃哈哈文成智能化饮料项目正式签约,园区在建项目竣工10个,深入开展“两万”行动,为企业降本减负1.5亿元;新增资质建筑业企业11家,建筑业省内产值同比增长35.7%;新增科技型中小企业11家。成功举办第二届农业经济招商引资洽谈会,签约现代农业项目24个、总投资16亿元,纳入2021年度省级乡村振兴集成创新示范建设县。森林氧吧小镇完成省专家组实地验收,文瑞山海协作产业园从“一园三点”扩容到“一园一区七点”,启动省级经济开发区创建工作。新谋划和推进百亿级单体项目4个、新建省“152”工程3个,固定资产投资同比增长14.2%。持续做大总部经济,上半年回归税收2.1亿元,完成年度市定任务的72.7%。完成批而未供土地清理343亩、旱改水验收1150亩;拓宽多元融资渠道,向上争取各类资金24.6亿元。

(二)聚力环境再造促城乡融合。集成推进全域美丽“六大行动”,加快打造全域秀美大花园。完成龙川片区控制性详细规划编制,苔湖二期原房拆除率86%,完成龙船垟二期“拔钉清障”;城市新区开发取得新突破,核心起步区综合开发项目公开招标,城市更新加快推

进，樟台城中村改造项目竣工验收，完成二新片区旅游商业便民综合体主体工程，城市客厅正式开馆；实行数字城管与背街小巷治理双管齐下，城市精细化管理水平进一步提升。美丽城镇建设项目全线铺开，省样板创建取得扎实成效；乡村建设提档升级，完成全县“十四五”未来乡村规划布局一张图，推进武阳、石庄2个未来乡村市级试点；持续深化美丽田园、美丽山水、美丽通道、整洁镇村、垃圾分类等城乡环境提升行动，县空气质量优良率达到100%，第三次捧回五水共治“大禹鼎”。

（三）聚力民生幸福促成果共享。着眼缩小公共服务差距，实施年度民生幸福工程项目147个，聚焦“吃住行”提质民生基础，持续深化农饮水达标提标，黄坦应急引水工程投入运行，公共租赁住房保障降槛扩面，文景高速完成总体形象进度74.5%。聚焦“教医文”提档公共服务，全县高考一段上线人数与上线率实现“九连增”，实施医疗卫生服务能力提升工程，筑牢疫情防控坚固防线，新冠疫苗接种安全有序，全国文明城市创建全面启动，完成新时代文明实践中心省试点建设，成功举办纪念刘伯温诞辰710周年系列活动。聚焦“保增治”提速和谐富民，被征地农民养老保险工作稳步推进，拓展五级“飞地抱团”消薄增收模式，义乌—文成大厦飞地项目达成框架协议，低收入农户入股资金标准从2万元提高到3万元。以数字化改革引领各领域改革，地方总门户和五大综合应用上线运行，向上争取省级试点4个和市级试点2个，创新打造数字化精准帮扶“共富帮”系统正式上线，“侨家乐”民宿大脑在全市现场会上展示。推广运用基层治理四平台3.0版，深入开展“8+3”重点领域安全生产专项整治，落实防汛防台“50”条措施，打赢平安护航建党百年大会战，顺利实现省平安县“十四连创”。

（四）聚力铁军锻造促担当作为。着眼建党百年高标抓党建，精心组织开展“七一”表彰、“百年华章·浙里文成”图片展、统一战线同心跟党走、百年华诞海内外主题宣讲、千人重走红军路等活动，为1267名党员颁发“光荣在党50年”纪念章，营造“党的盛典、人民的节日”浓厚氛围。高质量开展党史学习教育，推进“万名党员进党校”“千名书记上党课”“千场党课下基层”，开展“办实事、解难题、减负担”专题实践活动，为群众办实事6442件，轮训党员5000多名，党史学习教育海外宣讲受到省委宣传部部长朱国贤肯定。高标准推进政法队伍教育整顿，激励政法队伍干事创业、履职担当。深化“学干一体、实战历练”，领旗出征破难攻坚项目36个，举办县级实干学堂6期，搭建村社比拼擂台，推进村社组织“示范整固”，浓厚了激情干事氛围。突出“五好五新五力”，扎实开展县乡领导班子换届工作。抓实中央巡视反馈问题整改，“七张问题清单”市对县反馈的24个问题整改销号18个，整改完成率75%。深化清廉文成建设，完成第十三届县委巡察全覆盖，锲而不舍落实中央八项规定精神，大力纠治“四风”突出问题，大力推进重点领域专项整治，严肃查处了一批违纪违法案件，巩固了风清气正的良好政治生态。

上半年，我县经济社会发展取得一定成绩，但也存在较多问题。我们必须清醒看到：当前外部环境复杂多变，主要经济指标增长乏力，完成年度预期目标面临不少困难和挑战；新动能培育还需加快，能够支撑引领新征程的大项目、优质主体还不够多，强县税源工程、富民增收工作需加大力度。对照共同富裕的高要求，我们在城市能级、交通配套、优质公共服务供给等方面仍有不少短板，缩小“三个差距”任务繁重。风险防范、疫情防控、安全生产等领域也还有不少隐患，社会治理能力还需进一步加强。一些党员干部与现代化建设、共同富裕要求还有差距，在思想观念上没有看到山区的新优势、潜力和空间，工作作风、进取精神、改革意识、攻坚韧劲仍有不足,全面从严治党仍需持续发力等。对于这些问题,我们必须高度重视,认真研究,切实加以解决。

二、锚定目标奋勇争先,奋力推动共同富裕高标起步、确保实现“十四五”良好开局

党的十八大以来,习近平总书记围绕共同富裕发表了一系列重要论述,开辟了中国特色社会主义共同富裕理论新境界,为扎实推动共同富裕提供了根本遵循和行动指南。在迎来建党百年华诞的历史性时刻,习近平总书记、党中央赋予浙江高质量发展建设共同富裕示范区的光荣使命,为新征程浙江发展注入强劲动力。省委十四届九次全会阐述了共同富裕美好社会的内涵特征,明确了“四率先三美”主要目标和“七个方面先行示范”主要任务,搭建了共同富裕示范区建设的“四梁八柱”。市委十二届十二次全会围绕打造共同富裕示范区市域样板,部署了共同富裕50条举措,构建形成“1810”工作体系,吹响了共同富裕的奋进号角。

打造高质量发展建设共同富裕示范区山区样板,是文成擦亮“重要窗口”必须要扛起的政治责任,是文成实现跨越式发展的历史性机遇,是满足人民美好生活向往的实际行动。省委明确,对文成等7个重点帮扶县,要给予突出关注,实行更加差别化、精准化的帮扶政策,我们要学深悟透习近平总书记关于共同富裕的重要论述精神,全面贯彻落实省委行动方案、市委实施方案,锚定打造高质量发展共同富裕山区样板这一总体定位,推进七个方面先行示范,加快走出一条具有文成特色、行之有效的山区共富之路。要以全新理念把握共同富裕。共同富裕是全面建成小康社会后向更高阶段迈进的社会形态,要求的是更高质量、更加充分、更为均衡的发展,我们要深刻理解共同富裕美好社会的内涵特征,在政策、规则、制度重塑过程中把握机遇,全力绘就经济高质高效、生活富裕富足、精神自信自强、环境宜居宜业、社会和谐和睦、公共服务普惠普及的共富图景。要以争先创优推动共同富裕。共同富裕是社会主义现代化的一个重要目标,彰显的是以人为本、全面发展、整体智治的现代化,构建的是陆海统筹、山海互济的新发展格局,倾斜的是产业发展、基础配套、居民增收、公共服务的政策投入,凝结的是总书记和省委市委加快山区跨越发展的殷切希望,落实的是指标体系化、任务清单化、清单责任化的闭环考绩机制,我们要对标共同富裕示范区建设七大指标,锻造长板、补齐短板,在经济发展更高质量、城乡发展更加协调、富民增收更有成效、公共服务更加优质、先进文化更加繁荣、全域美丽更加彰显、社会治理更加有效七个方面下好先手棋,努力争取更大政策支持、贡献更多文成经验。要以共同奋斗实现共同富裕。共同富裕是拼出来、干出来的,“等靠要”等不来共同富裕,我们要深刻体悟郑栅洁省长来文调研时提出的“小县城要有大志气、小县城也有大作为”“强县富民,关键靠自己”的勉励,牢固树立“创新致富、勤劳致富”理念,努力发挥自身比较优势,激励全县人民共同奋斗,以高质量发展推进共同富裕。要以群众有感衡量共同富裕,在提升指标的同时,让人民群众感受到共同富裕看得见、摸得着、真实可感、触手可及,实现共建共治共享共同富裕。

今年是“十四五”发展的开局之年,也是打造共同富裕示范区山区样板的元年。我们要坚持着眼长远、干好当前,锚定“四大工程”“三百攻坚”“两个年”主题,不折不扣完成年度各项目标任务,奋力推动共同富裕高标起步、展现新气象,确保实现“十四五”良好开局。突出抓好以下八个方面工作:

(一)深化改革创新赋能,激发共同富裕活力动能。创新和数字化变革是共同富裕示范区建设最鲜明的特征,要大力实施创新首位战略,以科技创新和数字变革催生新的发展动力,赋能绿色发展。一要推进“创新型”发展。提能创新平

台，围绕构建“两园一院一地一综合体”创新格局，升级县农康研究院与试验中心，全年新增市级研发机构2家，积极在嘉善等地设立“科创飞地”。引育创新主体，实施科技企业“双倍增”计划，完善全社会研发投入政策，突出骨干企业“一企、一案、一政策”培育，全年新增国家高新技术企业2家、科技型企业10家以上。集聚创新人才，实施高新技术企业人才、科研型人才、新动能工程师三倍增行动，攻坚“省级引才”计划，引育一批能够助推产业升级需要的创新团队和创新人才。二要推进“系统性”重塑。突出抓好数字化改革攻坚，高质量构建“152”工作体系，建好用好一体化智能化公共数据平台，推动党政机关、数字政府、数字经济、数字社会、数字法治五大综合应用重点突破，加快实现全县域整体智治、高效协同。谋深抓实数字化改革重大需求、多跨场景、改革任务“三张清单”，全力打造“共富帮”“数字侨务”“侨家乐”产业大脑等特色应用场景，力争更多项目纳入省市最佳应用清单。三要推进“全领域”改革。发挥数字化改革的引领撬动作用，统筹推进各领域重点改革。提速政务服务改革，力促一般投资项目审批“最多80天”再提速，小型项目投资审批“最多45天”，低风险小型项目“最多15个工作日”落实到位，探索“拿地即开工”和“极简审批”改革。深化便民利企“一件事”改革，迭代升级、跟踪落实好新增事项推广应用。抓好乡村集成改革、“两山”转化改革等9项特色改革，着力打造一批有辨识度、有影响力、可推广的文成改革案例。

（二）加快缩小发展差距，夯实共同富裕物质基础。山区实现共同富裕，最基本、最持久的是要增强内生发展动力，要坚定不移走生态立县、工业强县、旅游兴县之路，真正以高质量产业支撑共同富裕。一要打造现代生态产业体系。坚持把生态工业作为壮大县域经济、补齐发展短板的主攻点，争取获批省级经济开发区，打造高能级产业新平台；要围绕主导产业不懈招引，努力引进1家“链主”企业、1个央企项目，辐射集合产业链上下游优质企业落户园区，培育现代产业集群。锚定创建国家级旅游度假区，高质量完成两个规划扩容修编，以AAAAA级景区创建成功为新起点，加快传统景区向现代旅游功能区转型，力争创成国家全域旅游示范区。集成推进农业科技、数字乡村和山区农民组织化新模式，建设现代农业园区，要推进“三位一体”新型股份合作制联合体向特色农业拓展深化，加快农业“六化”进程。提质升级省级服务业集聚区，培育壮大城市经济。二要抓实主体引育突破年行动。强化平台专班招商，全年引进亿元以上单体制造业项目10家以上，争取娃哈哈集团项目尽早落地开工，打造共同富裕的标志性项目；深化百亿元文旅项目、国际知名酒店招引，力争天顶湖国际旅游度假区年底开工建设，全年签约亿元以上文旅项目8家以上、落地5家；签约引进浙南数字化育苗中心、高山数字农旅产业园等现代农业项目。强化市场主体培育，推进制造业低效整治和扶企惠企并举，确保规上工业亩均税收达到10万元；深化消费升级和疗休养举措，创成“侨家乐”精品民宿5家、培育19家；提质扩面金丝皇菊基地，深化浙南高山大米产销合作，争创省“五优联动”示范县；进一步优化营商环境，全年新增总部企业30家以上、新增“四上”企业40家以上，引进市外内资到位资金18亿元以上、新增实际利用外资500万美元。三要抓实项目推进攻坚年行动。严格落实67个重大项目闭环管理机制，攻坚重大项目前期，全力向上争取抽水蓄能电站项目入规，跟进通航产业园前期、力争签约，提速做好10亿元以上的单体制造业项目和铜铃山国际森林康养项目前期，确保新建省“152”工程落地2个以上；攻坚重点项目建设，狠抓续建省“152”工程、市“比看”、省市重点和2个全省集中开工项目进度，确保高效完成年度固定资产投资任务；全力争取要素保障，切实做好省重大产业项目和政府专项债券项目的谋划、储备、争取；加快土地清理和耕地垦造，完成批而未供土地清理1500亩，“旱改水”验收1800亩。

（三）加快缩小城乡差距，推进城乡区域协调发展。城乡协同共荣是推动共同富裕的重要任务，也是巨大潜力所在，要加快推进以县城为主要载体、以人为核心的新型城镇化，在省市一体化进程中提升特色优势和经济活力。一要推进县域一体化统筹发展。大力提升县城首位度，坚持城市规划、征收、建设、管理“四驾马车”并进，深入谋划下田垟、樟台等片区开发项目，推进樟山二期城市征收、启动樟山三期，开工建设城市新区侨创共富城项目，同步开展城市功能完善提升的酒店、商业综合体、公共服务配套等项目筛选招引。推进城市有机更新，开工建设苔湖二期城中村改造项目，加快建设兴福堂、二中片区、龙船垟、下沙垟等城中村改造项目；建成二新片区旅游商业便民综合体、泗溪河沿岸立面景观提升工程等项目，完成2条背街小巷精品街打造。启动新一轮生态搬迁，加快县城人口集聚。拓展深化数字城管功能，深入实施精品示范街（路）建设、市容秩序整治等八大行动，提升城市精细化管理品质。培育塑造特色城镇，联动推进“一轴两片多点”乡镇协同发展，推进“美丽城镇”三年行动计划，确保年内创成省级样板镇1个、美丽城镇达标升级2个以上，强化城镇环境综合整治，提升城镇品质。深化特色小镇创建，争取天湖悦动小镇进入省级特色小镇创建名单，确保省级森林氧吧小镇成功命名。打造新时代美丽乡村，以未来乡村引领农村现代化，突出“微改造、精提升”，集成落地“五化十场景”，高标准打造2个未来乡村试点，推进全县三类16个未来乡村建设，建设共同富裕现代化基本单元；联动推进温州西部共同富裕振兴带建设，建成2条市级乡村振兴示范带，创成省级精品村18个、美丽田园示范样板区2个以上、美丽庭院2000户，完成南田武阳村历史文化古村落保护利用项目。二要强化交通一体化引领支撑。紧抓省市构建内畅外联山区交通网的政策机遇，加快建设温州西部交通枢纽，畅通共同富裕通道。积极争取文青高速列入省共同富裕示范区标志性工程，年内完成工可审查和接入文成枢纽设计变更，推进温武吉铁路、S219黄坦至珊溪段等前期；开工建设文成南互通及连接线工程。提速推进高速、国省道、通乡县道、城镇路网和农村公路建设，确保景文高速完成主体工程90%、G322西坑至景宁交界段主体工程全线推进，加快S220文成玉壶至渡渎先行段工程、公阳公路提升改造工程建设，改造提升农村公路26千米以上、美丽交通走廊45千米。三要推进设施一体化联建联通。加快水利、能源、物流、新基建、市政等城乡基础配套同规同网、提档升级。大力推进城乡饮水一体化供水，开工建设西部供水工程，解决好西部五镇和县城季节性缺水及备用水源问题，加快实现城乡饮水同标同质同服务；深化小流域山洪灾害防治，筑牢水利安全防护网。加快燃气管道进社区、综合供能站建设。加快城乡物流、5G基站、工业互联网、云计算、智慧电网等新型基础设施建设，提升重点领域智慧化水平。

（四）加快缩小收入差距，拓宽城乡居民增收渠道。提高人民收入水平、调整收入分配结构是推动共同富裕的基础内容。要大力实施城乡居民收入倍增行动，统筹“保底”“提低”“扩中”，不断缩小城乡居民收入比，加快形成以中等收入群体为主的橄榄型社会结构。一要力促低收入群体持续增收。实施低收入群体收入五年倍增计划，整体联动抓好就业创业。突出抓好就业增收，发展壮大“侨家乐”民宿经济、复制推广新型股份合作制农合联模式，强化农民利益联结，培育就业新增长点；开展零就业家庭清零行动，加强就业困难人员托底安置和帮扶，做好重点人群就业工作，确保今年城镇新增就业2750人以上。突出抓好兜底增收，提质拓面五级“飞地抱团”增收模式，加快平湖—文成“飞地经济”产业园、瑞安—文成“消薄飞地”二期等项目建成投用达产，确保全年发放抱团增收项目收益金3000万元以上。突出抓好多元增收，引导农民通过盘活闲置农房、流转土地经营权和林权等，增加财产性收入；全面开展支出型贫困救助，确保低收入群体收入增长快于居民收入平均增长。二要促进中等收入群体稳定增收。实施居民收入十年倍增计划，拓展居民收入增长空间。完善工薪阶层工资收入稳定增长机制，健全知识、技术、管理、数据等生产要素参与分配机制，完善促进个体工商户和中小微企业发展的政策举措，推动更多劳动者通过自身努力跨入中等收入群体行列。注重拓宽居民财产性收入渠道，减轻教育、医疗、住房等方面支出压力。大力实施“三万聚才”计划，完善人才政策、搭好发展平台，鼓励和吸引海内外高素质人才、大学毕业生来文创业就业。三要发挥区域统筹政策促县域增收。紧抓省市深化收入分配制度改革、向共同富裕薄弱领域弱势群体和农村山区倾斜的政策机遇，积极争取区域统筹财政转移支付和激励奖补。着眼省市建设新型帮共体，系统落实低收入群体精准识别、情况动态监测、政策综合集成、帮扶直达到位帮扶机制，确保共同富裕路上一个不掉队。紧抓省市“先富带后富、先富帮后富”机制创新，打造山海协作升级版，做好与宁波奉化区的山海结对，争取生态工业“飞地”项目签约落地，进一步增强山区造血能力。

（五）加快缩小公共服务差距，增进百姓共享发展成果。公共服务优质共享是群众最关心、最期盼、最有获得感的领域，要对标打造民生“七优享”金名片，坚持每年办好一批群众关心、涉及面广的民生实事，加快实现人的全生命周期公共服务优质共享。一要推进“温馨善育”。建设育儿友好型社会，组织实施好三孩生育配套支持政策，多渠道降低生育、养育、教育成本。实施“安心托幼”工程，发展普惠托育服务。加快创建全国学前教育普及普惠县，推进学前教育扩容工程和农村幼儿园提升工程，确保兴福堂幼儿园等6所新建幼儿园9月份投入使用。二要打造“学优文成”。以创建国家义务教育优质均衡县为目标，全面提升教育教学质量，深化“互联网+教育”“集团化办学”，大力引进优质教育资源，建设城乡义务教育共同体。推进高中教育高品质、特色化发展；加快职业高级中学新建工程建设，大力发展职业教育。三要培育“文成工匠”。扎实开展“万名工匠培育”计划，加快建立产教训融合、政企社协同、育选用贯通的技能人才培育体系，狠抓技工教育提质增量，精准培养一批涉旅、涉工和乡村振兴实用性专业技能人才，提升群众就业创业致富能力。四要打造“健康文成”。建设更高质量的县域医共体，加快“县级强院”建设，力争县人民医院新建工程年底竣工，充分发挥医疗卫生“山海”提升工程作用，不断提高县域医疗服务水平；推动优质医疗资源向镇村延伸，实施乡镇卫生院达标改造项目6个、新增村卫生室12家。推行“健康大脑+智慧医疗”，全面提升健康服务智能化、信息化水平。织密织牢公共卫生安全防护网，完成县公共卫生临床中心项目主体工程。五要做亮“长寿之乡”。加快构建“低端有保障、中端有选择、高端有特色”的幸福养老服务体系。要提质“居家颐养”，优化提升居家养老服务照料中心，开展困难家庭适老化改造；打造“幸福颐养”样板，改革提档养老机构服务质量，新建中高端养老服务机构；建设“旅居颐养”基地，发展“候鸟式”“度假式”养老新业态，壮大银发经济。力争年内新增养老机构床位300张。六要推进“温暖安居”。完善城乡房屋常态化安全管理机制，动态消除城乡危旧房安全隐患。健全城乡住房保障体系，扩大公租房、保障性租赁房供给，稳步推进老旧小区改造，加快建设安置房，规范提升物业管理水平。促进房地产健康可持续发展，打造现代宜居“浙派民居”。七要保证“弱有众扶”。健全“1+8+X”新时代社会救助体系，建设“真爱到家”联合体，推动兜底救助向多样化保障转变。完善低保标准动态调整机制，稳步提高低保标准，加强特殊群体关爱保障工作。推动社会福利和慈善事业、红十字事业全面发展。

（六）提升文明文化水平，建设共同富裕的精神家园。精神文明是社会进步的显著标志，厚重文化更是共同富裕的精神底色，要聚焦打造文化名城、文明高地，传承弘扬文成独特文化，助力加快共同富裕。一要推进全域文明创建。按照“三年入围、六年创成”目标，大力推进全国文明城市创建，培优基层文明细胞，构建县乡村三级新时代文明实践体系。深化公民道德建设，用好管好刘基家训家风馆、珊溪孝文化馆、好人道德馆，打造“最美文成人”品牌。推进文明习惯养成，擦亮礼让斑马线等文明实践品牌，弘扬诚信文化，深化移风易俗行动。开展以“劳动创造幸福”为主题的宣传教育，厚植勤劳致富、共同富裕的文化氛围。二要推进文体服务普惠共享。深化国家公共文化服务体系示范区建设，完善提升文化基础服务设施，健全“城市书房”“文化礼堂”“文化驿站”“百姓书屋”等基层文化设施，打造“15分钟品质文化生活圈”。建设智慧文体2.0，加快公共文体资源联网上云，打造“一部手机游文成”“文E家”等数字应用场景。深化文体惠民工程，定期举办文体节事活动，常态化开展公共文化巡展巡演、文化下乡活动，满足城乡居民精神文化需求。三要擦亮文化名县金名片。实施文化基因解码工程，深入挖掘刘基文化、侨乡文化、红色文化、畲乡文化的时代内涵价值，打造文成特色的文化标识。要推进刘基文化创新转化，进一步打响“伯温故里·天然文成”品牌，让刘基文化成为浙江诗路文化带上的精彩亮点；要做优侨乡文化，进一步凝侨心汇侨智聚侨力，助推文成现代化建设；要传承弘扬红色文化，实施红色基因薪火行动，强化内涵提炼、推进红绿融合发展，为共同富裕铸魂赋能；推进“畲之旅”，促进民族共同进步、共同繁荣。实施文艺精品创优工程，加强非遗保护。积极培育文化新业态，推动文化与旅游、体育、创意等融合发展，强化政策激励，打造文创产业集聚平台。

（七）提升生态文明水平，擦亮共同富裕的生态底色。人与自然和谐共生是生态文明新形态，也是共同富裕的基本特征，要深入践行“绿水青山就是金山银山”理念，不断擦亮生态本底，推进生态文明示范先行，让优质生态成为文成“幸福不动产”。一要巩固提升环境治理成果。全力打好污染防治攻坚战持久战，开展突出生态环境问题清零行动，坚决完成第二轮中央环保督察“1+5”具体问题和“举一反三”23个年度整改任务。高标推进“五水共治”，完成城镇管网改造提升26千米，重视做好农村生活污水设施管维，完成百丈漈水库清淤先行段工程，创建泗溪河省市级“美丽河湖”。持续深化治气、治土、治废工作，加强空气污染源、农业面源污染协同治理，加快建设建筑垃圾消纳场，深化垃圾分类重点领域专项整治，年内创成省级高标准分类示范小区2个；实施塑料污染治理三年行动计划，建设全域“无废城市”。积极推进飞云江流域生态修复和生物多样性保护，创建国家森林城市。二要开展碳达峰行动。加快推动绿色低碳发展，围绕能源消费总量、碳排放总量、能耗强度和碳排放强度四大指标，编制实施“6+1”重点领域碳达峰方案，及早谋划低碳产业培育和产业低碳化改造，联动推进能源、工业、建筑、交通、农业、居民生活等领域绿色低碳转型，大力发展抽水蓄能、光伏等可再生能源，推进“零碳”政府机关、绿色工厂、低碳村庄创建，建设资源循环示范城市。稳步提升森林生态系统碳汇能力，积极探索碳排放权交易。三要加快释放生态红利。加快推进生态产品价值实现机制改革试点工作，建设GEP核算应用体系，深化“两山银行”试点，加快优质生态资源收储，培育发展生态产品和生态资产交易市场。探索创新优质水资源价值实现路径。推进大花园典型示范县创建，力争创成“绿水青山就是金山银山”实践创新基地，加快创建国家生态文明建设示范县。

（八）提升社会文明水平，加快推进县域治理现代化。共同富裕美好社会是活力和秩序有机统一的现代社会，要统筹发展和安全、安民和富民，构建舒心安心放心的社会环境，全力实现省级平安县十五连创、夺取“一星平安金鼎”。一要建设更高水平的法治文成。以法治文成建设15周年为新起点，深入贯彻习近平法治思想，落实法治文成建设“六大抓手”，加快“大综合、一体化”综合行政执法改革，开展行政执法“双提升”行动，确保行政争议发案量、败诉率“双下降”。加快建设法治社会，推进基层依法治理，构建覆盖城乡、优质均衡的公共法律服务体系，广泛开展“八五”普法，提升全民法治素养。二要全面提升社会治理效能。围绕县域整体智治，全面推进“县乡一体、条抓块统”改革，迭代升级“一中心四平台一网格”，用好基层社会治理综合系统3.0版，建强矛调中心，持续抓好初信初访、越级访专项整治和积案化解攻坚，努力将问题解决在群众身边、矛盾化解在基层。创新村社“四治融合”、城市商圈自治、和谐宗教等特色做法，建设人人有责、人人尽责、人人享有的社会治理共同体。三要构建风险闭环管控的大平安机制。坚决守住不发生系统性风险底线，推动全程全域平安，确保政治更安全、社会更安定、人民更安宁、网络更安靖。建设治安要素智慧管控体系，推进“五大中心”建设，深入开展网络电信诈骗等专项整治行动，维护社会治安稳定。深入开展“8+3”重点领域安全生产整治攻坚行动，构建消防、道路交通、危化品、食品药品等全链条监管体系，确保安全生产事故起数和死亡人数持续“双下降”。构建“大安全、大应急、大减灾”体系，完善突发事件监测预警和应急处置机制，建成投用县级“智慧应急一张图”平台，全面落实防汛防台“50条措施”，提高智慧化防控、基础设施防御和群防群治能力。完善网络安全信息通报预警和应急处置机制，规范网络传播秩序。四要筑牢疫情防控防线。严格落实“外防输入、内防反弹”精密智控措施，强化源头掌控、过程管控，提升应急处置能力，确保重点人员精准快速排查、送医检查闭环管理，大力提升新冠疫苗接种率，筑牢人群免疫屏障。

三、弘扬百年建党精神，全面提升同步建设现代化、打造共同富裕山区样板新能力

迈上百年新的赶考之路，我们要始终坚持以党的建设为统领，加强党的全面领导，加快构建党建统领的整体智治体系，永葆旺盛生命力、强大战斗力和不竭精神动力，以高质量党建引领高质量发展，加快实现共同富裕。

（一）强化思想铸魂，凝聚共同富裕强大合力。学深悟透习近平总书记在庆祝中国共产党成立100周年大会上的重要讲话精神，引导广大党员干部增强“四个意识”、坚定“四个自信”、做到“两个维护”，牢记“国之大者”，不断提高政治判断力、政治领悟力、政治执行力。深入开展“四史”宣传教育，按照“优作风、强执行、办实事”要求，推动党史学习教育走深走实、入脑入心。巩固政法队伍教育整顿成果。全面落实意识形态责任制，进一步强化舆论引导，加强正面宣传，加强网络舆情阵地管理，凝聚推动共同富裕的强大力量。落实督查整改机制，抓好“七张问题清单”整改。健全党委总揽全局、协调各方的体制机制，全力支持人大、政府、政协和监委、法院、检察院依法依章程履行职能，

认真做好新时代统一战线、群团、党管武装、老干部和关心下一代工作，凝心聚力彰显新作为、作出新贡献。

（二）做好县乡换届，锻造共同富裕过硬铁军。着眼现代化建设新征程和共同富裕新使命，围绕打造共同富裕山区样板目标，狠抓一线历练，建设变革型组织，以高质量县乡换届构建“五好五新”铁军队伍。拓展深化铁军锻造“十个一”工作机制，落实“八大行动”，做实做亮“铁军破难”品牌，让担当破难成为文成铁军的鲜明标识。贯彻中央“政治标准、实干实绩”用人导向，健全完善全面、立体、透视的察人识人机制和干部“选用管育”全链条闭环体系，努力实现干部能力、队伍结构、班子功能、团队形象“四个提升”。坚持“干中换、换中干”，以“六个导向”引导干部正确对待进退留转，引领干部在文成绿色跨越、数字化改革、促进共同富裕等一线奋战奋进，把换届之年变成大干之年。坚持严管与厚爱结合、激励与约束并重，加强对敢担当善作为干部的激励保护，最大限度释放关心关爱、容错纠错、澄清正名、能上能下等机制综合效应，推动“两个担当”良性互动机制落地见效。

（三）坚持全域建强，筑牢共同富裕基层堡垒。贯彻落实市委“瓯江红·全域强”和“党建引领共同富裕”八大行动，健全基层党建组织体系、队伍体系、品牌体系、责任体系，分类分层推进基层党建全域建强。抓实“红色领航”系列行动，整体提升各领域党建水平，打造党建强、发展强“双强”示范。集中开展“村社换届”回头看，狠抓村社组织“示范整固”行动，建设“党建联盟·组团发展”示范带，打造红色美丽村社、示范样板村社。持续壮大村集体经济，确保今年所有村社集体经济年总收入达到25万元以上且经营性收入达到10万元以上。全面提升“瓯江红”党群服务中心联盟体系，创建“百强千佳”示范点，打造“红色管家”文成样板，有效提升党建品牌显示度。

（四）建设清廉文成，涵养共同富裕清朗生态。深入落实中央关于加强“一把手”和领导班子监督有关规定，层层压实全面从严治党主体责任，推动“四责协同”一体落实。严格抓好中央巡视反馈问题整改、县委巡察反馈问题整改，确保按时间节点落实到位。开展“清廉共建”行动，打造可借鉴、可复制的示范点，以点带面推进全域清廉建设。驰而不息落实中央八项规定精神，强化纠“四风”和树新风并举，坚决防止反弹回潮。坚定不移推进正风肃纪反腐，深化重点领域专项整治，抓好漠视侵害群众利益问题专项治理，一体推进不敢腐不能腐不想腐。

（五）奋力创先争优，打造共同富裕最佳实践。面对共同富裕的历史机遇，我们要保持创造性张力，在全新赛道上勇闯“无人区”、优势领域里走出“舒适区”、克难攻坚中勇蹚“深水区”，努力打造更多最佳案例、鲜活样本、共富场景。面对“十四五”开局的繁重任务，我们要牢固树立“今天再晚也是快、明天再早也是迟”的意识，事不过夜抓落实、迎难而上抓攻坚、紧盯节点抓销号，坚决防止“把说了当做了、把做了当做成”，做到定一件、干一件、成一件。面对你追我赶的竞争态势，我们要牢固树立“三个争先”导向，敢于向高处攀、与强者比、跟快的赛，锚定“国际化休闲旅游目的地、全省大花园典型示范县、温州大都市重要增长极”目标，各项工作都要争一流、创先进、出经验、成品牌、走前列，努力交出一份不负时代、不负人民的优异答卷。

坚定信心　赶超跨越
奋力打造高质量发展建设共同富裕示范区山区样板

——在中国共产党文成县第十四次代表大会上的报告

县委书记　刘中华

（2021年12月28日）

一、过去五年的工作回顾

县第十三次党代会以来的五年，是文成应对各种挑战、自我加压奋进、取得显著成效的五年。五年来，我们在中央、省市委的坚强领导下，坚持一张蓝图绘到底，团结带领广大党员和干部群众，围绕“三美文成”美好愿景，全力落实“四大工程”，畅通“绿水青山就是金山银山”转化通道，与全省同步高水平全面建成了小康社会，推动文成发展进入现代化建设崭新起点。

这五年，我们砥砺前行，用奋斗书写了全面小康的精彩答卷。五年来，我们锚定建设富有文成特色的现代生态产业体系，县域综合实力稳步提升。预计到2021年，全县生产总值从2016年的77.8亿元增加到118亿元，一般公共预算收入达到11.75亿元，城镇和农村常住居民人均可支配收入分别达到4.78万元、2.26万元，同比2016年，分别增长35.8%、48.4%、46.1%、56.2%。全县低收入农户从2016年的10.3万人减少到目前的1.16万人，减幅达88.7%。落地了一批事关文成长远发展的战略性平台，推动旅游、工业、农业、城市平台专业实体化运作。全域旅游升级蝶变，成功创成刘伯温故里国家AAAAA级景区，“侨家乐”被列为全省三大民宿区域公共品牌之一，获评浙江省全域旅游示范县，百丈漈获评省“名山公园”。生态工业扩容提质，国家“专精特新”小巨人企业、装备制造业省级“首台套”产品、10亿元以上和亿元以上制造业项目等均实现“零突破”。现代农业加速转型，成立全市首个农业经济开发区，建成现代农业与康养产业研究院，推广“三位一体”新型股份合作制农合联，农业“六化”进程加速推进。五年来，招商到位内资73亿元，累计完成有效投资272.9亿元。积极推动文商回归、总部回归，新增总部经济226家，累计入库税收16.25亿元，年均增长121%。

这五年，我们精建精美，用匠心铺绘了全域秀美的山水画卷。五年来，我们着眼打造全域美丽大花园，重塑县域空间开发格局，推进全域景区化改造，城乡面貌焕然一新。聚焦提升县城首位度，增设县城南互通，樟山城市新区启动建设；有序推进苔湖、龙船垟、下沙垟、兴福堂、二中等片区城市更新，“中央水轴”建成开放，系统升级城市精细化管理，创成国家卫生县城、省级示范文明县城。聚焦创建美丽镇村，圆满完成小城镇环境综合整治，全县超过三分之一乡镇被评为省样板，连续三年被评为省级优秀县，美丽城镇创成省级样板镇2个、达标镇7个，文成森林氧吧小镇成功命名省级特色小镇；创成市级乡村振兴示范带12条，省级特色精品村、美丽宜居示范村、AAA级景区村59个，获评省新时代美丽乡村示范县。聚焦筑牢生态屏障，铁腕推进中央、省环保督察问题整改，联动推进美丽通道、美丽河湖、美丽田园、美丽庭院、清洁乡村等专项行动，三次捧回“五水共治”大禹鼎，列入全省首批清新空气示范区、全省大花园典型示范县创建单位，成功命名国家第五批“绿水青山就是金山银山”实践创新基地。

这五年，我们改革探索，用创新激发了转型跨越的动能活力。五年来，我们主动把握全面深化改革和数字变革机遇，谋划推进了一批叫得响、立得住、群众认可的改革创新举措，不断激活发展动能。推进“最多跑一次”改革，全面推广“移动互联网+审批”模式，实现一般企业投资项目审批“最多80天”，全县机关内跑省市应纳事项实现100%网上办；建成全国首个涉侨海外服务中心和实体境外分中心，“海外远程视频公证”入选全省县乡法治政府建设“最佳实践”项目，文成国际文旅侨贸创新发展区入围全省首批服务业发展区。推进重点领域集成改革，聚焦农村要素资源市场化，全面完成农村土地确权登记，颁发了温州第一本农村土地承包证，“飞地抱团”消薄增收等模式全面推广；旅游体制改革、国有资产管理体制改革、生态产品价值实现机制改革等取得新成效。全面推进数字化改革，五大应用系统县级门户全部上线全面贯通，创新开发了“共富帮”“侨家乐”产业大脑等特色应用，为侨服务“全球通”被纳入“全省一本账S0”，被评为全省侨联工作改革创新示范县。

这五年，我们倾心为民，用实干奏响了民生幸福的和美乐章。五年来，我们始终坚持人民至上、生命至上，以前所未有的力度抗击新冠肺炎疫情，众志成城打赢新冠疫情防控阻击战、攻坚战、持久战，平战结合全力做好疫情常态化精密智控；始终坚持以人民为中心，聚焦“吃住行、教医文、保增治”九大类民生需求，每年办好一批群众身边的“关键小事”，五年累计民生支出195亿元。完成第一轮涉19万人的农饮水改造提升工程，创成省级食品安全县。完成全县C、D级危旧房和地质灾害点治理，困难群众实现“安居梦”。龙丽温高速瑞文段、溧宁高速文泰段建成通车，全县人民圆梦“高速”；建成G322樟台至龙川段，景文高速加快建设。新增武阳书院、海亮华侨学校，创成省级教育基本现代化县。启动建设县域医共体，改造提升一批城乡卫生设施硬件，实现乡镇居家养老服务中心全覆盖。移风易俗成效明显，创成国家公共文化服务体系示范区。全面完成“五个清零”任务，全县所有村社年经营性收入达10万元以上，村集体经济总收入达到2.14亿元，五年翻了一番，低收入百姓增收工作获省政府督查激励。高质量推进平安文成建设，实现省级无信访积案县“三连创”、省级平安县“十四连创”，有望夺取“一星平安金鼎”。

这五年，我们从严从实，用忠诚凝聚了干事创业的强大力量。五年来，我们深入学习习近平新时代中国特色社会主义思想，高质量开展“不忘初心、牢记使命”主题教育和党史学习教育，全面落实意识形态工作责任制，引领全县党员干部增强“四个意识”、坚定“四个自信”、做到“两个维护”。高标准抓好省委巡视整改和“七张问题清单”整改，省委第八巡视组反馈的36个问题和回访检查反馈的6个问题全部整改到位。平稳高效完成机构改革、村社规模优化调整任务，全县行政村从385个优化调整为229个。高质量完成村社换届、乡镇换届。全面实施铁军锻造“十个一”工作机制，大力推进铁军专班破难，累计出征县乡两级10个批次291个破难项目，2480名干部直接参与“派单破难”，涌现了一批铁军团队和铁军标兵。实施“三万聚才”计划，人才从“净流出”转向“净流入”。落实全面从严治党主体责任，推进纪检监察体制改革，深化正风肃纪反腐，严肃查处了一批违法违纪案件，“三不”建设一体推进，政治生态持续向好，政治巡察省试点工作接受中巡办访谈。

五年来，县委始终坚持总揽全局、协调各方，民主法治建设全面加强。支持县人大及其常委会依法行使职权，人大工作水平不断提升。支持政府依法行政、法检公正司法。重视发挥县政协专门协商机构作用，协商民主建设不断深化。爱国统一战线持续壮大，人武双拥、民宗侨台、群团、老干部、关心下一代等工作取得新成效。法治文成建设扎实推进，获评全国法治工作先进县，政法队伍教育整顿取得实效，团结奋进的良好局面更加巩固。

五年探索实践，深刻启示我们，加快文成赶超跨越，必须坚持以党的领导为根本保证，唯有坚持和加强党的全面领导，才能不断打赢全面小康、新冠疫情、共同富裕等大战大考，我们要始终保持党的先进性和纯洁性，激励党员干部奋发有为、开拓进取，营造良好的政治生态，跨越发展才会乘风破浪。必须不断增强开放意识、前列意识，自觉把文成发展放到共同富裕、“重要窗口”中去谋，把工作标准放到26县、先进兄弟县中去比，抓住新一轮山区发展政策红利，争先创优、乘势而上。必须把发展作为解决一切问题的关键，以生态为基底，在赶超跨越进程中放大优势、厚植特色，不断导入科技创新、数字变革、绿色低碳新动能，走出一条“绿色崛起、生态富民”的新路径。必须以改革创新的办法激发活力，面对前进路上的新情况、新问题，我们要时刻保持改革创新的锐气，突破惯性思维、路径依赖，不断优化各类要素配置、破除体制机制障碍，推进系统性重塑。必须坚持以人民为中心的发展思想，把提升人民群众获得感、幸福感、安全感作为检验工作成效的标尺，激发全县人民共建家园的热情和创造力。这五点启示，是实践积累的宝贵财富，也是干好今后工作的重要指引，必须倍加珍惜、坚持发扬。

在肯定成绩的同时，我们必须看到，发展不足仍是文成主要县情，缩小差距更是今后最大任务。对标现代化建设、共同富裕高要求，我们的产业基础还很薄弱，制造业占比过低，支撑平台的重大产业项目、优质企业主体还很不够，创新能力亟待提升；重大基础设施依然滞后，“外快内畅”的大通道尚未建成，城镇化水平不高，城乡一体的配套和机制还需完善；公共服务供给与人民群众美好生活的期盼还有差距，低收入群体仍然不少；风险防范、疫情防控、安全生产等领域还有不确定隐患；一些党员干部的工作作风、进取精神、改革意识、攻坚韧劲仍有不足，党的建设还需加强，基层基础还需不断夯实；等等。这些都是我们今后急需破解的问题，必须采取有力措施，全力加以解决。

二、新征程的奋斗目标

迈向第二个百年奋斗目标新征程，党的十九届六中全会胜利召开，党中央着眼更高质量发展，把逐步实现全体人民共同富裕摆上更加重要位置，赋予浙江高质量发展建设共同富裕示范区的光荣使命；省委聚焦山区26县跨越式发展，量身定制“一县一策”，以真金白银的大投入、集成精准的大政策、系统重塑的大变革，全面激发山区26县发展动力，文成迎来赶超跨越的重大机遇。随着交通建设取得历史性突破，文成的区位条件得到极大改善；生态文明、科技创新和数字变革正在风生水起，文成优质的生态资源、文旅资源价值加速彰显；随着国内外“双循环”新发展格局的深化，十几万华侨、文商成为文成赶超跨越的宝贵资源。面对百年未有之大变局和全体人民共同富裕的重要使命，我们更要增强机遇意识、奋斗意识、担当意识，锚定高质量发展建设共同富裕示范区山区样板目标，坚定信心、勇毅前行，奋力赶超跨越，努力为全国省市实现共同富裕提供鲜活的文成经验、文成素材。

今后五年，文成经济社会发展的指导思想是：高举习近平新时代中国特色社会主义思想伟大旗帜，忠诚拥护“两个确立”、坚决做到“两个维护”，准确全面贯彻新发展理念，忠实践行“八八战略”，坚持绿色发展、特色发展，坚定不移推进“生态立县、工业强县、旅游兴县”，以人的现代化为导向，以系统性增强内生动力为中心任务，以经济赶超、环境再造、民生幸福、铁军锻造“四大工程”为主抓手，全力建设国际化休闲旅游目的地、浙江大花园典型示范县、温州大都市重要增长极，打造高质量发展建设共同富裕示范区山区样板。

围绕上述指导思想，今后五年的奋斗目标是：

——**经济实力显著提升**。经济增速高于省市平均水平，全县生产总值达到180亿元以上，人均GDP达到5.7万元以上，一般公共预算收入达到25亿元以上；工业总产值达到100亿元以上，规上工业亩均税收达到20万元以上，科技创新、数字经济明显加强，绿色发展成为鲜明特质。

——**生态环境优势彰显**。森林覆盖率、水质、空气质量等主要指标全国领先，碳达峰、碳中和工作走在省市前列，GEP的GDP实现率达到15%以上，生态环境评价指数、生态保护区建设水平等居全国前列。

——**美丽城乡加快融合**。新型城镇化、城乡一体化水平不断提高，常住人口城镇化率达到50%以上，城乡统筹体制机制更加健全，县城首位度大幅提升，中心城区集聚吸引力增强；城乡居民收入比缩小到2以内；互联互通、智慧化、网络化的基础设施体系基本形成。

——**改革开放纵深推进**。数字化改革向各领域全方位延伸，持续深化“放管服”，营商环境便利度大幅提升，“掌上办事”政务服务事项全覆盖；体现社会公平的分配机制、先富带后富的共同富裕机制不断健全；开放型经济的平台、机制不断完善。

——**公共服务优质共享**。基本公共服务更加普惠优质、均等可及，高质量推进幼有所育、学有所教、劳有所得、病有所医、老有所养、住有所居、弱有所扶；社会文明程度明显提高、文化特色更加鲜明；平安文成、法治文成高水平创建，社会治理形成示范。

——**党的建设全面加强**。形成党建统领的整体智治体系，各领域党建全面建强；党组织和党员干部先锋模范作用充分发挥，担当意识、奋斗精神不断强化；全面从严治党持续深化，党内政治生活更加规范，“铁军破难”成为品牌。

三、今后五年重点任务

目标战略确定之后，我们要集中精力、抢抓机遇，把抓落实作为今后一切工作的生命线，一步一个脚印将美好蓝图变成现实。重点抓好以下六个方面工作：

（一）把生态保护作为第一使命，全力创建国家生态文明示范县，打造全国一流生态高地。生态是文成最大的优势禀赋，要深入践行“绿水青山就是金山银山”理念，加快生态环境治理现代化，促进生态效益和经济效益双赢。

持续擦亮生态本底。统筹推进生态保护生态修复，深入实施蓝天碧水行动，高标准提升城乡污水处理设施和配套管网，强化运维管理，构建全收集全处理治污体系；做好天顶湖、飞云湖水生态立体修复，全面开展大气排放综合治理，持续改善空气质量。深入实施净土清废行动，开展农田土壤污染治理，强化固体废物闭环管理，建成全域“无废城市”。建设“智慧环保”，推进生态保护区域协同治理，实现环境质量、重点污染源、生态状况监管全覆盖。践行山水林田湖草生命共同体理念，加强生物多样性保护，创建一批参与型、体验型“美丽温州体验地”。

加快生态价值转化。探索“碳达峰、碳中和”实现路径，打好“减源增汇”组合拳，实施万亩森林精准提升工程，增强森林碳汇能力，创成国家森林城市；推进“6+1”重点领域绿色转型，加快推进抽水蓄能电站、光伏发电等新能源项目建设；落实碳排放权交易制度，引导企业积极参与碳排放权交易。积极探索用水权交易，争取全流域共保共投共享政策。深化生态产品价值实现机制改革，推进GEP体系应用，深化“两山”银行试点，发展生态产品和生态资产交易市场，保持生态系统生产总值持续增长。

健全生态文明体制。严格实施生态环境保护制度，做好“三线一单”空间分区管控，全面实施“区域环评+环境标准”改革，规范各类环境功能区及红线范围内的开发建设活动。健全生态文明建设考核制度，实施生态环境报表制、生态环境状况报告制，强化领导干部自然资源资产离任审计。推动公众有序参与环境监督，更好形成政府主导、企业主体、社会参与的现代生态环境治理体系。

（二）把壮大产业作为第一要务，大力引育高质量市场主体，强化县域经济硬核支撑。要以生态为本底，围绕大健康主题，厚植丰满富有文成特色的现代生态产业体系。

壮大生态工业主导产业。坚持把生态工业作为壮大县域经济、补齐发展短板的主攻点，按照“一区多点”布局，高标准建设省级经济开发区，壮大制造业发展主平台。以娃哈哈饮料智能化生产基地为牵引，招引国内外食品饮料头部企业在文成投资建厂，大力发展水资源深加工产业链；精准招引时尚轻工、装备制造行业龙头企业，集聚产业链上下游优质企业落户园区，培育现代产业集群；加快建设杭州湾上虞经济技术开发区“产业飞地”，开展协同招商，积极引进开发区龙头企业在文成设立生产基地。全面实施“腾笼换鸟、凤凰涅槃”攻坚行动，分类整治高耗低效企业，扶持技改升级，拓展制造业发展空间。推动建筑业高质量发展，优化政策、强化引育，力争省内建筑业总产值翻两番。实行重大工业项目全周期专班服务，集成惠企政策，落实降本减负，千方百计拓展用地、用能空间，努力实现工业总产值五年翻两番。

推进全域旅游品质提升。锚定打造“国际化休闲旅游目的地”，围绕“一心两轴四组团”布局，以创建国家全域旅游示范区、国家级旅游度假区为引领，推进旅游高品质、融合化发展。做强旅游平台，突出“一核两区四镇”，招引落地百亿元文旅项目、国内外知名度假酒店和引爆型文旅配套项目，推进环天顶湖、刘伯温故里、大铜铃山板块系列重大文旅项目建设，按“未来景区”要求改造提升核心景区，打造更高能级的旅游功能区平台。丰富“旅游+”业态，顺应大众旅游时代趋势，加快从“门票经济”向全产业融合转变，发展文旅、农旅、康旅、商旅等新业态。壮大康养文旅业，争取央企国企养老保险机构在文成建立疗休养基地，积极承办国家、省市各类文体节事活动，打造省级国学研学基地。全域发展“侨家乐”民宿经济，不断壮大产业规模、提升品牌热度，努力把“侨家乐”打造成“重要窗口”、共同富裕先行的亮点。打响旅游品牌，以国际化标准完善公共旅游配套、提升服务质量，系统打造文成旅游IP，注重品牌营销，引入规模流量，真正让“伯温故里·天然文成”享誉国内国外、走红网上网下。

做优高山生态特色农业。争创国家绿色农业发展先行区，发挥高山生态气候资源优势，建设健康农产品供应基地。打造农业全产业链，按“1+3+N”农业生产布局，推进高山大米“五优联动”，确保粮食生产安全；加快形成杨梅、高山蔬菜等4条万亩特色产业示范带，培育糯米山药、金丝皇菊等特色农产品优势区，招引央企国企、优质民企在文成布局农产品精深加工，建成集农产品种苗、生产、加工、储运和销售于一体的亿元以上农业全产业链2条，打响“文品天成”农业区域公共品牌。高标准建设农业经济开发区，发展种苗、生物技术、现代种养、田园综合体等业态，创成省级现代农业园区，同时培育一批特色农业强镇和“一村一品”。引育现代农业经营主体，力争发展年产值2000万元以上的龙头企业10家，培育一批示范专业合作社、家庭农场和农业专业服务公司。实施农业“双强”行动，深入推进科技强农、机械强农，创新农业绿色生态种养方式，加快农业宜机化改造，促进农业增效、农民增收。

创新发展现代服务业。提质升级省级服务业集聚区，按照“两片六组团”布局，建设国际文旅侨贸创新发展区。培育特色金融、人力资源、科技信息、研发设计等业态，促进生产性服务业向专业化和价值链高端延伸。完善县域商圈业态，优化县城商业街区、综合体、购物中心等商业布局，壮大“月光经济”，促进居民消费；发展特色侨贸、文化创意、电子商务、健康养生、赛事经济、会议经济等新兴服务业，促进生活性服务业向精细化和高品质升级。更加注重总部经济的质量结构，强化政策配套，建设金融大厦、侨商大厦、总部大厦等商务办公楼宇，培植优质税源。

狠抓项目有效投资。牢固树立“项目为王”理念，一切围绕项目转，一切盯着项目干，战略性谋划未来五年重大项目储备库，紧盯抽水蓄能、文青高速、温武吉铁路等重大项目前期，大力实施“八大百亿工程”，确保每年省市县长工程开工落地2个，争取申报5个以上重大产业项目。狠抓招商选资“一号工程”，健全完善招商项目信息汇总共享、初步研判、跟踪盯引、严格准入、审批全程服务等全链条机制，专班开展产业链招商、平台地块招商、“云招商”和中介招商，持续引进一批强链、补链、延链的优质项目。狠抓重大项目建设，完善重大项目全程跟踪机制和领导挂钩联系制度，构建项目签约落户、审批建设、竣工投产全程“快速通道”，强化定期会商、定期通报、三色预警机制，形成项目“大干快上”的良好氛围。强化项目要素保障，持续深化“拓空间强保障”专项行动，加大土地政策处理攻坚力度，加快土地清理和耕地垦造，大力向上争取土地指标奖励；进一步发挥融资平台作用，高质量包装、争取政府专项债券，有效保障项目建设。

（三）把城乡融合作为第一抓手，推进新时代美丽城乡建设，打造诗画浙江文成样本。以产城人融合发展为总要求，围绕省委“7个1”标配，推动山区基本形态整体提升蝶变，铺绘全域大美新画卷。

一体打造美丽城乡。致力于凸显山水之美、人文之美，围绕“一轴两片多点”县域空间布局，促进生产空间集约高效、生活空间宜居适度、生态空间山清水秀；围绕“一体两翼”城市发展轴，推进大峃等5镇规划一体、功能互补、配套协同，以更优质的公共服务设施引导促进集聚；围绕“两片多点”，整体联动打造西北片“空中花园”、东南片“秀水云江”，培育特色小镇和高能级平台。大力提升县城能级。坚持城市规划、征收、建设、管理“四驾马车”并进，全力完成樟山新区征迁工作，建成樟山未来社区，高标准建设侨创共富城，启动樟山二期、下田垟、樟台片区开发，拉大县城框架；推进老城区有机更新，完成苔湖二期、龙船垟二期、下沙垟等旧城改造项目，谋划推进二新、珊门等旧城改造，大力实施县城风貌整治提升行动，以数字化赋能城市精细化管理，打造独具韵味的美丽县城。全面提升城镇品质。按照“整洁有序、生态宜居、一镇一品”要求，推进“美丽城镇”三年行动计划，立足乡镇特色禀赋，创成一批省级样板镇、景区镇。打造美丽乡村升级版。紧抓共同富裕基本单元建设，围绕“五化十场景”，创建未来乡村16个以上；坚持“微改造、精提升”理念，注重保留村庄原有风貌和生活方式，加强历史文化保护利用，确保全部规划保留村通过新时代美丽乡村精品创建，三分之一的村庄达到美丽乡村精品标准。

推进县域人口集聚。加快推进以县城为主载体、以人为核心的新型城镇化。突出人的集聚，开展新一轮生态搬迁行动，按照“政府可承受、百姓可接受、发展可持续”的原则，坚持统一规划、分步实施，系统集成优惠政策、优质公共服务等吸引要素，大力推进人口向县城、中心镇集聚，突出“下得来、稳得住、富得起”，让更多群众获得发展机会、共享现代化成果。统筹优化政策，以农业转移人口市民化为重点，开展户籍、农村土地、公共服务等体制机制集成改革，全面落实“人钱地挂钩、以人定地、钱随人走”制度，深入推进“两进两回”，让更多文成人和新文成人更好地集聚安居乐业。

完善现代基础配套。今后五年要继续实施一批打基础、利长远的重大基础设施项目，进一步构建现代化的城乡基础配套体系。打造温州西部交通枢纽，坚持“大干交通、干大交通”，着眼连接浙南闽北赣东，建成景文高速、县城南互通和西坑互通，开工建设青文高速，加快推进温武吉铁路文成站、通用航空机场，畅通对外快速通道；县内要按照“三纵三横九连”布局，提速建设县城南互通至黄坦产业基地、S220玉壶至渡渎段、S219黄坦至珊溪段、G322西坑至景宁段等国省干道，改造提升县乡和农村公路，高标打造美丽交通走廊，实现中心镇20分钟上高速、30分钟到县城目标，有效畅通内循环。推进基础设施联建联通，坚持“统筹规划、主攻瓶颈”，建成投用县物流园、电商创业园，构建完善的县乡村三级物流体系。以西北部城乡一体化供水为重点，推进第二轮农饮水提升工程，实现城乡居民饮水同质。完善能源供应体系，推进天然气“县县通”工程，建设智慧电网。系统完善市政配套设施和信息化基础设施，实现5G和千兆网络基站全覆盖。

（四）把改善民生作为第一追求，加快公共服务优质共享，不断增强群众获得感、幸福感、安全感。人民对美好生活的向往，就是我们的奋斗目标，要健全为民办实事长效机制，坚持每年办好一批民生实事，共建共享幸福家园。

构建橄榄型社会结构。紧盯“扩中提低”，鼓励勤劳创新致富，推动城乡居民增收。着力扩大中等收入群体。坚持以产业带创业促就业，聚焦七类中等收入群体，构建群体结构数据库和集成政策工具箱，分类实施高素质农民、小微创业者、技能人才、务工和新业态从业人员、高校毕业生、基层干部激励计划，进一步拓宽城乡居民财产性收入渠道，推动中等收入群体规模扩大、结构优化。发挥创业带动就业“倍增效应”，大力支持华侨乡贤、青年人来文创新创业，带动更多劳动者进入中等收入群体行列。着力促进低收入群体增收。实施低收入群体收入五年倍增计划，构建新型帮共体，健全低收入农户动态精准识别系统，对有劳动能力的实施开发式精准帮扶，实现零就业家庭动态清零；对无劳动能力的强化兜底帮扶，提高最低保障标准，提质扩面“飞地抱团”增收模式，强化智慧救助，确保共同富裕“一个不掉队”。着力优化收入分配结构。坚持把保障和改善民生建立在经济发展和财力可持续的基础上，尽量减少群众在教育、医疗等方面的不合理支出，落实好支出型贫困救助，不断缩小收入差距。大力发展具有侨乡特色的慈善事业，成立世界文成人慈善联盟，做亮“善行文成”品牌，营造全社会共帮共富的浓厚氛围。

加快公共服务优质共享。着眼“补短创优”，推动人的全生命周期公共服务优质共享。坚持教育优先发展，围绕“学优文成”加大教育投入，深化教育改革、提升教学质量，进一步优化校网布局，完成县实验二中整体迁建，实现学前教育普及普惠、义务教育优质均衡、高中教育品质特色、职业教育产教融合；用好省市教育共富帮扶政策，深化教育“山海”联动，内培外引提升教育水平，创成国家义务教育优质均衡县。建设高质量“健康文成”，构建优质高效的县域医共体，建成投用新人民医院、第二人民医院，完成县中医院整体搬迁，做好卫生“山海”提升工程，深化“三医联动”“六医统筹”改革，建设智慧医疗体系，争取县人民医院创成三级乙等医院；抓紧完善公共卫生应急体系，全面提升应急处置能力、预防控制能力和医疗救治能力，织牢卫生防护网。构建“一老一小”服务体系，加快建设育儿友好型社会，发展普惠型托育服务，多渠道降低生育、养育成本；建设老年友好型社会，大力发展普惠型养老、互助养老和旅居养老，改造提升各类养老机构，深化医养结合，实施暖心关爱工程，打造“幸福颐养”文成样板。健全城乡住房保障体系，注重保障性住房建设，促进房地产业良性循环，强化危旧房质量安全动态管理，圆好群众“安居梦”。

打造新时代文化高地。激扬时代精神。坚持以社会主义核心价值观引领共同富裕，大力弘扬伟大建党精神、老区革命精神，用好用活红色文化资源，凝聚起奋进新征程的精神力量；挖掘提炼刘基文化、侨乡文化的时代内涵价值，推进刘基战略思想研究，全面加强文物和非遗的保护传承。广泛开展群众性精神文明创建活动，健全志愿者服务体系，培优基层文明细胞，推动“最美现象”从“风景”变“风尚”；进一步弘扬诚信文化，巩固移风易俗，做实系列文明实践品牌，确保三年入围全国文明城市提名城市名单。共享文体服务。织密城乡公共文体设施网络，改造提升县“四馆一院”、文化礼堂、城市书房、伯温书屋等基层文化设施，注重将特色文化元素融入美丽城乡建设，打造“15分钟品质文化生活圈”；深化文体惠民工程，高质量开展群众性文化活动；实施“文艺精品高峰计划”，创作更多引领时代、文成特色、有影响力的精品力作。壮大文化产业。大力实施“文化+”行动，推进文化与创意、旅游、数字科技等深度融合，建好伯温文化园、影视企业孵化园等项目，培育更多优质的文化市场主体。推进媒体深度融合发展，形成立体、高效媒体矩阵，传播文成好声音；积极开展对外文化交流，发挥侨乡优势，推动文成特色文化进入国际文化交流平台，展示文成好形象。

（五）把改革创新作为第一动力，深化数字赋能创新赋能，不断激发经济社会发展活力。改革创新是现代化的动力之源，要更深层次推进改革开放和科技创新，激活发展动能。

纵深推进各项改革。坚持以数字化改革引领各领域改革，争创数字化改革先行县，建成完善的一体化智能化公共数据平台，实现数据要素资源全面共享、高效配置。构建党政机关整体智治体系，形成综合集成、协同高效、闭环管理的工作运行机制。建设数字政府，推进“一网通办”“一网统管”，建成“掌上治理之县”。建设数字经济系统，拓宽数据要素化流通渠道，实现全县数字经济五年倍增。建设数字社会系统，以城市大脑为支撑，推动数字生活新服务覆盖社会事业12大领域，让民生服务变得更智慧快捷。建设数字法治系统，提升政法办案、行政执法和矛盾化解的大数据决策能力。积极打造数字化改革“文成样本”，迭代升级“共富帮”、为侨服务“全球通”等特色场景应用，打造更多能解决实际问题、富有文成辨识度、能为省市推广的特色应用。持续深化重点领域改革，统筹推进以“放管服”为重点的便民利企“一件事”集成改革，以国资平台整合转型为重点的财税金融改革，以激发农村发展活力为重点的农村集成改革，以融入“双循环”为重点的国家为侨服务综合改革等，形成更多山区共同富裕特色改革经验。

提升全域创新水平。深入实施创新首位战略，力促创新要素集聚，为绿色发展赋能。要建好科创平台。依托浙江大学文成大健康产业联合研究中心，推动产学研深入融合，推动文成大健康产业全面提升；升级文成农康研究院与试验中心，打造现代农业和森林康养产业“三位一体”新型研发机构;建设科技型小微企业创新园、文成—杭州紫金“科创飞地”,创建省级农业科技园区、省市产业创新服务综合体。培育创新主体。聚焦科技创新指标“五倍增五提升”,构建省科技型中小企业、高新技术企业和创新型领军企业培育梯队,强化企业创新主体地位,支持引导企业加大研发经费投入、开展关键技术攻关推广,培育一批创新浓度高的成长型企业。集聚创新人才。实施“百名高层次人才、千名紧缺人才、万名大学生”引才工程,建立柔性引才机制,引进一批高水平创新团队和“高精尖”人才;注重本土人才培育成长,动态升级人才政策,落实人才常态化、精细化服务机制,营造更为开放、包容、多元的创新生态。

不断扩大对外开放。进一步强化开放意识、沿海意识,以更大力度的开放融入“双循环”。接轨“一带一路”、长三角一体化等国家战略,深化“厅县合作”,大力实施“华侨要素回流工程”,积极创建国家进口促进创新示范区,主动参与中东欧经贸合作示范区,加快建设温州华商华侨综合发展先行区文成片区,高起点打造华商华侨回归创业创新平台。打造“山海协作”升级版,高水平建设文瑞山海协作产业园、文成—上虞产业飞地、瓯江口产业集聚区飞地、文成—奉化山海协作等项目,实现优势互补、合作共赢。深化“两个健康”先行区创建,营造优质营商环境,持续推进企业全生命周期服务便利化,推进“极简审批”“最多评一次”“告知承诺制”等高效涉企审批服务,进一步营造法治公平的竞争环境;健全“三清单一承诺”政商交往机制,落实领导挂点服务企业模式,构建亲清政商关系。

(六)把平安稳定作为第一责任,推动治理能力治理水平上台阶,打造县域治理现代化山区样板。平安稳定是发展建设的基石,要深化治理理念、治理模式、治理手段创新,提升县域治理现代化水平,确保夺取二星级“平安金鼎”。

创新社会治理。全面推进“县乡一体、条抓块统”改革,迭代升级“一中心四平台一网格”,打造县城集成指挥、乡镇一体两翼、村社多元共治的整体智治体系。高标建设城市运行中心,推动“152”体系与“141”体系有机贯通,实现风险研判更精准、综合协调更高效、联动处置更及时。推进社会治理中心建设,构建“县、乡、村、网格”一体化矛盾纠纷调处化解体系,常态化实施领导干部接访下访约访制度,持续深化诉源治理、推进积案化解,实现信访积案“动态清零”,努力将问题解决在群众身边、矛盾化解在基层一线。

建设法治文成。深化“大综合、一体化”行政执法改革,构建协同高效的行政执法体系,严格规范重大行政决策制定和执行,持续推动行政争议“两下降一提升”。提高公正司法水平,完善覆盖城乡的公共法律服务体系,加强司法权运行监督,努力让群众在每个案件中感受到公平正义。全面实施“八五”普法,培育法治文化,推动全民法治观念提升,营造全社会尊法、学法、守法、用法的良好氛围。

建设平安文成。完善“大安全、大应急、大减灾”风险闭环管控体系,有效防范和化解各领域风险。慎终如始防控疫情,用好“全面防控+精密智控+网格管控”机制,牢牢构筑疫情防控的铜墙铁壁。深入推进道路交通、消防、危化品、地质灾害点等重点领域安全专项整治行动,推动安全隐患闭环整改、动态清零,坚决遏制重特大安全生产事故发生。完善应急管理体制机制,迭代“智慧应急一张图”,持续增强防灾减灾救灾能力。健全社会治安防控体系,常态化推进扫黑除恶,优化网络综合治理,严厉打击各类违法犯罪,确保社会大局平安稳定。

四、加强新时代党的建设,为文成赶超跨越提供根本保障

实现未来五年奋斗目标,关键在党、根本在人。全县各

级党组织要落实新时代党的建设总要求，建设变革型组织、提高领导干部塑造变革能力，打响“文成铁军”品牌。

(一)筑牢绝对忠诚的政治品质。坚持把党的政治建设摆在首位，学深悟透习近平新时代中国特色社会主义思想，深入开展“四史”宣传教育，引导全县党员干部增强“四个意识”、坚定“四个自信”，坚定不移做“两个确立”忠诚拥护者、“两个维护”示范引领者，不断提高政治判断力、政治领悟力、政治执行力。严格落实意识形态工作责任制，加强网络阵地管理，牢牢掌握意识形态工作的主导权、话语权。全面抓好“七张问题清单”整改。

(二)建强全面过硬的战斗堡垒。着眼打造上下贯通、执行有力的组织体系，实施“红色根脉强基工程”，推动全县基层组织全面过硬。聚焦“领航带动”，强化基层党组织的政治功能，落实书记抓党建主体责任，高质量推进责任清单、项目清单、比拼清单“三张清单”落地，形成比学赶超的浓厚干事氛围。聚焦“双强示范”，推进“两新”党建、社区党建全覆盖，深化基层党组织后进整转和示范提升，打造一批基层党建示范点和党建示范群；围绕强村富民，组建跨区域党建联盟，壮大村集体经济，今后五年全县所有村集体经济年总收入达到40万元以上；围绕打造变革型组织，建强乡镇干部队伍、村社头雁队伍、基层党员队伍，提升基层党组织自我革新力。聚焦“服务贴心”，用好“瓯江红”党群阵地，推行“红色细胞”2.0版，抓实“共享社·幸福里”创建，形成“民呼我为”的贴心服务机制，打造文成特色的“红映山城”党建品牌。

(三)锻造唯实唯先的文成铁军。鲜明树立正确的选人用人导向，健全完善全面、立体、透视的精准识人机制，大力选拔说实话、干实事、求实效的干部，坚决不用信仰缺失、精神迷茫、作风漂浮、不敢担当、不愿作为的干部。要围绕跨越发展搭建干事比拼舞台，持续开展“揭榜挂帅、派单破难”，让更多专业型干部、年轻干部在一线实战攻坚，让有为者有位、吃苦者吃香，进一步形成担当干事新风尚，打响“铁军破难”品牌。坚持严管与厚爱并重，加强干部监督管理闭环，细化落实关心关爱、澄清正名、容错免责机制，激励干部锐意进取、积极作为，更好推动“两个担当”良性互动机制落地见效。

(四)涵养风气清朗的政治生态。围绕建设更高水平的“清廉文成”，高站位把党风廉政融入跨越发展中心大局。健全完善“四责协同”机制，深入落实“一把手”和领导班子监督有关规定，形成责任清晰、层层压实、问责有力的责任落实机制。持之以恒正风肃纪，落实好中央八项规定精神，严防“四风”问题反弹回潮，坚决整治懒政怠政和不作为乱作为。保持反腐败斗争高压态势，强化重点领域专项整治，扎紧制度篱笆，坚持抓早抓小、教育警醒，筑牢不敢腐、不能腐、不想腐的“防火墙”。认真开展政治巡察，整合贯通中央省委巡视、市委县委巡察反馈问题整改，做好基层党组织政治纠偏，强化问题整改和成果运用，推进上级决策部署不折不扣落地。深化监察体制改革，发挥好派驻机构的“探头”作用，强化纪法贯通。创新打造清廉品牌，以数字赋能纪检监督，传承弘扬刘基廉政文化，厚植政治生态的绿水青山。

(五)凝聚同心同向的强大合力。发挥党委领导核心作用，全面加强常委会自身建设，健全完善各级党委、党组议事和决策规则，严格执行民主集中制，进一步提高决策的科学化、民主化水平。健全党统揽全局、协调各方的制度体系，全力支持人大、政府、政协和监委、法院、检察院依法依章履行职能，全面落实民族、宗教、外侨、对台等政策，充分发挥工商联、党外人士参政议政作用，认真做好群团、老干部、党管武装等工作，凝聚起推进共同富裕的最大合力。

名词解释

1.“侨家乐”：2020年疫情背景下创新打造的民宿经济新业态，彰显的是侨的元素，展现的是家的温馨，感受的是乐的体验，让游客在自然山水、乡野田园中享受“土到底、洋到家”的品质休闲时光。

2.新型股份合作制农合联：生产要素“龙头企业+合作社+科研院所”三方合股；生产过程统分结合，生产环节规模化的由公司统一安排、统一规范，劳动密集型作业由农民灵活安排；农民收益两次分红，让“小农户”与“大市场”有效衔接。

3.农业“六化”：结合文成农业实际，要加快组织化、规模化、标准化、品牌化、市场化、信息化。

4.全省一本账S0：全省数字化改革重大应用“一本账S0”目录，是全省数字化改革重大应用项目立项、开发建设的重要依据。

5.“七张问题清单”：省委抓党建、带全局之重要抓手，分别是重大国家安全、生产安全、督查、审计、信访、网络舆情和巡视等七张“问题清单”。

6.“三万聚才”计划：万侨归乡、万名绿领、万名大学生。

7.GEP：生态系统生产总值，是一定区域在一定时间内生态系统的生产和服务及其价值总和，一般以一年为核算时间单元。

8.GEP的GDP实现率：指生态产品价值总和(包括生态系统提供的农林牧渔和水电可再生能源等供给产品、调节服务、文化服务)与GDP总量的比值。

9.无废城市：持续推进固体废物源头减量和资源化利用，将固体废物环境影响降至最低的城市发展模式。

10.碳中和、碳达峰：碳中和，指国家、企业、产品、活动或个人在一定时间内直接或间接产生的二氧化碳排放总量，通过植树造林等形式，抵消产生的二氧化碳排放量，实现正负抵消。碳达峰，指在某个时点二氧化碳的排放不再增长达到峰值，后逐步回落。

11.“区域环评+环境标准”改革：根据项目建设对环境影响的程度，推行免予环评手续、网上在线备案、降低环评等级、精简环评内容、承诺备案管理、创新环保“三同时”管理等举措。

12.“一核两区四镇”：一核，即天湖省级旅游度假区；两区，即森林氧吧小镇、天湖悦动小镇；四镇，即百丈漈、南田、西坑、铜铃山等4大旅游重点镇。

13.“1+3+N”农业生产布局：“1”是巩固提升粮食产能，“3”是做强杨梅、高山蔬菜、茶叶主导产业，“N”是发展糯米山药、中蜂、金丝皇菊等特色产业。

14.“五优联动”：指优粮优产、优粮优购、优粮优储、优粮优加、优粮优销。

15.“月光经济”：相对于“日光经济”。包括以夜间餐饮购物、休闲观光、教育培训、体育健身、文化演艺、展览展销等为主要内容的经营消费活动。

16.“7个1”标配：省委为加快26县跨越提出的七大场景要求，即1个百亿元产值的特色生态主导产业，1个3平方千米以上的特色产业平台，1批高质量“产业飞地”“科创飞地”，1个高品质县城中心商务区，1个高能级交通高铁门户，1条山水城文交融的美丽风景大道，1系列由公共文化中心和高水平学校、医院等构成的优质公共服务，推动山区基本形态整体提升蝶变。

17.“五化十场景”：未来乡村建设的主要内容，“五化”即人本化、生态化、数字化、产业化、系统化；“十场景”即未来生态、建筑、创业、经营、健康、邻里、文化、数字、服务、治理场景。

18.“两进两回”：科技进乡村、资金进乡村，青年回农村、乡贤回农村。

19. 厅县合作：省厅部门和县市区结对帮扶，推进山海协作。

20.“三清单一承诺”：推行亲清新型政商关系“三张清单”，开展反对“挈篮子”承诺，规范政商交往行为，建设清廉民企，优化营商环境。

21.“152”体系和“141”体系：全省数字化改革“152”体系，“1”即一体化智能化公共数据平台；“5”即党政机关整体智治综合应用、数字政府综合应用、数字经济综合应用、数字社会综合应用和数字法治综合应用；“2”即数字化改革的理论体系和制度规范体系。社会治理“141”体系，“1”即社会治理中心、“4”即基层治理“四个平台”、“1”即基层网格。

22. 智慧应急一张图：涵盖了台风暴雨、山塘水库、洪涝灾害等领域，该“图”通过对应急风险的精准智治，提升了预测预警预报和指挥救援能力，完善了预算编制、风险研判、应急决策、协同处置等全过程风险防范化解机制。

23.“红色根脉强基工程”：按照“一规划、一指数、一系统”的总体架构来实施。“一规划”指制定实施“红色根脉强基工程”规划；“一指数”指建立“红色根脉强基指数”；“一系统”指打造“浙里红色根脉强基系统”。

24.“共享社·幸福里”创建：旨在以小区为基本单元，以共享为手段，以幸福为导向，全力构建共建共治共享城市基层党建新格局。

文成县人民代表大会常务委员会工作报告

——在文成县第十七届人民代表大会第一次会议上

县人大常委会主任　郑建华

2022年2月19日

五年来的工作回顾

过去的五年，是我县全力应对风险挑战、推动经济社会高质量发展的五年，也是我县不断深化民主法治建设、实现人大工作全面进步的五年。五年来，县人大常委会始终高举习近平新时代中国特色社会主义思想伟大旗帜，全面贯彻落实党的十九大和十九届历次全会精神，坚持党的领导、人民当家作主和依法治国有机统一，在监督中支持、在支持中参与、在参与中服务，不断推动人大工作与时俱进、创新发展。五年来，共组织召开常委会会议42次，主任会议72次，听取"一府两院"专项工作报告161项，交办审议意见65件，开展执法检查、调研视察82次，圆满完成了县十六届人大历次会议确定的各项目标任务。

一、五年来，我们始终与党委同频，以坚定的政治自觉引领人大工作正确航向

常委会始终旗帜鲜明讲政治，不断提高政治判断力、政治领悟力、政治执行力，紧跟县委决策部署行使人大职权、发挥人大作用。

把强化理论武装摆在首位。健全完善理论中心组和机关各项学习制度，深入学习党的十九大及历次全会精神、中央人大工作会议精神和习近平法治重要思想，始终做到用习近平新时代中国特色社会主义思想领航定向。认真组织人大常委会机关论坛、百场人民代表大会制度主题宣讲，教育引导全县各级人大代表和人大干部坚决拥护"两个确立"、坚定扛起"窗口担当"。扎实开展"不忘初心、牢记使命"主题教育、党史学习教育和庆祝新中国成立70周年、建党100周年系列活动，始终用党的最新理论成果武装头脑、指导实践、推动工作。

把坚持党的领导贯穿始终。五年来，常委会把贯彻落实党委决策部署作为重大政治责任，不断增强"四个意识"、坚定"四个自信"、做到"两个维护"。在谋划推进人大工作时，紧紧围绕党的中心任务和工作大局制定实施人大各项工作计划，严格执行重大事项向县委请示报告制度。邀请县委主要领导参加人大的重要会议、重要工作、重要活动，始终把好政治原则、政治纪律、政治规矩。积极发挥人大常委会党组把方向、管大局、促改革作用，协助召开县委人大工作会议，推动落实"党领导人大工作"各项考核任务，切实把党的领导贯彻到人大工作的各方面和全过程。

把县委决策部署落到实处。坚决做到县委工作部署到哪里，人大工作就跟进到哪里；重点工作在哪里，人大力量就汇聚到哪里。常委会按照县委工作安排，认真完成领导班子"连片挂点"各项任务，扎实开展"三服务""三助三红""学党史 办实事"等活动，组织人大代表、人大干部深度参与社会管理、村社组织换届等重点工作。重点紧扣历年县委"三美文成""四大工程"等中心工作，科学确定常委会年度履职重点议题，依法用好人事任免权和重大事项决定权。五年来，共

依法任免308名国家机关工作人员，先后就打造共同富裕示范区山区样板、提升县城首位度、政府债券资金使用等作出决议决定38个，助推县委决策部署得到有效贯彻执行。

二、五年来，我们始终与大局同向，用高质量履职服务县域高质量发展

常委会牢固树立战略思维、法治思维、底线思维，始终着眼大局、服从大局、维护大局，为县域跨越式高质量发展提供有力支撑。

在迎接大战大考中彰显人大担当。过去五年，我县经历阻击新冠疫情、决胜脱贫攻坚等多场大战大考，常委会始终以“一线”思维、“一线”作为，主动参战、积极应战，用实际行动彰显了地方国家权力机关的责任和担当。面对新冠肺炎疫情的严峻考验，多次吹响人大“战疫”集结号，常委会领导班子“挂帅冲锋”，全体人大干部下沉“疫”线，广大人大代表各展所长、齐心参与，踊跃捐款捐物，汇聚起齐心抗疫的强大合力。在疫情常态化防控阶段，听取审议县政府关于疫情防控和复工复产复学情况报告，组织开展野生动物保护“两法两条例两决定”贯彻执行情况检查，助推县政府筑牢常态化疫情防控的“铜墙铁壁”。面对决胜全面建成小康社会的时代大考，开展消除农村集体经济薄弱村监督和精准扶贫工作调研，助推村级集体经济消薄和扶贫攻坚工作更加扎实有效。面对创建国家AAAAA级景区、生态文明示范县、食品安全县等攻坚硬战，持续跟踪督查全域旅游化环境再造、未来景区改革试点、环境功能区划编制、食品安全管理等工作，助力我县成功创成国家AAAAA级景区、“两山”实践创新基地等。

在服务经济发展中贡献人大力量。聚焦前瞻性，加强重大规划执行监督，每年听取国民经济和社会发展计划执行情况报告，全程监督“十三五”规划实施，依法审查和批准“十四五”规划和二〇三五年远景目标纲要，助力县委牢牢掌握发展主动权。聚焦驱动性，健全完善政府投资项目监督办法，每年开展政府重大投资项目专题监督，督促相关部门及时协调解决项目建设中遇到的困难和问题，推动重点建设项目有序推进。聚焦结构性，紧盯县域经济薄弱环节，先后开展数字经济、民企经营、企业上市等情况调研，促进我县经济结构调整和增长方式转变，提升区域经济竞争力。聚焦协调性，每年安排两次财经工作调研，扎实推进全口径预决算监督，专项听取地方债务总体情况报告。协助县委制定政府向人大常委会报告国有资产管理情况有关制度，组织开展国有企业、行政事业、自然资源等资产管理情况专题调研。先后选取科技局、司法局等38个部门预算进行重点审查，并首次对审计查出问题整改情况进行专题询问，打好审计整改监督“组合拳”。

在助力乡村振兴中发挥人大优势。常委会以“美丽宜居”为切入点，严格落实环境状况和环境保护目标完成情况报告制度，围绕劣V类水剿灭、五水共治、松材线虫病防治、天顶湖流域综合治理及绿道建设等生态环保重点工作开展监督，助力打造生态环境秀美乡村。以“乡村旅游”为发力点，组织开展民宿经济发展专题监督，支持县政府出台民宿专项扶持政策、加强产业配套设施建设、打造本地特色民宿品牌，促进“侨家乐”民宿品牌落地并快速发展。以乡村振兴重点任务为关键点，组织全县658名各级人大代表参与专题监督活动，围绕西部生态休闲产业带、农村改革等方面存在的突出问题，通过定点监督、学习宣讲，联系帮扶、建言献策等方式，助推我县成功打造12条乡村振兴示范带，并被列为部省共建乡村振兴示范县。以农业高质高效为突破点，开展现代农业园区建设情况监督，推动农业加快转型升级，实现产业融合发展，助力文成顺利入选全省农业绿色发展先行县创建试点。

在推进依法治县中践行人大职责。法治建设是人大的重要使命。常委会着眼法律实施

和宣传，精心打造全县首个宪法主题公园，先后开展两轮“七五”普法工作情况监督，并依法作出“八五”普法决议。同时，积极发挥法律巡视利剑作用，先后就《中华人民共和国文物保护法》《浙江省粮食安全保障条例》等法律法规实施情况开展执法检查，从严落实《文成县政府重大行政决策程序实施办法》等161件规范性文件的备案审查，切实维护法制统一。加强法治政府建设，每年听取法治政府建设情况报告，监督《中华人民共和国行政处罚法》《中华人民共和国行政复议法》贯彻落实情况，对县住建局、县资规局等4个部门进行工作评议，促进政府依法行政。强化司法监督，专题听取“两院”半年度工作报告，深入实施法官、检察官履职测评，先后对基层法庭工作、家事案件多元化纠纷解决机制、检察机关司法体制改革、公益诉讼工作、民事行政检察工作等开展专题调研，促进“两院”公正、规范司法。主动服务地方立法，探索建立基层立法联系点，认真配合上级人大完成电梯安全条例、家政服务条例等21部法律法规的意见征求和立法后评估工作。

三、五年来，我们始终与人民同心，把群众对美好生活的向往作为奋斗目标

常委会深入贯彻“人民至上”理念，着力推动解决群众最关心、最直接、最现实的利益问题，不断增强人民群众的获得感、幸福感和安全感。

谋划好、监督好民生实事项目。民生实事项目人大代表票决制是本届人大推进民生福祉改善的一项重大创新。坚持高起点谋划。2017年，组织工作专班先后赴舟山定海、宁波奉化等地学习考察，协助县委制定出台“群众提、代表决、政府办、人大评”的有关工作意见、制度和办法，推动民生实事项目人大代表票决制在我县高起点落地开局。2018年，全县各乡镇推行了民生实事项目人大代表票决制。坚持高要求推进。每年通过“政府主导项目征集、人大常委会初审、人代会评价票决、政府及其部门组织实施”等环节，将群众期盼的民生实事项目付诸实施，把为民办实事纳入规范化、制度化、民主化轨道，极大激发了人大代表的主体意识和履职活力。坚持高效率监督。通过年初问安排、年中问进度、年末问结果，逐年完善项目监督和评估机制，推进了从“为民作主”到“由民作主”的探索实践。五年来，高速公路通车、县城交通治堵、城镇管网改造等50个县民生实事项目和17个乡镇800多个民生实事项目落地见效，实现了政府治理和社会参与、群众自治的良性互动。

回应好、解决好群众急难愁盼。坚持把群众普遍关注的热点难点问题作为监督重点，持续推动保障和改善民生。回应群众对“住有所居”的关切，认真开展农村建房审批调研，跟踪监督震后重建审议意见落实情况，督促县政府下大力气解决群众“住房难”问题。回应群众对“病有所医”的关切，先后开展医药卫生体制改革、医疗基础设施建设、公共卫生服务体系等专题监督，加快推动县人民医院新院区等医疗重大工程项目建设，促进医疗卫生服务体系完善优化，使群众就近享受更加优质高效的医疗卫生服务。回应群众对“幼有所学”的关切，通过“执法检查+跟踪审议意见落实+专题询问”的方式，有效解决幼儿“入学难”等突出问题，促进学前教育事业健康发展。回应群众对“居有所安”的关切，扎实开展基层派出所工作、禁毒工作、扫黑除恶专项斗争、应急管理体系建设情况等专题调研，支持县政府补齐工作短板、创新治理方式，不断提升“平安文成”建设水平。

维护好、保障好群众合法权益。关注群众健康生活需求，开展群众体育工作调研，推动机关单位体育设施合理有序开放，保护群众基本健身权益。聚焦就业创业群体，组织开展专题调研，督促政府完善优惠政策、提升服务平台功能、加大就业培训力度和困难群体就业帮扶力度。加强对养老服务事业的监督，针对养老机构

数量不足、养老服务资源不均衡等问题，推动政府完善相关规划，加强养老服务设施建设，更好服务老年群体。着眼华侨权益保护，深入开展侨务工作调研，推动解决子女入学、投资创业等华侨切身利益问题。跟踪督查社会矛盾纠纷调处化解“最多跑一地”改革，推动社会矛盾纠纷调处化解的协同机制、综合保障、队伍建设等工作落到实处，切实维护人民群众合法权益。认真受理群众来信来访，加强信访协调督办，促进解决群众合理合法诉求。

四、五年来，我们始终与代表同行，为践行全过程人民民主不懈努力

常委会始终把代表工作作为基础性工作抓紧抓实、做细做强，不断完善制度机制，拓宽平台载体，强化服务保障，充分发挥人大代表在发展全过程人民民主中的重要作用。

认真督办代表议案建议。发动代表深入基层一线、广泛收集民意，切实提高代表议案建议的针对性和可行性。充分发挥优秀议案建议示范效应，持续开展年度优秀议案建议评比表彰，促进议案建议质量逐步提升。组织开展议案建议交办会、办理情况测评打分、落实情况“回头看”等活动，改进代表议案建议督办方式，推动代表议案建议真落实、见成效。五年来，我县人大代表提出的868件议案建议已经全部办理答复，代表满意率达100%，西北部城乡供水一体化提升、农村饮水安全巩固提升、渔业资源保护管理等一批群众关注的热点、难点问题得到妥善解决。

发挥代表“桥梁纽带”作用。创新人大代表与选民联系机制，推行人大代表定期联系选民、开展服务“活动周”“活动日”制度，有效筑牢代表密切联系群众桥梁。聚焦代表联络站优化提升，按照“六个平台”建设要求，组织召开全县人大代表联络站建设现场会，指导17个乡镇代表联络站完成规范化提升。同时，大力推进联络站“品牌化”“特色化”建设，创新建立法院、矛调中心联络站和片区代表联络室，切实提升联络站（室）功效，畅通联系选民“最后一公里”。有计划地组织人大代表分批进代表联络站接待选民，助力办好群众身边的“关键小事”。五年来，全县共组织各级人大代表进站接待选民3210余人，收集群众反映的各类意见建议2067件，协调解决1861件，深入践行了人大代表为民代言、为民服务、为民担当的宗旨和初心。

强化代表履职服务保障。严格落实常委会组成人员联系代表和代表联系选民制度，持续加大代表参与县人大常委会工作的深度和广度，通过座谈会、微信发布等方式及时向代表通报工作安排，畅通代表知情晓政渠道。丰富闭会期间代表活动形式和内容，先后组织全县四级人大代表开展助力“最多跑一次”“四大建设”等主题活动，提高履职实效。落实代表的政治待遇、物质待遇和经济待遇，规范人大代表活动经费管理使用，为人大代表依法履行职责提供更优保障。

抓好县乡人大换届选举。县乡人大换届选举，直接关系40多万选民的民意表达和民主权利，是全过程人民民主最生动、最直接的体现。常委会严格贯彻中央和省市县委有关要求，坚持以换届凝聚人心、换届增进团结、换届振奋精神为目标，认真开展县乡人大换届选举工作调研，依法作出县乡两级人大换届选举工作有关决定，扎实做好选区划分、选民登记、投票选举、资格审查等各环节工作，确保代表的先进性、广泛性和代表性，依法选举产生了县十七届人大代表222名，乡镇人大代表1038名，圆满完成了县乡两级人大代表换届选举任务。

五、五年来，我们始终与时代同步，在加强和改进人大工作上持续加力

常委会始终把加强自身建设摆在突出位置，主动适应新时代人大工作的新任务、新要求，持续完善工作机制、夯实基层基础、打造过硬队伍，全方位

展现文成人大工作新气象、新作为。

推动机关建设提质提效。以党建引领为龙头，建立人大常委会机关党组，加强人大机关党支部建设，严格落实全面从严治党、意识形态主体责任，不折不扣执行中央八项规定精神。以制度建设为重点，全面修订了《人大常委会议事规则》《主任会议议事规则》，出台了《人大常委会专家咨询工作实施办法（试行）》等工作制度，进一步推进县人大常委会决策、监督的规范化、科学化、民主化。以优化组织为抓手，增设社会建设工委，合并组建人大机关信息培训和研究中心，形成了上下贯通、简约高效的工作体系。以队伍建设为保障，建立健全干部交流轮岗机制，组织人大干部赴浙江大学、温州市委党校、绍兴人大干部培训中心等单位开展学习培训，全力打造唯实唯先、善作善成的人大铁军。

推动乡镇人大有力有为。认真落实常委会组成人员联系乡镇人大制度，通过常态化开展联动执法检查、视察调研和定期召开联席会议等方式，切实加强县乡两级人大工作的交流和联动，有效提高我县人大工作整体水平。协助县委制定乡镇“党领导人大工作”考核体系，努力解决乡镇人大运转乏力、保障不足等难题，有力推动了基层人大工作的制度化、常态化、实效化。注重乡镇人大履职能力提升，邀请乡镇人大主席列席常委会会议，举办乡镇人大干部履职培训班，组队赴先进地区实地学习考察，不断增强乡镇人大干部依法履职能力。

推动理论宣传出新出彩。加强人大理论创新探索，积极开展前瞻性、思路性、指导性研究，多篇理论成果荣获省市人大表彰，跻身全市人大理论研究工作“第一梯队”。总结展示人大生动实践，全面启动20年一次的人大志编纂工作，在回顾历史中提炼工作经验、坚定制度自信，为做好新时代人大工作提供历史借鉴。健全人大宣传制度机制，把人大宣传工作纳入常委会和党委宣传部门的重要议事日程，进一步完善人大宣传工作激励机制，定期召开人大宣传工作会议。搭建人大宣传平台载体，办好“文成人大”网站和微信公众号，联合县融媒体中心开辟人大专栏，构建线上“大宣传”工作格局。本届以来，文成人大信息工作成绩逐年突破，屡次荣获省市人大系统信息工作先进单位，2021年信息工作位列全市第二名。

推动数字化改革走深走实。紧扣“数字赋能、高效协同、整体智治”工作目标，把数字化改革作为新时代人大工作创新发展的重要牵引，努力深化和拓展人大数字化改革实践。组建人大数字化改革工作专班，出台《文成县人大数字化改革实施方案》，为工作推进提供遵循和依据。积极配合省市人大统建联建应用场景建设，认真做好监督、选举任免、代表履职等基础数据收集录入，完成了预算国资监督系统、代表议案建议交办系统、人大换届操作系统等三个应用场景建设。坚持高效多跨原则，精心谋划了会议服务系统、机构内部“一件事”系统、人大融媒体系统等三大特色应用场景。坚持理论和实践相结合，深入开展人大数字化改革课题调研，形成《推进人大融媒体建设的思考》等三篇理论研究成果，并在全市人大数字化改革理论研讨中获奖。

在认真总结五年来工作成绩的同时，我们也清醒地看到，常委会工作中还存在不少薄弱环节：监督质效有待进一步提升；调查研究有待进一步改进；工作创新有待进一步加强；等等。对以上这些不足，需要在今后的工作中认真研究，切实加以改进。

五年来的经验启示

成绩来之不易，经验弥足珍贵。五年来的工作实践，使我们深切地感受到，做好新时代人大工作，必须始终做到以下几个方面：

一是旗帜决定方向，必须始终坚持党的领导。实践证明，党的领导是做好人大工作的首要政治原则和根本政治保证。县十六届人大常委会各项工作得以顺利开展，关键在于始终坚持和依靠党的领导。因此，做好新时代人大工作，必须毫不动摇将各项工作置于党的绝对领导之下，始终按照县委指示要求来谋划和推进人大各项工作。

二是思路决定出路，必须始终坚持服务大局。实践证明，只有围绕中心、服务大局，才能确保人大工作有所作为、富有成效。因此，做好新时代人大工作，必须紧紧围绕改革发展大局履职尽责，努力在打造共同富裕示范区山区样板"大场景"中找准人大履职"小切口"，不断将制度职能优势转化为县域治理效能。

三是初心决定使命，必须始终坚持人民至上。实践证明，人大工作只有深深植根于人民之中，把人民对美好生活的向往作为奋斗目标，才能更好地发挥人民代表大会制度优势。因此，做好新时代人大工作，必须牢固树立"人民至上"理念，不断完善践行全过程人民民主的人大工作闭环，着力把群众所急、所难、所愁、所盼的事情办实办好。

四是基础决定高度，必须始终坚持依靠代表。实践证明，唯有充分发挥代表主体作用，人大及其常委会才能更好地履行宪法和法律赋予的职权，人大工作才能充满生机和活力。因此，做好新时代人大工作，必须始终尊重和维护代表的主体地位，充分发挥代表桥梁纽带作用，努力为代表履责行权创造更优环境和更好条件。

五是视野决定格局，必须始终坚持开拓创新。实践证明，创新是提高人大工作整体质效的重要动力，也是推动人大工作向前发展的必由之路。因此，做好新时代人大工作，必须勇于开拓创新，主动克服惯性思维，打破路径依赖，以数字化改革为牵引，持续推动人大工作水平和履职能力迭代升级，努力成为符合新时代要求的政治机关、国家权力机关、工作机关、代表机关。

今后工作的建议

今后五年，是奋战"十四五"发展目标，开启全面建设社会主义现代化国家新征程的五年。本次大会即将选举产生的县十七届人大常委会，承载着全县人民的期望，肩负着新时代的重任。建议新一届人大常委会继续高举习近平新时代中国特色社会主义思想伟大旗帜，以全面贯彻中央人大工作会议精神和习近平总书记关于坚持和完善人民代表大会制度的重要思想为指引，以"围绕中心转、围绕法律转、围绕民意转、围绕代表转"为理念，聚焦经济赶超、环境再造、民生幸福、铁军锻造"四大工程"，更好发挥地方国家权力机关职能作用，为文成建设国际化休闲旅游目的地、浙江大花园典型示范县、温州大都市重要增长极，打造高质量发展建设共同富裕示范区山区样板作出新的更大贡献。

一、发挥"重要制度保障"新优势，以更高站位在推进正确航向上保持定力。深入学习贯彻党的十九届六中全会及中央人大工作会议精神，进一步增强对"两个确立"的政治认同、思想认同和情感认同，内化于心、外化于行，始终做"两个维护"的忠诚践行者和示范引领者。始终坚持党的全面领导，严格执行人大重要会议、重大事项、重要工作向县委请示报告制度，主动将人大工作置于党委中心工作中去谋划和推进。充分发挥党组的领导核心作用，及时将县委的决策部署，通过人大法定程序转化为全县人民的共同意志和自觉行动，切实当好县委重大决策部署有效落实的实践者和保障者。

二、聚焦高质量发展新征程，以更硬监督在打造共同富裕山区样板上精准发力。坚持围绕中心、突出重点、增强实效，寓支持于监督之中，统筹发挥"把牢图""盯住法""管好钱"

三大职能作用，确保“一府一委两院”依法行使权力、依法落实相关工作责任。紧扣法律规定、突出法律责任开展执法检查，逐条对照检查法定职责是否履行、法律责任是否落实、法律执行效果是否明显，努力打造更富实效的人大监督成果。不断丰富和探索监督形式，用好听取审议工作报告、开展询问、质询、特定问题调查、专题调研、办理群众线上线下来信来访等，回应社会关切，强化各方面依法履职，让人大监督更具刚性和实效。

三、答好全过程人民民主新课题，以更优服务在发挥代表作用上深挖潜力。持续擦亮民生实事代表票决制这张民主建设“金名片”，在县乡全覆盖的基础上，进一步加强调研指导，总结规范提升。加大代表议案建议办理力度，进一步健全议案建议办理的评价机制、公开机制和闭会期间办理、跨年度衔接机制。拓展联系表达平台，建好管好用好基层立法联系点、代表联络站，不断丰富代表闭会期间活动，切实增强代表联系群众实效，最大限度吸纳民意、汇集民智，科学决策。拓宽有序政治参与渠道，优化代表履职服务管理，积极邀请代表广泛参与常委会各项工作，把人民群众的知情权、参与权、表达权、监督权落实到人大工作各方面和全过程。

四、对标“四个机关”新要求，以更实举措在加强自身建设上持续用力。认真落实中央关于加强和改进新时代人大工作的意见，对标“四个机关”定位标准，以更加有力的举措加强人大政治建设、制度建设、能力建设、团队建设，不断激发人大履职新动能。坚持在改革创新中丰富基层人大制度理论、在理论探索中丰富基层人大工作实践，持续推进人大数字化改革，深入开展人大制度宣传和理论研究，不断增强人大工作新活力。发挥专门委员会、专家咨询库作用，引入“外脑”辅助决策，构建人大依法履职的智力支持系统，不断提升人大工作新效能，开创文成人大工作新局面。

政府工作报告

——在文成县第十七届人民代表大会第一次会议上

县人民政府县长 罗招政

2022年2月18日

一、过去五年政府工作回顾

五年来，面对错综复杂的宏观经济形势和艰巨繁重的改革发展稳定任务，特别是面对新冠肺炎疫情的严重冲击，我们坚持以习近平新时代中国特色社会主义思想为指导，全面贯彻党的十九大和十九届历次全会精神，忠实践行“八八战略”、奋力打造“重要窗口”，坚决落实市委、市政府和县委决策部署，攻坚克难，勇毅笃行，“十三五”规划顺利收官，全面小康如期实现，经济社会发展迈上崭新台阶。2021年实现地区生产总值116.52亿元、年均增长6.8%；财政总收入17.98亿元、年均增长13%，其中一般公共预算收入11.75亿元、年均增长9.2%；城镇和农村常住居民人均可支配收入分别达47507元和22580元，年均分别增长7.7%和9.4%。批发零售业改造提升试点、低收入百姓增收和财政管理等工作获省政府督查激励。

过去五年，我们始终坚持项目统领，抓节点破难题，发展动能持续增强。项目建设质效并举。坚持交通先行，完成交通投资106亿元，是前一个五年的4.8倍，文瑞高速、文泰高速、G322樟台至龙川段建成通车，景文高速、文成南互通等重大项目稳步推进，文成无高速公路和一级公路成为历史，温州西部交通枢纽初见雏形。实施省“152”工程、省集中开工、省市重点等项目58个，净水湾康养、天湖康旅等重大产业项目和县人民医院、县职业高级中学等重点民生项目顺利推进，完成固定资产投资282亿元。项目盯引成果丰硕。招引亿元以上产业项目23个，6家500强企业来文投资，实现到位内资73.6亿元、利用外资1405万美元。培育总部企业226家，创税16.3亿元。项目要素保障有力。整合提升国有融资平台，累计融资15.5亿元，争取上级资金143.4亿元，清理盘活财政存量资金9.8亿元。实施“拓空间、强保障”行动，清理批而未供、供而未用土地9366亩，完成旱改水及垦造水田8464亩、建设用地复垦450亩。

过去五年，我们始终坚持产业主导，优结构促转型，生态经济不断壮大。生态旅游提档升级。大力推进龙麒源旅游度假区、大水桥现代文旅等重大项目建设，创成刘伯温故里国家AAAAA级景区，新增AAA级以上景区6个、景区镇村128个，获评省级文旅产业融合试验区、省级全域旅游示范县。建成游客中心35个、旅游停车场62个、旅游商业街3条、“侨家乐”民宿18家，伯温家宴、畲家长桌宴广受好评。举办中国首届文学旅游高峰论坛、浙江山水旅游节等活动，“伯温故里·天然文成”品牌持续打响。生态工业提能扩容。出台“培育新动能二十九条”，整合提升县生态产业园，引进工业企业72家，实现国家“专精特新”企业、装备制造业省级“首台套”产品、10亿元单体制造业项目零的突破。新建小微园3个，引进优质小微企业41家。深化“亩均论英雄”“标准地”改革，整治低效企业51家。大力发展建筑业，建筑业总产值年均增长17.5%。生态农业提质增效。设立全市首个农业经济开发区，建成文成农康研究院，获评省级农产品质量安全放心县、省级农产品质量追溯体系县和省级农业绿色发展先行示范县。持续壮大茶叶、杨梅、高山蔬菜三大主导产业，在全省率先发布杨梅出口标准，培育中蜂、糯米山药、金丝皇菊等特色农产品，创成省级农业强镇2个，新增市级农业龙头企业9家、示范性农民专业合作组织45家、“三位一体”示范性合作社33家、新型股份合作制产业联合体6个、家庭农场40家，农业总产值年均增长2.8%。新建高标准农田13.5万亩，完成耕地功能恢复4589亩，粮食播种面积稳定在11.2万亩，粮食安全考核连续五年获市级优秀。

过去五年，我们始终坚持全域统筹，强功能优环境，城乡面貌大幅改善。县城首位度不断提升。有序推进苔湖、下沙垟、兴福堂等城中村改造，启动樟山新区建设，发展空间不断拓展。推进县城旅游化环境再造，建成中央水轴、寨山公园等“大建大美”项目和城南农贸市场、体育中心地下停车库等公共设施项目，完成苔湖侨乡风情街、筏头街等街区改造，打通断头路5条，建成停车场9个，创成国家卫生县城、省级示范文明县城。城乡精致度不断提升。高标完成小城镇环境综合整治并承办全省现场会，创成省级样板镇7个，连续三年获评省级优秀县。开展“三改一拆”“三边三化”系列行动，创成国家卫生乡镇6个、省级美丽城镇样板镇2个、美丽乡村示范乡镇9个、美丽乡村精品村25个和市级乡村振兴示范带12条、美丽田园1.2万亩、美丽庭院1.4万户，获评省级新时代美丽乡村示范县、省级实施乡村振兴战略优秀单位。生态美丽度不断提升。整改环保督察反馈问题50个，主要生态环境指标保持省市前列，获评中国气候养生福地、省级清新空气示范区、省级生态文明建设示范县、美丽浙江建设工作考核优秀县。严格落实“河湖长制”，新增省级美丽河湖3条，建成城镇管网216千米，实现城镇污水处理率96%、农污设施覆盖率65%；创成全域污水零直排区，三次捧回“五水共治”大禹鼎，县域出境水质保持Ⅰ类标准。建设彩色健康森林10.7万亩，创成省级森林城镇8个，森林覆盖率达72.4%，空气质量优良率达100%。建成垃圾处理生态环保工程、飞灰填埋场等设施，生活垃圾实现零增长、零填埋，连续三年获评省级农村生活垃圾分类处理工作优胜县。

过去五年，我们始终坚持民生为本，促均衡保平安，民生福祉更加殷实。社会保障进一步完善。落实稳就业各项政策措施，新增城镇就业9218人，创成省级无欠薪县。落实养老保险省级统筹、医疗保险市级统筹，城乡居民大病保险支付比例提高至60%，基本养老保险、医疗保险参保率分别达99.6%和99.8%。发放救助金3.3亿元，最低生活保障月标准提高至城乡同标886元。全力推进安置提速，城中村改造安置房竣工3590套、开工3003套，建成抗震安居小区11个3180套、除险安居安置小区14个810套。新增养老床位731张，实现乡镇居家养老服务中心全覆盖，人均预期寿命达82.3岁。建成残疾人之家8个，残疾人康复中心完成主体工程。实施低收入农户高质量全面小康计划，完成“五排查五清零”行动，全市首创“飞地抱团”增收模式，低收入农户数量减至1.16万人、减幅达88.7%，低收入农户人均可支配收入年均增长15%，所有村社年经营性收入达10万元以上，获评全省消除集体经济薄弱村工作成绩突出集体。公共服务进一步优化。打赢疫情防控阻击战，毫不放松抓好常态化疫情防控，建立健全高效指挥体系，完善突发疫情精准管控和快速处置闭环机制，公共卫生应急能力大幅提升。建成中小学校4所、幼儿园10所，引进海亮教育等民办学校，创成省级教育基本现代化县。全面推动“双下沉、两提升”，成立县域医共体2个，新改建乡镇卫生院7个，获评全国基层中医药工作先进单位，基层和县域就诊率分别达66.3%和92.5%。县文化馆获评国家一级馆，建成乡镇综合文化站、文化礼堂、城市书房等文体场所358个，举办浙江省首届生态运动会等品牌赛事，新增省级文化强镇2个，出版《文成县志（1991—2011）》，创成国家公共文化服务体系示范区。开展农村饮用水达标提标三年行动，实现全县人民同饮同质放心水。获评省级食品安全县。建设"四好农村路"570千米，平和、周山、桂山通乡公路建成通车，实现"票价惠农民、公交进乡村"。社会治理进一步加强。圆满完成村社规模优化调整，总村社数从391个调整为244个。建成"城市大脑"，设立县社会治理中心。全面完成C、D级危旧房和地质灾害点治理，实现村级应急广播、避灾安置场所全覆盖。强化重点领域安全生产隐患排查整治，安全生产事故数下降75%。成立县矛调中心，连续三年实现省级无信访积案县。扫黑除恶专项斗争全面收官，治安警情年均下降6.9%。高质量推进平安文成建设，有望夺取"一星平安金鼎"。扎实开展国防教育、国防动员、双拥优抚、军民融合等工作，完成征兵和退役军人安置任务。工会、共青团、妇女儿童、红十字、慈善、老龄等事业全面发展，老干部、档案、气象、科普、社科、文艺等工作取得新成效，外事、对台、民宗、人防、关心下一代等工作不断加强。

过去五年，我们始终坚持自身过硬，转作风优服务，政府效能逐步提升。依法行政更加规范。建立县政府常务会议会前学法制度，完善重大行政决策和规范文件制定程序。推行重大行政执法决定法制审核，"大综合一体化"改革持续深化。积极预防化解行政争议，办理行政复议、行政应诉案件829件、行政调解2488件。高质量完成"七五"普法，获评全国创建法治县工作先进单位和全省法治政府建设先进单位。自觉接受人大法律监督和政协民主监督，办理人大建议873件、政协提案666件。政务服务更加高效。圆满完成政府机构改革。深化"两个健康"创建，全面落实民营经济高质量发展90条新政。深化"最多跑一次"改革，全面推进"一窗受理、集成服务"，实现100个事项"一件事"联办、一般企业投资项目审批"最多80天"，民生、企业和机关内跑事项网上可办率100%。率全国之先推出海外公证、海外人民调解服务，建成全国首个涉侨海外服务中心和实体境外分中心，为侨服务综合改革取得突破。廉政建设更加深入。扎实开展"两学一做"学习教育、"不忘初心、牢记使命"主题教育和党史学习教育，纵深推进政府系统全面从严治党，全面整改省委巡视反馈问题。认真落实中央八项规定及其实施细则精神，深入纠治"四风"，建立健全内部审计和国有资产监管制度，政务环境风清气正、廉洁高效。

刚刚过去的2021年，我们以项目建设攻坚年、主体引育突破年活动为抓手，健全重点工作全流程抓落实机制，各项目标任务有序推进、成效明显，实现"十四五"精彩开局。

一年来，经济赶超工程"增后劲、开新局"作用进一步发挥。获批设立省级经济开发区，争取上虞"产业飞地"和浙大紫金"科创飞地"，启动与奉化山海协作，建成平湖"飞地经济"产业园、瑞文山海协作"消薄飞地"二期，森林氧吧省级特色小镇成功命名。签约首个投资百亿元项目——天湖国际旅游度假区，文成国际文旅侨贸创新发展区列入省级现代服务业创新发展区名单；引进首家国际品牌酒店，举办全市"侨家乐"品牌民宿发展现场会，列入省级旅游业"微改造、精提升"试点县。开工建设娃哈哈智能化饮料生产基地，R&D占比提高至1.1%。注册"文品天成"区域公用品牌，列入全国农民合作社质量提升整县推进试点。青文高速玉壶互通至文成枢纽段完成工可审查，抽水蓄能电站列入国家抽水蓄能"十四五"重点实施项目。

一年来，环境再造工程“创亮点、树样板”成效进一步凸显。开工建设苔湖二期，改造老旧小区2个，建成城市客厅、城北环山绿道、二新旅游商业便民综合体等工程，提速推进兴福堂市政道路、陈宅农贸市场等项目，樟山社区列入全省未来社区创建名单。百丈漈—飞云湖风景名胜区获评省“名山公园”，刘伯温故里景区入选全省首批未来景区改革试点。开展农村人居环境“两最三比”活动，铜铃山创成全县首个AAAAA级景区镇，武阳创成中国美丽休闲乡村、市级未来乡村，“伯温故里民俗带”县域风貌区列入全省首批试点。提前完成赵山渡一级水源保护区人口搬迁，列入全省首批整县屋顶分布式光伏开发试点，创成国家“绿水青山就是金山银山”实践创新基地。

一年来，民生幸福工程“办实事、解难题”口碑进一步树立。落地实施“双减”政策，全县推行学校课后服务，高考一段文化科上线率实现“九连升”。与温医大附一医开展新一轮协作，建成喃山骨科医院。完成7个乡镇自来水厂提升工程，县城应急备用水源工程全线贯通，创成国家级县域节水型社会。建成县人民医院发热门诊和17家乡镇卫生院发热诊室，投用移动式核酸检测实验室专车，累计接种新冠疫苗46万剂次。

一年来，铁军锻造工程“提效能、转作风”效果进一步形成。坚持在攻坚克难、数字化改革、依法行政中锻造政府“铁军”，开展“理旧账”专项行动，“七张问题清单”全部整改到位；上线数字政府、数字经济、数字社会等综合应用系统，为侨服务“全球通”和“共富帮”应用列入省市多跨场景“一本账S0”；深化府院联动，建立全市首个网上合法性审查办件平台，化解征地拆迁涉访涉诉案件156件，实现国家级民主法治村零的突破。

奋斗充满艰辛，成绩来之不易。这些成绩的取得，都得益于习近平新时代中国特色社会主义思想的科学指引，得益于县委的坚强领导、精准决策，得益于县人大和县政协的有效监督、鼎力支持，得益于历届政府的开拓进取、励精图治，得益于全县干部群众的同心同德、团结协作。

成绩属于过去，未来仍需努力。我们清醒地看到，对标现代化建设和共同富裕的高要求，我县发展中依然存在许多深层次的矛盾问题，突出表现为：经济总量不大、结构不优，主导特色产业带动支撑作用不明显，产业链不完善，平台承载力不强，尚未形成有竞争力的产业集群；“大好高”项目不够多，土地、资金、人才等要素制约较突出，新旧动能转换仍需加快，生态产品价值转化通道还未完全打开；城市能级不高，县城集聚功能和辐射带动效应不强，产城人文融合步伐还需加快；民生领域仍有较多短板，教育、卫生、养老、文化等公共服务供给还不均衡、不充分；部分干部执行力、创造力、攻坚力不够强，能力素质还需提高。对此，我们一定保持清醒、直面挑战，采取有效措施加以破解。

二、今后五年的主要思路和目标任务

跨越风华正茂的百年，站在新的历史起点上，我们要牢记谆谆嘱托、践行光荣使命，以昂扬奋进之姿、争先晋位之志、拼搏奔跑之力，答好历史性命题，创造历史性突破，加快实现全县人民的共同富裕之梦。今后五年全县经济社会发展的指导思想是：高举习近平新时代中国特色社会主义思想伟大旗帜，忠诚拥护“两个确立”、坚决做到“两个维护”，坚定扛起忠实践行“八八战略”、奋力打造“重要窗口”的政治使命，按照县第十四次党代会的决策部署，以“四大工程”为主抓手，强力推进“生态立县、工业强县、旅游兴县”，全面提升县域治理现代化水平，提速建设国际化休闲旅游目的地、浙江大花园典型示范县、温州大都市重要增长极，加快打造高质量发展建设共同富裕示范区山区样板。

今后五年的预期目标是：

力争到2026年，实现地区生产总值180亿元以上，年均增长7%以上；固定资产投资100亿元以上，年均增长10%以上；财政总收入26亿元以上，年均增长8%以上，其中一般公共预算收入17亿元以上，年均增长8%以上；城镇和农村常住居民人均可支配收入分别达6.8万元和3.4万元以上，年均分别增长8%和9%以上，城乡居民收入比缩小至2以内；社会消费品零售总额80亿元以上，年均增长10%以上。经过五年的发展，生态质量领跑全国、经济实力明显增强、城市能级大幅提升、改革开放持续深化、民生福祉全面增进、社会治理形成示范。

实现上述目标，必须重点把握好五个方面：

——锚定一个“新”字，开创综合实力“三跨越”新局面。紧紧围绕县委擘画的新蓝图，找准新方位、明确新航向，在26县综合排名上实现新跨越；紧紧围绕县委部署的新任务，展现新作为、彰显新担当，在经济社会发展主要指标上实现新跨越；对标发达地区先进标杆，阔步新征程、干出新气象，在城市形象上实现新跨越。

——突出一个“高”字，勇攀生态立县“四争先”新高峰。坚持高品质建设，在主要生态环境指标上争先；坚持高目标引领，在生态示范创建上争先；坚持高质量发展，在碳达峰碳中和上争先；坚持高效率转化，在践行“绿水青山就是金山银山”发展理念上争先。

——紧扣一个“强”字，注入工业强县“五突破”新动能。坚持强平台，在省级经济开发区等产业平台搭建上取得新突破；坚持强招引，在链主型企业等产业主体引育上取得新突破；坚持强链条，在建链、强链、补链、延链等产业链条壮大上取得新突破；坚持强创新，在数字赋能、创新赋能等产业动能培育上取得新突破；坚持强保障，在要素配置等产业环境优化上取得新突破。

——聚焦一个“特”字，树立旅游兴县“六示范”新标杆。坚持扬特色，做到人无我有、人有我精、人精我特，在旅游项目建设、节庆活动开展、旅游线路串联上作示范；坚持显特质，做到产业协同发展、品牌深入人心、旅游体验愉悦，在文旅农旅融合、旅游宣传营销、服务标准提升上作示范。

——做实一个“优”字，打响共同富裕“七优享”新名片。坚持优政策，精准发力、适当超前，把“蛋糕”做大做好；坚持优制度，尽力而为、量力而行，把“蛋糕”切好分好；坚持优服务，全力擦亮温馨善育、学在文成、健康守护、老有颐养、文成工匠、温暖安居、弱有众扶等七张民生优享金名片。

今后五年，我们必须大干快干拼命干，干出一番新天地，干出一股精气神，力争一年一台阶、五年大跨越，全力建设五个“山水侨城”：

（一）奋战五年，走出一条生态价值不断积累的持续裂变之路，建设“绿色山水侨城”。锚定生态环境质量全国一流、全市第一目标，着力打造更高质量、更高水平的国家生态文明高地。

开展生态环境提升行动。严格落实生态功能区规划和“三线一单”管控，迭代升级“智慧环保”智治系统，确保主要生态环境指标保持省市前列。致力让天空更蔚蓝。加强城市扬尘、餐饮油烟等综合治理，空气质量优良率达99%以上。致力让江河更清澈。系统开展天顶湖、飞云湖等河湖生态整治修复，推进�店溪、梧溪等中小流域综合治理，实现城镇建成区雨污分流、农村生活污水处理设施全覆盖、标准化运维100%，出境水质保持Ⅰ类标准。致力让大地更洁净。防治农业面源污染，实施“药肥双减”，统筹推进“五废共治”，创成全域“无废城市”。

开展生态品牌创建行动。巩固国家“绿水青山就是金山银山”实践创新基地创建成果，争创国家重点生态功能示范区、国家生态文明建设示范县、省级生态文明先行示范区。实施森林质量精准提升工程，实现松材线虫病防治根本性转变，森林覆盖率稳定在72.4%以上，争创国家森林城市。联动推进美丽河湖风景线、滨水绿色产业发展带建设，争创幸福河湖试点县。全面推进碳达峰碳中和，全域推行绿色低碳生产生活方式，创成未来低碳社区、低零碳村、"零碳"政府机关等一批低碳品牌。

开展生态价值转化行动。深化全省县级GEP核算试点建设，推进GDP和GEP规模总量协同较快增长。培育多元化产品。建立生态资源清单、产权清单，大力发展生态利用型、生态赋能型、生态影响型产业，积极开发新业态、新模式的生态产品。引导社会化投资。以"两山银行"为核心支点，探索成立"两山基金"，培育"两山公司"，鼓励社会资本投入绿色生态产业。开工建设抽水蓄能电站，有序推进光伏、储能等引领性、标杆性生态价值转化项目。探索市场化交易。建立健全生态产品政府采购和市场交易制度，积极开展生态资产产权、用水权、用碳权等交易，争取在生态信用、绿色金融、生态景观增值等领域取得突破。

（二）奋战五年，走出一条产业特色不断放大的融合聚变之路，建设"创富山水侨城"。充分发挥浙江大学文成大健康产业联合研究中心的引领驱动作用，健全完善现代生态产业体系，加快形成一批标志性产业集群。

实施生态工业"五大联动"计划。开展新一轮制造业"腾笼换鸟、凤凰涅槃"攻坚行动，大力发展健康食品加工业和装备制造业，实现生态工业产值100亿元以上。推进平台大提升。全力打造省级经济开发区主平台，加快白鹭洲水经济、农产品精深加工、装备制造等产业园建设，完成工业性投资30亿元以上。推进飞地大建设。与支援地共建一批山海协作"产业飞地"，争取在外"产业飞地"五年内全部达效。推进企业大发展。实施工业企业梯度培育工程和重点企业"增资扩产"专项行动，引进亿元以上制造业项目30个以上，规上工业企业达100家以上。推动建筑业高质量发展，建筑业总产值达100亿元以上。推进动能大培育。大力发展数字经济，培育国家高新技术企业10家、科技型企业40家、"专精特新"企业3家以上，R&D占比达1.4%以上。推进低效大整治。深化"亩均论英雄"改革，实现亩均税收10万元以下企业清零，工业低效用地整治750亩以上，规上工业亩均税收和亩均增加值分别达20万元和100万元以上。

实施生态农业"五链协同"计划。坚决守牢粮食安全底线和耕地保护红线，打造5亿元以上农业全产业链2条，实现农业总产值15亿元以上，争创国家绿色农业发展先行区。全力提升价值链。深入实施科技强农、机械强农行动，新增市级农业龙头企业10家；持续提升茶叶、杨梅、高山蔬菜等传统产业，新培育特色农产品2个以上，建成特色农产品优势区3个以上。全力延伸产业链。高标准打造农业经济开发区，推进云上农开田园综合体、天湖农都农旅综合体等项目建设，争创省级现代农业园区；深入实施农业"接二连三"工程，培育农产品加工基地和农旅融合示范基地20个以上。全力壮大组织链。深化全国农民合作社质量提升整县推进试点，持续推广新型股份合作制产业联合体模式，培育新型农业经营主体400个以上。全力健全服务链。提速"三位一体"农合联改革，建成农康院研究与试验中心，新建科技特派员示范基地20个。全力融通供应链。巩固省级"互联网+"农产品出村进城工程试点成效，健全"县物流中心、4大片区物流园、乡村快递物流网点全覆盖"的物流网络，新增农产品专业市场3个、网红直播基地10个以上，推进冷链物流进村、预制菜销售等项目，初步形成区域性农产品集散枢纽。

实施生态旅游"五十培育"计划。持续优化"一心两轴四组团"全域旅游布局，争创国家全域旅游示范区和国家级旅游度假区，实现旅游总收入50亿元以上、旅游业增加值占GDP比重12%以上。打造十大旅游标志性项目。提速推进天湖国际旅游度假区等10个重大文旅项目建设，完成旅游投资150亿元以上。打造十大精品景区。充分发挥刘伯温故里国家AAAAA级景区龙头作用,改造提升铜铃山、龙麒源等10个核心景区,力争刘伯温故里景区和森林氧吧小镇创成全省大花园耀眼明珠、天湖悦动小镇创成省级特色小镇。打造十大旅游线路。持续提升伯温文化体验游、森林氧吧度假游等10条精品线路,形成一批网红打卡点。打造十大精品度假酒店。积极引育希尔顿惠庭酒店等10个高端酒店,培育民宿村3个,"侨家乐"民宿达50家以上,全县住宿床位数达2万张以上。打造十大旅体活动品牌。精准做好品牌营销,积极开展伯温故里文化旅游节、马拉松精英赛等10个节庆赛事,系统打造文成旅游IP,大幅提升旅游消费人气和热度。

(三)奋战五年,走出一条城乡风貌不断提升的精彩蝶变之路,建设"魅力山水侨城"。着力提升全域美丽的城乡风貌,打造更具品质、更有韵味的城乡环境。

建设高能级的中心城区。坚持"小县大城"发展战略,实施"310"百亿投资计划,五年县城投资100亿元,力争建成区面积达10平方千米、常住人口达10万人以上,形成"10个1"基本形态。推进樟山、下田垟、龙船垟、苔湖、珊门等一批新老城区联动发展,加快市民中心、星级酒店、会展中心等一批城市配套建设,发展商贸流通、总部经济、休闲旅游、文化创意等一批经济新业态,打造一个"24小时不打烊"月光经济示范街区,引进一批咖啡、餐饮、书店等国际知名品牌,建成高速文成互通至中央水轴、文成南互通至樟山、G322至安福寺等一批景观大道,提升龙溪、凤溪、象溪等一批生态廊道,形成一条四季交融的环城彩色林带,新增一批市民家门口的休闲公园,开展市容秩序整治等一系列精细化管理行动,推动县城成为经济繁荣、品质高端、人人向往的宜游宜居宜业之城。

建设高品质的特色城镇。依托山水生态格局和资源要素分布特征,推动城镇差异化定位、特色化发展。加快峃口、周壤承接县城辐射,发展休闲康养产业,构筑县城"后花园"。充分发挥交通区位优势和"水经济"特色,推动珊溪、巨屿重振云江繁华,打造文泰一体化协同发展的"桥头堡"。深入挖掘玉壶侨乡文化、南田伯温文化,做大做强文化产业,着力打造"北部文化高地"。加快推进黄坦生态工业发展,着力打造省级经济开发区"耀眼新星"。大力发展百丈漈、西坑、铜铃山旅游特色镇和二源农业特色镇,加快推动"中西部崛起"。

建设高颜值的美丽乡村。聚焦环境美、产业美、人文美,建设全域美丽新乡村。紧扣"国际范、江南韵、乡愁味、时尚风、活力劲"标准,深化新时代美丽乡村"六大行动",实现三分之二村庄达到精品村标准,培育未来乡村10个以上,新增景区村50个以上。推进国家农村集体产权制度改革试点,探索"三块地"改革和宅基地"三权分置"有效实现形式,深化"两进两回"和"千万农民素质提升工程",大力发展种植养殖、农村电商、乡村旅游、农产品加工等富民产业。深入挖掘优秀乡土文化,培育文明乡风、良好家风、淳朴民风,创成省级善治示范村100个以上。持续加快革命老区和民族地区、边远山区发展。

(四)奋战五年,走出一条发展基础不断夯实的全面质变之路,建设"活力山水侨城"。着力筑牢发展硬支撑,优化服务软环境,为新旧动能转换补短板、强基础、增优势。

推进基础设施大提升。聚焦重点领域,加快构建高效便捷的基础设施网络。提升交通基础设施。加快打造温州西部交通枢纽,开工建设温武吉铁路文成段、通用机场,建成青文高速文成段,全面打通对外快速通道;建成G322西坑至景宁段、S220玉壶至渡渎段、文成南互通至黄坦公路,开工建设S219黄坦至珊溪段、S220珊溪至泰顺交界段等工程,全面完善城乡路网体系。提升农田水利设施。新建和改造提升高标准农田1万亩。加快西北部城乡供水一体化工程建设，实施县城防洪提升工程，新建提升一批山塘和小型水库。提升城乡基础设施。加快完善天然气管道、生活垃圾中转站等传统基础设施，大力推进智慧电网、5G基站、千兆网络基站、LNG气化站、综合供能站等新型基础设施建设。

推进重点要素全保障。以土地、资金、人才等要素的高效落地，全力保障高质量发展。保障土地要素。持续推进“拓空间、强保障”行动，完成批而未供土地清理1500亩、土地垦造3000亩以上，新增建设用地指标3500亩、做地储备1000亩以上。保障资金要素。深化结构生财制度改革和投融资体制改革，推动国企实体化市场化转型，争取银行融资、政府债券各40亿元以上。保障人才要素。深化人才创富“十大工程”和“三万聚才”计划，引育高层次人才100名、紧缺型人才2000名、“两山”实用人才3万名以上。

推进营商环境最优化。全力打造“企业家幸福感最强县”，招引亿元以上项目50个，实现到位内资100亿元、实际利用外资5000万美元以上。让企业家投资体验更好。探索以承诺制为核心的极简审批模式，推行企业投资项目审批全周期、全链条服务，推动更多项目拿地即开工、竣工即验收。深入推进小微企业信贷“增氧计划”和金融服务“滴灌工程”，拓展政府性融资担保覆盖面，提升企业融资可获得性和便利度。让企业家荣誉地位更高。大力弘扬企业家精神，办好世界文成人大会、民营企业家节等活动，开展亲企业部门评比，不断提高企业家政治地位和社会威望。让企业家成长空间更广。实施企业家训练营、“雏鹰培养”“青蓝新学”等计划，关注关爱新生代、创二代成长，积极培育一批新生代企业家。

推进华侨资源快回流。实施新时代华侨要素回流工程，当好全市问海借力排头兵。深化为侨服务。迭代升级为侨服务“全球通”应用，加快国内分中心建设，争创侨务综合改革先行区国家级试点。深化招侨引侨。深入推进国际文旅侨贸创新发展区建设，出台支持华侨回乡兴业政策，建设华侨创新创业服务中心等配套设施，探索设立华侨产业基金，加快侨资侨智侨青回流。深化以侨为桥。鼓励华侨资本进入教育、卫生、文化、旅游、养老等领域，开展“百个侨团结百村”“千名华侨扶千户”等活动，充分发挥华侨助力共同富裕重要作用。

（五）奋战五年，走出一条微笑指数不断攀高的暖心蜕变之路，建设“幸福山水侨城”。全力以赴解决群众“急难愁盼”突出问题，让群众有更多获得感和幸福感。

构建扩中提低富民场景。深入开展扩中提低五年专项行动、居民收入和中等收入群体双倍增计划，低收入农户人均可支配收入达2.3万元以上。健全公共就业服务体系，实施高素质农民、小微创业者、技能人才、高校毕业生激励计划，完成职业技能培训1.5万人次，技能人才占从业人员比例提高至30%；推动零就业家庭动态清零，新增城镇就业1万人以上，城镇登记失业率控制在3.5%以内。提质扩面“飞地抱团”增收模式，每年新增投资1亿元以上，年经营性收入50万元以上行政村达88个以上。

构建优享服务惠民场景。全面擦亮七张民生优享金名片，推动人的全生命周期公共服务优质共享。擦亮“温馨善育”金名片。全面落实“三孩”生育政策，推广3岁以下普惠性婴幼儿照护服务。擦亮“学在文成”金名片。扩容提质县城优质初中，有序扩容普惠性幼儿园，适当优化乡村小规模学校，新改建义务教育学校8所、幼儿园12所，实现初中65%、小学50%的学生在县城入学，创成国家义务教育优质均衡发展县。巩固扩大“双减”成果，教育教学质量达全市中等以上水平，高考上线率超过全省平均水平。擦亮“健康守护”金名片。深化山海提升工程和县域医共体建设，建成县第二人民医院，完成县中医院搬迁，力争县人民医院创成三级乙等综合医院，实现乡镇标准化卫生院全覆盖。擦亮“老有颐养”金名片。实施“养老机构跟着老人走”计划，新改扩建养老服务机构126家，养老护理型床位占比达60%以上。擦亮“文成工匠”金名片。实施新时代工匠培育工程，发展技能大师、劳模等工作室。建成县职业高级中学，培育旅游、工业、教育等领域专业人才。擦亮“温暖安居”金名片。坚持“房住不炒”，健全多主体供给、多渠道保障、租购改并举的住房保障制度。实施新一轮人口搬迁，加快高山地区整村成片搬迁，推进人口向县城、中心镇集聚。擦亮“弱有众扶”金名片。加快建设多层次医疗保障体系，实现低收入群体医疗补充政策性保险全覆盖。推动救助服务体系建设，建立县域救助服务联合体，推进救助向“物质+服务”转型。完善困境妇女、留守儿童、残疾人、困难退役军人等特殊群体福利保障，全面发展慈善、红十字事业。

构建传统文化润民场景。更好发挥文化引领风尚、服务社会、推动发展的作用，打造新时代文化高地。突出传统文化挖掘。加强伯温战略学研究，推进实景演出、文化街区、文创园等标志性文化工程，把伯温文化打造成为全省诗路文化带上的精彩亮点；统筹推进侨乡文化、畲乡文化、红色文化、禅修文化、孝文化等特色文化挖掘。突出文化服务提质。改造提升县“四馆一院”、文化礼堂、伯温书屋等文化设施，办好市民文化节、伯温读书节、畲族风情节等活动，推广“文化管家”模式，形成“15分钟品质文化生活圈”。突出文化遗产保护。深入开展文物安全大排查大整治大提升攻坚行动，构建“文保绿码”和“一库一图一清单”；推进非遗进景区、进民宿、进社区，创成一批省级非遗小镇、非遗民俗文化村。

三、2022年政府工作的主要任务

五年宏图，重在开局。今年是党的二十大召开之年，做好今年各项工作意义重大，必须保持发展信心不变、创新力度不减、攻坚步伐不停，切实干出赶超跨越、奋进共富的新局面。2022年全县经济社会发展主要预期目标是：地区生产总值增长6.5%以上，一般公共预算收入增长10%以上，城镇和农村常住居民人均可支配收入分别增长8%和9%以上，能源和环境指标完成省市下达任务。重点抓好十五个方面工作：

（一）狠抓整治提升，在擦亮生态底色上奋力突破。积极推进生态品牌创建，实现省级森林城镇全覆盖，创成飞云江珊溪段“美丽河湖”和武阳低零碳村，力争创成全省大花园典型示范县。收储“两山银行”项目2个，加快抽水蓄能电站可研报告编制。全面推进生活垃圾填埋场陈年垃圾治理，开工建设城市资源再生利用绿色综合体、飞灰填埋场二期等项目，创成省级垃圾分类示范小区2个、定时定点清运商业街1条。

（二）狠抓转型升级，在做强生态工业上奋力突破。加快“产业飞地”“科创飞地”平台建设，争取上虞“产业飞地”落地企业2家以上，浙大紫金“科创飞地”入驻研发机构、团队或项目单位5家以上。引进亿元以上制造业项目6个，建成娃哈哈智能化饮料生产基地、黄坦时尚旅行制造等项目，投用驮坦小微园，整治工业低效用地150亩，新增工业供地300亩，工业性投资增长50%、规上工业增加值增长15%。新增高新技术企业2家、科技型企业10家，数字经济核心产业增加值增长10%。

（三）狠抓提质增效，在做特生态农业上奋力突破。办好第三届农业投资洽谈会，开工建设鲁泽数字农业示范园等项目，新增市级农业龙头企业2家，培育新型农业经营主体80个，农林牧渔业增加值增长2%。压实粮食安全责任制，开工建设县中心粮库，全面做好农产品增产保供。

（四）狠抓融合发展，在做优生态旅游上奋力突破。提速刘伯温故里未来景区创建，开工建设天湖国际旅游度假区等重大项目，深入打造"初心之旅"等精品线路，办好全国越野车邀请赛等节庆赛事活动，新增"侨家乐"民宿8家、民宿村1个，实现旅游投资25亿元、旅游总收入增长10%。

（五）狠抓商贸流通，在做大现代服务业上奋力突破。深化温州华商华侨综合发展先行区文成片区、国际文旅侨贸创新发展区建设，社会消费品零售总额增长10%。启动县物流中心和片区物流园建设，新改建县分拣中心、快递综合服务站和农村快递物流网点100个。推进县级农村电商产业园和3个网络直播基地建设，网络零售额增长18%。大力引进跨境电商、市场采购服务企业，外贸出口额增长9%。

（六）狠抓功能完善，在提升县城能级上奋力突破。深化城市有机更新，开工建设侨创共富城、樟山市政道路二期等项目，交付下沙垟、兴福堂、二中片区等安置房。分步实施商圈改造，启动"不打烊"示范街区建设。实施精建精美项目21个，加快推进城北环山绿道二期、龙船垟市政道路等项目，提升县城红枫古道和G322樟台至龙川段沿线景观，建成区新增附属绿地3.5公顷，创成AAAA级景区城。

（七）狠抓美丽创建，在优化宜居环境上奋力突破。积极创建系列美丽品牌，创成省级美丽城镇样板镇1个、基本达标镇5个，新增AAA级景区镇2个，打造新时代美丽乡村精品村40个、未来乡村1个，提升美丽田园5000亩，改造美丽庭院2000户，确保"伯温故里民俗带"创成省级县域风貌样板区。

（八）狠抓项目攻坚，在扩大有效投资上奋力突破。健全重大项目全程跟踪机制，全力攻坚青文高速、通用机场等重大项目前期，加快推进8个"152"工程项目、4个省重点项目以及82个政府投资项目建设，固定资产投资增长10%，生态环境、城市更新和水利设施投资以及高新技术产业投资、民间投资均增长15%以上。

（九）狠抓招大引强，在增强发展后劲上奋力突破。健全完善重点招商项目盯引研判机制，积极对接500强、央企国企和行业头部企业，深化驻点招商、以商招商、产业链招商，招引亿元以上产业项目8个，实现到位内资20亿元、利用外资1000万美元。做强总部经济，新增总部企业20家，创税7.5亿元以上。

（十）狠抓要素保障，在解决瓶颈制约上奋力突破。用足用好"一县一策"大健康产业扶持政策，完成县域国土空间规划编制，实现旱改水及垦造水田500亩、永久基本农田集中连片整治1100亩、土地供应800亩、批而未供土地清理500亩，争取奖励计划指标400亩以上。做大做强国企平台，争取银行融资10亿元、政府债券15亿元。引进高层次人才20名、紧缺型人才400名。

（十一）狠抓主体培育，在激发市场活力上奋力突破。积极培育"四上"企业，新增规上工业企业10家、限上批零住餐业企业10家、规上其他服务业企业4家、资质建筑业企业11家以上。深化"两个健康"创建，全面落实减税降费政策，为企业减负3亿元以上。深化新一轮小微企业三年成长计划，新增市场主体600户。新增小微企业贷款12亿元，争取企业挂牌新三板1家。

（十二）狠抓设施建设，在夯实发展基础上奋力突破。加快交通设施建设，建成景文高速及西坑互通至百丈漈连接线、文成南互通，开工建设S220玉壶至渡渎段、文成南互通至黄坦公路，争创省级"四好农村路"示范县。提速推进大峃、西坑综合供能站，建成投用巨屿燃气供应站，新增燃气管道5千米。

（十三）狠抓扩中提低，在促进增收致富上奋力突破。强化高校毕业生、农民工等重点群体就业支持，开拓就业岗位1500个，开展职业技能培训3000人次，新增城镇就业2300人。完成生态搬迁1000人。深化山海协作，新建瑞安、奉化"消薄飞地"，加快文瑞山海客厅等项目建设，共建乡村振兴示范点2个。加强困难群体兜底帮扶，城乡最低生活保障年标准达1.1万元。

（十四）狠抓服务优享，在增进民生福祉上奋力突破。以数字化改革为牵引，迭代升级“共富帮”等特色场景应用，争取更多应用列入省市试点。开工建设实验中学、珊溪中心小学扩建工程，投用黄坦中心小学和周壤、铜铃山幼儿园，争创国家学前教育普及普惠县。投用县人民医院新院和周壤、二源卫生院。开工建设县档案管理中心、革命老根据地红色文化研学中心，改造提升南田、黄坦、巨屿综合文化站，新增城市书房等文化场所7个。开工建设龙船垟体育公园，新增体育场所6个。启动县第二福利院前期，改造提升乡镇养老服务中心3个。投用二新农贸市场，建成陈宅、李井农贸市场。

（十五）狠抓底线提标，在防范化解风险上奋力突破。坚决守牢疫情防控底线，全面落实常态化疫情防控措施。深化第二轮安全生产综合治理三年行动，强化道路交通、城镇燃气、消防等重点领域监管，坚决遏制安全生产事故。积极化解企业“两链”风险，不良贷款率控制在1%以内。全面加强食品药品监管，争创省级放心消费示范县。深化“县乡一体、条抓块统”改革，加快“1512”体系与“141”体系贯通融合，实体化运作县社会治理中心，迭代升级“一中心四平台一网格”，努力实现省级平安县“十六连创”。

除了有力有效抓好上述十五个方面的重点工作以外，今年我们还将继续用心用情用力办好民生实事。前期，我们通过广泛征集、深入论证、反复征求意见，梳理了12个民生实事候选项目，提请本次大会票决。民生实事项目确定后，我们将定点定时、定标定责，表格式压茬推进，清单化攻坚突破，确保言必信、行必果，让全县人民早受益、多受益。

四、全力建设人民满意的服务型政府

一分部署，九分落实。面对新形势、新使命、新期盼，我们将以更高的标准、更好的状态、更实的举措，进一步加强自身建设，切实做到有定力、敢担当、善创新、重落实、守底线，不断提升人民群众满意度。

（一）建设忠诚履职的为民政府。坚定不移做“两个确立”忠诚拥护者、“两个维护”示范引领者，坚决做到“总书记有号令、中央有部署、省市有要求，文成见行动走在前”。始终将“人民至上”放在心中，“沉下去”服务企业、服务群众、服务基层。

（二）建设整体智治的数字政府。以数字化改革赋能政府治理，大力推进一网通办、一网统管，迭代升级数字政府应用，系统集成重点工作一张图、业务协同一件事等核心应用模块，加快形成“一张智网管全域”的数字治理模式，让政府运转更聪明、反应更灵敏、行动更迅速。

（三）建设高效闭环的实干政府。强化战略思维、系统思维、创新思维，观大势、干大事，弘扬唯实唯先、善作善成的团队文化，保持决策不拖延、落实不过夜的雷厉作风，健全跨部门、跨区域协同的工作推进机制，建立指标化、全闭环、可核实的工作落实机制，确保定一件、干一件、成一件。

（四）建设依法行政的法治政府。深入贯彻习近平法治思想，推进“八五”普法，常态化落实县政府常务会议会前学法、干部法治培训等制度，深化“大综合一体化”改革，做到尊法、学法、守法、用法。依法接受县人大及其常委会监督，主动接受县政协民主监督，高质量办理人大建议和政协提案。

（五）建设干净自律的廉洁政府。始终将纪律规矩挺在前面，坚决扛起全面从严治党主体责任，全面落实中央八项规定及其实施细则精神，持之以恒纠“四风”、转作风。坚持政府过“紧日子”，让群众和企业过“好日子”，集中财力办大事。坚持用制度管权、管事、管人，加强审计监督和统计监督，不断优化干部清正、政府清廉、政治清明的良好生态。

政府工作报告名词解释

1.“152”工程：是指总投资分别为100亿元、50亿元、20亿元的重大产业项目。

2.“专精特新”企业：是指具有“专业化、精细化、特色化、新颖化”特征的工业中小企业。

3.“标准地”：是指在完成相关区域评估基础上，带着固定资产投资强度、容积率、单位能耗标准、单位排放标准、亩均税收等至少5项基本指标出让的国有建设用地。

4.“新型股份合作制产业联合体”：是指生产要素“三方合股”、生产过程“统分结合”、农民收益“二次分红”的新型合作模式。

5.“三位一体”：是指生产、供销、信用“三位一体”。

6.“三改一拆”：是指旧住宅区、旧厂区、城中村改造和违法建筑拆除。

7.“三边三化”：是指在公路边、河边、山边等区域开展洁化、绿化、美化行动。

8.“五排查五清零”：是指对人均年收入8000元以下农户、农村困难家庭无房危房户、因病致贫困难群众、可享受而未享受社会救助政策对象、零就业家庭等进行排查清零。

9.“飞地抱团”：是指我县推动村级集体经济统筹、均衡发展以及低收入农户增收的一项重要举措。具体为帮助低收入家庭多方筹措资金，入股至村级集体经济“飞地抱团”项目，每年获取稳定收益。

10.“双下沉、两提升”：是指上级医疗机构向基层“人才下沉、资源下沉”，促进基层医疗卫生机构“服务能力提升、服务效率提升”。

11.“大综合一体化”：是指对行政执法进行系统性集成改革，整合归并执法机构，合理划分乡镇与部门、部门与部门的执法权限，理顺职责关系，着力解决职责交叉、“三不管”、“多头管”等问题，实现县乡高效协同、一体联动。

12.“两个健康”：是指非公有制经济健康发展和非公有制经济人士健康成长。

13.“产业飞地”：是指省委、省政府统筹安排在大湾区新区、省级高能级平台等相关产业发展平台为山区26县布局以先进制造业为主的产业园区，旨在增强内生发展动力、开辟税源增收渠道、实现强县富民，推动实现共同富裕。

14.“科创飞地”：是指后发地区作为“飞出地”，将先发地区作为“飞入地”“借地”开展研发创新和成果转化。

15.“微改造、精提升”：是指坚持不搞大拆大建，从挖掘文化内涵和提升游客微观感受入手，突出软件和硬件结合、内部和外部结合、线上和线下结合，主要对旅游核心吸引物、旅游目的地、旅游接待场所三类场所开展改造提升。

16.R&D占比：是指全社会研发经费投入占GDP的比重。

17.“两最三比”：是指市级比选“人居环境最干净乡镇”“人居环境最差乡镇”，县级比选“人居环境最干净村”“人居环境最差村”，乡镇级比选“宜居最美庭院”“卫生最差公厕”。

18.“七张问题清单”：是指重大国家安全、生产安全、督查、审计、信访、网络舆情和巡视等七张“问题清单”。

19.“一本账S0”：是指数字化改革重大应用“一本账S0”目录，是数字化改革重大应用项目立项、开发建设的重要依据。

20.“四大工程”：是指经济赶超工程、环境再造工程、民生幸福工程和铁军锻造工程。

21.碳达峰、碳中和：碳达峰是指在某一个时点，二氧化碳的排放不再增长达到峰值，之后逐步回落；碳中和是指企业、团体或个人测算在一定时间内，直接或间接产生的温室气体排放总量，通过植树造林、节能减排等形式，抵消自身产生的二氧化碳排放，实现二氧化碳的“零排放”。

22.“三线一单”：是指生态保护红线、环境质量底线、资源利用上线和生态环境准入清单。

23.“五废共治”：是指一般工业固废、危险废物、生活垃圾、建筑垃圾、农业废弃物等五类废弃物治理。

24.GEP：是指生态系统生产总值，即一定区域在一定时间内生态系统的生产和服务及其价值总和，一般以一年为核算时间单元。

25.“两山银行”：是指借用商业银行概念，对需要集中保护开发的耕地、园地、林地、湿地以及可供集中经营的村落、集镇、闲置农村宅基地、闲置农房、集体资产等碎片化资源资产摸底、确权、评估后，选择合适标的推向市场，实现生态资源向资产、资本的高水平转化。

26.“腾笼换鸟、凤凰涅槃”：是指通过实施淘汰落后、创新强工、招大引强、质量提升攻坚行动，加快产业结构调整，推动制造业质量变革、效率变革、动力变革。

27.“接二连三”：是指推进农村一、二、三产业融合发展。

28.新时代美丽乡村“六大行动”：是指省委推进的一项重要工作，通过打造活力乡村、兴旺乡村、秀美乡村、智治乡村、淳美乡村、甜美乡村，到2025年全省基本建成具有“国际范、江南韵、乡愁味、时尚风、活力劲”浙江气质的美丽乡村。

29.“三块地”：是指城镇规划区内建设用地、农村耕地和乡村建设用地。

30.宅基地“三权分置”：是指宅基地所有权、资格权、使用权“三权分置”。

31.“两进两回”：是指科技进乡村、资金进乡村，青年回农村、乡贤回农村。

32.“人才创富十大工程”：是指科技人才领富工程、文才走归创富工程、招商引智增富工程、企业人才帮富工程、工匠人才造富工程、旅游人才带富工程、农业人才致富工程、文化人才享富工程、教育人才培富工程、医疗人才保富工程。

33.“三万聚才”：是指万侨归乡、万名绿领、万名大学生。

34.“扩中提低”：是指扩大中等收入群体规模，提高低收入群体收入。

35.“县乡一体、条抓块统”：是指依托县社会矛盾纠纷调处化解中心、“基层治理四平台”、村社党群服务中心和全科网格的联动机制，科学规范属地管理，统筹县乡资源，强化县乡协同，大力推进场景式应用，全面解决基层“看得见、管不住”和职能部门“管得着、看不见”的问题。

36.“1512”体系、“141”体系：“1512”体系中的第一个“1”即一体化智能化公共数据平台；“5”即党政机关整体智治、数字政府、数字经济、数字社会和数字法治5个综合应用；第二个“1”，即基层治理系统；“2”即数字化改革的理论体系和制度规范体系。“141”体系中的“1”即县级社会治理中心、“4”即乡镇基层治理“四个平台”、“1”即村社网格。

中国人民政治协商会议第九届文成县委员会常务委员会工作报告

——在政协第十届文成县委员会第一次会议上

县政协主席　刘金红

(2022年2月17日)

一、九届政协工作回顾

过去的五年,是我县应对各种挑战、自我加压奋进、取得显著成效的五年,也是我县政协事业在继承中发展、在实践中创新的五年。五年来,九届县政协及其常委会在中共文成县委的坚强领导和上级政协的精心指导下,高举习近平新时代中国特色社会主义思想伟大旗帜,深入贯彻落实中央、省市县委重大决策部署,坚持团结和民主两大主题,紧紧围绕"三美文成"美好愿景,聚焦"四大工程"建设,充分发挥人民政协作为社会主义协商民主重要渠道和专门协商机构的作用,在建言资政和凝聚共识上"双向发力",为文成与全省同步高水平全面建成小康社会,推动文成发展进入现代化建设崭新起点贡献了政协智慧和力量。

(一)始终把牢正确政治方向,进一步夯实团结奋斗的共同思想政治基础

五年来,常委会始终把坚持党的全面领导作为最高政治原则,强化思想政治引领,旗帜鲜明讲政治,坚持用习近平新时代中国特色社会主义思想武装头脑、指导实践、推动工作,切实增强"四个意识"、坚定"四个自信"、忠诚拥护"两个确立"、坚决做到"两个维护"。

坚持党对政协工作的全面领导。协助县委召开政协工作会议,全面贯彻落实中央、省市县委政协工作会议精神,切实把党的领导贯彻到政协工作的各方面和全过程。严格执行重大事项向县委请示报告制度,每年就政协全会筹备工作和常委会工作报告、年度协商计划以及贯彻落实上级政协有关重要工作部署等重要事项向县委做专题汇报,邀请县委主要领导参加政协的重要会议、重要工作、重要活动,确保政协工作始终在县委的领导下笃定前行。切实发挥政协党组把方向、管大局、保落实的重要作用,认真贯彻落实县委决策部署,坚决做到县委有号召、政协见行动,县委工作部署到哪里,政协工作就跟进到哪里。始终坚持聚焦县委中心工作谋划年度重点履职议题,聚力协商主业履职尽责,努力助推县委决策部署有效执行。县政协领导班子认真执行县委决策部署,扎实完成"四大工程""联片联村""疫情防控复工复产""三服务"等重要任务。

持续加强政治理论武装。健全完善以政协党组理论学习中心组学习为引领,以常委会会议、党组会议、政协讲堂、"崇学善思·书香政协"读书活动等为配套的学习体系,常态化推进习近平新时代中国特色社会主义思想、党的十九大及十九届历次全会精神和习近平总书记关于新时代人民政协工作的重要思想等政治理论学习。五年来,共举行党组理论学习中心组学习会69次、政协讲堂8期、委员培训7期。教育引导政协机关干部、政协委员坚定理想信念、砥砺初心使命、忠诚履职尽责,不断增强政治领悟力、政治判断力和政治执行力,进一步巩固团结奋斗的共同思想政治基础，为政协高质量履职提供精神动力和智力支持。

充分发挥党建引领作用。认真贯彻落实中央、省委、市委关于加强新时代人民政协党的建设工作文件精神，组建党建工作专班，成立县政协机关党组、机关党小组和专委会与界别组党员委员联合小组，建立完善政协重要活动设立临时党支部、党组成员联系党员委员、党员委员联系党外委员等制度，积极探索党员委员“双重组织生活”的模式和载体，努力实现党的组织对党员委员、党的工作对政协委员的“两个全覆盖”。严格落实政协党组全面从严治党、党风廉政建设、意识形态等主体责任，支持县纪委、县监委派驻纪检监察组履行监督职责，认真落实省委第八巡视组和县委第三巡察组反馈意见整改，坚持以党的建设引领推动政协履职实践。扎实开展“两学一做”“不忘初心、牢记使命”主题教育、党史学习教育，组织开展“同心向党·学史力行”和庆祝人民政协成立70周年、建党100周年系列活动，教育引导广大政协委员和机关干部学史明理、学史增信、学史崇德、学史力行。

（二）始终围绕中心服务大局，进一步助推全县经济社会高质量发展

五年来，常委会始终把助力文成发展作为履职的重中之重，紧紧围绕“三美文成”美好愿景，紧扣全县中心工作，聚焦“四大工程”建设，积极开展政治协商、民主监督、参政议政活动，有效助推全县经济社会高质量发展。

政治协商务实有效。紧扣全县经济社会发展大局，不断丰富协商平台，增强协商密度、创新协商形式、完善协商机制，积极协商建言。五年来，先后召开政协全会5次，专题议政性常委会会议6次，主席会议84次，“请你来协商”等专题协商52次，其他协商座谈会80余次。全会协商紧盯重大事项。政协全会围绕“一府两院”报告以及全县经济社会发展重大事项开展协商讨论，广大政协委员通过大会发言、分组讨论等形式共提出意见建议500余条，一批意见建议被县委、县政府及相关部门予以采纳落实。如大会发言《加快推进“科创飞地”落地　助推我县产业发展》，提出了“县级层面出台政策支持科创飞地发展、坚持政府引导、市场运作和国有搭台、企业参与”等建议，有力推动我县紫金科创飞地的落地。《关于深入推进我县丧事移风易俗工作的建议》提出“理顺机制形成合力、多措并举遏制大操大办、加强宗教人士管理、加大公墓建设投入”等意见，被直接采纳吸收到我县移风易俗工作实施方案中。就“完善县城总体规划，建设美丽县城；加快推进人民医院新院区建设；挖掘本土文化，促进文旅融合；加快农村生活污水治理长效管理；解决尿毒症血透床位紧张的建议”等提出的许多真知灼见，得到重视采纳并落实。专题协商紧盯大事要事。围绕打造高质量发展建设共同富裕示范区山区样板、“十四五”规划和二〇三五年远景目标编制实施、统筹推进疫情防控和经济社会发展等事关全局的重大决策部署组织开展专题议政性常委会会议协商，促进党政决策科学化和民主化。聚焦我县生态经济、社会事业、城市建设、社会治理等领域，围绕“三重清单”、省级森林氧吧小镇创建、“侨家乐”品牌民宿、城乡饮用水安全巩固提升、义务教育优质均衡发展、民生项目建设推进、城市精细化管理等18个党政关心、群众关注的大事要事开展专题协商，提出具有前瞻性和可行性的意见建议，助力有关重点工作有效推进。对口和界别协商紧盯重点问题。县政协各专委会、界别工作组主动加强与对口部门的沟通联系，通过组织座谈、情况交流、征求意见等形式，及时就生态工业、茶产业发展、学前教育、“最多跑一次”改革、华侨要素回流、物流中心项目建设等40余个重点问题开展对口协商和界别协商，促进部门相关重点工作推进和重点问题解决。

民主监督有力有效。积极探索民主监督的有效形式，不断完善机制、拓宽渠道，紧盯全县重点难点工作，组织委员深入开展民主监督，助推县委、县政府重大决策部署落实和部门工作改进。聚焦难点开展专项集体民主监督。五年来，围绕“五水共治”、城乡生活垃圾分类处理、高水平全面建成小康社会补短板、加快推进美丽大花园建设等开展省市县三级政协联动专项集体民主监督活动35次。持续三年跟踪监督侨韵玉壶·国际慢城建设，组织相关侨界委员和知名人士开展调研视察，许多视察监督建议为加快国际慢城建设提供高质量的意见参考。聚焦热点开展专项视察监督。围绕交通建设、环境整治、市政管网改造等群众普遍关心的热点问题开展专项视察监督30余次，形成《关于加快建设温州西部交通枢纽的视察报告》等28个。围绕民生幸福工程开展界别委员“话民生·找短板”民主监督活动40余次，有力助推民生问题及重大项目落地达效。聚焦行政效能开展委派监督。制定《关于规范政协民主监督员（组）委派工作的实施意见（试行）》，扎实推进行政效能民主监督，规范落实委派民主监督制度，选派推荐30多名委员担任民主监督员，主动参与重点领域政风行风评议和作风效能整治专项活动，有效推动部门单位转变工作作风、提升工作效能。

参政议政积极有效。调研工作积极主动。五年来，县政协围绕制约我县发展的瓶颈、短板和弱项问题，积极组织专题调研，形成了“关于优化营商环境助推民营经济高质量发展”的专题调研报告和建议案等56个，提出的许多意见建议为做好有关工作提供了重要参考。提案质效持续提升。县政协注重提高提案质量和办理质效，重视引导政协委员要紧紧围绕县委、县政府中心工作、事关我县发展的关键问题和人民群众普遍关注的热点问题，充分发挥自身特长和优势，积极撰写提案履职尽责。探索建立县领导领办、政协领导督办重点提案、提案质量和提案办理质量双向评议、提案办理常委会民主评议等制度，加强提案办理日常督查及跟踪问效等多项举措，提案工作整体水平明显提升。五年来，共收到委员提案681件，经审查立案并办理答复658件，被党政部门采纳落实的有324件，办答率100%，满意率96.7%。社情民意信息工作不断加强。紧盯民意民声，紧扣社会热点，积极组织社情民意报送工作。五年来，共组织报送市级以上社情民意信息120条，既有效促进了一批事关群众利益的民生问题及时解决，又为党政决策提供参考。如《浙江山区“除险安居”工作遭遇现实困难，亟待政策支持》得到省政府高度重视，一些困难问题及时得到支持解决。《涉外公证领事认证业务办理存“多头跑”现象 建议三措并举打造“一站式”认证服务》有关建议受到省外事办重视与采纳，推动省内首批涉外公证、领事认证“一件事”联办于2021年10月8日正式启动。特别在2020年新冠肺炎疫情防控期间，县政协积极组织调研，共向上级政协报送社情民意信息41篇。其中获全国政协每日社情采用2篇，省市政协采用21篇，及时有效反映疫情防控和复工复产中的问题和民生诉求。

（三）始终发挥团结联谊功能作用，进一步凝聚共识、汇聚力量

五年来，常委会充分发挥人民政协作为最广泛爱国统一战线组织的作用，坚持团结联谊、凝聚共识，广泛联系和团结引导各界群众，努力为我县高质量发展汇聚智慧和力量。

坚持广泛联谊凝聚共识。加强工商联、无党派和侨界人士的走访联系，主动邀请其参加各类协商会议和调研视察活动，鼓励和支持他们在政协履职中发挥重要作用。坚持联系商会、侨团制度，积极做好非公有制经济人士的团结联合工作，最大限度凝聚他们的智慧和力量为全县经济社会发展服务。团结凝聚宗教人士，积极引导宗教与社会主义社会相适应，组织开展基层爱国宗教团体和宗教工作专项调研视察，及时反映意见和诉求，促进宗教和睦。加强民族乡镇的走访服务和联系，开展少数民族乡村振兴、少数民族乡村扶贫工作等调研视察和重点提案调研督办工作，促进少数民族乡村经济社会发展。

坚持面向社会凝聚共识。组织政协委员面向社会开展政治形势理论宣讲。协同宣传部门拍摄播出《政协委员讲党史》等系列宣讲节目，既展现了委员形象，又传播了理论知识。搭建线上线下政协理论宣讲平台，创新"新媒体直播"为理论宣讲赋能，围绕"文成青年政协委员说5A·世界青年读'词'汇"、党的十九届五中全会、百年党史和侨史等主题，与海内外政协委员、青年宣讲员等线下围坐互动、线上同频共振，收获了良好的宣讲效果。同时，在坚持服务社会中汇聚力量，持续深化开展以"送文化、卫生、科技、教育、法律、体育"为主要内容的"六送下乡"民生服务活动，社会反响大，服务效果好。特别是2021年度联合开展省市县三级政协"送科技下乡"活动，落实服务项目63个。在统筹推进疫情防控和经济社会发展中，广泛动员、积极组织政协机关干部、海内外政协委员和各界人士立足岗位，发挥优势，倾情助力疫情防控和复工复产，在践行履职为民宗旨中聚人心、暖民心、筑同心，进一步扩大团结面，画大同心圆。

坚持于文化传承交流中汇聚力量。充分发挥文史资料"存史、资政、团结、育人"的重要作用，坚持以"挖掘地域文化资源 传承优秀传统文化"为主题开展文史资料编纂出版工作，五年来共出版《疚庼日记》《深山古乡雅垟》等《文成文史资料》八辑。鼓励和支持政协社团开展各类联络联谊活动，县茶文化研究会组织茶产业发展调研，联合举办文成县茶产业发展论坛，开展国际茶文化节等系列活动，弘扬茶文化，助力茶产业发展。政协书画院充分发挥广泛联系文化艺术人才的优势，组织开展送春联、"边走边画·走进文成"书画采风等系列活动，编辑出版《行画古村落：走进文成》作品集，联合举办《文字与楷书溯源》《"瞰见文成"摄影》等文化艺术专题讲座，不断扩大朋友圈，汇聚正能量。

（四）始终坚持与时俱进守正创新，进一步推动新时代人民政协工作提质增效

五年来，常委会始终把政协履职提质增效作为工作目标追求，坚持与时俱进、守正创新，以改革补齐工作短板，以创新提升履职成效。

不断丰富协商平台。积极探索广泛多层制度化协商平台建设。搭建"请你来协商""民生议事堂"专题协商平台，组织落实"6+X"场专题协商任务，按照"不建机构建机制"的原则，在乡镇和村居探索设立"民生议事堂""村社社情民意联络站"等平台和政协委员履职小组，推进政协协商与基层协商有效衔接。成立委员工作室和"侨心汇"政协委员会客厅，采取网络技术与协商民主相结合的方式，创新搭建"一厅一室一网"（"侨心汇"政协委员会客厅、海外委员工作室和海外网络远程协商平台）海内外线上线下履职平台。该项创新工作分别在全国、省市政协有关会议上作交流发言。积极探索开放性履职载体，联合县融媒体中心创新开设媒体协商栏目《议政时间》，围绕"月光经济"、"县城停车难、停车乱"和"小区物业管理"等群众关注的热点议题，邀请相关领导、专家委员和群众代表现场交流、协商建言，推动政协履职与媒体舆论监督深度融合。

不断提高协商质效。坚持凝聚共识和建言资政"双向发力"工作要求，研究制定"请你来协商·民生议事堂"平台建设实施意见，对协商议题选定、过程调研、协商形式等程序环节进行规范。坚持不学习不调研、不调研不协商，把学习研讨和视察调研作为开展协商活动的前提条件、必经程序和基础环节，做到边学习、边调研、边协商，使协商活动成为思想引领、宣传政策、释疑解惑的过程，推动形成齐心协力贯彻落实党政决策部署的强大合力。积极推动协商成果转化落地。认真对照全国、省、市政协协商工作规则，仔细梳理协商成果转化落实各环节流程要求，从协商成果报送、受理阅批、办理落实、督办反馈到成效评价等各环节进行规范，形成协商成果转化落实工作机制，推动协商成果的转化落实，努力实现政协协商由“议得好”向“办得好”的转变，该项工作获得了2021年度市政协“一县一亮点”创新工作一等奖。

积极打造“书香政协”。县政协坚持把学习作为提升政协履职水平的重要途径和方法，把“书香政协”建设摆在政协工作的重要位置，贯穿履行职能的全过程和各方面。健全完善《关于加强和改进委员学习工作的意见》等系列学习制度，形成以政协党组理论学习中心组、常委会会议、主席会议学习为常态，与相关履职议题相匹配的学习相结合的学习体系，确保“书香政协”活动持续深入开展。在全县政协系统成立“1+6+X”读书群组，利用“政协人之家”“政协讲堂”“委员工作室”“侨心汇”政协委员会客厅、文成政协·掌上履职平台等学习阵地，积极组织省市县政协“千名委员话共富讲担当”网上专题学习会、“高质量发展建设共同富裕示范区”网络主题议政、“崇学善思·书香政协”“同心向党·学史力行”党史学习教育等形式丰富、灵活多样、行之有效的线上线下读书、专题协商等活动，努力增进学史明理、学史增信、学史崇德、学史力行的学习成效，推进政协履职工作激情和水平提升，为助推“四大工程”建设、打造共同富裕山区样板更好聚心、聚智、聚力。

（五）始终注重强基固本夯实基础，进一步展现新时代人民政协新形象

五年来，常委会始终坚持紧扣新时代人民政协新样子的要求，突出履职能力建设，教育引导政协机关干部和委员队伍抓好理论学习、增强本领能力、提高履职水平，树好政协形象。

注重发挥委员主体作用。制定《关于强化政协委员责任担当的意见》，引导委员勤学习、勇担当、善履职、展形象。优化委员管理，制定并完善《委员履职情况量化管理办法》，健全委员激励约束和考核评价机制，实行委员履职动态管理，对委员履职情况登记备案，并以此作为委员留任的重要依据，增强委员履职的积极性和主动性。搭建委员活动和知情明政平台，坚持政情通报制度，每年邀请县政府、县纪检监委、县法检“两院”领导参加政协常委会、政协委员活动日并通报相关工作情况，认真组织开展会前活动，积极为委员知情明政、履职尽责创造条件。注重提升委员整体素质和履职能力，通过“政协讲堂”“委员活动日”“委员培训班”等系列学习载体及系列调研、监督、协商活动，进一步提高委员理论水平和履职能力。

加强专委会和联组建设。加强专委会履职规范化建设，优化调整专委会设置，建立实施专委会向政协常委会述职制度，以专委会“1+3+X”工作清单模式（围绕一项重点履职课题，完成一份高质量调研视察报告、一件高质量提案、一份高质量社情民意信息）落实年度工作任务，进一步提高专委会履职积极性和实效性。组织开展“委室创精品·联组创亮点”工作，强化工作创新，克服惯性思维、打开工作思路、加强履职策划，推动形成一批特色精品亮点工作品牌。加强对界别工作组、片联络组的工作指导，组织和引导委员开展形式多样、内容丰富的联谊交流和履职活动，切实发挥工作组和联络组的桥梁纽带作用。

抓好政协机关自身建设。坚持党建引领，成立政协机关党组，强化机关党支部建设，规范落实“三会一课”制度，大力推进机关“双建”工作，突出强政治、强服务、强能力、强作风要求，进一步加强和改进新时代政协机关建设，2021年创成县首批“建设清廉机关、创建模范机关”示范单位。积极推进数字化改革工作，组建政协数字化改革工作专班，制定政协数字化改革方案，紧扣“数字赋能、高效协同、整体智治”工作目标，积极推进“数字政协”建设，打造融履职、服务、管理、互动、宣传功能为一体的上下贯通平台,为政协现代化履职全面赋能提供良好技术支持与保障。

在总结成绩的同时,我们也清醒认识到工作中存在的不足与短板:政协系统党建工作有待进一步加强;思想政治引领和凝聚共识这个中心环节有待进一步强化;协商建言质效有待进一步提升;政协委员履职水平和政协干部适应数字变革能力有待进一步提高;等等。这些工作短板与不足,需要在今后工作中予以认真研究,切实加以改进。

回顾五年来的履职历程,成绩来之不易,经验弥足珍贵,我们深切体会到,做好新时代人民政协工作,必须始终做到:

一是必须坚持党对政协工作的全面领导,这是确保政协事业正确航向的根本政治保证。五年来,县政协始终坚持把党的领导贯穿到政协履职的全过程和各方面,注重发挥好政协党组把方向、管大局、保落实的作用,坚持政治引领,把牢政治方向,严守政治规矩。实践证明,只有始终坚持党的领导,自觉围绕县委的决策部署来谋划工作、推进落实,做到与党委思想同心、目标同向、行动同步,才能确保政协事业坚定正确前行。

二是必须坚持服务发展大局,这是彰显我国协商民主制度优势的价值所在。五年来,县政协始终坚持县委工作部署到哪里、政协工作就及时跟进到哪里,把履职尽责的着力点放在助推文成改革发展大局上,议政直达关键点,建言直击紧要处。实践证明,只有始终聚焦全县改革发展大局,切实找准履职最佳结合点、共振点和切入口,才能在把握大局中谋事、在融入大局中议事、在服务大局中成事,才能彰显社会主义协商民主制度的优势与价值。

三是必须坚持人民至上的履职理念,这是永葆人民政协初心使命的本质要求。五年来,县政协紧紧围绕民生关切,深入调查研究,积极建言献策,始终坚持把群众利益放在第一位置,把群众呼声作为第一信号,把群众满意作为第一追求,积极协助县委、县政府做好政策宣传、解疑释惑、理顺情绪等工作,切实做到政为民所议、言为民所建、策为民所献、力为民所出。实践证明,只有坚定践行履职为民宗旨,坚持人民至上,助力改善民生福祉,政协工作才能顺应民心,政协组织才能永葆初心使命。

四是必须坚持广泛凝聚共识,这是担负起政协作为统一战线组织的重要政治责任。五年来,县政协坚持把加强思想政治引领、广泛凝聚共识作为中心环节,充分发挥政协代表性强、联系面广、包容性大的优势,广泛开展团结联谊工作,努力促进民族关系、宗教关系、阶层关系、海内外同胞关系和谐,主动寻求最大公约数,画好最大同心圆。实践证明,只有广泛凝聚社会共识,才能担负起把党中央、省市县委决策部署和对人民政协工作要求落实下去,把海内外中华儿女智慧和力量凝聚起来的政治责任。

五是必须坚持与时俱进守正创新,这是确保政协事业持续发展的不竭动力。五年来,县政协坚持不断创新工作方式方法,探索丰富协商平台,以数字化改革为牵引,推进“数字政协”建设,持续加强政协协商民主体系建设,有效提升政协履职质效,推动政协事业向前发展,更好践行全过程人民民主。实践证明,只有不断坚持与时俱进、勇于开拓创新,聚焦加快变革型组织建设要求,提升干部塑造变革能力水平,政协事业才能永葆生机与活力。

二、今后五年工作建议

今后五年,是我县全面实施“十四五”规划、实现跨越式高质量发展建设共同富裕示范区山区样板的重要五年,县第十四次党代会对今后五年我县经济和社会发展已作出了科学规划,提出了明确的指导思想和奋斗目标,为政协工作指明了方向。为此建议:十届县政协常委会要坚持以习近平新时代中国特色社会主义思想为指导，深入学习贯彻中央、省市县委政协工作会议精神，全面落实中央、省市县委重大决策部署，围绕县委“生态立县、工业强县、旅游兴县”发展战略，聚焦经济赶超、环境再造、民生幸福、铁军锻造“四大工程”，牢牢把握团结和民主两大主题，坚持建言资政和凝聚共识双向发力，发挥专门协商机构作用，积极践行全过程人民民主，把忠诚拥护“两个确立”、坚决做到“两个维护”落实到政协各项工作中，为助力文成建设国际化休闲旅游目的地、浙江大花园典型示范县、温州大都市重要增长极，打造高质量发展建设共同富裕示范区山区样板贡献政协智慧和力量。

（一）突出思想政治引领，在忠诚拥护“两个确立”，坚决做到“两个维护”上体现更高站位。坚持把习近平新时代中国特色社会主义思想作为统揽政协一切工作的总纲，切实把忠诚拥护“两个确立”、坚决做到“两个维护”落实到政协工作全过程各方面。以深化“崇学善思·书香政协”建设为抓手，继续完善以政协党组理论学习中心组学习为主导、覆盖全体政协委员的多形式多层次的经常性学习制度体系，切实推动中共十九届六中全会、中共二十大精神学习深入人心、落地生根。团结引领各族各界人士把拥护“两个确立”转化为做到“两个维护”的高度自觉。要持续深化党史学习教育，不断巩固拓展党史学习教育成果，建立常态化、长效化学习制度，深入开展“四史”学习宣传教育，把党的创新理论学习贯彻落实到政协履职工作之中。扎实开展政协读书活动，让读书成为委员自觉的追求、书香成为政协浓浓的味道。提升政协党建工作质量，以打造“同心向党”党建工作品牌为抓手，深入实施“红色根脉强基工程”，全面落实新时代加强和改善政协系统党的建设实施意见，以政治建设为统领，一体推进政协党的各项建设，构建党建引领协商制度体系，确保中央和省市县委各项决策部署在政协不折不扣贯彻落实。严格落实政协党组全面从严治党和意识形态工作主体责任，不断巩固政协系统风清气正的良好政治生态。

（二）突出协商建言质效，在助力高质量建设共同富裕示范区山区样板中展现更大作为。以助推共同富裕示范区山区样板打造作为政协履职的主题主线，坚持建言资政和凝聚共识“双向发力”，充分发挥专门协商机构作用，为共同富裕示范区山区样板打造贡献更多智慧力量、展现更大担当作为。提高协商建言质量。紧密结合县第十四次党代会精神，围绕共同富裕示范区建设五年发展目标和七个方面先行示范具体任务，找准党政关注的重点、群众关切的难点，综合运用政协全会协商、政协常委会专题议政性协商、专题协商、对口协商、界别协商、提案办理协商和网络远程协商等，广聚众智、广集良策，为党政科学决策提供参考。强化民主监督实效。完善民主监督知情明政、协商交流、办理反馈、权益保障等机制。以数字化改革推进等改革重点、生态文明高地建设、美丽城乡环境建设、生态产业重点项目，以及人民群众所忧所急所盼的重点民生事项为监督重点，集成运用三级政协联动专项集体民主监督、提案办理监督、专项监督等形式开展民主监督，助推县委各项决策部署落地见效。提高参政议政水平。不断探索和创新参政议政形式，完善委员议政、知情明政等履职方法和途径，认真组织县委全会重大决策会前协商、“委员活动日”听取“一府两院”工作通报。围绕共同富裕示范区建设和人民群众切身利益、社会普遍关注的重大问题，紧扣旅游融合发展、县城能级提升、高质量生态产业体系打造、公共服务共享、改革创新赋能等内容，积极运用调研视察、撰写提案、社情民意信息等履职形式，为我县经济社会高质量发展建有用之言、献务实之策。

（三）牢牢把握凝聚共识这一中心环节，在广泛增进团结汇聚力量中体现更多优势。积极做好团结引领工作，寻求最大公约数，汇聚最大正能量。持续深化“五大关系”和谐。积极主动加强与人民团体、工商联、无党派人士、民族宗教界人士、海内外同胞，以及社会各阶层、各领域代表人士的经常性沟通联系，深化合作共事，以组织开展“喜迎二十大·同心跟党走”主题系列活动为载体，通过政协讲堂、委员走访、界别活动等深入宣传党的二十大精神，阐释党的政策方针和中央、省市县委的重大决策部署精神，增进理解认同，促进各族各界团结、和睦。组织开展民族工作、中小企业惠企助企政策落实情况等专题调研视察、民主监督、专题协商活动，为共同富裕建设凝聚更多智慧力量。深化履职服务凝聚共识。持续开展“六送下乡”民生系列活动，深化“三服务”“三为”专题实践活动，推动委员走进企业、走进群众、走进基层，在倾力扩大民生服务中凝聚共识。加强政协新闻宣传和理论宣讲工作。开展“以优异成绩迎接中共二十大召开”主题宣讲活动，举行以凝聚海内外侨胞共识为目标的“侨心汇”专题宣讲，团结和凝聚海内外侨胞思想共识。加大政协对外宣传力度，用活用好新媒体，扩大传播力、感召力、影响力，凝聚正能量，展示新形象。加强政协文史工作。深入开展史料研究，编辑出版“与共同富裕同行”主题的文史资料专辑。积极发挥政协社团作用，通过县茶文化研究会和政协书画院联谊交流活动，进一步做好联系人、团结人、凝聚人的工作。

（四）突出协商民主体系建设，在推动践行全过程人民民主中发挥更大作用。人民政协作为专门协商机构，是发展全过程人民民主的重要制度安排，要在打造践行全过程人民民主县域典范中提供更多经验。要健全完善以政协全体会议为龙头，以常委会专题议政性协商、“请你来协商”平台系列为重点，以对口协商、提案办理协商、界别协商、媒体协商和网络远程协商等为常态的协商体系，拓展政协协商参与面，扩大界别群众工作覆盖面，努力形成多渠道、广覆盖、更灵便的政协协商议政格局。擦亮“请你来协商”平台成色。全面总结分析“请你来协商”平台运行的程序、环节、内容、成效，进一步完善提升平台的运行机制，在协商议题选择上要精准务实，努力做到与协商形式相匹配。在协商要求上要注重建言资政与凝聚共识相融合，使形成决策建议过程与形成思想共识过程相互交汇、相互转化。在协商评价上要进一步完善协商成果评价机制，在协商结果运用上要进一步规范落实政协协商成果转化落地机制，不断推进政协协商制度化、程序化、规范化建设，使“请你来协商”真正成为县级政协鲜明的平台标签。推进“请你来协商·民生议事堂”建设，认真实施《关于推进“请你来协商·民生议事堂”平台建设的实施意见》，不断探索规范“民生议事堂”平台运行的各环节程序，努力拓展政协协商的广度和深度，有效推进政协协商向基层延伸，促进政协协商与基层协商相衔接、与社会治理相结合，使政协组织“不建机构建机制”的工作原则落地达效，有效破解基层政协“两个薄弱”。深化数字赋能，打造“指尖上的协商民主”。持续推进数字化改革工作，迭代深化“数字政协”建设，倾力打造“‘侨心汇’聚侨情”多跨场景应用，加快构建掌上履职、掌上议政、掌上办公三大平台，谋深做实综合业务应用，集成打造融学习教育、履职活动、服务管理等为一体的“一屏掌控、全景视窗”多跨多维应用体系，做到思想在线、智慧连线、联系不断线，打造“指尖上的协商民主”，努力在打造践行全过程人民民主的省域典范中，提供更多文成县域经验。

（五）突出能力提升这一关键，在加强政协自身建设中展现更好成效。认真贯彻落实中央关于加强和改进新时代市县政协工作的实施意见，努力推动政协工作提质增效、创新发展。加强政协委员队伍建设。始终牢记习近平总书记“懂政协、会协商、善议政，守纪律、讲规矩、重品行”的谆谆教诲，严格落实《关于强化政协委员责任担当的实施意见》,加强对新一届委员的学习培训和履职管理,确保每位委员届中轮训一遍。认真落实委员履职小组工作职能,完善委员联系界别群众、身边群众机制和委员联络制度,为委员知情明政创造条件,全面增强委员履职本领。完善委员量化考评机制,强化委员责任担当意识,注重自身修养,锤炼过硬作风,以过硬本领做好委员作业、书写履职答卷。加强专委会自身建设。紧紧抓住专委会具有专业性和联络枢纽性的优势特点,充分发挥专委会带委员、联界别、保落实的作用。深化"委室创精品联组创亮点"项目创建活动,注重专委会和联组履职方式创新,不断提高专委会和联组服务质量和水平,更好发挥专委会基础性作用。加强政协机关队伍建设。按照省政协关于加快建设变革型组织,提升干部塑造变革能力的要求,巩固深化"双建"机关创建成果,切实加强政协机关作风建设,完善干部考核激励机制,加大机关干部培养力度,着力推进以党建为统领的学习型、服务型、创新型、智慧型、清廉型"五型机关"建设,不断提升政协机关服务水平,为新时代人民政协事业高质量发展夯实基础,提供更好服务保障。

2021年文成县大事记

1月

6日 市委常委、组织部部长杨胜杰到文成开展服务企业、服务群众、服务基层“三服务”活动，调研基层工作、倾听企业心声、帮助解决困难，实实在在为企业、群众、基层解难题、开新局。

同日 玉壶镇入选2020年度浙江省园林城镇名单。

7日 2020年度乡镇比看活动述政大会召开，全县17个乡镇同步晾晒2020年工作成效，畅谈工作思路，接受年终检阅。县委书记刘中华主持会议并讲话，县委副书记、县长章寿禹对述政乡镇作逐一点评。

12日 全国人大华侨委员会委员、省十二届人大常委会党组书记、副主任王辉忠到文成调研。王辉忠首先到百丈漈、南田等地，详细了解文成县林业产业、文旅产业发展情况，充分肯定近年来文成县在文旅产业发展中取得的成绩。王辉忠指出，要在保护、传承传统文化的基础上，深入挖掘资源优势，进一步丰富文化的内涵和载体，做好文旅融合的文章。

同日 副省长陈奕君到文成调研。陈奕君指出，要充分利用好自身优越的自然条件，抓住发展机遇，进一步谋划今后发展。要以县城为主要载体推进城镇化建设，以科学的理念推进美丽城镇建设，做好集成配套、优化资源配置，发挥城市“虹吸效应”带动乡镇发展。

13日 省民政厅厅长、省慈善联合总会常务副会长王剑侯，省民政厅副厅长李洁带队到文成走访慰问部分困难群众，为他们送上慰问金、慰问品以及党和政府对困难群众的关心和关怀。

同日 文成县获评2020年度浙江省深化“千万工程”建设新时代美丽乡村（农村人居环境提升）工作考核优秀县。

15日 瑞安文成“山海协作工程”结对帮扶活动在文成举行。瑞安市委书记麻胜聪，瑞安市委副书记、市长秦肖率瑞安市党政代表团到文成开展瑞安文成“山海协作工程”结对帮扶活动，向文成县捐赠“山海协作”结对帮扶资金480万元。

21日 市委常委、组织部部长杨胜杰到文成开展春节前慰问活动，看望慰问消防指战员、困难群众、困难党员和退役军人，向他们送去市委、市政府的深切关怀和新春祝福。

30日 全县领导干部会议召开，市委常委、组织部部长杨胜杰出席会议并讲话，市委组织部副部长许佳宣布省委决定，县委书记刘中华主持会议，代县长罗招政作表态发言。

2月

22日 全县三级干部大会召开，会议深入贯彻落实全市“六比争先”强执行开新局大会精神，吹响新一轮“四大工程”号角，动员全县上下砥砺奋进、勇开新局。

24日 县纪委十三届七次全体（扩大）会议召开。县委书记刘中华在会上强调，要聚焦进入新发展阶段、贯彻新发展理念、构建新发展格局，发挥全面从严治党引领保障作用，使正风肃纪反腐与现代化建设需要相契合相适应，使纪检监察工作更好融入治理体系、转化为治理效能，不断开创文成县全面从严治党新局面。

同日 县委政法工作会议召开。会议贯彻落实中央和省委、市委政法工作会议精神，总结2020年政法工作，研究部署2021年工作任务，推动政法工作在新征程之年高质量发展。

25日 全县公安工作会议召开。县委书记刘中华在会上强调，全县公安机关要牢固树立“排头兵”意识，坚决扛起“主力军”使命，努力创造良好的社会环境、发展环境和法治环境，为全县加快绿色高质量发展站岗放哨、保驾护航。

同日 南田镇武阳村获第二批浙江省华侨国际文化交流基地授牌。

26日 县委组织部(县委人才办)、团县委主办的文成县青年硕博智库纳新暨学子面对面座谈会召开，县委组织部(县委人才办)、团县委、县经信局等12个部门单位代表，以及30多名来自双一流大学的文成籍大学生共同参加活动。

3月

2日 中国人民政治协商会议第九届文成县委员会第五次会议在县文化中心剧院开幕。承载着社会各界的期盼，肩负着广大群众的重托，来自全县各条战线的政协委员共聚一堂，建真言、献良策，为文成发展贡献智慧和力量。县政协九届五次会议期间，根据政协提案工作条例的有关规定，大会提案组收到提案146件。经审查，立为提案的134件。

3日 文成县第十六届人民代表大会第五次会议在县文化中心剧院开幕。会期3天，出席会议代表195人，列席201人。人大代表满怀豪情，共商文成经济社会发展大计。

5日 县精神文明建设指导中心举办学雷锋活动日暨新时代文明实践中心开馆仪式。

9日 省委统战部常务副部长王晓峰到文成调研。王晓峰一行走访察看“开臣璞居”“寒舍迴塘”侨家乐民宿、县政务服务中心、侨乡玉壶等地，与相关负责人进行探讨交流，详细了解文成县侨家乐民宿品牌建设、海外服务中心建设、侨乡建设发展等情况。

10日 文成县获评2020年度森林浙江建设目标责任制考核优秀单位。

16日 全县党史学习教育动员部署会召开。县委书记刘中华出席会议并讲话，刘中华指出，开展党史学习教育是全党政治生活中的一件大事，要认真学习贯彻习近平总书记重要讲话精神，按照中央和省市县委关于开展党史学习教育以及党员教育培训工作的相关要求，部署开展党史学习教育。

同日 省委宣传部副部长李杲到文成调研。李杲对文成海外传播工作予以高度肯定，勉励文成继续先行先试，整合对外传播资源、搭好对外传播平台、做强海外传播队伍，充分借助互联网传播优势讲好中国故事、浙江故事、文成故事。

19日 县委书记刘中华、县长罗招政率文成县党政代表团到泰顺县考察交流，签订《文泰区域协同高质量发展合作协议》。

22日 省政协副主席孙景淼率调研组到文成开展“扎实推进共同富裕”课题调研。调研组一行通过看现场、听汇报等方式，详细了解文成县侨家乐民宿品牌建设、小康码系统应用、乡村振兴等情况，并就相关工作进行探讨交流，现场提出工作意见建议。

3月 文成县被列为2021年度省级乡村振兴集成创新示范建设县。

4月

1日 全县文明委全体(扩大)会议召开。会议审议《文成县2021年精神文明建设工作要点》《文成县深化文明城市创建三年行动计划(2021—2023年)》《文成县创建全国文明城市测评考核实施方案(试行)》。

8日 全县数字化改革大会召开。县委书记刘中华在会上强调，要进一步贯彻落实省、市数字化改革大会精神，强化比学赶超、争先创优，牢固树立“没有走在前列也是一种风险”

的忧患意识，迈好第一步、展现新气象，抓实抓细数字化改革各项任务，确保为省市数字化改革工作贡献文成力量、提供文成样本。

9日　市政协副主席王丽峰到文成开展农村饮用水保障民主监督调研。王丽峰对文成县农村饮用水保障工作予以肯定，她指出，要加快推进全县一张网，城乡一盘棋的工作，加强水务信息化管理，全面推行供水工程智慧管护，建设水务统一、建管合一的水务智慧网，实现城乡饮用水一体化。

12日　市人大常委会副主任徐育斐到文成调研义务教育优质均衡发展工作。

13日　市政协副主席黄寿龙到文成调研义务教育优质均衡发展情况。

14日　文成法院举行员额法官进乡村"四百"活动启动仪式，正式翻开员额法官进乡村工作新篇章。

15日　温州市各县（市、区）人大常委会第76次联席会议参会人员到文成县参观考察。市人大常委会主任、党组书记葛益平充分肯定文成工作成效，他指出，要提高思想认识，深刻把握新形势下做好人大工作的新要求，深化探索创新，推进人大工作再上新台阶。

20—21日　省政协副主席陈小平率队到文成就"建设种业强省""送科技下乡"开展专题调研。

22日　2021年度文成县"两新"党组织书记示范培训班开班，刘中华充分肯定县"两新"党建工作。他指出，2021年是中国共产党成立100周年，也是习近平总书记对温州非公企业党组织作出"发挥实质作用"重要批示10周年。

23日　县委农村工作会议暨乡村振兴集成改革动员会召开。贯彻落实中央和省市委农村工作会议精神，研究部署2021年全县"三农"工作任务，全面推进乡村振兴集成改革，确保"十四五"时期文成"三农"工作开好局、起好步。

28—29日　全市"侨家乐"品牌民宿发展现场推进会在文成召开。会前，与会人员到百丈漈石庄村、长塘村等地现场考察"侨家乐"民宿建设情况，切实感受乡野田园中"土到底、洋到家"的随性和自在。

30日　文成县举行"百年青春百年梦 满腔热血满腔红"纪念"五四"青年节主题团日活动暨"文成青年说"千场宣讲进基层启动仪式。

5月

7日　浙江文成经济开发区（筹）入选2021年度浙江省开发区（园区）名单。

7—8日　龙湾区委书记、温州高新区党工委书记周一富率党政考察团到文成学习考察。学习乡村振兴和共同富裕工作，考察"侨家乐"品牌民宿发展等内容。

12日　知名浙商助力文成跨越式发展座谈会在文成召开，各地知名浙商代表参与活动。

13日　台州市玉环市委书记吴才平，市委副书记、市长周阳率党政考察团到文成考察AAAAA级景区建设和旅游发展、乡村振兴及共同富裕等工作。

14日　鹿城区委书记姜景峰率区党政考察团到文成考察"侨家乐"品牌民宿及旅游发展。

18日　文成县获浙江省治水"大禹鼎"。

19日　为落实好2021年浙江省政协"送科技下乡"活动项目，省开放大学副校长顾蓓熙携招生合作处一行人到省开大文成分校开展省政协"送科技下乡"活动项目调研，并落实"一村一名大学生培养""成人及社区教育干部培训"等两个项目。

21日　省政协副主席张泽熙到文成开展"送科技下乡"活动。

26日　市水利局副局长刘纪动带领市珊管中心相关人员到文成调研重点水利、珊溪水源保护、赵山渡库区生态搬迁等工作。

27日　文成县举办第二届农业投资洽谈会。通过项目签约、农特产品品鉴会等方式，全面展示推介文成农业农村发展成果。签约现代农业项目24个、签约总投资16.1亿元。

同日 文成县与温医大附一医签订“山海”提升工程合作协议。会议签订“山海”提升工程合作细化协议，进行党员名医工作室揭牌仪式和温州附一医专家任文成县人民医院科室主任聘任仪式，听取专家代表发言。

28日 市退役军人事务局局长阮云富带队到文成开展“三服务”活动。

同日 省政协委员、中国农业科学院茶叶研究所副所长阮建云率专家组到周山畲族乡各茶园开展实地调研指导。

5月 文成县入选浙江省旅游“微改造、精提升”行动试点县名单。

6月

3日 文成县新时代乡村集成改革试点实施方案获浙江省人民政府批复同意。

4日 文成县成功列入国家发改委“浙西南革命老区”规划范畴。

7日 泰顺县委书记林万乐，县委副书记、县长王慧杰率党政代表团到文成考察“侨家乐”品牌民宿、乡村振兴及共同富裕等工作。

15日 全县县乡领导班子换届工作动员会召开。传达学习全市乡镇换届工作会议和省、市委相关文件精神，部署全县乡镇换届工作。

22日 文成县举行“七一”前新党员集中宣誓活动。县委书记刘中华向新党员作寄语讲话。

同日 全县人才科技发展大会召开。县委书记刘中华在会上强调，要分析人才和科技发展形势，明确人才和科技工作目标，研究部署当前以及今后一个时期全县人才和科技工作，动员全县上下聚力落实人才强县、创新强县战略。

29日 “初心之旅”暨“红色坦歧 星火1935”启动仪式举办，通过重走红军路、现场听党课等方式，缅怀革命前辈的峥嵘岁月，传承奋斗精神，进一步打响文成红色旅游品牌，迎接中国共产党成立100周年。

30日 文成县庆祝中国共产党成立100周年“七一”表彰暨文艺汇演在县文化中心大剧院举行。

同日 文成天顶湖国际旅游度假区项目签约仪式举行，总投资108亿元。这是文成首个百亿元文旅项目签约。

7月

1日 文成县社会各界收看庆祝中国共产党成立100周年大会电视直播。

8日 文成县第九次归侨侨眷代表大会召开，会议听取并通过县侨联第八届委员会工作报告，选举产生县侨联第九届委员会，聘请县侨联第九届委员会名誉主席和顾问、海外委员。

13日 省委副书记、省长郑栅洁到文成县西坑畲族镇、百丈漈镇调研乡村振兴、共同富裕工作和生态旅游产业发展情况。

14日 省委党校副校长陈立旭到文成督查党校办学质量创优评估问题整改“回头看”工作。

同日 市人大常委会副主任徐育斐带领调研组到文成调研山水诗路带建设情况。

16日 县委常委(扩大)会议召开。会议传达贯彻落实省长郑栅洁在文调研时的重要指示精神和市委十二届十二次全体(扩大)会议精神，部署贯彻落实意见。

同日 娃哈哈集团到文成考察水源情况，考察组一行实地查看巨屿镇沙洲项目地块与飞云湖水库饮用水源，对文成县优美的生态环境、丰富的水资源优势给予高度评价。

同日 省十三届人大代表温州中心组第三小组到文成开展视察活动。代表们结合自己的经验与专业背景在民宿智能平台建设、政策处理、文化特色打造等方面提出针对性建议，希望“侨家乐”品牌民宿形成更大的影响力，助力共同富裕示范区建设。

20日 奉化—文成山海协作工程座谈会在文成县召开。

21日　市政协副主席陈胜峰到文成开展"巩固民族乡村脱贫成果"民主监督调研活动。

22日　中国明史学会刘基分会成立大会暨第四届刘基文化学术研讨会在文成举行。中国明史学会会长陈支平宣布中国明史学会刘基分会成立，会议选举产生中国明史学会刘基分会第一届理事会理事，中国人民大学历史系教授毛佩琦当选会长。

同日　省委统战部副部长谢辉到文成开展侨务工作调研。

23日　温州市刘伯温诞辰710周年纪念大会暨中国（温州）刘基文化学术论坛在文成举行，100多名海内外刘基文化研究专家、学者齐集文成，探讨伯温文化。

同日　市委常委、组织部部长杨胜杰到文成督察防汛防台工作。他强调，要提高思想认识，强化底线思维，迅速进入实战状态，做好打持久战的准备，做细做实各项防御措施，确保人民群众生命财产安全。

30日　文成县与娃哈哈集团签订投资协议，娃哈哈集团投资近5亿元在文成建设智能化饮料生产基地。

同日　文成县入选浙江省"革命老区振兴发展"名单。

同日　中国侨联副主席程学源到文成调研侨务工作。

8月

3日　市委副书记陈浩到文成督导疫情防控工作。

4日　县委十三届十一次全体（扩大）会议召开。会议总结上半年工作，研究部署下阶段任务，动员全县上下进一步振奋精神，勇扛使命、勇闯新路、勇当先锋，锚定打造高质量发展建设共同富裕示范区山区样板，坚定迈好新征程第一步。

同日　中共文成县委十三届十一次全体会议召开。会议审议通过全会报告和《文成打造高质量发展建设共同富裕示范区山区样板的行动方案（2021—2025年）》。

11日　文成县"初心之旅"入选浙江省"红色根脉"打卡地。

19日　省市场监管局局长章根明到文成调研。章根明强调，要一刻不松抓防疫，加强重点场所商品管控，提高警惕不松懈。

同日　省政协到文成调研委员会客厅创建工作情况。

9月

1日　铜铃山冰雪运动小镇入选2021年度长三角地区精品体育旅游项目。

2—3日　省委常委、市委书记刘小涛到文成调研共同富裕工作。

7—8日　省委书记袁家军到文成调研。在文成期间，袁家军考察为侨服务"全球通"平台，观摩应用场景演示，详细了解通过数字化改革提升为侨服务整体智治工作情况。他要求，突出高频事项和急难事项，进一步推进全流程业务优化再造、全方位线上线下融合，深化改革创新，迭代完善场景应用，持续提升为侨服务水平。

8日　文成县入选整县（市、区）屋顶分布式光伏开发全国试点名单。

12日　市委常委、组织部部长杨胜杰到文成指导防汛防台工作。杨胜杰指出，各乡镇要加大宣传力度，强化党建引领作用，加大应急广播、电视等措施的宣传使用，提高公众防台和自我保护意识，要紧盯防强风、防暴雨、防山洪、防内涝等方面工作，坚决打好"灿都"防御战。

10月

9日　县委深改委第八次会议暨数字化改革领导小组例会召开。县委书记刘中华强调，要紧抓"数字化改革+共同富裕"的时代机遇，进一步增强改革的前瞻性、系统性、实效性，全力抓攻坚、抓落实，争取形成更多"硬核"成果，为打造高质量发展建设共同富裕示范区山区样板赋能添力。

11日　全县维护平安稳定"百日攻坚"行动推进会暨重要

涉稳信息研判会召开。县委书记刘中华在会上强调，要深入贯彻落实上级有关安全稳定工作会议精神，进一步增强做好安全稳定工作的责任感、紧迫感，牢固树立“100-1=0”的安全理念，压紧压实主体责任，全力推进百日攻坚行动，为文成高质量发展创造安全稳定政治社会环境。

14日 文成县获得生态环境部“绿水青山就是金山银山”实践创新基地奖牌。

同日 旺旺集团副董事长周锡玮一行到文成考察，深入了解文成县养老、农业、乡村振兴等领域的工作情况，并就项目合作开展进一步对接沟通。

18日 全县文物安全工作会议召开。会议学习传达习近平总书记关于文物安全工作的有关重要指示精神和省市文物安全工作会议精神，通报全县文物安全工作情况，并就下阶段全县文物安全工作进行部署。

19日 文成为侨服务“全球通”场景应用正式启动。文成县在涉侨服务综合改革关键环节上取得突破性进展，通过将数字化改革延伸至海外，让“数字化改革”红利惠及更多海外侨胞。

21日 市政协到文成专题调研“打造温州千万级常住人口城市”工作。

同日 文成县国际文旅侨贸创新发展区入选浙江省首批现代服务业创新发展区名单。

同日 全县县、乡人大换届选举工作动员部署会召开。会议学习贯彻习近平总书记关于换届选举工作的重要指示精神和中央、省、市委有关县乡人大换届选举部署精神，进一步明确要求、把握程序、严肃纪律、落实任务，确保人大换届选举顺利推进。

25日 县委十三届十二次全会召开。全会审议并通过《关于召开中国共产党文成县第十四次代表大会的决议》，决定于2021年12月召开县第十四次党代会。

27日 文成县党政代表团到绍兴市上虞区、宁波市奉化区开展山海协作活动。

11月

5日 文成县工商联（总商会）第八次会员代表大会召开。会议听取县工商业联合会（总商会）七届执委会工作报告，总结县工商联（总商会）过去5年来的发展成就，明确往后5年的工作目标，选举产生县工商联（总商会）八届执委和领导班子并举行授牌仪式。

同日 文成“山哥哥”创办人金宪伍入选农业农村部全国农村创业创新优秀带头人典型案例推荐名单。

同日 文成天湖悦动小镇入选浙江省特色小镇第七批创建对象名单。

6日 文成森林氧吧小镇入选浙江省特色小镇。

7日 文成县珊溪特色农业强镇入选浙江省农业强镇。

9日 省商务厅厅长盛秋平到文成调研商务工作。盛秋平听取文成县近年来的经济建设与社会发展方面的工作情况，以及在发展过程中碰到的问题与困难，针对文成县的实际情况，提出指导性意见。

12日 南田镇武阳村入选2021年中国美丽休闲乡村名单。

16日 文成县2021年度村社党组织书记暨共同富裕带头人培训班开班。在庄严的国歌声后，全体学员身着正装，佩戴党徽，面对党旗进行集体宣誓。会议进行县十大“共富党建联盟”与全县首批基层党建示范村社授牌仪式。

22日 驻温州省政协委员到文成开展会前视察。温州市政协主席陈作荣表示，将通过此次视察所了解到的有关情况和问题，结合各自实际，有针对性地提出提案及意见建议，努力反映好群众的要求和呼声，为文成经济社会发展贡献政协力量。

26日 市委常委、秘书长王军到文成调研。相关部门负责人就“城市大脑”指挥平台、社区服务平台建设和运行情况作专题汇报。王军充分肯定文成县所取得的工作成效。

12月

4日　绍兴市上虞区党政代表团到文成开展山海协作活动。考察中，上虞·文成山海协作产业飞地联席会议召开，双方分别结合各自实际，就产业飞地共建进行座谈交流。

6日　县委全委（扩大）会议召开。会议对中共文成县第十四届委员会委员、候补委员和中共文成县纪律检查委员会委员民主推荐作说明，并现场进行民主推荐县“两委”委员候选人初步人选。

7日　文成县通过2021年县域节水型社会达标建设省级验收。

9日　文成县志愿服务联合会成立大会召开。会议听取文成县志愿服务联合会成立大会筹备工作报告；审议通过《文成县志愿服务联合会章程（草案）》，会议进行文成县志愿服务联合会成立授牌仪式；通过举手表决的方式，选举产生第一届会长、副会长、秘书长。

15日　文成樟山社区入选浙江省第四批未来社区创建名单。

20日　奉化—文成山海协作“云端会商”举行。会上，双方在线上共同签订《2021年奉化—文成乡村振兴示范点共建协议》以及两地在教育、科技、旅游、卫生等领域的合作协议，并举行捐赠仪式。

同日　中共文成县委社会建设委员会揭牌成立。

同日　县乡两级人大代表选举举行，全县32.2万选民参加投票。

23日　中共文成县委党校（行校、社校）新校区建设工程开工仪式在龙川举行。

28日　中国共产党文成县第十四次代表大会开幕。

29日　副省长王文序到文成调研残疾人共同富裕工作。

同日　文成县聚焦AAAAA景区创建打造大花园璀璨明珠获评第二批全省大花园示范县建设优秀典型案列。

30日　中共文成县委第十四届一次全体会议举行，刘中华当选书记，罗招政、吕金记当选副书记。

同日　中共文成县第十四届纪律检查委员会第一次全体会议召开。受县第十四次党代会主席团委托，童文阳主持会议。会议以举手表决方式通过《中国共产党文成县第十四届纪律检查委员会第一次全体会议选举办法》；通过监票人和计票人名单；通过中国共产党文成县第十四届纪律检查委员会常务委员会委员和书记、副书记候选人名单。

同日　浙江文成经济开发区获批成立，规划面积9.15平方千米。

同日　铜铃山镇被认定为AAAAA级景区镇。

31日　全市村志编修工程试点推进会在文成举行。温州市地方志研究室主任王文胜、副主任魏仕阔，副县长吴可塑参加会议。会上，副县长吴可塑就文成县开展村志编修工作做简要介绍。推进会既对文成试点的经验做了全面总结和推广，也对下一步全面推动基层修志工作做出部署。

文成概览

位置地貌

【位置面积】 文成县位于浙江省南部山区，温州市西南部，飞云江中上游，北纬27°34′~27°59′，东经119°46′~120°15′。东邻瑞安市，南界平阳、苍南县，西倚泰顺、景宁县，北接青田县，总面积1296.44平方千米。隶属温州市，县政府驻地大峃镇，距省会杭州市274千米，距温州市区62千米，距东海62千米(均系直线距离)。

【地形地貌】 文成县域属浙南山地，境内山峦起伏，连绵不绝，山地面积占全县总面积的82.5%，俗称"八山一水一分田"。地势自西北向东南倾斜，西北部地势较高，山势高峻陡峭，千米以上山峰有159座，最高为石垟林场杨顶峰，海拔1362米，东南部地势平坦，县境入口平和乡大垟口，海拔15米，为全县最低点。山脉分属两支，江北属南田山脉，为洞宫山脉分支。江南为南雁荡山脉分支，从平阳县进入文成县，南田高山平台，为文成县山地的典型地貌。河流绝大部分属飞云江水系，主要河流是飞云江(中上游)，横贯县境南部，流程43.5千米。

气候特征

【概况】 2021年，文成县气候特点是较常年(1990—2020年)年平均气温略偏高；年降水量偏多。总体气温略偏高。日照时数明显偏少。全年总体气候条件对农业生产、林业生产等有利，但年初干旱的气候对农业生产、林业生产极为不利。中期受台风影响略小，台风整体对农业收成利大于弊，雨量适宜，台风后日照充足、光合作用强，对瓜果、蔬菜等农作物均带来较大收益。

【主要气象要素】

气温 年平均气温19.7℃，较历史平均气温(18.6℃)偏高1.1℃。其中1月、2月、3月、5月、6月、8月、10月较历史同期偏高，1月、2月、6月偏高1℃以上，2月偏高最多为3.2℃。最高气温超过35℃日数共38天，最高气温出现在7月8日为38.7℃，最低气温出现在1月13日为-2.7℃。

降水 年降水量1584.2毫米，较历史平均降水量(1789毫米)偏低204.8毫米，其中3月、5月、10月降水量较历史同期偏多，其余各月较历史同期偏少。5月降水量(288.1毫米)较历史同期(209.6毫米)偏高78.5毫米。其中，8月降水日数最多为23天。降水量大于50毫米日数为4天，最大日降水量出现在5月21日为82.6毫米。

日照 年日照时数1290.5小时，较历史平均(1273.8小时)偏多16.7小时，其中1月、2月、3月、9月、12月较历史平均偏多，其余月份偏少。

【主要气候事件】

年初干旱延续 自2020年秋季开始的历史罕见干旱天气，持续至2021年3月结束。据观测数据统计，2021年1月1日至2021年2月28日，降水量74毫米，较常年同期(132.2毫米)明显偏少，雨日26天，较历史同期偏少7天。

梅汛期降水偏多、气温偏低 2021年6月10日入梅，7月5日出梅，梅汛期25天接近常年。梅雨期间降水不典型，但短时暴雨频发，局地性和极端性明显，其中公阳站6月11日小时雨量117.1毫米，创历史极值。梅雨期间，全县面雨量397.9毫米，文成站过程累计雨量406.0毫米，较常年同期(242.0毫米)异常偏多，为历史同期第二多(同期最多为1997年494.6毫米)。全县共有19个站点累计雨量均超过400毫米，其中降水量最大的3个站点分别为叶胜林场505.2毫米，南田501.7毫米，岭头493.3毫米。文成站最大小时雨量出现在7月1日达到21.8毫米，最大日雨量出现在6月21日达到63.2毫米。由于雨水过多，梅汛期间，全县气温总体偏低，“冷黄梅”特征明显。6月17日至7月17日全县平均气温25.9℃，较历史同期(27.4℃)偏低，也是1999年以来最低，列建站以来第五低。

台风影响个数偏多　2021年共有4个台风影响文成县，分别为：202106号“烟花”、202109号“卢碧”、202114号“灿都”、202118号“圆规”，较常年影响个数偏多，影响偏小。过程雨量最多的是台风“圆规”，10月11日20时—14日20时，全县普遍出现暴雨天气过程。全县面雨量120.4毫米，主要降水集中区出现在桂山、珊溪、公阳等东南部乡镇，其中累计降水达到200毫米以上的站点有5个，300毫米以上的站点有1个，按排名：桂山站309.9毫米、珊溪毛坑站251.6毫米、珊溪仰山站243.2毫米、公阳驮尖站218.7毫米、公阳站201.6毫米。

(田君杰)

自然资源

【生物资源】　2021年，文成县新增百万亩国土绿化行动，完成市级核定0.81万亩；完成松材线虫病除治面积20.74万亩，清理枯死木24.6万株，采购益森键松树注射免疫剂1.4万支，注射松树5368棵；完成千万亩森林质量精准提升工程任务5.11万亩，其中战略储备林建设0.14万亩、美丽生态廊道建设0.09万亩、健康森林建设4.88万亩；新造油茶面积0.2万亩。全县拥有森林面积9.37万公顷，森林覆盖率72.27%，森林蓄积量666.57万立方米，全县林业用地面积96840公顷，占全县土地面积的74.7%，有林地面积8.8万公顷，活立木总蓄积量635万立方米。生态公益林4.91万公顷，占全县林业用地总面积的50.70%；商品林(地)4.5万公顷，占全县林业用地总面积的46.47%。全县建有4个国有林场，其中石垟林场曾为全国先进单位。有南方红豆杉等国家珍稀濒危树种18种，有树龄百年以上、胸径1米以上的古树250多株，其他林产品有油茶籽、油桐籽和乌桕籽。在原始森林中有脊椎动物5纲34目379种，其中列为国家重点保护的珍贵动物有云豹、黑麂、黄腹角雉、猕猴、短尾猴、金钱豹、金猫、白颈长尾雉、穿山甲、水獭等17种，其他两栖类和鸟类等动物100余种。

【水资源】　2021年，文成县水资源蕴藏丰富，水能蕴藏量50万千瓦，可开发资源42.29万千瓦，居温州市第一位，全省第五位。百丈漈水力发电厂坐落在县城北面，后相继建成百丈漈二级、三级电站，西坑高岭头一级、二级和三级电站。珊溪水利枢纽工程为全国重点工程，截流形成的飞云湖面积35.4平方千米，装机容量20万千瓦，平均年发电量3.55亿千瓦时。

【矿产资源】　2021年，文成县矿产资源分布面广量多，已发现的有锰、铜、金和铅锌矿等13种，其中尤以非金属矿、花岗石、高岭土、萤石、叶蜡石储量最为丰富，其中花岗岩储量15亿立方米。

【旅游资源】　2021年，文成县风景旅游资源得天独厚，自然人文风光独树一帜。境内百丈漈——飞云湖国家重点风景名胜区的百丈飞瀑，为全国最高的瀑布；铜铃山国家森林公园的壶穴碧潭，属世界奇观；饱经沧桑的刘基庙(墓)，系国家重点文物保护单位，驰名遐迩。年平均气温为14℃～18.5℃，舒适期长，空气负离子含量高，空气质量优于国家一级标准，地面水环境符合国家一类标准。全县共有刘伯温故里国家AAAAA级景区1家，铜铃山、龙麒源、森林氧吧小镇等国家AAAA级景区3家，刘基庙、峡谷景廊、月老山、猴王谷、九溪欢乐谷、七星武阳、天顶湖农庄、仙人居、山一角、嘉南美地等国家AAA级景区10家。

历史人文

【历史沿革】 文成县春秋战国时期属瓯越地。秦统一六国后，废封国，设郡县，属闽中郡。西汉惠帝三年(前192)属东瓯国。西汉始元二年(前85)以东瓯地回浦乡建立回浦县，为回浦县辖地，属会稽郡。东汉章和元年(87)，改回浦县为章安县。东汉永和三年(138)，析章安县东瓯乡置永宁县，为永宁县辖地。东汉建安八年(203)，析章安县南乡建立松阳县，青田地为其所辖。仍属会稽郡。三国吴赤乌二年(239)，析永宁县置罗阳县，瑞安、泰顺地为其所辖。三国吴太平二年(257)，罗阳县、松阳县归属临海郡。三国吴宝鼎三年(268)，改罗阳县为安阳县。西晋太康元年(280)，改安阳县为安固县。东晋太宁元年(323)，从临海郡析置永嘉郡。松阳、安固2县均属永嘉郡。隋开皇九年(589)，废郡，改永嘉郡为处州，分松阳县东乡建立括苍县，青田为括苍县辖地。括苍、安固同属处州。隋开皇十二年(592)，处州改称括州。隋大业三年(607)，改括州为永嘉郡。唐武德四年(621)，永嘉郡复改称括州。唐上元二年(675)，析括州置温州。安固县为温州属地。唐景云二年(711)，从括苍县析置青田县，属括州。唐天宝元年(742)，改州为郡，括州改称缙云郡，温州改为永嘉郡。青田县属缙云郡，安固县属永嘉郡。唐乾元元年(758)，复改郡为州。缙云郡复称括州，永嘉郡复称温州。唐大历十四年(779)，又改括州为处州，青田县属处州。唐天复二年(902)，改安固县为瑞安县。宋咸淳元年(1265)改温州为瑞安府。瑞安县为其一部分。元至元十三年(1276)，改瑞安府为浙江行省温州路。瑞安县为温州路一部分。元元贞元年(1295)，瑞安县升为瑞安州，仍隶属温州路。元代，青田县隶属浙江省处州路。明洪武元年(1368)，改温州路为温州府。明洪武三年(1370)，瑞安州复改为瑞安县。明景泰三年(1452)，析瑞安、平阳地置泰顺县。明代，青田县隶属处州府。清康熙六年(1667)，浙江省设杭嘉湖、宁绍台、金衢严、温处四道。青田县隶属温处道处州府，瑞安、泰顺两县属温处道温州府。清宣统三年(1911)，浙江成立军政府，青田县属处州军政分府，瑞安、泰顺两县属温州军政分府。民国3年(1914)，温州、处州合并，称瓯海道。民国16年(1927)废道，实行省、县二级制。县直隶浙江省。民国21年(1932)，实行县政督察制，县隶属行政督察区。瑞安县辖地先后属浙江省第十行政督察区、第四特区、永嘉行政督察区、第八行政督察区、第五行政督察区；青田县辖地先后属第十一行政督察区、第二特区、第九行政督察区、第七行政督察区、第六行政监察区；泰顺县辖地先后属第十二行政督察区、第三特区、永嘉行政督察区、第八行政督察区、第六行政督察区、第五行政督察区。民国35年(1946)12月，行政院核准以瑞安、青田、泰顺三县边区析置文成县。民国37年(1948)7月1日，文成县政府成立。县隶属浙江省第五行政督察区。1949年5月8日文成县解放，6月改名大南县。1949年8月，恢复文成县原名，成立文成县人民政府。1958年10月撤销文成县，和瑞安县合并。1961年9月，文成县又从瑞安县析置。中华人民共和国成立后，文成县先后隶属浙江省第五专区、浙江省温州专区、浙江省温州地区革命委员会、浙江省温州地区。1981年9月，温州地、市合并，实行市管县体制，文成县归属温州市领导。2021年，文成县属温州市管辖。

【行政区划】 2021年，全县辖大峃、珊溪、玉壶、南田、黄坦、西坑畲族、百丈漈、峃口、巨屿、周壤、二源、铜铃山12镇，周山畲族、双桂、平和、公阳、桂山5乡。城市社区14个，居委会1个，建制村229个。县人民政府驻大峃镇建设路125号。

【人口】 2021年末，全县户籍人口40.67万人，其中男性人口21.55万人，女性人口19.12万人。全年人口出生率7.0‰，死亡率6.7‰，自然增长率0.3‰。根据2021年5‰人口变动抽样调查推算，年末全县常住人口28.85万人，常住人口城镇化率44.3%。

经济发展

【经济总量】 2021年，文成县生产总值116.52亿元，按可比价计算，比上年增长5.7%，两年平均增长4.6%。人均地区生产总值为4.04万元(按年平均汇率折算为6264美元)，增长4.6%。

【农林牧渔业产值】 2021年，文成县农业总产值14.33亿元，增长2.1%。全年农作物播种面积26.84万亩，下降2.1%。粮食播种面积11.22万亩，增长2.5%。粮食总产量4.63万吨，增长1.4%。

【工业增加值】 2021年，文成县工业增加值13.72亿元，增长12.8%。规模以上工业增加值4.58亿元，增长12.5%。规模以上工业销售产值27.01亿元，增长22.7%。规模以上工业企业实现利润1.09亿元，增长78.5%。

【建筑和房地产业】 2021年，文成县拥有资质建筑业企业126家，完成建筑业总产值统计入库55.75亿元，同比增长28.3%；省内产值48.72亿元，同比增长13.9%。全县商品住房销售均价约为1.09万元/平方米，较上年商品房销售均价下降20.65%；新建商品房上市面积25.19万平方米，同比增长10.43%；商品房销售面积8.5万平方米，同比下降43.7%。

【旅游业发展态势】 2021年，文成县接待游客327.59万人次，同比增长18.96%，实现旅游收入41.91亿元，同比增长18.51%。

【固定资产投资】 2021年，文成县完成固定资产投资62.04亿元，增长13.1%；其中民间投资29.91亿元，增长27.2%；基础设施投资31.63亿元，增长3.5%。

【开放型经济】 2021年，文成县社会消费品零售总额50.71亿元，增长4.2%。网络零售额21.64亿元，增长19.1%。全县外贸进出口总额6.14亿元，增长13.9%，其中进口总额1.72亿元，增长69.5%；出口总额4.42亿元，增长1.0%。

2021年文成县主要组织机构及负责人名录

中共文成县第十三届委员会

书　记：刘中华(—2021.12)
副书记：章寿禹(—2021.1)
罗招政
(2021.1—2021.12)
虞立清(—2021.11)
吕金记
(2021.11—2021.12)
常　委：刘中华(—2021.12)
章寿禹(—2021.1)
罗招政
(2021.1—2021.12)
虞立清(—2021.11)
吕金记
(2021.11—2021.12)
季昌丰(—2021.12)
郑文东(—2021.12)
项　缪
(2021.11—2021.12)
吴昌亮(—2021.3)
虞绍榜(—2021.11)
罗　明
(2021.11—2021.12)
张惠娜(—2021.11)
张　健
(2021.11—2021.12)
赵东佐(—2021.11)
王　坚
(2021.8—2021.12)
童文阳
(2021.3—2021.12)
钱　军(—2021.10)
詹小京
(2021.10—2021.12)

中共文成县第十四届委员会

书　记:刘中华(2021.12—)
副书记:罗招政(2021.12—)
　　　吕金记(2021.12—)
常　委:刘中华(2021.12—)
　　　罗招政(2021.12—)
　　　吕金记(2021.12—)
　　　童文阳(2021.12—)
　　　项　缪(2021.12—)
　　　张　健(2021.12—)
　　　王　坚(2021.12—)
　　　罗　明(2021.12—)
　　　詹小京(2021.12—)
　　　刘树智(2021.12—)

县第十六届人大常委会

人大常委会
主　任:郑建华
副主任:吴育民　钟信友(畲)
　　　林乐融　陈成武
委　员:(按姓名笔画为序)
　　　王　军　叶　华
　　　叶云峰　刘　英
　　　李修勤　吴正豪
　　　吴全海
　　　张艳晴(—2021.9)
　　　陈式海
　　　陈增聪(—2021.2)
　　　林炳欧　林梅伍
　　　郑明道
　　　赵富春(—2021.2)
　　　胡雄兵
　　　钟雪华(畲,—2021.2)
　　　夏景宜　徐　刚
　　　徐瑞霞(—2021.2)
　　　梅则铭(—2021.2)
　　　程一锋　富健旺
　　　虞循友　蔡耕勇

人大党组:
党 组 书 记:郑建华
党组副书记:吴育民

县人民政府

县　长:章寿禹(—2021.1)
　　　罗招政(2021.3—)
代县长:罗招政
　　　(2021.1—2021.3)
常务副县长:吴昌亮(—2021.3)
　　　张蕙娜
　　　(2021.3—2021.12)
　　　张　健
　　　(2021.12—)
副县长:林　伟(2021.1—)
　　　李　标(—2021.1)
　　　金一玲　刘　云
　　　毛伟新
　　　曾仁海(—2021.3)
　　　瞿灵灵(挂职)
　　　张海飞(挂职)

县政协第九届委员会

政协常委会
主　席:刘金红
副主席:胡晓雄(—2021.2)
　　　李　标(2021.3—)
　　　郑士钗
　　　雷旭燕(畲)
　　　张丽俊
秘书长:郑丹丹
委　员:叶　萍　包小荣
　　　刘少彬　池文锋
　　　纪庆南　李顺华
　　　张玲玲　陈伟银
　　　陈燕燕　林为口
　　　林绍银　季成夏
　　　周小春　周洪胜
　　　赵　蔺　赵文忠
　　　赵文波　赵翁钦
　　　胡学秦　洪汝锦
　　　夏肇旭　徐声福
　　　程秀娟　释则庄
　　　蓝旭丹(畲)
　　　雷　武(畲)
　　　毛祥劲(—2021.2)
　　　刘日年(2021.3—)
　　　刘化田(2021.3—)
　　　陈　琪(2021.3—)
　　　潘方开(2021.3—)

政协党组
党组书记:刘金红

中共文成县纪律检查委员会

书　记:张蕙娜(—2021.3)
　　　童文阳(2021.3—)
常务副书记:蔡建国
副书记:富汉峰
常　委:张蕙娜(—2021.3)
　　　童文阳(2021.3—)
　　　蔡建国　富汉峰
　　　周琦峰
　　　赵彬洁(—2021.11)
　　　郑志华
　　　陈　杰

文成县监察委员会

主　任:张蕙娜(—2021.3)
　　　童文阳(2021.3—)
副主任:蔡建国　富汉峰
委　员:郑志华　朱荣锋
　　　朱海武

县纪委县监委派驻纪检监察组

县纪委县监委驻县委办公室纪检监察组

组　长:郑爱国(—2021.4)
　　　　吴霏霏(2021.4—)
副组长:刘日淼

县纪委县监委驻县政府办公室纪检监察组

组　长:施明聪
副组长:李进催

县纪委县监委驻县委组织部纪检监察组

组　长:刘　彤
副组长:廖兴华

县纪委县监委驻县委宣传部纪检监察组

组　长:胡希文(—2021.9)
　　　　赵彬洁(2021.9—)
　　　　副组长:蔡丹丹

县纪委县监委驻县委统战部纪检监察组

组　长:张　璐
副组长:李春娥

县纪委县监委驻县财政局纪检监察组

组　长:邢万力

县纪委县监委驻县教育局纪检监察组

组　长:包可仁

县纪委县监委驻县公安局纪检监察组

组　长:林立忠

县纪委县监委驻县人民法院纪检监察组

组　长:富嫣嫣

县纪委县监委驻人民检察院纪检监察组

组　长:郑双双

文成县委直属机关纪检监察工作委员会

书　记:周上党

县委工作部门

县委办公室

主　任:刘树智
副主任:刘文光(—2021.4)
　　　　王庆州(—2021.4)
　　　　王宝坎(—2021.9)
　　　　张淑芳　蔡微微
　　　　张　敏(2021.9—)
　　　　王荣华(2021.9—)
　　　　刘一忠
　　　　(2021.9—2021.12)
　　　　季伟斌(2021.4—)
　　　　贾约拿(2021.9—2021.12)
　　　　吴方海(2021.9—)

组织部

部　长:虞绍榜(—2021.12)
　　　　罗　明(2021.12—)
常务副部长:王　军
副部长:蔡晓艳　毛瑞务
　　　　谢海兵　张慧君(兼)
　　　　陈岳平(兼—2021.4)
　　　　王汉曹(兼—2021.9)
　　　　胡希文(兼2021.9—)
　　　　王庆州(兼2021.4—)
两新工委书记:毛瑞务

宣传部

部　长:郑文东(—2021.12)
　　　　项　缪(2021.12—)
常务副部长:周　洁
副部长:黄金杰(2021.3—)
　　　　叶建斌　李　武
　　　　朱　晨
　　　　夏晓恩(—2021.6)

统战部

部　长:季昌丰
常务副部长:季成夏
副部长:夏朝敏
　　　　刘　波
　　　　赵立春
　　　　蔡丽英(2021.4—)

政法委员会

书　记:虞立清(—2021.12)
　　　　吕金记(2021.12—)
常务副书记:赵建怀
副书记:包小春(—2021.9)
　　　　赵小惠(2021.9—)
　　　　赵赣生
政治处主任:毛文袍

全面深化改革委员会办公室

主　任:虞立清(—2021.11)
　　　　吕金记(2021.12—)
第一副主任:吴昌亮(—2021.2)
　　　　张惠娜(2021.3—2021.11)
　　　　张　健(2021.12—)
常务副主任:郑国法
副主任:余尉军　周　剑

机构编制委员会办公室

主　任:张慧君(—2021.5)
　　　　王庆州(2021.5—)
副主任:林绍生　吴蒋贤

县委直属机关工作委员会

书　记:虞绍榜(—2021.12)
　　　　罗　明(2021.12—)

常务副书记:王汉曹(—2021.9)
胡希文(2021.9—)
副书记:刘　敏　沈　萍

县委党校
校　长:虞绍榜(—2021.12)
罗　明(2021.12—)
行政校长:吴昌亮(—2021.3)
张蕙娜
(2021.3—2021.12)
张　健(2021.12—)
常务副校长:赵惠文
副校长:林建辉　谢俊杰
党委书记:赵惠文

档案馆
馆　长:张淑芳
副馆长:纪泽锋　陈　才

信访局
局　长:刘文光(—2021.4)
季伟斌(2021.4—)
副局长:朱和平
刘繁荣(2021.9—)
陈余友(—2021.9)
党组书记:刘文光(—2021.4)
季伟斌(2021.4—)
党组副书记:朱和平

县精神文明建设指导中心
主　任:叶建斌
副主任:陈思然　胡瑜庆
张世朝(—2021.2)
夏景瑞(2021.2—)
党组书记:叶建斌

县社会科学界联合会
主　席:赵雪微

秘书长:林永汉

县人大常委会工作部门

办公室
主　任:陈维强
副主任:刘忠秀(—2021.2)
黄金乐(—2021.9)
郑剑康(2021.2—)

法制监察司法工作委员会
主　任:叶云峰
副主任:王　宗

财政经济工作委员会
主　任:李修勤
副主任:刘　英

农村与资源保护工作委员会
主　任:林炳欧
副主任:包向阳

城乡建设环境保护委员会
主　任:陈增聪(—2021.2)
陈岳平(2021.5—)
副主任:赵小飞

科教文卫民侨工作委员会
主　任:王新亮(—2021.2)
朱昌乐(2021.2—)
副主任:(空缺)

代表与选举任免工作委员会
主　任:赵文锋
副主任:周　跃

社会建设工作委员会
主　任:包学潘
副主任:刘忠秀(2021.2—)

县人大常委会专职委员:
赵富春(—2021.2)
徐瑞霞(—2021.2)
吴正豪　夏景宜　虞循友

功 能 区

大峃城市新区管委会
主　任:刘一忠(—2021.9)
刘俊峰(2021.9—)
副主任:刘文锋　郑明道
朱应军
党组书记:刘一忠(—2021.9)
刘俊峰(2021.9—)

政府工作部门

办公室
主　任:王　军
副主任:夏德明　苏海成
陈　亮　吴世忠
郑金桥　叶　胜
谢　军　周旭阳
李　芸
纪相伦(—2021.3)
林日进(—2021.10)
蓝建荣(畲,2021.10—)
陈方美(2021.10—)
张仁化(挂职)
党组书记:王　军

发展和改革局
局　长:王国林
副局长:朱曙光　赵松青
赵玲丽
叶清在(挂职)
单　洋(挂职)
(2021.8—)
人武部部长:朱炳淼
党委书记:王国林

经济商务和信息化局

局　长:林世铮
副局长:王廷军　陈蓓蓓
　　　魏　剑
总经济师:李　莉
党委书记:林世铮

教育局

局　长:薛乐之
副局长:夏建秋　胡国栋
　　　杨有根
党委书记:薛乐之
党委副书记:夏建秋
文成中学校长:郑伟斌

科学技术局

局　长:程　东
副局长:周晓东
　　　周宗华(—2021.2)
　　　俞　东(2021.2—)
党组书记:程　东

公安局

局　长:曾仁海(—2021.3)
　　　郑祥邦(2021.12—)
政　委:吴建斌
副局长:章　贤　潘振达
　　　王学忠
　　　王慕伟(挂职)
　　　李材慧
政治处主任:傅利敏
党委书记:曾仁海(—2021.3)
　　　郑祥邦(2021.12—)
党委副书记:吴建斌
　　　章　贤(2020.8—)

民政局

局　长:叶洪锋
副局长:张世峰
　　　俞　东(—2021.2)
　　　陈汉斌
党组书记:叶洪锋
党组副书记:刘光煜

司法局

局　长:徐文鑫
副局长:厉林甫　叶葱葱
　　　陈茂平
党组书记:徐文鑫

财政局

局　长:季建明
副局长:金宪树　叶信钏
　　　王光远
总会计师:胡国鑫
党委书记:季建明
党委副书记:金宪树

人力资源和社会保障局

局　长:蓝旭丹(畲)
副局长:朱正选　叶仕平
党组书记:陈岳平(—2021.5)
　　　张慧君(2021.5—)
党组副书记:朱正选

自然资源和规划局

局　长:包朝阳
副局长:池文锋　李文福
　　　赵汉增　周　赞
总规划师:刘　豪

住房和城乡建设局

局　长:程旗荣
副局长:胡三东　林　哲
　　　严旭武　刘官松
总工程师:金　伟
党委书记:程旗荣

人民防空办公室

主　任:程旗荣(兼)

交通运输局

局　长:邢文东
副局长:叶怀华　夏克余
　　　叶李林
　　　赵建军(2021.7—)
总工程师:吴士华
党委书记:邢文东
党委副书记:叶怀华

水利局

局　长:纪庆静
副局长:郑长进
　　　周洸毅(—2021.8)
　　　邢伟济(2021.9—)
总工程师:邢伟济(—2021.9)
　　　刘常春(2021.9—)
党组书记:纪庆静
党组副书记:郑长进

农业农村局

局　长:严炳宽(—2021.1)
　　　钟雪华(畲,2021.2—)
副局长:胡学铐
　　　厉林甫(—2021.3)
　　　刘少彬　池元亮
　　　吴笑媚(—2021.7)
　　　刘小昌(兼职)
　　　卢继豪(挂职)
　　　叶　芬
　　　(挂职　2021.12—)
总农艺师:林微燕(2021.9—)
农业综合行政执法队队长:
　　　夏邦才
党委书记:严炳宽(—2021.1)
　　　钟雪华(畲,2021.2—)
党委副书记:胡学铐

文化和广电旅游体育局
局　长:王孟森
副局长:林增金　钟建芳(畲)
党组书记:王孟森
党组副书记:林增金
县体育事业发展中心主任:
吴　刚
文化市场综合行政执法队队长:胡海湖

卫生健康局
局　长:吴焱春
副局长:周国勇　李顺华
季敏华(—2021.2)
赵献慧
党委书记:吴焱春
党委副书记:周国勇

退役军人事务局
局　长:林永熙(—2021.9)
刘丽丹(2021.9—)
副局长:周建旺　钟友高(畲)
党组书记:林永熙(—2021.9)
刘丽丹(2021.9—)
党组副书记:周建旺

应急管理局
局　长:毛跃锋
副局长:赵青松(—2021.4)
张　灵(—2021.3)
吴海青
刘立光(2021.9—)
赵永旺(2021.2—)
总工程师:赵沛宽
党委书记:毛跃锋

县消防救援大队
大队长:詹云雷(—2021.5)
胡伟雄(2021.5—)
教导员:房敏卿
指导员:刘续飞
站　长:周传建(2021.6—)
副站长:林　鹏(—2021.6)
曾祥鑫(—2021.6)
姚华允(—2021.6)
包加树(2021.6—)
党委书记:房敏卿

审计局
局　长:王日康
副局长:刘飞娥　王晓宗
党组书记:王日康

市场监督管理局
局　长:杨小锋
副局长:赵汉海　陈燎原
余　坚
总工程师:梅伟杰
党委书记:杨小锋

统计局
局　长:朱昌乐(—2021.2)
纪相伦(2021.2—)
副局长:包绍兴　朱爱晓
总统计师:叶紫微
党组书记:朱昌乐(—2021.2)
纪相伦(2021.2—)

医疗保障局
局　长:孟晓豪
副局长:吴　敏　章卫斌
党组书记:孟晓豪

综合行政执法局
局　长:赵东平
副局长:林胜斌　刘立光
朱应波
党组书记:赵东平

政协工作部门

办公室
主　任:胡学奏
副主任:夏　玲(—2021.2)
蔡小彬
林　锋(2021.2—)

提案委员会
主　任:周洪胜
副主任:雷　武(畲,2021.2—)
纪相伦(兼)　林永波(兼)

委员工作委员会
主　任:潘方开
副主任:夏　玲(2021.2—)
季成夏(兼)
毛瑞务(兼)

经济委员会
主　任:刘日年
副主任:王慧琴
蓝旭丹(畲,兼)
林肖亮(兼)

农业和农村委员会
主　任:刘化田
副主任:刘少彬(兼)
池文锋(兼)
余晨芳(兼)

城乡建设和资源环境委员会
主　任:陈　琪
副主任:季伟斌(兼)

教科卫体文化文史和学习委员会
主　任:赵翁钦
副主任:季敏华(2021.2—)
叶丽华(—2021.2)

王国侧(兼)
夏建秋(兼)
李顺华(兼)

社会法制和民族宗教委员会
主　任:徐声福
副主任:黄拥政(兼)
施明聪(兼)
黄　霞(兼)
钟旭彬(兼)

港澳台侨和外事委员会
主　任:余协胆
副主任:包小荣(兼)
雷　武(畲,兼—2021.2)
专职常委:赵文忠　赵文波
洪汝锦
毛祥劲(—2021.2)

检察院　法院

县人民检察院
检察长:陈　锋
常务副检察长:刘际当
副检察长:周恩峰　陈伟银
苗东欣(—2021.12)
政治部主任:赵智勇
党组书记:陈　锋
党组副书记:刘际当

县人民法院
院　长:章禾舟(—2021.11)
代院长:任国权(2021.11—)
常务副院长:陈永海
副院长:周建成
郑国进
党组书记:章禾舟(—2021.11)
任国权(2021.11—)
党组副书记:陈永海

军事机构

县人民武装部
部　长:詹小京
政　委:钱　军(—2021.10)
赵　嵘(2021.12—)
副部长:葛利刚

县武警中队
中队长:谢恒宙
指导员:冯昭军(—2021.8)
郑荣辉(2021.8—)
排　长:朱子豪(—2021.7)
于　港(2021.8—)
党支部书记:冯昭军(—2021.8)
郑荣辉(2021.8—)

直属事业　企业单位

政务服务中心
主　任:周　斌
副主任:罗文增　张　静
党组书记:周　斌

机关事务管理中心
主　任:李晓群
副主任:吴霏霏(—2021.4)
李　斌　张晓斌
王文梳(2021.4—)
党组书记:李晓群
党组副书记:吴霏霏(—2021.4)

融媒体中心
主　任:夏晓恩(—2021.7)
周　洁(兼2021.07—)
副主任:周林燕　富健旺
郑活泉　陈叶静
总工程师:林文旌
总编辑:赵　蔺
党组书记:夏晓恩(—2021.7)
周　洁(2021.7—)
党组副书记:周林燕

投资促进服务中心
主　任:赵　聪
副主任:吴正川
党组书记:张仁化

公共资源交易中心
主　任:周宽群
副主任:胡方杰

生态产业园服务中心
主　任:苏海成(兼)
副主任:叶权东　富周青
陈盈楠(—2021.9)
蒋晨曦(挂职,2021.12—)
党组书记:苏海成

县供销合作社联合社
主　任:毛振味
副主任:胡永袍　程建利
郑锋炎
党委书记:毛振味

石垟林场
场　长:徐秀秀(兼)
副场长:龚　勉
党委书记:李正益(兼)
党委副书记:徐秀秀(兼)

双重管理部门

中国邮政集团公司文成县分公司
总经理:王孔仲
副总经理:洪　敏(—2021.9)
徐　磊(2021.9—)

党委书记:王孔仲

中国电信股份有限公司文成分公司

总 经 理:许鸿斌
副总经理:张时夏 林学飞
党委书记:许鸿斌

移动通信有限公司

总 经 理:孟海强
副总经理:杨一莲 谷麟涵
党支部书记:孟海强

中国联通有限公司文成分公司

总 经 理:李 瑞
副总经理:郑 乐(2021.1—)
政企业务总监:
郑 乐(—2021.1)
党支部书记:李 瑞

税务局

局 长:孙 科
副局长:包建阳 王海燕
杨汉康 刘旭东
党委书记:孙 科
纪检组组长:郑 磊

温州市生态环境局文成分局

局 长:刘 飚
副局长:郑国阳(—2021.9)
郑剑康
雷大权(畲,2021.5—)
王晓薪(2021.10—)
总工程师:李国平(2021.6—)
党组书记:刘 飚

供电公司

总经理:叶清泉(—2021.9)
徐 放(2021.9—)
副总经理:夏震宇(—2021.8)
刘文标(2021.9—)
季余忠 朱建亮
赖圣聪(—2021.12)
周步盛(2021.12—)
王林海(2021.12—)
党委书记:夏震宇(—2021.8)
刘文标(2021.9—)
党委副书记:徐 放(2021.9—)
林加来
纪委书记:林加来

烟草专卖局(烟草公司)

局长(经理):滕珍建
副局长:沈 阳
副经理:李文武
党组书记:滕珍建

气象局

局 长:杨林燕
副局长:邢文理
张灵杰(—2021.5)
党组书记:杨林燕

中国人民银行文成县支行

行 长:林肖亮(—2021.7)
副行长:陈斌杰
(主持工作 2021.7—)
赵海尉 郑 重
党组书记:林肖亮
党组副书记:陈斌杰(2021.7—)
纪检组组长:郑 重

温州市住房公积金管理中心文成分中心

主 任:
副主任:吴方亮(主持工作)

群众团体

县总工会

常务副主席:胡立帅
副主席:蒋赛平(—2021.2)
钟旭彬
赵巧巧(挂职)
林 骁(兼职—2021.9)
赵东远(兼职)
党组书记:胡立帅

共青团文成县委员会

书 记:张艳晴(—2021.9)
副书记:周露曦
王中旺

县妇女联合会

主 席:黄 霞(2021.6—)
副主席:黄 霞(—2021.4)
吴笑媚(—2021.4)
包小荣
党组书记:钟雪华(畲,—2021.1)
黄 霞(2021.4—)

县科学技术协会

主 席:黄 伟
副主席:朱应理
周晓东(兼职)
胡雄兵(兼职)
蒋加勇(兼职)

县归国华侨联合会

主 席:赵丽春
副主席:赵东者
刘双燕
蔡芳芳
(挂职—2021.9)
党组书记:赵丽春

县工商业联合会(总商会)
主　席:张　鑫
常务副主席:刘　波
副主席:林佳俊
党组书记:刘　波

县文学艺术界联合会
主　席:王国侧
副主席:柳晓峰　富健旺(兼)
　　陈丕欢(兼)
　　钟建芬(畲,兼)
党组书记:王国侧

县残疾人联合会
理 事 长:黄拥政
副理事长:王　任
党组书记:黄拥政

县红十字会
会　长:金一玲(兼)
常务副会长:夏宏伟(—2021.9)
　　包小春(2021.9—)
副会长:林　文(—2021.9)
　　徐文桂(2021.9—)
党组书记:夏宏伟(—2021.9)
　　包小春(2021.9—)

乡镇机构

大峃镇
党委书记:赵东佐(县委常委—2021.9)
　　王　坚(县委常委2021.9—)
副 书 记:林永波
　　陈方静(2021.2—)
　　林　海
　　陈忠浓(挂职 —2021.4)
　　陈督胜(挂职)
　　黄金乐(挂职—2021.9)
纪委书记:赵小惠(—2021.10)
　　刘万权(2021.9—)
党委委员:吴国英(—2021.03)
　　蔡友标　潘　跃
　　苏　城　高泉标
　　蔡光标(2021.03—)
　　蔡芳芳(2021.09—)
　　雷锦凯(畲,2021.9—)
人大主席:夏建武
副 主 席:陈永登(—2021.12)
　　钟建忠(畲)
镇　　长:林永波
副 镇 长:陈方静(—2021.3)
　　潘　跃(2021.12—)
　　苏　城
　　王晓薪(—2021.12)
　　雷锦凯(畲,—2021.12)
　　孟世清(2021.12—)
　　赵军勇(2021.12—)
　　雷海武(畲,2021.03—)
　　陈盈楠(2021.12—)
　　王秀珍(挂职)
　　龙　凤(挂职)
(注:党委书记、副书记、纪委书记同时为党委委员,下同)

珊溪镇
党委书记:蓝建荣(畲,—2021.9)
　　吴　丰(2021.9—)
副 书 记:吴　丰(—2021.9)
　　林日进(2021.9—)
　　吴黎明
　　叶　骏
纪委书记:刘化切
党委委员:赵建军(—2021.6)
　　叶瑞兴(—2021.9)
　　林微燕(—2021.9)
　　张　磊(—2021.9)
　　林佳挺(—2021.9)
　　杨微微(2021.9—)
　　叶金成(2021.9—)
　　夏澎云(2021.9—)
　　夏庆相(2021.9—)
　　吴文广(2021.10—)
　　刘进希(2021.10—)
　　潘海波(挂职2021.10—)
　　王文卓(挂职2021.10—)
人大主席:孟世忠
副主席:陈方明(—2021.3)
　　周作存(—2021.9)
　　毛海伟(2021.4—)
镇　长:吴　丰(—2021.9)
　　林日进(2021.12—)
常务副镇长:赵建军(—2021.6)
副镇长:刘晓彬(—2021.3)
　　林微燕(—2021.9)
　　章碎孟(2021.3—)
　　郑吴静(2021.3—)
　　叶金成(2021.12—)
　　夏澎云(2021.12—)
　　赵　烨(2021.12—)
　　王鸣鹿(2021.12—)
　　谈文栋(挂职2021.12—)

玉壶镇
党委书记:王荣华(—2021.9)

赵沛标(2021.9—)
副 书 记:赵沛标(—2021.9)
罗运魁(2021.9—)
赵汉柒(—2021.9)
毛雄斌(2021.9—)
黄金乐(2021.9—)
纪委书记:蒋贤禹
党委委员:白洪川(2021.9—)
程 洲(2021.8—)
郑振光(2021.9—)
蔡丽英(—2021.6)
叶 委(—2021.9)
钟希英(畲)
赵慧聪 吴荣朝
人大主席:陈维强(—2021.1)
刘 坚(2021.8—)
副主席:张 良
镇 长:赵沛标(—2021.9)
罗运魁(2021.9—)
常务副镇长:程 洲(2021.8—)
副镇长:叶 委(2021.9—)
陈海龙(2021.2—)
刘静漪(2021.9—)
夏景鑫(2021.9—)

南田镇

党委书记:张 敏(—2021.9)
王宝坎(2021.9—)
副 书 记:刘志林(2021.4—)
张 杰
佟大行
(挂职 —2021.7)
雷绍飞
(畲,2021.9—)
纪委书记:赵军勇(—2021.4)
卢健斌(2021.9—)
党委委员:吴国伟(—2021.5)
雷海武(畲,—2021.2)
陈珊珊(—2021.10)
赵 浒
赵永旺(—2021.3)
郑迺席
林卫斌(2021.9—)
赵萱萱(2021.9—)
施 俊(2021.10—)
谷伟东(挂职)
赵时康(2021.11—)
人大主席:刘志林(—2021.4)
叶李林(2021.5—)
副 主 席:吴志通(—2021.9)
郑献东(2021.9—)
镇 长:刘志林(2021.5—)
副 镇 长:吴国伟(—2021.5)
林卫斌(—2021.9)
刘建斌(2021.5—)
赵 浒
赵林锋(2021.10—)
赵万千(2021.10—)
李振强(2021.10—)

黄坦镇

党委书记:兰大潘(畲)
副 书 记:陈 铣
陈崇茂(—2021.11)
陈丕雷
应卫超
(挂职 2021.11—)
纪委书记:吴红燕
党委委员:王邦巨
叶明友(—2021.9)
刘俊杰(—2021.9)
叶金成(—2021.9)
金星宇(—2021.9)
赵东昆(—2021.2)
黄亦锋(2021.9—)
王啸侠(2021.9—)
林佳挺(2021.9—)
南炳灿(2021.11—)
胡刘杰(2021.9—)
胡璐瑶(2021.9—)
人大主席:钟汉忠(畲)
副 主 席:张 幅 季丰林
吴志通(2021.9—)
镇 长:陈 铣
副 镇 长:刘俊杰(—2021.9)
兰礼杰(畲)
王啸侠(—2021.9)
林佳挺(2021.9—)
吴家明(2021.9—)
王孟峰(2021.9—)

西坑畲族镇

党委书记:蓝绯绯(畲)
副 书 记:雷文宾(畲)
刘俊杰(2021.9—)
周 容(—2021.6)
刘国荣
(2021.6—2021.9)
王 琼
(挂职,—2021.7)
纪委书记:夏美妙(—2021.9)
张 磊(2021.9—)
党委委员:苏立峰 赵直群
徐 俊(—2021.9)
刘国荣(—2021.6)
卢健斌(—2021.9)
雷文锋(畲,2021.9—)
林晓武
(挂职,—2021.1)
施世威(2021.9—)
刘 成(2021.9—)
周玉环(2021.10—)
蔡文东
(挂职,2021.1—)

人大主席:刘玉明
人大副主席:郑海燕
镇　　长:雷文宾(畲)
副 镇 长:赵直群
　　卢健斌(—2021.9)
　　蔡少瑜　叶永梳
　　叶鹏飞(2021.11—)
　　林宝泽
　　(挂职,2021.11—)

百丈漈镇

党委书记:邢越锋
副 书 记:夏青云　陈增国
纪委书记:周作林
党委委员:孟世清(—2021.9)
　　刘旭红(—2021.9)
　　陈镇亮(—2021.2)
　　魏英雄　林　溪
　　陈珊珊(2021.9—)
　　林来来(2021.9—)
　　陈　波(2021.2—)
　　林　俊(2021.10—)
　　刘文军(2021.10—)
人大主席:林小波(—2021.9)
　　赵汉柒(2021.12—)
副 主 席:纪相君
　　林守斌(—2021.9)
镇　　长:夏青云
副 镇 长:孟世清(—2021.9)
　　黄亦锋(—2021.9)
　　林来来(—2021.9)
　　金晶晶(2021.2—)
　　林　俊(2021.12—)
　　陈　奇(2021.12—)
　　朱希恒(2021.12—)

峃口镇

党委书记:周友银
副 书 记:厉琰乾
　　蓝文杰
　　(畲,2021.9—)
　　毛雄斌(—2021.9)
　　魏君定(挂职)
　　周旭阳(挂职)
纪委书记:毛海伟(—2021.2)
　　赵淑清(2021.2—)
党委委员:程洪亮
　　白洪川(—2021.9)
　　蒋学友(2021.9—)
　　郑丽丽　胡瑞烨
　　董愉星(—2021.2)
　　刘伟斌(2021.2—)
　　项　潮(2021.9—)
　　徐捷铖(2021.9—)
　　贺　慎
　　(挂职2021.10—)
人大主席:周建闽(—2021.2)
　　王庆捷(2021.6—)
人大副主席:陈云云
　　陈方明
　　(2021.6—2021.9)
镇　　长:厉琰乾
副镇长:白洪川(—2021.9)
　　胡瑞烨
　　雷　武(畲,—2021.2)
　　李国平(—2021.9)
　　蓝秀燕(畲,2021.12—)
　　叶慧君(2021.12—)
　　王　骏(2021.12—)

巨屿镇

党委书记:刘俊峰(—2021.9)
　　叶　锋(2021.9—)
副 书 记:叶　锋(—2021.9)
　　张艳晴(2021.9—)
　　薛立富
　　吴蒋贤(挂职)
纪委书记:刘万权(—2021.9)
　　刘旭红(2021.9—)
党委委员:刘日胜　夏晓曦
　　周　环　胡　彪
　　张世镜
　　杨微微(—2021.10)
　　夏澎云(—2021.10)
　　周　珍(2021.9—)
　　徐国斌(2021.9—)
人大主席:郑国模
副 主 席:雷隆章(畲)
　　叶慧君(—2021.12)
镇　　长:叶　锋(—2021.9)
　　张艳晴(2021.9—)
副 镇 长:夏晓曦
　　夏澎云(—2021.10)
　　郑吴静(—2021.3)
　　林宗焰(2021.2—)
　　兰盈盈(畲,2021.9—)
　　谢瑞强(2021.9—)

周壤镇

党委书记:刘丽丹(—2021.9)
　　陈　光(2021.9—)
副 书 记:陈　光(—2021.9)
　　张瑞华(2021.9—)
　　刘碎芬(2021.2—)
纪委书记:徐文桂(—2021.9)
　　林素丹(2021.9—)
委　　员:朱伟德
　　包绍庆(2021.9—)
　　周世锋(2021.2—)
　　吕忠义(2021.2—)
　　夏涛涛(2021.9—)
　　邢晟璇(2021.9—)
　　蒋学友(—2021.9)
人大主席:叶　华(—2021.9)

林小波（2021.9—）
副 主 席：郑献东（—2021.9）
陈　慧（—2021.3）
镇　　长：陈　光（—2021.9）
张瑞华（2021.12—）
副 镇 长：刘江涛（2021.12—）
金　钠（2021.12—）
周益悦（2021.12—）
翁仕鹏　周世锋
林　锋（—2021.3）
潘文鑫（—2021.9）

二源镇

党委书记：周智华
副 书 记：刘世多　刘小昌
富海镪
纪委书记：刘小洲
党委委员：林守斌（2021.9—）
林素丹（—2021.3）
夏克剑　胡伟光
余晨芳（2021.10—）
黄晶晶（2021.9—）
朱　成（2021.9—）
胡振光
（挂职 2021.9—）
人大主席：王君巧
副 主 席：叶　斌
镇　　长：刘世多
副 镇 长：徐国斌
（2021.1—2021.9）
林　柱
（2021.1—2021.9）
胡伟光
林　骁（2021.9—）
刘键明（2021.9—）
魏禹文（2021.9—）
李雪韬
（挂职 2021.12—）
付　照
（挂职 2021.12—）

铜铃山镇

党委书记：李正益
副 书 记：徐秀秀
王荣伟（—2021.9）
林　柱（2021.9—）
纪委书记：周国安
党委委员：郑晓建（—2021.9）
周裕前
吴昌连（—2021.9）
余荣中（2021.9—）
邢榕云
施世威（—2021.9）
王　健（2021.9—）
陈旭锋（2021.10—）
赵海珍（2021.10—）
人大主席：胡立杆
副 主 席：李日东（—2021.9）
陈思利（—2021.12）
镇　　长：徐秀秀
副 镇 长：周裕前
陈思利（2021.12—）
钟明亮
（畲，2021.12—）
王韵诗（2021.12—）

周山畲族乡

党委书记：贾约拿（—2021.9）
刘国荣（2021.9—）
副 书 记：钟胜男（畲）
雷昌华（畲）
赵　军（挂职）
纪委书记：刘　敏
党委委员：张　营
赵萱萱（—2021.9）
胡刘杰（—2021.9）
叶佰通（2021.9—）
夏友强（2021.9—）
陶伟忠（2021.9—）
高志强（2021.9—）
人大主席：吴国英（人大主席候选人2021.2—2021.3）
吴国英（2021.3—）
乡　　长：钟胜男（畲）
副 乡 长：蓝秀燕
（畲，—2021.9）
叶佰通　白梓锋
蒋炳凤（副乡长候选人 2021.9—2021.12）
蒋炳凤（2021.12—）

双桂乡

党委书记：富绍平
副 书 记：金丽丽
刘晓彬（2021.2—）
纪委书记：刘　伟
党委委员：纪爱芬（—2021.9）
赵洲望（—2021.9）
陈德伟
洪海标（2021.9—）
朱宁宁（2021.9—）
谢望远（2021.9—）
陈潇悦（2021.9—）
人大主席：吴国伟（人大主席候选人2021.4—2021.5）
吴国伟（2021.5—）
人大副主席：林宗焰（—2021.2）
乡　长：金丽丽
常务副乡长：周　洪
副乡长：陈海龙（—2021.2）
金晶晶（—2021.2）
赵　烨（—2021.9）
陈永久（副乡长候选人2021.4—2021.5）

陈永久(2021.5—)
陈晓茜(副乡长候选人 2021.9—2021.12)
陈晓茜(2021.12—)
吴佳盛(副乡长候选人 2021.9—2021.12)
吴佳盛(2021.12—)

平和乡

党委书记:罗运魁(—2021.9)
严　成(2021.9—)
副 书 记:金星宇(2021.9—)
严　成(—2021.9)
廖建锋
纪委书记:周海萍(—2021.9)
雷海斌(畲,2021.9—)
党委委员:徐开杰　陈思好
王诗华
张鹤超(2021.4—)
朱将霞(2021.9—)
人大主席:王庆捷(—2021.4)
王荣伟(2021.9—)
乡　　长:严　成(—2021.9)
金星宇(2021.9—)
副 乡 长:徐开杰　刘永丰
蔡君鉴(2021.9—)
赵林锋(—2021.9)

公阳乡

党委书记:吴方海(—2021.10)
吴　键(2021.10—)
副 书 记:夏文科　蓝文杰(畲,—2021.10)
潘文鑫(2021.10—)
纪委书记:雷文锋(畲,—2021.10)
纪爱芬(2021.10—)
党委委员:章碎孟(—2021.3)
郑振光(—2021.10)
蔡华琰(2021.10—)
赵林生
胡慧艳(2021.10—)
夏　挺(2021.4—)
李丙滚(2021.10—)
人大主席:诸葛荣峰
乡　　长:夏文科
副 乡 长:李丙滚　李依依
赵海军(2021.10—)

桂山乡

党委书记:郑　宁
副 书 记:陈方美(—2021.9)
徐　俊(2021.9—)
刘繁荣(—2021.9)
赵洲望(2021.9—)
纪委书记:颜颖颖
党委委员:夏庆相(—2021.9)
包绍庆(—2021.9)
项旭旸
钟佳瑾(畲,2021.9—)
李　辉(2021.9—)
刘延森(2021.9—)
人大主席:姜伟杰
乡　　长:陈方美(—2021.9)
徐　俊(2021.9—)
副 乡 长:雷海斌(畲,—2021.9)
雷本勇(畲)
林　烨(2021.9—)
吴明龙(2021.9—)

中国共产党文成县委员会

综　述

【概况】 2021年是“十四五”规划的开局之年、打造共同富裕示范区山区样板的元年，也是中国共产党成立100周年。文成县委深入学习习近平总书记在庆祝中国共产党成立100周年大会上的重要讲话精神，全面贯彻落实中央、省市委的决策部署，抢抓共同富裕和26县跨越式高质量发展政策机遇，按照市委“勇争先、强执行、开新局”要求，以经济赶超、环境再造、民生幸福、铁军锻造“四大工程”为主抓手，突出主体引育突破年、项目推进攻坚年“两个年”主题开展“三百攻坚”，统筹推进疫情防控和经济社会发展各项工作，团结带领全县上下勇扛使命、勇闯新路、勇当先锋，锚定打造高质量发展建设共同富裕示范区山区样板，坚定迈好“十四五”现代化建设新征程第一步，全县经济社会发展稳中有进。全年实现生产总值增长5.7%；财政总收入增长14.5%，一般公共预算收入增长15%；城镇和农村常住居民人均可支配收入分别增长8.7%和10%。

【生态工业】 2021年，文成县委着眼缩小发展差距，紧盯主体引育和重大项目抓突破、增后劲、育动能，专班攻坚、上下联动，做大共同富裕的发展蛋糕。生态工业提能扩容，省级经济开发区正式获批设立，工业企业“小升规”5家，成功落地亿元以上项目2个，娃哈哈智能化饮料生产基地开工建设，黄坦时尚旅行产业制造项目成功列入省重大产业项目清单，中星钢管入列“专精特新”企业，德卡荣获国家级两化融合贯标体系认证，全年完成制造业投资2.58亿元，增长68.7%、全市第一，规上工业增加值4.58亿元，增长12.5%；完成13家资质建筑业企业纳统，建筑业省内总产值48.72亿元，增长13.9%。

【全域旅游】 2021年，文成县锚定国家全域旅游示范区创建，签约引进首个百亿元文旅项目文成天顶湖国际旅游度假区项目，投资1.5亿元成功打造“初心之旅”红色旅游品牌，举办全市“侨家乐”品牌民宿发展现场会，建成投用“侨家乐”高端民宿18家，荣获十大未来景区、旅游信用体系、旅游业“微改造、精提升”等省级试点，百丈漈—飞云湖风景名胜区成功入选省十大“名山公园”。全年旅游接待总人数、旅游总收入分别同比增长12.6%、18.1%。

【现代农业】 2021年，文成县召开第二届农业投资洽谈会，成功签约现代农业项目24个、总投资16.1亿元，注册“文品天成”区域公用品牌，以二源金丝皇菊为试点实施新型股份合作制农场改革，成立茶叶、中蜂、糯米山药、高山稻米等产业联合体，杨梅产业联合体获评省级农业产业联合体，纳入2021年度省级乡村振兴集成创新示范建设县，列入全国农民合作社质量提升整县推进试点，农业总产值14.33亿元，增长2.1%。

【服务业】 2021年，文成县持续推进省级服务业集聚区平台建设，文成国际文旅侨贸创新发展区成功入选浙江省首批现代服务业创新发展区名单，服务业增加值76.06亿元，增长5.8%，拉动GDP增长3.8个百分点。

【招大引强】 2021年，文成县引进落地大岱光伏和国家能源集团屋顶分布式光伏2个亿元以上新能源产业项目，“500强”项目华润光伏顺利完成外资公司注册；文成—上虞“产业飞地”和文成—瓯江口产业集聚区“产业飞地”签订共建框架协议，文成—平湖“消薄飞地”完工；全年新招引亿元以上项目8个，新增“四上”企业36家，新引进总部经济企业33家，实现税收入库7.13亿元。

【有效投资】 2021年，天湖国际旅游度假区（一期）项目基本完成相关前期工作，抽水蓄能电站入列国家抽水蓄能“十四五”重点实施项目，开展预可研，文成通用机场建设项目完成军地协议签订，完成可研送审稿；温武吉铁路完成运量专题分析报告评审，成功申报溧阳至宁德高速公路（G4012）文成南互通及连接线工程项目纳入国务院授权和委托用地审批重大项目清单，列入浙江省“六个千亿”产业投资工程项目17个，全年完成固定资产投资62.04亿元、增长13.1%。

【要素保障】 2021年，文成县争取到上级转移支付资金、各类补助资金、中央“两直”资金及地方政府债券等共计39亿元；完成“旱改水”及垦造水田验收1850亩，消化批而未供土地1770亩，处置供而未用土地1576亩，完成低效用地再利用开发213亩。

【环境再造】 2021年，文成县委着眼缩小城乡差距，加快推进以县城为主要载体、以人为核心的新型城镇化，集成推进全域美丽“六大行动”，构筑共同富裕的美丽形态。县城能级持续提升，坚持城市规划、征收、建设、管理“四驾马车”并进，完成龙川片区控制性详细规划编制，完成龙船垟二期“拔钉清障”，城市新区核心起步区综合开发项目公开招标，樟山社区列入全省第四批未来社区创建名单；开工建设苔湖二期，樟台城中村改造项目竣工验收，提速推进兴福堂市政道路、陈宅农贸市场等项目，建成城市客厅、城北环山绿道等工程，成功打造苔湖侨乡风情街、筏头街休闲精品街区、二新旅游商业便民综合体，“月光经济”商圈初具雏形；实行数字城管与背街小巷治理双管齐下，城市精细化管理水平进一步提升。

城镇品质全面提升，创成省级美丽城镇样板镇1个、AAAAA级景区镇1个、AAA级景区镇3个，“伯温故里民俗带”县域风貌区列入全省首批城乡风貌样板区试点，天湖悦动小镇列入省级特色小镇创建类，创成森林氧吧省级特色小镇，大花园典型示范县基本达到创建标准。乡村颜值不断提升，开展新时代美丽乡村创建、乡村振兴示范带打造、垃圾分类处理、美丽田园建设等农村环境综合整治工作，开展“两最三比”评选活动，完成22个省新时代美丽乡村精品村创建，创成市级乡村振兴示范带3条，美丽庭院4330户，美丽田园示范样板区2个；完成全县“十四五”未来乡村规划布局一张图，推进武阳、石庄2个未来乡村市级试点建设，武阳创成中国美丽休闲乡村、列入首批省级未来乡村创建试点，获评全省美丽乡村工作优胜县。

环境治理水平稳步提升，开展扬尘防治工作，建成城北垃圾中转站、全市首家VR垃圾分类体验馆，空气质量优良天数比率100%；深化“五水共治”，持续巩固“污水零直排区”建设成果，泗溪河县城段创成省级美丽河湖，县域出境水质保持Ⅱ类标准，捧回全省治水“大禹鼎”，创成国家级县城节水型社会；扎实推进国家森林城市创建，创成省级森林城镇2个、“一村万树”示范村2个，成功命名全国第五批“绿水青山就是金山银山”实践创新基地。

【民生幸福】 2021年，文成县委着眼缩小公共服务差距和收入差距，大力实施147个年度民生幸福工程项目，对标打造民生"七优享"金名片，增进共同富裕的民生共享。提质民生基础，完成涉200个村19万人的安全饮用水改造提升工程，公共租赁住房保障降槛扩面，改造老旧小区2个，实现客车"村村通"，文景高速完成形象进度84%，南互通及连接线工程开工建设，青文高速玉壶互通至文成枢纽段完成工可审查。提档公共服务，落实教育"双减"，建成投用县城兴福堂、二新、悦阳3所幼儿园，高考一段文化科上线率实现"九连升"，创成省级教育基本现代化县；实施医疗"山海协作"，实现全国跨省门诊直接结算上线运行，建成投用文成首家认知症障碍照护专区，基本养老、医疗保险参保率分别为99.6%、99.8%；成功举办纪念刘伯温诞辰710周年系列活动，"15分钟品质文化生活圈"进一步完善，全国文明城市创建全面启动，完成新时代文明实践中心省试点建设，创成国家公共文化服务体系示范区。提速和谐富民，统筹推进"扩中""提低""保底"，实施"五级飞地"抱团增收模式，新增就业2930人，城镇登记失业率为1.87%，城镇居民、农村居民、低收入农户人均可支配收入分别增长8.7%、10%、14%，所有村社年经营性收入达10万元以上，获评全省消除集体经济薄弱村工作成绩突出集体；平战结合做好疫情常态化精密智控，累计接种新冠疫苗46万剂次，全县未发生本土病例；"一中心四平台一网格"迭代升级，县社会治理中心启动运行，完成全国"两会"、互联网大会、党的十九届六中全会等重要节点、重要时段和重要活动维稳安保工作，打赢平安护航建党百年大会战，实现省级平安县"十五连创"，捧回"一星平安金鼎"。

【改革创新】 2021年，文成县委持续深化改革创新赋能，实施创新首位战略，以科技创新和数字变革催生新的发展动力，激发共同富裕的活力动能。持续推进"最多80天"改革、最多15个工作日改革、"一件事"改革提质拓面，集成推进数字化改革、"县乡一体、条抓块统"县域整体智治改革和全面推进"大综合一体化"行政执法改革，推出社情民意征集平台"我来办"，5大应用系统县级门户全部上线全面贯通，创新开发"侨家乐"产业大脑等特色应用，云江水务、乡村e法官、共富帮等特色民生应用上架"浙里办"，为侨服务"全球通"和"共富帮"应用列入省市多跨场景"一本账S0"。"一院一站一中心一飞地"平台体系初步形成，文成—杭州紫金"科创飞地"签订校地科技合作协议，引进浙江省林科院文成研发中心落地文成农康研究院，文成农康院设立浙江省博士后工作站，全职引进温州科技职业学院博士/教授高层次人才1名，硕士研究生1名，申报全球精英引进计划青年人才项目1人，新增国家高新技术企业3家、省科技型中小企业12家，科技创新指数进步位次列全省第21、全市第三，R&D支出占GDP比重实现"破1"目标，高新技术产业增加值2.25亿元，增长19.1%。

【党的建设】 2021年，文成县委学习贯彻落实习近平总书记在庆祝中国共产党成立100周年大会上的重要讲话精神、党的十九届六中全会精神及省委、市委全会精神，带头增强"四个意识"、坚定"四个自信"，坚定不移做"两个确立"忠诚拥护者、"两个维护"示范引领者，不断提高政治判断力、政治领悟力、政治执行力，全面提升同步建设现代化、打造共同富裕山区样板新能力，锻造共同富裕的文成铁军。强化党建统领整体智治，落实新时代党的建设总要求，建设变革型组织、提高领导干部塑造变革能力，领衔推进"七张问题清单"全部整改到位，高质量完成县乡领导班子换届，创成4个市级"共享社·幸福里"试点。实施铁军锻造，纵深推进"十个一"工作机制和"八大行动"，常态化开展"蜗牛"预警和铁军团队、标兵选树，累计选派1072名干部出征"三服务"破难项目112个。深化清廉文成，从严从紧抓党风廉政建设，以钉钉子精神抓好省委巡视和回访检查反馈问题整改，营造风清气正的良好政治生态。

2021年8月4日，中共文成县委十三届十一次全会在县府礼堂召开（县委办提供）

重要会议

【县委十三届十一次全会】 2021年8月4日召开。全会高举习近平新时代中国特色社会主义思想伟大旗帜，深入学习习近平总书记在庆祝中国共产党成立100周年大会上的重要讲话精神，全面贯彻落实省委十四届九次全会、市委十二届十二次全会和省委书记袁家军在山区26县跨越式高质量发展暨山海协作工程推进会讲话精神、省长郑栅洁到文成调研时的重要指示精神，总结上半年工作，研究部署下阶段任务，审议通过《文成打造高质量发展建设共同富裕示范区山区样板的行动方案（2021—2025年）》，动员全县上下进一步振奋精神，勇扛使命、勇闯新路、勇当先锋，锚定打造高质量发展建设共同富裕示范区山区样板，坚定迈好新征程第一步。

【县第十四次党代会】 2021年12月28日召开。大会回顾总结县第十三次党代会以来的工作，研究部署今后5年的奋斗目标和主要任务，选举产生中共文成县第十四届委员会和纪律检查委员会，动员全县各级党组织、广大党员和干部群众，立足新起点，勇担新使命，开启新征程，奋力打造高质量发展建设共同富裕示范区山区样板。

2021年12月28日，文成县第十四次党代会在县文化中心剧院开幕（县委办提供）

【全县三级干部大会】 2021年2月22日召开。大会指出，2020年是极不平凡的一年，全县上下众志成城，一手战疫情、一手抓发展，聚焦“四大工程”开展“三百攻坚”，交出一份“两手硬、两战赢”的高分报表。大会强调，2021年是“十四五”开局之年、中国共产党成立100周年，全县各级各部门要切实强化“开局就奔跑、起步就冲刺”意识，坚持把一切思想行动集中到“四大工程”“三百攻坚”和“两个年”上来，迅速掀起勇争先强执行开新局的热潮，把换届之年变成大干之年、争先之年。

【全县政法队伍教育整顿动员部署会】 2021年3月8日召开。会议指出，开展政法队伍教育整顿是以习近平同志为核心的党中央作出的重大决策部署，是人民群众继扫黑除恶专项斗争之后的又一新期盼，也是锻造新时代政法铁军的重要途径。各乡镇各相关部门必须认真学习领会全国、省、市政法队伍教育整顿动员会议精神，理解和把握开展政法队伍教育整顿的重大意义，增强开展政法队伍教育整顿的思想自觉、政治自觉和行动自觉。会议强调，全县各政法部门要严格落实中央和省市委统一部署，围绕“勇争先、强执行、开新局”工作主题主线，坚持全面从严管党治警，按照“五个过硬”要求，紧紧抓住“关键少数”，突出筑牢政治忠诚、清除害群之马、整治顽瘴痼疾、弘扬英模精神“四项任务”，抓好学习教育、查纠整改、总结提升“三个环节”，以刀刃向内的勇气高质量开展好政法队伍教育整顿工作。

【全县党史学习教育动员部署会】 2021年3月16日召开。会议指出，开展党史学习教育是全党政治生活中的一件大事，要认真学习贯彻习近平总书记重要讲话精神，按照中央和省市县委关于开展党史学习教育以及党员教育培训工作的相关要求，部署开展党史学习教育。会议强调，要扛起“革命老根据地县”的政治担当，增强党史学习教育走在前列的思想自觉、政治自觉、行动自觉，把党史学习教育作为巩固深化“不忘初心、牢记使命”主题教育成果的“继续篇”、夯实中国特色社会主义共同思想根基的“奠基石”、推动文成跨越发展的一场“及时雨”、全面从严治党的“法宝利器”，全面掀起“红映文成”热潮，在持续推进“四大工程”中争先创优、实干担当、走在前列。

【全县党建工作会议】 2021年3月25日召开。会议指出，全县上下要自觉对标对表、拉高标杆、识变应变、主动担当，旗帜鲜明讲政治，围绕中心勇担当，统筹联动强合力，切实把党建优势转化为发展优势，把党建资源转化为发展资源，把党建成果转化为发展成果，为文成加快跨越发展、打造新增长极提供更加坚强的政治保证。会议强调，要全面落实新时代党的建设总要求，牢固树立“抓好党建就是最大政绩”这一理念，“大抓党建、抓大党建”“大抓落实、善抓落实”，推进党建工作再上新台阶，为推动文成加快赶超跨越发展作出新的更大贡献。

【全县数字化改革大会】 2021年4月8日召开。会议指出，数字化改革是省委、省政府的头号工程、必须抓实抓好的政治任务，是顺应时代发展、构筑先发优势的必然抉择，是推动整体智治、加快协同应用的关键之举，是回应群众期盼、提升现代治理水平的有效抓手，要深刻认识数字化改革的战略意义，切实增强推动数字化改革工作的信心和决心，善于运用数字化改革，持续增强高质量跨越式发展新动能。会议强调，要进一步贯彻落实省、市数字化改革大会精神，强化比学赶超、争先创优，牢固树立“没有走在前列也是一种风险”的忧患意识，迈好第一步、展现新气象，抓实抓细数字化改革各项任务，确保为省市数字化改革工作贡献文成力量、提供文成样本。

【县委农村工作会议暨乡村振兴集成改革动员会】 2021年4月23日召开。会议指出，“十四五”时期，“三农”工作进入新阶段。对标新时代新要求，要锚定共同富裕目标，以乡村振兴为路径，以未来乡村建设为载体，以农村集成改革为动力，突出主体引育突破年和项目推进攻坚年“两个年”主题，抓好“三百攻坚”，推动农业农村现代化建设1年1个新进展。会议强调，推进新时代乡村振兴，关键在党、关键在人。进一步健全“三农”工作的组织体系、制度体系和工作机制，全面加强组织领导、集成要素保障、提升队伍素质，全方位提高做好农村工作的能力和水平。

【全县建设平安文成工作会议】 2021年6月4日召开。会议强调，全县上下要深入学习习近平总书记关于平安中国建设的重要论述精神，认真贯彻省市和县委决策部署，锚定护航“建党100周年”“夺星晋位”

目标，勇争先、强执行、开新局，以全面深化数字化改革为牵引，从理念方法、目标定位、工作体系、运行机制、手段工具等方面加快推动平安文成建设迈向现代化。要坚决扛起政治责任、发展责任，切实强化底线思维、系统观念，以“责任在我”的使命感和责任感，将平安建设各项工作抓得紧而又紧、实而又实，以高质量的“平安报表”，更好地为发展护航、为民生增色、为建党百年献礼。

【全县人才科技发展大会】 2021年6月22日召开。会议强调，要深入分析人才和科技发展形势，明确人才和科技工作目标，研究部署当前以及今后一个时期全县人才和科技工作，动员全县上下聚力落实人才强县、创新强县战略，在扩大人才引领优势、产业创新优势和生态发展优势等方面做足文章，加大人才要素保障、赋能绿色发展，全力构筑人才创新高地，不断增强文成发展的核心竞争力。

【全县半年度经济社会形势分析会】 2021年8月13日召开。会议分析当前形势，找准存在问题，研究下阶段工作举措，动员全县上下进一步振奋精神、咬定目标、真抓实干，打好打赢三季度翻身战。会议强调，要准确把握大势，清醒认识文成经济社会运行中存在的困难与问题，增强抓好经济工作和平安工作的紧迫感和责任感，推动全县经济社会各项工作全面突破、全面提速、全面争先，努力交出文成跨越式发展的高分报表。

【全县2021年度第一次乡镇比看活动】 2021年8月18日举行。活动中强调，要切实增强机遇意识、奋斗意识、争先意识，全面推动省市和县委各项决策部署闭环落地见效，立足共同富裕山区样板打造高标起跑，为夺取全年红、实现“十四五”精彩开局打下坚实基础。要实干担当，奋力开创“十四五”和共同富裕新局面。下半年要锚定“四大工程”“三百攻坚”“两个年”主题，对标26县共同富裕“八大行动”，突出干中换、换中干，不折不扣完成年度各项目标任务，交出开局之年高分报表。

【打造高质量发展建设共同富裕示范区山区样板领导小组第一次会议】 2021年11月4日召开。会议指出，开好局、起好步至关重要，全县上下要提高政治站位、统一思想认识，深入学习贯彻中央、省市关于共同富裕的部署要求，深刻认识打造共同富裕山区样板的重大意义，下一步要以勇于担当的责任感、时不我待的紧迫感，全力以赴推进共同富裕山区样板建设。会议强调，要把打造共同富裕山区样板作为文成高质量发展的重大历史机遇和重大政治任务，在建设共同富裕示范区中勇当排头兵、争做优等生，为共同富裕示范区建设贡献山区县建设经验，努力走出一条具有鲜明文成特色的共同富裕宽广大道。

【全县领导干部会议暨县委学习贯彻党的十九届六中全会精神“六讲六做”大宣讲活动动员部署会】 2021年11月19日召开。会议指出，党的十九届六中全会是在中国共产党走过百年光辉历程的重大时刻、站在“两个一百年”奋斗目标的历史交汇点上召开的一次具有重大里程碑意义的重要会议，政治承载厚重、理论贡献突出、历史意义重大，推动全党实现政治上空前团结、思想上空前统一、组织上空前有力、作风上空前过硬、战略上空前清醒。全会审议通过的《决议》，是一个集政治决议、思想决议、战略决议、行动决议于一体的纲领性文件，是一部彰显百年大党政治成熟度、形象辨识度、战略制胜度的马克思主义光辉文献。全县上下要全面理解重大意义、核心要义，切实增强政治自觉，用全会精神统一思想、统一意志、统一行动，深刻领会习近平总书记的重要讲话精神，深刻感悟“两个确立”的决定性意义，学深悟透全会精神，迅速掀起学习宣传贯彻热潮，增强“四个意识”、坚定“四个自信”、做到“两个维护”，切实把思想和行动统一到以习近平同志为核心的党中央决策部署上来，切实做到学在深处、谋在新处、干在实处，凝心聚力建设共同富裕示范区山区样板。

县委办工作

【概况】 2021年，文成县委办（县台办）编制52名，其中行政编制21人，行政工勤编制1人，全年调出6人，调入5人，年末行政在编人员18人，行政科室10个，分别为人事秘书科（档案监督指导科）、综合一科、综合二科（法规科）、政策研究科、督查督办科、绩效考核科、新闻信息科、机要通信科（密码管理科）、保密管理科、台湾事务科；事业编制30人，全年调出1人，调入1人，年末事业在编人员27人，事业单位7个，分别为县农村政策研究新闻中心、县环境再造法规服务中心、县目标考核服务中心、县委信息化工作中心、县保密技术服务中心、县委县政府总值班室、县台胞台商台属服务中心。

【办文办会】 2021年，县委办坚持文件归口处理的原则，严把行文、会签、文字和格式“四道关口”，全力提高办文质量，努力实现办文零差错。严控用县委、县政府名义召开的会议规模，严格按照疫情防控要求做好会议活动防控措施，完成全市“侨家乐”品牌民宿发展现场推进会、文成县第二届农业投资洽谈会、县委十三届十一次全会、县第十四次党代会等重要会务工作。完善发文审批制度，精简用县委名义发文数，全年用县委名义发文同比下降5.56%，减少工作部署类文件数量。发挥以文辅政参谋作用，全年撰写县委十三届十一次全会报告、县第十四次党代会报告等各类综合文稿190余篇。

【新闻信息】 2021年，县委办认真发挥好党委信息“主渠道”作用，为中央、省委、市委和县委领导提供及时、准确、高效信息服务。全年向省市委报送各类信息1200余篇，其中省市录用625篇，被省市领导批示信息18篇。优质高效做好新闻报道工作，聚焦党史学习教育、“侨家乐”高端民宿品牌、中国共产党成立100周年等重点工作，精心推出“刘伯温文化IP”“侨家乐”“5A景区”等系列主题报道，在《浙江日报》《温州日报》重要版面刊登。全年先后刊登196篇报道，其中《温州日报》158篇，《浙江日报》刊登36篇（其中头版1篇），《今日浙江》刊登2篇；《文成高效招引生态工业项目15天，5亿项目落户山沟沟》获评2021年度浙江日报报业集团（温州）融媒共享联盟“十佳新闻作品”。

【督查考绩】 2021年，县委办站在服务保障全县重点项目建设高度，建立完善“定期督查+月度通报”等一系列制度，组织开展乡镇比看活动，营造了“你追我赶、比学赶超”良好氛围。全年办理县委领导批示件518件，上报《督查汇报》43期，刊发《重点工作月报》9期、《督查通报》近30期，全力抓好市对县、县对乡镇“七张问题清单”整改督查，市对县“七张问题清单”整改完成率100%，乡镇“七张问题清单”整改率95.99%。

【政策研究】 2021年，县委办坚持在“参”“谋”两字上下功夫，组织调研活动，开展县领导往后5年工作思路，形成一批调研报告，为领导决策提供参考依据，向市委政研室选送的《“十四五”时期我县“侨家乐”民宿品牌发展的思考与建议》获评温州优秀调研成果三等奖，《文成县推进脱贫攻坚成果同乡村振兴有效衔接的实践与思考》被《温州政研》和《决策科学》杂志刊发，全年围绕推进共同富裕、法治政府建设等主题举办《实干学堂》共11期，完成起草《文成打造高质量发展建设共同富裕示范区山区样板的行动方案（2021—2025年）》《文成县“扩中”“提低”专项行动方案（2021—2025年）》。

【机要与保密工作】 2021年，县委办加强保密人员管理和监督检查力度，严格落实涉密人员保密承诺、重大事项报告、执行保密纪律情况考核、出国（境）审批等一系列规章制度，实现全县机关单位保密自查自评全覆盖。抓住“关键少数”同抓牢普通群众相结合，抓住国家安全教育日等契机，推动保密宣传教育进机关、进乡村、进学校、进企业，巩固形成人人维护国家安全的良好氛围。

【法治工作】 2021年，县委办坚决贯彻落实习近平总书记关于制度治党、依规治党重要论述，全力推进制度建设规范化，建立完善县委党内法规工作联席会议制度，稳步推进党务公开工作，全年向上级党委报备党的规范性文件10件；完善党内法规教育培训体系，县委组织年度党内法规专题授课1次。

【档案工作】 2021年，县委办紧扣“数据多跑路，群众少跑路”目标，提速档案数字化改革，建好用好“馆室一体化”平台，实现县域收集档案数字化100%、“村档乡管”100%，打造形成档案工作“一镇一品牌、一村一特色”文成样板，代表温州高质量通过档案服务农村基层社会治理全国试点工作验收，档案工作基础不断夯实。

【台办工作】 2021年，县委办（县台办）坚决贯彻落实中央和省市县委对台工作部署，热情积极为台商、台胞、台属服务，推动文台民间交流，组织一县一品两岸刘伯温文化交流活动2次，举办3次“涉台宣传进机关、进学校、进社区”活动，接收3名台湾青年在文成就业、1名在文成实习；与旺旺集团高频次对接联系，以期合作共进。

【值班工作】 2021年，县委办做好紧急信息处置，按照“谁接手，谁报送，谁跟踪、谁续报”的首问责任制原则，采取1人负责全程跟踪处置的方式，全面做好跟踪续报。落实乡镇和县重点单位节假日24小时值班制度和领导带班制度，全年受理各乡镇和部门上报的紧急信息200余条。严格要求上报单位必须在事发半小时内口头汇报、2小时内书面汇报，为县领导第一时间掌握实时动态信息、科学精准研判提供依据。特别是在春节、五一、国庆等重要节假日，疫情防控及各重大活动期间，组织县纪委等部门开展值班情况联合督查，通过实地抽查和电话抽查相结合的方式，确保各乡镇部门值班制度落实到位。

【先进名录】

先进个人

赵丹丹　2021年度全市党委信息工作优秀个人　中共温州市委办公室

包丽华　推进温州高质量发展先进个人　中共温州市委、温州市人民政府

刘美红　推进经济高质量发展工作环境再造工程先进个人　中共文成县委、文成县人民政府

王丽丽　平安文成和法治文成突出贡献个人　中共文成县委、文成县人民政府

叶剑浩　推进经济高质量发展工作经济赶超工程先进个人　中共文成县委、文成县人民政府

（蒋灵锟）

纪检监察

【概况】 2021年，文成县纪委监委内设机构11个，分别是办公室、干部室、宣传教育室、党风政风监督室、信访室、案件监督管理室、案件审理室、第一纪检监察室、第二纪检监察室、第三纪检监察室、第四纪检监察室；下属事业单位2个，分别是文成县机关效能监察投诉中心和文成县纪检监察后勤服务中心；设立机关党委1个。行政编制38名，行政工勤3名，文成县机关效能监察投诉中心（参公编制）9名，纪检监察后勤服务中心（事业编制）2名，核准中层职数总数22名，包括内设机构18名，下属事业单位3名（纪检监察后勤服务中心1名、效能投诉中心2名），机关党委1名。县纪委监委荣获第十九批温州市文明单位。

【派驻(出)机构设置】 2021年,县纪委监委派驻(出)机构11家,其中综合派驻机构7家,单独派驻机构3家,派出机构1家。

县纪委县监委驻县委办公室纪检监察组,负责综合监督:县人大机关、县政协机关、县委办公室(台办)、县委政法委、县委深改办、县委县政府信访局、县自然资源和规划局、县委党史研究室、县档案馆、县政务服务中心等10家单位。

县纪委县监委驻县政府办公室纪检监察组,负责综合监督:县政府办公室、大岗城市新区管委会、县发展和改革局、县司法局、县住房和城乡建设局、县应急管理局、县统计局、县综合行政执法局、县机关事务管理中心、县金融工作服务中心、县城镇工程建设中心等11家单位。

县纪委县监委驻县委组织部纪检监察组,负责综合监督:县委组织部、县委编办、县人力资源和社会保障局、县交通运输局、县总工会、县妇联、团县委、市生态环境局文成分局、县委党校、县交通工程建设中心等10家单位。

县纪委县监委驻县委宣传部纪检监察组,负责综合监督:县委宣传部、县文化和广电旅游体育局、县卫生健康局、县医疗保障局、县文联、温州市百丈漈—飞云湖旅游经济发展中心、县精神文明建设指导中心、县广播电视台等8家单位。

县纪委县监委驻县委统战部纪检监察组,负责综合监督:县委统战部、县经济商务和信息化局、县市场监督管理局、县工商联、县侨联、县投资促进服务中心、浙江文成经济开发区管理委员会、温州市住房公积金中心文成分中心等8家单位。

县纪委县监委驻县财政局纪检监察组,负责综合监督:县财政局、县科学技术局、县水利局、县农业农村局、县审计局、县科协、县供销合作社等7家单位。

县纪委县监委驻县教育局纪检监察组,负责综合监督:县教育局、县民政局、县退役军人事务局、县残联、县红十字会等5家单位。

县纪委县监委驻县公安局纪检监察组,负责监督县公安局。

县纪委县监委驻县人民法院纪检监察组,负责监督县人民法院。

县纪委县监委驻县人民检察院纪检监察组,负责监督县人民检察院。

文成县委直属机关纪检监察工作委员会,具体职责和派驻机构职责相同,承担领导党组织关系在县委直属机关工作委员会的机关纪委,联系党的组织关系在县委直属机关工作委员会的垂直管理单位的纪检监察工作,审理县纪委监委派驻纪检监察组审查的党组织和党员违反党纪的案件、调查的公职人员职务违法案件等职责。

【政治监督】 2021年,县纪委监委贯彻落实习近平总书记重要指示批示精神和党中央重大决策部署,聚焦“三新一高”、碳达峰碳中和等“国之大者”,严肃查纠打折扣、做选择、搞变通等问题,以实际行动践行“两个维护”。健全疫情防控常态长效监督机制,开展专项监督927次,发现并督促整改问题1136个,问责123人。聚焦县乡领导班子换届,做好党风廉政意见回复,配合开展换届风气巡回督查,保障换届工作风清气正、平稳有序。开展“蜗牛奖”评选,对58个重点项目开展督查,评定“蜗牛”预警项目16个、“蜗牛奖”项目2个,以反向激励倒逼干部担当作为。协助县委制定加强对“一把手”和领导班子监督的“八项任务书”和“两张清单”,明确各方职责和方法路径,构建“一级抓一级、层层抓落实”的监督格局。坚持失责必问、问责必严,查处落实“两个责任”不到位党组织1个、党员干部18人。

【正风肃纪】 2021年,县纪委监委高标准推动落实中央八项规定及其实施细则精神,紧盯易发多发老问题和隐形变异新动向,常态化开展监督检查,查处违反中央八项规定精神问题

110起133人，其中形式主义、官僚主义问题89起109人，通报曝光典型案例5起6人。开展漠视侵害群众利益问题专项治理工作，聚焦15个专项治理项目，查处问题34起20人。推进政法队伍教育整顿、教育领域腐败问题等专项整治工作，查处问题49起37人，解决群众反应强烈的一大批痛点难点堵点问题。深化违规民间借贷、违规从事营利活动问题专项整治，查处破坏营商环境问题14起23人，其中党纪政务处分11人。按照“三个区分开来”要求，完善容错纠错机制，为7名党员干部公开澄清正名，营造鼓励实干、激励担当的创新创业氛围。开展“千人评议”活动，推动政风行风持续好转。督促党员干部带头反对浪费、厉行节约，带头落实移风易俗有关规定，引领社风民风向上向善。

【反腐败工作】 2021年，县纪委监委坚持高压惩治腐败，受理信访举报104件次，处置问题线索746件，立案查处违纪违法案件164件，移送司法机关6人，同级管理干部7人，对温州银行绍兴分行原党委书记、行长陈汉和原县能源总公司出纳金淑敏采取留置措施。推进追逃防逃工作，从“人、钱、证”3个关键环节入手，开展有关人员移居国外情况排查、证照管理专项检查、大额资金异常监测，相关工作被列为全省公职人员防逃全覆盖试点。探索特色清廉单元建设，在全省率先推行“青廉工程”，针对新入职年轻干部、年轻中层干部和科级年轻领导干部等3类群体，分别推行“新兵树廉”“骨干强廉”“头雁筑廉”机制，将廉政教育、岗位风险防控和日常监督融入年轻干部成长全过程，以年轻干部监督“小切口”推动清廉文成建设“大场景”，相关经验做法受到省市领导批示肯定，在全市推广。会同相关部门统筹推进清廉共建，推动培育各类清廉单元示范点62家，串联全域清廉建设。

【基层治理】 2021年，县纪委监委结合“无检举控告村居”建设等有关要求，创新打造县乡村3级监督“协同体”，推行直联示范、骨干督导、提级述职等制度，打造县级直联示范点4个，选派驻站联系干部27人，开展季度联督308次，督促整改问题355个，联络站上报问题线索同比增长46%，农村涉纪信访同比下降59%，推动查处群众身边腐败和不正之风42起46人，村社监察工作联络站作用得到进一步发挥。加速推进基层小微权力大数据监督应用，协同农业、民政等职能部门，贯通农村“三资”管理、综治“四个平台”等业务系统，17个乡镇上线运行基层公权力全程在线审批和“监督一点通”平台，全年线上录入、审批数据6168条，收集处理群众反映问题205条，形成线下线上互为支撑、人力算力高效运行的基层公权力数字化监督架构。

【政治巡察】 2021年，县纪委监委加强对中央巡视省委反馈问题和县委“七张问题清单”整改落实情况的监督检查，健全闭环监督机制，推动问题整改落实、制度机制完善、治理效能提升有机贯通。高质量完成十三届县委巡察全覆盖，对15家单位党组织开展常规巡察，对42家单位党组织开展巡察“回头看”和回访检查，发现问题290个，移交问题线索23件，推动查处案件21件。深入贯彻落实中央《关于加强巡视巡察上下联动的意见》，协同推进供销系统、涉粮问题省市县3级联动巡视巡察，全面放大上下联动监督效应。在完善县领导全程参与巡察整改机制的基础上，持续做好巡察“后半篇文章”，建立撤点前协商、反馈后培训、全过程联督的巡察整改监督机制，制定“整改成效单”“约谈问责单”“约谈整改成效单”，压实巡察整改责任，巡察整改率提升至98.12%。推行“民生小事”项目督办制度，督办农村安全饮水等“民生小事”项目13个，线上线下验收16次，项目办结率100%。

【自身建设】 2021年，县纪委监委精心实施“唯实唯先、善作善成”锻铸堪当重任纪检监察铁军主题实践活动，高标准推进党史学习教育，坚持在抗疫前沿、正风肃纪反腐主战场砥砺初心使命，不断提升政治判断力、政治领悟力和政治执行力。落实全员培训要求，强化政治轮训、上挂下派、实战培训，实现县乡纪检监察干部和村社监察工作联络站成员培训全覆盖。推进党建工作和纪检监察工作深度融合、相互促进，创成全县首批模范机关和市级文明单位。以县乡领导班子换届为契机，向县委推荐政治过硬、德才兼备、实绩突出的优秀纪检监察干部，一批干部得到提拔使用或转任重要岗位。按照“打铁必须自身硬”要求，开展警示教育月活动，分层分类开展谈心谈话226次，家访89次，及时处置反映纪检监察干部的问题线索，坚决防止“灯下黑”。主动向县政协常委会通报全县党风廉政建设情况，自觉接受各方监督。

（吴金唯）

组织工作

【概况】 2021年，文成县委组织部围绕中心、服务大局，始终坚持新时代党的组织路线，以政治建设为统领，建立健全“两个担当”良性互动机制，以提升组织力为重点，探索党建引领基层治理，以服务保障文成绿色高质量发展为目标，开辟山区人才工作有效路径，实现工作进位升级，连续4年县部门考核优秀。省市委领导先后40余次对文成县组织工作作出批示，中央省市组工信息、《人民日报》、《中国组织人事报》、《浙江日报》等刊发文成县经验做法300余篇。

【乡镇换届】 2021年，文成县平稳高质量完成乡镇换届。抓实模拟研判，开展“六个谈遍”专题调研，精准制定“三账六单”，实行多轮“沙盘推演、双向匹配”，形成最优方案。抓实换届考察，结合多维测评、正负面信息管理、年度考核，成立8大考察组谈话超1500人次，力促考准考实。抓实换届选举，建立“模拟—初审—联审—调整”全流程闭环管理机制，细化选举各环节及流程，实现组织意图全部实现、代表结构全面优化、换届工作全程平静。换届后，乡镇年轻干部占比35.1%，年轻干部、五类人员等多项指标完成率列全市前三。

【锻造铁军】 2021年，县委组织部围绕数字赋能、舆情处置、社会治理等专题，开展专业化能力培训，举办县级实干学堂、破难课堂10期、乡镇部门二级学堂349期，培训各级干部1万余人次，“全员学”“定期学”态势基本形成。统筹全县干部资源，选派干部到“四大工程”“疫情防控”等重点工作历练攻坚。抽调干部1233人出征3批44个县级项目，一线攻坚历练；抽调干部260人轮流值守隔离点，抽调干部590人成立县级疫情防控机动队，下沉方舱医院、农贸市场等，充实防控力量。

2021年1月6日，市委常委、组织部部长杨胜杰（前排中）到文成开展服务企业、服务群众、服务基层“三服务”活动（县委组织部提供）

【干部大监督体系】 2021年，县委组织部严格制度执行，持续推行县管干部有关事项月报、县管干部重要信息即时报告等制度，每季度由干部监督联席会议成员单位梳理干部正负面信息进行入库管理，全年收录县管干部正负面信息200余条，切实做到管在经常、抓在日常。严肃县乡换届风气监督，出台《县乡换届工作网络舆情应急预案》，制定换届信访举报快速查核联动机制，线上线下宣传"十严禁"换届纪律共845次，发放"十严禁"纪律提醒卡4159份，组织签订《严肃换届纪律承诺书》3908份，组织观看换届纪律警示片2062人次。从严中央及省委巡视选人用人问题专项整改，对"三超两乱"、违规兼职取酬、违规因私出国（境）方面进行专项检查，梳理整改各类问题148个，处理违规因私出国（境）42人、违规兼职经商15人。

【数字改革驱动智治赋能】 2021年，县委组织部以"浙里好干部系统"为依托，强化干部立体画像和大数据集成，完成干部画像、班子画像、岗位画像的数据归集，导入干部画像454条，业绩年报7820条，年度重点工作2238条，为数字化应用打下坚实基础。推进机关事业单位人员职业生涯全周期管理"一件事"改革，内跑平台办理相关业务895件次，实现平台办结率100%，办件满意率100%。推进干部人事档案数字化，完成县管领导干部档案数字化制作620卷，完成率100%。

2021年3月13日，文成开展"以情聚才·智汇侨乡"留学人员和家属主题沙龙活动（县委组织部提供）

【关心关爱工作】 2021年，县委组织部用心用情做好"一老一小"关心关爱工作。深化银色人才"1131"工程，发挥老干部建言献策和经验优势。开展"百名科级干部结对服务百名离休干部"专项行动，完成老干部健康体检98人，慰问离休干部、县处级实职退休干部等159人，发放慰问资金19.07万元。注重关心下一代工作，打造市级"聚爱圆梦·乡村行"示范点2个，资助困难学生165人，落实帮扶资金32.7万元。

【"两山"人才加速集聚】 2021年，县委组织部实施"万侨走归"计划，依托人才工作联络站等平台，聘任全球招才大使35名，排摸在外人才信息2600余条。举办跨国"线上招聘会"，与意大利等海外人才"云交流"，宣传推介人才政策提升引才软实力。撬动华侨回流，推动"侨家乐"、国际慢城等"引侨平台"建设，全年引进侨资1.4亿元，苔湖侨乡风情商业街吸引80余名侨才入驻创业。实施推进"万生招引"计划，开展"510计划"攻坚行动，举办"高校毕业生双线招聘"系列活动10余场。建立乡镇、涉才部门、用人单位3方联动引才机制，全年招引大学生2916人，其中硕博人才66人，同比增长144%，创历史新高。实施"万名工匠"计划，深化校企合作，县乡村3级联动育才，分类开展"旅游休闲服务类""家政康养服务类""乡村振兴创业类"等工匠人才培育，举办技能人才培训64场次，新培育工匠人才2697人，超额完成全年任务。

【平台动能加速释放】 2021年，县委组织部发挥校地平台辐射力，整合农业经济开发区、博士后工作站、农艺师协同创新中心资源，聚力打造文成农康研究院2.0版，建立“一区一院一站一中心”平台体系，培育提升科技示范基地12个，农业企业10家，惠及低收入农户人均年增收2000元以上。激活飞地平台驱动力，投资1650万元新建文成杭州紫金科创飞地，计划招引入驻企业、创新团队、研发机构等30家以上，开展科技攻关项目10项以上，引育高层次人才50人以上。提升产业平台创富力，深化“联合办学”“山海协作”等模式，全力挖掘科技特派员、青年博硕智库等“媒介”作用，柔性引进专家团队32支，组建高层次人才联盟100余人。

【发展生态持续完善】 2021年，县委组织部强化政策保障，动态升级人才强县40条，整合制定教育、卫生、旅游等行业的“1+X”人才政策，兑现政策资金680.41万元。优化服务质量，推进人才服务数字化改革，推广人才云平台应用，E类及以上人才码录入完成率100%。全覆盖谈心谈话，26名县领导联系104名高层次人才，县乡村联动走访谈话760余人次。营造关爱氛围，加强政治引领和政治吸纳，开展共建“人才林”、青年博硕智库纳新等活动40余场，开展县重大人才工程评审，评选优秀人才64人，入选奖励金额100万元，不断营造重才爱才的浓厚氛围。

【部机关自身建设】 2021年，县委组织部突出“学思践悟”，推进政治素养大提升。开展党的十九届六中全会精神专题轮训，推行“每日一研学、每周一总结、每月一研讨”机制，引导组工坚持“两个确立”，做到“两个维护”，召开专题学习会8期，19名党员干部进行交流发言。开展党史学习教育，举办“学党史、悟思想、明方向”主题党日、观看红色电影、参观主题展览等系列活动25次，制定党史学习教育“四张清单”，赴一线讲党课60余场次，推送“党史百年天天读”主题文章62期。开展“争做新时代浙江组工人”主题实践活动，创设“学习、剖析、整改”三大专题，注重与巡视问题整改、“双建”机关建设等工作相结合，走访机关、乡镇、企业50余家，收集意见建议20余条，销号整改问题32项。突出“流程再造”，推进运行规范大提升。完善制度体系和运行机制，印发部机关运行制度规范和组工业务操作流程规范，上线公务员、干部管理等数字化应用，规范组织部门领导决策、议事规则、日常管理等各个环节，对内实现以制度管人管事，对外确保所有业务有章可循。强化隐患排查和风险防控，系统排查组织工作各领域风险，梳理制定《中共文成县委组织部重大风险点及防范化解举措清单》，明确44个方面98个风险点，提出128项化解举措，制定换届工作、涉组涉干等网络舆情应急预案，规范应急处置

2021年12月15日，县委组织部第一党支部开展“学全会精神 当为民先锋”主题党日活动（县委组织部提供）

流程，提升应急处理能力。突出“为民服务”，推进宗旨意识大提升。开展“我为群众办实事”实践活动，完善部机关“双联双抓”制度，48名组工干部挂钩17个乡镇、229个村居，领办民生实事或“微心愿”100余件，开展党员志愿服务活动3次，收集意见建议5条，解决关键小事10件。开展“我为企业解难题”活动，深化拓展“三服务”2.0版，建立部机关干部挂钩重点人才企业、挂钩后进两新党组织等机制，发放“人才强县40条”“510计划”15条等宣传折页8000余份，解决购房租房、子女入学等“关键小事”20余件，全面优化服务水平。

【先进名录】

先进个人一览表

表1

姓名	荣誉名称	发文时间	授予部门
蔡晓艳	全省先进老干部工作者	2021.12	省委组织部、省老干部局、省人社厅

（刘家俊）

宣传工作

【概况】 2021年，中共文成县委宣传部内设办公室、党教理论科、宣传科、出版版权电影科、文化科、互联网信息科6个职能科室，核定编制13名（含后勤服务人员编制1名），中层领导职数6名。下属事业单位2个，分别为文成县互联网管理中心，核定财政全额拨款事业编制7名，领导职数2名；文成县新闻宣传事业发展中心，核定财政全额拨款事业编制8名，领导职数3名。总编制数28人，年末在编人员26人，中层领导8人，临聘人员4人。

【意识形态主体责任】 2021年，县委宣传部以“四张清单”形式，对乡镇、部门的意识形态工作进行考核。联合县委巡察办开展十四届县委第十轮巡察工作，对县委办、县委统战部等14家单位开展专项检查，抽查重点经济部门、业务单位，不断强化各级党委（党组）“一把手”抓意识形态工作的主体责任。全县各乡镇、部门党委（党组）和宣传思想文化战线贯彻县委的部署要求，把牢正确方向，明确红线底线，守土有责、履职尽责，推动全县意识形态工作持续加强。

【理论教育】 2021年，县委宣传部建立完善文成县理论学习中心组巡听旁听、重大决策前专题学习等制度，健全领导干部上讲台、上党课长效机制，全年全县乡科级以上干部完成讲课1184次。常态化开展“学习强国”学习先进评选、“党旗飘扬 忠诚护航”主题竞赛等活动，提高干部指尖学习的积极性。累计建成文化礼堂257家，实现500人以上行政村、少数民族村全覆盖。开展“六讲六做”大宣讲活动，实施“媒体理论传播”“宣讲品牌打造”“宣讲平台整合”3大行动，组建“文成青年说”等宣讲团120多支宣讲员700多人，开展“庭院宣讲”“海外宣讲”等各类主题宣讲1461场次。召开温州市刘伯温诞辰710周年纪念大会暨中国（温州）刘基文化学术论坛，成立“中国明史学会刘基分会”。利用高校资源推动刘基战略思想研究转化、研学基地建设和应用课程开发，致力于打造“全省党政干部、企事业高管进修培训基地”。

【党史教育】 2021年，全面开展党史专题学习，全县各级党组织召开理论学习中心组专题学习870余次，开展“学党史”主题党日活动2700余场，征订指定学习书目86588本，

2021年6月30日，文成县庆祝中国共产党成立100周年"七一"表彰暨文艺汇演活动举行(县委宣传部提供)

党员参学率100%。抓好流动党员、非公企业党员、老党员等薄弱环节，建立"一库一证一档案"工作机制，对全县2062名流动党员信息进行登记掌握。开设"晨会课堂""车间课堂""周末大讲堂"，实现工学两不误，提高非公企业党员学习积极性。启动"红色家谱"整编大行动，整理出版《文成红色革命历史》《文成烽火》等红色精品课程书籍、推出《周定的家书》《刘英留下的"红军药"——羚羊角》等红色文物短视频，10集电视专题片《红色追寻》。依托农家庭院、榕树下等场所开展分众化、对象化、互动化党史宣讲，深化"网上云课堂""海内外共唱一首歌"等品牌，推动党史学习教育破圈出海。举办文成县庆祝中国共产党成立100周年"七一"表彰暨文艺演出、"百年华章 浙里文成"文成县庆祝中国共产党成立100周年大型图片展、"山水舞台"百场巡演红歌专场等大型活动。依托中国诗歌之乡基础，全域联动开展"跟着诗歌学党史"主题活动，举办第七届文成县"我爱记诗词"大赛，"跟着诗歌学党史"诗词作品创作比赛，以诵读诗歌的形式将党史学习渗透到广大党员干部、基层群众。

【宣传报道】 2021年，县委宣传部制定《文成融媒体中心6部目标管理考核办法》，建立健全科学有效的考核激励机制。与安吉新闻集团合作，投入350万元自主研发"融媒体综合平台""指点文成"App，上线使用电子支付媒介"文成豆"，将其打造成文成传播主阵地、综合服务平台、城市形象推介口。围绕"庆祝中国共产党成立100周年"这条主线，深化"十四五"开局新闻宣传，开展高水平全面建成小康社会成就宣传，推出《奋斗百年路 启航新征程》等专题专栏90余个，制作《瑞安文成推进"山海协作"实现合作共赢》等大型主题报道、新闻消息1.4万余条，央视CCTV-13频道建党百年特别节目《今日中国》对景文高速进行直播、《五一假期：文成侨家乐助力乡村振兴》等报道都呈现文成在推进共同富裕道

2021年6月30日，"百年华章 浙里文成"文成县庆祝中国共产党成立100周年大型图片展在县博物馆举行(县委宣传部提供)

路上所做的探索和实践。依托文成丰富侨务资源和温州市海外传播中心文成基地等4个传播基地，持续壮大海外传播矩阵和海外传播队伍，推出“文成华侨在米兰”等中国专刊文成专版2个；组建“洋主播”队伍，利用归国“侨二代”、留学生群体形成横跨中西方的主播团队，共同塑造更易被海外主流社会理解的中国形象和话语体系。持续打造“me和中国节”“songwencheng”等国际传播品牌，推出“青年带你看文成”“与世界握手　我们的节日”等活动130余场。

【文艺精品创作】　2021年，县委宣传部连续第十二年开展文化艺术精品创作奖评审。以本地历史文化为素材，编排制作情景剧《浩气长存》、电视动画片《传奇少年刘伯温》、广播剧《追寻赵超构》、越剧《智斩玉面郎》等文艺精品，大型历史话剧《刘伯温·霜台忠魂》入选省文化艺术发展基金扶持。开展第五届中国“刘伯温诗歌奖”大赛，收到全国30个省(自治区、直辖市)稿件33239首。

【文化设施建设】　2021年，县委宣传部加强县、乡镇、村(社区)3级公共文化设施建设，公共文化设施面积23万多平方米，每千人拥有基层公共文化设施位居全市前列。县文化馆和县图书馆为国家部颁一级馆，县图书馆也是浙江省第一批“满意图书馆”。举办“百年华诞　艺心向党”——文成县书法美术摄影作品展，“戏说生活”文物展等品牌文博活动。全市率先开通“文成县博物馆”视频号，深化打造“周末剧场”“山水舞台”“城市音乐小站”等文化惠民、群文活动品牌。

【文化遗产保护】　2021年，县委宣传部实施文化基因解码工程，共录入473条文化元素，完成20个重点文化元素解码报告。出版文成地方课程读本《走近刘伯温》《指尖上的文成》《民风民俗看文成》，完成国家级非遗项目《刘伯温传说》抢救性记录。建立珊门社区叶式太极拳、中堡社区南拳、上房社区剪纸等3个“非遗在社区”示范点，完成4个“畲之旅”整村民宿群建设和20家“非遗”进民宿改造项目，推动伯温剪纸、“木直手作”石雕工作室等“非遗工坊”入驻各大民宿。南田民居营造技艺传承基地列入了第六批市级非遗传承基地、文成县悦慢民宿被评为2021年度市级优秀非遗体验基地。刘德铭、刘日泽被认定为第六批省级非遗代表性传承人。

【“文化+”融合发展】　2021年，县委宣传部全面推进“文化+旅游”“文化+创意”“文化+城建”“文化+科技”融合发展，投资1.5亿元打造“初心之旅”红色旅游线路，建设提升“红色坦岐·星火1935”红色研学旅游街区、毛泽东像章文化博物馆、周定

2021年7月22日，大型历史话剧《刘伯温·霜台忠魂》在温州东南剧院首演(县委宣传部提供)

烈士纪念馆等红色基地，年接待游客近16万人次。全面开展文化进景区行动，编排《山水奇缘》舞蹈、国遗项目《舞龙》《刘伯温故事传说》题材的评书、曲艺、话剧等节目，提升游客文旅体验感。实施百县千碗工程，打造鳌里红军等4家网红餐厅，16款文成特色冷菜，伯温猪脚入选2021年浙江瓯菜十大名菜。召开温州市“侨家乐”品牌民宿现场推进会，文成经验全市推广。

【文明创建】 2021年，文成县建立健全全国文明城市创建工作机制，出台《文成县深化文明城市创建三年行动计划（2021—2023年）》，实施“3483”文明城市创建行动。开展2021年度县级文明村镇、文明单位评选工作，全县文明村镇覆盖率88%以上。全面推广文明出行、文明餐桌、垃圾分类等8大文明好习惯养成行动。加强青年志愿队伍体系和服务机制建设，全域联动志愿队伍277支志愿者5.8万多人，全年开展“学雷锋献爱心”等志愿活动1400余场。持续拓展海外文明实践站建设，在罗马中文学校、米兰文成同乡会等15个站点挂牌，志愿服务海内外“双网”联动工作机制在省市现场会做交流推广。加大“我推荐我评议身边好人”和“温州好人”推荐评选宣传活动力度，开展“最美文成人——第七届文成县道德模范”评选表彰、“身边好人、身边故事——最美文成人微故事巡礼”等活动。深化民间道德设奖工作，用好孝文化馆、平民英雄馆，推进“孝德文成”等区域道德品牌建设。推进“文明校园”建设，14个城市社区全部建立社区家长学校，覆盖率100%。

【先进名录】

先进个人一览表

表2

姓名	荣誉名称	发文时间	授予部门
陈　强	2020年度全省宣传信息等工作突出个人	2021.5	中共浙江省委宣传部

先进集体一览表

表3

序号	单位名称	荣誉名称	发文时间	授予部门
1	县委宣传部	2020年度全省社会舆情信息工作先进单位	2021.5	中共浙江省委宣传部
2	县委宣传部	2021年度温州市青年理论宣讲大赛暨第十一届微型党课大赛组织奖	2021.9	中共温州市委宣传部
3	县委宣传部	2021温州国际时尚文化产业博览会优秀组织奖	2021.5	中共温州市委宣传部
4	县委网信办	2021温州国际时尚文化产业博览会优秀展示奖	2021.5	中共温州市委宣传部

（胡　萍）

统战工作

【概况】 2021年，文成县委统战部以习近平新时代中国特色社会主义思想为指引，着眼于中央、省市统战工作的决策部署要求，紧紧围绕县委、县政府中心工作，凝聚统战力量，拓展统战领域，开创统战新局面。统战各领域成功申报国家、省平台项目5个，获市级以上通报表彰、批示7次；县侨联被评为全国侨联系统助力脱贫攻坚优秀集体，县工商联获评2020—2021年度全国“五好”县级工商联；为侨服务“全球通”远程办事系统被评为2021年度全省统战工作实践创新案例，省委书记袁家军来文考察时给予充分肯定。为侨服全球通（数字侨务）应用场景团队被县铁军锻造工程指挥部评为2021年文成县第二季度铁军锻造工程“破难先锋”团队。

【狠抓党史学习教育】 2021年，县委统战部成立党史学习教育领导小组，明确分工职责。组织全体党员干部有针对性地学习党史，分阶段推进学习任务，开展集中学习11次，一把手上党课2次。组织全体干部红色观影3次，“跟着纪录片学党史”主题沙龙1次，先后赴嘉兴南湖、文成县博物馆等地开展主题党日活动。组织统战系统各条线营造党史学习氛围，指导乡镇开展“乡贤讲党史”系列活动；组织县新联会、网联会赴刘英纪念馆开展“同心向党，携手共进”庆祝中国共产党成立100周年专题学习、拍摄《唱支山歌给党听》党史学习MV、赴民族村培头小学慰问贫困家庭学生等活动；组织召开“学党史 增共识”党外干部座谈会3次；为侨界人士开展党史学习海外宣讲4次，点击率12万人次，组织侨界人士在官山背烈士陵园举行2021年“缅怀先烈寻初心，重温党史振精神”侨界清明公祭英烈活动，协同侨界妇女联合会走访慰问中华人民共和国成立前老党员和困难党员，组织侨界爱心人士捐助48位特困学生，赴隔离点对返文隔离华侨进行慰问，并送上慰问品；紧盯群众、企业关注的焦点、痛点、堵点，开展“我为群众办实事、我为企业解难题、我为基层减负担”实践活动，走访侨企、非公企业49家。

【党外代表和新的社会阶层人士网络格局】 2021年，县委统战部助推新的社会阶层人士服务工作，以新联会、知联会为载体，定期举办沙龙、专题研讨等活动，拓宽党外代表人士视野；搭建参政议政平台，坚持党外代表人士参与全县重大决策会议制度，召开征求意见座谈会3次，建立县领导邀请党外人士参与调研机制，畅通党外人士建言“直通车”渠道，进一步凝心聚力、同心同德，形成风清气正、心齐劲足的良好局面。凝聚新社会阶层人士的智慧和力量，推进实践创新基地的标准化建设，成功申报文成县龙背村“红色同馨”实践教育基地，西坑镇敖里村周定纪念馆为文成县党外知识分子思想教育基

2021年3月9日，省委统战部常务副部长王晓峰（前排左三）到文成调研（县委统战部提供）

地。截至年底,全县有党外副科级以上干部47人,其中党外副县级干部4人,党外正科级干部4人,党外副科级干部39名,分别就职于县机关和事业单位27人,国企6人,乡镇14人。17个乡镇中有11个乡镇政府班子中配备党外领导干部,比例达65%。

【海外统战资源】 2021年,县委统战部切实开展“暖侨安侨护侨”十大行动,以“文成县侨界爱心协会”为媒介,引导侨界爱心人士参与“助学、助困、助老”等公益事业,制定《文成籍海外和海归人才工作三年行动计划》,成立人才工作站,创建海归创业园,开展“侨燕归巢”“文成青年说”等活动,通过线上平台登记诊疗逐个开方和线下18名海外侨领及爱心志愿者人力配送代跑等方式,全年为5530多户疑似新冠感染及确诊患者提供药品等防疫物资配置、发送服务。新建为侨服务“全球通”德国分中心,借助为侨服务“全球通”和“浙里办”App等平台,实现网上预约,海外远程办理为侨服务业务;8月,按照数字化改革“三张清单”逻辑,聚焦国家统战需求和华侨办事需求,采用市县共建模式,打造以“一舱两端”为总体架构,具有文成“侨乡”特色的场景应用,使为侨服务“全球通”2.0版成功在“浙里办”上线。联合推动华侨大学与意大利米兰华侨中文学校共同签约,建设华侨大学意大利米兰招生处,与意大利伽利略技术学院(高中)签署中意文化交流夏令营活动协议书,共同实施中意文化交流夏令营项目;组织135名侨宝们开展“亲情中华”侨界留守儿童快乐营活动;联合意大利米兰华侨中文学校、瓦雷泽中文学校等8所海外中文学校,发动400余名海外学员参与“亲情中华 寻根之旅”网上夏令营。

2021年5月21日,市委常委、统战部部长施艾珠(左三)到文成调研侨胞服务中心工作(县委统战部提供)

【民族宗教领域和谐稳定】 2021年,县委统战部一方面努力铸牢中华民族共同体意识,组织开展全县民族团结进步宣传月活动,在全县范围发放习近平总书记在党的十九届六中全会上的重要讲话精神、宪法、宗教事务条例等宣传资料3000余份,纪念品800多份,建成8个民族宣传固定阵地;建成周垟民族政策宣传大型广告牌,组织少数民族界到民族乡村开展庆祝中国共产党成立100周年文艺巡演,畲歌表演队进驻9个民族村文化礼堂演出,引导少数民族群众学党史;培育精准服务平台3个,培育“七进”示范单位4个,建立“四微”组织13个,举办少数民族群众技能培训会3场、法律讲座2场,受益群众300余人次;西坑让川、凤鸣两个民族村筹资联建民族乡村酒店,均作为壮大村集体经济的有效载体。另一方面稳步推进宗教事务管理工作,全面落实乡镇民族宗教事务管理所建设,全年累计出动统战民宗干部、乡镇3人驻堂小组成员、网格员等工作人员7.3万余人次,三级人员进场所6000余人次,化解问题矛盾2起,做到“五进”场所全覆盖;落实“法律讲座进宗教场所”工

2021年10月14日，统战部开展“九九重阳月，心存敬老情”活动（县委统战部提供）

作，累计开展法律讲座进场所50场次；开展宪法、政策法规“三进”活动、宗教理论20次，创作七甲净慧寺普法微视频1个；坚持宗教中国化方向，组织宗教界集中开展“学党史、感党恩、跟党走”庆祝中国共产党成立100周年活动，推动安福寺等场所重大活动、重要节日奏唱国歌常态化；组织佛学院毕业生去甘肃青海毕业参学交流活动，扩大文成宗教影响力。坚持“同心共建”，强化机制推动和重点攻坚，有序推进安福禅修产业园、凤凰山文化园和大岦净福寺迁建等宗教文化项目建设；在河南抗洪救援过程中，组织安基金捐赠290万元，用于支援河南受灾严重区域的群众。

【在文成营商环境提质扩面】 2021年，县委统战部围绕优化营商环境、关爱民营企业家等方面，起草《企业家紧急事态应对制度》等6项制度和政策；开展“两个健康”大宣讲和主题活动，明确“两个健康”工作中心，提振企业家的发展信心，组织基层商协会学习市县“两个健康”建设有关文件精神；举办“两区”建设云江论坛和“民营企业和民营企业家都是自己人”亲清政商关系主题活动；构建亲清政商关系，推动建立县领导与企业家的沟通联系机制，健全畅通民营经济人士诉求通道；联合县税务局等部门，邀请15位企业代表参加“学党史办实事”暨2021年“便民办税春风行动”政企恳谈会，联合县科技局召开“科技自强自立”政企恳谈会；以“青蓝接力”5M行动为指导，实施“青蓝接力”培育工程，组织开展新生代企业家创业分享会、主题论坛、青年创业交流会、走进导师企业等青蓝接力系列活动12次；组织新生代企业家前往泰顺县、洞头区走访新企联，缔结友好商会；组织开展“助力乡村振兴”游学活动、庆祝中国共产党成立100周年主题活动，召开助力营商环境提升座谈会，强化新生代企业家责任担当。

（林　烽）

全面深化改革

【概况】 2021年，文成县全面深化改革工作按照中央和省市委改革部署，聚焦县委中心工作，坚持问题导向、需求导向、目标导向，围绕“1+7+N”改革工作体系，进一步健全推进机制、加强综合集成、强化数字赋能，先后争取国家“绿水青山就是金山银山”实践创新基地、整县（市、区）屋顶分布式光伏开发试点和全国农民合作社质量提升整县推进试点等国家级改革试点，新时代乡村集成改革试点、数字乡村建设试点县、乡村振兴集成创新示范建设县、小微企业发展和“小个专”党建创新试点等省级试点。“四方联督”改革督察机制、“传帮带”助力振兴发展2篇专报上省级《竞跑者》，文成县股份合作制农场改革探索山区农户共同富裕新路子上市级《探路者》。

【数字化改革】 2021年，文成县构建“1+1+6”改革领导小组体系，实行专班实体化运作，制定出台《文成县数字化改革总体方案》《数字化改革标志性项目可行性实行“过堂会审”》《文成县县本级党政机关信息化项目建设管理办法》等7项制度规范。定期组织召开数字化改革领导小组会议、办公室主任例会、专班周例会，县委、县政府主要领导不定期召开数字化改革专题调研会，压紧压实职责，全面构建纵向到底、横向到边落实体系。全面贯通5大应用系统县级门户，拆解5大应用系统重大任务一级任务26项、二级任务137项、三级任务326项、四级任务362项。全县各机关单位梳理核心业务一级任务206项、二级任务657项、三级任务1914项。提前完成5项数字化改革核心指标，其中综合应用市县贯通率100%、综合应用功能上线率100%；单轨制协同办案比例、全省统一行政处罚办案系统应用率保持在90%以上，数据共享需求满足率100%；"浙政钉"注册人数7650人，激活率100%，日活跃率89.68%；"浙里办"个人实名注册用户数15.14万人，占常住人口61.64%，每万人口平均日均活跃人数146.92人。党政机关整体智治系统承接贯通省级"七张问题清单""应急处突""公权力大数据监督""新闻宣传和舆情引导""浙里好干部"等5大应用；数字政府完成"常态化疫情防控""科技创新"等13项综合应用上线门户；数字法治同步上线贯通"政法一体化办案""综合行政执法"2个省级应用；数字社会系统完成"幼有所育""学有所教""劳有所得"等12个子跑道上线门户；数字经济完成"浙企创新""新企要素""浙企数贸"等主跑道及子跑道的数据汇集，实现数据贯通应用。

【数改成效】 2021年，文成县为侨服务"全球通"2.0、"共富帮"应用纳入"全省一本账S1"，"全球通"远程办事系统、"小个专"党建云平台建设试点、"少年行"中小学实践教育智慧系统、智慧矫正中心、检察数字化送达项目、市域执行辅助事务数字中心、"绿源智治"应用试点、数字诉服改革试点（"解侨纷"e件事）等8个项目纳入省级试点。其中，为侨服务"全球通"2.0在"浙里办"上线，一级页面接入省市综合应用，列入全市"重大应用"中"创氛围"重要跑道，被省委统战部列为浙里为侨"全球通"应用的远程办事系统重点培育单位。"共富帮"应用被列入浙里帮农促富的产业促富板块完成微信试上线工作。围绕理论体系和制度规范体系，加快成果呈现，制定出台《关于印发海外远程视频公证办证制度和上门服务承诺制度的通知》《绿色食品 文成杨梅生产技术规程》等配套制度。

【共同富裕示范区山区样板打造】 2021年，文成县明确60项共同富裕指标体系目标，编制重点任务、突破性抓手、重大改革、典型案例（最佳实践）等"四张清单"。加快梳理共同富裕典型案例，"打造幸福康养'侨家乐'旅游新业态助推农民增收致富"案例列入全省共同富裕典型案例，"侨家乐"品牌民宿、文化富民和民族地区解码"绿色财富"等3个项目纳入市共同富裕试点项目。出台《文成县全力打造共同富裕山区样板加快推进"扩中提低"相关政策和具体措施》，改革推行强县税源工程、盘活农户闲置资源、推进零就业家庭"清零"行动等28条举措，加快缩小收入差距，加快"扩中"，全面"提低"，率先走出一条共同富裕的有效路子。

【未来乡村建设】 2021年，文成县出台《文成县关于开展未来乡村建设的实施意见》及相关配套政策，组建专家智库和工作指导组，打造"三位一体"智农共富平台，围绕"五化十场景"，南田"隐居武阳"未来乡村、百丈漈"古韵石庄"未来乡村等2个试点村培育加速推进。

【"两山"转化改革】 2021年，文成县完成2019年度生态系统生态价值（GEP）核算工作，注册成立"两山银行"公司，列入国家"绿水青山就是金山银山"实践创新基地名单。

【农合联改革】 2021年，文成县探索股份制合作农场改革，通过"三方合股+各取所长""统分结合+紧密协作""保底收益+按股分红"等创新举措，实现利益联结最强化、生产效益最大化、盈余分配最优化。成立金丝皇菊、茶叶、黄年糕、中蜂、糯米山药5个股份制产业联合体，参股农户人均增收1000元以上。

【水环境治理】 2021年，文成县探索“检察+”生态司法保护模式，建立飞云江流域生态司法保护协作机制，实行文、瑞、泰3区域案件联合会商、联合办理，破解飞云江流域跨地区执法司法难题，全年移送起诉污染环境罪等相关刑事案件13件26人，办理公益诉讼案件23件，取得良好社会效果，获得《法治日报》《浙江法制报》等媒体宣传报道。

【经济体制改革】 2021年，文成县以打造最优营商环境为切入点，开展优化营商环境便利度行动，上线营商环境市场活力（“两个健康”）集成应用。深化温州市个人诚信分“瓯江分”应用场景“信易游”试点，到文成旅游获优惠的旅客超2000人。实施“信易贷”试点工作，“信易贷”发放贷款13818.51万元。融入长三角一体化，与海景域旅游发展有限公司战略合作项目打造旅游全产业链，推进金融创新制定出台《文成县投资类基金若干政策意见》。

【涉侨纠纷多元化解】 2021年，文成县全面深化全国涉侨纠纷多元化解试点工作示范法院建设，探索推行“解侨纷e件事”综合集成改革（列为浙江全域数字法院试点项目），推动特邀海外调解员向镇级矛调中心延伸，全年审结涉侨案件190件、就地化解涉侨纠纷52件，协助送达66件，协助法院成功调解19件。坚持“三治融合”，聚合基层各方面力量，创新基层善治路径，探索实行“风险联排、矛盾联调、问题联治”3联警务模式。

【文体改革】 2021年，文成县自主研发“融媒体综合平台”技术，改造提升融媒体移动客户端——指点文成App，总用户量12208户，订单量15223笔，入驻商户56家、单位220家，总消费额944.80万元。培育“侨家乐”品牌民宿13家，“侨家乐”获评浙江省3大民宿品牌之一。

【党的建设体制改革】 2021年，文成县探索“红色管家”农村版，划分城镇商圈市场、小微企业园区等7类重点治理模块，创新组建“红色管家”党支部，成立“微网格”服务组，补齐基层治理“真空地带”。推进党侨组织“双孵化”，选取重点侨乡玉壶镇建立归侨侨眷联合会党支部，绘制“侨胞地图”、建立“侨胞之家”，推进乡贤恳谈会、志愿服务等工作，力促党建和侨建“同频共振”。创建党建联盟示范集群，推出“杨梅红”“侨家乐民宿”“双定三减区”等5个联盟示范点，覆盖农文旅产业及“小个专”等领域。实施人才工作助力共同富裕“十大工程”等5项特色做法获市委常委、组织部部长杨胜杰批示肯定；“侨家乐”党建联盟、打造“三位一体”年轻干部培养选拔新机制等10个典型案例获人民网、新华网、《浙江日报》等省级以上的主要媒体刊登。

【纪检监察体制改革】 2021年，文成县针对村社组织换届后“一肩挑”干部权力更集中、廉政风险更大的新形势，创新推行县乡村3级监督“协同体”，释放基层监督效能，得到市纪委主要领导的肯定。针对青年干部腐败行为易发多发的问题，率先全市推行清廉工程，得到省纪委书记胡志权和市纪委书记张建明肯定批示，相关做法获中纪委网站刊登，被列为全市清廉论坛主题，在全市推广。

【自身建设】 2021年，县委改革办班子以党史学习教育为总抓手，始终树牢“四个意识”、坚定“四个自信”、坚决做到“两个维护”，不断完善领导班子议事规则，对涉及“三重一大”事项，都由班子成员集体研究决定，形成“善于配合、诚于合作”的良好工作格局。全年专题研究2次、意识形态和社会舆情综合分析1次、党内通报1次，向县委书面汇报2次，到单位党支部和联系村上党课分别1次，撰写调研报告1篇。

【先进名录】

文成县委改革办（县跑改办），获评2021年度温州市深化改革开放成绩突出集体；

文成县委改革办（县跑改办），获评2021年度文成县数字化改革工作突出贡献集体；

郑国法，文成县委改革办常务副主任，获评2020年度优秀等次公务员；

余尉军，文成县委改革办副主任，获评2021年度浙江省改革创新成绩突出个人；

胡珍敏，文成县委改革办室务会议成员、综合科科长，获评2021年度温州市深化改革开放成绩突出个人；

包芳芳，文成县委改革办改革二科科长，获评2020年度优秀等次公务员；

包芳芳，文成县委改革办改革二科科长，获评2021年度平安文成和法治文成建设工作突出贡献个人；

赵凯，文成县委改革办改革研究和促进中心主任，获评2021年度文成县数字化改革工作突出贡献个人。

（胡珍敏）

党校工作

【概况】 2021年，县委党校深入学习贯彻党的十九届六中全会精神，贯彻落实《中国共产党党校（行政学院）工作条例》，立足当前，着眼长远，以党史学习教育为载体，以办学质量创优评估“回头看”为抓手，拉高标杆、加压奋进，奋力推动党校事业高质量发展，在建设“重要窗口”和打造“共同富裕示范区山区样板”中展现党校担当，以优异的成绩献礼中国共产党成立100周年。

【干部教育】 2021年，县委党校把党史学习教育列为干部培训工作的重要内容，加大党史学习教育新专题开发，将党史学习教育列为各主体班次“必修课”。全年举办各类主体班次9期，培训干部1000多人次；外来班次5期，培训干部260多人次。强化领导上讲台机制，县委常委在各主体班次授课10次。在春季开学典礼上，县委书记刘中华要求学员要学出对党的绝对忠诚，学出深厚的为民情怀，学出强烈的责任担当，学出过硬的纪律作风，把个人发展融入国家和人民的事业中去，以优异成绩在建设“重要窗口”中彰显担当，以高分答卷向中国共产党成立100周年献礼。

2021年9月29日，市委党校2021年第三期城区（科）局级领导干部进修班在文成举办（县委党校提供）

【科研资政】 2021年，县委党校申报省级课题3项，立项1项；申报市级课题3项，立项2项。编印《决策参阅》3期，其中获县委书记批示2期，县委常委、组织部长批示1期，被文成政研采纳录用1期；组织13篇论文参加省市委党校理论研讨会、温州市社科联论文评比，获省委党校一等奖1篇、市委党校三等奖2篇、市社科联三等奖1篇、“浙南革命史与浙南革命精神”理论研讨会优胜奖1篇并入选《“浙南革命史与浙南革命精神”论文集》；在省市期刊公开发表论文3篇。

【党史教育】 2021年，县委党校立足职能、发挥优势，挖掘革命老区县红色资源，开发“初心之旅”课程，在主体班次增设10

2021年7月14日，省委党校督察组到文成评估问题整改“回头看”工作（县委党校提供）

门党史课程，创新教学方式，使党史学习教育融入干部教育培训之中，确保学员“进了党校，必学党史”；组织教师参加县委宣讲团，到基层开展宣讲活动106场次，受众近1万人次。其中，教师施明业赴二源镇开展的党史网络直播课，吸引3600余人次点击收看；教师程园园的党史宣讲课《追寻革命先烈周定的信仰印记》，获市党校系统微党课比赛一等奖。联合宣传部举办“建党百年路 启航新征程”微型党课比赛，讲好党的故事、传播党的声音。

【创优评估】 2021年，县委党校经过认真筹备和市委党校的全面督查，对单整改、查漏补缺，按照创优评估“回头看”的各项要求，准备详尽的台账资料、功能齐全的办学场所、彰显文成特色的现场基地，顺利完成省委党校督察组办学质量创优评估问题整改“回头看”工作。

【新校区建设】 2021年，县委党校多次召开协调会议，研究解决新校区建设存在的困难和问题，紧盯项目督促相关单位落实，最终确定选址大峃镇龙川片区，新校区总用地面积47.52亩，总建筑面积38551平方米，项目总投资2.5亿元，12月23日正式开工建设。新校区按30年的发展理念设计综合楼、教学楼、宿舍楼、食堂等主要建筑，最大可同时容纳1000余人在校开展教育培训活动。

【提升办学水平】 2021年，县委党校加强集体备课、磨课、试讲，提升用学术讲政治的本领，力求讲深讲透讲好中国特色社会主义制度优越性、“绿水青山就是金山银山”理念以及共同富裕的内涵。抢抓新党校建设窗口期，借助省、市委党校力量，利用本土特色文化、生态资源和红色教育资源，统筹谋划推进“一心两翼X个基地”的总体教学布局，优化现场教学模式，做强对外培训品牌，努力展示好文成发展样本。“红色坦歧，星火1935”、周定烈士纪念馆、毛泽东像章纪念馆等成为市委党校党史学习教育重要的现场教学基地。

2021年12月23日，党校新校区正式开工建设（县委党校提供）

【先进名录】

先进个人一览表

表4

序号	姓名	荣誉名称	发文时间	授予部门
1	胡正裕	2021年全省党校系统理论研讨会一等奖	2021.5	浙江省委党校
2	程园园	2021年温州市委党校微党课比赛一等奖	2021.5	温州市委党校
3	程园园 蒋伟煌 周宽群	2021年全市社科论文评选三等奖	2021.9	温州市社科联

（罗智勇）

信访工作

【概况】 2021年，文成县信访局围绕解决民生领域信访突出问题，狠抓工作落实，构建长效机制，为构建和谐稳定的社会环境，打造高质量发展建设共同富裕示范区山区样板打下基础。全年，全县信访总量（含信、访、网）2278件次（不含咨询类、意见建议类447件次），较近3年平均值同比下降38.71%。

【初信初访调解】 2021年，县信访局借助统一平台对群众的来信、来访、网上信访初件实行智能判重，甄别重复无效来信，及时把一事多投、多人投一事、诉求无实质内容事项进行存查。制定《关于进一步提升初次信访事项办理质量的工作办法》，初信初访件做到“四必登”，即反映日期、反映人基本信息、联系方式、反映诉求等必登记，对属于信访程序办理的信访件迅速按程序转办事权单位办理，对属于其他法定途径处理的件按照诉访分离、依法分类处理原则，及时导入法定程序。对初信初访件，严格执行首接首办责任制，做到“五个一次性”：一次性把群众诉求弄清楚、一次性把矛盾症结找准确、一次性把解决方案定合理、一次性把政策用足用好、一次性把诉求请求办满意，切实提升群众的获得感和满意度。全年初次来访化解率94.34%，初次来信化解率89.41%，初次网信化解率97.16%。对每件初信初访件从受理、办理、办结、反馈等环节进行全程跟踪，对答复内容不完整、问题未查清、反馈不及时、处理不到位的重新办理，把牢初信初访件办结质

2021年1月11日，副县长金一玲（左二）在县矛调中心（信访超市）开展欠薪投诉集中接访活动（县信访局提供）

量关，确保初信初访件“事事有结果、件件有回音”。全年，梳理出群众评价不满意件587件，通过核实督办、整改落实，群众满意率达97.33%。

2021年1月12日，副省长陈奕君（右二）到文成调研（县信访局提供）

【重复信访事项化解】 2021年，县信访局针对市委书记批示件、国家级、省级交办件、征地拆迁信访积案，逐案明确县级以上领导包案，明确要求各乡镇、各事权单位成立由一把手为组长的重复信访事项化解专班工作小组，对各自所涉及的重复信访事项进行全方位研究分析，制定化解方案，做到逐案明确责任主体、明确具体承办的责任人员、化解措施、办结时限；对已经上报化解的事实息访的信访件，持续关注动态，防止再次信访。把县级社会矛盾纠纷调处化解中心作为主阵地、主战场，对集中交办的重复信访事项，由县级包案领导牵头，会同涉事单位及属地乡镇进行会商研判，对照化解认定标准，通过综合运用法律、政策、经济、行政等手段，形成合力，采取信访听证、救济救助、协商会办、多元调解、信访代办等方式，强化情绪疏导、心理矫正、困难帮扶、教育稳控等措施，进行集中研究、集中攻坚，促进矛盾化解、息诉罢访。建立健全督导工作机制，采取电话、发函、实地督办等方式，对重复信访事项化解情况进行督查督办，做到每周提醒、每月督查。全年第一批国家交办重复信访事项83件，上报化解通过74件，化解率89.16%，再访件9件，完成汇报。省交办重复信访事项36件，上报化解通过36件，化解率100%。征地拆迁信访积案140件，上报化解通过138件，化解率98.57%。

【信访宣传】 2021年，县信访局借助微信、网络、报纸、社区村居公告栏等平台，宣传《中华人民共和国信访条例》等相关法律规范，引导群众依法依规维护自身合法权益。加强对复杂疑难信访事项的协调、指导，第一时间推动案结事了。

【先进名录】

先进个人一览表

表5

序号	姓名	荣誉名称	发文时间	授予部门
1	刘王斌	县域治理现代化工作突出贡献个人	2021.5	中共文成县委、文成县人民政府
2	朱和平	2020年被嘉奖一次，文委发〔2021〕31号	2021.9	中共文成县委、文成县人民政府

先进集体一览表

表6

序号	单位名称	荣誉名称	发文时间	授予部门
1	文成县信访局	2020年度无信访积案县	2021.2	浙江省信访工作领导小组
2	文成县信访局	信访工作"三无"县	2021.4	国家信访局
3	文成县信访局	2021年度温州市信访系统"三练三比"岗位练兵现场比武优秀奖	2021.7	中共温州市委、温州市人民政府

（刘王斌）

文明创建

【概况】 2021年，文成县精神文明建设指导中心设行政职能科室3个：社会文明协调科、城市文明建设科、志愿服务工作科，下属事业单位1个，为文成县公民思想道德建设中心，行政编制9名，事业编制5名。全年以习近平新时代中国特色社会主义思想为指导，以培育和践行社会主义核心价值观为主线，以全国文明城市创建、文明创建动态管理测评为抓手，突出全国文明城市创建、新时代文明实践、公民道德建设、基层文明细胞创建、移风易俗改革、文明行为养成、未成年人思想道德建设等7个重点，不断提升市民文明素质和社会文明程度，各项工作呈现良好发展态势。

【文明县城创建】 2021年，县精神文明建设指导中心围绕创建目标，抓住考绩项目这条主线，开展一系列的创建工作，取得新进展新成效。完善创建设计，对照全国文明城市测评标准要求，制定出台《文成县深化文明城市创建三年行动计划（2021—2023年）》。计划实施"3483"文明城市创建行动，为实现"一年创优、两年保优、三年入围"的创建目标提供工作支撑。正式向市文明委提出申报创建第五批浙江省文明县，进一步优化文成县创建工作安排。建立健全创建机制，成立组织领导机构，全面负责创建工作的组织、指导、协调、检查、督办等；健全创建资金投入保障机制，将创建经费列入年度财政预算；将创建工作纳入乡镇、机关年度考绩，研究制定文明城市测评考核方案和点位清单，委托第三方开展文明城市自测自评工作。强化城市精细管理，抓好市容环境管理，规范提升经营秩序管理；抓好交通秩序管理，开展交通综合整治行动；抓好农贸市场管理，加强城南农贸市场标准化建设，开工建设陈宅新农贸市场；抓好餐饮行业管理，加强餐饮卫生安全监管，指导督促餐饮行业开展"文明餐桌"行动；抓好施工工地管理，开展建筑工地提规整治。

【新时代文明实践】 2021年，县新时代文明实践中心揭牌启动，编写新时代文明实践创新案例《侨帮侨》，入选浙江省新时代文明实践中心建设创新案例汇编及精神文明导刊。重点结合"孝文化""云江文化"打造西坑畲族镇、巨屿镇2个新时代文明实践示范所和大峃镇二新社区新时代文明实践站。成立志愿服务联合会，制定出台《文成县志愿者礼遇办法》，开展志愿服务最美系列选树活动，入选温州市最美志愿者1名，最美志愿服务工作者1名、最佳志愿服务项目及最佳志愿服务组织各1个，最美志愿服务村（社区）2个。成功培育孵化8个志愿服务项目。

2021年3月5日，学雷锋活动日暨文成县新时代文明实践中心开馆仪式举行（县精神文明建设指导中心提供）

【公民道德建设】 2021年，县精神文明建设指导中心贯彻落实《浙江省新时代公民道德建设实施纲要》《浙江省加强新时代爱国主义教育实施意见》，制定印发《文成县“9·20”公民道德宣传活动方案》（文文明办〔2021〕18号），广泛开展公民道德宣传活动，弘扬社会公德，倡导文明新风。开展“最美文成人”——文成县第七届道德模范评选活动，评出诚实守信模范、助人为乐模范、见义勇为模范、敬业奉献模范、孝老爱亲模范等5类道德模范11人及提名奖6人。做好温州好人推荐宣传活动，入选温州好人4人。做好道德模范和好人典型礼遇帮扶活动，通过领导走访慰问、会议表彰等形式帮扶关爱各级道德模范24人次。利用“文成好人馆”等载体，策划包装文成好人品牌，开展身边好人、身边故事——最美文成人微故事巡礼活动。制作道德模范展板，在烈士纪念馆、青少年活动中心、博物馆、文化馆等未成年人思想道德建设优秀阵地进行集中宣传展示。

【基层细胞创建】 2021年，县精神文明建设指导中心做好新一轮市级文明单位评选及国家级、省级文明单位创建培育工作，推荐上报预申报全国文明单位1家、预申报全国文明村2个、预申报省级文明单位3家、预申报省级文明村11个，创成市级文明单位6个、市级示范村2个、市级文明村12个。率先建立文明创建常态化机制，拟发《关于开展文成县各级文明单位、文明村镇动态管理测评工作的通知》，委托第三方介入，对辖内各级文明单位、文明村镇开展“全方位、无死角”常态化复查测评工作，促进优胜劣汰的良性机制形成，实现文明创建不止步，带动全县文明创建工作提质扩面。

【文明行为养成】 2021年，文成县全面推行文明出行、文明餐桌、垃圾分类等8大文明好习惯养成行动。开展百余次“文明出行”劝导活动，参与活

2021年3月25日，文成县文明指导中心、县民政局开展“科学祭祀 平安清明”百人巡查活动（县精神文明建设指导中心提供）

2021年10月29日，县精神文明建设指导中心在玉壶镇龙背文化礼堂广场开展以“文明餐桌 健康你我”为主题的宣传活动(县精神文明建设指导中心提供)

动1000多人次。持续深化“文明餐桌”行动，开展“文明餐桌 健康你我”系列宣传活动。发放文明餐桌提示牌1000多个、桌贴2000多张，海报1500多张、宣传资料1800多份、宣传品1000多个，餐饮文明指数测评第二季度第6名，第三季度第2名。

【未成年人工作】 2021年，县精神文明建设指导中心落实阵地专项经费138万元。其中，新建1所乡村学校少年宫，新增“春泥计划”点3个。黄坦镇培头民族小学乡村学校少年宫、巨屿镇孔龙村文化礼堂“春泥计划”阵地、珊溪镇孝文化馆入选市级优秀阵地；黄坦严本文化礼堂入选市级“春泥计划”示范点。深化“扣好人生第一粒扣子”主题教育实践活动，开展“守护·2021清明祭英烈”网络直播祭英烈活动、“童心向党”庆祝中国共产党成立100周年文成县中小学生艺术节暨乡村学校少年宫展演活动、“向国旗敬礼”活动、中华经典诵读活动、学雷锋志愿服务活动等系列。评选出县级“新时代好少年”57名。在中国未成年人网、浙江文明网、文明温州等网站、媒介上发表精神文明建设类信息300余篇。策划实施“朝阳关爱”行动，针对贫困家庭子女、单亲子女、残疾儿童等弱势儿童群体，精心策划并实施“梦想书屋”“点亮微心愿”“成长益百分”“心灵驿站”等5个富有文成特色、符合时代特征的未成年人思想道德关爱民生项目。

2021年6月4日，“童心向党”庆祝建党100周年文成县中小学生艺术节暨乡村学校少年宫成果展演活动在文化中心剧院举行(县精神文明建设指导中心提供)

【先进名录】

全县获评的典型人物一览表

表7

序号	姓名	荣誉名称	发文时间	授予部门
1	赵向东	最美温州人·最美志愿者	2021.11	中共温州市委宣传部、温州市文明办、温州市文明指导中心、温州市民政局、共青团温州市委
2	郑秀兰	最美温州人·最美志愿服务工作者	2021.11	中共温州市委宣传部、温州市文明办、温州市文明指导中心、温州市民政局、共青团温州市委
3	林奕成	敬业奉献温州好人	2021.2	温州市文明办
4	陈方春	见义勇为温州好人	2021.3	温州市文明办
5	杨汝起	助人为乐温州好人	2021.8	温州市文明办
6	胡爱桦	助人为乐温州好人	2021.10	温州市文明办
7	杨汝起	“最美文成人”——文成县第七届道德模范(助人为乐)	2021.11	文成县文明委
8	张小芬	“最美文成人”——文成县第七届道德模范(助人为乐)	2021.11	文成县文明委
9	陈方春	“最美文成人”——文成县第七届道德模范(见义勇为)	2021.11	文成县文明委
10	潘启旺 余　君	“最美文成人”——文成县第七届道德模范(见义勇为)	2021.11	文成县文明委
11	郑明誉	“最美文成人”——文成县第七届道德模范(诚实守信)	2021.11	文成县文明委
12	陈　昕	“最美文成人”——文成县第七届道德模范(敬业奉献)	2021.11	文成县文明委
13	叶琛渊	“最美文成人”——文成县第七届道德模范(敬业奉献)	2021.11	文成县文明委
14	张明亮	“最美文成人”——文成县第七届道德模范(孝老爱亲)	2021.11	文成县文明委
15	叶信约	“最美文成人”——文成县第七届道德模范(孝老爱亲)	2021.11	文成县文明委
16	王良出	“最美文成人”——文成县第七届道德模范(孝老爱亲)	2021.11	文成县文明委
17	金邦省	“最美文成人”——文成县第七届道德模范提名奖(助人为乐)	2021.11	文成县文明委
18	赵向东	“最美文成人”——文成县第七届道德模范提名奖(助人为乐)	2021.11	文成县文明委
19	陈体虎	“最美文成人”——文成县第七届道德模范提名奖(见义勇为)	2021.11	文成县文明委

续表7

序号	姓名	荣誉名称	发文时间	授予部门
20	刘秋荣	“最美文成人”——文成县第七届道德模范提名奖(诚实守信)	2021.11	文成县文明委
21	徐世槐	“最美文成人”——文成县第七届道德模范提名奖(敬业奉献)	2021.11	文成县文明委
22	李乐乐	“最美文成人”——文成县第七届道德模范提名奖(敬业奉献)	2021.11	文成县文明委

获评荣誉一览表

表8

单位名称	荣誉名称	发文时间	授予部门
文成县精神文明建设指导中心	文成县2021年度新闻协作先进单位	2021.11	中共文成县委、文成县人民政府

全县获评的文明单位、文明村镇一览表

表9

序号	单位名称	荣誉名称	发文时间	授予部门
1	文成县综合行政执法局	市级文明单位	2021.12	温州市精神文明建设指导委员会
2	文成县人民医院	市级文明单位	2021.12	温州市精神文明建设指导委员会
3	文成县纪委县监委	市级文明单位	2021.12	温州市精神文明建设指导委员会
4	中国邮政储蓄银行文成县支行	市级文明单位	2021.12	温州市精神文明建设指导委员会
5	文成县税务局珊溪税务所	市级文明单位	2021.12	温州市精神文明建设指导委员会
6	温州市公用集团珊溪水源保护分公司	市级文明单位	2021.12	温州市精神文明建设指导委员会
7	西坑畲族镇让川民族村	市文明示范村	2021.12	温州市精神文明建设指导委员会
8	平和乡双垮村	市文明示范村	2021.12	温州市精神文明建设指导委员会
9	大峃镇龙溪村	市级文明村镇	2021.12	温州市精神文明建设指导委员会
10	大峃镇吴岭村	市级文明村镇	2021.12	温州市精神文明建设指导委员会
11	大峃镇中村村	市级文明村镇	2021.12	温州市精神文明建设指导委员会
12	巨屿镇孔龙村	市级文明村镇	2021.12	温州市精神文明建设指导委员会
13	巨屿镇稠泛村	市级文明村镇	2021.12	温州市精神文明建设指导委员会
14	公阳乡公阳村	市级文明村镇	2021.12	温州市精神文明建设指导委员会
15	玉壶镇枫林村	市级文明村镇	2021.12	温州市精神文明建设指导委员会
16	玉壶镇上林村	市级文明村镇	2021.12	温州市精神文明建设指导委员会
17	玉壶镇金民村	市级文明村镇	2021.12	温州市精神文明建设指导委员会

续表9

序号	单位名称	荣誉名称	发文时间	授予部门
18	南田镇光明村	市级文明村镇	2021.12	温州市精神文明建设指导委员会
19	南田镇新南村	市级文明村镇	2021.12	温州市精神文明建设指导委员会
20	珊溪镇珊瑚村	市级文明村镇	2021.12	温州市精神文明建设指导委员会

（王家琦）

机关党建

【概况】 2021年，文成工委下辖县直机关部门党组织73个，按基层党组织设置，工委下辖基层党组织379个，其中机关党委24个（二级党委2个），党总支29个，党支部326个，党员5177名。文成工委行政编制5名，事业编制3名；内设机构2个，分别为办公室、组织宣传科；事业机构1个，为县直属机关党员服务中心。工委领导机制加强后，机关工委书记由县委常委、组织部部长兼任，设副书记3名（其中常务副书记1名，正科级，兼任县委组织部副部部长）。县机关纪工委行政编制3名，设书记1名。2021年，文成县倾力打造“红映文成”党建联盟品牌获温州市工委书记办实事活动优秀项目一等奖，调研文章《新时代提升机关党员干部政治能力的实践与思考》获温州市工委调研文章二等奖。全年文成工委在省机关党建网发布信息57篇，市机关党建网44篇，县新闻网、文成发布发布信息26篇。

【思想理论教育】 2021年，文成工委将思想政治理论教育贯穿机关党组织建设，以“主题教育深入学+理论中心组引领学+主题党日全面学+先锋讲堂辅导学+青年理论小组特色学”的全覆盖政治理论学习体系，同步推行“理论学习月卡”，每月定期推送学习重点、节点要求等，确保学有重点、学有成效。紧抓意识形态和舆情综合分析研判，把牢党建信息发布审核关，在机关营造良好舆论氛围。推送“理论学习月卡”23张，成立的67个青年理论学习小组开展学习800余场次，开展青年理论宣讲20余场次。制订理论学习中心组学习计划，专题研究意识形态2次，组织中心组学习12次、研讨4次，完成意识形态和舆情综合分析研判，把牢党建信息发布审核关，强化网上评论引导，排查隐患确保网络安全。

【党史学习教育】 2021年，文成工委高标准开展“百日服务·红映文成”献礼建党百年大践行活动，开展各类宣讲428场次，领导干部上党课786场次。

2021年4月21日，文成工委组织党员干部开展“弘扬革命精神 传承红色基因”祭奠英烈活动（文成工委提供）

2021年6月25日，文成县党群连心·我为群众办实事"红七月·服务月"启动仪式在县瓯江红党群服务中心举行（文成工委提供）

推出党史学习4张清单，推行"党史宣讲一刻钟""书记领办强践行"等载体，推动机关党史学习教育往深里学。

【组织大局意识】 2021年，文成工委抓实抓细机关选区县党代表、人大代表选举工作，全面贯彻组织意图，组织发动85个单位4819名党员推选产生机关党代表会议代表180人，选举产生县第十四次党代会代表91人；有序组织机关7479名选民，选举产生县人大代表7人，投票率超过99%。

【党建责任】 2021年，文成工委出台《文成县县直机关党建工作三级责任清单》建立健全"工委统一领导、党委（党组）具体领导和管理、机关党委直接负责、机关党支部具体落实"的工作体系，完善机关党建考核机制，通过日常动态掌握、年中督查、年末述职等方式多维度考准考实工作成效。加大督查问责力度，推行"三找一促"专题检查、专项巡察制度和"三色卡片"工作法，建立查找问题、反馈情况、整改提升等闭环工作机制。发放"问题整改黄色卡片"5张、"整改警诫红色卡片"1张，发出通报2份，约谈党务干部8名。

【"双建"工作】 2021年，文成工委重谋划、强督查、促争先，全程把控、节节推进，制定出台"双建"工作实施意见，建立测评指标体系，推行"示范清单、任务清单、特色清单、负面清单、验收清单"5张清单，开展"一单位一品牌"创建，打"头雁示范"单位，成立"双建"工作专班全程督促指导19家单位开展创建，11月举办机关"双建争先"工作展示交流会暨机关党建"互看互学互比"活动，评选出县法院、县委组织部等10家"双建"工作先进单位，成功推荐县法院获评市"模范机关"。以县委办的名义发文《关于公布文成县"建设清廉机关、创建模范机关"工作示范单位的通知》（文委办发〔2022〕5号），加大评选表彰力度。在树标杆的同时将党建督查排名靠后的4家单位列为后进党组织，工委4名班子成员进行挂钩指导，采取约谈单位领导、定期报送整改进度、不定期走访回访等举措，推动后进赶先进。

【党务工作培训】 2021年，文成工委实施"党员质能双提计划"，推行入党积极分子"一审三单制"，优化入党"源头关"，全年新纳入"入党积极分子库"208人，发展党员131人。开展机关党组织书记、机关党务干部、党员轮训等集中培训4期，参训人数900多人次，各机关党组织开展各类培训289期，落实"万名党员进党校"工作，通过工委大班集训、单位小班进修的模式，分层分段推进机关党员轮训工作，培训率81.3%。全年举办党务干部综合素质提升班1期、支部书记轮训班1期，主题沙龙1期，参加党务干部培训200余人次，持续提升党务干部会做党务、善抓党建的能力。

【党建阵地】 2021年，文成工委依托"四化"支部建设，通过联合共享、单独建设的方式，确保"一支部一活动室"；分批推进党建示范点建设，打造提升党建示范点10个；协同县总工会融合建设“瓯江红”机关党群服务中心，筹划建设机关共享主题党日活动室，展示机关党建工作、服务干部职工，完成设计工作。

【服务中心工作】 2021年，文成工委在疫情防控重大任务中，下发倡议书4次、工作提示单6张，组织发动机关干部投入抗疫工作1000余人，倡导机关干部全员及亲属带头接种新冠疫苗。在落实部门条线重点任务中，各单位党组织、党员带头攻坚、带头服务，发挥红色堡垒和先锋示范作用。在苔湖街城中村改造(二期)项目成立临时党支部，15名党员带头攻坚，项目建设推进顺利。

【“书记领办实事”】 2021年，文成工委搭建“实事大领办”平台，出台关于开展“书记领办强践行”文件，活动时间贯穿党史学习教育全程，要求各机关企事业单位党组织书记每年带头领办1个及以上实事项目或破难课题。全年收到各单位上报“书记领办”实事项目80余个，书记领办暖心小事330余件。6个县直单位机关党组织书记办实事项目上报市工委进行评选，其中文成工委“全域联建红动全城”文成县倾力打造“红映文成”党建联盟品牌获温州市工委书记办实事活动优秀项目一等奖。

2021年12月17日，中国共产党文成县直机关代表会议在县府礼堂召开，173名县直机关党员代表参加会议(文成工委提供)

【双报到双服务】 2021年，文成工委开展“党群连心”活动，以“双报到、双服务”活动为有效载体，结合党建引领“共享社·幸福里”建设，发动县直单位党组织开展“进社区亮服务、联群众优服务”活动，全年发动全县78个机关企事业单位的党组织、3893名在职党员全部到村社、小区报到，主动亮身份，积极认领服务项目和微心愿，开展志愿服务活动。各县直机关党组织开展特色结对志愿服务600余次。推动县直机关单位在协助优化基层治理中亮品牌、出成效，打造一批共建共享阵地，挂牌服务，健全服务需求与供给对接机制，主动牵头解决社区功能不健全的问题。

【服务基层】 2021年，文成工委根据服务对象、服务形式的特定性，牵头部门单位组建“暖心帮扶”“为侨服务”等“链条式”党建联盟，一站式、链条化帮扶解决基层、企业、群众生产生活中遇到的困难问题，探索建立“侨家乐”“筑梦青春”党群联盟，开展联盟活动140余场次，助力特色农业产业、“侨家乐”民宿产业，帮扶老弱困群体，引导职业院校学生成长就业等，擦亮“红映文成”党建联盟服务品牌底色。

【服务机关干部】 2021年，文成工委在县总工会、县卫健局和县委党校设立干部心理健康咨询室，邀请优秀心理咨询值班坐诊，常态开展心理健康讲座、团辅、咨询等服务，全年530余人次参加；牵头组建“舒心港湾”党建联盟，以联盟带动全县机关单位党组织关心关爱关注机关党员干部健康履职、健康成长，为机关党员干部敢担当、会担当、能担当蓄能护航。

(夏中舟)

文成县人民代表大会

综　述

2021年，文成县人民代表大会常委会围绕全县发展大局，依靠全体人大代表，依法履职尽责，主动担当作为，为文成加快绿色高质量发展打造共同富裕山区样板作出积极贡献。全年召开常委会议10次，主任会议11次，开展执法检查、视察调研12次，听取和审议“一府两院”工作报告35个，作出决议决定7个，任免国家机关工作人员43人次，完成县十六届人大五次会议确定的各项任务。

2021年3月3日，文成县第十六届人民代表大会第五次会议在县文化中心剧院开幕（县人大办提供）

重要会议

【文成县十六届人大五次会议】2021年3月3日至3月5日在县城举行，会期3天。出席会议代表195人，列席201人。

会议听取和审议县人民政府代县长罗招政所作的《政府工作报告》、县人大常委会主任郑建华所作的《文成县人民代表大会常务委员会工作报告》、县人民法院院长章禾舟所作的《文成县人民法院工作报告》、县人民检察院代检察长陈锋所作的《文成县人民检察院工作报告》，书面审议县发展和改革局的《关于文成县2020年国民经济和社会发展计划执行情况与2021年国民经济和社会发展计划（草案）的报告》，县财政局的《关于文成县2020年全县和县级预算执行情况及2021年全县以及县级预算（草案）的报告》和2020年县政府民生实事项目完成情况和2021年民生实事候选项目形成情况的报告。会议对上述7个工作报告通过相应决议。

会议依法补选陈维强、赵文锋、胡立帅为文成县第十六届人民代表大会常务委员会委员；依法补选陈锋为文成县人民检察院检察长。

会议依法票决产生2021年县政府民生实事项目10项。分别是城镇自来水厂改造提升工程、道路交通建设工程、县城交通环线工程、教育设施改善工程、公共卫生设施提升工程、文化基础设施建设工程、体育设施改善工程、安置项目提速工程、应急防御能力提升工程、城镇管网改造提升工程。

根据文成县第十六届人民

代表大会第五次会议主席团第一次会议通过的议案截止时间，至2021年3月3日下午5时止，大会秘书处收到代表10人以上联名提出的议案18件。经分类统计，其中城建环保类2件，旅游生态类5件，社会事业类1件，交通运输类9件，农业资源类1件。根据地方组织法、代表法和县人民代表大会代表议案处理办法的有关规定，大会秘书处在收到代表联名提出的议案后，于3月3日晚上召开代表议案处理工作协调会议，研究议案处理的具体意见。经讨论研究认为：这些代表议案内容不属于县人大及其常委会职权范围内的事项，不由县人大及其常委会作出决议、决定，据此建议：将这些代表议案转为代表建议处理，闭会以后交有关机关和组织办理。

【文成县第十六届人大常委会会议】

第三十三次会议 2月26日，在县政府8号会议室召开。县人大常委会主任郑建华，副主任吴育民、钟信友、林乐融、陈成武出席会议。副县长瞿灵灵列席会议。会议初审县政府2021年度民生实事候选项目和县十六届人大五次会议日程草案和县人大常委会工作报告，确定报告人；审议重点审查的2021年部门预算（草案）；听取和审议主任会议提请的关于召开县十六届人大五次会议的议案和主任会议关于推荐2020年度优秀代表议案和建议的议案；讨论县十六届人大五次会议各项建议名单草案、县十六届人大五次会议列席名单、县十六届人大五次会议选举办法草案、县十六届人大五次会议民生实事项目票决办法草案和县十六届人大五次会议议案、决议表决办法草案；确认补选产生代表的代表资格。会议表决通过人事任免议案，郑建华向新任职人员颁发任命书，举行宪法宣誓仪式。

第三十四次会议 3月25日在县政府8号会议室召开，县人大常委会主任郑建华，副主任吴育民、钟信友、林乐融、陈成武出席会议。会议听取县政府关于2020年度环境状况和环境保护目标完成情况的报告。会议表决通过人事任免事项，现场举行宪法宣誓仪式，决定任命张蕙娜为县人民政府副县长，接受其辞去县监察委员会主任职务；任命童文阳为县监察委员会副主任，决定其代理县监察委员会主任职务；决定免去吴昌亮的县人民政府副县长职务；决定免去曾仁海的县人民政府副县长、县公安局局长职务。副县长刘云，县法院、县检察院、县人大常委会有关委办负责人，县有关部门负责人，各乡镇人大主席、部分人大代表和拟任干部列席该次会议。

第三十五次会议 5月31日在县政府8号会议室召开。县人大常委会党组副书记、副主任吴育民，县人大常委会副主任钟信友、林乐融、陈成武参加会议。副县长金一玲列席会议。会议听取县政府关于特色小镇建设情况的报告；听取和审议县自然资源和规划局、县住房和城乡建设局关于评议意见整改落实情况的报告，对整改落实情况进行满意度测评；听取和审议主任会议提请的关于县十六届人大常委会代表资格审查委员会人员调整方案的议案；进行人事及其他事项。县政府、县人民法院、县人民检察院，县人大机关有关委办负责人，各乡镇人大主席，部分县人大代表，拟任对象列席会议。

第三十六次会议 7月28日在县政府8号会议室召开。县委书记刘中华应邀出席会议并作讲话，县人大常委会主任郑建华，副主任吴育民、钟信友、林乐融出席会议，副县长金一玲、刘云、毛伟新、瞿灵灵、张海飞、林伟应邀列席会议。会议听取和审议县政府关于贯彻实施《浙江省粮食安全保障条例》、关于2021年1月至6月国民经济和社会发展计划执行情况、关于2021年1月至6月政府投资项目建设情况、关于2020年县级财政决算（草案）和2021年1月至6月全县和县级财政预算执行情况、关于2020年县级财政预算执行和其他财政收支的审计工作、关于调整2021年度文成县地方政府债务限额及预算方案(草案)的6个报告和县人大财经委的审查报告；听取和审议县人大常委会检查组关于《浙江省粮食安全保障条例》执法检查情况的报告；听取和审议县政府副县长分管工作报告；听取县"两院"半年度工作报告。县人大常委会组成人员就听取的相关内容进行审议，与列席人员一同讨论相关报告，提出具体的意见和建议。

第三十七次会议 9月28日在县政府8号会议室召开。县人大常委会主任郑建华，副主任吴育民、钟信友、林乐融、陈成武出席会议。县委常委、常务副县长张蕙娜，县人民法院院长章禾舟列席会议。会议听取和审议县政府关于"七五"普法工作成效和"八五"普法规划编制情况的报告，审议关于开展第八个五年法治宣传教育的决议(草案)；听取和审议县政府关于2021年民生实事项目落实情况的报告；听取和审议县政府关于县十六届人大五次会议代表建议办理情况的报告，审议县人大常委会代表与选举任免工委关于县十六届人大四次会议代表建议办理情况的督查报告(书面)；听取和审议县政府关于调整部分债券资金用途的报告；审议关于促进和保障打造高质量发展建设共同富裕示范区山区样板的决定(草案)。会议还表决通过人事任免议案，郑建华向新任职人员颁发任命书，举行宪法宣誓仪式。

第三十八次会议 10月19日在县政府8号会议室召开。县人大常委会主任郑建华，副主任吴育民、钟信友、林乐融、陈成武出席会议。

会议听取和审议关于县、乡两级人民代表大会换届选举有关事项的决定；听取和审议主任会议关于建立文成县选举委员会的议案；主任会议关于建立文成县各乡镇选举委员会和县直机关选举办事处的议案和主任会议关于确定文成县各乡镇人大代表名额的议案。

第三十九次会议 11月30日召开。会议听取和审议相关工作报告及人事事项。县人大常委会主任郑建华，副主任吴育民、钟信友、林乐融、陈成武出席会议。副县长金一玲、林伟应邀列席会议。会议听取和审议县政府关于2021年度文成县地方政府债务限额及预算调整方案、财政预算调整的报告和县本级2020年度财政预算执行和其他财政收支审计查出问题整改情况的报告；听取和审议县政府关于国有自然资源资产管理情况的专项报告、关于国有资产管理的综合报告、关于法治政府建设情况的报告和关于公共卫生服务体系建设的报告；听取法制监察司法工委关于规范性文件备案审查工作情况的报告；听取和审议主任会议关于推荐2021年度优秀代表建议的议案；听取和审议县乡人大代表换届选举日的调整方案；听取和审议县公安局关于提请许可对县人大代表刘永淡采取刑事拘留强制措施的报告。会议进行人事任免。郑建华为新任命人员颁发任命证书，新任命人员进行宪法宣誓。

会议还听取审议其他事项。

第四十次会议 12月11日召开。县人大常委会主任郑建华，副主任吴育民、钟信友、林乐融、陈成武出席会议。县人大常委会有关委办负责人列席会议。会议听取和审议关于调整县乡选举委员会成员的方案；听取审议关于建立县十七届人大一次会议筹备处的议案；会议进行人事任免，郑建华为新任命人员颁发任命证书，新任命人员进行宪法宣誓。

常委会日常工作

【视察检查调研】 2021年，文成县人大常委会按照围绕中心、突出重点、注重实效的要求，开展法律监督和工作监督，促进"一府一委两院"依法行政、公正司法，为文成加快跨越发展作出贡献。

4月至7月，县人大常委会执法检查组由副主任林乐融带队，对全县贯彻实施《浙江省粮食安全保障条例》情况进行检查。

4月6日至10日，县人大常委会检查组由副主任钟信友带队，对县住房和城乡建设局工作评议意见落实情况进行跟踪检查。

4月13日至27日，县人大常委会检查组由副主任林乐融带队，对县自然资源和规划局工作评议意见落实情况进行跟踪检查。

4月15日至29，县人大常委会副主任钟信友带队开展浙江省粮食安全保障条例执法检查。

4月28日至29日，县人大常委会执法检查组由副主任陈成武带队，对全县贯彻实施《浙江省粮食安全保障条例》情况开展检查。

5月中下旬，县人大常委会调研组由副主任陈成武带队，对全县退役军人服务保障体系建设情况开展调研。

5月17日，县人大常委会调研组由副主任陈成武带队，对全县特色小镇建设情况开展调研。

7月上旬，县人大常委会调研组由副主任陈成武带队，对全县固定资产投资项目进展情况开展调研。

7月中旬，县人大常委会调研组由副主任陈成武带队，对文成县2021 年上半年财政经济运行情况开展调研。

7月26日，县人大常委会调研组由副主任陈成武带队，对全县贯彻实施《浙江省全民健身条例》《浙江省实施〈中华人民共和国体育法〉办法》情况开展调研。

8月上旬，县人大常委会领导分赴乡镇开展疫情防控工作督导。

8月16日至19日，县人大常委会调研组由副主任林乐融带队，对全县基层派出所工作情况开展调研。

8月16日至20日，县人大常委会调研组由副主任林乐融带队，对全县普法工作情况开展调研。

9月7日至18日，县人大常委会检查组由副主任林乐融带队，对全县精准扶贫工作情况报告审议意见落实情况进行跟踪检查。

9月上旬，县人大常委会调研组由副主任钟信友带队，对《浙江省学前教育条例》实施情况审议意见落实情况开展检查。

9月26日，县人大常委会调研组由副主任钟信友带队，对220省道玉壶至渡渎段项目建设情况进行调研。

10月26日至11月12日，县人大常委会调研组由副主任陈成武带队，对全县国有自然资源资产管理情况开展调研。

11月9日至11月12日，县人大常委会调研组由副主任陈成武带队，对文成县2021年 1月至10月全县财经工作开展调研。

11月上旬，县人大常委会

2021年7月上旬，县人大常委会调研组对全县固定资产投资项目进展情况进行调研（县人大办提供）

调研组由副主任钟信友带队，对文成县公共卫生服务体系建设工作情况开展调研。

11月22日至29日，县人大常委会调研组由副主任钟信友带队，对文成县未来景区改革试点工作情况开展调研。

【干部任免】 2021年，县人大常委会贯彻县委组织意图，坚持党管干部与人大依法任免干部的有机统一，切实将县委推荐的人选通过人大法定程序成为国家机关工作人员，全年任免国家机关工作人员43人次。

【代表变动】 2021年，县第十六届人民代表大会常务委员会第三十二次会议决定，在珊溪镇第一选区、玉壶镇第五选区、玉壶镇第八选区、南田镇第五选区、黄坦镇第一选区、峃口镇第二选区、铜铃山镇第一选区、铜铃山镇第三选区补选代表8名。2月25日，补选张蕙娜、陈锋、陈维强、罗招政、周友银、赵文锋、胡立帅、虞立清为县第十六届人民代表大会代表。

【代表联络站建设】 2021年，县人大常委会联合县法院、矛调中心成立县级人大代表联络站，在各基层法庭设立人大代表联络室，将人大代表联络站功能与乡镇矛调中心对接，将代表"解纷优势"注入矛盾的"集散地"，使人大代表依托人大代表联络站参与到基层治理工作中，发挥人大代表在倾听民意、反映诉求、疏导情绪、矛盾纠纷调处上的作用，更好地完善社会治理体系，提升基层治理水平，全年参与案件研判化解15次，参与调处矛盾纠纷11起，成功调解兑现11起，发放救助金4万元。指导各乡镇对人大代表联络站进行规范化、完善和提升，帮助有条件的乡镇探索建立网上联络站、"流动联络站"、"一站加多点"等多种加强代表联系选民的渠道。全年实体代表联络站落实各级代表进站活动800余人次，群众反映问题420件，协调解决问题398件；网上代表联络站收到群众反映问题12件，协调解决问题8件。向市人大报送优秀代表联络站事迹和特色做法各2条。

【代表服务工作】 2021年，县人大常委会组织在文成的省人大代表到瑞安、平阳参加视察活动；组织市人大代表赴永康、兰溪、龙游等地考察全域旅游、特色产业发展等工作，为文成县相关工作献计献策。组织各级人大代表开展助力矛盾纠纷调处化解"最多跑一地"、助力"打造一流营商环境建设全国民营经济示范城市"、助力"四大建设"、助力刘伯温故里AAAAA级景区创建等系列主题活动。参加主题活动代表1000余人次，收集建议意见300多条。组织县人大代表通过集体视察、专题调研等形式，了解

11月上旬，县人大常委会调研组对文成县公共卫生服务体系建设情况进行调研（县人大办提供）

县民生实事项目推进情况，提出建议意见38条，联系监督和帮助支持实事工程有关政府主管部门切实做好工作，推进民生实事项目扎实开展。继续加强和完善人大常委会组成人员联系代表制度和常委会会议邀请代表列席会议制度，全年共开展联系活动4次，邀请列席代表120多人次。组织省、市人大代表参加上级人大组织的各类培训活动。组织县人大常委会组成人员、市人大代表、各乡镇人大主席、人大工作人员赴温州市委党校开展人大业务知识培训。做好代表履职档案整理工作。

【代表建议督办】 2021年，县人大常委会通过开展工作评议、代表满意度测评、代表议案审议意见和重点建议办理落实情况的满意度测评等方式，督促提高代表议案建议的落实率。全年交办代表建议140件，解决或基本解决67件，占47.9%；列入计划逐步加以解决58件，占41.4%；因条件限制或其他原因难以解决的15件，占10.7%。领衔代表对建议办理工作表示满意的118件，基本满意19件，不满意3件。汇总后将不满意件重新交办，督促承办单位再次研究，重新答复。

【信访工作】 2021年，县人大常委会着力改进信访办理工作机制，畅通信访渠道，及时向有关部门转办信访件，督促有关方面妥善解决群众反应强烈的信访问题，切实维护信访群众的合法权益。全年接待群众来访2人次，处理群众来信14件。

【乡镇人大工作指导】 2021年，县人大常委会下发县人大代表活动指导意见，督促各乡镇及时制定人大主席团和县人大代表中心组活动2项年度计划，指导各乡镇确保乡镇人代会每年不少于2次，人大主席团会议至少每季度1次；指导乡镇人大主席团对本行政区域内的代表开展履职能力的培训，包括议案建议的提写、代表如何加强和选民的联系、代表如何为民代言等内容；安排乡镇人大主席列席市、县人大常委会会议，观摩学习上级人大常委会议事决策全过程。

【办公室工作】 2021年，县人大常委会办公室认真做好县十六届人大五次会议、10次人大常委会会议、11次主任会议和省市人大到文成各类调研会议的会务工作；全年起草、印发县人大常委会文件37个，常委会会议纪要10个，主任会议纪要11个，办公室文件52个。做好人大信息宣传工作，加强文成人大网站、“文成人大”微信公众号管理，健全乡镇人大信息员宣传网络，向省市人大报送宣传信息，不断提高人大工作的社会影响力。全年发布信息450余篇，被省市人大采纳发布235篇，在全市12个县（市、区）信息工作排名中位列第二，荣获温州市人大信息工作优秀单位和浙江省人大信息工作成绩突出单位。在各工委的参与下，制订好年度工作计划，统筹安排好各阶段的工作，确保机关工作有条不紊地推进。6月7日至6月11日，在浙江工业大学举办人大代表和人大干部能力提升培训班，切实增强人大机关干部的政治素养和履职水平。严格依照财务规定控制各项收支，做好机关日常财务结报、核算以及人员变动和工资调整等工作。开展机关日常后勤保障工作，加强固定资产管理和日常维护，完善人大资料库，为机关工作有序高效开展提供有力支撑。做好老干部服务工作，组织离退休干部开展集体学习、考察、读书会等活动。全年接待上级和外县人大常委会到文成考察人员13批183人次。

（夏鹏忍）

文成县人民政府

综 述

【概况】 2021年,文成县面对错综复杂的宏观经济形势和艰巨繁重的改革发展稳定任务,特别是面对新冠肺炎疫情的严重冲击,全县坚持以习近平新时代中国特色社会主义思想为指导,全面贯彻党的十九大和十九届历次全会精神,忠实践行"八八战略"、奋力打造"重要窗口",坚决落实市委、市政府和县委决策部署,以项目建设攻坚年、主体引育突破年活动为抓手,健全重点工作全流程抓落实机制,各项目标任务有序推进、成效明显,实现"十四五"精彩开局。全年实现生产总值116.52亿元、增长5.7%;财政总收入17.98亿元,一般公共预算收入11.75亿元、增长15.0%;城镇和农村常住居民人均可支配收入分别为47507元、22580元,分别增长8.7%和10.0%。

【经济赶超】 2021年,文成县经济赶超工程"增后劲、开新局"作用进一步发挥。获批设立省级经济开发区,争取上虞"产业飞地"和浙大紫金"科创飞地",启动与奉化山海协作,建成平湖"飞地经济"产业园、瑞文山海协作"消薄飞地"二期,森林氧吧省级特色小镇成功命名。签约首个投资百亿项目——天湖国际旅游度假区,文成国际文旅侨贸创新发展区列入省级现代服务业创新发展区名单;引进首家国际品牌酒店,举办全市"侨家乐"品牌民宿发展现场会,列入省级旅游业"微改造、精提升"试点县。开工建设娃哈哈智能化饮料生产基地,R&D占比提高至1.1%。注册"文品天成"区域公用品牌,列入全国农民合作社质量提升整县推进试点。青文高速玉壶互通至文成枢纽段完成工可审查,抽水蓄能电站列入国家抽水蓄能"十四五"重点实施项目。

【环境再造】 2021年,文成县环境再造工程"创亮点、树样板"成效进一步凸显。开工建设苔湖二期,改造老旧小区2个,建成城市客厅、城北环山绿道、二新旅游商业便民综合体等工程,提速推进兴福堂市政道路、陈宅农贸市场等项目,樟山社区列入全省未来社区创建名单。百丈漈—飞云湖风景名胜区获评省"名山公园",刘伯温故里景区入选全省首批未来景区改革试点。开展农村人居环境"两最三比"活动,铜铃山创成全县首个AAAAA级景区镇,武阳创成中国美丽休闲乡村、市级未来乡村,"伯温故里民俗带"县域风貌区列入全省首批试点。提前完成赵山渡一级水源保护区人口搬迁工作,列入全省首批整县屋顶分布式光伏开发试点,创成国家"绿水青山就是金山银山"实践创新基地。

【民生幸福】 2021年,文成县民生幸福工程"办实事、解难题"口碑进一步树立。落地实施"双减"政策,全县推行学校课后服务,高考一段文化科上线率实现"九连升"。与温州医科大学附属第一医院开展新一轮协作,建成喃山骨科医院。完成7个乡镇自来水厂提升工程,县城应急备用水源工程全线贯通,创成国家级县域节水型社会。建成县人民医院发热门诊和17家乡镇卫生院发热诊室，投用移动式核酸检测实验室专车，累计接种新冠疫苗46万剂次。

【铁军锻造】 2021年，文成县铁军锻造工程“提效能、转作风”效果进一步形成。坚持在攻坚克难、数字化改革、依法行政中锻造政府“铁军”，开展“理旧账”专项行动，“七张问题清单”全部整改到位；上线数字政府、数字经济、数字社会等综合应用系统，为侨服务“全球通”和“共富帮”应用列入省市多跨场景“一本账S0”；深化府院联动，建立全市首个网上合法性审查办件平台，化解征地拆迁涉访涉诉案件156件，实现国家级民主法治村零的突破；办结人大代表建议140件、政协委员提案140件，办结率和满意率均为100%。强化政府系统全面从严治党主体责任，刚性落实中央八项规定及其实施细则精神，持之以恒纠治“四风”。加强对重点部门、重点岗位、重点项目的监察监督、审计监督和廉政风险防控，完善集中财力办大事机制，着力打造风清气正的政务环境。

县政府常务会议

【第68次常务会议】 2021年1月8日召开，县长章寿禹主持。参加会议的有常务副县长吴昌亮，副县长李标、金一玲、刘云、毛伟新、曾仁海，县府办主任王军。县政协副主席郑士钗、县监委副主任蔡建国应邀参加会议。会议传达学习中央全面依法治国工作会议精神，听取全县法治政府建设工作情况的汇报；会议听取并原则同意县司法局关于县政府及县政府办公室行政规范性文件专项清理结果的意见；会议审议并原则同意一级水源人口搬迁指挥部办公室（水利局）提交的《关于推进赵山渡水库一级水源保护区农房集聚生态搬迁工作的实施意见》；会议审议并原则同意峃口镇提交的《峃口镇柳山下山搬迁及避灾安置实施方案》；会议审议并原则同意县税务局提交的《文成县征收城镇土地使用税若干规定》；会议听取并原则同意县影视文化发展办公室（宣传部）关于对温州文成合元影视产业服务有限公司实行“一事一议”财政扶持政策的意见；会议听取并原则同意县整治办（资规局）关于桃李春风休闲度假中心项目收回补偿事宜的意见；会议还学习《中华人民共和国科学技术普及法》《中华人民共和国科学技术进步法》，并就全县科技工作进行研究部署。

【第69次常务会议】 2021年1月21日召开，县长章寿禹主持。参加会议的有常务副县长吴昌亮，副县长金一玲、刘云、毛伟新、曾仁海、瞿灵灵、张海飞，副县长人选林伟，县府办主任王军。县人大常委会副主任陈成武、县政协副主席雷旭燕、县监委副主任蔡建国应邀参加会议。会议审议并原则同意报告起草组（县府办）提交的《政府工作报告》；会议审议并原则同意县发改局提交的《文成县国民经济和社会发展第十四个五年规划和二〇三五年远景目标纲要》；会议审议并原则同意县发改局提交的《文成县2020年国民经济和社会发展计划执行情况与2021年国民经济和社会发展计划（草案）的报告》；会议听取并原则同意县发改局关于文成县2021年限上固定资产投资项目计划安排的意见；会议听取并原则同意县府办提交的《关于2020年县民生实事人大票决确定项目完成情况和2021年县民生实事候选项目形成情况的报告》；会议审议并原则同意县财政局提交的《文成县2020年全县和县级预算执行情况及2021年全县和县级预算（草案）的报告》。

【第70次常务会议】 2021年3月12日召开，县长罗招政主持。参加会议的有常务副县长吴昌亮，副县长金一玲、刘云、毛伟新、瞿灵灵、张海飞、林伟，县府办主任王军。县人大常委会副主任吴育民、县政协副主席张丽俊、县监委副主任蔡建国应邀参加会议。会议传达学习全省全面推进数字化改革大会和《浙江省数字化改革总体方案》精神；会议听取并原则同意县司法局关于《2021年度文成县政府重大行政决策事项目录清单》的意见；会议听取并原则同意县资规局关于《文成县城镇开发边界过渡期划定方案》的意见；会议审议并原则同意县教育局提交的《关于做好中小学课后托管服务工作实施意见》；会议还学习《浙江省法治宣传教育工作规定》，并就法治宣传教育工作进行研究部署。

【第71次常务会议】 2021年3月26日召开，县长罗招政主持。参加会议的有副县长金一玲、刘云、毛伟新、林伟，县府办主任王军。县人大常委会副主任林乐融、县政协副主席郑士钗、县监委副主任蔡建国应邀参加会议。会议审议并原则同意县教育局提交的《关于省对县政府2019年度履行教育职责评价反馈问题整改方案》；会议审议并原则同意团县委提交的《文成县青年发展规划（2021—2025年）》；会议听取并原则同意生态环境局文成分局关于文成县“绿水青山就是金山银山”实践创新基地建设项目工作方案编制采用单一来源采购方式相关事宜的意见。

【第72次常务会议】 2021年4月14日召开，县长罗招政主持。参加会议的有常务副县长张蕙娜，副县长金一玲、刘云、毛伟新、瞿灵灵，县府办主任王军。县委常委、宣传部部长郑文东，县人大常委会副主任钟信友，县监委副主任蔡建国应邀参加会议。会议听取并原则同意县文广旅体局关于采用单一来源采购方式委托创作《刘伯温》（暂名）大型话剧的意见；会议听取并原则同意县住建局关于修订《文成县物业管理提升工程实施意见》的意见；会议听取并原则同意县人社局关于进一步做好被征地农民参加基本养老保险有关工作的意见；会议听取并原则同意县人社局关于调整文成县被征地农民基本生活保障金标准的意见；会议还学习了《排污许可管理条例》，并就做好排污许可管理、促进水源保护工作进行研究部署。

【第73次常务会议】 2021年5月10日召开，县长罗招政主持。参加会议的有常务副县长张蕙娜，副县长刘云、毛伟新、瞿灵灵、张海飞、林伟，县府办主任王军。县委常委赵东佐、县人大常委会副主任陈成武、县政协副主席李标、县监委副主任蔡建国应邀参加会议。会议传达学习省政府第八次全体会议精神及市政府贯彻意见精神；会议审议并原则同意县府办（两个健康创建办）提交的《关于继续实施惠企政策促进经济稳中求进的若干意见》；会议审议并原则同意县应急管理局（安委办）提交的《“8+3”重点领域遏制重大生产安全事故专项整治方案》；会议听取并原则同意大峃城市新区管委会关于文成县城市新区核心起步区综合开发项目实施有关事宜的意见；会议听取并原则同意县农业农村局关于在飞云江相关水域实施禁渔制度的意见；会议听取并原则同意大峃镇政府关于文成县职业高级中学新建项目土地补征事宜的意见；会议还学习习近平总书记关于统计工作重要讲话指示批示精神和《关于深化统计管理体制改革提高统计数据真实性的意见》《统计违纪违法责任人处分处理建议办法》《防范和惩治统计造假、弄虚作假督察工作规定》文件精神，并就做好统计工作进行研究部署。

【第74次常务会议】 2021年6月7日召开，县长罗招政主持。参加会议的有常务副县长张蕙娜，副县长金一玲、刘云、毛伟新、林伟，县府办主任王军。县政协副主席郑士钗、县监委副主任蔡建国应邀参加会议。会议传达国务院和省政府关于深化“放管服”改革着力培育和激发市场主体活力电视电话会议精神；会议审议并原则同意县经信局提交的《关于深化“亩均论英雄”改革推进企业综合评价的实施意见（修订）》；会议审议并原则同意县综合行政执法局提交的《文成县公共停车泊位设置和使用管理办法》;会议审议并原则同意县大数据发展管理局提交的《文成县县本级党政机关信息化项目建设管理办法》;会议审议并原则同意县财政局提交的《文成县行政事业单位公款竞争性存放管理办法》;会议审议并原则同意县财政局提交的《文成县县级财政资金竞争性存放管理办法》;会议审议并原则同意县财政局提交的《关于2021年度文成县地方政府债务限额及预算调整方案》;会议学习《生产安全事故应急条例》,传达市统计局到文成"三服务"座谈会精神,并就贯彻落实条例精神和进一步做好统计工作进行研究部署。

【第75次常务会议】 2021年6月28日召开,县长罗招政主持。参加会议的有常务副县长张蕙娜,副县长金一玲、刘云、毛伟新、瞿灵灵、林伟,县府办主任王军。县委常委、宣传部部长郑文东,县人大常委会副主任钟信友,县政协副主席雷旭燕,县监委副主任蔡建国应邀参加会议。会议传达学习近期有关安全生产的上级领导重要批示和重要会议精神,听取县安委办、县综合行政执法局关于"8+3"重点领域遏制安全生产事故专项整治行动和燃气领域安全专项整治行动开展情况的汇报;会议传达学习省委十四届九次全体(扩大)会议和市委理论中心组专题学习会(共同富裕)精神,听取文成县共同富裕示范先行工作情况的汇报;会议审议并原则同意《文成县电影公司、文成县影剧院改制方案》;会议审议并原则同意《关于进一步完善行政规范性文件管理工作的通知》;会议审议并原则同意《县政府及县政府办公室行政规范性文件全面清理结果》;会议还学习《浙江省防汛防台抗旱条例》,并就防汛防台工作进行研究部署。

【第76次常务会议】 2021年7月21日召开,县长罗招政主持。参加会议的有常务副县长张蕙娜,副县长金一玲、刘云、瞿灵灵、林伟,县府办主任王军。县人大常委会副主任林乐融,县政协副主席张丽俊,县监委副主任蔡建国应邀参加会议。会议审议并原则同意《文成县2021年1月至6月国民经济和社会发展计划执行情况的报告》;会议审议并原则同意《文成县2021年1月至6月政府投资项目建设情况的报告》;会议审议并原则同意《文成县2020年县级财政决算(草案)和2021年1月至6月财政预算执行情况的报告》;会议审议并原则同意《文成县2020年县级财政预算执行和其他财政收支的审计工作报告》;会议审议并原则同意《关于推进健康文成行动的实施意见》;会议审议并原则同意《文成县高标准农田建设工作实施方案》;会议审议并原则同意《文成县城市新区核心起步区综合开发项目招标文件》;会议审议并原则同意《文成县工贸企业安全生产积分制管理暂行办法》;会议听取2021上半年度文成县禁毒工作情况的汇报。

【第77次常务会议】 2021年8月6日召开,主持罗招政县长。参加会议的有常务副县长张蕙娜,副县长金一玲、刘云、毛伟新、瞿灵灵、张海飞、林伟,县府办主任王军。县政协副主席李标、县监委副主任蔡建国应邀参加会议。会议审议并原则同意《关于深化县管国有企业负责人薪酬制度改革的实施意见》;会议审议并原则同意《文成县公办幼儿园劳动合同制专任教师管理暂行办法》;会议还学习《浙江省数字经济促进条例》,并就贯彻落实工作进行研究部署。

【第78次常务会议】 2021年9月1日召开,县长罗招政主持。参加会议的有常务副县长张蕙娜,副县长金一玲、刘云、毛伟新、瞿灵灵、张海飞、林伟,县府办主任王军。县人大常委会副主任吴育民、县政协副主席雷旭燕、县监委副主任蔡建国应邀参加会议。会议审议并原则同意《文成县贯彻落实中央生态环境保护督察反馈意见整改方案》;会议审议并原则同意《文成县综合交通运输发展"十四五”规划》；会议审议并原则同意《文成县县属国有企业机构设置与员工编制管理办法》《文成县县管国有企业领导人员管理办法（试行）》《文成县县属国有企业人事用工管理办法》《文成县管国有企业负责人经营业绩考核管理办法》《文成县县管国有企业负责人薪酬管理办法（试行）》《文成县县管国有企业中层管理人员薪酬管理办法（试行）》《文成县县属国有企业员工工资总额预算管理办法》《文成县县属国有企业国有资产管理办法（试行）》《文成县县属国有企业融资管理办法（试行）》《文成县县属国有企业投资监督管理办法（试行）》等10个县属国有企业改革配套办法；会议审议并原则同意《文成县原机关事业单位统筹试点制度参保人员养老保险关系衔接方案》。

【第79次常务会议】 2021年9月26日召开，县长罗招政主持。参加会议的有常务副县长张蕙娜，副县长金一玲、刘云、瞿灵灵、张海飞、林伟，县府办主任王军。县委常委赵东佐、县人大常委会副主任钟信友、县政协副主席李标、县监委副主任蔡建国应邀参加会议。会议学习传达省市文物安全专题工作会议精神、省市有关能耗“双控”会议精神、全市重大项目“百日攻坚”动员会精神、全市安全生产“百日攻坚”动员会暨“8+3”重点领域“遏重大”专项整治推进会精神；会议审议并原则同意《珊溪水库（文成县）饮用水水源保护区调整方案》；会议审议并原则同意《2021年度文成县地方政府债务限额及预算调整方案》；会议听取并原则同意关于给予蔡建国等55人记三等功和刘彤等615人嘉奖的意见；会议还学习有关涉众型重大政策决策社会风险评估工作文件精神，并就贯彻落实工作进行研究部署。

【第80次常务会议】 2021年10月21日召开，县长罗招政主持。参加会议的有常务副县长张蕙娜，副县长金一玲、毛伟新、瞿灵灵、张海飞、林伟，县府办主任王军。县委常委赵东佐、县政协副主席张丽俊、县监委副主任蔡建国应邀参加会议。会议学习传达省市新一轮制造业“腾笼换鸟、凤凰涅槃”攻坚行动会议精神和刘小涛书记关于制造业“腾笼换鸟、凤凰涅槃”攻坚行动有关重要批示精神；会议学习传达省市农业“双强”行动推进农业高质量发展会议精神、全市全面做实基本医疗保险市级统筹会议精神、全市预防化解行政争议工作推进会精神；会议审议并原则同意《文成县妇女发展“十四五”规划》《文成县儿童发展“十四五”规划》；会议审议并原则同意《文成县教育事业发展“十四五”规划》；会议审议并原则同意G322樟台至龙川段和西坑至景宁交界段改建工程失地农民保险名额核补的意见；会议还学习《浙江省生活垃圾管理条例》，并就贯彻落实工作进行研究部署。

【第81次常务会议】 2021年11月16日召开，县长罗招政主持。参加会议的有常务副县长张蕙娜，副县长金一玲、刘云、瞿灵灵、张海飞、林伟，县府办主任王军。县委常委赵东佐、县人大常委会副主任林乐融、县政协副主席李标、县监委副主任蔡建国应邀参加会议。会议学习传达省委书记袁家军在高质量发展建设共同富裕示范区重点工作推进例会上的重要讲话精神和市主要领导在山区县跨越式高质量发展暨山海协作工程部署推进会上的重要讲话精神；会议审议并原则同意《文成县农业农村现代化发展“十四五”规划》《文成县农村饮用水长效运行管理办法（试行）》《文成县关于推进律师行业发展的若干意见》《2021年度文成县预算调整（草案）》《2021年度文成县地方政府债务限额及预算调整方案》；会议听取文成县“十四五”重点专项规划编制情况的汇报；会议审议并原则同意《文成县本级2020年度财政预算执行和其他财政收支审计查出问题整改情况的报告》；会议还学习《中华人民共和国土地管理法实施条例》，并就贯彻落实工作进行研究部署。

【第82次常务会议】 2021年12月24日召开，县长罗招政主持。参加会议的有副县长金一玲、毛伟新、张海飞、林伟、郑祥邦、吴可塑，副县长人选王荣华，县府办主任王军。县人大常委会副主任陈成武、县政协副主席雷旭燕、县监委副主任蔡建国应邀参加会议。会议审议并原则同意《文成县全面推行林长制实施方案》《文成县新一轮制造业"腾笼换鸟、凤凰涅槃"攻坚行动方案（2021—2023年）》《文成县教育系统人才引进和培育实施办法》；会议还听取全县食品药品安全、法治政府建设以及扫黑除恶专项斗争工作情况的汇报。

县府办工作

【概况】 2021年，县府办共有编制45名，其中行政编制25人，行政科室11个，分别为秘书一科、秘书二科、综合一科、综合二科、政工科、县政府督查室、两个健康创建科、信息科、政务公开科、外事与反走私科、机关党委；事业编制20人，事业单位2个，分别为县大数据管理中心、县政府政策研究中心，在职干部39人。

【办文办会】 2021年，县府办严格落实公文收、办、发、阅、传、存责任制，完善办文工作机制，文件办理更加高效快捷。全年收文5516件，发文208件，发文总数较上年精简21.6%。严格控制会议规模、会议规格、会议时间，进一步完善会议组织程序，优化会议流程，做到会前准备、会中组织、会后落实，会议质量显著提高。会议总量较上年精简10.5%。

【政务信息】 2021年，县府办共刊发《文成政务》21期，上报专报、约稿、要情等各类政务信息共计800余条，省市采用81条，要情、专报获省市领导批示12篇。

【信息公开】 2021年，县府办推进重点领域、重大政策、权责清单公开，做到以公开为原则，不公开为例外，主动公开政府信息8000余条，其中政务信息类441条；动态类信息387条；通知公告类865条；政策文件类207条；工作类信息公开1387条；重点领域信息公开530条（扶贫领域信息公开62条）等。全年全县收到依申请公开政府信息180件，其中当面申请102件、信函申请28件、网上申请件50件。

【调研督查】 2021年，县府办撰写编发调研文章20多篇，为县政府决策提供有效参考。立项督查各类政府工作事项687项，其中专项督查30项；下发督查通报15期。办理人大代表建议140件、政协委员提案140件，办结率、满意率均为100%。

【政府数字化转型】 2021年，县府办深化"互联网+政务服务"，根据省市政府数字化转型考核要求，政务服务事项总数达到3091项，省级新增事项已做到应领尽领；网上办事实现率和掌上办事实现率分别达到100%和97.7%；加快推广"浙政钉""浙里办"，浙政钉在册人数7803人，激活率100%，日活跃率保持在90%左右；"浙里办"个人实名注册用户数15.14万人，占常住人口61.64%，均位居全市前列。

【两个健康】 2021年，县府办制定出台《文成县新时代"两个健康"先行区创建2021版新清单及责任分解表》和文政办发16号惠企文件，坚持"助企破难"和"降本减负"两手抓，督促指导有关部门落实"五减"金额2.7亿元，其中疫情防控延续政策减税0.51亿元，通过惠企直通车系统办理资金拨付件数1163件，资金拨付金额3729万元，释放减税降费政策红利。

十大民生工程

【城镇自来水厂改造提升工程】 2021年，完成珊溪、玉壶、黄坦、西坑、百丈漈、二源、铜铃山等7个镇的自来水厂改造提升项目，完成县城应急备用水源管道铺设；开工建设南田镇、平和乡、公阳乡自来水厂；周壤镇饮水工程因部分工段仍需政策处理，还未完工。年度目标任务基本完成。

【县城交通治堵工程】 2021年，含文景高速连接线项目、通乡公路改建项目等2个子项目。实现西坑高速互通至百丈漈连接线全线贯通；6月份开工樟山互通。通乡公路改建项目实现珊溪至桂山福全公路建成通车，完成峃口至公阳通乡公路工程量的70%。年度目标任务完成。

【县城交通环线工程】 2021年，完成兴福堂市政道路贯通，樟山市政道路(一期)工程量的70%，6月份开工建设文化路龙船垟段、下沙垟段。年度目标任务完成。

【教育设施改善工程】 2021年，含基础配套、明眸皓齿和温馨教室等2个子项目。基础配套方面，9月前正式投用兴福堂幼儿园、二新街(粮管所)幼儿园；年内竣工黄坦镇中心小学迁建项目、铜铃山镇幼儿园、周壤镇幼儿园；完成龙船垟幼儿园、珊溪镇实验幼儿园主体工程；实验中学、实验二中、珊溪镇中心小学的扩建工程因方案变更、用地报批等原因未如期开工。明眸皓齿和温馨教室方面，9月底前更换中小学可调节课桌椅2300套；年内完成110个公办中小学教室空调安装；全县159所公办幼儿园教室照明设施改造任务待省市统一标准确定后实施；为1700名适龄儿童实施免费窝沟封闭。年度目标任务基本完成。

【公共卫生设施提升工程】 2021年，完成公共卫生设施(临床中心及配套用房)项目主体建设；完成黄坦、周山、桂山等3个乡镇卫生院内部装修，完成周壤、二源等2个卫生院主体建设。年度目标任务完成。

【文化基础设施建设工程】 含农村文化礼堂建设、城市展馆等2个子项目。2021年，新建农村文化礼堂20家，其中大峃镇4家、珊溪镇2家、玉壶镇4家、南田镇2家、黄坦镇2家、百丈漈镇1家、巨屿镇1家、周壤镇1家、二源镇1家、铜铃山镇2家。城市展馆6月底前完工投用。年度目标任务完成。

【体育设施改善工程】 2021年4月对外开放全民健身综合场馆；建成百姓健身房4个、登山健步道2条；建成县城城北环山绿道(一期)，铜铃山文旅体综合馆因融资方式变更，完成主体工程33%。年度目标任务基本完成。

【安置项目提速工程】 含地质灾害避让搬迁安置、拆改工程安置等2个子项目。2021年，完成大峃龙川B地块安置小区、百丈漈外垟安置小区的主体工程，铜铃山铜铃村安置小区因材料人工价格上涨、施工队拖延建设影响工期，完成主体工程65%。拆改工程安置方面，竣工验收樟台村城中村改造项目；开工建设苔湖二期城中村改造项目；完成下沙垟城中村改造项目水电安装及装饰工程、二中片区城中村改造项目结顶、龙船垟安置房二期地下基础工程量的70%。年度目标任务基本完成。

【应急防御能力提升工程】 2021年，完成黄坦、峃口、二源、铜铃山、周山、双桂、平和、公阳、桂山等9个乡镇的乡镇微型消防站建设；11月底前完成电梯物联网设备安装全覆盖(安装234台)；完成122路雪亮工程设施提升；完成危桥改造30座。年度目标任务完成。

【城镇管网改造提升工程】 2021年，完成大峃、珊溪、黄坦、百丈漈、巨屿等5个镇的城镇管网改造26千米；开工建设玉壶、南田、黄坦、二源、铜铃山、周山、平和、公阳等8个乡镇给排水管网改造项目。年度目标任务完成。

(徐洺璐)

招商引资

【概况】 2021年，文成县投资促进服务中心是县政府直属参公事业单位，机构规格为正科级。主要承担着全县招商引资活动的组织、指导，招商项目的推介、服务、跟踪和督查，全国各地在外文成人商会和在外文成人的联系、服务、协调和指导，总部经济招引等多项重要职能。单位编制14名，其中行政编制9名，年末在编人员8人；事业编制5名，年末在编人员5人。投资促进服务中心内设行政科室3个，分别为办公室、招商科、服务指导科；下属事业单位1个，为文商联络中心。

【招商总况】 2021年，全县到位内资15.12亿元；新开工入库亿元产业项目5个，分别为大峃光伏项目、图伟飞机制动器项目、珊溪下湾旅游接待中心项目、龙麒源景区提升项目和娃哈哈智能饮料生产基地项目；全年产生总部回归税收2.69亿元。

【招商成效】 2021年，县委书记、县长坚持重大招商亲自出面、重要客商亲自洽谈、重大项目亲自推动、关键问题亲自协调解决，县长每周召开重点招商项目盯引研判会，研究解决问题。全年开展外出招商活动20余次，专题听取研究招商工作27次，接待国能、华润、娃哈哈、亿联、多弗、红旭等考察客商40余批次。各乡镇"一把手"50%以上的时间用于谋项目、招项目、推项目，亲自跟踪项目洽谈全程，亲自为项目进行"跑腿"代办，带领干部"积极跑、全程跟"，通过层层部署，层层落实，全力推动项目招引。全年梳理农转用地块28个，其中可用于招商项目地块25个，面积约2130亩。在厘清招商资源载体的基础上，围绕重点产业开展项目谋划，通过"有中选好、好中选优、优中选强"，最终筛选13个亿元以上项目纳入重点招商推介项目库，总投资额超120亿元。招引高能级项目做优旅游业，全年签约生态旅游类项目5个，总投资额超130亿元，其中天顶湖国际旅游度假区项目是文成县引进的首个百亿元文旅项目。招引建链补链项目做强制造业，签约向东、聚泉等生态工业类项目11个，成功落地图伟飞机制动器、娃哈哈智能饮料生产基地2个亿元以上项目。招引龙头企业做大新能源产业，引进大唐、华润光伏、国能等3家"500强"企业来文投资光伏项目，新能源产业项目招引成效初显。

2021年7月16日，杭州娃哈哈集团董事长宗庆后（前排中）到文成考察水资源情况（县投促中心提供）

【营商环境】 2021年，按照"一个项目，一名领导、一套班子、一个方案、一抓到底"的"五个一"推进机制，逐一组建重大项目工作专班，明确项目由专班牵头领导带动，全力破解难点问题，确保项目顺利建设。县主要领导坚持每月召开过堂会，研究重大项目谋划对接、招引落地、开工建设情况，协调解决存在问题，确保项目每个月都有新进展，全面破解项目建设周期过长、分期建设安排不合理等突出问题。成功推动娃哈哈智能饮料生产基地项目15天完成考察签约，2个月内实现拿地开工，造就一个又一个"文成速度"。

【总部经济】 2021年，全县产生总部回归税收2.69亿元，完成率122.27%，同比增长23.96%，新引进市级认定总部

2021年10月14日，旺旺集团副董事长周锡玮（右）到文成考察投资项目（县投促中心提供）

企业1家，为温州百昌劳务有限公司。

【在外文商】 2021年，开展文商信息库建设，经摸排统计、审核把关、择优报送，统计上报在外文商110人，完成年度目标任务的110%。将“文商之春”活动作为“双招双引”的重要抓手，春节期间走访慰问在文投资商和在外文商92人，进一步营造“尊商、亲商、兴商”的浓厚氛围。制定“双招双引”工作实施方案和考核机制，在部署分配全年招商工作任务的基础上，将招才引智工作纳入考评体系，提高各招商主体参与“双招双引”工作的积极性和主动性。

（张蒙蒙）

机关事务管理

【概况】 2021年，文成县机关事务管理中心设置行政职能科室6个：办公室、财务科、接待科、车辆管理科、安全保卫科、公共机构节能和办公用房管理科；下属事业单位2个：文成县公务用车服务中心、文成县机关后勤服务中心。县机关事务管理中心全面贯彻落实党的十九届六中全会精神和习近平总书记重要讲话精神，以党史学习教育工作为契机，紧扣“服务、保障、管理”职能，践行“热心、细心、贴心、尽心”服务理念，突出重点、克难攻坚，争做“重要窗口”的建设者、维护者、展示者，为党政机关高效有序运行提供有力保障。荣获文成县2021年度工作目标绩效考核优秀单位和“建设清廉机关、创建模范机关”示范单位

【党的建设】 2021年，文成县机关事务管理中心精心开展党史学习教育和党的十九届六中全会精神“六讲六做”大宣讲活动。充分认识党史学习教育的重要性和必要性，准确把握深刻内涵，通过开展理论中心组学习、“三会一课”、主题党日活动、青年理论学习等方式，推进“两学一做”常态化教育，巩固“不忘初心、牢记使命”主题教

2021年6月23日，党员干部到县前社区开展助力环境整治志愿活动（县机关事务管理中心提供）

育成果，提高政治判断力、政治领悟力、政治执行力，在新时代征程中彰显机关事务担当。利用各平台加强法规学习，强化移风易俗，打造党建文化走廊，营造文明良好的机关氛围。结合党史学习教育，领导班子领办实事7件，开展“优作风、强执行、办实事”专项行动，梳理重点问题5个。下派农村指导员到谷山村联系工作，提供修路支持资金1万元，建立“导航联络站”，为来电、来访群众办实事，落实9名党员“一对一”对接贫困户，年初进行慰问，实行结对帮扶。中心党组组织理论中心组学习12次，主题（固定）党日活动12次，专题党课10人次，党的十九届六中全会精神宣讲1次，青年理论学习小组开展活动12次。抓好组织建设，研究制定后勤党建品牌创建活动实施方案，着力建设“清廉机关”、创建“模范机关”。深化“四化”党支部建设，做到“一切工作到支部”，关心关爱党员思想动态，发挥党支部的战斗堡垒作用。全年发展预备党员3名，入党积极分子1名。

【公务接待】 2021年，县机关事务管理中心坚持围绕中心、服务大局，严格落实中央八项规定精神，本着“规范、节俭、安全、高效、热情、周到”的工作理念，不断优化、细化接待工作，提升服务质量，突出地方特色，完成每一次接待服务。全年接待上级领导和来宾224批2470人次，完成省委、省政府主要领导到文成调研的后勤保障工作。

【公车管理】 2021年，县机关事务管理中心依托“全省一张网管理平台”和“政采云平台”，提升车辆报废、更新、调度、维修规范化水平，1月至7月份完成申请异地用车28单，8月后由于疫情影响，省公务用车服务中心不再受理异地订单。全年度本地用车5809单，维修176车次，更新应急保障用车6辆，完成全部车辆保险工作。实现公车日常管理信息化。通过召开安全例会、手机短信、微信群、出车前提醒等方式对驾驶员进行安全责任教育，结合日常检查和随机抽查，分析查找安全隐患，切实提高每位驾驶员的安全意识。量化驾驶员的日常工作，实行绩效管理和综合考核相结合进行核算的多劳多得分配原则，将安全行车纳入考核中，从而调动公务用车服务中心聘用驾驶员的工作积极性和安全意识，做到公车安全教育常态化。

2021年2月7日，工作人员在进行安全生产大检查（县机关事务管理中心提供）

【大院安保】 2021年，县机关事务管理中心严格落实疫情防控常态化管理，每天至少3次对县府大院及周边范围进行巡逻巡查，坚持“外防输入、内强管控”的原则，严格对来访人员、出入车辆进行登记管理和跟踪监督服务，对进入大院的所有人员24小时都要“测温+亮码（温州防疫码）+戴口罩”，根据阶段性防控要求，及时调整防疫策略，做好疫情防控工作。定期开展消防演练、防恐演练等，进一步加强县行政中心信访工作和反恐防暴工作。

【节能减排】 2021年，有14家党政机关（含参公单位）创成节约型公共机构，完成省、市机关事务管理局下达的创建目标任务。响应温州市“无废细胞”创建，落实完成5家“无废机关”创建。围绕“节能降碳、绿色发展，低碳生活、绿建未来”的活动主题，组织开展以线上为主、线下为辅、形式多样的节能宣传周活动，参与2.9万余人次，发放奖品节能环保袋600个，节能保温杯300个，节能围裙300条，节能雨伞500把。会同县生活垃圾分类领导小组办公室开展垃圾分类定期督查，建立“垃圾分类红黑榜”“垃圾分类月报”等一系列常态化工作机制，提升全县公共机构垃圾分类实效，增强干部职工的垃圾分类意识。响应国家光伏建设“整县推进”政策，有10家公共机构首批规划建设屋顶分布式光伏项目，装机容量1.18兆瓦，每年可减少碳排放约3000吨。

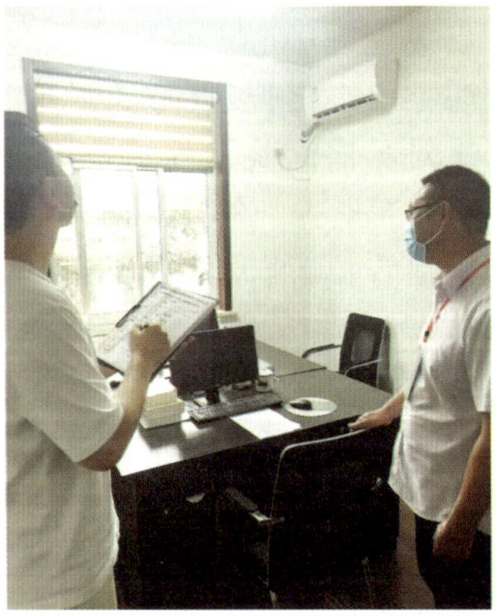

2021年9月22日，工作人员对公共机构能耗“双控”和空调温控情况开展节能监察执法专项活动（县机关事务管理中心提供）

【公房管理】 2021年，县机关事务管理中心“线上”，改变传统服务保障及管理模式，推进办公用房管理数字化信息化建设，实现行政事业单位办公用房调配、使用、统计、数据等信息的实时线上动态监管，和县深改办、大数据中心推动全县党政机关办公用房信息数据互联互通共享。“线下”加强办公用房日常监管和动态巡查。严格按照“一间都不能超标”“规定标准是上限”“不放过一个死角”“凡超标必整”的要求，采取定点抽查、台账检查、实地测量、事后跟踪等方式组织开展。不断推进办公用房资源合理配置和节约使用，整体搬迁或安排15家单位8870平方米，增加10家单位办公面积2065平方米，完成13家单位的搬迁或微调工作。10月份完成县委统战部楼重建竣工验收工作。

【后勤保障】 2021年，县机关事务管理中心加强县府食堂规范化管理，抓好行政中心和政务服务中心食堂工作，保障有序运行，食堂日接待量800余人次。按需在南田、大峃、樟台、珊溪等农户家中采购大米、时令蔬菜、家禽等农产品，帮助本地农户解决因疫情带来的滞销问题。结合疫情防控要求，实行分批就餐，每桌限坐2人同排隔位的就餐模式，避免进餐人员直接接触，做好餐后消杀工作，加强食品安全、消防等管理工作。为丰富食堂餐桌，改善伙食，自6月中旬起开始免费供应水果，全年水果单项支出30多万元。加强会议保障工作，加大培训规范力度，做好每一次会议的音响设备、会场桌椅、卫生保洁、茶水服务等后勤服务工作，要求所有会务服务人员必须佩戴口罩、手套，提醒参会人员对使用完的口罩、手套进行集中放置，统一回收处理，会后消毒、通风，防止二次污染。全年为1200余场会议提供优质保障。

【疫情防控】 2021年，县机关事务管理中心根据县委、县政府的决策部署，承担全县新型冠状病毒疫情防控服务保障工作。周密安排疫情防控生活物资储备、保管和配送工作，确保各类物资依规高效保障到位；协调租用巨屿金飞、文成宾馆、鑫悦酒店等11家酒店作为集中隔离医学观察点，参与完成巨屿金飞隔离点的升级改造工作；暖心服务隔离对象，了解其生活所需，帮助购买物资，尽可能为集中隔离对象提供生活上的服务和帮助。选派1名副主任、1名普通干部进驻隔离点开展工作。

（刘亚丽）

政协文成县委员会

综　述

2021年，是“十四五”的开局之年，县政协及其常委会在中共文成县委的坚强领导和上级政协的精心指导下，高举习近平新时代中国特色社会主义思想伟大旗帜，贯彻落实中央、省市县委重大决策部署，坚持团结和民主两大主题，围绕“三美文成”美好愿景，聚焦“四大工程”建设，发挥人民政协作为社会主义协商民主重要渠道和专门协商机构的作用，在建言资政和凝聚共识上“双向发力”，为文成与全省同步高水平全面建成小康社会，推动文成发展进入现代化建设崭新起点贡献政协智慧和力量。

重要会议

【政协第九届文成县委员会第五次会议】 2021年3月2—4日在县文化中心剧院举行，会期3天。大会设1个主会场和1个分会场，应到委员199名，开幕会实到委员182名，符合政协章程规定。

会上，县政协主席刘金红代表政协第九届文成县委员会常务委员会向大会作工作报告。报告指出，2020年是极不平凡的一年，是“十三五”规划的收官之年和高水平全面建成小康社会的决胜之年。一年来，县政协及其常委会以习近平新时代中国特色社会主义思想为指导，全面落实中央、省市县委政协工作会议精神，坚持团结和民主两大主题，围绕中心、服务大局，聚焦县委“四大工程”建设，发挥专门协商机构作用，突出质量导向、积极探索创新、认真履职尽责，推动政协工作提质增效。主要体现在五个方面：一是突出思想政治建设，坚持在党的领导下把牢正确政治方向；二是突出专门协商机构作用发挥，坚持在建言资政中倾力服务中心大局；三是突出团结联谊，坚持在凝聚共识中画大同心圆；四是突出质量导向，坚持在守正创新中推动政协工作；五是突出履职能力提升，坚持在加强自身建设中树好政协形象提质增效。

在肯定成绩的同时，客观分析了政协工作离新时代新使命新要求及社会各界新期盼存在的一些薄弱环节，主要是发挥专门协商机构作用的制度机制还需集成完善；思想政治引

2021年3月2日，中国人民政治协商会议第九届文成县委员会第五次会议在县文化中心剧院开幕（县政协办提供）

领和凝聚共识的有效载体还需创新丰富；政协工作向基层延伸的探索实践还需规范提升；政协系统党的建设还需持续加强；“两个薄弱”问题还需大力予以解决；部分机关干部和政协委员责任担当和履职能力还需进一步加强。这些问题有待在今后工作中认真研究、加以解决。

会议强调，2021年是中国共产党成立100周年，是“十四五”开局之年，是开启全面建设社会主义现代化新征程的第一年。县政协工作的总体要求是：坚持以习近平新时代中国特色社会主义思想为指导，学习贯彻党的十九大和十九届二中、三中、四中、五中全会精神，全面落实中央、省市县委各项决策部署以及政协工作会议精神，增强“四个意识”、坚定“四个自信”、做到“两个维护”，牢牢把握团结和民主两大主题，围绕文成加快跨越发展、打造新增长极，聚焦县委“四大工程”建设、“两个年”活动，坚持以思想政治建设为引领，以高质量发展为主题，以服务大局为主线，以广泛凝聚共识为中心，以改革创新为动力，认真履行政协职能，更好地发挥专门协商机构作用，为奋力续写“三美文成”新篇章贡献智慧和力量，以优异成绩庆祝中国共产党百年华诞。重点要抓好五个方面工作：一是紧扣思想政治引领，以更高的政治站位把牢正确履职方向；二是紧扣协商主责主业，以更强的责任担当服务中心大局；三是紧扣凝聚共识中心，以更有效的举措汇聚团结奋进正能量；四是紧扣提质增效目标，以更高的标准推进政协事业新发展；五是紧扣政协履职基础，以更严实的作风展现政协新样子。

县政协副主席郑士钗受政协第九届文成县委员会常务委员会委托，向大会作提案工作报告。一年来，常委会高度重视提案工作，把推动提案工作高质量发展作为加强和改进人民政协工作的重要内容，探索提案工作新方法、新途径、新机制，不断提高提案工作质效。县政协九届四次会议以来，广大政协委员和政协各参加单位、界别组共提交提案118件，经审查，立案114件。提案分别送交56个单位办理，都在规定时限内办复，其中被采纳的59件，部分采纳的51件，留作参考的4件。采纳和部分采纳的占96.5%，同比提高5%。提案中许多意见建议已体现在县委县政府相关政策、发展规划和部门工作中，为助推全县经济社会发展发挥了积极作用。

县委副书记、代县长罗招政在开幕会上讲话，他表示，广大政协委员聚焦产业发展、聚焦问题堵点、聚焦公共服务，谋良策、建真言、出实招，展现了委员们热爱文成的炽热情怀和心系发展的使命担当。县政府将认真汲取委员们的智慧和力量，主动加强政治协商，自觉接受政协民主监督，支持政协参政议政，推进政府科学决策、民主决策。希望政协委员继续深入调查研究，广泛采集社情民意，为政府工作多立科学之论、多建发展之言、多虑民生之计、多献务实之策，在推动文成经济社会赶超跨越发展中施展作为、展示风采。

县委书记刘中华在闭幕会上作讲话。他说，会议期间，全体委员自觉遵守防疫各项规定，以饱满的政治热情和强烈的使命担当，深入协商讨论，踊跃建言献策，展现了政协委员的大局观、大情怀、好作风。会议开得热烈紧凑、务实高效，是一次高举旗帜、坚定信心的大会，是一次发扬民主，团结鼓劲的大会，是一次凝心聚力、共商实策的大会。刘中华指出，2021年是中国共产党成立100周年，是“十四五”开局之年，是现代化建设新征程的第一年。县政协和广大政协委员要自觉把思想和行动统一到县委决策部署上来，围绕开好局、起好步，贡献更多智慧、展现更大作为。要强化政治引领，在把牢方向中站稳“政协立场”；要聚焦跨越发展，在服务大局中展现“政协担当”；要坚持团结合作，在凝聚共识中发挥“政协优势”；要加强自身建设，在奋勇争先中擦亮“政协品牌”。刘中华强调，县委将一如既往支持政协工作，定期听取政协党组的工作汇报，支持政协按照章程独立自主开展工作。各级各部门要大力支持政协履行职能，积极支持政协视察调研，虚心接受民主监督，认真办理政协提案，真正让人民政协政治协商有地位、建言有机会、出力有舞台、工作有作为，共同把政协事业推上新台阶。

县政协主席刘金红致闭幕词。她说，全县各级政协组织和广大政协委员要把旗帜鲜明讲政治作为根本要求，切实担负起“落实下去、凝聚起来”的政治责任；要把协商议政促发展作为主责主业，精准献计出力、更好服务大局；要把比学赶超创一流作为目标追求，更好发挥专门协商机构制度优势和治理效能；要把奋斗奋进强担当作为工作姿态，充分展现新时代人民政协新风采、新作为，努力在助力文成新时代加快跨越发展、全面建设现代化新征程中交出政协高分报表，以优异成绩庆祝中国共产党成立100周年。

【九届二十二次常委会议】2021年2月9日召开，县政协主席刘金红主持会议，副主席郑士钗、雷旭燕、张丽俊参加会议。会议集中传达学习省市“两会”精神；讨论“一府两院”（征求意见稿）报告；审议通过关于召开政协第九届文成县委员会第五次会议的决定，政协第九届文成县委员会第五次会议议程（草案）、日程，政协第九届文成县委员会常务委员会工作报告及报告人，政协第九届文成县委员会常务委员会关于县政协九届四次会议以来提案工作情况的报告及报告人等有关事项；书面听取县政协各专委会，各工作组、联络组2020年度工作汇报，评选2020年度政协工作先进集体。

2021年4月23日，县政协开展文成县“崇学善思·书香政协”读书活动启动仪式暨“同心向党·党史力行”党史学习教育专题报告会（县政协办提供）

【九届二十三次常委会议】2021年3月3日在国际大酒店伯温厅召开。主席刘金红主持，副主席郑士钗、雷旭燕、张丽俊参加会议。会议审议政协第九届文成县委员会第五次会议大会选举办法（草案）；听取有关人事事项说明；审议候选人建议名单；审议总监票人、总计票人建议名单；审议政协第九届文成县委员会第五次会议提案审查情况的报告（草案）；审议政协第九届文成县委员会第五次会议决议（草案）。

【九届二十四次常委会议】2021年3月3日在国际大酒店诚意厅召开。主席刘金红主持，副主席郑士钗、雷旭燕、张丽俊参加会议。会议听取小组会议综合情况汇报；审议通过政协第九届文成县委员会第五次会议大会选举办法（草案）；审议通过总监票人、总计票人、监票人建议名单；审议通过副主席、常务委员候选人名单；审议通过政协第九届文成县委员会第五次会议提案审查情况的报告（草案）；审议通过政协第九届文成县委员会第五次会议决议（草案）。

【九届二十五次常委会议】2021年6月25日在县府8号会议室召开。主席刘金红主持，副主席郑士钗、李标、雷旭燕、张丽俊参加会议。会议审议通过《中国人民政治协商会议文成县委员会提案办理民主评议办法（试行）》；传达学习“浙江数字政协”建设工作推进会精神，部署落实“浙江数字政协”建设工作推进会会议精神。

【九届二十六次常委会议】 2021年7月29日召开，会议围绕县委十三届十一次全会关于“打造高质量发展建设共同富裕示范区山区样板”重大决策，开展专题议政性协商。主席刘金红主持会议，县委副书记虞立清应邀参加会议，副主席郑士钗、李标、雷旭燕、张丽俊，县政协秘书长郑丹丹参加会议。会议听取关于县委十三届十一次全体（扩大）会议工作报告和《文成打造高质量发展建设共同富裕示范区山区样板的行动方案（2021—2025年）》起草情况的通报。分组讨论会上，县政协委员围绕全会工作报告和行动方案提出许多有价值的意见和建议。

【九届二十七次常委会议】 2021年8月10日在县府8号会议室召开。主席刘金红主持，副主席郑士钗、李标、雷旭燕、张丽俊参加会议。会议审议通过《关于责令高女辞去中国人民政治协商会议第九届文成县委员会委员的决定》。

【九届二十八次常委会议】 2021年12月23日，县政协常委会九届二十八次会议召开。刘金红主席主持，副主席郑士钗、李标、雷旭燕、张丽俊，秘书长郑丹丹参加会议。县纪委县监委、县法院、县检察院分别向县政协通报2021年主要工作情况，听取意见建议。政协主席刘金红对3家单位坚持以习近平新时代中国特色社会主义思想为指引，忠实履行职责使命，各项工作都取得新成效，给予高度肯定，对有关单位提出三点希望：一要服务大局民生，助力共富发展；二要畅通知情渠道，丰富履职形式；三要强化责任担当，积极履职建言。

重要工作

【党建工作】 2021年，文成县政协始终坚持把党的建设摆在首要位置，以“建党百年”为主线，以“书香政协”品牌建设为抓手，以“模范机关、清廉机关”创建为载体，落实好县委巡察整改工作，推进“政协人之家”“文化长廊”阵地建设，开展“同心向党·学史力行”庆祝中国共产党成立100周年系列活动，走进革命老区寻访红色人物，联合县文联举办“百年华章·浙里文成”庆祝建党图片展、拍摄“政协委员讲党史”系列新媒体视频宣讲文成党史故事等；举办“崇学善思·书香政协”读书活动46次，不断增进“四个认同”，夯实团结奋斗的共同思想政治基础。建立健全机关制度，促进政协工作更加完善、规范、高效。

【协商议政】 2021年，文成县政协始终坚持紧扣党政中心工作，以深化“请你来协商”品牌建设为主抓手，聚焦“四大工程”建设，开展协商议政，为全县经济社会高质量发展汇智聚力。全年共组织开展调研视察、民主监督、专题协商活动35场，形成高质量调研报告12篇，向省市政协编辑报送社情民意信息21条。

【凝识聚力】 2021年，文成县政协坚持发挥委员主体作用，推进“侨心汇”委员会客厅和“民生议事堂”履职平台建设，办好省市县三级政协“六送下乡”活动，倡议动员各参加单位和广大政协委员投身疫情防控工作，宣传政协履职生动实践。发挥政协文史资料“存史、资政、团结、育人”的作用，编辑出版《文成文史资料》第三十九辑“文成文

2021年5月19日，市政协到文成开展送教育下乡活动（县政协办提供）

化记忆丛书”《深山古乡雅垟》。全年共编发动态新闻信息112篇，被省政协采用刊发18篇，市政协登载发布32篇。

2021年3月22日，省政协副主席孙景淼（前右）到文成调研“扎实推进共同富裕”工作（县政协办提供）

【守正创新】 2021年，文成县政协紧扣新时代脉搏，紧跟高质量发展潮流，推动政协系统数字化改革，完善协商成果转化落实机制，探索开展“委室创精品”活动，创新推进政协工作向基层延伸，举办“请你来协商·民生议事堂”首场活动，设立乡镇民生议事堂17个，社情民意联络处63个，政协委员全员编入各履职小组，破解“两个薄弱”问题。

【履职能力建设】 2021年，文成县政协坚持紧扣新时代人民政协新样子的要求，突出履职能力建设，深化“政协讲堂”、委员活动日、委员培训班等活动，学习领会党的十九届六中全会精神和习近平新时代中国特色社会主义思想，教育引导政协机关干部和委员队伍抓好理论学习、增强本领能力、提高履职水平。

【委员、常委、常委会人员变动】 2021年2月9日政协第九届文成县委员会常务委员会第二十二次会议决定：同意周斌、潘青来、廖忠明、钟汉忠、刘志林、赵智勇、毛跃锋、姜伟杰、叶为民、毛祥劲等10人辞去政协第九届文成县委员会委员；增补李标、刘波、吴建斌、刘化田、夏玲、吴黎明、薛立富、富海镪、陈丕雷等9人为政协第九届文成县委员会委员。

2021年3月4日政协第九届文成县委员会第五次会议选举通过，增补李标为副主席，增补刘日年、刘化田、陈琪、潘方开等4人为常务委员。

2021年8月10日政协第九届文成县委员会常务委员会第二十七次会议决定：辞去高女政协第九届文成县委员会委员。

（王　芳）

2021年4月20日，省政协副主席陈小平（中）到文成调研（县政协办提供）

2021年6月23日，县政协主席刘金红（右二）带队开展专项集体民主监督活动（县政协办提供）

群 众 团 体

总 工 会

【概况】 2021年，文成县总工会坚持以党史学习教育为主线，围绕“学党史、悟思想、办实事、开新局”主题，贯彻“学史明理、学史增信、学史崇德、学史力行”要求，立足职能职责，组织全体党员开展党史学习教育，高标准开展党建活动，统一思想、提高认识、明确任务，牢记使命、锐意进取，切实发挥工会组织优势，团结带领广大干部职工参与各项事业发展，发挥党支部战斗堡垒和党员先锋模范作用。全年新建基层工会19家，新增工会会员1055名，建立工会联合会6个，组建亿元体工会3家。

【思想文化引领】 2021年，县总工会开展“学党史、感党恩、当先锋”系列主题党日活动，参观刘英纪念馆、革命烈士纪念馆、博物馆、毛泽东像章文化博物馆等红色教育基地，重温党的辉煌成就、艰辛历程。组织全体党员干部观看红色影片和中国共产党成立100周年纪念图片展，引导党员干部学好历史、以史鉴今，为奋力谱写文成高质量发展筑牢思想根基。开展“重温习近平同志在浙江”活动，了解习近平同志在浙江工作时创造的宝贵思想财富、精神财富和实践成果，学习习近平总书记高超的战略思维、科学的理念方法、诚挚的为民情怀和务实的工作作风。组建职工队伍代表温州市总工会参加在宁波奉化举办的全省职工党史知识竞赛决赛并获得三等奖。开展“办实事、解难题、减负担”专题实践活动。开展“当一周工人 体工会初心”活动共3批次，参与人数11人，认领微心愿共34个，购买微心愿物品即时解决。组织开展“关爱职工”活动，结合“当一周工人体工会初心”和下基层蹲点调研活动契机，切实了解职工所思、所盼、所求。定期开展困难职工大排查，帮助解决实际困难，为困难职工“送温暖”。党组书记、常务副主席胡立帅前往挂钩村——余山民族村上“七一”党课，用广大老党员喜爱的乡音方式详细讲述中国共产党一大到十二大的重要会议内容以及党在这段时间的发展历程。

2021年2月16日，“千侨结千村”结对帮扶考察活动在大峃镇余山村举行（县总工会提供）

【职工文体活动】 2021年，县总工会组织开展“我心向党·工人力量”主题摄影展进车间活动；学习党的百年历程，传承浙西南革命精神，开展百场爱国主义电影进企业活动；利用车间碎片化时间，赴巨屿镇浙江德卡控制阀仪表有限公司开展“我心向党·工人力量”8090宣讲团进车间宣讲活动，覆盖职工100余人。组建俪人旗袍协会成员赴苍南参加“我心向党·工人力量”温州市第二届职工文化节排舞比赛荣获金奖。

【基层工会组建】 2021年，全县110家基层单位还未组建工会，其中25人以上基层单位28家。全年新建基层工会19家，其中联合工会11家（包括3家亿元体工会联合会）；新增工会会员1055名。建立百丈漈镇民宿工会联合会、农家乐协会工会和武阳村侨家乐联合工会等6个工会联合会，涵盖全县从事民宿农家乐服务人员2035人。结合文成实际，组建文成县巨屿镇工业园区工会联合会、文成县百丈漈镇工业园区工会联合会、景文项目工会联合会等3家亿元体工会。打造百丈漈下石庄村为职工幸福社区，开展篮球、登山等系列活动，上好职工思想引领“一堂课”，带领职工群众听党话、跟党走；建立清单式维权服务、实时性学习教育、引领式公益实践、共享式创业创新、开放式社区交流线上线下5大平台，系统构建社区服务体系；加强先锋模范作用，引领职工建设幸福社区。对全县“八大群体”进行1次性全面摸底调查，动员“新业态新就业群体”入会建会。全县有保安公司3家，从事保安员498人，建立文成县保安服务有限公司工会，会员475名。全县有快递公司7家，从事快递人员290人，建立文成县邮政局工会，建立文成县快递行业工会联合会，会员75人。文成企业自有的货车司机81人，建立文成县货运司机工会联合会，会员81人。文成县房产中介员50人，中介机构基本上都是2～3人，建立文成县瓯文房地产销售代理有限责任公司工会，会员15人。

【建设数字工会】 2021年，县总工会以建设“数字赋能、高效协同、整体智治”的数字工会为宗旨，利用政府数字化转型成果和“一网一卡中心”建设，创建职工维权帮扶快车道、劳模服务一网通等便民窗口，打造具有工会辨识度的“金名片”，让改革成果更多、更好惠及职工群体。

【数字综合服务平台开发】 2021年，县总工会整合和利用社会资源，以问题为导向，以职工实际需求为服务目标，拥抱数字化改革大潮，推进工会数字化改革，与文成县融媒体中心（文成县华数公司），联合创建集生活购置、法律援助、职工福利等于一体的综合服务平台（指点文成App），建立“农户—基地—平台—职工”服务体系，既为农民致富服务（无缝对接“共富帮”），又为职工提供优质原生态产品。乡镇、机关单位将职工福利（节假日）、疗休养经费拨入“指点文成”平台，兑换成文成豆，职工在综合服务平台选择商家消费、购买支付，满足职工个性化需求，既减少廉政风险点，又给职工带来更大实惠（优惠价、新鲜）。将自身业务办理、政策宣传、法律服务、职工福利、职工预约等服务项目整合成一个板块“职工之家”与指点文成有机融合，推进应用场景建设，提高职工满意度、幸福感。

【职工活动场所“预约系统”】 2021年，县总工会最大限度盘活和发挥工人文化宫作为职工活动阵地的作用，整合职工心理室、健身房、舞蹈房等场所，通过浙政钉平台定制职工活动预约系统，对职工进行精准需求分流，提高场地利用率和职工活动参与度，发动基层工会开展职工大合唱公益课、健身中心、心理站、法律服务、排舞活动70余场，覆盖职工1500余人。在国庆节期间利用“预约系统”预约，举办插花、硬笔书法、尤克里里弹唱学习、瑜伽等“我心向党”系列公益课，丰富职工的课余生活。

【劳模工匠队伍培育】 2021年，县总工会开展职工技能比武素质提升活动。立足支柱产业和主导行业，全面发动相关基层工会开展技能培训活动。全年举办文成县“工匠杯”消防业务技能大赛，由政府专职消防队和社区微型消防站共12支队伍54人参赛。提升职工综合素质，举办基层工会主席培训、一线职工素质提升等各类培训班8期1000人次。提升广大产业工人技能素质，激发职工钻研技术、攻坚克难的创新创业激情，助力建设一支高素质的产业工人队伍。选树胡晓勇、吴国栋、梅慧敏、张玉瑶、林友青等5人为浙江工匠推荐对象，其中林友青在4月份被评为浙江工匠。开展以“我心向党，劳模力量”为主题的红五月系列服务活动。“五一”期间走访慰问各级劳模及部分在岗一线劳动者，做好县级劳模体检工作，为全县劳模组织一场免费观看电影活动。开展劳模宣讲活动，弘扬劳模精神、劳动精神、工匠精神，举办以“建党百年路 启航新征程”为主题的劳模、工匠宣讲比赛，成立劳模、工匠宣讲团，组建县总工会职工思想建设宣讲团，开展上专题党课、“车间宣讲”、“乡音宣讲”、“职工大讲堂”、“草根宣讲”等活动9场，召开“学党史、谈初心、话使命”老模范座谈会，通过老党员、老模范结合自身经历，生动讲好中国共产党故事、文成故事。

2021年4月30日，县总工会干部慰问工作在一线的劳动模范（县总工会提供）

【产业工人改革建设】 2021年6月17日，县总工会按照“政治上保证，制度上落实，素质上提升，权益上维护”的总体思路，在总工会二楼会议室召开新时代文成产业工人队伍建设改革工作协调小组第二次（扩大）会议，会议学习贯彻《2021年推进新时代温州产业工人队伍建设改革工作要点》精神，研究部署全县下一步工作任务。文成县推进新时代产业工人队伍建设改革工作协调小组各成员单位和有工作任务的相关单位根据各自职能和责任分工，抓好工作落实，稳步有序推进产改工作。县总工会全年推荐上报县级产改试点企业7家，市级产改试点企业2家（浙江天湖旅游股份有限公司和国网浙江省电力有限公司文成县供电公司）。11月12日，新时代产业工人队伍建设改革工作推进会召开。

【医疗互助保障】 2021年，全县互助保障任务数38154人，1月至11月全县续保单位205家，完成参保人数40337人，任务完成率105.72%，参保金额82.99万元。全年理赔412人次，理赔金额80.92万元，理赔率97.51%。其中，重大疾病理赔47人，理赔金额42.46万元，占比52.47%；意外伤害理赔23人，理赔金额4.2万元，占比5.19%；住院津贴342人，理赔金额34.26万元，占比42.34%。

【精准帮扶困难职工】 2021年，县总工会救助申报困难职工81人次，其中相对困难职工12人，意外致困困难职工3人，临时救助困难职工52人，金秋助学8人，大病慰问6人。发放帮扶资金35.70万元。对15户困难职工建卡立档，完成工会帮扶系统的录入工作，其中降档6户，剩余建档9户。完成对工会帮扶系统困难职工档案核查工作，核查、补充困难职工的基本信息，做到每户困难职工信息完整。

2021年11月19日，机关党支部举行“重走红色足迹 重温爱党家书”主题党日活动（县总工会提供）

【职工疗休养工作】 2021年，县总工会出台《关于开展2021年度职工疗休养工作的通知》（文总工〔2021〕10号）相关政策。继续推行职工疗休养网上申报审批制度“最多跑一次”改革，通过职工疗休养审批流程、打通部门界限、减少办理环节、压缩办理时限，由“职工跑”改为“数据跑”“工会跑”“部门跑”。全年全县职工疗休养申报人数8068人，其中机关和其他单位疗休养人员4763人，乡镇疗休养人员954人，教师系统疗休养人员2351人。推荐线路25条，组织承办职工疗休养活动的旅行社有中青旅等4家。组织全县40名一线职工到泰顺县职工疗休养基地参加为期2天免费疗休养活动。

【提供维权保障】 2021年，县总工会围绕工资协商、社会保障、劳动安全等方面问题，加强职工服务中心建设，主动发挥职工帮扶职能作用，强化依法维权服务，推进和谐劳动关系发展，为民营企业营造和谐发展环境。开展防诈骗宣传、反邪教宣传、“尊法守法·携手筑梦”服务农民工法律宣传活动13场，发放宣传资料2100余份。举办“情系女职工·法在你身边”女职工权益保护法律法规知识竞赛和“法治新征程·平安进万家”女职工维权行动月宣传活动。深化和谐劳动关系企业创建，依法推进工资集体协商提质增效，做好一年一度的续签工作。派出县总工会代表队参加温州市首届工会集体协商技能竞赛，获得三等奖。组织“三送安全服务”活动，深化“安康杯”竞赛。以“无欠薪县”为重点，开展劳动法律“监督四季行”与“劳资争议大排查、矛盾纠纷大化解、维权帮扶大关爱”行动，突出维护一线职工、农民工、劳务派遣工等重点群体的合法权益，全年创建“两心”示范单位7家，入企服务117次。加强源头参与职工普法维权服务，服务中心接待来信来访登记22人次，办理维权案件8件，挽回经济损失497335元，未发生涉及职工的重大群体性事件，在中国共产党成立100周年期间切实做好职工维权维稳工作。

【女职工工作】 2021年，县总工会组织基层女职委开展女职工趣味运动会、学习党史、口红DIY制作、红船玻璃绘画、“两癌”防治专题讲座等系列普法教育活动。举办以“巾帼共奋进 永远跟党走”为主题的“玫瑰书香”读书会，获得温州市总工会最美阅照和阅读二等奖，国网供电公司获得优秀组织奖，女职工周亦君获个人三等奖。文成县红枫公交有限公司被评为浙江省五星级“妈咪暖心小屋”。

【先进名录】

先进个人一览表

表10

序号	姓 名	荣誉名称	发文时间	授予部门
1	林友青	浙江工匠	2021.4	浙江省人力资源保障厅、浙江省总工会
2	金 慧	温州工匠	2021.11	温州市总工会
3	张娜娜	省优秀工会工作者	2021.12	浙江省总工会

先进集体一览表

表11

序号	单位名称	荣誉名称	发文时间	授予部门
1	浙江天湖旅游股份有限公司工会委员会	全国模范职工之家	2021.1	中华全国总工会
2	中国电信股份有限公司文成分公司	温州市红旗标准化示范性工会	2021.11	温州市总工会
3	浙江德卡控制阀仪表有限公司	温州市红旗标准化示范性工会	2021.11	温州市总工会

（白小芬　富瑶芬）

共青团文成县委员会

【概况】 2021年，文成团县委以认真学习贯彻习近平新时代中国特色社会主义思想和团的十八大精神为核心，团结带领全县广大团员青年，投身“四大工程”，为全县绿色高质量发展贡献青春力量。团县委内设办公室、基层工作部2个职能科室，下设县青少年活动中心、1个事业单位。全年全县共发展新团员400人，截至2021年底，全县共有14至28周岁青年67342人，其中通过“智慧团建”系统共录入团员9101人，共有下级团组织695个。

2021年12月21日，县委副书记、政法委书记吕金记（右）到团县委调研（团县委提供）

【省级青年发展规划试点】 2021年，作为全市唯一、全省首批规划试点单位，建立专班推进、意见征求、定期评估、政策保障的“三位一体”工作机制，于4月16日率先由县委、县政府印发《文成县青年发展规划（2021—2025年）》，顺利完成规划试点工作的11项机制性任务和15项发展性任务。聚焦侨乡实际，创新推出华侨青年发展“四个一”（“一镇区、一中心、一基地、一品牌”）服务模式，推进玉壶镇“国际慢城”侨青人才示范镇建设，打造侨胞服务中心和海外传播基地，建立“护航侨守孩”品牌，服务华侨青年。其中，“护航侨守孩”相关做法被《中国共青团》杂志录用。在规划中重点谋划活力青年街、华侨青年“创业谷”、青年超市、青年旅游职业教育、文成籍世界青年联谊会、惠侨码等多个亮点项目，搭建发展平台，全方位提升在文青年获得感。

【青少年思想引领】 2021年，在疫情防控的大背景下，按照“线上+线下”“海内+海外”的思路，开展青年思想引领工作。以“五四”青年节为契机，举行主题团日活动，现场通过红色故事分享、朗诵、话剧等多种形式进行宣讲，在县委书记刘中华的见证下启动“文成青年说”千场宣讲进基层，全年开展宣讲活动30余场，覆盖人数5000余人次。推进“青年大学习”主题团课，通过“日通报、周总结、月评比”的方式，覆盖全县青少年约15万人次。联合青少年活动中心常态化开展庆党百年周末系列公益课程，并巡回开展多形式的“党史进校园”系列主题教育，全年开展9场，覆盖7个乡镇。立足文成侨乡特色和生态特色，扩展“海外宣讲”线上平台，建立青年宣讲服务清单，定制海外宣讲套餐，打造世界青年读词汇、“小胡说事”等活动品牌，每场线上活动平均点击率15万人次，海外影响力辐射2万余人，“别YOUNG文成”作品点击率1000余万次，“青年宣讲团”的相关做法在团中央、团省委等主流平台进行宣传报道。开展“优秀青年志愿者”“新时代好少年”等评选活动，在“五四”“六一”等关键节点进行表彰，凝聚新时代榜样力量。开展第十届微型党课大赛、党团知识竞赛、“阅读红色经典，传承红色基因”征文比赛等赛事，引领青少年争做党史学习教育的优秀“后浪”。

【青春助力平安创建】 2021年，深化青少年平安行动，围绕关爱青少年帮扶行动，文成团县委重点开展“青春筑梦·相伴成长”重点青少年关爱行动，全年开展100余场，落实帮扶帮教重点青少年总人数1027人，全县帮扶帮教重点青少年4355次，帮扶率100%。组织专业队伍开展“12355中高考减压”“三禁三防三自”等系列活动，全年开展“青春自护”宣传教育主题活动13场，开展法治宣传讲座活动45场，覆盖青少年3500余人。

【“亲青”四大平台】 2021年，围绕青年需求，开展“亲青恋”主题活动。创新举办“疫”下七夕，鸿雁传书告白活动，为25对抗疫在一线的青年情侣提供相应服务，助力疫情背景下的青年交友。全年开展“青春相伴爱要行动”“青春相约·缘定七夕”青年联谊活动等各类“亲青恋”活动5场。通过“亲青帮”平台，维护青少年权益。强化“亲青帮”平台运用，注册用户6885人，73名专家入驻平台，24小时在线对接个案帮扶。依托“亲青筹”等载体，有效整合全县团干部、团员等力量开展点亮微心愿活动，征集微心愿1000余个，全部点亮。全年开展走访慰问1062人次，结对47名困难

2021年11月24日，“守护自然资源·我们在行动”团员青年主题活动——流动少年宫走进培头民族小学(团县委提供)

学生，实现微心愿132个，筹集助学资金40余万元，实现不良行为青少年、闲散青少年被结对帮扶比例100%。依托“亲青创”平台助力青年创业创新。开展青年企业家、青年创业者座谈及培训会5场，覆盖企业青年200余人。开展青年企业家寻访、创新创业大赛等活动，联合相关单位举办电商直播带货、青年工匠技能培训会，激发青年就业创业内生动力。探索打造青年“创业谷”，优化青年创业贷款财政贴息政策，吸引返乡青年参与农村电商、高科技农业、侨家乐打造等项目，为乡村振兴注入新动能。组织文成优秀青年企业家于6月25日参加“学党史、话发展、促振兴”青年企业家主题沙龙活动，就共同富裕等话题进行深入交流和沟通。

2021年12月17日，文成县“共抗疫情 青春力行——文成青企协在行动”活动现场（团县委提供）

【希望工程】 2021年，创新推行“青情日记”，及时收集掌握困难青少年的相关信息，通过“亲青筹”等方式分类进行结对帮扶。整合各方资源、凝聚多方力量，通过多种渠道联合包括温州零距离、海普诺凯生物科技有限公司等多家爱心企业单位、爱心人士等社会力量，共同携手资助贫困学子。与温州滴水微公益联合开展圆梦微心愿活动，为二源镇中心学校132名学生圆梦；海普诺凯生物科技有限公司为文成县留守儿童捐赠爱心书包940个；与文成爱善志愿服务队达成协作，委托文成爱善队伍长期开展贫困青少年信息采集等，建立长期助学机制。联合温州零距离结对帮扶大一新生9人，为他们寻找爱心人士，解决上大学期间的学费和生活费。开展“党史进校园”“平安宣传进校园”等活动，为乡村学校学生送文化送节目；全年开展助学、助困等行动，帮助贫困青少年3200余人，累计款物金额152万余元。

【大学生社会实践公共服务中心】 2021年，通过向全县17个乡镇负责人和相关部门的负责人发放“公共服务联络手册”，提供乡村振兴服务清单，供各乡镇按需“下单”，解决大学生社会实践和文成县实际需求“不对称、不匹配”问题。服务力量涵盖科技技术服务组4个大组21个服务队，乡村振兴产业服务团队26个“科技人员+项目+团队”服务队，解决高校供给端和乡镇需求端的矛盾。

【青年创业创新】 2021年，推进文瑞“山海协作”青年农业开发合作项目，加强资源共享、产业交流，引导两地青年农创客及农民合作经济组织走上跨区域规模化和跨领域一体化的联合发展道路。创新成立“侨家乐”产业青年联盟暨青年民宿领袖学院，联合文广旅体局、农商行等相关部门推出“八大”优先政策，培育青年民宿主及经理人，推广师徒结对、经理帮带等模式，开展“侨家乐”产业青年代表评选，形成示范集聚效应，助推侨家乐产业高质量发展。以“侨家乐”产业青年联盟副会长黄靖

2021年2月26日，“家燕归巢·智汇文成”文成县青年硕博智库纳新交流会举行(县团委提供)

为代表的文成青年创业故事经团委推荐，被《欧洲时报》刊登。打造“侨青讲侨韵”直播平台，以文籍青年为主体、以“侨家乐·YOUNG起来”直播售卖活动为平台，挂牌成立温州国际传播网红孵化基地(文成)，组成“智慧营销团”，推动文成农产品、文创产品远销海内外。联合县委宣传部举办文成旅游抖音视频大赛，发布“侨故事”“伯温故里”系列短视频，推介文成旅游。“云”上游文成被央视新闻报道点赞。

【青年博硕智库】 2021年，在原有“家燕归巢”工作的基础上进行进一步探索。针对刚毕业的高中生，在离开文成前就开展大学生联盟“纳新”活动，确保大部分学子能与团委保持高度联系，成立在外学子联络站11个，覆盖高校35所，联络在外学子3000余人，成为县委人才办赴外招才的有力助手。把握高校毕业时间节点，推出文成县大学生联盟纳新进校园活动，为学子联盟注入新鲜血液，全年共纳新200余人。在各乡镇成立青年人才联络站，创新推行团干部“1+5”人才联络机制。举行青年硕博智库纳新暨学子面对面活动，联合组织部等部门组建高层次人才志愿服务队，进一步创新人才服务模式。硕博智库共有成员132名，其中博士16名、硕士67名，双一流大学生49名。寒暑假期间，开展文成县“家燕归巢”实践活动，强化高校和用人单位的双向对接，为文成大学生回流下好“先手棋”。通过对接40多个机关企事业单位团组织，成功征集并通过“文成共青团”微信公众号发布230多个暑期实习岗位，最终300余名文成籍准大学生和在校大学生报名应聘，为文成大学生回乡发展进行“预演”。

【红领巾学院】 2021年，重点打造以“队长学校”“红领巾e站”等为品牌的少先队活动模式。与泰顺县合作，举行文泰

2021年7月6日，文泰团建联盟签约仪式暨2021年文泰红领巾学院少先队队长学校联合研学启动仪式举行(团县委提供)

红领巾学院少先队队长学校联合研学活动，促进两地学员交流学习、共同成长。7月，开展首届文成县红领巾讲解员选拔赛，组建首个文成县红领巾讲解团，进一步推进红领巾学院党史学习教育走实走深。围绕自身能力提升开展礼仪、演讲主持课程；围绕做家庭小主人开展厨房烹饪实践活动；围绕做学校小主人开展“校园文明建设”主题队课；围绕做社会小主人开展“红领巾志愿行”等活动。开展“红领巾小记者”活动，引导少先队员关心全县党政大局。探索在县城市书房、县图书馆等地建立“红领巾e站”，组织少先队员以志愿服务、文艺演出、读书会等形式，拓展少先队活动阵地。

【先进名录】

先进个人一览表

表12

序号	姓名	荣誉名称	发文时间	授予部门
1	杨佳佳	2020年度温州市优秀团干部	2021.2	共青团温州市委
2	张　斌	2020年度温州市优秀团干部	2021.2	
3	孟慧静	2020年度温州市优秀团员	2021.2	
4	蓝丽燕	2020年度温州市优秀团员	2021.2	
5	张来仪	2020年度温州市优秀团员	2021.2	
6	赵　炫	2020年度温州市优秀团员	2021.2	
7	王若菡	2021年度温州市“新时代好少年”	2021.6	共青团温州市委、温州市精神文明建设指导委员会办公室、温州市教育局、温州市少先队工作委员会
8	黄君浩	2021年度温州市“新时代好少年”	2021.6	
9	赵梓妍	2021年度温州市“新时代好少年”	2021.6	
10	季思涵	2021年度温州市“新时代好少年”	2021.6	
11	赵峻熙	2021年度温州市“新时代好少年”	2021.6	
12	季思涵	2020—2021年度“浙江省优秀少先队员”	2021.10	共青团浙江省委、浙江省教育厅、少先队浙江省工作委员会
13	王建云	2020—2021年度“浙江省优秀少先队辅导员”	2021.10	

先进集体一览表

表13

单位名称	荣誉名称	发文时间	授予部门
少先队文成县振中学校四(1)中队（向日葵中队）	2020—2021年度“浙江省优秀少先队集体”	2021.10	共青团浙江省委、浙江省教育厅、少先队浙江省工作委员会

（陈伊莉）

妇女联合会

【概况】 2021年，文成县妇女联合会紧紧围绕县委、县政府决策部署，对标省市妇联工作目标任务，以服务大局、服务家庭、服务妇女为己任，展现争先创优的新气象，发挥“联”的优势、坚持“新”的思维、彰显“实”的特点、突出“家”的主业，各项工作有序有效开展。谋深谋细“百年党史”巾帼学、巾帼宣、巾帼红、巾帼行4大行动，推动党史教育在妇女群众中走深走实；培树优秀妇女典型，以榜样力量感召新时代文成女性学先进、传播美、讲奉献。高规格举办“共同富裕 妇联有你”——浙江省第六届“妈妈的味道”活动文成县分会场活动，高频次开展“妈妈的味道”乡村美食集市活动，深化和丰富“乡村振兴巾帼行动”内涵；发动2000个家庭参与美丽庭院创建，超计划完成市级“美丽庭院”示范户创建任务，助力乡村振兴；推进“芳邻守望”公益计划，探索“线上+线下”关爱“三留”人员新模式，推动留守妇女做乡村振兴和基层治理中的建设者、享有者、受益者。推动将“儿童友好城市建设”纳入文成县“十四五”系列重要战略规划，召开建设儿童友好城市协调部署会，出台《关于建设儿童友好城市的实施意见》，启动12个试点单元和1个重点项目，推进“儿童友好城市”建设创出亮点、创出品牌；成立“一米阳光”儿童城市观察团，让广大少年儿童更多参与城市的建设和发展，为“儿童友好”赋能。“丽姐工作室”服务模式获省市领导点赞、社会好评和群众口碑，被评为省婚姻家庭纠纷化解品牌工作室；全市首个闭环式家庭综合服务小区探索试行；做强“鹤城大姐”巾帼志愿服务品牌，拓展妇联工作力量；启动“一站式”家庭综合服务，成立县妇联家庭综合服务中心，打造“一对一”家教咨询等服务品牌。探索“主阵地+微阵地+社会组织”三位一体模式，助推“双减”政策落地生根。

【思想政治引领】 2021年，县妇联以党史学习教育为载体，开设“秀慧课堂”学党史专场，打造“巾帼讲党史”电视节目，开展“巾帼心向党 百年正辉煌”系列主题活动110余场，组织全县各级妇联系统、各界妇女代表开展“百名巾帼颂百年”党史学习教育主题活动，发动妇女群众开展形式多样的党史教育活动，引导广大妇女群众坚定不移听党话、跟党走；年度表彰全国最美家庭、先进妇女组织、优秀妇女干部、三八红旗手、巾帼建功标兵等先进集体和个人160个(名)次，常态化开展“最美家庭”“绿色家庭”寻访活动，开设优秀女性事迹展播专栏，以榜样力量感召妇女学先进、传播美、讲奉献；组建“银发宣讲团”“一肩挑女书记宣讲团”“畲大娘宣讲团”等，以群众喜闻乐见的方式开展党史宣讲，让党的理论飞入寻常百姓家；组织“鹤城大姐”志愿服务队开展为期20余天的红色图片展义务讲解工作，唱响奋进之歌；以“5·15”国际家庭日为契机，组织全县180余个家庭开展

2021年5月25日，县妇联开展“喜迎建党100周年·百名巾帼颂百年”文成县妇联系统党史学习教育主题活动(县妇联提供)

2021年11月20日，文成县妇联“一米阳光”儿童城市观察团正式成立（县妇联提供）

亲子定向赛，将党史教育、廉政教育等融入竞赛；开展“颂百年风华 传红色基因”亲子阅读活动、“百首爱国歌曲我来唱”家庭红歌传唱等活动，不断创新载体，丰富内涵。据统计，年度在新华网、人民网、中新网等国家级新媒体平台发布信息27次，在省妇联微信公众号红船女儿等平台发布信息8次，在市级媒体上发布14次，在澎湃新闻等其他媒体上发布36次，在县融媒体及文成发布等媒介发布信息86次。

【儿童友好城市建设】 2021年，县妇联推动将“儿童友好城市建设”纳入全县“十四五”系列重要战略规划，召开建设儿童友好城市协调部署会，出台《关于建设儿童友好城市的实施意见》，启动12个试点单元和1个重点项目，推进“儿童友好城市”建设创出亮点、创出品牌；成立“一米阳光”儿童城市观察团，让广大少年儿童更多参与城市的建设和发展，为“儿童友好”赋能。

【扶持就业创业】 2021年，县妇联开展“迎新春送温暖 稳岗留工”专项行动，推出“六个一”过年暖心礼等系列举措，慰问126人，让外来留文成过年务工妇女安心、舒心过大年；开展“关爱一群人 温暖一座城”走访慰问活动，慰问87人，让一线女骑手、快递小哥、外卖小哥等感受到妇联组织的关爱和温暖；深化“四必访”制度，走访调研女性创业就业基地，帮助解决生产经营中遇到的难题28个，发放扶持资金5万元；联合相关部门开展2021年乡村合作创业带头人培训班3期，为妇女在数字经济大潮中创业就业赋能；联合相关部门开展家政服务、养老护理、美容、烹任等女性技能提升培训班45期，受益妇女1742人次，帮助妇女撬动致富杠杆。

【助力乡村振兴】 2021年，县妇联开展村（社）妇联干部素质提升班30期，参加培训2170人次，加强新一届基层妇联干部的思想教育和能力建设；制定乡镇妇联组织换届工作方案，以“线上+线下”的形式督查、指导乡镇妇联组织换届工作，全面推进乡镇妇联组织建设；发动2000个家庭参与美丽庭院创建，超计划

2021年11月25日，“共同富裕 妇联有你”——浙江省第六届“妈妈的味道”活动文成县分会场活动在南田镇武阳村举行（县妇联提供）

完成市级“美丽庭院”示范户创建任务，助推美丽乡村建设；举办“共同富裕 妇联有你”——浙江省第六届“妈妈的味道”活动文成县分会场活动，开展“妈妈的味道”乡村美食集市10场，吸引3682人次参加，深化和丰富“乡村振兴巾帼行动”内涵。

【巾帼文明岗创建】 2021年，县妇联召开省级巾帼文明岗申报岗考核会暨岗长综合素质提升培训会，引导女职工立足本职建功成才，推动巾帼文明岗创建活动提质扩面；创成省级巾帼文明岗3个、市级巾帼文明岗2个，深化“巾帼建功”活动；市级巾帼文明岗文成县政务服务中心公安窗口成功办结全市首例因投资纳税落户的浙商华侨户口。

【妇儿关爱帮扶】 2021年，文成县颁布实施《文成县妇女发展“十四五”规划》《文成县儿童发展“十四五”规划》，全面健全特殊困境妇儿关爱帮扶机制，更高层次、更广领域促进妇儿事业与经济社会协调发展。

【“芳邻守望”公益计划】 2021年，县妇联探索“侨留守”服务机制，通过县、镇、村3级共建，联合各级乡贤联谊会和侨联，实现信息互通、联动互助、协力服务的良好暖“侨”护“侨”局面；依托“大明通宝”“双邻里空间”等数字化平台，通过联合相关部门、引进社会资源、整合活动阵地等加强联动协作，以“芳邻志愿者”爱心超市、邻里口袋公园等创新方式在南田镇武阳村、百丈漈镇石庄村、峃口新联村探索“线上+线下”关爱“三留”人员新模式，推进“芳邻守望”数字化改革。

【中华人民共和国妇儿维权服务】 2021年，县妇联线上线下开展《中华人民共和国民法典》《中华人民共和国妇女权益保障法》《中华人民共和国反家庭暴力法》《中华人民共和国未成年人保护法》等法律法规和男女平等基本国策宣传活动216场次，受益群众66720人次；开展典型案例专题片“六送”活动，邀请法律专家、家事婚姻调解员开展释法说理活动42场次，受益群众7300人次；开展“女童保护”进校园活动15场次，受益学生902名。

【家庭建设】 2021年，全市首个闭环式家庭综合服务小区探索试行，开展亲子阅读、亲子书法、亲子朗诵、亲子手工、家庭心理健康、家庭风采、家庭公益等系列活动30余场；探索“主阵地+微阵地+社会组织”三位一体模式，强化资源整合、功能融合，开展送学进校园、进小区、进儿童之家等服务，发动各级妇联组织、社会组织、巾帼志愿者开展益智课堂、手工制作、知识讲座、亲子活动等形式多样的课程20余场，助推“双减”政策落地生根；创新建立“最美家庭”共享联盟，文瑞两地实现最美礼遇共享；开展“百场幸福课堂”进社区、学校、机关、家庭家教家风宣讲进基层等系列活动30

2021年3月6日，全市首个闭环式家庭综合服务改革试点启动仪式在文成举行(县妇联提供)

余场，弘扬“爱国情”“好睦邻”“赤子情”“清廉风”等本土传统家风家训；开展“百个家庭公益行”“颂党恩 传家风”“百首红歌我来唱”等系列活动，将社会主义核心价值观落小落细落实，以好的家风支撑起好的社风；启动“一站式”家庭综合服务，成立县妇联家庭综合服务中心，与温州第七人民医院签订儿童青少年心理健康服务合作项目，打造“一对一”家教咨询等服务品牌，为50个家庭提供心理健康、亲子关系调适等服务；推进“最美家庭双联盟双服务”，链接15户爱心单位为120户“最美家庭”提供礼遇服务；推进儿童之家建设，34个儿童之家完成规范化建设并投入使用，基本实现乡镇和重点村（社区）全覆盖，其中3所儿童之家获评省级示范性儿童之家，16所儿童之家获评市级示范性儿童之家。

【聚力基层治理】 2021年，县妇联推进“家事化解服务一件事”数字化改革，新增2个服务项目清单，在巨屿镇试点探索数字化、全闭环、全联动的家事化解服务新体系，推动数字化维权服务向基层延伸，助力基层治理；完善升级“1+5+N”家事纠纷预防化解机制，“丽姐工作室”成功入驻县公安局、常态化入驻法院，获评浙江省婚姻家庭纠纷化解品牌工作室；全年调处823件，为10名妇女申请法律援助，开展心理咨询427次，为35位涉调困难妇女提供就业指导，为81位困难姐妹送上救助金。

【巾帼志愿服务】 2021年，全县组建17支“鹤城大姐”服务总队，453支服务分队，1.5万名“鹤城大姐”活跃在城乡，助力中心工作；“鹤城大姐”为期4天的护航高考志愿服务受广大群众点赞，事迹在新华网、温州新闻等媒体报道；“鹤城大姐”志愿服务队获省市领导点赞、社会好评和群众口碑，被评为浙江省20佳平安类社会组织。

【抗击疫情】 2021年，新一轮疫情来袭，县妇联机关迅速行动，组建100余人的巾帼志愿者疫情防控机动队；召集12名精干心理咨询师组成心理咨询服务队并开通服务热线；发动各级妇联执委、女网格员、巾帼志愿者、最美家庭等3000余人次投入战疫；县妇联领导班子深入县级防疫服务点以及珊溪、南田、巨屿等乡镇村社防疫服务点，指导慰问抗疫一线的工作人员和巾帼志愿者，为一线工作人员、隔离点、卡口送去面包50余箱（袋）、泡面60余箱、八宝粥60余箱，口罩1000余个，暖宝宝800余个，其余牛奶水果等物资20余箱。

【先进名录】

先进个人一览表

表14

姓名	荣誉名称	发文时间	授予部门
毛爱珠	浙江省最美巾帼新农人	2021.1	省妇联、省农业农村厅

先进集体一览表

表15

序号	单位名称	荣誉名称	发文时间	授予部门
1	文成县政务服务中心公安窗口	温州市巾帼文明岗	2021.4	温州市人民政府妇女儿童工作委员会
2	国网文成县供电公司南田供电营业厅			

续表15

序号	单位名称	荣誉名称	发文时间	授予部门
3	文成县妇联	2020年度落实全面从严治党主体责任工作优秀单位	2021.2	中共文成县委、县政府
4	文成县妇联	2020年度工作目标绩效考核优秀单位		
5	文成县妇联机关党支部	2020年度文成县先进基层党组织	2021.6	中共文成县委
6	文成县妇联	2020年度文成县清廉机关	2021.3	中共文成县委直属机关工委
7	文成县“丽姐工作室”	浙江省婚姻家庭纠纷化解品牌工作室	2021.3	省妇联
8	刘化民家庭	浙江“最美家庭”	2021.10	省妇联

（朱陈潇）

科学技术协会

【概况】 2021年，文成县科学技术协会围绕全县中心工作，不断提高“四服务一加强”工作能力，继承创新、拓展提升、精准发力，充分发挥科协人才和科普网络作用，紧密团结全县科技工作者为全县经济社会建设服务，开展科技下乡、科技培训、服务“三农”等科普活动，推动科普进农村、进社区、进学校，全面提升科协服务能力。

【党史学习教育】 2021年，县科协开展党史学习专题教育活动，采取理论学习中心组学习、主题党日等形式切实加强干部思想作风教育，坚持教育与实践并重，通过多种形式，使学习教育贯穿始终，学做在日常，确保党史学习教育有序开展、扎实推进。开展“学党史，悟思想，献礼中国共产党成立100周年”知识竞赛活动3期，“弘扬革命精神 传承红色基因”祭奠英烈活动1次，组织全体党员开展“读党章、学党史”“学党史、悟思想、明方向”“学党史、感党恩、当先锋”等主题党日活动9次，开展专题学习研讨5次，集中学习12次，上党课3次，开展百年党史知识测试1次，为民办实事6件。营造浓厚舆论氛围，上报发表相关信息30篇，其中被党史学习教育简报录用1篇，文成发布录用1篇，文成新闻网录用7篇，浙江省科协录用19篇，中国科协录用1篇。

2021年5月24日，中科院老科学家科普报告团到文成实验二小开展科普讲座（县科协提供）

【"青科会"文成分会】 2021年，青科会文成分会成果丰硕，文成县政府与全国老龄委健康科技研究所签约，达成关于共建乡村振兴科创研究院的框架协议，双方充分发挥各自的科技人才优势和生态优势，提升文成县科技创新供给能力，促进文成县科技与产业深度融合，加速农业科技成果转化。继续做好其后半篇文章，推进成果落地，糯米山药产业发展良种繁育完成集中育苗；编制茶产业发展规划，完成一期周山畲族乡茶产业技术人才培训；确定珊溪望湖杨梅基地和红枫林杨梅基地为试验示范基地，开展相关试验等。聚焦"科技"与"青年"关键，以科技创新引领经济社会发展为总目标，立足文成实情，结合文成区域和产业优势，经过多方沟通协商后确定全年青科会文成分会主题为"生命健康"和"青年与未来"，与浙江省创意设计协会合作制定活动方案，但由于疫情关系，青科会文成分会延期举办。

【科普品牌活动】 2021年，县科协落实《全民科学素质行动计划纲要》，发挥组织的网络优势和人才优势，举办2021年"科普大讲坛"系列科普活动，旨在提高文成各类重点人群的科学文化素质。举办中医健康讲座1场，邀请到原中医药大学校长肖鲁伟作《自然养生观下的健康管理》专题讲座，县党政机关、各乡镇、企事业单位领导，离退休人员及中层干部，社区志愿者等近200人参加；举办中科院老科学家科普团讲座进校园活动6场，邀请中科院科学家刘大禾、潘习哲走进县实验小学、实验二小、实验三小，为同学们带来以《物理学趣谈》《航天遥感与现代战争》为题的精彩的科技讲座，激发孩子们探究科学的热情。

2021年5月11日，以"防范化解灾害风险 筑牢安全发展基础"为主题的防灾减灾日宣传活动在茗湖新区举行(县科协提供)

【科普宣传活动】 2021年，县科协在科普活动周、科技工作者日等期间，组织成员单位通过宣传板报、科普图展、知识竞赛、科普进文化礼堂等活动载体向居民群众普及科技、防疫、健康等知识，发放相关科普资料3000余份、蔬菜种子500包，展出展板50余块。中国第13个防灾减灾日期间，开展以"防范化解灾害风险 筑牢安全发展基础"为主题的防灾减灾日宣传活动，通过设置防灾减灾的宣传展板及咨询台，结合科协自身业务工作，向参加现场的居民进行防灾减灾方面知识的宣传和答疑，发放防灾减灾宣传品等资料1000余份。举办以"创新·体验·成长"为主题的文成县第二十二届青少年科技创新大赛，推动青少年科技活动的蓬勃发展，培养青少年的创新精神和实践能力，提高青少年的科技素质。评出一等奖54项(篇)、二等奖101项(篇)、三等奖179项(篇)。

【科普专项行动】 2021年，县科协联合县老干部局、县移动公司、县建设银行等开展“银龄跨越数字鸿沟”科普专项培训，重点讲解如何使用“健康码”、连接Wi-Fi、普及手机防诈骗等知识，使中老年人更熟练地使用智能手机，丰富老年生活，全年培训23期，培训1414人次。微信公众号开设线上数字银龄，通过图文并茂及视频课程宣传4701人次，通过线上线下解决老年人在运用智能技术方面遇到的困难。

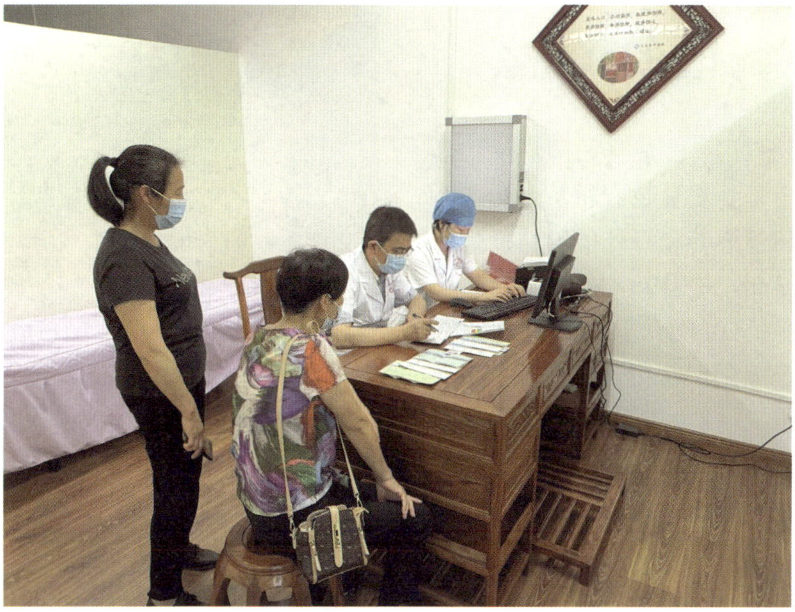

2021年5月17日，省中医药学会专家在县中医院开展“健康惠民”义诊活动（县科协提供）

【新媒体科普】 2021年，文成县拥有一支962人的“科普中国”信息员队伍，每月平均转发科普中国信息80余万篇，14个乡镇传播343万余篇，位居全省区县级城市传播排行榜第三名，稳居温州地区第一名。县科协以数字化改革为牵引，推进整体智治综合应用建设工作初显成效，培养一批高素质科普宣传服务骨干，推动全县科普事业健康发展。发挥“大众爱科普”微信公众号科普主阵地作用。针对社会热点和舆情问题，及时挖掘，精准定位，全年发文776篇，阅读总人数136917人次，总关注人数10258人。整合线上线下科普资源，实现微信在线报名，开展科普知识有奖竞猜、在线竞答等活动。

【三服务】 2021年，县科协联合县卫健局、县科技局等相关单位开展了一系列“三服务”活动。邀请浙江省中医药学会专家在县中医院开展“健康惠民”义诊活动，为近100名群众提供诊疗服务；邀请省科技特派员王友明、荆宝德、徐大伦等组团到文成的田间地头开展“三服务”助企解难题活动，指导帮助企业解决10余个实际问题，帮助指导企业申请市级科普示范基地，获得服务企业的高度认可。关注群众所需所盼，开展“科技惠农”党建联盟科普活动，通过免费义诊、校长名师现场送画、科普解说等丰富多彩的活动，让群众在活动中有实实在在的收获。

【乡土人才培育】 2021年，县科协根据《关于组织开展文成县“重大人才工程”申报工作的通知》（文委人办传〔2021〕1号）文件精神，发动组织开展文成县杰出乡土人才和第六轮优秀乡土人才评选活动，评选出杰出乡土人才8人（其中农业种养殖类6人，农产品营销及其他类2人）、第六轮优秀农村乡土人才28人（其中农业种养殖类15人，农产品营销及其他类7人，旅游类3人，非遗类3人）。

【科普阵地建设】 2021年，县科协建设农村科普示范基地以点带面，榜样示范，激发广大农村基层科普组织和科普工作者的积极性、创造性。全年指导新建市级科普示范基地3家，复审5家。举办服务产业创新驿站授牌仪式，开展实用技术培训6期，400余人次。

（孟安清）

归国华侨联合会

2021年7月7日，省侨联党组书记、主席连小敏(前排左三)到文成调研(县侨联提供)

【概况】 文成县归国华侨联合会是县委县政府联系全县广大归侨侨眷和海外侨胞的桥梁和纽带，是县政协组成单位之一。2021年，县侨联有事业参公编制6名，下设办公室、联络维权科2个内设机构，下属事业单位1个——文成县侨联服务中心，事业编制2名。县侨联坚持以侨为本，以"国内与海外、新侨与老侨并重"为工作原则，将党史学习教育贯穿全年工作，开拓创新、笃行实干地完成各项工作。召开第九届侨代会，打造为侨"全球通"数字化场景应用。先后被评为"全国侨联系统助力脱贫攻坚先进集体""浙江省侨联系统先进集体"。

【第九次归侨侨眷代表大会】 2021年7月8日，文成县第九次归侨侨眷代表大会在县府礼堂举行。省侨联党组书记、主席连小敏专程到会指导并讲话，刘中华、罗招政、郑建华、刘金红、季昌丰、毛伟新等县四套班子领导及市侨联党组成员、副主席钟林琪出席会议。会议选举产生文成县第九届委员会，由新一届委员会选举产生新一届县侨联领导班子，赵丽春当选县侨联主席，赵东者、刘双燕当选县侨联副主席，蔡芳芳当选县侨联挂职副主席，刘双燕当选县侨联秘书长(兼职)。会议还选举出10名兼职副主席、35名常务委员，聘请10名县侨联第九届委员会名誉主席、41名国内外顾问和24名海外委员。

【党史学习教育】 2021年，县侨联贯彻落实党史学习教育工作部署，开展党史学习教育各项活动。发动重点侨乡镇力量，沟通祖籍当地的侨界重点人士，开展"对话百年，跨越时空的一封信""侨家乡变化 话慢城发展"等一系列党史学习活动。以服务华侨文教公益事业为支点，深化为侨服务党建联盟，为玉壶镇小200余名"侨守孩"点亮"微心愿"。组织17个乡镇侨联和13个侨团100余位侨界人士到县官山背革命烈士陵园举行侨界清明公祭英烈活动。整合16名在文成知名归侨侨眷、青年党员力量，打造新时代"硬核"海外宣讲团，助力党史学习之风吹向海外。

【数字化改革】 2021年，县侨联按照数字化改革"三张清单"逻辑，聚焦国家统战需求和华侨办事需求，采用市县共建模式，率先探索，着力打造以数字驾驶舱、管理端、服务端"一舱两端"为总体架构的"侨乡"特色场景应用——为侨服务"全球通"2.0，并于8月20日上线"浙里办"，整个场景应用共涉及22个牵头部门、45个协同部门，131项高频急难办理事项，主要有"政务服务、舆情信息、阵地管理、权益保障、文化交流"五大模块，旨在通过将数字化改革延伸至海外，让"数字化改革"红利惠及更多海外侨胞。省委书记袁家军到文成调研考察为侨服务"全球通"平台时，给予高度肯定并作出重要指示。“全球通”远程办事系统被中共浙江省委统战部列入首批全省统战系统重点培育应用场景目录，入选2021年度“浙江省侨联最具影响力工作”，为侨服务全球通（数字侨务）应用场景团队被评为2021年文成县第二季度铁军锻造工程“破难先锋”团队。

2021年6月25日，县侨联党支部到玉壶镇裕山村开展“双报到双服务”活动（县侨联提供）

【招侨引侨】 2021年，县侨联摸清底数，完善海外人才数据库，库内共108人，其中博士62人。开展“三服务”活动，由县侨联班子成员分别带队走访慰问刘洪波家属、胡植柱等20余户侨才及其家属，传达关心和慰问，掌握高层次人才回归意向和工作诉求30条。召开海外人才走归、留学人员沙龙、“双招双引”等线上线下座谈会5次。建成由25名党政人才、专业人才、优秀企业家等多元主体的侨才创业创新导师团队伍。聘请吴步双等13名知名侨领为招才大使，为集聚更多人才到文成创新创业做好引才荐才工作。依托为侨服务全球通应用场景，为返乡人才提供政策、法律等服务。

【弘扬文化】 2021年，县侨联联合温州大学侨务公共外交研究所分别在玉壶、百丈漈成立温州大学华侨华人调研基地、华侨学院华文教育基地，研究侨史并发扬光大。统筹利用县实验二小、周南小学优秀师资力量，为135名侨宝开展主题突出、形式多样的“亲情中华”侨界留守儿童快乐营活动，缓解和弥补侨界留守儿童家庭缺失问题。疫情影响下，联合意大利米兰华侨中文学校等8所海外中文学校发动400余名海外学员参与网上夏令营，以动漫片、书法、剪纸等“云端”授课以及邀请网红主播“云”看文成山水美景、寻根民俗文化的形式，带领侨界新生代走进侨乡文成，传承中华文化红色基因。

2021年7月13日，“亲情中华”侨界留守儿童快乐营文成县周南小学分营正式开营（县侨联提供）

【为侨服务】 2021年，县侨联联合检察院、法院、派出所等“为侨服务”党建联盟单位，为22名家庭困难侨守孩点亮“微

2021年7月8日，文成县第九次归侨侨眷代表大会代表合影（县侨联提供）

心愿”，送上书包、芭比娃娃等小物件，落实“暖侨安侨护侨”十大行动，通过“代侨拜年”“双报到双服务”等活动，走访慰问25名老党员，525户困难归侨侨眷以及318户子女因疫情无法回国的侨胞亲属。发动各基层侨联力量，开展侨法宣传暨反诈骗宣传进社区、进学校、进侨企活动12次，普法课堂3场，发放宣传单3000余份。协助出台《关于推进侨乡儿童权益保护协作机制建设的实施意见》，为近200名“侨守孩”开展远离校园欺凌、防范性侵害等普法教育。利用端午、中秋等重大节假日，组织班子成员赴隔离点慰问返文隔离华侨，慰问因新冠肺炎后遗症发作病逝的侨胞家属。

【组织建设】 2021年，县侨联召开全县侨联系统社会信用代码证赋码工作推进会议，组织基层专干开展专题培训，督促落实，全面推行，完成12个乡镇（社区）侨联的办理，实现重点乡镇（社区）侨联组织赋码全覆盖。强化“统战委员+侨联主席+侨联专干”的组织保障，整合党群服务中心、银行系统驿站等，新建1个县级侨胞之家，1个镇级侨胞之家（南田镇），2个社区侨胞之家（朱雅社区、东溪社区），2个新社会组织（农商银行玉壶支行、中国银行玉壶支行）和1个新社会组织侨联（农商银行联社侨联）。

（叶惠惠）

工商业联合会

【概况】 2021年，文成县工商联内设办公室和会员服务中心，会员服务中心挂“文成县民营企业家健康成长促进中心”牌子。专职工作人员7名，其中行政编制4名，事业编制3名。县工商联主席1名（民营经济人士），常务副主席1名，专职副主席兼秘书长1名，兼职副主席9名（民营经济人士），常委33名（其中民营经济人士27名），执委85名（其中民营经济人士66名），团体会员21个。

【强化思想政治引领】 2021年，县工商联聚焦“温商永远跟党走”主题，开展中国共产党成立100周年系列活动。组织商协会开展“百首爱国歌曲我来唱”活动和到嘉兴南湖开展“传承红船精神·重走红色革命路”主题活动。聚焦素质能力提升，组织工商联业务骨干和会员企业家参加2021温州民营经济人士理论研修班，提升政治理论水平和业务能力。聚焦宣传党的十九届六中全会精神，召开部分政协界别民营企业家学习党的十九届六中全会精神座谈会，到巨屿镇商会、县电工协会等10个商协会宣讲党的十九届六中全会精神。

【开展政企互动】 2021年，县工商联联合县税务局、科技局、经信局等部门，落实政企恳谈机制，先后召开主题为“便民办税春风行动”“科技自立自强促发展”“融入新格局、助力双循环”等3期“亲清直通车·政企恳谈会”，涉企部门负责人与企业家面对面座谈，了解企业所需所盼，梳理出共性、个性涉企问题21个，解决率100%。12月，市工商联为县工商联会员企业浙江德卡控制阀仪表有限公司授牌“亲清直通车联络站”。“亲清直通车”成为工商联系统服务“两个健康”、畅通政企互通渠道、帮助民营企业解决困难问题、反映民营企业意见诉求的重要平台和有效载体。

【打造共同富裕】 2021年，文成县工商联贯彻落实《关于充分发挥工商联职能优势助力26县跨越式发展专项行动方案》，上下对接、合力推进助力举措落到实处。5月份，省工商联带领15家省工商联执委企业，到文成开展知名浙商助力文成跨越式发展活动。8月份，在助力文成县乡村振兴产业发展公益项目启动仪式上，新湖集团与县工商联、西坑畲族镇西坑民族村、二源镇湖田村代表签署合作协议。第一期出资180万元，资助中蜂养殖和金丝皇菊种植加工产业。12月份，瑞安市工商联带领16家企业到文成县开展山海协作交流考察活动，实地考察二新商业旅游便民综合体、吴岭村民宿、刘基故居寻幽探秘等9个项目，为两地合作打下坚实的基础。

【平稳有序完成换届】 2021年，县工商联为充分发挥工商联的组织网络优势和企业家资源优势，引导民营企业当好经济建设的主力军和共同富裕排头兵。换届前，县工商联提高政治站位，专题组织学习《关于加强和改进民营经济代表人士综合评价工作的意见》等换届文件精神，严格按照《县工商联（总商会）换届工作的实施意见》，把好“政策关”“人选关”“年龄关”，对“四类人选”，严格确定基本条件、划出“十个一律”红线。11月5日，县工商联（总商会）完成换届选举工作，大会选举产生新一届执行委员会委员85名，常委33名，领导班子16名。通过换届，工商联领导班子结构进一步优化，整体素质明显提升，组织的凝聚力向心力显著增强，聚力共同富裕的能力不断提高。

【履行社会责任】 2021年，县工商联大力弘扬优秀企业家精神，推动民营企业家履行社会责任。组织执委企业开展秋季学期爱心助学活动，为10余个家庭捐赠85000元助学金。组织商协会开展结对帮扶困难学子活动，详细了解困难学子生活、学习状况，送上助学“红包”。在中秋佳节来临之际，组织执委企业为结对帮扶的60户低收入农户送去节日慰问金和中秋祝福。为支持民族地区教育事业发展，县广告协会带着援助资金和校服赴黄坦镇培头小学开展慰问活动。把疫情防控作为检验党史学习教育成效的主战场和“我为群众办实事”的具体行动，全力以赴抗击疫情。12月12日，向全县基层商（协）会、广大民营企业家，发出《发挥工商联职能作用，为坚决打赢疫情防控阻击战贡献力量》的倡议。12月22日，前往国

2021年5月，县工商联开展知名浙商助力文成跨越式发展活动（县工商联提供）

2021年11月5日，工商联(总商会)第八次会员代表大会召开(县工商联提供)

际大酒店、鑫悦大酒店、万豪酒店等3个医学集中隔离观察点，为战斗在防疫一线的工作人员送去温暖和保障。新生代企业家联谊会秘书长林加安发动雷霆救援队80余名队员，全天候守护在文成驿站等重要卡点，对来往车辆人员进行监控检测登记。

【“清廉民企”建设】 2021年，县工商联在清廉民企建设上积极探索、发挥职能作用，努力推动“政”“商”双向发力、同频共振。向执常委下发《清廉民企倡议书》，引导广大民企做廉洁风尚的引领者、清廉民企的践行者、清廉社会的助力者。针对全县民营企业发展现状，确定浙江德卡控制阀仪表有限公司、文成县天顶湖生态农庄、文成县万喜精密铸造有限公司等民企作为清廉民企建设示范点，带动引导民营企业积极参与“清廉民企”创建。联合县纪委起草《关于加快推进文成县“清廉民企”建设的实施方案》，牵头推进清廉民企建设，推动民营企业打造清廉企业文化，强化民营企业家的教育引导。邀请县法院、检察院、公安局、司法局等法律部门为民营企业上“清廉党课”20余次，引导企业家牢固树立廉洁从业的纪律意识，坚决筑牢拒腐防变的防线，抵制职务犯罪，让纪律这条“高压线”成为保护自己的“警戒线”。

(朱刘力)

文学艺术界联合会

【概况】 2021年，文成县文学艺术界联合会是参照公务员法管理的事业单位，编制6人，内设1个科室(办公室)，1个下属事业单位(文成县文学艺术界联合会创作研究中心)。

【文联全委会】 2021年1月11日、11月11日，分别召开文联全委会。会议学习贯彻党的十九届六中全会精神、“习近平总书记在浙江考察时的重要讲话精神”专题学习会精神、省市委文化工作会议精神，坚定文化自信，牢牢把握社会主义先进文化前进方向。

【文艺座谈会】 2021年12月31日，在融媒体中心8楼会议室召开，会议内容参加学习省委宣传部贯彻习近平总书记在中国文联十一大、中国作协十大开幕式上的重要讲话精神工作部署视频会议。

【经济责任审计】 2021年，县文联开展经济责任审计工作。3月12日至4月15日，配合审计局开展2018年至2020年单位负责人经济责任履行情况审计工作。对《审计报告征求意见书》提出的主要问题、处理处罚意见及责任认定进行整改落实。

【文艺精品创作奖】 2021年，县文联对申报材料进行整理、筛查和初评，根据2020年度修订的《文成县文化精品创作生产扶持奖励实施办法》进行初审、复审、终审等多轮审核。在宣传部的召集下，与文广旅体局、广播电视台、社科联等部门联合评出2020年度第十二届文化艺术精品创作奖，其中获得省级及以上作品奖励84人，市级及以上会员26人，重点题材(活动)扶持项目7个。

【第五届中国“刘伯温诗歌奖”大赛】 2021年2月22日，在《诗刊》杂志社、中国诗歌网等微信公众号、网络媒体刊发征稿启事。大赛收到全国30个省(自治区、直辖市)有效应征稿件33239首(组)。评审工作完成，计划12月在文成举行颁奖典礼，因受疫情影响，颁奖典礼延期再举行。

【“庆祝中国共产党成立100周年”系列文艺活动】 2021年，县文联举办建党百年主题征文。3月12日，发布“我的红色记忆——庆祝中国共产党成立100周年”主题征文文件。历时2个多月的征集，收到稿件260件，60余篇优秀作品获奖。在县博物馆举办“情系党恩　力创精品”建党百年根艺精品展，展出根艺精品100件，推动文成县红色文化产业发展，促进根雕艺术创作交流与传承发展。开展全国书法名家走进文成，6月23日至25日，“百年华诞　艺心向党”全国书法名家走进文成，在百丈漈下石庄村开展创作和书法辅导讲座。举办文成县书法美术摄影作品展。7月27日至8月31日，在县博物馆举办“百年华诞　艺心向党”文成县书法美术摄影作品展。展出艺术作品100幅，其中书法作品35幅，美术作品30幅，摄影作品35幅。艺术家们用饱满的政治热情和精湛的艺术手法，生动展现中国共产党百年奋斗的光辉历程。

2021年7月27日，“百年华诞　艺心向党”文成县书法美术摄影作品展在县博物馆开幕(县文联提供)

2021年7月7日，“一片冰心在玉壶”全国诗书画名家文成行活动在玉壶等地举行(县文联提供)

【“一片冰心在玉壶”全国诗书画名家文成行活动】 2021年7月7日至11日，在玉壶、南田、周山等地开展“一片冰心在玉壶”全国诗书画名家文成行活动和音乐诗歌晚会。诗人、书画家们深入侨韵玉壶·国际慢城采风，走访玉壶水巷炊烟、玉壶国际化旅游风情街、芝水街、古村李山等地采风创作，现场写生创作书画作品。走访刘基庙、安福寺等文化古迹，领略“中华第一高瀑百丈漈”的自然

2021年7月22日,“秀岭归云”王素柳回乡山水画展在问道刘基馆举行(县文联提供)

风光。通过采风创作,诗人、画家们对文成的人文历史有更亲密的接触和更深入的了解。

【“秀岭归云”王素柳回乡山水画展】 2021年7月22日至8月8日,在纪念刘伯温诞辰710周年之际,画家王素柳受邀回文成举办画展。展出作品76件,有官扇、条屏、立轴、绢卡等,其笔下山水园林静穆、清朗、色彩雅致,彰显来自传统的山水功底,又有强烈的时代气息,令人观之如微风拂面,给人美的享受。

【浙江诗人刘伯温故里行采风活动】 2021年9月10日至12日,2021·浙江诗人刘伯温故里行采风活动在文成举行。诗人们在百丈漈举行“百丈漈之夜”诗歌朗诵会。40余位诗人、作家深入文成百丈漈、刘基故里、安福寺、岩庵等景区采风,《浙江诗人》杂志专栏刊发“文成采风小辑”。

【艺术乡建】 2021年,县文联带领文艺工作者深入生活、扎根基层,挖掘人文资源,积淀文化底蕴,把文艺与美丽乡村建设有机结合起来,为乡村振兴聚力赋能。10月28日,组织20余名文艺家赴周山畲族乡采风创作。文艺家们以文学、书画、摄影、音乐等形式展现周山乡畲族文化、地方特色、民宿开发等,促进乡村旅游业发展,实现农村共同富裕。

【文学创作】 2021年,慕白诗歌《傍晚的扎鲁特》荣获第四届“平乡好人杯”全国新诗大奖赛一等奖;诗歌《金仓湖怀古》获《上海文学》全国征文三等奖;多首诗歌在《民族文汇》《长白诗世界》《牡丹》《天津文学》《上海文学》《中华辞赋》等刊物发表。陈挺巧、岚亮、富健旺、张嘉丽等作家在《文学港》《散文选刊》《海燕》《浙江作家》《浙江诗人》等刊物发表30篇(首)小说、散文。胡斌、郑杨松、翁仞袍、吴瑾等作者诗词在《中华诗词》《中华辞赋》《浙江诗联》《浙江诗联选粹》等刊物发表。

【书法作品】 2021年,雷忠义书法作品入选“陆维钊奖——浙江省第九届中青年书法篆刻展”。陈丕欢、郑光、郑文玲书法作品入选“艺心向党”浙江省行书百家展。陈丕欢、郑光书法作品入选“问道金庭”浙江行草书百家作品展。郑光、胡玉胜书法作品入选“艺心向党　浙江书法篆刻刻字700家主题创作大展”。胡玉胜书法作品入选浙江省刻字百家展。第七届浙江省刻字艺术大展,胡玉胜、郑王芳、张银银、张欢欢、王芳、吴丽丽、王峥、蔡晓丰书法作品入选,蔡晓丰获新人奖。郑蕊书法作品入选浙江省第一届大学生书法篆刻大展作品展。“红色印记”温州书法篆刻展,郑光书法作品获提名奖,雷晓微、钟金锋入选。郑书浩书法作品获第十届上海花博卉书法大赛提名奖、第二届麻姑山全国颜体书法大展优秀奖、福建省庆祝中国共产党成立100周年宜居乡村生态文化书画大展优秀奖。

【美术作品】 2021年，雷斌美术作品《午后暖阳》入选浙江省第十六届水彩粉画展。王依雅美术作品《繁空录·徽宗皇后冠》获“丝路·新纽带——中国画青年扶持计划双年展”金奖。张玉瑶米塑作品《海鲜大杂烩》入选温州市“东欧艺韵”民间艺术展，瓯绣作品《花卉》《梅兰竹菊》入选温州市“东欧艺韵”民间艺术展。罗挺美术作品《景致》入选温州市百名美术家文化惠民基层展。

【摄影作品】 夏肇旭摄影作品《山雨》入选第四届全国青年摄影大展。王健摄影作品《大山里的“跨越”发展》入选第十届全国农民摄影大展。邢万方摄影作品《现代杨梅山》入选中国第三届扶贫公益摄影大展。胡立雷摄影作品《深山采蜜直播》（组照）、《滑雪场》入选第二届高帆杯“行走中国”全国摄影大展。雷尔锔摄影作品《遂昌的仙本那》入选“万物开源·遂昌”全国摄影大展。胡立雷、陈琪、雷尔锔、吴爱媛摄影作品入选“古堰画乡杯”瓯江行摄影大展。金求真摄影作品《柿子熟透了》入选第三届“尼康视界”全国摄影大展。金求真《乡村秋色》、赵建斌《中意友好，记录美好》摄影作品入选第五届世界华人华侨摄影展。吴志伟《登高望远看七都》、黄成标《七都之桥》（组照）摄影作品入选首届“诗意瓯江、幸福鹿城”全国摄影作品展。胡立雷《水墨仙桥》（组照）、雷尔锔《远眺》摄影作品入选仙溪“千年古镇、全域新貌”全省摄影大赛。黄成标《经济开发区学校》、赵玉红《自动化流水线上的操作》（组照）摄影作品入选“电力之窗、科技高地”全省摄影大赛。

【音乐】 2021年，朱茜茜、叶丽君、陈梦洁、赵瑞娜等表演的“庆建党百年 享美好生活”浙江省第二十届群众音乐大赛无伴奏合唱《山里妹子去喊山》获银奖。胡田歌获第九届国际声乐公开赛浙江赛区中国艺术歌曲组第三名，温州市第十八届群众声乐大赛美声组第五名，温州市歌坛争霸赛“优秀歌手”。梅莹莹获第八届香港国际音乐节金奖。原创歌曲《生命之舞》荣获温州市第九届音乐新作大赛创作铜奖。原创作品《破茧》获温州市第三十三届中小学艺术节微电影比赛初中组二等奖。叶晨鸣获温州市首届青少年流行音乐大赛高中组第一名，第三届温州流行音乐年度最佳男新人入围奖。

【朗诵】 2021年，丁子予、马灿、郑可涵等6人参加浙江省经典诵读比赛荣获一等奖，参加温州市艺术节朗诵比赛《雕像红杜鹃》荣获一等奖。邢涛获浙江省“学党史、强信念、跟党走”党史宣讲比赛总决赛三等奖。温州市经典诵读比赛，陈飞飞、赵孟姬分别获教师组二等奖、三等奖。江丽君获温州市中心支行“学好党史国史 讲好央行故事”理论宣讲比赛优

2021年10月28日，县文联文艺家到周山畲族乡采风（县文联提供）

胜奖。叶婷婷获温州市农业农村局演讲比赛三等奖。第二十一届温州市少儿文艺大赛朗诵比赛，郑雨点、刘晨洋获小学低年级组三等奖；中学组，苏展鹏获一等奖，刘莼、郑瑶瑶获二等奖，程温岚获三等奖。

【根雕作品】 2021年，中国共产党成立100周年浙江（绍兴）工艺美术展根（木）雕创新大赛，林伟明根雕作品《百折不挠》获金奖，胡志款《翻身不忘共产党》获银奖，苏化水《问禅》、胡仁耀《闻一多》获铜奖。中国义乌第十四届森博会（中工杯）木雕创新大赛，林伟明根雕作品《精神与意志的较量》、周岳园《负重前行》获银奖，夏贤忠《傲视》、胡志款《媚》获铜奖。

【协会管理】 2021年，县文联指导协会换届，加强财务管理。11个协会顺利完成换届工作，产生新一届班子成员。审核协会近年账目，印发《文成县文艺家协会财务管理制度（修订）》文件，要求协会根据新修订财务管理制度对不规范账目进行整改。

【文艺惠民】 2021年，县文联开展迎新春送文化下乡惠民活动。1月26日、1月27日、1月28日、2月7日，组织书法、摄影等协会分别在百丈漈镇下石庄村、周山畲族乡包山底村、玉壶镇中村村、南田镇等地开展“送福送笑脸”文化惠民活动。

（郑碎珍）

残疾人联合会

【概况】 2021年，文成县残疾人联合会根据全国残联信息化服务平台统计，至2021年底全县办理二代残疾人证的在册残疾人8815人，其中视力残疾人770人，听力残疾人823人，言语残疾人143人，肢体残疾人4491人，智力残疾人896人，精神残疾人1302人，多重残疾人390人。县残联机关有正式工作人员11人，其中残联5人，残疾人事务管理服务中心6人。

【残疾人康复中心建设】 2021年，县残联加快残疾人康复中心（启智实验学校）项目建设，紧盯项目节点，12月30日完成钢结构主体结构建设。

【残疾人惠残政策工作】 2021年，县残联全面落实困难残疾人生活补贴、重度残疾人护理补贴2项补贴制度。全年补贴受益人数8376人次，发放补贴资金约1959.78万元，困难残疾人生活得到进一步的保障。开展残疾人免费个性化意外伤害保险制度，覆盖面100%。落实残疾人参加新农合和城镇居民医疗保险费由政府代缴的优惠政策，实施自主就业残疾人职工养老保险补助政策。抓好残疾人教育工作，落实残疾学生及残疾人家庭子女助学补贴，做好一对一送教上门服务，对全县残疾学生（含贫困残疾人家庭）给予助学补助120人。

2021年3月23日，文成县残联党支部牵头开展“暖心帮扶”党建联盟活动（县残联提供）

【残疾人就业扶贫工作】 2021年，县残联拓展残疾人就业创业平台，扶持残疾人多种形式就业。全年全县残疾人种养示范大户20家，辐射带动残疾人就业123人，福利企业8家，集中就业残疾人243人，残疾人享受一次性就业创业、贷款贴息、自主就业养老保险等就业帮扶人数172人。开展残疾人各类技能培训129人，提升残疾人技能水平，提高创业、就业能力。加大残疾人基地补助力度，开展残疾人各类技能培训，组织残疾人参加省、市残联举办的残疾人书画摄影、中式烹饪、拼接布艺、茶艺、插花、盲人保健按摩讲座等各种培训项目，提升技能水平。对未按比例安置残疾人就业的用人单位，继续实行地税代征、财政代扣的残疾人就业保障金征收工作，做好残疾人就业保障金的规范管理和使用。

2021年12月29日，副省长王文序（前排中）到文成调研残疾人共同富裕工作（县残联提供）

【残疾人康复服务】 2021年，县残联实施白内障患者免费复明手术，适配低视力患者助视器，开展0～8周岁儿童抢救性康复补助，免费配发轮椅、拐杖等辅助性器具。开展无障碍设施进家庭，无障碍社区改造，推进残疾人社区康复工作，协作推进残疾儿童、精神残疾人和"三瘫一截"等成年重度残疾人家庭医生签约服务。落实贫困精神残疾人服用基本抗精神病药物费用全额保障工作。

【扶残助残活动】 2021年，县残联以第31次"全国助残日"、各大残疾人节日为活动载体，联合多部门开展一系列助残活动。举办残疾人文化艺术演出，为广大群众呈现一场场精彩的文化盛宴。发挥志愿者队伍作用，开展日间照料、电商就业、辅助性就业、技能培训、帮扶助学、购买服务、爱心捐赠等形式多样的精准帮扶服务。

【残疾人之家建设】 2021年，县残联在全市最早推出残疾人之家建设实施意见和验收细则，至年底共创办"残疾人之家"8家，为262名精神、智力残疾人和其他重度残疾人提供生活照料、康复服务、文体活动、技能培训、劳动就业的庇护服务，大部分残疾人获得幸福感和满足感，规模和标准走在全市的前列，得到省、市残联主要领导的高度点赞。

（王　施）

红十字会

【概况】 2021年1月6日，文成县红十字会第四次会员代表大会召开，选举产生第四届理事会和第一届监事会，选举产生第四届理事会常务理事和会长、常务副会长、副会长、秘书长和第一届监事会兼职监事长、兼职副监事长等人员，聘请名誉会长。年末，县红十字会工作人员8名，其中常务副会长、副会长各1名，办公室主任1名，编外人员3名，退居二线2名。

【党的建设】 2021年，县红十字会坚持从严治党，夯实红十字事业发展基础。严格执行党内组织生活制度,认真落实“三会一课”、组织生活会、民主评议党员、党费收缴、党风廉政建设等制度,增强党建工作的针对性和有效性。开展党史学习教育。坚持按照“学史明理 学史增信 学史崇德 学史力行,学党史、悟思想、办实事、开新局”的工作要求,聚焦群众急难愁盼问题,以实干担当的态度完成规定动作、既定环节,以高度负责的精神抓好党史学习教育,做到学在深处、干在实处。开展集中研讨、组织“学党史、悟思想、明方向”等支部主题党日活动,参观刘英纪念馆、“百年华章,浙里文成”展览、观看红色影片《长津湖》《红船》等,使全体党员得到深刻的党性教育和红色洗礼。开展“我为群众办实事”实践活动,开展“倾情红五月·助学励志行”“情暖博爱家园 关爱困境群体”、爱心企业助学、助困、博爱助学等活动,为群众办实事解难事,强化红十字品牌建设。

【精神传播】 2021年,县红十字会聚集主责主业开展宣传传播。做好红十字博爱周、防灾减灾周以及世界献血者日、世界急救日等重大活动的策划宣传,弘扬人道博爱奉献的红十字精神。全年开展各类宣传活动6场次。省市、县各大媒体为文成县红十字会报道救护培训、器官捐献、造血干细胞采样、贫困助学、志愿服务等新闻15条。文成发布公众号、指点文成微信公众号、“三服务”系统更新信息52条。

【救护培训】 2021年,县红十字会强化宣传,提高群众主动参与意识。利用“5·8世界红十字日”“防灾减灾日”“世界急救日”等纪念日开展群众性主题宣传活动,开展应急救护技能现场体验活动,提高市民主动参与意识。坚持应急救护培训“六进”(进机关、农村、社区、学校、企业、家庭等),完成应急救护普及培训18133 人次,救护员培训1641人次,超额完成市红十会下达的培训任务;争取市红十会资金2.5万元在周壤镇项山村、大峃镇周村村等地新建博爱家园4个,参与基层社会治理,开展人道理念传播、应急救护培训、防灾减灾知识宣传、会员发展等具有红十字辨识度的人道服务,打造群众身边的红十字会;在人员密集场所设置AED体外除颤器9台,协助布点单位加强AED操作培训,发展应急救护志愿服务队伍,打造“AED+救护志愿服务队+智能管理”三位一体的应急救护响应机制。

【关爱生命】 2021年,县红十字会开展多种形式的宣传、动员和组织红十字会基层组织和广大会员、志愿者带头参与,形成良好的社会氛围。全年组织造血干细胞知识宣传和造干血样采集活动5次,登记成为造血干细胞志愿捐献者45人。血样采集任务45人,完成率100%,参与无偿献血宣传5次。人体器官捐献登记10例。

【人道救助】 2021年,县红十字会开展多层次的筹资救助渠道,打造红十字知名品牌。开

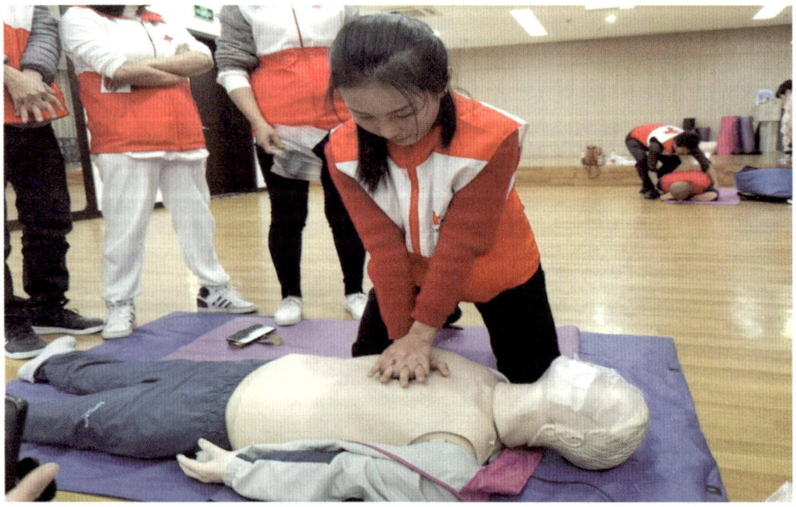

2021年3月16日,开展师资业务培训(县红十字会提供)

2021年7月1日，县红十字会开展造血干细胞采集和宣传活动(县红十字会提供)

展“博爱送万家 寒冬送温暖”活动，为247名环卫工送去棉被、棉衣、毛巾毯等物资；政府人道救助金10万元，救助大病返贫易受损家庭100户；收到两家企业助学款8.5万元，资助贫困学生18名；开展“倾情红五月·助学励志行”活动，为20名品学兼优的新文成子女送去助学金；开展博爱助学活动，联合温州市博爱阳光志愿者服务队结对贫困学生123名(其中新增一年级贫困生15名)，发放助学款24.9万元、奖学金0.6万元、衣物等生活物资价值5万余元；开展“情暖博爱家园 关爱困境群体”慰问活动，为巨屿镇方前村和公阳乡公阳村分发捐赠物资爱心家庭包30个；重阳节，红十字会志愿者服务队为32位困难老人送去大米和油等慰问物资；开展党的十九届六中全会精神的宣讲和慰问活动，前往南田镇高新村给村里的党员干部上党课，给村民普及应急救护知识，慰问4个困难家庭。小天使基金项目完成5例患儿的申请。

【志愿服务】 2021年，县红十字会组织红十字志愿者开展志愿服务活动，解决群众最关心、最迫切的问题。在全县范围内经常性地开展各种志愿服务品牌的敬老爱幼助贫活动。联合“爱善”“众心”“四季青”等志愿服务团体在乡镇防疫卡口开展疫情防控志愿服务活动，把好卡口位置，对每名进入乡镇的人员进行严格把控，亮码测温。对每日进出人员发放相关疫情防控手册和红十字宣传手册等1500余册；应急救护志愿者在全县各所学校、机关单位、企事业单位、建筑工地、景区等开展应急救护知识宣传和技能培训，全年开展各项活动48场次，服务群众2万余人。

【数字化改革】 2021年，县红十字会全面深化“数字红会”建设，用好“浙里办”和浙江政务服务网人道服务统一窗口，实现救护培训、捐献登记、会员管理、志愿者服务等核心业务网上全流程办理，方便群众网上办事和参与人道事业。完成个人会员服务的入会申请、转会申请、退会申请以及团体会员服务的入会申请、退会申请等两类5个事项的认领工作。救护培训信息通过浙江省红十字会应急救护系统录入和管理；通过“数字红会”“浙里办”，完成45例造血干细胞志愿者信息登记和审核工作。

【集体荣誉】

2021年，县红十字会被市红十字会评为博爱助学工作优秀单位。

(张玲玲)

2021年11月2日，县红十字会志愿者队联合巾帼文明劝导队到黄坦镇开展“我为群众办实事”志愿者服务活动(县红十字会提供)

法 治

综 述

2021年，文成县政法系统围绕"平安护航建党百年"和"平安县十五连创、夺星晋位"2大目标，以政法队伍教育整顿为契机，全力提升政法队伍核心战斗力，积极探索数字法治系统建设，全力打造县域社会治理共同体，不断夯实平安基层基础，为全县建设共同富裕示范区山区样板贡献政法力量。

政法委及综治

【概况】 2021年，中共文成县委政法委员会（以下简称县委政法委）成功实现省级平安县"十四连创"，被温州市委、市政府评为推进温州市域治理现代化先进集体。县委政法委内设行政机构4个：办公室（挂政治处牌子）、执法监督室、平安综治督导科、安全稳定指导科。下属参公事业单位1个：文成县政法工作服务中心。归口管理正科级事业单位1个：文成县社会矛盾纠纷调处化解中心；内设事业科室4个：综合协调科、基层治理科（挂文成县法学会秘书处牌子）、督查督办科、平安创建科。核定编制29名，其中行政编制9名、事业编制17名、后勤服务人员编制1名、参公编制2名。实际在岗行政编制9名、事业编制17名、后勤服务人员编制1名、参公编制1名。

【维护稳定】 2021年，县委政法委以平安护航建党百年为主基调，以防范化解风险为重点，组织开展维护平安稳定"百日攻坚"行动，全面加强社会矛盾纠纷排查、信息研判预警、前置重大决策社会风险评估，落实维稳安保系列工作机制，开展涉恐要素、涉恐源头治理，处置应对各类突发涉稳问题。完成中国共产党成立100周年大庆、全国"两会"等系列维稳安保任务，全县社会大局持续和谐稳定。

【平安建设】 2021年，县委政法委以平安县"十五连创"为总抓手，出台《中共文成县委建设"平安文成"领导小组办公室及专项组组成方案》，开展平安建设重点领域大暗访工作，实施重点工作每月抄告，严格执行

2021年5月26日，县委副书记、政法委书记虞立清（左二）在县城进行平安督查（县委政法委提供）

"黄橙红"3色预警责任追究,盯紧抓牢过程管理和过程督导,力促平安隐患清仓见底。全年联合开展常态化月巡查12次,督促整改各类隐患问题308个,对各乡镇各部门发放抄告单51期、黄色预警督办函12期,约谈履职不到位的单位10家、负责人14人。推进突出问题专项整治,常态化推进扫黑除恶斗争,严厉打击民生领域突出犯罪,严防"一票否决"事项发生。注重平安宣传氛围营造,全面开展"平安细胞工程"创建活动,健全平安政法大宣传矩阵格局,全年举办、参与各类宣传活动6场,发放各类宣传单页近4万张、各类宣传品近1.5万份,进一步提升"平安三率"水平。

2021年12月22日,文成县"平安家庭"建设暨反家暴服务联盟成立仪式举行(县委政法委提供)

【"141"体系建设】 2021年,县委政法委聚焦"一中心四平台一网格"迭代升级,加快推进县域社会治理现代化。做强县级"一中心",建立健全10大运行机制,打造县级调解员专家库队伍、特色品牌调解队伍、行业调解队伍3支队伍,建立完善海外调解服务联络站、异地调解服务联络站、人大代表联络站3大联络站,全面推进县级矛调中心规范运行、提质增效。全年矛调中心接待来访群众4491批5367人次,受理案件4491件,办结4015件,办结率89.4%。擦亮"四平台",推进基层治理"四平台"迭代升级,3.0版使用率100%,绑定易和账号100%,事件新增数41371件,在镇村两级得到妥善解决的占99.5%。深耕村社"一网格",优化划分网格296个、微网格3387个,配备专职网格员347名、网格长324名、网格指导员292名、微网格员3387名、部门入格员328名,完成村级地图绘制244个、网格级地图绘制294个。在巨屿镇开展"网格入企、企业入格"试点工作。

【数字法治系统建设】 2021年,县委政法委以"1338"为总体架构,结合文成侨乡特色和山区实际,制定出台《文成县数字法治系统建设方案》,完成数字法治系统门户建设并上线运行,是全县数字化改革第一个上线的门户。重点打造文成县统一标准地址库(社会治理一张图)、解侨纷"e件事"综合集成改革、检察数字化送达和"乡村e法官"融入"共享法庭"等4个本地场景应用,其中检察数字化送达项目、解侨纷"e件事"综合集成改革项目、"乡村e法官"融入"共享法庭"建设项目被确定为省级试点项目。

【政法队伍教育整顿】 2021年,县委政法委成立政法队伍教育整顿领导小组,列出"时间表",制定"任务书",建立"任务每周一提醒、动态每日一报告、情况每周一汇总"制度、"5+X"周例会机制、"查、访、谈、考"督查督导机制等工作机制,政法队伍教育整顿完成。全县有241名干警说明情况461条,查实问题22人24条,排查整治"顽瘴痼疾"问题88个,建立长效机制28项,全县政法队伍能力素质不断提升。

【先进名录】

先进个人一览表

表16

序号	姓名	荣誉名称	发文时间	授予部门
1	赵建怀	2020年度考核优秀嘉奖	2021.9	中共文成县委、文成县人民政府
2	包小春	2020年度考核优秀嘉奖	2021.9	中共文成县委、文成县人民政府
3	吴正壤	2020年度事业考核优秀等次	2021.5	文成县人力资源和社会保障局
4	苏　琪	推进温州市域治理现代化先进个人	2021.3	中共温州市委、温州市人民政府
		2020年度事业考核优秀等次	2021.5	文成县人力资源和社会保障局
5	金天麟	2020年度考核优秀嘉奖	2021.9	中共文成县委、文成县人民政府

先进集体一览表

表17

序号	单位名称	荣誉名称	发文时间	授予部门
1	文成县委政法委	2020年度考绩优秀单位	2021.2	中共文成县委、文成县人民政府
2	文成县委政法委	推进温州市域治理现代化先进集体	2021.3	中共温州市委、温州市人民政府
3	文成县	2020年度平安县	2021.3	中共浙江省委、浙江省人民政府

（郑珊珊）

公　安

【概述】 2021年，文成县公安局坚持以习近平新时代中国特色社会主义思想为引领，全面贯彻党的十九大精神和中央省市县委、市公安局部署要求，以中国共产党成立100周年大庆安保工作为主线，以“实力公安、实效警务、实干警队”为目标导向，推进现代警务模式成熟定型，组织开展党史学习教育、“三能”主题教育实践活动，推进政法队伍教育整顿工作，常态化开展扫黑除恶斗争，维护社会治安持续清净。全年全县接警41032起，同比下降8%；刑事治安警情2819起，同比下降3.6%；全县刑事零警情90天，电信网络诈骗零接警126天。全年64个先进集体、个人立功受奖和受到通报表扬，1名民警荣立个人二等功。

【机构人员】 2021年，县公安局内设科室24个，下设机构1个，基层派出所10个，其中飞云湖水上派出所和珊溪派出所合署办公。核定编制384人，在册公安民警357人，职工7人，其中外县籍民警76人，占全局的21.29%；30岁以下民警71人，占全局的19.89%；男民警300人，占全局的84.03%；女民警57人，占全局的15.97%；局党委委员12人（其中挂职1人），中层干部128人。民警数约占全县常住人口的0.01%。

【党建工作】 2021年，县公安局以推进开展党史学习教育为抓手，开展公安队伍教育整顿活动，推动“三能”主题教育实践活动有序开展。贯彻落实习近平总书记关于党史学习教育重要论述精神，深刻领会“三能”精神内涵，围绕政治教育、党史教育、英模教育、警示教育，制定总学习教育书目、周学习清单、日提醒清单，不断强化全警理论武装，教育引导全警增强“四个意识”、坚定“四个自信”、做到“两个维护”。全年组织开展理论中心组学习29次，带头讲党课43场次，发放在线学习书目39期；文成公安创新“五心五力”工作法做细做实“我为群众办实事”主题实践活动获县委书记刘中华批示肯定。

【首个“中国警察节”】 2021年1月10日，县公安局隆重庆祝首个中国人民警察节。举办“向警旗敬礼·向人民报告”警旗升旗仪式、集中授奖、新警入警、荣休仪式，开展“110”主题广场宣传活动、庆祝警营开放日活动、主题征文活动和书法美术摄影作品展等庆祝活动。

【维护社会稳定】 2021年，县公安局以护航“2021”系列行动为载体，推行专班打大案、专业打职业、全警打数量的打击模式，常态化开展扫黑除恶斗争，保持严打违法犯罪高压态势。全年刑事打击541人，同比上升23.8%。成功侦破张某某故意杀人案；打掉组织他人偷越国边境案2起，抓获犯罪嫌疑人26人。化解公安部交办信访积案7起，剔除2起，省公安厅交办信访积案18起，办结初信初访案件52件；完成中国共产党成立100周年、省市主要领导到文成等重大安保任务。

【交通安全管理】 2021年，县公安局紧扣“减量控大”，每周五、周六组织开展统一行动，加大路面执法和应急处置力度，严查酒后驾驶、无证驾驶、超速超载、不戴安全头盔等重点交通违法行为，全面清查重点道路安全隐患。全年现场查处各类交通违法行为51097起，同比上升15.3%，先后召开重点运输企业培训会、约谈会、法制宣传会25次，落实客车、中重型运输车等企业安全主体责任，强化源头管理，预防重特大交通事故发生；排查上报道路安全隐患157处，整改157处，整改率100%，全县未发生1次死亡2人以上交通事故。

【改革创新】 2021年，县公安局推动现代警务模式成熟定型，推行联勤联战模式，聚合派出所、特警、交警前端“三警”警力，实行卡点联勤、打击联战、应急联动，屯警街面，震慑违法犯罪。联合雷霆救援队等民间组织，全面开启“护学岗”模式，在学校重点时段、重要路段加大巡逻密度和频次，确保遇有突发事件快速反应、及时处置。模式推行后，全县伤害类警情同比下降30.8%，城区刑事警情同比下降16.97%，未发生重大街面犯罪。

【公安政务服务】 2021年，县公安局立足侨乡实际，探索建立虚拟“网办中心”，优化为侨便民举措。在“温警在线”上增设疫情防控期间境外出生将满18周岁不能回国办理出生申报的预申请、浙商落户预申请、国外期满换证等文成公安特有办事事项，通过各社区建立线下实体政务服务代收代办点；在

2021年1月29日，富口派出所民警在设卡检查(县公安局提供)

"文成公安"微信公众号"网办中心"栏目设置"动漫导办""双向音视频通话"模块；抽调业务骨干建立警侨在线警务室，以面对面、手把手的形式引导群众使用网办功能，实现公安政务事项网办覆盖率100%、群众网办接受率100%、线下就近办事社区覆盖率100%。通过降低浙商华侨落户条件，全省首个取消将投资纳税额作为落户前置条件，6月11日成功办理全市首例"侨二代"投资纳税落户，形成"纳税即落户，归国促投资"的良性循环。

【治理电信网络诈骗】 2021年，县公安局探索建立"党政+公安+群众"的"三位一体"反诈工作模式，实行政法委书记统筹抓、镇党委书记亲自抓、村（社区）支部书记具体抓的党政主导模式，组建夕阳红、反诈骑士、反诈志愿者等系列反诈联盟，通过"扫楼清户""守牢内部""指尖反诈"等方式，切实营造"全警反诈、全民反诈、全社会反诈"的良好氛围。电信网络诈骗发案次数及发案金额同比分别下降23.30%、17.91%，实现双下降目标。组织开展"反诈1号""反诈2号"行动，全力打击电信网络犯罪，破获本地电信网络诈骗案件33起，同比上升25%；采取刑事强制措施83人，同比上升11.65%；打掉1个涉案百余万元的电诈窝点，抓获犯罪嫌疑人22人。

【执法工作】 2021年，县公安局发挥县局执法办案中心作用，整合优化办案资源，全面实行刑事案件全部进入县局执法办案中心制度，建成3个双用在线远程取证室。执法办案管理中心办理的刑事案件比例在70%以上，执法一体化数据均高于全省平均水平。建立中层办案评估机制，制定实施中层干部执法办案履职评价办法，落实中层办案制和值班坐堂审案制，向城关大岿派出所、交警大队、刑侦大队派驻法制员，全局执法质量进一步提升，执法质量实现省级"四连优"。刑事案件快办比例在20%以上，全年行政处罚快办率在40%以上，在全市执法技能比武中荣获团体第三名，其中规范性文件起草全市第一，优秀课件评比全市第二。组织督察、法制、经侦、看守所等警种进行案件评查、实地检查。评查重点案件238件，发现瑕疵案件116件，完成所有瑕疵案件的整改追责工作；梳理排查2020年以来警情10573条，发现未如实立案警情1条，对责任民警予以警诫1次；排摸2018年1月1日以来取保候审案件119件212人次，发现未及时处置保证金57笔，清理23笔，其余未处置的34笔逐案落实整改措施；排查疑似未执行拘留的人员123人，发现属于法定不执行89人，应执行未执行34人，完成恢复执行17人，另有9人为刑罚无法执行，剩余未到案的8人明确抓捕措施。

2021年12月15日，交警大队在高速公路文成出口处开展防疫检查（县公安局提供）

【队伍教育整顿】 2021年，县公安局依托队伍教育整顿活动，落实"自查从宽、被查从严"政策，对民警存在的问题，全面查清事实，剖析问题形成原因，依纪依规快速做出处理，点名道姓通报曝光，持续释放从严信号。全年对干警进行谈心谈话507人次，对辅警谈心谈话386人次；教育整顿期间，通过数据碰撞筛选排查民警及其家属信息1125条，核查上级交办线索问题10条；处理142人次，其中扣除执法积分59人、局规记分43人、提醒谈话24人、约谈5人、警诫5人、诫勉谈话5人、政务警告1人，不断筑牢纪律红线。

【全警实战练兵】 2021年，县公安局聚焦锻造新时代“三能”公安铁军队伍，成立全县公安机关全警实战大练兵领导小组，按照“实战实训实效”“从高从难从严”练兵要求，制定全警实战大练兵六大刚性训练措施，带领全体民警、辅警开展形式多样的“训练日”大练兵活动。运用专家授课、短视频教学、轮岗锻炼、送教下乡等方式，不断丰富战训合一训练模式，全面提升民警岗位工作能力水平。全年开展各类分岗培训20期，参训800余人次，开展实战能力测试1232人次。

【先进名录】

先进个人一览表

表18

序号	先进个人	荣誉名称	授予时间	授予部门
1	陈 杰	庆祝中国共产党成立100周年安保工作成绩突出个人	2021.4	浙江省公安厅
2	张 敏	庆祝中国共产党成立100周年安保工作成绩突出个人	2021.4	浙江省公安厅
3	王 鑫	庆祝中国共产党成立100周年安保工作成绩突出个人	2021.6	浙江省公安厅
4	季章炟	庆祝中国共产党成立100周年安保工作成绩突出个人	2021.6	浙江省公安厅
5	林奕成	庆祝中国共产党成立100周年安保工作成绩突出个人	2021.6	浙江省公安厅
6	陈世杰	庆祝中国共产党成立100周年安保工作成绩突出个人	2021.9	浙江省公安厅
7	季建伟	庆祝中国共产党成立100周年安保工作成绩突出个人	2021.10	浙江省公安厅
8	周凌志	省厅车辆检测一件事集成改革工作成绩突出个人	2021.10	浙江省公安厅
9	高泉标	2021年全市政法系统“最红排头兵”	2021.12	中共温州市委政法委员会
10	谢望南	个人二等功	2021.12	温州市公安局
11	程学臻	个人三等功	2021.6	温州市公安局
12	陈 帅	个人三等功	2021.6	温州市公安局
13	林奕成	个人三等功	2021.6	温州市公安局
14	郑万况	个人三等功	2021.6	温州市公安局
15	吴荣朝	个人三等功	2021.6	温州市公安局
16	叶 涛	个人三等功	2021.7	温州市公安局
17	吴建斌	个人三等功	2021.10	温州市公安局
18	李海锋	个人三等功	2021.10	温州市公安局
19	王慕伟	个人三等功	2021.12	温州市公安局
20	张亚威	个人三等功	2021.12	温州市公安局
21	张亚威	个人嘉奖	2021.2	温州市公安局
22	黄亮亮	个人嘉奖	2021.2	温州市公安局

续表18

序号	先进个人	荣誉名称	授予时间	授予部门
23	苏　岳	个人嘉奖	2021.5	温州市公安局
24	赵　云	个人嘉奖	2021.5	温州市公安局
25	邹明弟	个人嘉奖	2021.5	温州市公安局
26	潘松业	个人嘉奖	2021.5	温州市公安局
27	胡新华	个人嘉奖	2021.5	温州市公安局
28	刘一栋	个人嘉奖	2021.5	温州市公安局
29	周成载	个人嘉奖	2021.6	温州市公安局
30	叶圣计	个人嘉奖	2021.6	温州市公安局
31	夏维清	个人嘉奖	2021.7	温州市公安局
32	蔡君权	个人嘉奖	2021.7	温州市公安局
33	赵锡树	个人嘉奖	2021.7	温州市公安局
34	林兴佳	个人嘉奖	2021.7	温州市公安局
35	黄克斌	个人嘉奖	2021.7	温州市公安局
36	叶炳蕾	个人嘉奖	2021.7	温州市公安局
37	王　健	个人嘉奖	2021.7	温州市公安局
38	张璐璐	个人嘉奖	2021.8	温州市公安局
39	赵乐莹	个人嘉奖	2021.8	温州市公安局
40	周凌志	个人嘉奖	2021.8	温州市公安局
41	胡勇强	个人嘉奖	2021.8	温州市公安局
42	林清来	个人嘉奖	2021.9	温州市公安局
43	张勤伟	个人嘉奖	2021.11	温州市公安局
44	汪洁淳	个人嘉奖	2021.11	温州市公安局
45	陈鸿博	个人嘉奖	2021.11	温州市公安局
46	郭克仕	个人嘉奖	2021.12	温州市公安局
47	王美沟	个人嘉奖	2021.12	温州市公安局
48	叶　希	个人嘉奖	2021.12	温州市公安局
49	叶建森	个人嘉奖	2021.12	温州市公安局
50	王　强	个人嘉奖	2021.12	温州市公安局
51	郑国胜	个人嘉奖	2021.12	温州市公安局
52	叶为升	个人嘉奖	2021.12	温州市公安局
53	刘伟斌	文成县优秀共产党员	2021.7	中共文成县委
54	吴元斌	县域治理现代化工作突出贡献个人	2021.5	中共文成县委、文成县人民政府
55	刘博文	县域治理现代化工作突出贡献个人	2021.5	中共文成县委、文成县人民政府

续表18

序号	先进个人	荣誉名称	授予时间	授予部门
56	叶为升	县域治理现代化工作突出贡献个人	2021.5	中共文成县委、文成县人民政府
57	王　强	县域治理现代化工作突出贡献个人	2021.5	中共文成县委、文成县人民政府

先进集体一览表

表19

序号	单位名称	荣誉名称	授予时间	授予部门
1	文成县政务服务中心公安窗口	第二十批"温州市巾帼文明岗"	2021.4	温州市人民政府妇女儿童工作委员会
2	大峃派出所	集体三等功	2021.10	温州市公安局
3	治安大队	集体嘉奖	2021.5	温州市公安局
4	特警大队	集体嘉奖	2021.2	温州市公安局
5	大峃派出所	县域治理现代化工作突出贡献集体	2021.5	中共文成县委、文成县人民政府
6	交通警察大队一中队	县域治理现代化工作突出贡献集体	2021.5	中共文成县委、文成县人民政府
7	刑事侦查大队	县域治理现代化工作突出贡献集体	2021.5	中共文成县委、文成县人民政府

（周瑞珊）

检　察

【概况】 2021年，文成县人民检察院实有政法专项编制43人，事业编制7人，司法雇员17人。核定检察官员额总数19人，实有检察官员额数17人，检察官助理14人，书记员2人。下设6个内设机构，其中业务部门4个，分别为第一检察部、第二检察部、第三检察部、第四检察部；综合部门2个，分别为办公室、政治部。下设1个派出机构为珊溪检察室，下设1个事业单位为检察事务中心。

2021年1月26日，飞云江生态司法保护一体化联席会议首次年会在文成县召开（县检察院提供）

【司法守护行动】 2021年，县检察院推进温州"大水缸"司法守护行动，牵头召开由文成、瑞安、泰顺法检等单位共同参加的飞云江生态司法保护联席会议首次年会，协力推进3年专项保护行动，探索建立"河长+检察长"等工作机制，更好守护"温州大水缸"（珊溪水库）。全年移送起诉污染环境罪等相关刑事案件13件26人，办理公益诉讼案件26件，发动属地乡镇、行政部门开展协同执法10余次。严厉打击在文成县AAAAA

2021年11月19日，县检察院干警和温州三乐亭义工队到周山畲族乡，开展“暖心守护，关爱老人——涉老检察乡村行”活动（县检察院提供）

级景区非法炼铝行为，促成被告人主动缴纳10.56万元生态修复赔偿金，案件被《检察日报》《浙江法制报》头版头条宣传报道。温州“大水缸”司法守护行动被市院列为“2021年度十大为民实事”，飞云江流域“三无”船舶安全监管行政公益诉讼系列案被评为公益诉讼特大案件，获省检察院检察长贾宇批示肯定。

【未成年人检察保护】 2021年，县检察院持续擦亮“侨乡未检”品牌，联合县教育局开展“成长关护工程”3年行动计划，撰写未成年人检察工作白皮书，会同县政府及10余个职能部门召开专题会议，合力加强未成年人保护。制定涉未支持起诉、法律援助、家事案件司法保护等相关制度，支持起诉全县首例追索未成年人抚养费民事纠纷案并获法院支持，取得良好社会反响。为海内外侨娃“云端普法”，开展“女童保护”等主题校园法治宣讲14次，惠及13所学校800余名师生。开设“侨乡未检”专栏，定期发布云端普法微课7期，让全县中小学生及其家长可居家学法懂法。涉侨未检相关工作被《法治日报》《检察日报》等媒体宣传报道。

【涉老检察】 2021年，县检察院创新开展涉老检察，服务共同富裕山区样板打造。针对人口老龄化大背景，以及文成县山区老人多的情况，在全省率先探索涉老检察系列工作，探索专业化、一体化办案机制，实现老年犯罪嫌疑人法律援助全覆盖，深入乡镇村社开展涉老犯罪案件公开听证，注重涉老矛盾联排联调。探索“公益+普法”模式，引入社会公益力量，开展“涉老检察乡村行”系列活动2场，得到《浙江日报》宣传报道。办理文成县首例老年人赡养费纠纷支持起诉案件。单独或会同县公安、法院、司法局等相关部门联合出台一揽子涉老检察工作制度。撰写老年人检察工作白皮书并获得县长批示，涉老检察工作经验被市院简报转发推介。

【平安文成建设】 2021年，县检察院抓好“检察诉源治理守护平安”项目，受理审查逮捕案件169件224人，同比分别上升52.3%和34.9%；受理移送审查起诉案件318件445人，同比分别上升39.5%和17.1%。严惩影响群众安全感的各类违法犯罪，受理审查起诉故意杀人、故意伤害、抢劫、强奸等严重暴力犯罪26件30人，社会治安形势持续好转；联合公安机关开展打击电信网络诈骗犯罪专项行动，严惩盗窃、抢夺、诈骗等多发性侵财犯罪，受理审查起诉96件136人，涉案金额1200余万元。开展“乡村检察 服务基层”行动，检察官将公开听证等案件下放到案发乡镇办理，推动化解重大涉刑矛盾纠纷4件次，涉案金额500余万元。其中，胡某秋矛盾化解案被评为市院精品案例，野生动物保护检察建议被市院评为优秀社会治理类检察建议。

【刑事诉讼监督】 2021年，县检察院监督侦查机关立案11

人、撤案10人，同比分别增加8人和10人。追捕6件9人，追诉1件1人，同比分别增加4件7人、1件1人。其中，8个案件获评市院精品案件，吴某某诈骗、偷越国边境一案追捕7名犯罪嫌疑人，获市院领导肯定，“两项监督”质效同比大幅提升。发送纠正违法通知书3份，发送侦查活动违法监督通知书12份，同比增加12份。贯彻落实“少捕慎诉慎押”理念，对主观恶性小、犯罪情节轻微的，依法不批捕71人，不捕率32.9%，不起诉95人，不诉率25.7%，没有出现捕后不诉或者撤回起诉案件。

【民行诉讼监督】 2021年，县检察院办理民事生效裁判监督案件12件，提请市检察院抗诉7件，均被采纳；发出再审检察建议5件，同比增加4件，法院均裁定再审。一起生效裁判监督案入选市院精品案例。联合法院、司法局制定有关民事支持起诉、法律援助等相关机制，形成监督合力。会同县政府、县法院召开“一府两院”联席会议，共同制定《关于建立健全行政争议实质化解机制的意见》《关于建立生态环境保护府院协作治理机制的意见》文件，合力推进行政争议实质性化解和“裁执分离”等工作，全年办结行政非诉执行争议实质性化解4件，同比增加4件。

2021年6月9日，县检察院与县法院、县农业农村局联合在泗溪河流域开展增殖放流生态修复活动（县检察院提供）

【公益诉讼检察】 2021年，县检察院开展守护公共安全、美丽河湖等专项监督活动，向行政机关发送诉前检察建议34件，全部落实整改，两项监督活动在全市专项考核中分别位居第三名、第五名。办理公益诉讼重特大案件15件，同比增加3件。单独提起民事公益诉讼2件，同比增加2件。通过发挥公益诉讼职能，督促缴纳生态损害赔偿金及惩罚性赔偿金33.9万元；通过监督有关部门履职，及时挽回国有资产损失496.7万元，补征税款及滞纳金20.16万元。落实“英烈保护”专项监督活动，联合县退役军人事务局出台长效保护机制，相关做法被“浙江检察”公众号转发。从人大代表、政协委员中聘请公益诉讼观察员，搭建线索共享桥梁，更好发挥“检察外脑”作用。在全省率先建立行政机关工作人员兼任检察官助理机制，做法被省院简报转发推介。打造“三个矩阵”推动公益诉讼提质增效等做法被上报最高检，得到省院领导批示。

【全面从严治检】 2021年，县检察院坚持党的绝对领导，全面加强政治建设，党组会研究贯彻县委和上级检察院重要会议精神、重大决定部署22次。推动县委作出召开县委检察工作会议等重要决定，强化法律监督的组织保障。将检察队伍教育整顿摆在全局工作的重要位置，开展党史学习教育，将“红色基因”注入检察血脉。争取县机关工委支持，按照程序选举产生第一届机关党委和机关纪委，进一步加强机关党建。2021年县检察院获评县级示范清廉机关，第一党支部荣获温州市“四化”示范党支部称号。

【智慧检务】 2021年，县检察院深化政法一体化协同办案平台应用，实现政法跨部门办案数据共享，文成考核排名全市第一。推进检察院承担的2021年度省数字检察应用场景创新任务项目——检察数字化送达项目，系统9月份上线，推动230余种法律文书线上送达，平均送达时间缩短50%以上，相关工作经验被省院案管条线内刊转发，并在全省数字检察任务汇报暨经验交流视频会议上作交流推广。争取财政经费400余万元，对院外立面、会议室、院史馆等进行翻新整改，启动建设公益诉讼创新实践基地。

【先进名录】

先进个人一览表

表20

序号	姓名	荣誉名称	发文时间	授予部门
1	陈　锋 叶巧丽 夏灵犀	2020年度全市检察机关院领导领衔课题优秀调研成果二等奖	2021.4	温州市人民检察院
2	陈　锋 孔梦文	2021年度全省检察机关优秀专题调研成果三等奖	2021.12	浙江省人民检察院
3	刘际当	检察荣誉章	2021.7	最高人民检察院
4	周恩峰	个人三等功	2021.12	中共温州市委组织部
5	周恩峰 郑周丽	2020年度全市检察机关院领导领衔课题优秀调研成果三等奖	2021.4	温州市人民检察院
6	周恩峰 吴向荣	温州市第十七届运动会钓鱼比赛团队季军	2021.9	温州市第十七届运动会组织委员会
7	吴向荣	文成县优秀党务工作者	2021.6	中共文成县委
8	赵　琦	2021年第一季度温检之星	2021.4	温州市人民检察院
9	郑周丽	个人三等功	2021.2	温州市人民检察院
10	夏灵犀	温州市检察机关公文写作技能竞赛能手	2021.10	温州市人民检察院
11	夏灵犀	温州市人大工作研究会理论研讨会优秀论文二等奖	2021.12	温州市人大常委会办公室、温州市人大工作研究会
12	刘　娜	文成县“庆祝中国共产党成立100周年”理论研讨会三等奖	2021.7	中共文成县委组织部、中共文成县委宣传部、中共文成县委直属机关工作委员会、中共文成县委党校
13	赵周群	温州市第三届未检业务竞赛能手	2021.3	温州市人民检察院
14	赵周群	文成县青年理论宣讲暨第十届微党课大赛一等奖	2021.4	中共文成县委宣传部、县委组织部、县委直属机关工作委员会、党校、共青团县委员会、教育局

续表20

序号	姓名	荣誉名称	发文时间	授予部门
15	孙丽纳	文成县青年理论宣讲暨第十届微党课大赛二等奖	2021.4	中共文成县委宣传部、组织部、县委直属机关工作委员会、党校、共青团县委员会、教育局
16	孙丽纳	政法系统微党课比赛一等奖	2021.5	中共文成县委政法委员会
17	周　丽	温州市第一届控申业务竞赛业务能手	2021.6	温州市人民检察院
18	王茜茜	温州市第一届行政检察业务竞赛业务能手	2021.6	温州市人民检察院
19	周佳慧	温州检察机关“6·26”禁毒宣传微课比赛优胜奖	2021.6	温州市人民检察院
20	周伟辉 周佳慧 赵周群	2021年第二季度温检之星	2021.6	温州市人民检察院
21	周伟辉	2021年度全市检察机关公诉业务竞赛业务标兵	2021.9	温州市人民检察院
22	池丽芳	2021年度全市检察机关公诉业务竞赛业务能手	2021.9	温州市人民检察院
23	王茜茜 孔梦文 周　丽	2021年第三季度温检之星	2021.10	温州市人民检察院
24	王茜茜	全市检察机关第一届公益诉讼检察业务竞赛业务能手	2021.10	温州市人民检察院
25	王茜茜	第一届全市检察机关民事检察业务竞赛能手	2021.11	温州市人民检察院
26	赵周群	温州市第六届“以案释法”微课比赛三等奖	2021.12	温州市普法办

先进集体一览表

表21

单位名称	荣誉名称	授予时间	授予部门
文成县人民检察院	示范清廉机关	2021.3	中共文成县委直属机关工作委员会

（赵晨露）

法　院

【概况】 2021年，文成县人民法院以践行崇德敬民、锻造司法尊荣为抓手，依法履职，完成各项工作任务。全年新收审执各类案件5422件（剔除执恢、执保案件），与2019年同期相比下降2.32%（其中，一审民商事收案3141件，与2019年同期相比下降17.41%）。各项质效指标持续向好，当庭宣判率、服判息诉率等多项数据位居全市第一，获评县级示范清廉机关，院机关党委荣获文成县“先进基层党组织”称号。

【刑事审判工作】 2021年,县法院依法审结各类刑事案件191件,判处罪犯258人,适用认罪认罚从宽程序审结案件181件236人。严厉打击公职人员贪腐犯罪行为,依法审结中国水利水电第十二工程局原副总经济师胡某富受贿罪一案。开展扫黑除恶“回头看”,完成涉黑恶案件倒查1件、暂予监外执行案件自查39件、缓刑案件自查303件。

【民商事审判工作】 2021年,县法院坚持以人民为中心,妥善审结各类民商事案件3602件,其中调解或撤诉1751件。推行示范诉讼机制,以分批集中受理方式处理涉及600余户业主的温州海意置业发展有限公司商品房预售合同纠纷案,促成300余户业主达成诉前调解。健全司法救助机制,发放司法救助金13万元,传递社会主义司法温暖。

【行政审判工作】 2021年,县法院出台《关于建立健全行政争议实质化解机制的意见》《关于建立生态环境资源保护府院协作治理机制的意见》。推进行政争议调解中心实效运行,办结行政诉讼案件113件。妥善化解红枫置业有限公司行政登记案件,推动红枫大厦的后续办证处理事宜,使涉及200余户业主潜在纠纷得到实质性解决。《关于健全行政争议化解机制的调研》被确定为省高院重点调研课题。

2021年1月10日,中国首个人民警察节,文成法院庄严地举行升国旗仪式暨司法警察授旗仪式(县法院提供)

【金融类案件审判】 2021年,全县金融类案件收案757件,同比2019年下降8.24%,通过支付令途径化解金融纠纷57件。出台《优化营商环境2021年工作要点及责任分工方案》,院领导带头走访重点企业11家。妥善审理文成县天顶湖饮料有限责任公司破产案件,首次成功处置破产债务人知识产权,提高破产企业的债务清偿率。

【涉环境资源类案件审判】 2021年,县法院审结涉环境资源刑事案件14件、民事案件1件、行政诉讼案件5件。出台全省首个《关于涉环境资源案件“三审合一”工作规程》,获省高院副院长朱新力批示肯定。妥善审结被告张某污染环境罪一案,助力巩固AAAAA级景区创建成果,获《浙江法制报》头版头条宣传报道。推动文瑞泰“三地六院”建立飞云江流域生态司法保护协作机制,在南田镇武阳村等文旅产业要素丰富的重点村居建立“共享法庭”。深化“绿源智治”试点应用工作,实现职能部门统筹接入应用平台,促成一起涉环资公益诉讼案件达成调解。

【家事审判改革】 2021年,县法院率先在法庭引入“丽姐调解室”,助力“丽姐调解室”被评为全省首批“浙江省婚姻家庭纠纷化解品牌工作室”。打造

"富法成品牌调解室"等特色调解品牌，利用"两代表一委员"联络站，珊溪、玉壶法庭荣获全市"家事审判方式和工作机制改革示范法庭"称号。通过委托或邀请参与等方式借助调解组织力量，邀请参与纠纷调解3181件，调解成功1627件。全年全院诉前调解成功1389件，诉前纠纷化解率同比上升3.28个百分点。

【案件执行】 2021年，县法院新收执行案件3534件，执结案件3610件(均含执恢、执保)，执行到位标的额1.73亿元，公布失信被执行人2061例、采取限制高消费3060例。全面试行集约化执行，推进执行"一件事"全面改革，将执行办案分解为"立案、财产查控、核心实施、保障服务、综合管理"5个模块，打破组团内部隔阂，构建起"多人同办一案、多事同步推进"的工作格局，向社会传递失信惩戒、守信激励的鲜明导向。

【涉侨纠纷化解】 2021年，县法院全面深化全国涉侨纠纷多元化解试点工作示范法院建设，全年审结涉侨案件255件，近半数案件调解或撤诉。特邀海外调解员就地化解涉侨纠纷32件，协助送达51件，协助法院成功调解19件。推动实现特邀海外调解员向镇级矛调中心延伸，通过流程再造、制度重塑、部门多跨，打造"解侨纷e件事"

2021年12月2日，文成法院举行宪法宣誓活动(县法院提供)

综合集成改革项目，被列为浙江全域数字法院试点项目。推动文成县成立涉侨纠纷调解委员会，构建"5G+涉侨司法"模式和侨团"云联络"平台，主动联合公证处率全国之先推出"法律文书公证一件事"改革项目，海外当事人只需通过"解侨纷e件事"平台进行"零材料"申请，实现一键办理。项目作为文成县改革重点案例，在省委书记袁家军到文成考察时进行汇报演示。

【信访化解】 2021年，县法院协助当地党委政府做好稳控工作，院领导亲自包案信访"钉子户""骨头案"，面对面倾听群众诉求，帮助解决实际问题，全年下基层接访28次，接待群众来访43批次。接收国家级重复信访件9件，化解7件，省级交办信访件6件，市级交办件6件，全部化解。

【诉源治理能动化】 2021年，县法院深化员额法官进乡村机制，开展以"宣讲百个案例、走访百个村庄、征求百条意见、开展百次解答"为主要内容的"四百"活动，为诉源治理工作提供鲜活经验。前往17个乡镇辐射周边200余个村居，开展110次法治宣传，走访乡镇主要领导及基层治理人员201次，召开座谈会189次，征求各类意见352条，解决各类问题359个。

【智慧法院建设】 2021年，县法院勇当浙江全域数字法院改革的"领头羊"，被省高院确定为"数字诉服改革""市域执行辅助事务数字中心""绿源智治"应用等3项工作的试点法院。推动135家"共享法庭"成建制上线运行，实现村级覆盖率49.59%，镇级覆盖率100%，可在腾讯地图应用查询"共享法庭"131家，在百度地图查询134家，在高德地图查询53家，群众“轻触指尖”即可找到距离最近的法庭参与诉讼。自主研发的“乡村e法官”平台在浙里办等平台正式上线运行，获得时任市中院院长徐亚农批示肯定。经省高院同意，开展“乡村e法官”融入“共享法庭”的试点工作。

【审判监督管理】 2021年，县法院严格落实司法责任制，健全审判权力监督运行体系，出台《关于“四类案件”监督管理的工作指引》《案件质量评查工作实施细则》《法官入额业绩考核实施办法》等文件，建立全员岗位职责清单，建立“红黄蓝”三色预警，推行369分类分层管控，强化对办案周期的监管，提升案件质效和工作绩效。民事刑事一审当庭宣判率、终本合格率、服判息诉率、12个月以上未结案件清零等多项指标位居全市第一。

【接受监督】 2021年，县法院坚决贯彻县人大及其常委会决议决定，畅通代表委员联络工作制度，联合县人大常委会成立县法院、县矛调中心和玉壶镇分中心人大代表联络站，全年办理代表建议和政协提案各1件。联合县检察院制定《关于进一步加强司法协作工作机制建设的实施意见》，确立13项合作机制，邀请检察长列席审判委员会4次，办理检察建议25件。主动适应新形势，将宣传重心从传统纸媒转向与新媒体兼顾，讲好法院故事，传递法治声音。家事案件审判和执行案款发放等工作，先后被中央政法委长安剑、《人民法院报》、平安鼎、浙江天平等多家新闻媒体报道，新媒体阅读量、播放量高达百万+，提升法院工作影响力。

【先进名录】

先进个人一览表

表22

序号	姓名	荣誉名称	发文时间	授予部门
1	赵丽芳	二等功	2021.1	浙江省高级人民法院
2	刘万库、夏海丽	三等功	2021.1	温州市中级人民法院
3	刘万库	市优秀干警	2021.1	温州市中级人民法院
4	赵均慧	文成县2020年度优秀工会工作者	2021.2	文成县总工会
5	项旭旸	执法办案成绩突出个人	2021.1	中共浙江省委政法委员会办公室
6	吴　莹、叶克勤	县学习强国“飞跃之星”	2021.4	中共文成县委宣传部
7	戴乐笑、郑光	县学习强国“挑战擂主”	2021.4	中共文成县委宣传部
8	赵琼琼	文成县政法系统“锤炼忠诚品格，守护红色根脉”微党课二等奖	2021.5	中共文成县委政法委员会
9	叶克勤	县域治理现代化工作突出贡献个人	2021.5	中共文成县委
10	赵琼琼	温州市中院微党课优秀奖	2021.6	温州市中级人民法院
11	陈永海、郑国芳、刘化勤、朱　勇、王雯雯	荣誉天平奖章获得者	2021.2	浙江省高级人民法院
12	刘洋洋	《新时期全面加强法院机关党建工作的思考》获三等奖	2021.7	县委组织部、县委宣传部、县委直属机关工委、县委党校联合举办

续表22

序号	姓名	荣誉名称	发文时间	授予部门
13	张来仪	全市优秀共青团员	2021.2	共青团温州市委
14	陈茂训	个人三等功	2021.9	文成县委、县政府
15	白莉莉、林晓燕、刘洋洋、刘世平、戴乐笑、陈怡惠、汪卢军、倪维宁、吴　莹、朱晓冬、刘家俊、余海红、赵均慧	优秀公务员	2021.9	文成县委、县政府
16	赵炜云、贾芝芝	文成县第六届时评挑战赛三等奖	2021.12	中共文成县委宣传部 文成县教育局
17	朱晓冬	文成县第六届时评挑战赛二等奖	2021.12	中共文成县委宣传部 文成县教育局

先进集体一览表

表23

序号	单位名称	荣誉名称	发文时间	授予部门
1	立案庭	集体三等功	2020.1	温州市中级人民法院
2	文成县人民法院	文成县2020年度示范清廉机关	2021.3	中共文成县委
3	文成县法院工会	文成县2020年度工会先进集体	2021.2	文成县总工会
4	中共文成县人民法院党总支	先进基层党组织	2021.6	中共文成县委
5	文成法院共青团支部	2020年度“五四红旗团支部”	2021.4	共青团温州市委
6	文成县人民法院	全市“模范机关”名单	2021.12	中共温州市委直属机关工委

（余海红）

司法行政

【概况】 2021年，文成县司法局按照省、市司法行政工作会议部署及县委、县政府重点工作任务要求，加强法治文成统筹协调，开展好政法队伍教育整顿和党史学习教育，紧抓综合行政执法改革、乡镇法治化综合改革、行政争议预防化解等重点任务，各项工作取得一定成果。全局内设10个科室，辖17个基层司法所，下属法律援助中心、公证处2个事业单位。有政法专项编制52个(30个基层编制、22个机关编制)，全额拨款事业编制9个(文成县法律援助中心)，自收自支事业编制5个(文成县公证处)。设局长1名，副局长3名，局机关内设机构中层职数12名，司法所中层职数12名，法援中心中层职数3名，公证处中层职数1名。有行政人员44名，全额拨款事业7名，自收自支事业3名。中共党员26名。司法局有3个办公地点，除行政审批中心7楼外，社区矫正管理科与县矫正中心、远程视频接见中心以及大峃司法所在招待所巷12号办公，县公共法律服务管理科、县公共法律服务中心同步进驻县矛盾纠纷调处化解中心。2021年，县司法局取得县内考绩优秀；南田镇武阳村被评为“全国民主法治示范村(社区)”，黄坦司法所被评为“浙江省‘枫桥式’司法所”，县司法局被温州市委、市人民政府评为推进温州市域治理现代化先进集体，全县一审行政诉讼败诉率7.32%，考核处于全市中上水平。

【依法治县】 2021年，县司法局切实履行司法行政职能，紧密结合文成实际，研究全县年度法治建设工作任务。组织筹备并召开文成县委依法治县委员会第三次会议、法治政府领导小组会议暨府院联席会议。深化建章立制，制定《2021年法治文成建设重点工作清单》《法治文成建设六大抓手工作方案》《文成县委深化法治化改革工作专班方案》等文件。出台《法治文成信息报送制度》，编发法治文成信息简报8期。用好考核"指挥棒"作用，落实法治温州考核任务分解，对全县各乡镇、县机关单位进行法治文成建设考核赋分并出台考核细则。对全县17个乡镇、相关部门开展法治督察，发现6大方面近40个问题，出台法治督察通报2期，将整改情况纳入年终考核，全部整改到位。

【人民调解】 2021年，县司法局向社会公开招聘工作经验丰富、群众基础深厚的老党员、老干部、老教师等乡贤，充实调解队伍。加大"五老"人员在全县专职人民调解员队伍中的比例，全县55名专职人民调解员中"五老"人员有30名，占比54%。注重"以老带新"，开展全县第一期行业性人民调解工作经验分享会，选派2名资历深厚的"调解老手"为新聘用调解员现场传授调解案卷制作、调解技巧等核心内容，帮助新调解员成长，提升能力素质。培育特色品牌，"丽姐工作室"成功入选全省96个首批"浙江省婚姻家庭纠纷化解品牌工作室"。全年全县受理矛盾纠纷2603件，调解金额1.2亿元，调处成功率100%。

2021年1月6日，市司法局党委书记、局长卢斌（前右二）到西坑畲族镇调研基层法治建设工作（县司法局提供）

【社区矫正】 2021年，县司法局严抓特殊人群管理帮扶，聘请8名社区矫正"公益大使"，通过开展《中华人民共和国社区矫正法》专题宣传、"四学一做"修心教育等活动，提升矫正质量。联合公检法开展矫正对象脱管漏管专项检查，强化源头管控和预警预测，实现重点期间社区矫正绝对安全。全年接收社区矫正对象80人，解除84人。加强归正人员管理帮扶，落实好监地衔接制度，做好必接必送人员衔接3人次，严防脱管漏管，上年接收刑释人员233人，期满解除245人。持续助力疫情防控工作。不予批准矫正对象外出至中高风险地区的外出申请，加强日常宣传教育提升防范意识。

【公共法律服务】 2021年，县司法局加强公共法律服务供给，开展《中华人民共和国法律援助法》宣传20余次，制定《"让群众打得起'官司'"爱民实践活动方案》，进一步扩大法律援助覆盖面。全年接受法律咨询1335人次，受理法律援助案件508件。组织律师为企业开展免费法律体检103家次，提出风险防控建议145条，开展相关法律知识讲座49余场，各级法律顾问参与修订涉法文书48件，配合调解纠纷95次。推动温州仲裁委员会文成分会入驻县矛调中心，引导民商事纠纷通过仲裁途径解决，丰富非诉讼纠纷解决模式，推动民商事纠纷调处化解“最多跑一地”。

【公证业务】 2021年，县司法局推进公证服务优化改革，率全市之先推行“告知承诺制”公证模式，梳理12项服务内容纳入适用告知承诺制的公证证明事项清单。开展海外远程视频公证试点工作，成功对接中国驻德国法兰克福、慕尼黑以及荷兰海牙、西班牙巴塞罗那4家领事馆，通过与领事馆、签证中心合作为海外侨胞提供在线公证服务，实现规范性和影响力“双提升”。全年办理各类公证3878件，其中海外远程视频公证425件。

【法治宣传】 2021年，县司法局结合文成实际科学起草制定文成县“八五”普法规划，开展习近平法治思想宣传66场次，通过制作民法典宣传短视频、以案释法、中小学法治漫画制作比赛等加强民法典宣传，提升普法效果。加强普法阵地建设，南田镇武阳村成功入选第八批“全国民主法治示范村”，实现国家级民主法治村“零突破”，至年末，全县创成国家级民主法治村1个，省级民主法治村(社区)18个、市级民主法治村(社区)107个。创成宪法广场，为群众打造集普法、教育、休闲等功能于一体的综合性场所。

2021年4月28日，文成县公证处与中国驻德国法兰克福总领事馆海外远程视频公证试点启动仪式在县海外服务中心举行(县司法局提供)

【行政复议应诉】 2021年，县司法局加大复议调解力度，全县新收复议案件46件，办结案件40件，案件调撤率45%，复议纠错率21%。盯紧行政诉讼“双下降”，多次筹备召开高风险败诉案件府院联席研判会，推动重点案件包案化解。组织相关单位到鹿城学习取经，完善征地拆迁相关制度文件，在源头上规范行政行为。出台《关于进一步加强行政机关负责人出庭应诉的通知》，全县出庭应诉率100%。全年全县一审行政诉讼新收155件(其中3件不予立案)，结案123件，一审败诉9件，败诉率7.32%，考核处于全市中上水平。开展“裁执分离”专项治理，成立专项整治协调办，排查梳理2020年“裁执分离”未执行案件10件，采取实地调查、因案施策、保障民生等举措推进积压案件清理，10件“裁执分离”行政非诉案件全部执行到位。

【执法监督】 2021年，县司法局落实行政执法“三项制度”，聚焦行政执法源头、过程、结果、公示等关键环节，开展“三项制度”落实情况专项执法监督检查，确保各执法主体严格落实行政执法合法、规范。全面实施行政执法监督“七段”工作法，加大对教育校外培训机构、民生、生态环境等重点领域执法监督力度，组织开展校外培训机构专项执法监督，对文成县水利系统开展行政执法质效评议专项行动。组织开展执法单位案卷评查，邀请县监委、县法检两院、县政府特邀行政执法监督员和律师，对农业农村、公安、市监等单位的68个执法案卷开展集中评查，发放执法监督整改通知书4份。利用《浙江省行政执法监督信息系统》开展线上案卷评查，处置纠正各类执法问题32个。加强行政执法证管理，制定《关于加强行政执法证管理、提高执法证持证率的工作方案》，将持证率、通过率、缺考率与单位年终考评及个人评优直接挂钩，提升各乡镇、部门及执法人员责任意识。完成全国统一行政执法证件换发申领工作，组织299名行政执法人员参加2021年两期行政执法证考试，参考297人，考试成绩合格182人，参考率、通过率分别为99.3%、61.3%，较2020年均有所提升。

【政府法律事务】 2021年，强化规范性文件管理，出台《进一步完善行政规范性文件管理工作的通知》，审查行政规范性文件27件，市级报备25件。清理规范性文件282件，其中废止或宣布失效83件。坚持合法性审查应审尽审，推进乡镇合法性审查全覆盖，基于浙政钉率全市建立首个网上合法性审查办件平台。将习近平法治思想纳入各乡镇、部门党委（党组）理论学习中心组重点学习内容，组织2期16人次新提任的非人大任命县管领导干部任前法律知识考试。在县委常委会、县政府常务会议等开展会前学法10次，组织政府部门、乡镇分管领导和法制科室负责人、业务骨干等参加行政处罚案件旁听庭审，提升法治思维能力。推行行政规范性文件审核数字化管理，将审核过程中产生的文件、图表、照片等资料全部建立电子档案并录入电脑，对档案封面、目录、顺序等制定统一模板，实现卷宗完整、内容规范、归档及时、分类存放、检索高效、查阅便捷。完成2020年度合法性审核档案的统一编号和存档。全年审查县政府行政合同13件、重大行政决策15件、重大行政执法决定15件、各类议题87件。

【队伍建设】 2021年，县司法局落实全面从严治党主体责任，切实履行好"一岗双责"，制定《文成县司法局2021年全面从严治党及党风廉政建设工作组织领导与责任分工》，与各司法所、局机关科室负责人签订《党风廉政建设责任书》19份。通过年初专题部署、年中听取汇报、年末专题督查等方式，强化压力传导，推动管党治党责任层层落实到位。分类开展谈心提醒活动，组织对班子成员、中层干部、一般干部开展谈心谈话88人次，覆盖率100%。落实好县委第一巡察组的巡察反馈意见，切实履行整改责任，针对巡察反馈的3个方面18个问题，制定具体整改举措85项，全部整改完毕。开展党史学习教育，推出班子成员集中夜学、交流研讨等局党组创新学习制度，向全体干部发放学习资料760余份，通过全员政治轮训、分组夜学、个人自学、理论测试等方式提升学习效果。高质量开展政法队伍教育整顿各项工作，出台《文成县司法局社区矫正工作责任追究暂行办法》《文成县司法局社区矫正工作责任清单》等6项制度。开展"六讲六做"活动，学习宣传党的十九届六中全会精神。

【先进名录】

先进个人一览表

表24

序号	姓名	荣誉名称	发文时间	授予部门
1	叶葱葱	2020年度优秀公务员	2021.9	文成县委、县政府
2	胡峥伟	2020年度优秀公务员	2021.9	文成县委、县政府
3	包启群	2020年度优秀公务员	2021.9	文成县委、县政府

续表24

序号	姓名	荣誉名称	发文时间	授予部门
4	刘丽萍	2020年度优秀公务员	2021.9	文成县委、县政府
5	胡玉泉	2020年度优秀公务员	2021.9	文成县委、县政府
6	程娟红	2020年度优秀公务员	2021.9	文成县委、县政府
7	雷　鹏	2020年度优秀公务员	2021.9	文成县委、县政府
8	叶淑峰	2020年度优秀公务员	2021.9	文成县委、县政府
9	雷德玖	2020年度优秀公务员	2021.9	文成县委、县政府
10	吴　江	2020年度优秀公务员	2021.9	文成县委、县政府
11	刘海英	2020年度优秀公务员	2021.9	文成县委、县政府
12	刘荷娜	2020年度优秀公务员	2021.9	文成县委、县政府
13	陈永久	2020年度优秀公务员	2021.9	文成县委、县政府
14	富　容	2020年度优秀公务员	2021.9	文成县委、县政府
15	夏丹丹	2020年度优秀公务员	2021.9	文成县委、县政府
16	富淑芳	2020年度优秀公务员	2021.9	文成县委、县政府
17	陈茂平	推进市域治理现代化先进个人	2021.3	温州市委、市政府
18	张强强	温州市司法行政系统微党课比赛三等奖	2021.5	温州市司法局
19	林为口	浙江省优秀公证员	2021.10	浙江省公证协会
20	郑柳青	庆祝中国共产党成立100周年“不忘初心·证心向党”主题征文三等奖	2021.6	浙江省公证协会
21	兰淑琼	2020年度事业工作人员	2021.5	县人力资源和社会保障局
22	张克春	2020年度事业工作人员	2021.5	县人力资源和社会保障局
23	钟旭丹	2020年度事业工作人员	2021.5	县人力资源和社会保障局
24	郑柳青	2020年度事业工作人员	2021.5	县人力资源和社会保障局

先进集体一览表

表25

序号	单位名称	荣誉名称	发文时间	授予部门
1	文成县司法局	推进市域治理现代化先进集体	2021.3	温州市委、市政府
2	文成县司法局	浙江省“枫桥式”司法所	2021.12	浙江省司法厅
3	文成县司法局	温州市县乡法治政府建设“最佳实践”项目	2021.4	温州市法治政府建设工作领导小组
4	文成县司法局	2020年度温州市司法系统信息工作先进集体	2021.2	温州市司法局
5	文成县公证处	优秀公证处	2021.10	浙江省公证协会

（郑成成）

综合行政执法

【概况】 2021年，文成县综合行政执法局内设办公室、人事督查科、法制科、市容环卫科、市政公用园林科（行政审批科），机动中队和12个属地执法中队，下属事业单位有指挥中心、公用事业管理所、环境卫生管理所，建筑渣土消纳管理中心。年底，实有在编人员109人，中层领导36人，临聘人员134人。

【综合行政执法队伍建设】 2021年，县综合行政执法局创新干部培训模式，强化专班历练形式，选树执法办案能手、体能标兵。优化选人用人方式，组织开展优秀年轻干部比选和职级干部优选，激发干部队伍活力。坚持全员参与，注重考学结合，开展"城市蓝"学堂、实绩大比拼、科室微课题、"学法考法"等活动，提升干部综合素养。梳理形成"三个百天"重点工作作战图，统筹出台综合绩效考评、"双月攻坚"、重大工作专班等制度，加倍努力、加快节奏、加大力度、加码标准，狠抓各项任务落实。依据《浙江省综合行政执法基层中队规范化建设标准（试行）》，对全县12个中队进行改造提升，配齐执法专用车、执法记录仪、办公电脑、照相录像器材等设备，实现规范化基层中队创建率100%，大岴综合行政执法中队基本创成星级规范化基层中队。

2021年6月10日，开展"锻造'六度'铁军，争当'六比'标兵"夏训工作（县综合行政执法局提供）

2021年6月28日，执法人员在"警城联勤"平安大巡防（县综合行政执法局提供）

【城市精细化管理】 2021年，县综合行政执法局研究制定《文成县城市精细化管理三年行动方案（2021—2023年）》，构建权责明晰、程序优化、管理高效的城市治理体系。开展"城市精细化管理示范街（路）"创建行动，推动市容市貌管理的规范化、长效化，全年查纠各类违法违规行为2万余起，其中跨门经营5000余起，"六乱"行为1.2万余起，取缔流动设摊4000余摊，开辟疏导点3个，引摊入场70余个，抓捕流浪犬156只，查纠机动车与非机动车违停5500余起。

【城区绿地】 2021年，县综合行政执法局对城区绿地、绿篱和灌木及街头游园内的过冬草进行清除，清理绿化带6600余平方米，修剪枯枝约3600株。城区补植、替换乔木46株，花卉3500余平方米，绿化提升改造1万平方米。

【渣土整治】 2021年,县综合行政执法局依托“渣管智慧”平台动态管控建筑渣土运输车辆,严厉整治渣土车违法行为,全年办理渣土违法案件12起,规范建筑垃圾运输市场秩序。

【规范执法行为】 2021年,县综合行政执法局坚持以“依法行政、执法为民”作为工作思路,规范执法行为,注重文明执法,发挥职能作用。探索“局队合一”新模式,推进12项重点执法任务攻坚突破。在人行道净化、建筑渣土处置、违建查处、垃圾分类等领域实现攻坚突破。办理一般程序案件立案230件,简易程序案件3143件,罚款金额191.4万元。行政诉讼16件,被纠错及行政败诉案件均零发生。

【示范道路创建】 2021年,县综合行政执法局坚持精细化、人文化,开展城市精品创建工程,打造布局更合理、功能更完善、特色更鲜明的城市景观。在12个乡镇各建成1条“城市精细化管理示范街路”,在中心城区建成1个“精细化管理示范区”,加强街区容貌和环境卫生管理,全面整治沿街住宅区外观容貌“差”、环境卫生“脏”和社区秩序“乱”等问题,改善居民生活环境质量。

【“城市精品”建设】 2021年,县综合行政执法局围绕市局“城市精品”建设,寨山公园完成叶氏太极主题化改造,县前街顺利通过市级市政特色化设施验收,文化广场地下公厕完成智能化改造提升,玉壶等3个镇各建成一座人文爱心驿站。

2021年10月,寨山公园完成叶氏太极主题化改造(县综合行政执法局提供)

【市政设施巡查维修】 2021年,县综合行政执法局对城区道路进行修复,更换路沿石2000余米,翻铺人行道90余平方米,道路补路150余平方米。实施防汛清淤工程,更换修复窨井盖与雨水箅子60余套,清理雨水箅子及窨井200余座,安装防坠网100余个,清淤排查管网70千米,做好安全度汛准备。做好城镇燃气安全保障,全面实施瓶装燃气实名制与信息化销售工作,全年开展安全检查3.71万余家次,检查燃气供应站点121家次,发现安全隐患问题1454项,完成整改1454处,整改率100%。做好城市道桥隐患治理,启动第三方专业机构对市政桥梁和城区主要道路的检测工作,完成全部39座市政桥梁的常规检测、鹤云大桥结构检算、建设路等5条主要道路的12千米常规检测以及4.3千米脱空检测。

【综合行政执法改革】 2021年,县综合行政执法局成立“大综合一体化”行政执法改革工作领导小组,在县级层面探索推进“1+8”执法队伍建设,按市级部署,同步划转执法事项。在珊溪镇试点实行“一支队伍管执法”,整合派驻机构,组建乡镇综合行政执法队,形成“1+N”专业办案力量,以乡镇名义开展行政执法工作,将原先多个执法部门的多头检查、重复检查、随意检查合并成一次检查。

【“数字化”改革】 2021年，县综合行政执法局成立局数字化改革工作领导小组，推动线下流程再造与线上技术实现的协同并进，加快数字赋能城市管理与综合执法现代化。坚持标准化管理，统一使用“六步闭环”工作法，全年数字城管立案数4321件，处置数4321件，按期处置数4320件，处置率100%，按期处置率99.95%。

2021年11月12日，文成县综合行政执法指导办公室正式挂牌（县综合行政执法局提供）

2021年6月29日，文成县首家垃圾分类体验中心VR体验开放（县综合行政执法局提供）

【“四边三化”问题查处】 2021年，县综合行政执法局完成市“四边三化”平台共有问题点位387处，完成387处，完成率100%，全市排名继续并列第一，完成“四边”区域县级自查自纠问题点位888处。违建治理成效显著。依托全县违建防控体系，开展摸底排查，掌握违法建筑底数，推进违建预防和查处工作，全年查处违建面积0.8万平方米，城中村、旧住宅区、旧厂区整改5.66万平方米。

【生活垃圾处置】 2021年，县综合行政执法局首创VR垃圾分类体验馆，成功打造2个省级生活垃圾分类示范创建小区，建成9座标准化垃圾分类收集屋，推动城镇生活垃圾分类覆盖面100%。以“积分兑换”方式回收有害垃圾约5.18吨，以“易腐垃圾”直运收集处置餐厨废弃物678.46吨，将苔湖街打造为“定时定点”清运商业街，完成城北垃圾中转站建设和其他中转站改造工作。正式投运垃圾处理生态环保工程，合理调配作业时间，加大作业频率和清运力度，实现日处理能力550吨，全县产生和无害处置生活垃圾4.4万余吨，总量同比下降27.16%，无害化处理率、生活垃圾资源化利用率均100%。

【先进名录】

先进个人一览表

表26

序号	姓名	荣誉名称	发文时间	授予部门
1	赵东平	推进温州市域治理现代化先进个人	2021.3	中共温州市委、温州市人民政府
2	纪玉明	浙江省城市市容环境卫生工作成绩突出个人	2021.10	浙江省住房和城乡建设厅、浙江省总工会
3	周 崇	县铁军标兵	2021.2	文成县人民政府
4	郑 炜	民生幸福工程先进个人	2021.2	文成县人民政府
5	王康康	环境再造工程先进个人	2021.2	文成县人民政府
6	朱佳楠	全省大花园典型示范县和省级特殊示范小镇先进个人	2021.2	中共文成县委办公室
7	陈 煌	美丽城市创建先进个人	2021.2	中共文成县委办公室
8	赵洁利	生态环保和五水共治先进个人	2021.2	中共文成县委办公室
9	毛征亮	生态环保和五水共治先进个人	2021.2	中共文成县委办公室
10	陈 嫦	2020年度全县党委系统信息工作先进个人	2021.4	中共文成县委办公室

先进集体一览表

表27

序号	单位名称	荣誉名称	发文时间	授予部门
1	文成县综合行政执法局	美丽城市创建先进集体	2021.2	中共文成县委办公室
2	文成县综合行政执法局	生态环保和五水共治先进集体	2021.2	中共文成县委办公室
3	文成县综合行政执法局	2020年度全县党委系统信息工作先进单位	2021.4	中共文成县委办公室
4	文成县综合行政执法局	推进温州市域治理现代化先进集体	2021.2	中共文成县委、文成县人民政府

（何晴晴）

军 事

人民武装

【概况】 2021年，文成县人民武装部(以下简称县人武部)贯彻上级军事机关和县委的决策部署，锚定打造全省武装工作“窗口”单位建设目标，按照“信仰坚定、主业优异、作风优良、全面发展”的思路，适应疫情防控常态化要求，着力固根本、聚力抓中心、下力打基础、强力转作风、全力保稳定，各项工作和建设高标准推进、高质量落实。年内，先后被省军区评为“两优一先”人武部党委、全面建设先进武装部、战备训练先进单位、“十三五”期间民兵工作先进单位，被省政府、省军区表扬为全省征兵工作先进县，交出创历史的高分报表。

【思想政治建设】 2021年，县人武部坚持把学习贯彻军委主席习近平重要讲话作为首要政治任务，注重在学习中紧跟步伐、在理解中看齐追随、在领悟中铸牢军魂。学习贯彻军委主席习近平“七一”重要讲话和党的十九届六中全会精神，参加上级宣讲辅导授课，严格落实团级单位党委、机关党支部和党委中心组带机关理论学习等制度，做到原原本本学、一人不落学。开展党史学习教育，做好“规定动作”和“自选动作”两篇文章。组织开展党史知识理论测试，抓好大讨论党史学习教育组织生活会；“七一”前夕，组织部机关全体党员赴永嘉红十三军旧址开展“庆百年、学军史、唱红歌、温誓词”主题党日活动，组织观看《守岛人》《长津湖》等红色系列电影、参观毛泽东像章馆和开展“学党史、见行动”红枫古道登山活动，深化学习效果；参加温州军分区组织的“学百年党史　展分区风采”主题演讲比赛，获得一等奖。贯彻政治要求，以军委主席习近平系列重要论述和重要思想观点为主要内容，体系布展、全面规范、彰显导向，在营院醒目位置布建强军目标大型宣传展板1块、宣传橱窗2个、宣传标牌3处、宣传灯箱4个；在楼道走廊布设体现军委主席习近平关于国防和军队建设的重要指示内容3处，按规定悬挂“全军十大英模挂像”；在党委会议室悬挂党的领导人重要题词。其他功能区和室内场所按照“基本+自选”的要求，布设与其功能相匹配、符合军营文化建设要求的宣传内容，营造团结紧张、庄重严肃的军营政治氛围。

【党管武装】 2021年，文成县各级党政领导坚持带头学武装、用武装、管武装，自觉把党管武装工作纳入职责范畴，摆上议事日程。各级党委书记作为第一责任人，始终强化责任担当，把武装工作作为“一把手”工程，主动参与、积极协调，以实际行动推动工作落到实处。严格落实武装工作会议、常委议军会议、国动委会议、国教委会议、党委书记武装工作述职等制度，组织县四套班子领导、国动(教)委成员“军事日”活动。参照省、市做法，落实武装工作考评、述职、讲评“三位一体”的考评机制，常态组织评比验收，促进工作末端落实。结合换届，全县33名专武干部中被提拔任部长的3人、副部长4人，交流转岗

2021年6月2日，文成县武装工作暨国动(教)委全体会议召开(林海双 摄)

3人；全年新招专武干部2人，17名专武部部长100%为同级党委班子成员，队伍结构得到优化。

【征兵工作】 2021年，县人武部贯彻国家“两征两退”征兵工作改革和省市征兵工作会议精神，以省、市征兵命令为依据，以征集优质兵员为核心，围绕“征兵五率”新标准，把握征兵政策新变化，严格规范征兵程序，从严审核把关，坚持集体定兵、择优定兵、廉洁征兵；加强新兵役前教育训练，落实封闭式管理，实现大学生和大学毕业生征集数量、质量“双提高”。全年征兵2次，大学生比例99.15%，大学毕业生比例46.2%，均高于省、市平均水平，征兵“五率”考评位列全市第二名。

【正规化建设】 2021年，县人武部以承担全市正规化建设总结深化现场会为契机，全面规范人武部战备、训练、工作、生活4个秩序，突出硬件建设实战化、软件建设信息化、整体建设规范化，形成“四个一”成果，经验做法被《中国国防报》头版刊发，受到与会人员高度评价。着眼遂行任务需要，配齐森林灭火、防汛抗洪、反恐维稳、勤务保障4类装备器材，实现县乡2级装备器材“模块化、箱式化、野战化”目标，确保遇有任务能迅即行动。着眼应急应战需要，优化战备器材库设置，按照“人装配套、利于战备、便于出动”的原则，将战备器材分库存放、个人物资定人定位、战备器材按编分类，着力提高出动效率。着眼设施规范化需要，完善各类标识195块、更换办公设施设备59台、改造库室12间、调整库室7间、规范场所20余类。

【军事训练】 2021年，县人武部始终牢记国防动员和备战打仗是武装工作的重心所在，各项工作始终聚焦“能打仗、打胜仗”的使命任务，确保一旦有事能够快速反应、从容应对。军事训练坚持以《军事训练大纲》和军事训练工作指示为依据，以岗位练兵比武和按纲施训考核为牵引，准确把握疫情防控期间工作特点规律，科学统筹，狠抓首长机关、专武干部、民兵干部和基干民兵

2021年9月13日，秋季新兵欢送会在县民兵训练基地召开(林海双 摄)

2021年11月19日，温州军分区正规化建设总结深化现场会在文成人武部召开(林海双 摄)

4个层级军事训练，各类指标符合军事训练大纲要求，军事训练考核指标位列全市第一名。民兵参与应急出动、防台演练及疫情防控等行动，高标准完成军分区赋予的全市民兵工程抢修分队集训任务。参加全市专武干部暨教练员骨干集训，夺得团体成绩第三名，玉壶镇专武部部长郑振光获全市个人综合成绩第一名。参加军分区第四届岗位练兵大比武，在设立的51个奖项和名次中，获得12个奖项和名次，占23.5%，其中专武干部组夺得团体成绩第一名，3名专武干部个人综合成绩包揽前三名(玉壶镇武装部部长郑振光、峃口镇武装部干事潘一谷、百丈漈镇武装部部长林溪)；人武部首长机关组夺得团体成绩第二名，部长詹小京获得个人综合第三名；民兵分队组夺得森林灭火单项第三名。

【国防后备力量建设】 2021年，县人武部于年初组织开展国防动员潜力核查，精准掌握全县潜力数据。4月份，县国动委综合办牵头组织各办公室进行国防潜力数据统计汇总工作，深入邮电、通信、医疗卫生、粮油物资等单位，对全县国防动员潜力8个方面的数据进行采集、统计、汇总、评估，录入国防动员潜力系统。通过潜力调查，摸清全县国防动员潜力状况，掌握国防动员潜力底数，为战时提供准确的动员潜力数据。对全县近5年的退伍军人服预备役情况进行登记统计核对，对近3年的退伍军人，以乡镇武装部为单位进行联系，掌握人员分布情况，确保有应急动员任务时，能联得上，拉得动。加强后备力量基层规范化建设，上半年组织机关和基层进行《后备力量建设指导手册》文件学习培训，掌握政策规定，打牢基层建设基础。10月份，组织对乡镇武装部“评星挂牌”考评，迎接军分区抽查考评，全县17家单位全部达标评星，其中五星单位11家，4星单位3家，3星单位3家。

【民兵工作】 2021年，县人武部按照“够用、管用、能用”要求，结合任务需求和辖区实际优化民兵编组布局，高标准完成普通民兵、基干民兵的编组任务。及时调整组织，成立以县长为组长，联系武装工作副县长和人武部军政主官为副组长的县民兵工作领导小组，召开任务部署会，进行专题部署，明确任务目标，同步开展业务培训，明确具体标准和时间节点。加强检查督导，对17个乡镇、4个行业系统所有基干民兵队伍逐一检查督导，现地点验拉动，清点人员装备，抽查官兵相识情况，指出存在问题，下发整改问题清单，责令限期整改，确保民兵工作在基层落地落实。全力做好迎检，在5月份迎接军分区先期检查考评中稳居第一方阵，6月份迎接省军区检查抽考中位居22个县(市、区)人武部第三名，为温州市民兵调整改革工作进入全省第一方阵贡献力量。

【国防教育】 2021年，县人武部利用“全民国防教育日”和“国防教育宣传周”等时机，开展国防教育宣传活动，提升全民国防意识。巩固“八一”光荣榜媒体宣传，军人荣誉墙进乡镇村居，为县中青班组织国防教育授课辅导等活动。全年完成4所学校1660余名学生的军训任务和4所学校国防教育宣讲活动。上半年，举办军营开放日活动，多批次中小学生在家长陪同下走进军营，学习国防知识，体验部队生活，做法被《中国国防报》和《解放军报》客户端刊发，反响强烈。

2021年6月1日，举办军营开放日活动（林海双 摄）

【双拥共建】 2021年，县四套班子领导利用“八一”、春节期间，走访慰问驻军单位，融洽军政军民关系。组织开展军属大走访活动，协调县领导走访慰问师团职现役军人家属，增强军人家属荣誉感，营造“一人参军、全家光荣”的社会氛围。逐年提升义务兵优待金，落实大学毕业生退伍后事业招录比例，刚性安置转业士官。持续推进营以下军官慰问全覆盖，开展军地联合送喜报制度、联合评选“最美”退役军人、参加地方慈善“一日捐”等活动，浓厚双拥氛围。

【后勤保障】 2021年，县人武部结合形势任务，加强后勤建设，搞好后勤保障，完成各项保障任务。加强基础设施建设，以地方创建美丽县城为契机，协调地方城建、交通、园林等部门，对办公楼、征兵楼、生活楼外立面及营院道路、绿化等进行整体提升改造，实现单位基础建设旧貌换新颜。落实各类清查活动，组织对人武部资产进行全面清查核对，清查出装备物资6861件、设备器材494件、无形资产60件。组织枪支弹药大清查，与历任仓库主任、保管员、退休转业干部、历任专武干部签订承诺书204份，对历任涉枪涉弹人员追溯33人。与11家单位签订装备预征预储协议，补充采购各类装备300余件，提高遂行任务能力。严格后勤领域管理，加强财务、军需、营房、装备等管理使用，严肃财经纪律，落实营房、装备维护，改善生活设施，提高后勤保障质效。

（洪婷婷）

武警文成中队

【概况】 2021年，武警文成中队以习近平新时代中国特色社会主义思想为指导思想，贯彻习近平强军思想和新时代军事战略方针，按照《军队基层建设纲要》，立足中队建设实际，创新性提出“五精三实”中队建设发展理念，注重铸魂育人，强化练兵备战。全中队官兵始终瞄准“听党指挥、能打胜仗、作风优良”的强军目标，以昂扬的精神状态，扎实的战斗作风，发扬“一不怕苦、二不怕死”的战斗精神，淬炼军人胆气血性，全力守护驻地平安，凝练出“自律、自强、担当、奉献”的特有精神，圆满完成上级赋予的各项任务，高标准实现“四个确保”（全面梳理，确保事项无遗漏；部门联动，确保清单运行规范；从严审核，确保清单调整准确；强化监督，确保事项调整及时），谱写了中队全面建设发展的新篇章。

【组织建设】 2021年，中队党支部瞄准未来建设发展，加强党支部的标准化、规范化建

2021年7月，中队在驻地红色景点开展主题党日活动（武警中队提供）

设。围绕上级党委的总体工作思路，突出抓好党支部“三个能力”建设，加强创新理论武装，务实工作作风，严格党员管理教育，支部战斗堡垒作用明显，党员先锋模范作用突出。通过持续开展读红色书籍、看红色电影、讲红色故事、参观驻地红色景点，重温入党誓词等活动，强化官兵使命担当。抓好骨干培训、用好基层风气监督员、发挥两个群众组织（团支部、军人委员会）、3支队伍（干部队伍、党员队伍、军士队伍）作用，确保部队建设的正确方向。

【执勤战备】 2021年，中队聚焦执勤战备工作，坚持中心居中，严密组勤、精细管勤、正规执勤。持续抓好“3+1”战备力量体系建设，确保部队常态保持“两个不经、一个保持”（不经临战训练、不经调整补充，常态保持应急战备水平）战备水平。完善智慧磐石工程建设，提升执勤安全系数。定期修订完善战备方案，落实战备制度，每月联合看守所组织方案演练，纠治执勤隐患；以打赢三场维稳战役为牵引，教育官兵牢固树立“危险就在身边，战斗随时打响”的意识，全年完成20余批次的武装押解任务和临时勤务，确保固定目标绝对安全。

【军事训练】 2021年，中队展望未来，聚焦实战，严格按照《军事训练大纲》，坚持实战实训、按纲施训、从严治训，加强针对性适应性训练，加强新装备新力量训练，提高训练实战化水平，夯实“三学一进”“五小练兵”载体，运用群众性创（破）纪录、月军事竞赛等活动营造“比、学、赶、帮、超”浓厚氛围。结合上级各类培训、集训，采取理论授课、技能训练、考核验收、体会交流等方法，加强中队教练员队伍建设，规范军事训练组织与实施。严格奖惩制度，营造“训练有位、训练有功”的浓厚氛围，持续强化官兵基础体能，激发官兵训练热情，提升官兵遂行多样化军事任务的能力。

【思想政治建设】 2021年，中队紧跟时代前沿、紧贴形势任务、紧扣思想脉搏开展思想政

2021年6月，中队组织执勤形势分析（武警中队提供）

治教育，用真理说服人、用真情感染人、用真实打动人，培育“四有”革命军人。开展“忠诚维护核心、矢志奋斗强军；传承红色基因，担当强军重任”主题教育，广泛组织“读好书、励好志、成好才”“日学习主席金句”“兵哥说故事”微课等活动，深化官兵对习近平新时代中国特色社会主义思想的学习和掌握。依托“浙江武警”公众号、“军职在线”App等，建好学习教育新媒体平台，做好“微文章”、探索“微学习”、开展“微教育”、搞活“微宣讲”。持续开展“星火”读书分享会，帮助官兵在书籍的海洋中汲取营养，拓宽知识、丰富精神文化生活，更好成长成才。开展特色文体活动，“星火、燎原”篮球杯竞赛在中队浓厚的篮球氛围中孕育而生，涵盖的是中队新生代的热血与担当的激情碰撞，是中队传承、进取、拼搏、携手共进的体现，增进了官兵之间浓厚的情谊。定期开展文化体育活动，做到队列集会有歌声、周末假日有活动、重大节庆有晚会、年度文体有比赛。

【日常管理】 2021年，中队严格按照条令条例办事，真正做到从单纯靠习惯和经验开展工作的方式向依靠法规和制度开展工作的根本性转变。坚持从严治军方针，牢固树立正规化建设理念，将“五精三实”（精准补短板、精细抓落实、精致营院、精品展示、精彩生活；踏实、扎实、落实）理念融入中队建设发展中，在注重硬件建设的同时，更加注重官兵行为规范、日常养成等软件建设。贯彻习近平主席“厉行节约、反对浪费”重要指示精神，开展“勤俭节约、过紧日子”活动，结合官兵饮食习惯，精心调剂，不断改善伙食，做到粗菜细做、细菜精做，力求官兵最高满意率。在营院硬件设施上建设篮球场、国旗台，持续优化营区环境。在全支队率先推行量化管理制度，形成“日有公示、周有讲评、月有汇总、季度有表彰”的工作机制，部队正规化建设、精细化管理水平显著提升。

2021年6月，中队组织提高实战化水平训练（武警中队提供）

2021年9月，中队开展经常性思想教育（武警中队提供）

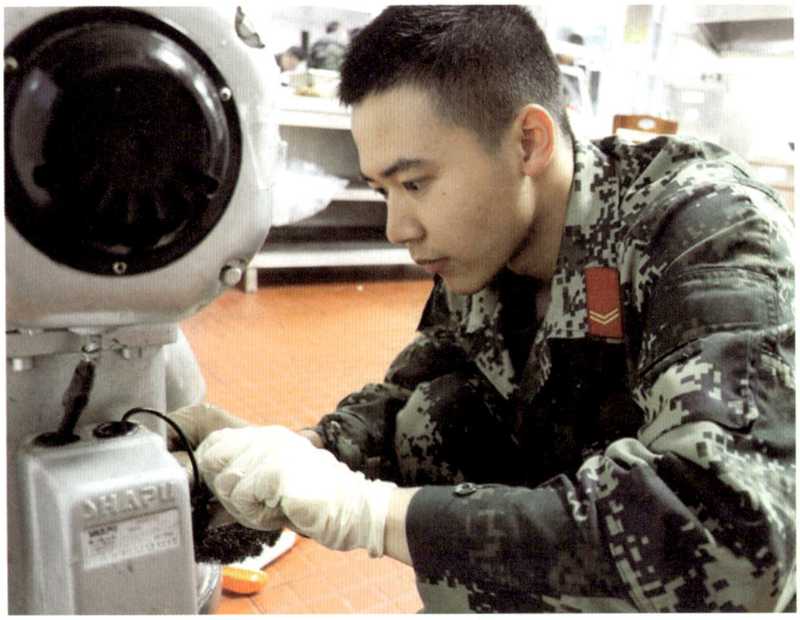

2021年9月，中队战士在进行安全设施检查(武警中队提供)

2021年9月，“祖国的花朵进军营”驻地小朋友进军营活动举行(武警中队提供)

【拥政爱民】 2021年，中队采取“走出去，请进来”的方法，与文成县图书馆建立军民融合教育实践基地，协同县图书馆开展“流动书屋进军营”“阅读马拉松”等官兵喜闻乐见的系列文化“大餐”，丰富官兵课余文化生活。与共建单位多次召开军民座谈会，邀请优秀教师为官兵授课、“祖国的花朵进军营”驻地小朋友进军营与官兵互动，中队能为小朋友们展现了部队优良作风。组织“学人民、爱人民、为人民”活动和篮球友谊赛，双拥共建工作进一步深入，军政军民团结进一步加强。

(郑荣辉)

人民防空

【概况】 2021年，文成县人民防空办公室(简称县人防办)以中共中央总书记习近平在全国第七次人防代表会议上的“人民防空是国之大事，是国家战略，是长期战略”的讲话为引领，履行“战时防空、平时服务、应急支援”的使命要求，紧紧围绕省、市人民防空的部署要求，扎实推进县人防工作，较好地完成了年度目标任务。

【人防信息保障】 2021年，县人防地面指挥中心系统每周二上午9时20分与温州市11个(县、市、区)进行短波电台联通训练；15时与省、市人防办进行视频会议对接、4G智能终端对接训练。

【方案与演练】 2021年5月12日，县人防办组织机关单位人口疏散演练。演练结合警报试鸣，采取全省联网、五级联动、实时连线、同步演练的方式进行，参演人员217人。11月22日，在县人防地面指挥中心，以珊溪水库省级重要经济目标疏散掩蔽为背景，进行人防金盾系列室内推演，内容涵盖开设人防指挥所、人民防空筹划、控制人民防空行动等，明确“一部九组”的基本职责及下达人防作战命令的程序。

【人防警报】 2021年5月12日，根据省统一部署，县城范围和珊溪重点镇共15台人防电声警报器统一试鸣防空、防灾警报信号。9月18日，县城范围及珊溪重点镇统一试鸣防空警报信号。

【结建工程】 2021年，县人防办审批人防结建工程7个，组织竣工验收3个。年末，全县在建结建（结合民用建筑）工程17个、竣工结建工程21个。

【综合执法】 2021年，县人防办按照省市部署要求，成立以人防办负责人程旗荣为组长的“防空地下室平时使用和维护管理检查工作”领导小组，邀请杭州华通人防设备检测公司对全县18个人防结建工程进行现场检测，逐一列出问题清单，8月份，对2个人防结建工程发放整改通知单。

【宣传教育】 2021年，县人防办以人防主题宣传活动日为抓手，开展系列活动。3月1日，在时代广场开展以“关爱民生、关注民防”为主题的“3·1”国际民防日宣传活动；5月12日，会同县应急管理局、县科技局、县气象局、县卫生健康局、县消防救援大队、县资规局，以“防范化解灾害风险 筑牢安全发展基础”为主题，在苔湖小区举办“5·12”防灾减灾宣传活动。与教育局联合发文在全县学校范

2021年4月7日，省人防办主任肖培生（右二）到文成县调研重要经济目标防护建设工作（县人防办提供）

2021年5月12日，“5·12”防灾减灾宣传活动在苔湖小区举行（县人防办提供）

2021年9月18日，“9·18”历史纪念日宣传活动在县人武部操场举行（县人防办提供）

围内开展该主题的人防课及疏散演练活动。9月18日，在县人武部操场，举办“铭记历史，勿忘国耻”主题宣传活动，纪念“9·18”事变90周年，恰逢新兵入伍，在县人武部的帮助配合下，为新兵普及人防国防知识。发挥县政府门口3个宣传窗口的首位度作用，持续更新宣传内容，效果明显。

（刘日成）

退役军人事务

【概况】 文成县退役军人事务局（以下简称县退役军人事务局）内设办公室、优抚安置科，下设县退役军人服务中心（增挂光荣院、烈士陵园管理所、双拥服务中心3块牌子）。2021年，县退役军人事务局以“让军人成为全社会尊崇的职业”为中心，做好退役军人服务工作，努力让尊崇落到实处。县退役军人服务中心、珊溪镇退役军人服务站等16个服务中心（站）通过省级“新时代枫桥式退役军人服务中心（站）”验收评比。深化退役军人全生命周期服务模式改革，做好“入伍、服役、退役、就业、优待和退出”六个过程服务，全年下发各项优抚补助资金1500余万元；完成年度享受国家定期抚恤补助待遇的优抚对象年度确认，审核率100%；完成年度退役士兵的档案审核和符合政府安排工作退役士兵的接收安置；落实资金123万元，对全县第一轮排查出的99处零散烈士设施进行维护整修；协助县武警中队开展军营设施整改提升，完成篮球场、升旗台重建和晒衣场整修；与41家商铺签订双拥协议，建成“苔湖双拥商业一条街”；开展“缅怀先烈，不忘来路——文成2021清明祭英烈”“9·30烈士纪念日”、年度“文成最美退役军人、拥军人物、拥军团队”选树、“2021年军民大联欢——曳步舞走进军营活动”、军地阅读马拉松比赛、“八一”慰问抗美援朝老兵等活动。

2021年4月7日，浙闽革命后代到文成开展“重走红军路”活动，参观县官山背烈士陵园和烈士纪念馆（县退役军人事务局提供）

【枫桥式退役军人服务站建设】 2021年，根据全省统一部署，县退役军人事务局将新时代“枫桥经验”精神内涵融入并持续推进枫桥式退役军人服务站建设，严格按照“74”“34”条建设要求，将退役军人服务站打造成军味足的教育管理主阵地、情意浓的权益维护暖心地、全链条的人才成长培育地、智能化的服务保障示范地，切实建成退役军人之家，实现“服务不缺位、保障全覆盖、尊崇有氛围、引领建新功”的建设目标，用精准服务有力增强退役军人的归属感、信赖感、责任感。县退役军人服务中心、珊溪镇退役军人服务站等16个服务中心（站）通过省级“新时代枫桥式退役军人服务中心（站）”验收评比。村级服务站中，全国示范型退役军人服务站创建率75%。

【移交安置】 2021年，文成县完成2021年转业士官接收安置，全部为全额事业编制。做好2021年度退役士兵的档案接收，开展2021年“八个一”退役士兵返乡欢迎活动，即一场退伍老兵欢迎仪式、一份退役士兵服务指导手册、一次适应性培训会、一次退伍士兵座谈会、一场退伍士兵专场招聘会、一次部队大锅饭回味、一次爱国主义教育活动、一次家乡发展成果展参观，全面做好退役军人返乡服务。加强退役军人就业创业技能培训。

【清明祭英烈】 2021年，县退役军人事务局开展“缅怀先烈，不忘来路”文成2021年清明祭英烈抖音直播活动，累计观看直播人数1万余人。

【最美退役军人等选树活动】 2021年，县退役军人事务局开展2021年“最美文成人·最美退役军人、最美拥军人物、最美退役军人服务团队、最美退役军人服务站站长”选树活动，评选出县级“最美退役军人”14人、“最美拥军人物”3人、“最美退役军人服务站站长”3人、“最美退役军人服务团队”3个；张鑫获评市级“最美拥军人物”、文成县雷霆应急救援中心获评市级“最美退役军人服务团队”。

【拥军优抚】 2021年，县退役军人事务局于7月31日在县武警中队开展“2021年军民大联欢——曳步舞走进军营活动”，由部队官兵和广大群众自编自导演出。“八一”期间，开展烈士遗属、抗美援朝参战老兵、50年以上党龄老党员退役军人、重点优抚对象、困难退役军人家庭等慰问活动。

【烈士公祭】 2021年，县退役军人事务局开展“9·30”烈士公祭活动，县四套班子领导、县党群部门主要负责人、县人武部和驻文部队官兵，以及烈属代表、老干部代表、学校师生代表、2021年转业士官和退役士兵代表等参加活动。

【抖音短视频账号开通】 2021年，县退役军人事务局开设“军人那些事儿”抖音短视频账号，制作、转载双拥宣传短视频300多个，收获粉丝47.5万人，获得点赞1500多万人次，累计观看量5000多万人次，在全社会营造崇尚英烈的浓厚氛围。

【优抚对象年度确认】 2021年，县退役军人事务局为进一步推进抚恤优抚政策落实，提高优抚数据核查工作信息化、精准化管理水平，维护退役军人合法权益，根据全国统一部署，自2021年起，对享受国家定期抚恤补助优抚对象实行年度确认。确认对象包括伤残人员（残疾军人、伤残人民警察、伤残国家机关工作人员、残疾消防救援人员、伤残预备役人员、伤残民兵民工及其他因公伤残人员）、“三属”（烈士遗属、因公牺牲军人遗属、病故军人遗属）、“三红”（在乡退伍红军老战士、在乡西路军红军老战士、红军失散人员）、在乡老复员军人、带病回乡退伍军人、参战参试军队退役人员、年满60周岁农村籍退役士兵、烈士老年子女（含新中国成立前错杀后被平反人员子女），以及其他享受国家定期抚恤补助优抚对象。确认方式为上门、现场对各类享受国家定期抚恤补助的优抚对象的个人基本信息、生活状况、享受待遇情况、人员类别等主要信息进行核验（优抚对象提供本人身份证、户口本、退役军人相关证件等）。全年完成享受国家定期抚恤补助优抚对象的年度确认工作，审核率100%。

（施诚诚）

2021年4月2日，县四套班子领导在县官山背烈士陵园参加文成县2021年清明祭英烈活动（县退役军人事务局提供）

生态资源保护

生态环境

【概况】 2021年，温州市生态环境局文成分局内设办公室（法制科）、大气土壤科（水环境科）、生态综合科、审批科4个行政科室，挂靠美丽办、治水办2个办事机构，下辖生态环境保护综合行政执法队、环境监测站、生态环境促进中心3个事业单位，编制59名，其中行政编制8名、事业编制51名。2021年，县生态环境分局贯彻“绿水青山就是金山银山”理念，牢牢守住美丽生态底线，不断拓宽“两山”转化通道，以“生态美”推进“共同富”，打造高质量发展共同富裕示范区文成山区样板，取得积极成效，5月19日获2020年度五水共治“大禹鼎”称号，10月12日获国家“绿水青山就是金山银山”实践创新基地命名，11月5日入选全省首批低（零）碳村（社区）试点创建单位。

2021年10月14日，文成县获得“绿水青山就是金山银山”实践创新基地国字奖牌（县生态环保分局提供）

【生态环境质量】 2021年，文成县大气环境状况，PM2.5细颗粒物年均浓度为20微克每立方米，较2020年均值下降2微克每立方米，空气质量优良率100%，环境空气质量保持持续稳定向好态势。水环境状况，11个地表水监测断面水质达标率100%，集中式饮用水水源地水质达标率100%，文瑞交接断面达到Ⅰ类水质标准，飞云江水质位居全省八大水系之首。土壤质量状况，按照分类管控、综合施策的原则，开展重点企业用地调查，严格危险废物规范处置，工业危险废物利用处置率100%，危险废物规范化管理达标率100%，土壤污染风险得到有效管控。声环境状况，区域环境噪声等效声级值为53.8dB（A），道路交通噪声加权平均声级值为62.3dB（A），均达到功能区标准要求，其中区域环境噪声质量等级为二级较好，道路交通噪声质量等级为一级好。

【生态文明创建】 2021年，文成县狠抓基础夯实，抢抓历史机遇，高水平推进美丽文成建设，生态文明教育基地、绿色学校，低零碳村、无废村等美丽系列创建多点开花，开展“6·5”世

2021年6月4日，文成县第十一届"生态文化月"启动仪式暨"人与自然和谐共生"六五世界环境日宣传活动在文化广场举行(县生态环保分局提供)

界环境日、生态满意一条街等主题宣传活动，群众对文成生态环保事业发展满意度持续提升，跃升至全省第18名。南田镇刘基庙创成生态文明教育基地，武阳村入选全省首批低(零)碳村(社区)试点创建单位，文成县创成国家"绿水青山就是金山银山"实践创新基地。

【蓝天保卫行动】 2021年，文成县深入实施燃煤烟气、工业废气、汽车尾气、餐饮油烟、工地扬尘"五气共治"，全面完成燃煤锅炉淘汰、涉气行业企业整治提升，常态化施工场地扬尘污染联合督查、柴油车淘汰与上路监管，环境空气质量优良率保持在99%以上，PM2.5颗粒物浓度值持续向好，降至20微克每立方米。

【碧水澄清行动】 2021年，文成县深化"五水共治"，开展"找寻查挖"专项行动，持续巩固"污水零直排区"建设成效，集中式饮用水水质达标率100%，地表水断面水质达标率100%，文瑞交界断面水质稳定达到Ⅰ类。

【净土开拓行动】 2021年，文成县开展受污染耕地"源解析"任务，推进高风险疑似污染地块土壤污染状况调查，污染地块安全利用率100%。

【无废创建行动】 2021年，文成县规范小微产废企业危险废物集中统一收运工作，收运处置率100%、规范化管理达标率100%。全面开展无废细胞创建任务，完成"无废村"1个、"无废小区"1个、"无废学校"10所、"无废机关"4个、"无废酒店"1家等17个无废细胞创建。

【生态环保执法监管】 2021年，文成县全面强化生态环保

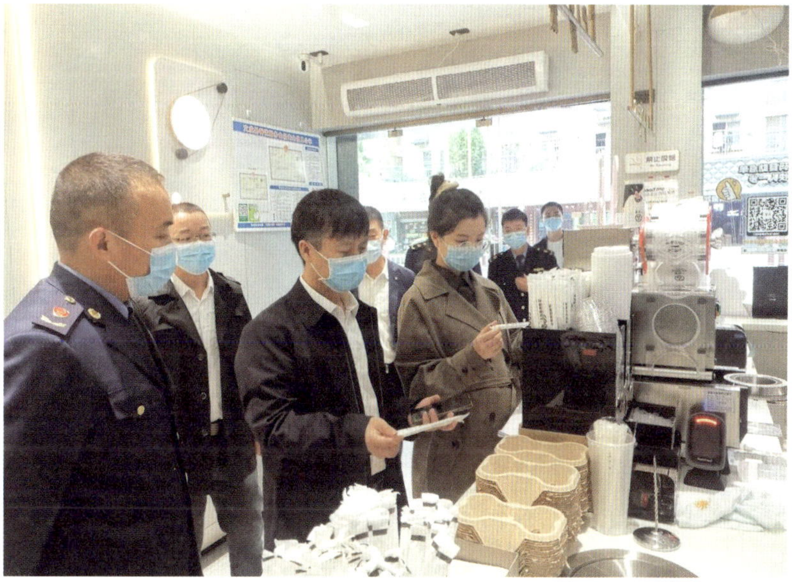

2021年10月28日，温州市塑料污染治理部门联合专项行动组到文成县开展塑料污染治理专项检查(县生态环保分局提供)

执法队伍建设，实行生态环境与公检法联动办案机制，提升执法办案水平，信访受理率、办结率与满意率均为100%。通过环评改革释放政策红利，全面推行全域“环保管家”服务机制，服务与执法双管齐下，提升企业生态环保意识，提升企业污染防治水平。狠抓落实中央、省市生态环保督察问题整改，完成第一轮央督一级水源保护区生态移民问题，从而完成第一轮央督全部12个问题整改；完成第一轮省督县城备用水源上移工程和李井坑超标问题，从而完成第一轮省督全部15个问题整改；完成第二轮央督全部4个问题整改，完成举一反三清单23个中的16个，剩余7个按时序推进中。

【生态环境监测】 2021年，文成县坚持数字赋能、整体智治，完善生态环境监测体系，推进生态数字化转型，提升生态环境综合治理能力。全面实施“区域环评+环境标准”改革工作，深化“最多跑一次”改革，全面推行“移动互联网+”审批，审批事项100%实现“跑零次”。深化生态文明体制改革，联合检察院等部门开展生态环境损害赔偿工作。落实生态保护“三线一单”制度，实施生态环境报表制度，实现乡镇100%全覆盖。深化环保共建共享机制，加大环保宣传、信息公开力度，营造全民共治的浓厚氛围。

【先进名录】

先进集体一览表

表28

序号	单位名称	荣誉名称	发文时间	授予部门
1	文成县	2020年度“五水共治”(河长制)工作优秀市县“大禹鼎”	2021.5	中共浙江省委、浙江省人民政府
2	文成县	第五批“绿水青山就是金山银山”实践创新基地	2021.10	中华人民共和国生态环境部
3	文成县南田镇武阳村	全省首批低(零)碳村(社区)试点创建单位	2021.11	浙江省碳达峰碳中和工作领导小组办公室
4	温州市生态环境局文成分局	全省“五水共治”工作先进集体	2021.12	中共浙江省委、浙江省人民政府

（夏建东）

资源保护

【概况】 2021年，文成县自然资源和规划局（以下简称县资归局）强化规划管控，强化要素保障，强化资源保护，强化基础治理，完成各项工作任务，为全县经济社会高质量发展引擎注入强大资源动能。局内设办公室、政策法规科、行政审批科、确权登记科（挂调查监测与地理信息科牌子）、开发利用科、空间规划科、用途管制与耕地保护科、地质矿产科、绿化和林业发展科（挂生态修复科牌子）、自然保护地与森林管理科、森林防火科、人事科等12个行政科室，直属机关党委；下设文成县自然资源行政执法队、文成县不动产登记服务中心、文成县征地事务所、文成县矿产开发利用事务所、文成县土地储备中心、文成县林业技术服务总站、文成县公益林与国有场圃服务中心、文成县野生动植物和湿地服务中心、文成县土地整理中心、文成县设计测绘服务中心10个事业单位；国有文成县石垟林场、国有文成县叶胜林场、国有文成县金朱林场、国有文成县山华林场、国有文成县苗圃5个国有场圃；大峃自然资源所、珊溪自然资源所、玉壶自然资源所、南田自然资源所、峃口自然资源所、黄坦自然资源所、西坑自然资源所、巨屿自然资源所、百丈漈自然资源所等9个派出机构。全年提拔任用中层正职干部3人。招录选调生1人，公务员5人、事业人才引进2人、事业人员招录2人、退伍安置1人。

【土地清理】 2021年，县资规局紧抓“增存挂钩”政策，实行菜单式管理，加速土地利用方式根本转变。消化批而未供土地1770亩，处置供而未用土地1576亩，供应工业用地155.85亩，完成低效用地再利用开发213亩，盘活存量建设用地332亩，均超额完成任务。加大对存量建设用地、闲置低效土地、批而未供土地的收储力度，完成土地收储242.41亩。

【用地报批】 2021年，县资规局实行受理、申报、跟踪、办结“一条龙”服务，建立农转用项目库，实行每月一报，实现项目报批进展共享，为用地报批提速。全年省厅下达文成奖励计划指标566.59亩，比上年少约120.01亩，全县报批进度较快，且耕地占补充足，项目成熟度较高，最后额外向市局争取统筹奖励指标222.94亩，比上年增加约102.93亩，完成9个农转用批次报批，总面积858.63亩，新增建设用地789.53亩，保障黄坦产业园、智慧农业园、巨屿工业、樟山片区-5地块、百丈漈工业园区、党校和季马安置等10多个县重点项目756.15亩的用地，解决生态工业、数字农业等重点项目紧迫的用地需求。完成3个农村村民住宅建设农转用批次，申请国家新增建设用地指标52.27亩，年底前获批，保障农村住房150宗地约450户的用地需求。

【重点项目】 2021年，322国道文成西坑至景宁交界段改建工程项目农转用报批工作，于4月通过省厅建设用地会审，总面积790.82亩，新增建设用地782.90亩，5月取得批文。完成文景高速永久基本农田补划整改150.64亩，文泰高速永久基本农田补划整改168.39亩。完成文成南互通项目农转用组件，总面积190.57亩，新增建设用地163.85亩，已通过市局审查，上报省厅审查；取得省厅同意省统筹补充耕地34.05亩、水田规模27.45亩、粮食产能指标17004公斤。

【国土空间规划】 2021年，县资规局加快推进“多规合一”，稳步开展国土空间规划编制，结合各乡镇需求划定过渡期城镇开发边界方案。编制完成《文成县生态保护红线调整方案》，开展涉及稳定耕地相关项目举证，为城镇发展争取更大空间。编制完成《樟山片区控制性详细规划》《龙川片区控制

2021年5月21日，省政协率省林业局等单位到文成县开展“送科技下乡”活动（县资规局提供）

2021年4月21日，开展"世界地球日"主题宣传活动（县资规局提供）

性详细规划》，调整完成各乡镇和中心城区的控制性详细规划。落实90个选址意见书、41个用地规划许可、49个工程规划许可以及41个规划核实确认书的审查审批。完成文成县国土空间"一张图"实施监督系统，文成县控制性详细规划数据整合汇交工作。组织编制《文成县林地保护利用规划调整方案》，报送省级调整4个批次，县级调整9个批次，共涉及调整图斑431个，项目65个，为建设项目林地报批提供空间保障。

【土地整治】 2021年，县资规局针对用地政策变化及用地指标限制，加快实施土地整治工程，保障全县重点项目、民生项目、基础设施项目的有效实施。完成"旱改水"县级验收1850亩，建设用地复垦219亩，均提前半年超额完成上级下达的目标任务。

【用地出让】 2021年，县资规局严格土地招拍挂出让制度，对经营性用地、工业用地，一律招拍挂出让，规范出让程序，稳步推进国有建设用地出让。出让国有建设用地16宗468亩，成交出让金7.25亿元。处理地方政府重点民生工程项目及历史遗留问题，批准国有划拨土地38宗1453.53亩。

【智能信息服务】 2021年，县资规局完成1:2000基础比例尺地形图城市生活区部分的数据更新，提高系统掌握全县"山水林田湖草"现状和空间分布情况的能力，打造县域治理现代化高精度地理空间信息数据基底，为充实"数字文成"地理空间框架平台数据库作出贡献。与县综合行政执法局、县住房和城乡建设局联合印发《文成县城市地下市政基础设施普查实施方案》，着手建设地下市政基础设施普查数据库，绘制地下市政基础设施"一张图"；建立城市地下市政基础设施数据动态更新与监测机制，及时准确掌握城市地下市政基础设施现状及变化情况，为国土空间规划、建设、管理等提供智能化信息服务。

【绿化造林和产业发展】 2021年，县资规局开展新增百万亩国土绿化行动，完成市级核定0.81万亩。完成松材线虫病除治面积20.74万亩，清理枯死木24.6万株，采购益森键松树注射免疫剂1.4万支，注射松树5368棵。根据松材线虫病秋季普查结果，全县发生面积20.39万亩，枯死木14.8万株，同比上年发生面积和株数实现双下降。完成千万亩森林质量精准提升工程任务5.11万亩，其中战略储备林建设0.14万亩、美丽生态廊道建设0.09万亩、健康森林建设4.88万亩。新造油茶面积0.2万亩，完成省一级古道仙岩山癿路修复工作。申报创建全国森林康养基地试点建设单位3个，申报国家级林下经济示范单位1个。

【国家森林城市创建】 2021年，县资规局编制完成《文成县国家森林城市总体规划》初稿，成功创成百丈漈镇、西坑镇2个省级森林城镇，成功创建巨屿镇垟地边村、峃口镇新联村2个村“一村万树”示范村。

【风景名胜区内建设活动管理】 2021年，县资规局针对风景名胜区建设各类农村（林区）道路审批问题，研究解决方案，优化审批流程，受理办结风景名胜区内建设活动审批30件。邀请省林业局专家到文成召开论证会，对天顶湖内环核心岛绿道项目进行审查论证，完成风景名胜区内重大建设活动审批的报批工作。参与农转用项目联审103个，农民个人建房项目审查279个。

【除险安居】 2021年，县资规局加强地质灾害防治，出动722人次开展地质灾害风险隐患汛前大排查，排查出的20处问题已全部整改到位，指导配合乡镇撤离存在风险隐患人员181人。核销地质灾害点175处，实施工程治理项目1个，完工并通过专家验收。6个地质灾害避让搬迁安置点建设稳步推进。

【信访案件】 2021年，县资规局落实领导包案化解及督办信访件制度，切实解决人民群众关心关注的问题。收到来信来访120件，电话举报件95件。市局交办要信1件，已报结。市局交办涉征地拆迁信访积案144件，8月底完成化解，化解率100%。国家和省级重复信访交办积案9件，均已程序终结。初信初访办结率100%，信访按期办结率100%。

【行政审批管理】 2021年，县资规局在推进“多审合一、多证合一”改革的基础上，贯彻落实“多测合一”，实现“一次委托、统一测绘、成果共享”，破除测绘市场垄断局面，促成测绘中介服务提速降费，指导完成16宗“多测合一”联合竣工验收。完成林地审批61件，一般林木采伐许可98件，特殊林木采伐6件，狩猎证年审21件，木材检疫1件，国有建房审批19户，设施农用地备案踏勘18宗，办理建设项目用地预审与选址意见书68件，用地规划许可证35件，工程规划许可41件，竣工验收25件，划拨转出让及用途变更321件。

2021年1月4日，开展全省联动义务植树活动（县资规局提供）

【不动产登记服务】 2021年，县资规局探索不动产登记服务新模式，深化与税务部门合作，依托政务外网和“一窗受理”云平台实现信息互通共享，通过“互联网+不动产登记”，开启“交房即办证”服务新模式，新建商品房正式交房之际即可现场办理不动产权证。首次为大峃镇滨江广场一期958户群众试行办理，交房现场登记不仅让群众少跑路，而且用时短，获得办理群众一致好评。全年办理各类不动产登记“最多跑一次”23461件，接受对外查询6074件，其中法院查询2354件，单位查询1110件，办理查封961，解封1315件，办理抵押延伸服务3545件。

【执法监察】 2021年，县资规局参与各级法院询问、庭询、开庭审理、现场调查等，承办人民法院诉讼案件（含一、二审）63件。开展文件清理行动2次，对25件规范性文件进行全面清理，上报县政府失效、废止文件8件，继续有效11件，建议修改6件。

【卫片执法】 2021年，自然资源部共下发文成县土地卫片图斑251个（分割后420个），总面积2970.9亩，耕地面积1281.96亩，永久基本农田面积347.13亩。经市级数据审核后，判定违法图斑13宗，面积70.42亩，耕地面积18.26亩，永农面积5.23亩。全年全县初始违法耕占比为1.31%。共有9宗违法图斑已处置，涉及面积41.62亩，耕地面积8.41亩，永久基本农田面积3.35亩。其中，已拆除复耕到位4宗，面积8.6亩，耕地面积6.01亩，永农面积3.35亩；恢复土地原状2宗，面积27.27亩；立案查处3宗，面积5.75亩，耕地面积2.4亩。剩余4宗图斑，由于图斑面积较大，还未完全整改到位。另外，2021年度补充图斑共310个。

【乱占耕地建房专项行动】 2021年，全县涉及乱占耕地建房最终排摸汇总问题7个，其中6个新增，1个存量。立案查处2宗，其中1宗已作出处罚决定，其余均已拆除复耕到位。发现反弹"大棚房"问题1处，整改到位并通过市级验收。

【违法案件查处】 2021年，出动执法983次，出动人员2430余人次，制止和查处非法采矿12起，现场扣押挖机5台，扣押工程运输车辆16辆。制止非法调运疫木案2起，非法加工疫木7起。立案查处土地、矿产、林业违法案件79件。其中土地案件24件、矿产案件6件（移送公安机关的2件）、林业案件49件（移送公安机关7件）。

【矿山管理】 2021年，县资规局开展类露天矿山（点）摸底排查，发现采矿权到期未完成生态治理矿山1处。组织编写《浙江省文成县矿产资源规划（2021—2025年）》，划定开采规划区块10个、勘察规划区块6个。

【先进名录】

先进个人一览表

表29

序号	姓名	荣誉名称	发文时间	授予部门
1	包兴洋	十佳自然资源所所长	2021.3	温州市自然资源和规划局
2	林圭特	浙江省林业规划财务工作突出贡献个人	2021.9	浙江省林业局

先进集体一览表

表30

序号	单位名称	荣誉名称	发文时间	授予部门
1	文成县自然资源和规划局	加快建设区域中心城市突出贡献集体	2021.2	中共温州市委、温州市人民政府
2	文成县林业局	全省松材线虫病防治工作和全面禁止非法交易、滥食野生动物工作突出贡献集体	2021.12	浙江省人民政府办公厅

（黄小青）

气象服务

【概况】 2021年，文成县气象局内设机构为办公室和气象防灾减灾科；直属机构为气象台、防雷中心；地方机构为文成县气象防灾减灾公共服务中心、文成县防雷设施监测所。干部职工13人，其中国家气象编制8人，地方编制4人，编外1人；硕士研究生学历2人，本科学历10人；工程师8人，党员5人。

【气象服务】 2021年，县气象局完成年度启动应急响应24次，各类服务材料148期，发布预警信号212次，其中发布红色预警信号3次，发布预警短信45万余条，电话服务240余次。

【为农服务】 2021年，县气象局助力乡村振兴，开展文成区域特色农产品糯米山药的气象服务，与县农业农村局、科技局多次联合到黄坦镇和二源镇山药种植点开展现场调研服务活动；开展糯米山药各生长阶段气候指标研究，制定糯米山药气象服务方案，制作糯米山药气象服务手册，开展点对点“直通式”气象专业预报服务。

2021年5月21日，省气象学会、省气候中心、省减灾处等单位的专家到文成开展“送科技下乡”活动（县气象局提供）

【气象宣传】 2021年，县气象局利用“3·23”世界气象日、“5·12”防灾减灾日、“科技周”、学生春秋游等活动载体，组织参与宣传活动8次。

【防灾减灾】 2021年，县气象局关注天气变化，组织人工影响天气作业，开展增雨作业2次，为全县农业生产提供保障。

（田君杰）

农业　农村

综　述

2021年，全县农业总产值14.32亿元，增长2.1%。其中，农业产值12亿元，增长1%；林业产值1.15亿元，增长2.4%；牧业产值0.78亿元，增长24.7%；渔业产值0.2亿元，增长4.3%；农林牧渔服务业产值0.19亿元，增长6%。全年农作物播种面积26.84万亩，下降2.1%。粮食播种面积11.22万亩，增长2.5%，其中稻谷种植面积7.28万亩，增长4.4%。粮食总产量4.63万吨，增长1.4%，其中稻谷产量3.56万吨，增长3.5%。在经济作物中，蔬菜播种面积10.93万亩，增长1.4%；水果产量5.06万吨，增长1.4%；茶叶产量0.05万吨，增长2.8%。

农　业

【概况】　2021年，文成县农业农村局内设办公室、扶贫开发科、乡村产业发展科（挂科教信息科牌子）、农村社会事业促进科、农村改革与合作经济指导科、农产品质量安全监管科（挂法规科、行政审批科牌子）、畜牧兽医与渔业管理科、农机管理与农田建设科等8个行政职能科室；直辖机构1个，为县农业综合行政执法队，机构规格为副科级；下属参公单位1个，为畜牧兽医发展中心；下辖农村工作服务中心、农村合作经济经营服务中心、农村宅基地与土地承包仲裁中心、农科教服务和信息化发展中心、美丽乡村和农村新能源发展中心、农业产业发展中心、农产品检验测试中心、农业综合开发和农业机械服务中心、农业种场管理服务中心（差额）等9个事业单位，年末工作人员138人，其中，公务员15名、行政工勤人员1名、参公人员10名、事业编制人员112名；全局坚持防疫保供和农业经济两手抓，贯彻落实中央和省市关于“三农”工作各项决策部署，以“主体引育年”“项目攻坚年”活动为载体，推进“四大工程”建设和农业产业发展、农村综合改革及农民共同富裕等各项“三农”工作，入选全国农民合作社质量提升整县推进试点县、第一批新时代乡村集成改革试点、第二批省级数字乡村建设试点县，被省财政厅列为2021年度省级乡村振兴集成创新示范建设县，获批省财政厅奖补资金7000万元，南田镇武阳村入选浙江省第一批未来乡村建设试点，文成县山哥哥产业园、文成县农播客创业孵化中心、文成农业经济开发区等3个园区（基地）入选全国农村创业园区（基地）目录 、杨梅产业联合体列入第二批省级农业产业化联合体、全省深化“千万工程”建设新时代美丽乡村（农村人居环境提升）工作优胜县等，挂牌成立乡村振兴局，开启全面推进乡村振兴的新征程。全年农业总产值14.33亿元，增长2.1%；农村居民人均可支配收入22580元，增长10%；低收入农户人均可支配收入14863元，增长15.8%，集体经济年经营性收入10万元以下的村全面消除。

【党的建设】　2021年，县农业农村局始终把加强党的思想政治建设工作作为党建工作的重中之重，学习贯彻党的十九届六中全会精神、习近平总书记

2021年4月20日，县农业农村局全体党员干部到县烈士陵园开展“学党史 忆先驱 祭英烈”活动（县农业农村局提供）

在庆祝中国共产党成立100周年大会上的重要讲话精神，不断巩固深化“不忘初心、牢记使命”主题教育成果、“两学一做”学习教育成果。坚决贯彻落实中央和省、市、县委全面从严治党部署要求，抓牢扛实全面从严治党主体责任，引导全局党员干部增强“四个意识”、坚定“四个自信”、做到“两个维护”，不断提高政治判断力、政治领悟力、政治执行力。

【党史学习教育】 2021年，县农业农村局对标有关部署要求和目标任务，召开全局党史学习教育部署动员会，成立局党史学习教育领导小组、制定印发《文成县农业农村局党史学习教育实施方案》，抓好“学习强国”“党史学习教育网”线上学习、开展书记每季讲党课、党员每月讲党史、“学党史 忆先驱 祭英烈”、观看八七会议红色电影、“学党史 强党性 做先锋”演讲比赛、颁发“光荣在党50周年”纪念章、“学党史 做先锋 强执行”中层干部比学等线下活动，确保全局党史学习教育组织到位、措施到位、落实到位，掀起党史学习教育的热潮。全年全局开展党史教育专题学习8次、以“学党史、悟思想、明方向”为主题的党日活动5次。

【粮食安全】 2021年，县农业农村局始终贯彻落实国家粮食安全战略，严守耕地红线，坚决遏制耕地“非农化”、基本农田“非粮化”，全面实施“藏粮于地、藏粮于技”战略，通过开展耕地保护、发展粮食生产功能区、提高土地产出率等措施，实现农业生产保数量、增产量、提质量。全县粮食播种面积11.22万亩，增长2.5%；完成抛荒耕地复垦1.09万亩，其中永农1.06万亩；建成粮食生产功能区78个、面积4.4万亩，新建高标准农田1.57万亩，补建1.95万亩。

【农业主导产业】 2021年，县农业农村局坚持实施乡村产业振兴行动，深化农业供给侧结

2021年6月11日，文成县乡村振兴局正式挂牌成立（县农业农村局提供）

构性改革，不断扩大高山稻米、茶叶、杨梅、糯米山药、中蜂等特色优势产业发展，构建“1+3+N”现代农业产业结构体系，加强资源整合和政策集成，加快提高农业产业现代化程度。杨梅种植面积6.1万亩，茶叶种植面积2.13万亩，糯米山药0.6万亩，新建糯米山药、杨梅等农产品初深加工项目4个，杨梅产业联合体列入第二批省级农业产业化联合体。

【农业主体引育】 2021年，继续扶持发展壮大家庭农场主、农业专业合作社、农产品加工企业等农业主体，有省级农业产业化联合体1个、市级及以上示范性农民专业合作组织45家、市级及以上家庭农场40家、县级及以上农业龙头企业41家、“三位一体”示范性合作社37家；成功举办文成县第二届农业投资洽谈会，签约项目24个，总投资额16.1亿元。投资额度超亿元的浙江圣腾农业有限公司、浙江直升农业科技有限公司在文成县落地生效，引进文成鲁泽数字农业示范园项目，亿元农业项目实现“零突破”，浙江花城科技开发有限公司、清晨旅游开发（温州）有限公司2家企业被认定为市级农业龙头企业。

【机械强农】 2021年，县农业农村局分区域、分产业、分作物、分环节推进农业机械化，重点推广机械化栽植、保护性耕作、机收减损等先进技术和微耕机、小型插秧机、小型收割机等丘陵山区粮油产业适用装备，优化农机装备结构，完成新增各类农业机械1505台，推广水稻栽植面积 0.751万亩，粮食批次烘干能力102吨，水稻耕种收综合机械化率64.02%。

【区域品牌】 2021年，珊溪镇成功创成省级特色农业强镇；文成杨梅、文成县高山生态茶、文成县高山果蔬获评温州国家农业科技园区示范区等荣誉称号，“文成杨梅”获农业农村部农产品地理标志，推进打造“文品天成”区域公共品牌以及“文成贡茶”“文成杨梅”“文成糯米山药”特色品牌，组织申报“文成大米”国家地理标志证明商标。

【安全生产】 2021年，县农业农村局开展农业综合执法巡查、畜牧业与渔业生产安全检查和指导、农产品质量安全检查等工作，出动执法人员925人次，检查经营户395家，立案56起，办结28起，处罚金额1.79万元，农产品定量抽检各类农产品400批次，合格率100%，发放合格证39907枚，实现3类生产主体“二维码”可追溯率100%。

农　村

【未来乡村】 2021年，县农业农村局编制全县“十四五”未来乡村规划布局一张图，制定出台《文成县关于开展未来乡村建设的实施意见》，选定百丈漈“古韵石庄”、南田“隐居武阳”2个村域型未来乡村试点，其中

2021年7月13日，省长郑栅洁（前排右一）到文成调研（县农业农村局提供）

南田“隐居武阳”入选省级未来乡村第一批未来乡村建设试点并创成市级未来乡村示范试点。

【“两美”行动】 2021年，县农业农村局实施“美丽村庄”专项行动，新建平和九龙茶韵、周壤德和侨心等2条市级乡村振兴示范带，续建岜口云江秀水乡村振兴示范带，创成新时代美丽乡村达标村66个、精品村22个、省级美丽乡村示范乡镇2个（周壤镇、公阳乡）；实施“美丽田园”专项行动，开展美丽田园创建，完成27个田块7545亩的美丽田园提升建设，10个田块5002亩的美丽田园田块整治工作，建成美丽田园示范样板区3个。

【“两最”评选 】 2021年，县农业农村局开展“农村人居环境‘两最三比’活动”，周山畲族乡、岜口镇先后获评市级“农村人居环境最干净乡镇”，二源镇湖田田块、周壤镇石飞垟田块先后获评市级“最美田园”；聚焦“三清三整三提升”村容整治工作，建成省级高标准农村生活垃圾分类示范村2个，农村生活垃圾分类任务村23个、农村生活垃圾分类巩固村58个，全县农村生活垃圾处理覆盖面98%、农村生活垃圾资源化利用率和农村生活垃圾无害化处理率均100%。

【农村环境】 2021年，县农业农村局完成中央环保督察各项任务，减少农业污染源排放，推进茭白种植产业模式生态化，优化调整茭白种植业布局，通过对茭白种植户实行转产补助政策整治茭白种植面积约1700亩，百丈漈、二源茭白全部整治完毕，建成市下达的任务数农田氮磷生态拦截沟渠1条，长1千米，涉及标准化农田550亩，投入约42万元。

【农村“三位一体”综合合作改革】 2021年，县农业农村局在二源金丝皇菊基地为试点的新型股份制合作产业联合体基础上，建立小农户与现代农业有效衔接机制可复制推广的模式，有效破解小农户与现代农业有机衔接中存在的生产效率低、产业链条短、资金获取难、人力资源缺等问题，组建由龙头企业、村民及村集体、高校3方组成的新型股份制合作产业联合体，让最擅长营销的企业、最擅长生产的农民、最擅长技术的高校三方分工合作、各尽其能。成立茶叶、中蜂、糯米山药、高山稻米等产业联合体，参股农户人均增收1000元以上。

【“三资”管理】 2021年，县农业农村局以规范管理为抓手，以服务经济为目的，开展全县农村集体“三资”监管，通过推广数字应用、摸清家底、推行小额普惠贷款、开展农村“三资”管理腐败问题专项治理等举措从源头上遏制村级财务混乱、集体资产流失等现象，使“三资”管理更科学、更有效，实现阳光财务公开率100%。

【“三农”服务】 2021年，县农业农村局开展“三联三送三落实”活动，通过对局19个科室的职能归类划分，组建5支以“党建+”为模式的党员先锋队，分别联村、联企业、联基地、联低收入农户，在“春绿秋满”“护航农安”“善美乡村”“科技兴农”“暖心帮扶”等领域实行组团式、蹲点式服务，及时送政策、送技术、送帮扶到村到企到基地到低收入农户，落实防疫措施、生产措施、发展措施，各服务队和先锋队走访联系村、企业、基地116次，为民办实事51件。

【“三农”人才】 2021年，县农业农村局通过定向培养、农村实用人才培训、培育农创客等举措持续加强“三农”人才队伍建设，委托浙江农林大学在全县范围内招录当年报考普通高校的二段线以上文成户籍学生，委托培养农学、动物医学等专业定向生3名，培训农村实用人才930人，其中高素质农民培训150人，农广校中专学历教育招生30人，培育农创客150人。

农 民

【增收致富】 2021年，县农业农村局实施“五级飞地”抱团增收模式，盯紧抓紧平湖—文成“飞地”经济产业园、瑞安—文成山海协作“消薄飞地”项目二期、文成县百丈漈二期（驮坦）小微园等12个抱团增收续建和新建项目，低收入农户入股资金标准从2万元提高到3万元，按照新标准推进入股工作，全县完成入股签约229个行政村、14个社区、10377名低收入农户，实现收益4955万元，实现低收入农户人均年增收2000元左右；全县所有村（社）集体经济总收入25万元以上且经营性收入达10万元，全县低保标准从814元提高至886元。全年全县低收入农户人均可支配收入14863元，增长15.8%，位列全市第一。

【数字化改革】 2021年，县农业农村局为加快巩固拓展扶贫成果与推进乡村振兴有效衔接，在原有“小康码”系统的基础上，创新推出乡村振兴“共富帮”场景应用，纳入市一本账，上架“浙里办”，智慧涉农公共服务系统中的文成未来乡村门户建设对接完成，上线文成杨梅、高山蔬菜（糯米山药）全产业链数字化应用（耕农有道）；大数据平台建设、文成农业农村一张图、文成鲜品惠系统基本完成，进入试运行阶段，成功入选第二批省级数字乡村建设试点县。

2021年9月8日，省委书记袁家军（前排左二）到文成高山果蔬产业创新服务综合体调研（县农业农村局提供）

【中蜂折股量化项目】 2021年，县农业农村局持续开展中蜂折股量化项目，成立中蜂股份制产业联合体，开展文成县中蜂养殖保险试点等工作。11个重点扶贫村和602户低收入农户领到第一笔收益，完成参保蜂箱6064箱。

【低收入农户帮扶服务】 2021年，县农业农村局本着脱贫摘帽后“不摘责任、不摘政策、不摘帮扶、不摘监管”的原则，县农业农村局持续深化“一户一策一干部”制度，确保每1户低收入农户有1名帮扶干部，完善低收入农户信息录入，加强对低收入农户救助、医疗保险补助、残疾人补助、教育困难补助等情况进行专项督导。全年完成浙江省低收入农户帮促数字化系统完成所有低收入农户数据归集，落实乡镇机关结对干部1342人，帮扶次数88833次，帮扶干部覆盖率和帮扶次数覆盖率均为100%；安排专项资金51万元用于170名考上中职、高职的低收入农户学生每生每学年3000元的雨露计划补助，低收入农户家庭签约医生补助31.36万元，补充保险和益康保合计580.2万元；经济薄弱村和低收入农户抱团增收项目贴息项目432.94万元；小额贷款贴息补助资金35.41万元。

【先进名录】

先进个人一览表

表31

序号	姓名	荣誉名称	发文时间	授予部门
1	钟雪华	温州市优秀党务工作者	2021.6	中共温州市委、温州市人民政府
2	胡学铐	全面实施乡村振兴战略突出贡献个人	2021.3	中共温州市委、温州市人民政府
3	林微燕	全面实施乡村振兴战略突出贡献个人	2021.3	中共温州市委、温州市人民政府
4	赵成东	2020年度实施“四大工程”经济赶超工程先进个人	2021.2	中共文成县委、文成县人民政府
5	蒋加勇	优秀政协委员	2021.3	文成县政协
6	赵云云	2020年度实施“四大工程”民生幸福工程先进个人	2021.2	中共文成县委、文成县人民政府
7	梅婷婷	2020年度实施“四大工程”环境再造工程先进个人	2021.2	中共文成县委、文成县人民政府
8	叶晓丽	浙江省农户小额普惠贷款推广工作优秀个人	2021.7	浙江省农村信用社联合社
9	刘　琼	浙江青年工匠	2021.12	浙江省人力资源和社会保障厅、浙江省共青团委

先进集体一览表

表32

序号	单位名称	荣誉名称	发文时间	授予部门
1	文成县农业农村局	2020年度考核优秀单位	2021.2	中共文成县委、文成县人民政府
2	文成县农业农村局	2020年度实施“四大工程”先进集体	2021.2	中共文成县委、文成县人民政府
3	文成县农业农村局	全面实施乡村振兴战略突出贡献集体	2021.3	中共温州市委、温州市人民政府
4	文成县	省级乡村振兴集成创新示范建设县	2021.4	浙江省财政厅
5	文成县农业农村局(原文成县农业技术推广中心)	文成糯米山药绿色高效生产技术示范与推广项目获温州市农业丰收奖二等奖	2021.7	温州市人民政府
6	文成县	2021年全省深化“千万工程”建设新时代美丽乡村(农村人居环境提升)工作优胜县	2021.12	浙江省“千村示范、万村整治”工作协调小组办公室

(胡允森)

石垟林场

【概况】 2021年，石垟林场为县政府直属公益二类事业单位，属于多功能复合型林场，主要从事森林经营管理、森林资源管护、森林公园建设等，内设机构5个科室9个林区，分别为综合办公室、计划财务科、经营管理科、森林旅游科、防火办，吴垟林区、水牛塘林区、干坑坳林区、竹苗林区、新演林区、廷培林区、石展林区、石角林区、双苗林区。核定编制194人，其中全额编制74人。石垟林场职工总数452人，实有在编在职人员139名，其中在编在岗31人、待岗108人，退休职工313人。石垟林场有基层党委1个，下设3个党支部（机关党支部、吴垟党支部、离退休党支部），共有党员78人。

【资源状况】 2021年，全场土地面积79028亩，其中林业用地77866亩，占98.5%，活立木蓄积为81万立方米，森林覆盖率为96.4%。在林业用地中：有林地面积75685亩，灌木林（特殊灌木林）504亩，未成林造林地1463亩，无林地面积214亩。在有林地中：全场用材林4722亩（乔木用材林4582亩，用材竹林140亩），防护林71417亩（乔木防护林68570亩，竹林防护林2393亩，灌木林防护林454亩），经济林（特殊灌木林）50亩。

【森林公园提升项目】 2021年，完成森林公园提升项目投资1000万元主体工程，主要建设内容为游步道建设和周边景点建设及林相改造建设。

【营林生产】 2021年，完成各项营林生产计划，完成病虫害防治（其中柳杉毛虫防治面积3万多亩，松材线虫病近千亩）工作。完成护林防火面积7万多亩，确保年度安全无事故。完成防火线维修926.7亩。林道维修224.5千米、木材采伐2100多立方米。完成柳杉林木良种基地217亩改良及林分改造工作。

【安全生产】 2021年，开展安全生产及防疫宣传，建立安全生产责任制，落实疫情防控政策，同各滑雪场、宾馆、山庄、餐厅、服务点签订责任书，及时宣传防控政策。组织有关人员对景区的各宾馆、山庄、餐厅服务点进行安全生产和防疫检查。

【森林防火】 2021年，坚持以预防宣传为主的方针，在县森林防火指挥部的领导下，确保不发生一起森林火灾。加强宣传对林场居民及周边的群众进行防火宣传教育，继续加强宣传人力物力的投入，组织防火宣传队和宣传车定期开展宣传工作。成立森林消防队定期开展灭火培训工作，与林区护林员签订森林防火责任书。要求林场各林区护林员对本林区进行全年的巡护，尤其是在防火期，要进行重点巡护。

（龚　勉）

水　利

【概况】 2021年，文成县水利局下设行政职能科室3个，分别是办公室、规划建设科、行政审批科；下属事业单位5个，分别是文成县水利建设管理中心、文成县水利运行管理和水旱灾害防御中心、文成县水土保持与水资源管理中心、文成县农村水利管理中心、文成县水政监察大队。全年，县水利局落实疫情防控部署，围绕“节水优先、空间均衡、系统治理、两手发力”十六字治水方针，推进文成水利各项工作，完成水利投资2.8亿元，完成率100.14%，获评文成县2021年度考绩优秀单位。

【党的建设】 2021年，县水利局开展机关党建工作，推进党史学习教育，意识形态领域呈现积极、健康、向上的主流态势。成立中共文成县水利局机关总支部委员会，吸收入党积极分子4名。开展集体学习14次，深刻领悟党的百年奋斗重大成就和历史经验；举办中国共产党成立100周年庆祝活动，弘扬伟大的建党精神；推动解决23项“我为群众办实事”项目，示范带动推出17项办实事项目，解决群众急难愁盼的一批民生水利问题。落实市局“周一夜学”，加强学习教育，解决工学矛盾，提高党员干部政治理论素养和工作能力，打造“学习型”机关。落实管党治党政治责任，抓好县委第九轮巡察整改，强化队伍建设，深化运用监督执纪“四种形态”，营造风清气正的办公环境，激发水利干部干事创业的精气神，深刻理解“两个确立”的决定性意义，增强做到“两个维护”的自觉性和坚定性。

2021年6月3日，县水利局落实市局“周一夜学”（县水利局提供）

【防汛工作】 2021年，县水利局成立以局长为组长的水旱灾害防御工作领导小组，严格按照防汛防台要求，早研究、早部署，组织部署落实防汛防台工作，确保水利工程安全度汛，保障人民群众生命和财产安全。成立4个以局领导班子带队的抽查工作组，对全县17个乡镇的自查情况和重点水利工程进行抽查。在汛期前开展隐患大排查，全年累计出动检查人次412人，检查水利工程数量352处，修编预案163个，发现隐患及时处置64处。按照市防汛防台抢险救灾能力提升50条措施和县政府25条补充措施的水利部分加强水利建设，补好水利短板。制定《文成县2021年山洪灾害防治项目非工实施方案》，编制小流域山洪风险一张图，录入文成县山洪灾害监测预警系统进行统一管理监测，排摸山洪预警责任人重点防御对象户籍人口1578人，完成常住人口赋码138人全部录入浙江省水利数据共享交换平台。完成新建1处adcp流量监测站，新增北斗信息终端17个，雨量站点12个和自动水位站2个，完成全县55座水库水雨情自动监测全覆盖，全部接入省市水利平台；完成山塘水库可视化工程建设18个并全部融入市、县级平台，切实提升监测预报预警能力，保障人民群众生命财产安全。

【生态搬迁工作】 2021年，县水利局在中央环保督察整改背景下，原先按照自愿搬迁政策制定的补助标准已缺乏吸引力，群众自愿搬迁的积极性降低，需要通过采取一定的刚性搬迁措施，提高相应补助标准，鼓励引导群众搬迁，确保按时完成整改任务。《浙江省生态环境厅关于珊溪—赵山渡水库（飞云3#）水功能区水环境功能区优化调整方案的复函》提出，优化调整的赵山渡水库一级水源保护区红线范围（涉及峃口镇城东村、新联村和平和乡东方村），涉及人口91人。3月10日，文成县印发《赵山渡水库一级水源保护区农房集聚生态搬迁工作的实施意见》。成立赵山渡水库一级水源保护区人口搬迁工作攻坚组。4月15日完成一级水源保护区内符合政策全部搬迁户的签约协议，5月20日前已经全部腾空。6月28日开始房屋拆除工作，7月底已全部完成拆除工作，拆除22间（包括2个老人亭）。8月24日完成摸文抽签工作，提前一年半完成生态搬迁工作，得到市长姚高员的批示肯定。12月1日，温州市水利局党组成员、副局长刘纪动率队到文成县开展第一轮中央生态环保督察反馈意见验收销号核查工作。经过实地考察、情况汇报、资料审查等，最终成功通过验收。

2021年3月16日，市水利局党组书记、局长狄鸿鹄（前左二）到文成县开展水利"三服务"（县水利局提供）

2021年12月，泗溪河排门段获评省级美丽河湖（县水利局提供）

【国家级县域节水型社会创建】 2021年，县水利局编制完成《文成县节水型社会建设工作方案》，累计完成19家节水型企业、25家企业的水平衡测试、完成高效节水灌溉面积约3.96万亩。其中，下沙园、田东灌区被授予"浙江省节水型灌区（园区、灌片）"称号。创建完成69家公共机构节水型单位，完成比例83.13%；成功创建3家小区为节水型居民小区，完成比例17.65%。以"世界水日""中国水周""全国城市节水宣传周"等为契机，集中开展节约用水，保护水资源、建设节水型社会的宣传活动，引导公众参与节水型社会建设。摆放宣传展板12块，设立县文化广场等宣传点8个，发放宣传资料7000余份，张贴标语600余张。开展水法律知识咨询，宣传节约保护水资源的重要性。重点向取水单位宣传水法并发放《关于开展打击非法取水专项整治行动的通知》，在全县范围内营造良好的节水用水氛围。12月7日，省水利厅召开2021年县域节水型社会达标建设验收暨经验交流视频会议，宣布文成县等17个县（市、区）通过县域节水型社会达标建设验收，文成县符合水利部考核验收标准，国家级节水型社会创建成功。

【泗溪河排门段建设】 2021年，泗溪（徐村大桥—樟台桥）为文成县泗溪县城段，全长6千米。泗溪县城段美丽河湖建设的工程建设为泗溪河排门段治理工程，左岸为文成高速出口，右岸为大峃镇兴福堂城中村改造、樟台城中村改造项目范围，是塑造提升文成东大门形象、提升人居环境和群众产业价值的民生实事工程。全年完成右岸生态护坡改造提升1.5千米、左右岸滨水慢行道改造提升3千米、绿化3.5万平方米。工程对泗溪河排门段河道综合治理建设项目进行合理优化设计变更，对河边的四乱问题及时进行整治，在满足防洪安全的前提下增加部分景观和绿化，6月底通过完工验收，11月通过竣工验收，12月获评省级美丽河湖，成为县城的绿道网和景观带。

【飞云江治理二期】 2021年，文成县飞云江治理二期工程位于文成县境内飞云江主干流上，西起珊溪水库下游，东至赵山渡水库库尾，主要涉及珊溪镇、巨屿镇、峃口镇。工程主要建设内容包括飞云江干流河道整治23.4千米及5条支流汇入口，护岸加固20.93千米（其中干流护岸加固16.4千米，支流护岸加固4.53千米），滩地整治15处，生态修复面积1201.5亩，建设绿道25.33千米（其中结合护岸16.96千米，单独新建绿道8.37千米），增设排水涵管11处。工程概算总投资27306万元，资金来源为中央补助资金、省级补助资金及地方配套资金。其中，中央补助资金4000万元，省级补助资金11280万元。工程自2016年1月29日正式开工，2020年7月31日全部完工。2021年12月8日，省发改委和省水利厅在文成县主持召开飞云江治理二期工程竣工验收会议，验收委员会认为该工程建设内容已全面完成，工程面貌良好，效益显著，满足工程竣工验收条件，一致同意通过竣工验收。

【小水电清理整改核查】 2021年，水利部对文成县小水电清理整改与安全生产情况进行核查，共核查水电站19座，其中保留类1座，退出类5座，整改类13座。根据核查存在的问题，立即组织各有关电站开展整改，并将整改完成情况上报省水利厅。6月份顺利通过省水利厅的问题整改核查，10月底前按省市要求完成小水电清理整改“回头看”工作，对小水电清理整改工作进行全面复核，对复核中发现的问题及时落实整改。完成水利部对全县小水电清理整改核查工作。

【创新亮点】 2021年，县水利局借国企融资平台，破水利资金短板。水利建设资金需求大，为破解水利建设资金“瓶颈”问题，积极牵头，以自来水收费权作质押，以其国有控股权为担保，获得银行贷款，落实保障项目资金。

【农业水价综合改革】 2021年，县水利局根据全省农业水价综合改革和2021年“五个一百”示范创建的要求，开展农业

2021年5月16日，飞云江峃口段（县水利局提供）

水价综合改革"五个一百"工作，其中1个灌区灌片，1个农民用水管理主体及1个基层水利站所入围浙江省农业水价综合改革"五个一百"优秀典型案例，取得显著成效，为乡村振兴、打造美丽乡村提供强有力的水利支撑。

【水资源管理】 2021年，县水利局落实最严格水资源管理制度，严格执行建设项目水资源论证和取水许可制度，全面监管水资源管理各环节工作，全年审批水利事项43项，其中生产建设项目水土保持方案审批35项，取水许可申请审批8项。

【水政执法】 2021年，县水利局结合扫黑除恶专项斗争工作，秉持严厉打击非法采砂的高压态势，开展常态化巡查监管，出动专项巡查33次100人次，日常巡查79次240人次。开展"清四乱"再排查摸底工作，对乱占、乱采、乱堆、乱建等河湖管理保护突出问题开展专项清理排查，根据排查的问题进行全力整治，在规定的时间内复核全县28处水域图斑。按照县新一轮清水工程建设和"三边三化""三改一拆"等工作要求，不断推进河道保洁工作，检查发现并完成整改"河边三化"主要整改点85处，在全县"三化"行动集中打捞处理河面漂浮物0.7万吨，清除河中障碍物27处，清理河岸垃圾3.9万吨。全年县属地联合执法队伍在珊溪水库库区开展属地联合执法行动，出动执法人员4320人次，扣押动力4台、轮胎2个，销毁涉渔"三无"船舶竹排8艘、暂扣手竿605支、没收抛竿36支、地笼网虾笼共368副、丝鳞网小网21副、大网19副，打击库区非法捕捞行为，遏制库区内非法盗捕渔业资源的行为，改善珊溪库区的水环境，保障水源地饮水安全。

2021年4月9日，市政协副主席王丽锋（前排右三）到文成调研农村饮用水保障民主监督工作（县水利局提供）

【安全生产】 2021年，县水利局以"珍惜水、爱护水"为主题，投入宣传经费10万元，开展世界水日及中国水周宣传活动，分别在大峃、黄坦等10个乡镇开展10期现场宣传活动，增强全民水患、饮水、用水安全意识。线上借助三服务码，拓宽全民参与工程安全监督的渠道。组织水利局全体干部集中学习观看习近平总书记关于安全生产论述视频2场，参与60人次。结合护航中国共产党成立100周年和遏重大攻坚战，开展安全生产月宣传活动，制作横幅5条，宣传手册百余份，深入工地开展现场指导，督促各参建方做好防汛和安全文明施工管理。6月17日，邀请市应急局刘海峰培训安全生产相关知识，补齐全局职工安全生产知识短板。组织在建工程参加单位负责人、专职安全管理人员开展风险普查培训1期，5个在建水利项目人员参训。对全县在建水利工程、山塘水库、农村水电站、机电泵站、农村饮水工程等开展多次汛期前安全生产大排查。检查生产经营单位420个，电话巡查300余处，出动检查人员1000余人次。全年没有发生安全生产事故。

【先进名录】

先进个人一览表

表33

序号	姓名	荣誉名称	发文时间	授予部门
1	郑长进	浙江省“十三五”实行最严格水资源管理制度成绩突出个人	2021.11	浙江省人民政府办公厅
2	兰振洪	县域治理现代化工作突出贡献个人	2021.5	中共文成县委、文成县人民政府
3	王　炜	全县绿色高质量发展、重大创建突出贡献个人	2021.2	中共文成县委、文成县人民政府
4	周铭铭	全县绿色高质量发展、重大创建突出贡献个人	2021.2	中共文成县委、文成县人民政府
5	雷晨曦	“民生幸福工程”先进个人	2021.2	中共文成县委、文成县人民政府

先进集体一览表

表34

单位名称	荣誉名称	发文时间	授予部门
文成县	全县绿色高质量发展、重大创建突出贡献集体	2021.2	中共文成县委、文成县人民政府

（王海华）

工　业

综　述

2021年，文成县工业增加值13.72亿元，增长12.8%。规模以上工业增加值4.58亿元，增长12.5%；其中，制造业增加值增长10.0%，电力、热力、燃气及水生产和供应业增长25.6%。规模以上工业销售产值27.01亿元，增长22.7%。规模以上工业企业实现利润1.09亿元，增长78.5%。

新产业新业态新模式加速成长。全年规模以上工业中，高新技术产业增加值2.25亿元，增长19.1%；装备制造业增加值2.18亿元，增长6.7%；战略性新兴产业增加值1.05亿元，增长28.7%；数字经济核心制造业增加值0.40亿元，增长16.2%。

工业经济

【概况】 2021年，文成县经信局设5个行政科室，分别为办公室（挂行政审批科牌子）、经济运行综合科（挂企业培育发展科牌子）、投资与产业科、数字经济科（挂电子商务科牌子）、商贸市场科（挂外经外贸科牌子）；下设4个事业单位，分别为工业经济发展服务中心、商贸经济发展服务中心、公有经济服务中心、商业资产维护中心。

【疫情防控】 2021年，县经信局组织112家重点工业企业接种疫苗3313人，接种率98%以上。对所有设备、场所及人员进行核酸检测、消杀，采集核酸7批次，场所消杀35批次，采集重点人员核酸143次，线下培训1次，实现物防全覆盖。加强疫情防控督查和物防市场大巡查，对县城7处重点商贸场所进行健康大体检，梳理风险隐患点10余处，逐一整改落实。

【工业产值】 2021年，全县实现工业增加值13.72亿元，增长12.8%。全县规模以上工业企业54家，完成规下转规上11家，全年规上工业增加值4.58亿元，增长12.5%。其中，规上轻工业增长值0.48亿元，增长10.4%；重工业增长值4.10亿元，增长89.6%。其中，规上高新技术产业增加值2.25亿元，增长19.1%；装备制造业增加值2.18亿元，增长6.7%；战略性新兴产业增加值1.05亿元，增长28.7%；数字经济核心产业制造业0.4亿元，增长16.2%；高端装备1.5亿元，增长9.9%；环保制造业0.43亿元，增长20.5%。规模以上工业销售产值27.01亿元，增长22.7%，其中出口交货值2亿元，增长16.9%。新产品产值率为18%，比上年提高5.1个百分点。浙江中星钢管机械有限公司新评定为国家专精特新“小巨人”企业，为文成县首家获此殊荣公司。招大引强，打造共同富裕新样板。杭州娃哈哈启力营养食品有限公司落地文成县巨屿镇工业园区沙洲地块，用地122亩，项目一期投资约4.2亿元，将建设4条饮料生产线及研发中心，全力打造成“未来工厂”。

【亩均论英雄】 2021年，文成县规上企业参评33家，根据企业综合得分高低，评出规上企业A类6家，B类21家，C类6家。规下企业参评87家，根据企业综合得分高低，经过否优调整纠偏，评出规下企业A类3家，B类36家，C类19家，D类29家。给予A、B类企业兑现奖励政策，对D类企业在用地、用电、用水、用能、排污、融资等资源要素配置上实行加价或限制，倒逼企业实行转型升级。

【绿色企业创建】 2021年，县经信局全面开展企业的绿色工厂、清洁化生产和企业节水等工作。评定三星级绿色工厂3家，推进四星级申报1家。实施清洁生产企业5家，创建节水型企业5家，节能诊断3家。

【企业人才】 2021年，全县新招引研究生2人，企业新引进大专及以上学历人才198人。完成数字化职业技能培训86人。3名海外博士分别与万喜、侨品汇、瑞康等3家公司达成初步就业意向。完成省级引才计划申报工作，省"引才计划"通过市级形审1人，入选市级200强1人。

【数字经济建设】 2021年，县经信局对接产业大脑、资源要素等4个体系和17个重点项目建设计划，新增"担保品统一登记平台"应用场景建设，完成数字经济系统门户政府侧PC端建设。获国家级两化融合贯标体系认证1家。推动政府数字化改革，出台《文成县"企业码"建设和应用推广工作实施方案》，建成企业码专区。

（刘　青）

生态产业园

【概况】 2021年，县生态产业园服务中心围绕"两个年""六重清单""四大工程""两个健康"先行区建设，壮大做实生态产业平台。县生态产业园服务中心被温州市人民政府评为市重大项目建设突出贡献集体，被中共温州市委、温州市人民政府评为民营经济示范城市创建（民营经济高质量发展）先进集体。

【文成经济开发区】 2021年12月30日，根据浙政办函〔2021〕80号文件批复，同意整合设立浙江文成经济开发区，规划面积9.15平方千米，包含大峃区块、百丈漈区块、黄坦区块，整合托管巨屿区块（白鹭洲水经济产业园）、黄坦农产品产业园等。主导发展绿色健康产业（水制品）、装备制造业和汽车零部件等生态产业。大峃区块规划面积4.77平方千米，规划主导产业为生产生活性服务业；黄坦区块规划面积2.62平方千米，规划主导产业为装备制造业、时尚旅行产业；百丈漈区块规划面积1.76平方千米，规划主导产业为汽摩配件产业；巨屿区块（托管区块）规划面积1.22平方千米，白鹭洲水经济产业园还有300多亩可供安置水制品优质项目，规划

2021年5月20日，省财政厅副厅长邢自霞（右一）走访百丈漈产业园区企业（县生态产业园服务中心提供）

主导产业为绿色健康产业(水制品)。

【工业指标】 2021年,园区完成规上工业产值20.47亿元,同比增长22.13%;完成规上工业增加值3.4亿元,同比增长19.6%;新增规上企业8家,累计41家;新增高新技术企业2家,累计11家;招引亿元以上工业项目11个,其中完成工业供地项目5个,施工建设项目2个;出让用地216亩,解决插花地14.2亩;完成工业性投资1.9亿元。年度产值超亿元企业4家。

【招商引资】 2021年,园区与娃哈哈、华瑞达、图伟、瑞港、聚泉、向东等11家亿元以上企业签订投资协议及意向书,其中10亿元以上2个(娃哈哈和华瑞达),完成年度招引任务,引进外资1000万美元。其中,娃哈哈和图伟项目落地开工建设,聚泉、向东等新能源汽车配件项目完成项目准入、总平设计,进入项目环评编制、施工图设计环节。

【重大项目推进】 2021年,园区专班化跟进黄坦时尚旅行制造项目(续建项目),一期80.55亩工业用地在建厂房结顶并进入附属工程施工,项目累计固定资产投资1.6亿元。26县跨越式高质量发展的标志性项目娃哈哈智能化饮料项目(新建项目)完成桩基工程,进入厂房建设环节。图伟汽车飞机刹车生产线项目(新建项目)完成项目钢构厂房结顶。

【助企服务】 2021年,园区高度重视助企服务工作,借助"三服务"2.0版本载体,领导带头,全员参与,全面实施"代办制",以"店小二"式的服务,赢得企业的尊重和理解。全年组织开展2次企业面对面会商,解答企业问题,回应企业诉求,协调解决企业项目审批、立项、证照办理和厂房验收等问题33个,协调解决志信科技有限公司插花地面积12.97亩。

2021年11月13日,省商务厅副厅长胡真舫(前排左二)到巨屿白鹭洲水经济产业园调研娃哈哈项目(县生态产业园服务中心提供)

【先进名录】

先进个人一览表

表35

姓名	荣誉名称	发文时间	授予部门
林建修	2021年文成县第二季度铁军锻造工程"破难先锋"	2021.10	文成县铁军锻造工程指挥部

(周　镭)

供　电

【概况】 2021年，文成县供电公司完成固定资产投资0.85亿元，其中电网投资0.76亿元；售电量5.57亿千瓦时，同比增长8.79%；营业收入3亿元，同比增长11.05%，实现利润202.53万元；资产总额6.7亿元。获评浙江省AAA级“守合同重信用”企业；获评温州市健康单位称号；获评文成县2021年度新闻协作先进单位称号；公司“共同富裕目标下欠发达山区新型电力系统建设”获省公司优秀合理化建议称号；公司调控分中心被评为全省仅有5家的“县电力调控（供电服务）分中心3年深化运营标杆单位”。“绿水青山幸福电”数字化项目在市公司数字化展示大会上展示，获得人气奖。获得温州公司2021年数据创新应用大赛银铲奖1项，铜铲奖1项。选送优秀职工助力温州公司获省公司2021年青年培训师教学技能竞赛团体一等奖、省公司2021年模拟法庭知识竞赛获团体二等奖。获评浙江青年工匠1人，获评温州好人1人，获评文成县志愿服务最美志愿者1人。

2021年8月5日，温州市首个整县屋顶光伏开发战略合作框架协议在文成签订（县供电公司提供）

【安全生产】 2021年，县供电公司印发安全生产“百日攻坚”专项行动方案，以“安全百日攻坚”为抓手，开展作业现场管控、电网风险管控、设备安全运行管控等百日攻坚十大行动。推动完成浙江电网首次县域水电新能源自愈自治系统试验，完成新能源灾害场景下的不间断消纳和承载力评估，为保障电力供应提供柔性支撑。依托数字化技术推进提升输变电线路薄弱环节整治成效，完成县域首个110千伏输电线路可视化通道安装和文成变消防机器人安装，依托无人机精细化巡视，有序安排整治方案。促使县发改局印发《文成县电力线路保护区树线矛盾及施工作业专项整治工作的通知》，提升线路通道整治效率。组建共性问题督查组，开展安全巡查共性问题排查整改。

2021年7月13日，35千伏峃口输变电工程成功投产，为文成电网再添2万千伏安的变电容量（县供电公司提供）

【电网建设】 2021年，县供电公司投产35千伏峃口输变电工程，解决峃口片区1镇4乡

2021年11月19日，浙江电网首次县域水电新能源自愈自治系统试验在文成顺利完成（县供电公司提供）

用电卡脖子难题。投产35千伏大唐光伏、垃圾电厂工程，助推能源低碳转型。完成与瑞安、泰顺2回10千伏配电线路跨县联络建设及县域内多回10千伏联络线建设，提高线路互联互供能力。落实防雷治理，完成省公司防雷试点单位的方案编制并上报省公司电科院审核。完成制定“绿水青山幸福电”系统建设的民生白皮书初稿并初步完成搭建数字化管控平台总体架构，支撑文成欠发达山区共同富裕示范区建设。

【经营项目】 2021年，县供电公司在全市率先促成图盛集团与文成县人民政府签署温州市首个整县屋顶光伏开发战略合作框架协议，完成制定百丈漈小微企业园等8个屋顶光伏项目投资建设方案，签署项目装机容量3100千瓦，完成年度目标。在全市率先促成文成县发改局出台《关于推动源储协调发展促进清洁能源消纳的指导意见》，推进文成县“新能源+储能”政策落地。谋划推进文成二源村、南坑村储能项目，完成前期土地选址排摸、初步接入方案制定以及项目投资金额估算工作。

【线路改造】 2021年，县供电公司深化“三降三年”工程，提升基础管理水平。做实做细“四个管住”，严抓各风险等级作业到岗到位。组建安全巡查共性问题督查组，对照国网公司、省公司共性问题清单，开展安全巡查共性问题排查整改，问题整改率76.52%。促使县发改局印发《文成县电力线路保护区树线矛盾及施工作业专项整治工作的通知》，为通道整治提供政策支撑。落实线路及设备差异化巡视、防雷、防风偏整治，消除隐患771项。新建与改造35千伏输电线路15.81千米、10千伏线路138.89千米、0.4千伏低压线路162.57千米，改造台区29个。

【电力保供】 2021年，县供电公司落实综合检修计划，提升变电站设备运行可靠性。完成浙江电网首次县域水电新能源自愈自治系统试验，为保障电力供应提供柔性支撑。完成县域首个110千伏输电线路可视化通道安装和文成变电站消防机器人安装，依托无人机巡视提升输变电线路薄弱环节整治成效。面对四季度严峻的电力保供形势，发挥县域水电、光伏等清洁能源顶峰调节能力，落

2021年6月28日，文成县首个电力驿站在西坑畲族镇让川村正式揭牌（县供电公司提供）

实负荷压降和能耗双控，完成阶段性电力保供任务。

【供电服务】 2021年，县供电公司深化“阳光业扩”品牌建设，实现用电报装“三零”“三省”服务。全县低压接入容量开放至160千瓦，实现全县范围160千瓦及以下小微企业用电报装“零投资”。建成“左邻右里·电蜜蜂”让川电力驿站，试点推出电力工具“信用借”、家用电器“帮您带”、志愿服务“免费修”等8项特色便民服务，完善“线上办、上门办、就近办、帮你办”服务模式，打造“一刻钟”乡村服务圈。用电业务入驻全县236个乡村，实现村级便民服务点全覆盖，“七一”前如期完成充电设施“镇镇通”。

【先进名录】

先进个人一览表

表36

序号	姓名	荣誉名称	发文时间	授予部门
1	赵向东	2020年度国网浙江省电力有限公司优秀班组长	2021.1	国网浙江省电力有限公司
2	刘　畅	国网浙江省电力有限公司2021年装表接电技能竞赛团体一等奖	2021.9	国网浙江省电力有限公司
3	陈　象	国网浙江省电力有限公司2021年应急技能竞赛团体二等奖	2021.8	国网浙江省电力有限公司
4	黄　蔚	2021年温州市“防疫情全员赛安康”活动职工防疫合理化建议三等奖	2021.4	温州市“安康杯”竞赛组委会
5	徐浩杰	2021年温州供电公司安全监督管理廉洁风险协同监督项目二等奖	2021.1	国网温州供电公司
6	陈佳宏	2021年温州市职业技能大赛调度自动化运维专业技能竞赛三等奖	2021.10	国网温州供电公司

先进集体（班组）一览表

表37

序号	单位名称	荣誉名称	发文时间	授予部门
1	珊溪供电所 南田供电所	“网格+点单，畅通绿色服务通道”获得2021年度优秀合理化建议	2021.10	浙江省电力工会委员会
2	输变电运检中心	2020年度国网浙江省电力有限公司优秀班组	2021.1	国网浙江省电力有限公司
3	输变电运检中心	2020年度国网浙江省电力有限公司工人先锋号（五星级班组）	2021.1	国网浙江省电力有限公司
4	电力调度控制分中心	县电力调控（供电服务）分中心三年深化运营标杆	2021.1	国网浙江省电力有限公司
5	黄坦供电所	浙江省巾帼文明岗	2021.6	浙江省妇女联合会
6	黄坦供电所	2021年温州市“工人先锋号”	2021.4	温州市总工会
7	珊溪供电所	2020年度温州市青年安全生产示范岗	2021.9	中国共产主义青年团温州市委员会

续表37

序号	单位名称	荣誉名称	发文时间	授予部门
8	大峃供电所	2020年党建(企业文化)示范基地	2021.6	国网温州供电公司
9	党委党建部	政研论文二等奖	2021.3	国网温州供电公司
10	党委党建部	2020年度优秀协同监督项目成果三等奖(《集体企业劳务分包管理协同监督项目》)	2021.3	国网温州供电公司
11	珊溪供电所	2020年度全县千人评议活动行业服务类满意单位	2021.1	中共文成县纪律检查委员会、文成县监察委员会

(王　奔)

电力开发

【概况】 2021年,文成县电力开发投资有限公司内设办公室、生产经营部、劳资财务部、党群工作部4个部室,系统各电站全部在岗人员195人,其中公司正式在职职工15人、退休人员13人。投资建设的控股、参股电站有高岭头一级水力发电有限公司、高岭头二级水力发电有限公司、东溪三级水力发电有限公司、坑下山电站、高岭头三级水力发电有限公司。全年系统各控股、参股电站完成总发电量12283万度,其中峰电11636万度,谷电646万度,发电销售收入6495万元,上缴税费约978万元,公司实现利润557万元。

【单位负责人】

副总经理:周向阳
监事会主席:林微青
办公室主任:叶一军
生产经营部经理:蔡冠洲
劳资财务部经理:陈海英
党群工作部经理:叶曙光(—2021.6)

【企业管理】 2021年,电投公司坚持"重大事项""重要人事任免""重大项目安排""大额资金使用"集体商量和决策,定期定点公示企业重大决策、重要人事任免、重大项目安排、大额资金使用、"三公经费"使用、职工工资和奖金分配情况等事项,厉行勤俭节约,反对铺张浪费,做好减能增效,节约成本,实现利润优化;全年发挥增效扩容项目先进技术优势,加强日常运行发电管理,确保设备性能安全可靠,合理利用水能资源,实现扩容增效目标;公司指导企业(电站)做好"清廉企业"示范点创建工作,通过创建,形成有效的惩治预防腐败体系,提高党员干部廉洁意识、自觉规范用权,推进权力公开运行;抓好文成县水利工程(小水电)智能集控管理平台建设前期筹备工作,确定初步方案,做好前期调研,争取政策和上级领导的支持。

【高三电技改工程】 2021年1月,电投向县国资办报送《关于高岭头三级水电站技改工程的请示》并获批;2月,高三电召开董事会讨论通过技改方案,委托市水利设计院进行项目设

2021年8月25日,县长罗招政(前排左三)到高岭头二级电站调研水库防汛工作(县电投公司提供)

计；10月，市水利设计院完成《文成县高岭头三级水电站增效扩容工程初步设计报告（送审稿）》，电投公司组织人员对初步设计报告送审稿进行会审，将审查意见反馈给设计院；11月，市水利设计院依据审查意见对初步设计报告送审稿进行修改、完善，重新提交《文成县高岭头三级水电站增效扩容工程初步设计报告（送审稿）》，12月，完成初步设计。

2021年7月29日，电投公司志愿者服务队及巾帼文明劝导队到周山畲族乡际下民族村，开展"学党史、党群连心、我为群众办实事"志愿者服务活动（县电投公司提供）

【高一电水库大坝升级】 2021年1月，高一电公司根据大坝安全鉴定专家组整改意见，委托南京水科院专家研究完成整改方案；同月，邀请省水利水电勘测设计院对大坝整改方案进行复核；6月，完成水库运管智能平台、生态流量泄放设施、闸门牛褪等安全加固、水库运行管理台账及水文资料整编等工作；7月，邀请省水利水电勘察设计院专家对大坝的引力进行复核；11月，委托浙江翰嘉工程公司安装大坝坝基位移监测设施（因疫情管控要求，市水利局同意此项工作延后完成）；12月，温州市水利局按照水利部《大坝安全鉴定办法》等有关规定，组织温州市大坝安全鉴定专家组对高一电水库大坝安全鉴定成果进行审定，综合评定高一电水库大坝为"一类坝"。高岭头一级水库位于飞云江支流小溪的主流高岭头溪上，水库集雨面积32.6平方千米，总库容1778万立方米，是一座以发电为主的中型水库。水库正常蓄水位792米，死水位758米，原设计50年一遇设计洪水位793.77米，500年一遇校核洪水位794.57米；复核后50年一遇设计洪水位 793.65米，500年一遇校核洪水位794.56米。

【企业党建】 2021年，电投公司党委以政治建设为统领，以实际行动带头做到"两个维护"，严明党的政治纪律和政治规矩，全面推进从严治党向纵深发展；以党史学习教育为抓手，持续抓好理论学习，深化机关党建理论研究；深化"三基"建设，开展"双强争创"活动，构建互联互促工作机制；加强党员教育管理，组织系统党员观看电影《长津湖》等以"光影铸魂 致敬英雄"为主题的支部主题党日活动；开展"三服务"活动，开展挂钩村、下属电站等基层困难党员、贫困户的帮扶，加强系统防疫抗疫先进职工的慰问、表彰，做实关心关爱工作；开展生活垃圾分类示范点创建等党建引领活动，教育更多干部职工形成健康生活情趣和高尚精神追求，创造向上向善向美的企业文化。引导各部室、各电站继续巩固县委第五轮巡察整改工作成效，加强系统各单位整改效果，自觉主动做好巡察工作"后半篇文章"，配合纪检监察部门，不折不扣做好巡察发现的违纪案件处理工作，完成各项整改工作任务。完成国有企业财务管理检查反馈意见的整改工作，加强"三重一大"制度实施办法、差旅费管理制度、年休假管理制度、固定资产租赁管理制度等规定的修订，完善财务管理等各项整改工作，切实加强日常工作的自纠自改，不断提升企业管理效能。

【安全生产】 2021年，电投公司认真梳理安全生产工作内容和有关安全职责，明确安全生产责任，层层签订年度安全生产目标管理责任书，将安全生产责任逐一分解落实到岗、到人，结合各电站安全生产自查自纠情况，定期和不定期开展水工建筑物、机电设备设施、消防、交通、防汛、作业现场等排查，对隐患及时整改，防范和遏制事故发生。6月份开展以“落实安全责任，推动安全发展”为主题的安全生产月活动：利用微信平台、挂图、宣传标语等形式，发放防汛防台知识宣传单70份，以普及法律法规及安全知识，提高员工安全意识和安全素质；开展安全生产技能培训、应急演练等，提高员工事故防范能力及应急处置救援能力；抽调相关电站技术人员组成检查组，对各电站进行安全生产交叉（对口）检查，查出问题59个，及时消除事故隐患。汛期对防汛防台工作进行再部署、再安排，做到科学决策、优化调度、合理运行。在防御6号台风“烟花”、14号台风“灿都”中，及时发布有关信息，按规启动应急预案，达到“人员无伤亡、经济少损失”的预期目标。公司系统实现全年安全生产零事故。

【清廉企业】 2021年，电投公司全体员工参与清廉文化活动和“清廉企业”建设，完善公司清廉文化建设工作实施计划、建设内容，设置和开辟清廉文化走廊，具体指导下属企业做好“清廉企业”创建工作，确定高一电、东三电2家电站为“清廉企业”创建试点单位。2家创建单位，依据电投党委“清廉企业”建设实施细则表（电站），结合各自实际，确保党组织“双核心”作用发挥、筑牢国企清廉文化阵地、完善法人治理结构加强民主监督、加强重点监督项目督查、依法诚信经营和齐抓共管、构建阳光清廉企业文化体系等6个方面进行创建。

【先进名录】

先进个人一览表

表38

序号	姓名	荣誉名称	发文时间	授予部门
1	刘　佳	文成县2020年度学习强国“学习之星”	2021.4	中共文成县委宣传部
2	刘　佳	文成县2020年度学习强国“挑战擂主”	2021.4	中共文成县委宣传部
3	张维光	文成县2020年度学习强国“挑战擂主”	2021.4	中共文成县委宣传部
4	黄　忠	文成县2020年度学习强国“飞跃之星”	2021.4	中共文成县委宣传部
5	刘　佳	文成县2020年度学习强国“飞跃之星”	2021.4	中共文成县委宣传部
6	林建明	2020年度水电安全生产先进工作者	2021.4	温州市水电行业协会
7	郑国良	2020年度水电安全生产先进工作者	2021.4	温州市水电行业协会

先进集体一览表

表39

序号	单位名称	荣誉名称	发文时间	授予部门
1	文成县电力开发投资有限公司	2020年度安全生产先进单位	2021.4	温州市水电行业协会
2	文成县东溪三级水力发电有限公司	全国绿色小水电示范电站	2021.12	中华人民共和国水利部

（周　瑾）

城市建设和管理

综　述

【概况】 2021年，文成县以党史学习教育为统揽，以“强宗旨、转作风、促项目、抓落实”为目标，树牢新发展理念，聚焦高质量发展，推进疫情防控和住房城乡建设事业发展。建成旅游商业便民综合体项目、城市客厅布展项目、城北环山绿道工程一期、樟台村城中村改造工程、兴福堂CX-03-A地块城中村改造工程、城北垃圾中转站及配套工程；百丈漈镇获评省级美丽城镇样板镇，西坑畲族镇、铜铃山镇、周壤镇、峃口镇、二源镇、桂山乡、公阳乡获评基本达标城镇称号；完成3个老旧小区改造和3台既有多层住宅电梯加装；64个入库项目全部纳入标化管理，平安工地创建管理覆盖率100%。

【住建领域疫情防控】 2021年，县住建局贯彻省、市、县各级新冠肺炎疫情防控工作部署要求，制定防疫工作方案，成立工作领导小组，全面下沉住建领域建筑工地、物业小区等行业开展网格化的督导督查，严格落实疫情防控措施。定期对全县项目进行常态化防疫督察，检查建筑工地66个，集中督导防控检查30余次。全面落实好疫情防控措施，督促辖区内物业服务企业及其在管项目认真采取防疫措施，派出物业小区防疫检查组316个、548人次，检查394个物业小区，督促整改问题53个。制作悬挂疫情防控横幅20余条、印发宣传单2000多份，累计接种301人次。各物业小区配合属地社区居家隔离境外返文成人员40人、境内返文成人员3人。

城乡建设

【大建大美项目】 2021年，文成县大建大美建设开工莒湖二期城中村改造、城北环山绿道二期工程、城北垃圾中转站及配套工程、樟山新区一期市政道路工程、公共卫生临床中心及配套用房项目、旅游商业便民综合体项目、城市客厅布展项目等7个项目，开工率100%。建成旅游商业便民综合体项目、城市客厅布展项目、城北环山绿道工程一期、樟台村城中村改造工程、兴福堂CX-03-A地块城中村改造工程、城北垃圾中转站及配套工程等6个项目，完成投资12.13亿元，投资完成率118.72%。

【美丽城镇建设】 2021年，文成县列入美丽城镇建设计划项目339个，开工339个，开工率100%；计划投资26.4986亿元，累计完成投资28.356亿元，投资完成率107.01%；计划完工项目146个，完工率100%。其中，西坑畲族镇项目总数43个，开工43个，开工率100%；计划投资3.3098亿元，完成投资3.56亿元，投资完成107.55%。百丈漈镇项目总数14个，开工14个，开工率100%；计划投资2.74亿，完成投资2.87亿元，投资完成率104.93%。铜铃山项目总数24个，开工24个，开工率100%；计划投资0.76亿元，完成投资0.81亿元，投资完成率106.02%。峃口镇项目总数5个，开工5个，开工率100%；计划投资1.87亿元，完成投资1.97亿元，投资完成率105.14%。周壤镇项目总数11个，开工11

个，开工率100%；计划投资0.57亿元，完成投资0.61亿元，投资完成率106.78%。二源镇项目总数28个，开工28个，开工率100%；计划投资1.04亿元，完成投资1.08亿元，投资完成率104.11%。公阳乡项目总数11个，开工11个，开工率100%；计划投资0.70亿元，完成投资0.72亿元，投资完成率103.14%。桂山乡项目总数8个，开工8个，开工率100%；计划投资0.58亿元，完成投资0.64亿元，投资完成率108.81%。百丈漈镇获评美丽城镇省级样板，西坑畲族镇、铜铃山镇、周壤镇、峃口镇、二源镇、桂山乡、公阳乡等7个乡镇获评达标城镇。

【省级美丽宜居示范村创建】 2021年，启动玉壶镇龙一村、西坑畲族镇叶岸村、百丈漈镇石庄村（上石庄）3个美丽宜居示范村创建，完成玉壶东樟村美丽宜居示范村创建；启动双桂乡桂西村村庄设计与农房设计落地试点建设。

【传统村落风貌保护提升】 2021年，启动百丈漈镇石庄村（上石庄）传统村落风貌保护提升；完成平和乡东方村传统村落风貌整治提升。

【城乡风貌整治和未来社区建设】 2021年，城乡风貌整治方面编制完成《文成县风貌整治提升行动实施方案》，12月24日文成“伯温故里民俗带”（县域风貌区）列入浙江省第一批城乡风貌样板区试点建设名单。未来社区创建方面完成樟山未来社区创建方案，12月25日文成县樟山未来社区列入浙江省第四批未来社区创建名单。

2021年8月25日，县委组织部部长虞绍榜（右六）调研小区物业红色党建工作（县住建局提供）

【棚户区改造】 2021年，城中村改造完成签约户数51户，建筑面积0.96万平方米，拆除户数51户，0.96万平方米；旧住宅区改造完成240户，3.9万平方米；完成兴福堂CX-03-A地块拆迁居民82户247套和樟台村城中村改造198户347套的安置；完成兴福堂CX-02—3地块认购工作。

【老旧小区改造】 2021年，完成朝阳新村、帝师酒厂宿舍、粮食宿舍等3个老旧小区改造，受益户数296户。完成城南家苑一单元、鹤东新村中兴公寓1号楼、建行宿舍1幢2单元等3个小区既有多层住宅加装电梯加装，受益户数32户。

【垃圾处理设施】 2021年，农村生活农污设施覆盖率达65%；农村污水处理设施项目完成改造3个，开工改造4个，开工新建1个，完成总投资2210万元；县城生活垃圾填埋场临时封场工程、百丈漈卫生填埋场改造工程（飞灰填埋场一期）完成项目施工及验收。

【市政道路设施】 2021年，建成凤溪南路联网路、城北环山绿道一期、省级绿道八号线贯通等工程;开工龙船垟市政附属工程,完成体育场路、文化路、文澜路管网工程。

【民生项目】 2021年,建成旅游集散中心布展项目;县城自来水厂迁建工程完成初步设计初稿,地勘初勘及初步设计优化工作;县2101工程(人防基本指挥所建设)完成县级、省级立项;城北环山绿道二期完成招投标并进场完成土石方回填50%,管道铺设10%。

【城镇管网改造】 2021年,全县管网改造完成总投资1.7亿元,建成给排水管道26.7千米,其中黄坦镇管网工程和珊溪坑、李井坑管网工程(新建、井市、环秀片区)完工。

【管网排查维修】 2021年,县住建局先后对大峃、玉壶、黄坦、南田镇等地开展污水管网疏通排查与维修工作,全县污水管网疏通里程62千米,管道排查里程68千米,管道及检查井修复点位1039处。全县管网系统维护较有成效,各污水厂进水COD浓度较上两年均有30~50毫克/升的提升,进水量趋于稳定,COD保持在100毫克/升以上,均未出现超负荷运行。

【污水处理设施运维】 2021年,县住建局严格在线运维管理及数据上报工作,全县6家污水处理厂与1家垃圾渗滤液处理厂运行状态持续平稳,出水水质达标排放,均未发生环境污染事件及安全生产事故。

【污水处理厂升级】 2021年,珊溪—巨屿、南田、百丈漈3个污水厂的清洁排放改造工程顺利通水,投资1328万元,完成省住建厅下达的城镇污水处理考核任务。

【水务优化整合】 2021年,县住建局以城乡供水一体化为引领,按照“统筹规划、区域相近、集中资源”的原则,县公用事业投资有限公司完成对珊溪、巨屿、玉壶、南田、西坑、黄坦、百丈漈等7个自来水厂的接收管理,分别成立7家分公司,并逐步开展黄坦、西坑、二源水厂的水费收取工作。统一新建各水厂的营收报装系统,开通网上报装缴费功能,建立健全供水规章制度,完成三定方案设置和人员甄别,推进集中集约管理,促进国有资产和人力资源科学统筹合理使用,提高企业管理效率。

【城镇供水】 2021年,全县售水总量957万吨,比上年同期增长51万吨,增幅5.6%;营业收入1591万元,比上年同期增长185万元,增幅13.2%。水费回收率95%;管网压力合格率99%。

【自来水厂改造提升】 2021年8月,开工建设平和、公阳水厂改造提升工程;全年完成黄坦、西坑、二源、铜铃山、玉壶、珊溪、百丈漈、南田水厂改造提升的通水工作。

【农饮站点移交】 2021年,编制完成县农村饮用水长效运行管理办法、村级农饮站运行管理制度等,加快推进农饮站移交工作,全年以现状移交方式接收农饮站120余个,开展常态化运维。

【燃气管理改制】 2021年,县公用事业投资有限公司接收原能源总公司并完成其改制工作(更名为文成县聚能燃气有限公司)。4月份收购火炬天然气公司股权,7月份全面完成火炬公司的合并以及工作人员的新老接替。县编委办于7月28日印发文成县聚能燃气有限公司“三定”方案。9月份,完善供气协议,推出考核细则,有效督促各经营网点完善瓶装燃气的配送信息、实名制登记和入户安检率等。2021年,液化石油气销售量6508吨,实现销售收入4108万元,较上年同期增长12.6%;其他业务收入639万元,比上年同期增加571万元,增幅836.5%。

【燃气工程建设】 2021年,践行燃气保供责任,完成年度天然气扩面任务1187户，燃气管道建设6.3千米，超前完成县破难攻坚任务；9月份启动巨屿镇沙洲工业园娃哈哈产业园配套供气、给排水项目前期工作，全年完成地块的拍卖、设计委托、设备招标等程序。

（董芳芳）

建筑业

【概况】 2021年，全县拥有资质建筑业企业126家，完成建筑业总产值统计入库55.42亿元，同比增长要28.3%，其中省内产值48.48亿元，同比增长13.3%。全县建筑行业税收实缴金额3.84亿元，入库税收占全部税款收入的26.8%，同比增长42.23%。其中，纳税1000万元以上企业7家，100万元企业57家。

【建筑业发展】 2021年，开展建筑业企业资质培育工作，成功引进施工总承包一级企业2家、二级1家、三级10家；专业承包一级1家、二级9家、三级3家；劳务7家。年末，全县有一级总承包企业7家，二级总承包企业12家，三级总承包企业58家。推进建筑工业化和工业化基地建设，新开工装配式建筑面积13.06万平方米、完成公共建筑节能改造1.09万平方米，完成可再生能源建筑应用面积43万平方米，实施高星级绿色建筑示范工程2项。兑现建筑业奖励政策，发放建筑业奖励资金4921.17万元。

【建筑工地安全质量监管】 2021年，县住建局统筹抓好疫情防控和安全生产工作，全年签发安全整改通知书247份，停工通知书13份，查出安全隐患1640条，检查起重机械121台次，责令停止使用11台；通报批评约谈施工企业6家，并对7家涉嫌扬尘污染违法单位进行立案查处，罚没款10.5万元，涉嫌违反危险性较大的分部分项工程安全管理规定1家，罚没款1.5万元。开展全县建筑工程创优创杯工作，开展标化工地观摩2次460余人，15个项目申报市级或以上安全生产标化工地创建，其中5个项目［文成县人民医院新建工程，文成县二中片区城中村改造项目，文成县净水湾康养项目，文成县黄坦镇中心小学（新校园），文成县大峃镇珊门村商贸大楼］，通过市标化中间验收；樟台城中村改造项目获评2021年度第二批温州市安全生产文明施工标准化管理优良建筑工地；玖珑府（龙船垟LCY-01-02地块）项目、文成县黄坦镇中心小学（新校园）项目、嘉南美地F区拟申报省标化工程创建。全年全县在建工程项目64个，建筑面积284.62万平方米，较上年增长44%；总投资额75.73亿元，较上年增长69%。办理建筑工程施工许可证110件（其中新建47件，变更60件，注销2件，遗失补办1件），建筑面积101.17万平方米；房屋建筑工程和市政基础设施工程竣工验收备案34件，建筑面积54.93万平方米。

（董芳芳）

2021年10月4日，碧桂园文澜豪庭项目节能减排宣传及安全生产检查（县住建局提供）

房地产业

【概况】 2021年，全县商品住房销售均价约为10886.9元/平方米，较上年商品房销售均价下降20.65%；新建商品房上市面积25.19万平方米，同比增长10.43%；商品房销售面积8.5万平方米，同比下降43.7%；二手房网签面积13.26万平方米，同比下降12.32%；房地产项目完成投资18亿元，同比增长6.4%；房地产业从业人员工资总额3400万元，同比下降13%。

【房产交易】 2021年，全县办理房地产交易确认2259件，办理二手房网签903件，办理商品房预售许可9个，商品房预售面积25.15万平方米，预售商品房2564套。办理商品房现备案3个，现售商品房面积1.78万平方米，现售商品房268套。预售住宅1044套，预售面积12.28万平方米。预售非住宅1520套，预售面积12.86万平方米；完成测绘项目审核49个，面积8.09万平方米。其中，实测项目47个，面积74.14万平方米；预测项目2个，面积6.8万平方米；办理房地开发产企业资质申报8件，办理商品房统一销售18套，举办统一销售活动15次。

【住房保障】 2021年，出台《关于文成县公共租赁住房保障降槛扩面的通知》《文成县人才住房配售资格证实施细则》，完成筹集配租型配售房源46套和新开工建设人才住房建设面积8000平方米任务；完成公租房保障家庭246户季审工作、住房货币补贴审核发放住房补贴134人172.43万元；发放人才购房、租房补贴341.1万元；公共租赁住房货币补贴保障家庭375户，在保家庭243户，提前超额完成温州市2021年年度考核任务230户。

【物业服务业】 2021年，修订出台《文成县物业提升工程实施意见》，创成1个示范样板小区（东方豪庭）。严格落实“两金”的管理与使用，归集物业维修资金1267.2万元，住宅物业保修金581.2万元；住宅物业专项维修资金支出80.2万元，为各小区提升居住环境和居住条件提供有力保障。

【城乡危旧房】 2021年，全面完成农村房屋全面排查录入工作及重点房屋查缺补漏补录工作（其中用作生产经营的自建房4129处；非自建房1221处；未用作生产经营的自建房96645处），完成重点房屋鉴定和全面鉴定工作；完成省农房系统内4129处用作生产经营的自建房和1221处非自建房的“回头看”复核模块，未发现新增危房；完成治理10月动态新增7户农村困难群众危房改造；完成城镇3层及以上预制多孔板砖混结构房屋的排查并建立《文成县三层及以上预制多孔板城镇房屋住户清单底册》；完成对1512处城乡既有公共建筑安全隐患排查及144幢3层及以上预制多孔板砖混结构城镇房屋违法违规装修警示牌和举报牌的悬挂，对其中26处非住宅营业房开展动态监测。

【先进名录】

先进个人一览表

表40

序号	姓名	荣誉名称	发文时间	授予部门
1	林　哲	2020年度全省美丽城镇建设成绩突出个人	2021.1	浙江省城乡环境整治工作领导小组
2	金　伟	加快建设区域中心城市突出贡献个人	2021.2	中共温州市委、温州市人民政府

续表40

序号	姓名	荣誉名称	发文时间	授予部门
3	陈飞轮	加快建设区域中心城市突出贡献个人	2021.2	中共温州市委、温州市人民政府
4	罗何坚	2020年度全县绿色高质量发展、重大创建工作先进个人(招商引税和财政增收)	2021.2	中共文成县委、文成县人民政府
5	陈思炜	2020年度全县绿色高质量发展、重大创建工作先进个人(美丽城市创建)	2021.2	中共文成县委、文成县人民政府
6	潘繁斌	2020年度全县绿色高质量发展、重大创建工作先进个人(美丽城镇创建和美丽乡村创建)	2021.2	中共文成县委、文成县人民政府
7	陈飞轮	2020年度全县绿色高质量发展、重大创建工作先进个人(美丽城镇创建和美丽乡村创建)	2021.2	中共文成县委、文成县人民政府
8	吴向前	2020年度全县绿色高质量发展、重大创建工作先进个人(生态环保和五水共治)	2021.2	中共文成县委、文成县人民政府
9	胡海湾	2020年度环境再造先进个人	2021.2	中共文成县委、文成县人民政府
10	张柏青	2020年度铁军锻造先进个人	2021.2	中共文成县委、文成县人民政府
11	柳小栩	2020年度档案管理先进个人	2021.1	温州市城市建设档案馆
12	刘少华	2020年度“优秀工会积极分子”	2021.2	文成县总工会

先进集体一览表

表41

序号	单位名称	荣誉名称	发文时间	授予部门
1	文成县住建局	加快建设区域中心城市突出贡献集体	2021.2	中共温州市委、温州市人民政府
2	文成县住建局	2020年度环境再造先进集体	2021.2	中共文成县委、文成县人民政府
3	文成县住建局	2020年度经济赶超工程先进集体	2021.2	中共文成县委、文成县人民政府

2021年住建局新增工程师及以上职称名录一览表

表42

序号	姓名	性别	籍贯	出生年月	入职时间	学历	职称
1	潘理洁	男	文成	1994.2	2015.10	本科	工程师(建筑工程管理)
2	张柏青	男	文成	1988.12	2012.12	本科	高级工程师[市政道路(桥梁)]
3	刘 义	男	文成	1980.5	2003.7	本科	高级工程师(建筑工程管理)

(董芳芳)

大峃城市新区

【概况】 2021年，文成县大峃城市新区管理委员会内设行政科室4个：办公室、经济发展科、规划建设科和财政科；设立工程建设服务中心、安置服务中心2个下属事业单位。年末，在职41人，其中行政干部14人，事业干部27人。

【信访维稳】 2021年，新区管委会加强上下沟通，强化部门配合，合力化解历史遗留问题，维护社会和谐稳定。全年接待来访群众82批次695次，办理县信访局签转信访件113件，按时回复办结率100%，接收办理网络问政15件，化解征地拆迁过程积案3件，积案化解率100%。

【安全生产】 2021年，新区管委会履行建设方职责，做好带班安全巡查和安全文明宣传工作，对隐蔽工程和质量节点工程实行跟进验收，确保文明创建和工程推进“两不误”。全年召开安全生产例会14次，开展安全生产专项检查6次，各项目每周进行1次安全生产隐患排查并上报。落实“文成无欠薪”行动，设立农民工工资专户，实行农民工工资与其他工程款分账管理。

【固定资产投资】 2021年，新区管委会根据县委、县政府年初任务要求，重点建设项目12个，年度投资任务14.9亿元。完成投资15.6亿元，完成年度任务的104.7%。

【项目前期筹备】 2021年，侨创共富城开发作为全县中心城区向南拓展的重要城市发展平台，也是文成县2021年第一批“三服务”破难攻坚项目。新区将项目作为第一核心任务，集中力量全力推进。围绕城市新区核心起步区项目整体布局和阶段资金需求，与县财政、资规等部门初步对接土地报批和土地出让计划，编制智慧城市项目建设方案（初稿），与银行保险行业、总部经济企业对接梳理金融大厦办公用房需求。围绕“商贸流通圈”和“生活服务圈”理念，谋划“未来社区·智慧城市”样板，谋划樟山、下田垟、樟台等3个片区前期项目，为“十四五”规划后期有效投资提供有力支撑。

【借力发展】 2021年，新区管委会建立“一把手亲自抓、分管领导具体抓”的工作格局，通过开展摸底调查、组织外出招商、热情接待客商等方式，寻找有意向在文成投资和落户企业，宣传和推介文成县的投资环境和总部经济招商引资优惠政策。全年完成招商引资1.3亿元。

【资产管理】 2021年，新区管委会成立工作专班，落实2名专职干部，做好国有资产排查、登记、管理工作。排查登记房产88套、车位434个、底层房（店面）41个。兴福堂一期安置房大地块82户247套房源于1月份完成房屋拆迁户摸文认购，樟台城中村改造项目358户659套房源于8月份完成全部批次摸文认购，处于安置户结算办证环节。

【项目融资】 2021年，新区管委会配合县财政局做好樟台城中村改造、兴福堂一期安置房等2个项目的化债工作，完成化债任务1.7亿元；苔湖街城中村改造二期项目与县农行、建行、中行、工行4大银行联合体达成融资方案，明确融资约17亿元。全年新增授信5.22亿元，贷款6.99亿元，还款1.7亿元。城投及下属公司累计获得银行授信额度40.42亿元，实贷资金26.28亿元，还款15.68亿元，贷款余额10.6亿元。

【兴福堂一期安置房】 项目总用地面积49551平方米，总建筑面积172347平方米，计划总投资57447万元。至2021年年底，大地块完成竣工验收并交付，小地块基本完成室内各配套工程，累计完成投资38132万元。

【下沙垟城中村改造项目】 项目总用地面积71794平方米，总建筑面积259652平方米，计划总投资约13.08亿元，至2021年年底，水电工程、装饰工程基本

2021年，下沙垟城中村改造项目建设中（新区管委会提供）

完成。累计完成固定资产投资约8.4亿元。

【樟台城中村改造项目】 项目总用地面积36814平方米，总建筑面积123837平方米，计划总投资约6.36亿元，至2021年年底，完成竣工验收并结算交付。累计完成固定资产投资约3.7亿元。

【二中片区城中村改造项目】 项目总用地面积21528平方米，总建筑面积77484平方米，小区共有8幢单体，482户，计划总投资约4.06亿元。至2021年年底，安装工程完成60%，装饰工程完成40%，外架拆除工程完成40%。累计完成投资约1.34亿元。

【龙船垟城市综合体】 项目由玖珑府（龙船垟LCY-01-02地块）和文澜豪庭（龙船垟LCY-01-01地块）组成，总建筑面积330321平方米，容积率为3.0。有高层住宅22幢，12层写字楼1幢及商铺1.1万平方米，总投资约36亿元。至2021年年底，玖珑府地块竣工预验收，文澜豪庭地块园建、装饰装修、消防、人防施工，累计完成固定资产投资约20.67亿元。

【龙船垟二期安置房】 项目分为LCY-01-03，LCY-01-04两个地块，总用地面积68427.78平方米，总建筑面积270319.20平方米，共有住宅1466套，配有12班幼儿园1处，计划总投资约12.45亿元。至2021年年底，04地块部分主体结构完成17层，幼儿园主体结构结顶，03地块部分主楼完成至5层。累计完成固定资产投资6104万元。

【龙川B地块】 项目总用地面积20310平方米，总建筑面积68202平方米，小区共有6幢单体建筑，其中1栋办公楼，5栋住宅楼，共有户数352户，计划总投资约3.13亿元。至2021年年底，主体结构结顶，砌体工程完成80%。累计完成固定资产投资9698万元。

【文成县人民医院发热门诊】 项目总用地面积9048平方米，

2021年，二中片区城中村改造项目建设中（新区管委会提供）

2021年，龙川B地块项目建设中（新区管委会提供）

总建筑面积2454平方米，其中发热门诊楼地上1层，建筑面积1982平方米，PCR实验楼地上1层，建筑面积282平方米，隔离休整楼地上1层，建筑面积190平方米，计划总投资3000万元。至2021年年底，项目完成建设并交付使用。

（毛瑞河　陈栩栩）

住房公积金管理

【概况】　2021年，温州市住房公积金管理中心文成分中心内设综合科、业务科（行政审批科）2个科室。事业单位参照公务员法管理6人，党支部书记、副主任吴方亮，业务科（行政审批科）科长林琼，综合科副科长胡晗初。获得市级公积金系统年度考核全面先进单位、标杆窗口，县年度考绩优秀单位、规范型清廉机关、千人评议基层满意科室、县政务服务中心红旗窗口等荣誉称号。

【住房公积金归集】　2021年，文成县得益于住房公积金的基数调整和制度覆盖面扩大，全县住房公积金归集额稳步增长，总归集收入4.18亿元，比上年增长8.01%，其中：实际归集收入4.03亿元，归集利息收入1479.49万元。全年净增住房公积金6759.21万元，年末归集余额10.66亿元，比上年增长6.71%。

【住房公积金提取】　2021年，文成县全年住房公积金提取3.5亿元，比上年增长9.38%。其中，购房提取1.35亿元；还贷提取1.49亿元；退离休提取3483.28万元；其他提取3130.07万元。当年提取占归集的比例为83.73%，比上年的82.76%上升0.97%。

【住房公积金贷款】　2021年，文成县房地产市场火爆，住房公积金使用继续保持高位运行。全年各月末住房公积金存贷款比率均保持在90%左右，年末为93.56%，资金基本满额使用。全年向481户职工发放住房公积金贷款2.32亿元，比上年增长85.6%，出具异地贷款证明45件，住房公积金贷款收回1.09亿元，比上年增长9.18%。全年新增贷款1.23亿

2021年3月19日，工作人员为职工办理业务（县公积金管理分中心提供）

元，年末在贷2606户，贷款余额9.98亿元，比上年增长14.06%。

【“四统一”改革】 2021年，文成县根据《温州市人民政府办公室关于印发温州市住房公积金管理体制机制“四统一”改革实施方案的通知》(温政办〔2021〕38号)文件精神和市公积中心工作部署，分中心于2021年启动管理体制机制“四统一”改革工作。年初制定工作计划、任务清单，确保“四统一”改革工作有序推进；按期完成固定资产清查盘点、公转商贴息贷款置换、小额定期借记业务批量变更等前期准备工作；落实“四统一”改革任务的倡议，建立骨干帮扶队伍，对全体工作人员进行谈心谈话，开展思想帮扶；做好住房银行账户销户工作，5家银行6个住房公积金归集、贷款户在10月份全部销户，相关资料按规定报送市住房公积金管理中心计财处、稽核审计处。

【住房公积金制度扩面】 2021年，文成县分中心根据市中心下发《2021年领衔亮点任务清单》的要求，重点开展村干部、建筑行业、农合联、教育系统行业公积金扩面工作。争取县领导及县府办的工作支持，首次将住房公积金管理工作列入文成县政府工作报告；全面开展对非公企业的排查摸底工作，发挥数据共享优势，建立资料翔实、数据真实的住房公积金建缴动态数据库；结合实际工作情况分别制定村居主职干部、建筑行业、农合联系统、教育系统(公办非编和民办)制度扩面方案，学前教育教师、村干部的扩面工作得到县委组织部和县教育局的支持，全年建缴建筑行业51家公司292人，学前教育(公)民办学校30所344人，全县村主职干部建缴721人，农合联会员单位新增193人。构建“公积金+银行”合力扩面工作机制，采取召开座谈会、上门走访、定期通报、考核结果纳入资金竞争性存放评分等方式，督促银行做好扩面工作，与银行开展联合走访行动，发挥银行与企业的“帮贷”作用与关系优势，与银行联动发力推进企业建缴。在全县555家单位、15914个职工中建立起住房公积金制度，全年新增住房公积金缴存单位92个，净增住房公积金缴存人员1369人。

2021年11月10日，工作人员到玉壶镇对接扩面工作(县公积金管理分中心提供)

【便民服务举措】 2021年，文成县分中心设立党员示范岗和班子成员接待岗，开展礼仪培训、服务周例会、岗位练兵等活动，树立“支部建在窗口，服务群众如亲人”的服务理念，推行“六个一”服务、手机集中保管制、季度服务之星评选等；建立延时服务、上门服务、专任代跑、容缺受理、综合柜员等便民制度，化身店小二解决企业及个人实际办事困难，全年开展上门服务35次，预约服务28次，延时服务24次，代跑服务939次。实现意见征求常态长效，让办事群众对分中心作风建设、服务效能、廉政建设、政务公开等方面进行评价，职工可以通过免费邮寄或投递分中心意见箱等方式进行反馈。全

2021年5月27日，工作人员为客户提供上门服务（县公积金管理分中心提供）

年发放回收意见征求反馈表978份，解决落实有效意见3条，综合评价满意率100%。

【公积金贷款“一件事”改革】 2021年，文成县分中心根据年初认领的贷款“一件事”改革工作，紧抓在贷款抵押登记、预告转他项权证、提前结清抵押权注销“一件事”在线办理基础上全面推广，深化公积金贷款“一件事”改革，4月向县深改办、大数据局提交申请获取全省预售房合同信息数据查询接口，5月县接口申请获批，9月底实现预售房合同信息、二手房合同信息通过接口查询。

【资金安全合理防范】 2021年，文成县分中心加强贷款风险管理，连续保持个人住房公积金贷款22年零逾期，逾期管理走在全省前列。构建贷款全环节监管体系。贷前严格审核个人征信，贷中通过坚持面谈、严格审核首付款比例、贷款额度、贷款年限、坚持“审贷分离”等措施过滤贷款风险，贷后规范缴存管理，指定专人负责公积金还款催缴工作，提前做好催收预案，确保公积金贷款放得出、收得回。推行贷款风险管理3级预警机制，将贷款户划分为低、中、高风险3类进行科学分类管理。向低风险户推广12329短信提醒业务，提高月贷款还款短信通知覆盖率；将个人征信较差、20日未按时还款的借款人归为中风险户，指定业务骨干专人负责跟进贷款催收工作，全年电话催缴300余次；将银行卡被冻结、被刑事处罚等借款人归为高风险户，联合承办银行、贷款职工所在单位，采取上门谈心的方式告知本人及家属信用的重要性以及不拒绝还贷等行为所产生的后果，动之以情、晓之以理，从根源上杜绝逾期风险的产生。

【资金竞争性存放】 2021年，文成县分中心为推行阳光决策，规范权力运行，提高住房公积金资金效益，分中心委托杭州华旗招标代理有限公司组织实施公开投标，将住房公积金

2021年10月19号，住房公积金资金竞争性存放开标会召开（县公积金管理分中心提供）

资金8100万元作为公开招投标的资金，经资格审查、评委评标、公告公示等程序，最终确定4家银行为分中心2021年资金存放单位，分别为文成农商行3000万元、农行文成支行2400万元、工行文成支行1700万元、建行文成支行1000万元。

【党风廉政建设】 2021年，文成县分中心年初制定下发《温州市住房公积金管理中心文成分中心2021年度机关党建工作要点》，开展《温州市直属机关党组织落实机关党建责任制实施细则》专题学习会，严格执行“三会一课”、领导干部双重组织生活、党内谈心谈话等制度；制定廉政工作制度，签订廉洁从政责任书，排查业务廉政风险点，做到党风廉政责任“全覆盖”；利用浙政钉、微信学习群，开展专题党课、主题党日、道德讲堂等活动，学习《习近平在浙江》《2021年党员学习参考》等，全年上专题党课6次，浙政钉、微信学习14次；党员骨干牵头领衔重点、亮点工作，开展党员干部比工作比成绩活动；组织开展党的十九届六中全会精神专题研讨会议，结合“六讲六做”深入学习、深刻领会、全面贯彻党的十九届六中全会精神，鼓励分中心青年党员以“不忘初心接续奋斗 行稳致远走向未来”为主题开展宣讲，激励全体党员干部满怀信心投身住房公积金事业发展和新时代赶考路；开展“进社区亮身份、联群众优服务”活动，聚焦“一老一小”重点群体领域，安排分中心全体在职党员赴村社报到开展扶贫慰问、基层减负行动、点亮困难群众“微心愿”、垃圾分类宣传、平安宣传等活动。

【党史学习教育】 2021年，文成县分中心年初制定下发《温州市住房公积金管理中心文成分中心关于开展党史学习教育的实施方案》，召开动员部署会传达上级文件精神与要求；开展党史学习与作风效能建设督查活动，定期检查各科室的党史学习及作风效能建设情况，开展督查活动24次；紧扣“学党史、悟思想、办实事、开新局”主题开好专题组织生活会，巩固深化主题教育成果；对党中央指定的4本党史学习材料等书籍进行深度学习，开展领导领学导学专题学习活动4次，学习分享会6次；开展党史知识竞赛活动，推动党史学习教育入脑入心；严格落实市委党史学习教育第十五巡回指导组和县党史学习教育热力图情况检查组督查的检查反馈问题；到中国工农红军推进师纪念园、浙江省一大会址纪念馆、文成县革命烈士纪念馆，根植“知史爱党、知史爱国”的情怀；加入文成县“侨家乐”党群联盟组织，参加联盟单位组织的党史学习教育，开展民宿、农家乐“点对点”帮扶行动；与西坑镇鳌里村签订结对共建协议书，援助文化广场建设，支部书记为村民上党史学习教育专题党课。

【单位荣誉】 获得市级公积金系统年度考核全面先进单位、标杆窗口。县级年度考绩优秀单位、规范型清廉机关、千人评议基层满意科室、县政务服务中心红旗窗口等荣誉称号。

（胡晗初）

商贸　流通

综　述

2021年，文成县社会消费品零售总额50.71亿元，增长4.2%；其中，限上消费品零售额7.42亿元，下降0.2%。网络零售额21.64亿元，增长19.1%。全县外贸进出口总额6.14亿元，增长13.9%；其中，进口总额1.72亿元，增长69.5%；出口总额4.42亿元，增长1.0%。

商品贸易

【社会消费品零售】 2021年，全县实现社会消费品零售总额50.71亿元，同比增长4.2%；限上消费品零售总额7.42亿元，同比下降0.2%。限上批零住餐业销售额35.45亿元，增速3.9%，按行业分，限上批发业销售额30.17亿元，增速6.07%，限上零售业销售额4.13亿元，增速同比下降1.95%，限上住宿业销售额0.64亿元，增速同比下降21.39%，限上餐饮业销售额0.51亿元，增速同比下降21.67%。网络零售额达到21.64亿元，同比增长19.1%。完成限下转限上企业9家。获批全省商务领域共同富裕试点项目(第二批)、将建设4条饮料生产线及研发中心，全力打造成“未来工厂”。

【对外贸易】 2021年，文成县进出口总额6.14亿元，同比增长13.9%；其中出口额4.42亿元(含市场采购1997.87万美元)，同比增长1%，占全国份额比重0.02‰；进口额1.72亿元，同比增长69.5%。拟定建设省级经济开发区范围方案逐级上报省政府，通过园区及乡镇区块局部用地的整合，形成“一区三板块”产业发展空间布局，用于招引培育发展以汽车零部件产业和设备制造为主企业，方案于12月31日获得批准通过。

【助企服务】 2021年，县经信局推进“万名干部进万企”行动，完善细化“困难企业清单”“难题化解攻坚清单”等7张清单，开展“三服务”活动，加大企业问题化解力度。全县派出151名助企干部(机关单位副职领导干部)，结对帮扶企业151家，坚持问题导向，主动服务企业。化解企业问题58个，化解率100%。加快惠企政策兑现，兑现扶持资金1934.88万元，为企业降本减负2.65亿元。

(刘　青)

供销合作

【概况】 2021年，文成县供销合作社联合社内设办公室(人事监察科)、财务审计科、综合业务科(社有资产管理科)、合作经济指导科、机关党委等5个职能科室，年末在职人员16人[行政编制13人，事业编制3人(含农村合作经济服务中心2人)]。下属珊溪、玉壶、黄坦3家基层供销社，控股文成县兴合农业信用非融资性担保有限公司。

【党的建设】 2021年，县供销社深度融合党建和业务工作，坚持党建引领促发展，将党史学习教育与深化“三位一体”改革等中心工作相结合，统筹开展“学党史·话合作”“优作风、强执行、办实事”“我为群众办实事、我为企业解难题、我为基层减负担”等专项活动，推进党史学习教育学在日常、学在实处。把全面从严治党、意识形

2021年4月21日，市供销社党委书记、主任赖晓华(左二)到文成县调研供销社及“三位一体”改革工作(县供销社提供)

态工作、模范机关、清廉机关建设等融入供销社中心工作，为提升服务“三农”水平提供坚强的政治保障、思想保证和精神动力，以坚实的作风推动供销社各项工作开展。

【经营业绩】 2021年，全县供销系统商品销售总额2.73亿元，农产品销售总额2.51亿元，连锁销售额2669.9万元，其他销售额131万元。农资连锁销售额2087万元，其中销售各种化肥8896吨、农药78吨、农用薄膜类59.5吨；规范烟花爆竹连锁经营配送网络，确保安全经营烟花爆竹业务，烟花公司销售收入35万元。

【农合联建设】 2021年，县供销社履行农合联执委会职责，加强农合联执委会队伍建设，自觉地把供销社工作融入农合联，推进珊溪、玉壶、南田、黄坦农合联组织规范化建设。建立农合联会员单位住房公积金制度，提升从业人员队伍的稳定性。引导南田、珊溪等现代农业综合服务中心开展为农服务，发挥平台作用。数字农合联建设是省供销社牵头负责的重大数字化改革事项，县农合联推进数字化建设，与浙江农合数字科技股份有限公司签订协议，并向县委、县政府争取到平台建设及运行经费22万元/年，加快数字化改革步伐。

【金融支农方式】 2021年，县供销社对接省市担保公司，签订合作协议，设立文成办事处，方便服务会员单位，满足农户的贷款需求。推出“供销贷”特色金融产品，依托市农担公司和省农担公司，列入省政策性农业信贷担保服务创新试点，解决风险池资金400万元(省财政奖补资金200万元)；联合县

2021年5月26日，省供销社为文成专业合作社、种植大户赠送杨梅、优质大米、高山蔬菜等专用化肥50吨、中农在线设备1套(县供销社提供)

财政局、农业农村局、金融工作服务中心创新出台《文成县基层政策性农业信贷担保服务创新试点实施方案》《文成县涉农贷款担保费用补助政策》，建立完善政策性农业担保体系，全年担保笔数351笔，担保金额8330万元。

【农产品流通渠道】 2021年3月，县供销社参股瑞安市电子商务有限公司，举办供销直播平台业务培训班，利用"供销社播"、抖音直播等平台，直播带货销售杨梅、高山大米、糯米山药、山茶油、茶叶、蜂蜜、鲜花等文成农产品；10月，根据《省供销社关于山区26县发展"供富大篷车"的通知》精神，谋划开展专题研究，组织人员进行市场情况摸底调查，寻求对接合作伙伴；推荐糯米山药、山茶油、茶叶、猕猴桃、杨梅、铁皮石斛、蔬菜等特色农产品进入温州"瓯越鲜风"农产品区域公共品牌，并进入温州动车南站"瓯越鲜风"温州名特优农产品展示展销中心；打造稻米、杨梅、糯米山药等示范性"瓯越鲜风"标准化生产基地4家。

【基层组织体系建设】 2021年，县供销社帮助基层供销社解决社保问题。根据3月26日第44次县长办公会议精神，通过向县供销社资产抵押借款的方式进行补缴社保欠款。4月，出台《文成县基层供销社管理办法(暂行)》，整合现有基层社资源，理顺管理机制，规范"人、财、物"制度，妥善化解历史遗留问题，实现"县基一体化"。帮助基层社植入农信担保服务项目，摆脱基层社困境，结合项目引领，促进发展。新建南田、百丈漈、大峃等3家供销合作社，新增社员1500余人。加强专业合作社及村级综合服务社建设。组织工作人员到农民专业合作社指导建设，以合作发展为着力点推进开放办社；到各乡镇人口比较聚集的村庄，挖掘培育搭建村级综合服务社，为农民的日常生活提供综合性服务，全年新建村级综合服务社5家，全县累计12家。

【社有资产监管】 2021年，县供销社加强社有资产租赁管理。结合供销社实际情况，出台《文成县供销合作社联合社社有资产出租管理办法》，规范租赁程序，做好租金的按时收缴工作，加强对县社及基层社资产租赁工作的管理。加强社有资产的安全管理，定期排查隐患并整改，做好安全责任落实。规范社有资金使用。根据《文成县供销合作社联合社章程》规定，成立社有资产管理委员会，加强对社有资产的管理，确保社有资产保值增值。设立文成县供销社合作发展基金，以委托、购买服务和补助奖励为主要形式，用于县供销社为农服务能力建设和为农服务事项。组建专班，开展清产核资工作。根据省供销社《关于在全省开展供销合作社集体资产清产核资工作的通知》文件精神，县供销社以维护集体资产

2021年10月19日，省供销社属企业浙农股份集团实地调研珊溪镇现代农业综合服务中心(县供销社提供)

权益，促进保值增值为目的，开展清产核资工作。4月29日召开清产核资工作部署会，委托中介机构对县社及3家基层社所属资产进行专项审计，查清并清理一些陈年旧账。

【巡察“回头看”整改工作】 2021年4月9日至25日，县委巡察组对社党委进行巡察“回头看”，9月29日反馈巡察意见。县供销社党委把巡察“回头看”整改作为重大政治任务来抓，成立整改落实工作领导小组。针对巡察组反馈的8个问题，县供销社党委召开专题会议5次，逐项认真研究解决对策，制定整改措施28条，完成28条，整改完成率100%；提醒谈话3人，追缴违规资金62126.12元，建章立制6项。

（钱云飞）

烟草专卖

【概况】 2021年，文成县烟草专卖局（分公司）职员工67人，其中在职党员30人。下设办公室、专卖督查科（内部专卖管理督查驻派工作组）、业务科、财务科4个科室；专卖稽查中队、第一专卖所、第二专卖所、市场部、驻审批中心办公室、送货组、车队7个基层部门。

【基层党建】 2021年，文成县烟草专卖局（分公司）始终把党的政治建设放在首位，成立综合党小组和专销党小组2个党小组，形成党支部—党小组—党员“三级联学”体系，开展理论学习49次。推动党史学习教育，打造“走廊党史文化”，把中共一大到十九大的历史制作上墙；开展“百年党史百日学”，线上推送精选党史知识110期。推进“我为群众办实事”实践活动，发挥党员和“8090”先锋服务队作用，开展弘扬宪法、送学入户等志愿服务。开展特色建党百年活动，以“百炼成钢·红心向党”为主题，启动“八个一”系列活动。1名党员获文成县优秀党务工作者；在全县机关党的工作暨“双建”工作推进会上作为唯一一家企业党建先进单位分享经验；1名员工被选为县级党代表。

【社会公益】 2021年，文成县烟草专卖局（分公司）深化结对帮扶，持续做好“双百结对村”仰山社区雅坪村结对帮扶工作，全年捐赠帮扶资金5万元。打造助农新模式，与仰山社区雅坪村党支部结成“金山行动”党建联盟，完成“旱改水”工程路面改造、设立党建文化宣传牌2大民生工程。加强农村精神文明建设，制定针对性关爱计划，26名党员为仰山社区仰山小学35名留守儿童圆梦“微心愿”；青年员工深入校园开展文化宣讲，对仰山小学学生进行《中华人民共和国未成年人保护法》宣传、党史学习教育等公益活动。强化助学帮困工作，在仰山文化礼堂、公阳乡中心小学建立“精·实”书屋，累计捐赠图书5500余册，对文成中学捐赠助学金2万元。

2021年3月3日，文成烟草党支部在仰山社区为留守儿童开展“点亮微心愿”助力微梦想活动（文成县烟草专卖局提供）

【普法宣传】 2021年，文成县烟草专卖局（分公司）开展“守护成长”专项行动，净化辖区卷烟市场并全面普及未成年人保护法，为未成年营造健康有序的成长环境，开展专项行动14次，摸排电子烟商家8户，劝导下架电子烟1户，清理中小学及幼儿园周边零售户10户，建立起坚实有力的“保护网”。开展“送法入户”行动，发挥“8090”先锋志愿服务队和基层员工普法作用，全年对外开展普法宣传350人次，发放普法资料240份。

2021年7月19日，县烟草专卖局工作人员对电子烟实体店开展摸排走访（文成县烟草专卖局提供）

【净化市场】 2021年，文成县烟草专卖局（分公司）全年查获违法案件238起，查获违法卷烟1.45万条，破获国标网络案1起，抓获涉烟犯罪嫌疑人4人，移送司法机关追刑1人，维护和谐稳定的市场生态。

【政务服务】 2021年，文成县烟草专卖局（分公司）优化对外服务水平，全年办理许可件1323件，网上办证率100%，为35名残疾人办理许可证，提供稳定就业机会，行政许可窗口荣获4次红旗窗口。

【队伍建设】 2021年，文成县烟草专卖局（分公司）对接地方人才政策，5名青年员工成功领取相关补贴。优化基础设施建设，完善党员活动室、党建文化园、书吧等线下活动阵地，营造浓郁氛围，定期开展青年文化沙龙、座谈会、趣味运动会等文化活动，提升员工凝聚力。

【安全生产】 2021年，文成县烟草专卖局（分公司）构建稳定发展环境，严格落实常态化疫情防控，严守“大门”，坚持体温监测、定期消杀、离文审批等举措，邀请县疾控中心联合开展预防新冠肺炎培训，长期坚持“三督”检查，全年开展督查249次，实现“零感染、零密接、零次密接”目标。

（刘一心）

旅游业

综　述

2021年，旅发中心兼顾疫情防控和全局工作推动，在疫情防控、重大项目签约落地、重大项目建设提速、“两山银行”项目收储、风景名胜保护、山海协作等方面取得一定的成绩。全年全县接待游客327.59万人次，同比增长18.96%，实现旅游收入41.91亿元，同比增长18.51%。2021年，铜铃山镇创成AAAAA级景区镇，成为温州市唯一创成单位。南田镇创成AAAA级景区镇，二源镇、峃口镇、珊溪镇创成AAA级景区镇。高村、坦岐、鳌里创成AAA级景区村，创成AA级村庄21个及A级村庄若干。新培育民宿15家，创成省级文化主题民宿1家、银宿4家，市级精品民宿1家。新培育“侨家乐”品牌民宿5家，创成市五星级侨家乐民宿2家、四星级2家、三星级5家，侨家乐民宿获评浙江省3大民宿品牌之一。全县有刘伯温故里国家AAAAA级景区1家，铜铃山、龙麒源、森林氧吧小镇等国家AAAA级景区3家，刘基庙、峡谷景廊、猴王谷、九溪欢乐谷、七星武阳、天顶湖农庄、仙人居、山一角、仙果庄园、嘉南美地等国家AAA级景区10家。2021年，百丈漈—飞云湖风景名胜区成功入选浙江省第二批十大“名山公园”。

旅游规划建设

【旅游平台架构】　2021年，文成县加快与文瑞山海协作产业园管委会融合，完成山海协作生态文化旅游产业园规划修编，基本完成天湖旅游度假区总体规划修编工作，进一步明确了山海协作产业园和天湖旅游度假区的范围和功能布局，聚焦南田、西坑、百丈漈、铜铃山“四镇”范围和天湖度假、伯温故里、禅修养生、森林康养四大板块，为加快旅游平台发展打下了坚实的基础。

【风景名胜保护】　2021年，文成县出台《百丈漈—飞云湖风景名胜区总体规划（2021—2035）》，通过省政府上报国务院批准。浙江省“名山公园”创建工作全面推进，百丈漈—飞云湖风景名胜区成功入选浙江省第二批10大“名山公园”。

【旅游规划编制】　2021年，文成县高标准制定出台《文成县旅游业“微改造，精提升”五年行动方案（2021—2025年）》，自我加压加码，完成自主项目申报130余个，总投资超1亿元。编制完成《文成县红色旅游发展规划》《文成县初心之旅策划总体方案》《西坑畲族镇鳌里红色古村落规划》《刘英纪念馆提升方案》。

产业融合

【景区镇村创建】　2021年，文成县推进景区创建，成功创成铜铃山镇AAAAA级景区镇，成为温州2021年唯一创成单位。南田镇创成AAAA级景区镇，二源镇、峃口镇、珊溪镇成功创成AAA级景区镇（乡）。创成高村、坦岐、鳌里AAA级景区村和21个AA级及A级村庄。

【民宿培育】　2021年，文成县新培育民宿15家，创成省级文化主题民宿1家、银宿4家，市级精品民宿1家。新培育“侨家乐”品牌民宿5家,创成市五星级侨家乐民宿2家、四星级2家、三星级5家,侨家乐民宿获评浙江省3大民宿品牌之一。培育5家民宿“浙宿好礼”,成功入选浙江省第二届乡村民宿伴手礼大赛。召开全市“侨家乐”品牌民宿现场推进会,在全市掀起“侨家乐”热潮。

【红色旅游开发】 2021年,文成县紧扣建党百年的有利契机,按照“场景式打造、沉浸式体验”的目标,投资1.5亿元完成项目40余个,成功打造“初心之旅”红色旅游品牌。刘英纪念馆成功列入AAA级景区创建单位,西坑鳌里红色古村落创成“温州市红色旅游主题教育基地”单位,“初心之旅”成功获评“温州市青少年红色研学线路”“浙江省52个红色网红打卡点”,全年接待游客14.6万人次。推出初心之旅“文成之光”系列作品,如纪录片、红色故事、连环画、红色演艺、红色文创、党课、手绘地图等系列创作成果,其中《文成之光》红色故事纳入“建党百年在浙江”系列丛书。完成文成县“初心之旅”红色旅游讲解员培训49名。红色旅游工作获评县委、县政府“铁军团队”称号。

【美食评选活动】 2021年,文成县百县千碗工程打造了伯温文化、红色文化、畲族文化、亲子文化等4家网红餐厅。成功打造出鳌里红军网红餐厅,打造20款文成特色冷菜。完成2021年文成十大碗评选,伯温猪脚入选2021年浙江瓯菜十大名菜。开展“诗画浙江·百县千碗”首届文成味道美食评选活动,评出阳光大酒店和野舍武阳民宿2家作为文成番薯粉丝体验店。举行“百县千碗”美食线下评选活动。

【研学基地创建】 2021年,文成县创成古韵公阳学生研学基地、浙南民俗博物馆研学基地、毛泽东像章文化研学基地3个市级研学旅行基地,创成天圣逸境研学营地。市场拓展成效显著,出台《2021年文成县游客

2021年5月16日,第二届温州市乡村旅游文化节暨首届文成乡村旅游嘉年华在百丈漈镇长塘村大月湾生态乐园启动(县文广旅体局提供)

招徕奖励办法》，配套开发文成县游客招徕奖励系统。全年32个大团、99班飞机切位。承接采购大会和推介会50余次。创新推出利用网络云互播进行旅游推介。举办文化旅游合作大会10场。首次创建文成“城市音乐小站”平台，刺激夜生活消费。

项目建设

【重大项目招引】 2021年，文成县成功签约亿元以上项目5个，其中10亿元以上2个，100亿元以上1个。天顶湖国际旅游度假区项目，总投资108亿元，实现文成百亿元文旅项目破零；净水湾康养（二期）10亿元以上项目，温州市职工疗休养基地、雷迪森度假酒店等2个亿元以上项目。

【重大项目建设】 2021年，文成县组建项目破难攻坚组，促进项目建设提速。全面完成武阳村景观提升工程建设，天顶湖环湖绿道工程、百丈漈洞式电梯竖井工程后续和附属工程、南田镇伯温路环境改造提升工程相继开工，铜铃山景区开发、刘伯温文创园工程、伯温帝师文化体验中心等项目的选址、政策处理、林地审批、土地指标落实等前期工作加速推进。加快推进现代文旅康养、净水湾康养、天顶湖康旅（一期）、龙麒源旅游度假区等重大旅游社会投资项目建设。全力争取债券及银行融资资金，落实项目建设资金约8亿元。

山海协作

【山海协作生态文化旅游】 2021年，文成县完成山海协作生态文化旅游产业园规划修编工作。推动山海协作产业园项目建设，投资5000万元完成标志性项目文瑞山海协作综合体服务中心，完成社会性投资25.2亿元。推动落实上虞、瓯江口、瑞安3个产业飞地。推进产业山海合作，招引4家瑞安企业，落地2家。加强瑞安文成两地旅游互动推介，加强农产品消费帮扶，推动文成农产品卖进瑞安。加强文瑞两地在教育、科技、人力资源等方面的交流合作。

【“两山银行”收储】 2021年，文成县组建工作专班，对月老山、峡谷景廊、铜铃山度假酒店、天湖庄园、望湖山庄等5大拟收储的旅游资源进行实地踏勘、评估，进行收购谈判。设立“两山银行”专门运营机构“文成县兴投生态资源发展有限公司”，落实人员编制和首批注册资本金500万元。

（王灵华　王佚依）

交通　邮政

综　述

2021年，文成县交通运输局内设办公室、规划建设科、运输安全科、法制审批科、政工计财科5个职能科室。下属事业单位有：县交通运输综合行政执法队、县公路与运输管理中心、县港航管理中心。全年完成交通投资23亿元，为打造“共同富裕示范区山区样板”提供有力支撑。全县邮政业实现业务收入2528万元，同比增长14.71%。寄递业务实现业务量45.1万件、实现业务总收入441万元。

公路工程

【概况】 2021年，全县拥有公路总里程1718.52千米。其中，国道77.45千米，省道16.072千米，县道525.87千米，乡道136.93千米，专用公路26.95千米，村道935.25千米。按技术等级分，高速公路34.18千米，一级公路8.82千米，二级公路104.6千米，三级公路104.27千米，四级公路为637.57千米，准四级公路为829.08千米。

【溧阳至宁德高速公路文景段】 2021年3月，取得用地预审批复，5月取得工程可行性研究批复，6月取得水保批复，7月取得环评批复，8月取得初步设计批复和施工图批复，10月取得林地批复，12月省发改委同意工程招投标活动监督权下放。增设文成南互通及连接线工程，全年完成投资14亿元，总体形象进度完成85%。

【青文高速】 2021年8月完成玉壶互通至文成枢纽段工程可行性研究报告审查，对接景文高速公路预留青文高速接入文成枢纽节点变更。

【G322文成西坑至景宁交界段改建工程】 项目起点位于文成县西坑镇让川村，与已建成的322国道文成花园至西坑段相接，终点为铜铃山镇下垟分界处。路线全长约22.34千米。项目采用二级公路设计标准。项目总投资约13.18亿元。全年完成投资1.8亿元，总体形象进度25%。

2021年4月20日，景文高速文成段第一座千米级隧道实现双幅贯通(县交通运输局提供)

【S220青田至泰顺公路文成玉壶至渡渎段工程】 2021年,取得项目建议书批复;申请国家战备公路;完成生态红线调整,永久性基本农田同步纳入国土空间规划"三区三线"调整。

【S220文成珊溪至泰顺交界段改建工程】 2021年,完成初测初勘,初步设计报告编制;完成社会风险评估报告、安全性评价、水保、环评、防洪、地质灾害等专项方案初稿编制;永农纳入国土空间规划"三区三线"调整。

【S219文成黄坦至珊溪段工程】 2021年,完成工程可行性研究报告补充审查、项目初步设计咨询及技术审查、施工图编制;取得项目建议书批复;完成社会风险评估报告、安全性评价、水保、环评、防洪、地质灾害等专项初稿编制;完成生态红线调整,永农纳入国土空间规划"三区三线"调整;项目列入2021年省重点工程预备类项目。

【珊溪至桂山公路改造提升工程】 总投资22129万元,其中建安费17680.8万元。全年完成投资4129万元。

【峃口至公阳通乡公路改造提升工程】 总投资16315万元,全年完成投资4015万元。

【S220樟台至上林段】 全年完成9126万元,完成总体形象进度的50%。

【玉壶至东溪通景公路】 总投资3500万元,全年完成投资1121万元。

【文成南互通至黄坦产业园区公路】 2021年,完成工程可行性研究报告、项目初步设计和施工图编制及审查,取得项目建议书批复;完成社会风险评估报告及安全性评价审查,完成水保、环评、防洪、地质灾害、文物保护等专项方案初稿编制;黄坦段启动土地全域整治调整永久性基本农田,全线永久性基本农田同步纳入国土空间规划"三区三线"调整,多途径解决永久性基本农田困境。

2021年9月,珊溪至桂山公路建成通车(县交通运输局提供)

【南田十源至玉壶金星段改建工程】 2021年,完成工程可行性研究报告、初步设计编制及审查;永久性基本农田纳入国土空间规划"三区三线"调整。

【珊溪至泰顺横坑公路珊溪至高山段改建工程】 2021年,完成线位论证,工程可行性研究报告编制及审查;完成勘察设计招投标;永久性基本农田纳入国土空间规划"三区三线"调整。

【国省道珊溪至泰顺横坑公路福全至泰顺交界段改建工程】 2021年,完成线位论证,工程可行性研究报告编制及审查;永久性基本农田纳入国土空间规划"三区三线"调整。

【交通枢纽工程】 2021年,完成项目规划选址和用地预审,永久性基本农田纳入国土空间规划"三区三线"调整。文成县西部交通应急中心,完成建筑方案初稿,完成项目勘测定界图。

2021年12月8日，副省长高兴夫（前排右二）到文成调研高速项目推进情况（县交通运输局提供）

【四好农村路】 2021年，全县完成通乡镇、景区公路43千米、通自然村公路、断头路建设50千米、低等级公路改造提升196千米、路面维修280千米、安防工程493千米，改造危桥病隧11座，建设普通公路服务站17个，提升改造渡口渡船24个，完成乡镇运输服务站4个、港湾式停靠站150个、村级农村物流服务点270个、美丽经济交通走廊365千米。

道路运输

【概况】 2021年，全县开通各类客运线路70条（包含城市和城乡公交线路），营运客车248辆（包含城市与城乡公交），完成旅客运输量270万人次，旅客周转量15167万人千米，货运车辆81辆，完成货物运输量190万吨，货物周转量11349万吨千米，全县通达客车行政村229个，通达率100%。水路运输完成客运量3.035万人次，旅客周转量18.21万人千米，与2020年同比增长21.83%。

【交通治堵】 2021年，完成交通堵点整治1处；新建和改造公交停靠站4个，其中港湾式停靠站4个；改造微公交线路1条；新增停车位2042个（其中公共停车位260个，临时停车位128个）；新建城市道路2千米；新建联网路（打通断头路）1条。

公路养护

【国省道日常养护】 2021年，G322和S230文成段路日常养护良好，行车舒适，绿化茂盛。机械保洁及人工保洁年度作业33160千米，机械保洁率85%以上；沥青路面灌缝46千米，坑洞修补2300平方米，网裂路面预防性养护5.6千米；绿化修剪、除草全年作业320千米，绿化补植3400平方米；桥梁伸缩缝、栏杆维护76座次；在2021年度普通国省道公路路况质量排名中，文成县在全省排名第24，全市排名第3。

【农村公路日常养护】 2021年，农村公路日常养护工作有序开展，路面整洁，公路畅通，路域环境良好。除日常养护资金投入外，针对路面破损情况，全年开展农村公路路面维修工程，县、乡、村道合计投入维修经费1450余万元，实施5条县道、1条乡道、25条村道的路面维修，总里程177千米，维修加固桥梁涵洞28座。全年投入资金259.74万元，签订《文成县公路财产一切险保险合同》，总保险金额22.78亿元，加强公路管理养护工作，提高全县农村公路抗御风险能力，构筑公路风险保障体系。

【农村公路小修保养市场化改革】 2021年，县交通运输局拓展农村公路养护向社会购买服务的广度和深度，通过引入市场竞争机制，培育和规范农村公路养护市场，吸引专业养护企业入驻，提高养护机械化水平，投入资金268万元将25条县道、21条乡道日常小修保养工程推向市场化，探索新时期农村公路养护模式，建立健全养护体制机制，实现管养工作逐步向规范化、专业化、机械化、智慧化、市场化方向发展。

【安全执法】 2021年，出动执法人员6200余人次，立案238起，其中公路管理案件204起，道路运输案件34起，结案233起，罚没款1756074元。受理投诉举报68件，办结68件，办结率100%，通过“诉转案”立案3件，罚没款2.52万元。为维护交通运输市场秩序，全面落实温州市交通运输局道路水路危险货物运输及客运安全生产专项整治工作，开展“平安护航建党百年”暨安全生产检查与“8+3”重点领域遏制重大生产安全专项整治，查处违法超限运输案件197起，罚没款160.67万元；查处“两客一危”案件13起，其中危化品违法案件2起，黑车非法营运5起，客运企业未有效执行交通运输动态信息处理制度等违法案件6起，罚没款12.39万元。开展“春雷”行动，投入执法力量198人次，检查汽车客运站33次，检查客运车辆约2800辆次，未查获违法违章车辆。检查辖区内在建工程58个，检查出各类问题446处，约谈相关单位4家，制发交通建设工程质量和安全生产检查意见书97份。

【议案提案和信访投诉办理】 2021年，办理人大建议主办件31件、会办件9件，政协提案主办件14件、会办件3件，按时办结率、面商率、满意率均100%。受理信访投诉439件，其中信访件3件，浙里访政务平台交办355件，政法委基层治理综合信息平台交办78件，农村诉求在线处理平台交办3件。初信初访办结率100%，处理来信、来访的时效和质量，信访按期办结率100%。

【先进名录】

先进个人一览表

表43

序号	姓名	荣誉名称	发文时间	授予部门
1	魏尧君	2020年度交通建设立功竞赛突出贡献个人	2021.1	温州市现代综合交通建设领导小组办公室 温州市总工会 温州市交通运输局
2	余荣仗	2020年度交通建设立功竞赛突出贡献个人	2021.1	温州市现代综合交通建设领导小组办公室 温州市总工会 温州市交通运输局
3	刘永峰	2020年度交通建设立功竞赛突出贡献个人	2021.1	温州市现代综合交通建设领导小组办公室 温州市总工会 温州市交通运输局
4	余荣仗	2020年度“四大工程”先进个人（经济赶超工程）	2021.2	中共文成县委 文成县人民政府
5	邢小乙	2020年度“四大工程”先进个人（环境再造工程）	2021.2	中共文成县委 文成县人民政府
6	吴士华	2020年度“四大工程”先进个人（民生幸福工程）	2021.2	中共文成县委 文成县人民政府
7	刘晓伟	2020年度重点项目攻坚突出贡献个人	2021.2	中共文成县委 文成县人民政府

续表43

序号	姓名	荣誉名称	发文时间	授予部门
8	叶李林	2020年度大干交通突出贡献个人	2021.2	中共文成县委 文成县人民政府
9	刘旭裕	2020年度美丽城市创建突出贡献个人	2021.2	中共文成县委 文成县人民政府

先进集体一览表

表44

序号	集体名称	荣誉名称	发文时间	授予部门
1	文成县交通运输局	2020年度交通建设立功竞赛突出贡献集体	2021.1	温州市现代综合交通建设领导小组办公室 温州市总工会 温州市交通运输局
2	文成县县乡公路建设指挥部	2020年度立功竞赛考评优胜单位	2021.1	温州市现代综合交通建设领导小组办公室 温州市总工会 温州市交通运输局
3	文成南互通工程前期项目破难攻坚团队	2020年度“四大工程”先进集体（铁军团队）	2021.2	中共文成县委 文成县人民政府
4	县交通运输局	2020年度重点项目攻坚突出贡献集体	2021.2	中共文成县委 文成县人民政府
5	县交通运输局	2020年度土地要素保障突出贡献集体	2021.2	中共文成县委 文成县人民政府

（刘芙蓉）

邮政业

【概况】 2021年，全县邮政业实现业务收入2528万元，同比增长14.71%。寄递业务实现业务量45.1万件、实现业务总收入441万元。代收代投点72个、便民服务点39个，有13个空补网点保障人民基本用邮需求。

【客货邮融合线路】 2021年8月，文成邮政与县邮政管理局、县红枫公交公司联合推进3级物流体系建设工作。开通客货邮融合线路，周山乡空补网点成功试行交邮合作，服务范围覆盖全乡6个行政村。12月，文成邮政与县农业农村局、县邮政管理局签订战略合作协议，为推进3级寄递物流体系建设和乡村振兴奠定基础；与县风云速递有限公司、县顺通搬运服务有限公司、县天地合速递服务有限公司签订快递进村协议，达成全县建制村邮快合作100%覆盖。

【政企合作　直播带货】 2021年10月，文成邮政相关领导到周山畲族乡官垟村进行助农项目调研，通过开展政企合作、直播带货助力周山乡猕猴桃、糯米山药等农产品出村进城。活动带动农产品销售额近5万元，是文成邮政对“乡村振兴”新型模式的深度探索。

【绿色邮政】 2021年，文成邮政身披行业“国家队”的殊荣，贯彻“绿色、环保”理念，将电商特快打印名址的二联面单更换为一联面单，一联面单使用率97.8%。四季度采购免胶带纸箱，并投入使用。免胶带纸箱四季度使用率60%。

【集邮】 2021年，文成邮政参与县公安局个性化邮册，毛主席像章纪念馆开馆纪念邮册的设计策划，打造一个又一个具有文成特色的集邮产品。线下对老年集邮爱好者进行一对一线上购买流程教学，拓宽老年客户不出门便可购买邮票的新渠道。

【主题邮局】 2021年9月2日，“森林氧吧”主题邮局在铜铃山镇正式开业。“森林氧吧”主题邮局，不仅有基础性的邮政业务，还包含文创产品、农特产展示宣传、文化美食品鉴、未来寄语、休闲氧吧等专区。以惠农项目为抓手，增加低收入农户收入，借助主题邮局宣传，重点开展农产品线上线下销售，做强镇域邮政“互联网+快递、电商、金融”，打造惠农合作示范样板项目。

2021年9月2日，“森林氧吧”主题邮局在铜铃山镇正式开业（县邮政分公司提供）

（刘赵义）

信 息 传 媒

电信通信

【概况】 2021年,中国电信股份有限公司文成分公司设综合管理部、市场部、政企客户部、网络运营部4个职能部室和城关、南田、珊溪、玉壶4个基层支局,在岗从业人员156人。全年主营收入3991万元,移动通信用户3.48万户,宽带用户23852户,固话用户11645户。

【网络建设】 2021年,电信文成分公司作为建设承建区,全力加快5G建设。全年5G基站建设三期规模102个基站,实际开通107个基站,开通率104.9%,所有5G室外基站总数达到166个,基本覆盖县城和各乡镇所在地。5G室分基站开通行政审批中心,城南客运中心等14个点。100%完成MR弱覆盖栅格。

【信息惠农服务】 2021年,电信文成分公司加大结对帮扶村农村5G和光纤网络建设投入力度,完成文成南田三源西垄等行政村4G网络覆盖。发放通信补贴、敬老补贴近236.5万元,通信业务帮扶2328户。助力产业振兴,市公司指派赵俊儒到文成县西坑畲族镇凤鸣民族村任第一村书记和西坑镇党委成员,帮扶西坑畲族镇塘垟村。发挥工会组织优势,向湖北省贫困地区采购处于滞销状态的特色农产品,组织开展消费帮扶行动。

【数字乡村云平台】 2021年,电信文成分公司成立数字乡村云平台专班,全局员工服务到一线,全年签约177个村,助力16个乡村/社区进行数字化升级,开通数字化乡村云平台应用,实现“千村千面、一村一品”的数字乡村建设。推进“未来乡村”试点建设,南田镇武阳村作为试点村,完成上线,实现一网融合、一屏管理、一体智控。推进市县乡“152”与乡镇“141”体系贯通融合县级试点县建设,在文成县“城市大脑”的基础上,加强“神经元”感知系统和数字孪生底座建设,推进全域全量数据汇聚与运用,整合城市治理各领域的事件信息、生产系统和应用

2021年2月20日,中国电信文成分公司2021年工作会议暨八届二次职工代表大会召开(电信文成分公司提供)

场景，加快“152”体系与“141”体系贯通。

【政府数字化转型】 2021年，电信文成分公司助力智慧城市重点项目。承建文成县城市运营中心项目，中标温州市一体化智能化公共数据平台文成分平台各项目、数字化改革门户场景任务设计实施项目、文成县智慧城市建设工程——县级物联网平台。助力政府数字化，成功中标文成县“我来办”平台建设项目，通过标准化、信息化手段将各类民生问题的受理、交办、反馈、回访进行数字化改革，实现线上线下一体化管理。中标文成县市场监督管理局电梯物联网设备线路集成服务项目；承建雪亮工程三期、四期。

【推动企业上云】 2021年，电信文成分公司发挥云网融合、安全可信、专享定制3大独特优势，推动企业业务上云、设备上云、数据上云及核心系统应用上云，助力企业上云30多家。承建文成120指挥调度云平台建设项目，新建一套120急救指挥调度系统来承担辖区内日常医疗急救和突发公共事件的指挥调度任务。

2021年7月17日，荣获温州电信第四届“最美一家人”天翼运动会乒乓球比赛团体冠军（电信文成分公司提供）

【云网安全】 2021年，电信文成分公司成立以分管副总经理为组长的“云网安全日”工作领导小组，明确工作要求，做好每月的安全日的主题活动及培训工作，加强云网安全检查。全面打造智云护航体系。打造专业可靠的团队。智云护航体系认证上岗工程师7人，覆盖县及乡镇街道。

【先进名录】

先进个人一览表

表45

序号	姓名	荣誉名称	发文时间	授予部门
1	许鸿斌	优秀经营管理者	2021.1	中国电信浙江公司
2	陈美蕾	优秀员工	2021.1	中国电信浙江公司
3	廖立群	优秀员工	2021.1	中国电信浙江公司
4	许鸿斌	温州分公司优秀经营管理者	2021.2	中国电信温州分公司
5	陈美蕾	温州分公司优秀支局长	2021.2	中国电信温州分公司
6	叶琼琼	温州分公司优秀政企客户经理	2021.2	中国电信温州分公司
7	廖立群	温州分公司客户经营优秀代表	2021.2	中国电信温州分公司
8	黄烨群	温州分公司优秀智慧家庭工程师	2021.2	中国电信温州分公司

续表45

序号	姓名	荣誉名称	发文时间	授予部门
9	叶瑞芳	浙江公司优秀共产党员	2021.6	中共中国电信股份有限公司浙江分公司委员会
10	胡永森	温州分公司优秀共产党员	2021.6	中共中国电信股份有限公司温州分公司委员会
11	王庆炀	温州分公司优秀共产党员	2021.6	中共中国电信股份有限公司温州分公司委员会
12	潘宣如	温州分公司优秀共产党员	2021.6	中共中国电信股份有限公司温州分公司委员会
13	蒋夏雷	温州分公司优秀党务工作者	2021.6	中共中国电信股份有限公司温州分公司委员会
14	胡晨晨	浙江公司优秀共青团员	2021.8	共青团中国电信股份有限公司浙江分公司委员会
15	夏晓臻	2020年度优秀团干部	2021.9	共青团中国电信股份有限公司温州分公司委员会
16	胡雨心	2020年度优秀团员	2021.9	共青团中国电信股份有限公司温州分公司委员会
17	朱苏琴	2020年度优秀志愿者	2021.9	共青团中国电信股份有限公司温州分公司委员会
18	郑　莉	2020年度优秀工会工作者	2021.3	中国电信集团工会浙江省委员会
19	黄　浩	2020年度优秀工会工作者	2021.3	中国电信集团工会温州市委员会
20	吴慧华	2020年度优秀工会积极分子	2021.3	中国电信集团工会浙江省委员会
21	毛龙荣	2020年度优秀工会积极分子	2021.3	中国电信集团工会温州市委员会
22	郑宁宁	2020年度优秀工会积极分子	2021.3	中国电信集团工会温州市委员会

先进集体一览表

表46

序号	单位名称	荣誉名称	发文时间	授予部门
1	文成分公司	区县分公司跨越奖	2021.1	中国电信浙江公司
2	中共中国电信股份有限公司文成分公司第二党支部	先进基层党组织	2021.6	中共中国电信股份有限公司浙江分公司委员会
3	中共中国电信股份有限公司文成分公司第三支部委员会	先进基层党组织	2021.6	中共中国电信股份有限公司温州分公司委员会
4	文成本部团支部	2020年度先进团总支、支部	2021.9	共青团中国电信股份有限公司温州分公司委员会

（陈佳琪）

移动通信

【概况】 2021年，中国移动通信集团浙江有限公司文成分公司(以下简称文成移动)有员工73人，设有4个部门、3个区域网格。在大峃镇、珊溪镇、南田镇、玉壶镇、巨屿镇、西坑镇、黄坦镇设有8个营业厅，文成时代广场设有1家加盟厅。在全县各乡镇拥有50家社会网点。中国移动文成分公司紧扣“发展创优、转型创先”的目标要求和坚持“以客户为中心”的理念，以服务用户和服务地方经济建设为己任，为推进全县数字化转型而努力，不断提升质量，改善服务，为文成的经济建设和社会发展作出积极贡献。

2021年5月17日，中国移动文成分公司在时代广场开展5.17“心级服务面对面、共享数字化未来”现场活动(文成移动提供)

【业务发展】 2021年，中国移动文成分公司紧扣“发展创优、转型创先”的目标要求，在分公司全体员工的支持配合下，凝心聚力，攻坚克难，保持了良好的发展态势，较好地完成了主要目标任务。全年实现运营收入1.5亿元，客户总数17.5万户，宽带5.5万户。

【网络建设】 2021年，中国移动文成分公司加快传输工程建设，完成新建光缆皮长72.22千米，新增光交18个，新建管道1.23孔千米。完成5G基站建设覆盖150个站点，攻克历史难点基站2个，实现文成县主城区和主要乡镇5G全覆盖。

【安全生产】 2021年，中国移动文成分公司落实各部门安全生产责任，加强安全生产宣传教育和培训，常态化做好安全生产隐患排查，构建长效安全生产机制。强化信息安全的管控力度，完成突发事件以及自然灾害的通信保障任务。全年开展各类安全培训和演练20余次，为企业创造一个稳定安全的生产经营环境。

【党群工作】 2021年，中国移动文成分公司强化党建引领，坚持党建工作和生产经营深融合、全嵌入。全年召开党员大会8次，主题党日11次，专题研讨5次，党课报告4场，进一步增强广大党员的政治理论水平。深化“岗区队”建设，组织党员突击队深入网格助力网格运营工作，发挥支部的战斗堡垒作用和党员先锋模范作用。文成移动党支部践行“我为群众办实事”，组织党团志愿者开展“断卡行动”、防诈骗宣传等活动，为社区居民提供“宽带网络义诊”等便民服务，全年开展志愿者服务80场次，履行社会责任，不断提高社会美誉度。

【集体荣誉】 2021，中国移动文成分公司先后获得“全国巾帼文明岗”、“全国五一巾帼标兵岗”、“省级文明单位”、“浙江省巾帼文明岗”、“省级工人先锋号”、“省级青年文明号”、“温州市第五届劳动关系和谐企业”、温州市工会女职工组

2021年11月11日,中国移动浙江公司党委书记、董事长、总经理郑杰到文成分公司调研(文成移动提供)

织规范化建设示范单位、温州市先进职工之家、中国移动浙江分公司明星县、中国移动温州分公司优秀团队等多项荣誉。

(彭 艳)

联通通信

【概况】 2021年,中国联合网络通信有限公司文成县分公司(以下简称文成联通)设综合支撑中心、政企客户营销中心和公众销售支撑中心。现有员工21人,全年完成主营收入1558万元,手机用户规模1.66万户,宽带用户规模0.28万户。先后获得“市级文明单位”“县级十佳文明窗口”“县级平安创建先进集体”“县级乡村康庄工程建设优秀服务单位”等荣誉称号。

【匠心网络】 2021年,文成联通全面落实网络强国战略,践行以人民为中心的发展理念,坚持合作共赢和共建共享,加快建设进度,提升5G网络应用支持能力,完善县城、重点乡镇及热点区域5G覆盖,全年新增5G站点126个。

【匠心服务】 2021年,文成联通加大民生服务力度,推进大数据支撑疫情防控,及时对接上级公司提供用户定位数据,配合县政府做好疫情防控工作。坚持以人民为中心,立足适老人群“能用、会用、好用、用得安全”提升无障碍和适老化服务水平。营业厅全面开放异地服务和异地产品,同步开放省内优质核心社会渠道、客服热线跨部分异地服务与产品,真正实现用户便捷办理。优化业务办理流程服务穿透,结合暗访、渠道检查、客户满意测评等多种方式,及时优化改进闭环,提升客户办理体验。

【数智领航】 2021年,文成联通在5G、物联网、大数据、云计

2021年1月28日,浙江联通党委副书记、纪委书记李恒久(左五)到文成县分公司调研(文成联通提供)

算、人工智能、工业互联网等领域进行战略布局，在数字政府、数字经济、数字法治、数字社会等重点运用领域开展广泛和深度的交流与合作。全年完成智慧环保项目、环保空气站项目、交通局隧道监控项目，周壤、铜铃山、玉壶幼儿园信息化项目，公安智慧安防小区单位建设项目、黄坦小学信息化建设项目，圣腾农业信息化项目等政府、企业信息化项目，项目取得的成效得到相关单位的一致好评。

2021年4月27日，文成联通助力岱口卫生院疫情防控工作（文成联通提供）

【企业文化】 2021年，文成联通坚持"创新，与智慧同行"战略，以高质量发展为引领，为客户提供卓越的信息通信服务，为员工建立良好的职业发展平台，为社会承担持续的企业社会责任，成为备受客户信赖、备受员工热爱、备受社会赞誉的优秀企业。

【文明创建】 2021年，文成联通把精神文明建设与生产经营工作相结合，热心公益事业，持续与公阳乡紫华村开展扶贫及结对活动，体现公司的企业担当，公司还组织开展疫情防控、文明出行等各类志愿者活动，不定期组织义务献血、捐款等公益活动，传递正能量。

【先进名录】

先进个人一览表

表47

序号	姓名	荣誉名称	发文时间	授予部门
1	程　文	2021年度先进工作者	2021.1	温州联通
2	邢玲玲	2021年度销售明星	2021.1	温州联通
3	张静静	2021年度支撑明星	2021.1	温州联通

先进集体一览表

表48

单位名称	荣誉名称	发文时间	授予部门
文成联通	收入贡献奖	2021.1	温州联通

（程　文）

融媒体

【概况】 2021年，文成县融媒体中心（文成县广播电视台）内设办公室、人事监察科（挂网络管理服务中心牌子）、后勤保卫科、总编室、新闻采编部、外宣部、广播部、电视栏目部、专题活动部、产业发展部、报刊部、网络部、新媒体部、技术部、马山转播台等15个科室，编制数155人，实有144人，其中差额、自收自支25人。下属国有独资公司——文成县指点信息发展有限公司注册资金2000万元，公司员工14人。文成县融媒体中心是文成县委直属公益一类正科级事业单位，归口县委宣传部领导和管理。主要负责全县报纸、广播、电视、网站、移动App、微信、微博等新闻信息的发布工作。

【舆论引导】 2021年，县融媒体中心围绕全县"两会"、疫情防控、共同富裕、党史学习教育、四大工程建设、中国共产党成立100周年、侨家乐品牌民宿发展、全市比看项目建设、中共十九届五中全会精神宣讲等全县性重点工作，推出《奋斗百年路 启航新征程》《学党史 悟思想 办实事 开新局》《筑梦新时代 奋进颂党恩》等30多个主题系列报道，开设《党员微口述》《红色追寻》《红色文物》等20多个专题专栏，摄制《山水文成》《文成5A晋级之路》等15个宣传片，全年共采编各类广播、电视新闻7000多条，刊发网报、新媒体新闻8250多条，制播专题节目118期，各类短视频62个，主题宣传海报15组。

【对外宣传】 2021年，县融媒体中心精准对接上级媒体，向上级各媒体平台报送稿件，全年有266条电视新闻报道在国家、省、市权威媒体播出，分别为央视4条、浙江卫视96条、温

2021年1月20日，温州市文化和广电旅游局副局长纪建军（中）到县融媒体中心指导工作（融媒体中心提供）

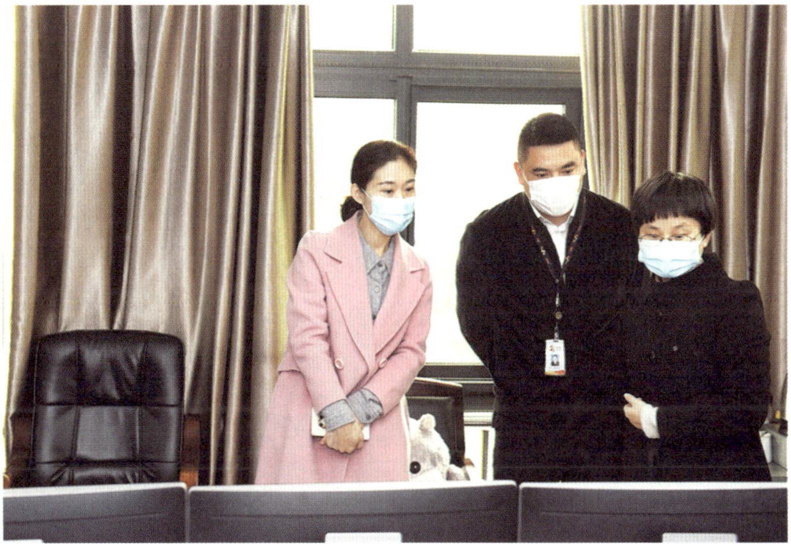

2021年12月15日，县委常委、宣传部部长项缪（左一）到县融媒体中心调研（融媒体中心提供）

州《新闻联播》166条；有82条广播新闻报道在浙江之声、温州之声等媒体播出。其中，CCTV-13频道建党百年特别节目《今日中国》对景文高速建设进行直播、对“侨家乐”民宿助力乡村振兴进行报道，CCTV-4频道播出外宣报道《瑞安文成推进“山海协作”实现合作共赢》，这些报道呈现了文成在推进共同富裕道路上所做的探索和实践，提升了文成的美誉度。

【媒体监督】 2021年，县融媒体中心坚持把办好《今日关注》《问政文成》作为全县作风建设的重要抓手来推进，以新闻监督有效助推重点难点问题解决、干部作风转变、重点工作落实，全年共播出舆论监督栏目20期，其中，联合县环保局拍摄的“治水曝光台”系列节目，为全县治水工作的开展营造良好的舆论监督氛围，得到群众的广泛关注，并在“浙江治水好新闻”评选活动中荣获三等奖。

【新闻创优】 2021年，县融媒体中心实施新闻创优提质工程，生产有思想、有温度、有品质的优秀新闻作品，全年共有12件作品荣获省市新闻奖，其中，新闻摄影作品《大山里的“跨越”发展》荣获浙江省新闻界庆祝中国共产党成立100周年书画摄影展金奖；《活着，用文字书写人生的包珍妮》荣获2020年度浙江省广播电视新闻奖广播社教专题三等奖。

【指点文成App】 2021年，县融媒体中心与安吉新闻集团合作，自主研发“融媒体综合平台”技术，改造提升指点文成App，将其打造成文成主流舆论传播主阵地、综合服务平台、城市形象推介口。项目建设总费用350万元，分两期建设，其中一期建设资金70万元，重点打造“文成豆”模块，于2021年第三季度上线使用，“文成豆”是该平台上使用的一种电子支付媒介，通过指点商城使用“文成豆”便可在入驻的餐饮店、酒店民宿、机关食堂、影剧院、零售商店、旅行社、蛋糕店等商家进行消费；二期将打造更多应用场景，智慧医疗、文成房产、智慧家政、文成优品、招聘服务等。指点文成App成功开设“看电视、听广播、读报纸、观文成、文成豆、学党史、华数服务、职工之家、文成旅游、文明超市”等功能版块，融合广播、电视、报纸、新媒体等媒体平台，集新闻资讯、媒体直播、政务公开、党建宣传、便民服务等功能于一体，构建传播更快、内容更新、覆盖更广的全媒体格局。全年总用户量1.8万人次，关注量5.5万人次，阅读量29万人次，“文成豆”总订单量88234笔，总消费金额2267万元。

【“媒体+”服务】 2021年，县融媒体中心坚持以数字化改革为契机，凭借指点文成App客户端等新媒体的传播优势，做活

2021年11月25日，县融媒体中心小火柴志愿服务队到黄坦镇开展糯米山药公益带货直播（融媒体中心提供）

做深带货直播，做小做实便民实事，全年策划开展小火柴公益助农直播8场，帮助农户销售菊花、柑橘、大米、甜玉米、生姜、小番茄等，宣传效果明显，社会各界反响热烈。特别是3月11日，小火柴在帮助残疾人赵岳南推销土鸡的时候，了解到他已经2年多没有看上电视了，于是多番联系村里、镇里以及华数等相关部门，反映相关情况，最后在各单位的通力合作下，赵岳南终于在建党百年圆梦，看上电视，该经验做法被中国小康网进行宣传推广。融媒体中心坚持做好3档品牌对农广播节目《走乡村》《农家有约》《农广天地》，满足新形势下农民的信息需求，全年播出涉及各类对农新闻信息550多篇次。

【先进名录】

先进个人一览表

表49

序号	姓名	荣誉名称	发文时间	授予部门
1	吴　箭	温州市全面实施乡村振兴战略突出贡献个人	2021.3	中共温州市委、温州市人民政府
2	朱树友	温州市优秀党务工作者	2021.6	中共温州市委
3	胡紫珺	文成县十佳新闻工作者	2021.11	中共文成县委宣传部
4	陈文瑞	文成县十佳新闻工作者	2021.11	中共文成县委宣传部
5	徐佳炜	文成县十佳新闻工作者	2021.11	中共文成县委宣传部
6	蔡立铖	文成县十佳新闻工作者	2021.11	中共文成县委宣传部
7	刘超荣	文成县十佳新闻工作者	2021.11	中共文成县委宣传部
8	潘聪聪	文成县十佳新闻工作者	2021.11	中共文成县委宣传部
9	赵　敏	文成县十佳新闻工作者	2021.11	中共文成县委宣传部
10	胡永相	文成县十佳新闻工作者	2021.11	中共文成县委宣传部

先进集体一览表

表50

序号	单位名称	荣誉名称	发文时间	授予部门
1	文成县融媒体中心	2020年度全省广播电视新闻协作县级电视二等奖	2021.2	浙江广播电视集团
2	文成县融媒体中心	2020年度温州市融媒体新闻协作策划创新奖	2021.3	温州广播电视传媒集团
3	文成县融媒体中心	2020年度浙江省广播电视新闻奖广播社教专题三等奖	2021.5	浙江省广播电视局
4	文成县融媒体中心	2020年度温州新闻奖电视类二等奖	2021.5	温州市新闻工作者协会
5	文成县融媒体中心	温州新闻奖新媒体类二等奖	2021.5	温州市新闻工作者协会

续表50

序号	单位名称	荣誉名称	发文时间	授予部门
6	文成县融媒体中心	浙江省新闻界庆祝中国共产党成立100周年书画摄影展金奖	2021.7	浙江省新闻工作者协会
7	文成县融媒体中心	2020年度温州市广播电视政府奖(电视新闻)二等奖	2021.7	温州市文化广电旅游局
8	文成县融媒体中心	2020年度温州广播电视政府奖(新媒体)二等奖	2021.7	温州市文化广电旅游局
9	文成县融媒体中心	2020年度温州广播电视政府奖(广电综合)二等奖	2021.7	温州市文化广电旅游局

(周　锋)

华数广电

【概况】 2021年,文成县华数广电网络有限公司内设综合办、财务部、客户服务部、市场营销部、技术运维部、工程部。基层设有大峃、珊溪、巨屿、峃口、南田、百丈漈、黄坦、西坑、玉壶中心站。职工人数101人,其中事业编25人,企业编58人,劳务派遣人员18人。

【业务发展】 2021年,华数广电实现总收入3766万元,主要收入是基本收视费收入914万元、增值业务收入380万元、集客业务收入2077万元,商品销售收入110万元。大众业务数字电视出账用户数45620户,大众互动出账用户13716户,宽带出账用户11257户,完成全年目标任务。商业基础终端2499台,商业互动终端1651台,商业宽带918条,完成全年目标任务。

【售后服务】 2021年,华数广电为提升满意度,开展用户调研、用户回访等活动,通过上门回访,发现问题并解决问题,提高客户的黏度,增加客户的信任。在与客户沟通时采取礼貌交流,用事实说话,用真诚交流,尊重用户,提高客户对公司的信任度,把服务具体用到每一位用户上面。公司对外维人员实行装维考核。针对各站装维考核工作及IPCC系统数据,要求每个装维人员在规定的时间内完成维修任务,开展"每周一调研、每月一通报"工作,及时反馈用户信息,第一时间将各项特殊情况反馈到站或个人。细化呼叫中心日常工作,通过每周不定时的录音检查、分析,针对各种问题进行总结,每月进行1次人员培训,培养员工服务水平、沟通能力,提升员工服务质量,记录每位话务员的优秀通话及问题所在,根据实际情况说出具体内容,提升工作效率,做好工作任务。

【工程建设】 2021年,华数广电完成省委统战部重点数字化改革重点项目——为侨服务"全球通"建设。应用集纳户籍、出入境、身份认证、不动产、养老退休等131项高频涉侨事项,其中多数事项,华侨可登录"浙里办"直接办理;完成数字文旅项目建设,在原有全域文旅大数据中心平台基础上进行深化,建设侨家乐民宿大脑、全域智慧营销管服、文旅数字化改革门户;完成黄坦陆氏宗祠、百丈漈林氏宗祠、上石庄赵氏宗祠、大峃三官亭文物消防改造工程;完成西坑畲族镇、铜铃山镇、百丈漈镇、峃口镇、二源镇、周壤镇、公阳乡美丽城镇智慧广电项目,实现上述乡镇建成区广播电视4K超高清信号全覆盖。全年完成大峃镇龙船坪碧桂园一期光纤入户工程2000户、大峃镇花园村留地(LC-C-18地块)小区光纤入户工程、大峃镇城中村小区光纤入户工程接入700户、兴福堂汀兰府邸小区光纤接入工程接入700户、黄坦镇栖云花苑光纤入户工程(二期)、南田镇九都公寓光纤入户工程、龙船埠拆迁安置房光纤入户工程、大峃镇徐豪家园光纤入户工程。配合县重点工程线路迁改,完成文景高速的线路迁改、建设路管网改造工程、樟山开发新区广电线路迁改工程、黄坦镇城区云湖路杆路改为管道工程。全县多网融合智慧应急综合应用一期项目工程建设、20210422文成电子警察抓拍系统采购项目工程、20210029文成刘基墓安防监控系统建设等。

2021年3月,县华数广电工程队在玉壶城区抢修迁改工程(华数广电提供)

【内部管理】 2021年,华数广电对内加强管理,立足发展变化的新情况,在考核办法、指标设计、薪酬分配等方面体现出差异化,以价值创造和业绩贡献为导向,发挥员工能动性,主动创造业绩,创造价值。完善机制,继续按照"内强素质,外树形象,规范管理,优质服务"的要求,充实和完善廉洁自律制度、业务学习制度、业务考核制度、项目负责制度、信息反馈制度、责任追究制度、保证工作的顺利实施。严格落实公司安全播出工作要求,做好疫情防控期间安全播出工作,严格执行24小时安全播出值班制度,做好中心机房和乡镇机房的日常检查,特别是对节目源和信号源的管理和监控工作,加强对卫星接收节目的监听监视,将防范卫星干扰、有线电视插播作为防控的重点,发现异常情况时要按照"先处置后报告"的原则,快速切断传输信号,严格执行内部信息传递及报告流程。

(陈奥雪)

综合行政管理

机构编制管理

【概况】 2021年,文成县委机构编制委员会办公室是县委机构编制委员会的办事机构,为县委工作机关,正科级,归口县委组织部管理。县委机构编制委员会办公室设4个内设科室:综合科、行政机构编制科(行政管理体制改革科)、事业机构编制科(事业单位登记管理局)、监督检查科。下属2个事业单位:事业单位登记管理服务中心、机构编制研究中心。核定行政编制9名,其中,主任1名,副主任2名;中层领导职数5名。核定事业编制6名,中层领导职数4名。

【编委会】 2021年,严格执行机构编制管理"三个一"制度,凡涉及机构编制事宜,均实行编委领导一支笔审批,机构编制部门一家承办,编委或编办一家行文。

【控编减编】 2021年,县委编办围绕"财政供养人员只减不增"的总目标,综合运用严控总量、动态监管、调活存量3种手段,推行"机动编制""人员备案制""政府购买服务"管理模式,强化控编减编工作,助推编制使用效益最大化。2021年年底,全县行政编制保持在省定编制范围内不增加,事业编制保持在2012年事业基数内。

【年度用编】 2021年,县委编办坚持严控总量、突出重点、统筹兼顾的原则,科学合理安排年度编制使用。全年核准引进高层次紧缺人才计划用编36名、事业单位考试用编81名、卫生系统考试用编65名、定向委培生20名;卫生委培生到岗3名,农业委培生到岗3名,文化委培生到岗1名。

【日常编制管理】 2021年,实名制系统内出编796人次,划转98次,入编922人次,完成在编变更12124条;批准调动空编使用单142份170名;核准70家单位中层干部职数294名。文成县作为市级预警测试平台的试点单位,根据省市预警平台反馈清单,综合分析917条数据并提供测试建议;根据省委编办与社保养老和工资统发对比的实名制数据质量压力测试结果,逐条确认完成558条数据修改。

【编外用工管理】 2021年,县委编办印发《文成县规范管理编外用工薪酬待遇指导意见》,提高编外用工工资待遇,有效解决"招不到、留不住"等问题;规范统一各单位薪酬,解决"同工不同酬、单位不平衡"等问题;规范用工标准和程序。全年审核批准72家单位编外用工控制数1536名,核准教育系统编外用工284名。

【强化监督检查】 2021年,县委编办完善与纪检监察、组织、人社、审计等部门的联动机制,加大常态化监督检查及专项检查力度。根据省市统一部署,开展全县机构编制核查工作,结合机构编制数字化监管平台上线运行情况,按照单位自查、数据比对、专项督查、群众监督、整改报送5个环节推进,对系统预警的机构编制违纪违规问题和线索,进行分析研究和归类整理,和财政、人社部门比对数据，组织专班组到各部门实地核对，确保机构清、编制清、领导职数清。

【"两个中心"试点改革】 2021年，县委编办根据省委常委、市委书记刘小涛指示精神，按照"系统治理、综合治理"原则，牵头推行县级社会治理中心（县城运中心）和乡镇社会治理中心建设试点改革，负责试点前期启动工作、制定试点工作方案、搭建组织机构、梳理职责职能，全程参与建立完善运行机制、梳理处置事件清单与多跨协同事项等重点工作，同步跟进优化乡镇机构设置运行机制改革，加快推进"县乡一体、条抓块统"整体性重塑，为省市先行探索"152"与"141"体系贯通融合改革路径。

【配合教育领域综合改革】 2021年，县委编办对全县公办中小学、幼儿园教职工等编制资源配置开展专题调研，协同教育部门开展中小学职工编制调编工作。探索出台《文成县公办幼儿园劳动合同制专任教师管理暂行办法》，构建"事业编制+劳动合同制"相结合的多元用人机制，核定合同制教职工编制50名用于考试招聘，疏解学前教育编制资源短缺困境；设立铜铃山、周壤、玉壶、二新、兴福堂等5所幼儿园，核定相应的教职工总量控制数。

【推进行政执法体制改革】 2021年，县委编办按照执法事项综合集成、执法队伍应统尽统、数字赋能协同高效的改革方向，推动全县执法队伍从"1+13"支整合保留为"1+8"支，探索在珊溪镇开展赋权形式的"一支队伍管执法"改革工作。按照"精简统一高效""编随事走""总量不增""人随编走""平稳有序"原则，起草《关于"大综合一体化"改革机构编制事项调整的说明》《文成县行政执法体制改革机构编制调整方案》初稿。

【优化乡镇治理整体格局】 2021年，县委编办坚持党建统领、资源下沉、乡镇主战、整体智治的原则，起草《文成县乡镇机构优化设置实施方案（初稿）》，着力破解制约乡镇发展的体制机制问题。深化乡镇"属地管理"责任清单应用，开展职责边界梳理，将事项处理与"基层治理四平台"有机融合，将事项嵌入乡镇社会治理综合指挥平台，实现一般简易事件由乡镇在综合信息指挥室受理交办，相应功能模块具体处置，形成乡镇内部协同闭环。全年共收集属地管理责任清单应用案例19个。

【理顺重点领域体制机制】 2021年，县委编办针对改革后文旅政事分开问题，印发《文成县旅游度假区管理服务中心机构编制管理规定》《文成县旅游项目建设服务中心机构编制管理规定》，理顺全县旅游管理体制；推进开发区（园区）管理机构实质性整合提升，按时完成开发园区管委会报批和"三定"编制工作。

【完善政府权力职责体系】 2021年，县委编办根据法律法规规章立改废释，做好权力清单动态管理。指导督促各乡镇做好省定140项权力清单认领、公布、实施和日常维护；指导、督促县级部门做好监管事项认领工作，及时填补"三不管"等监管空白，厘清"多头管"职责边界，夯实"大综合一体化"综合行政执法改革的基础。全年全县认领监管事项8002项，开展覆盖率检查2884项，认领率和覆盖率均为100%。围绕"基层减负"目标任务，在规定的70项事项清单范围内，组织开展规范"属地管理"工作。

【规范国企机构编制管理】 2021年，县委编办出台规范国有企业员工编制管理办法，开展国有企业员工身份认定工作，印发8家国有企业"三定"方案，明确国资办与县直机关工委关于国有企业党建指导工作职能分工，拟定业务科室整合设立及编制落实方案，从源头上杜绝国有企业员工招录不规范问题，从制度上规范国有企业员工及机构编制总量，从职能上解决国有企业党建工作管理缺失、督而无力问题，进一步理顺县域国有企业体制机制，纵深推进国资平台整合提升。

【事业单位登记管理及年度报告书】 2021年，县委编办全年办理新设立事业单位6家，办理变更登记单位71家，变更登记事项108项，完成注销登记事业单位4家，换领事业单位法人证书单位50家，补领事业单位法人证书单位3家，在线办理率100%。年底，全县在登事业单位186家，其中登记设立事业单位（民办）12家。

【机关群团统一社会信用代码】 2021年，县委编办全年完成办理机关变更换发统一社会信用代码证书单位25家，办理群团变更换发证书单位3家。

【开展党史学习教育】 2021年，县委编办聚焦“学史悟思、质效提升、窗口表率”三大课题，精心组织、周密部署，推动党史学习教育走深走实走心。全年开展集中学习35次，班子讲党课暨宣讲活动3期，组织红色观影5次，先后赴西坑畲族镇都铺村、泰顺中国工农红军挺进师纪念馆、“欧江红”党建人才综合体等地开展主题党日活动3次；联系帮扶村巨屿镇柳泉村，开展党课入村活动1期，走访慰问困难党员5名，认领实现群众“微心愿”20个，参与该村耕地非粮化整治及抗台工作，帮助争取饮水库水渠维修资金3万元、村办公楼维修资金1万元。

【开展“双建”工作】 2021年，县委编办根据“模范机关”及“清廉机关”建设实施方案的安排，坚持红色引领，优编精政，服务发展，打造独具编办特色的“党建文化”“清廉编办”“服务发展”三大“阵地”，将“双建”工作与机构编制工作同布置同落实同考核，推进党建工作与机构编制业务质效双提升。

【信息工作】 2021年，县委编办挖掘机构编制工作亮点，通过新闻网站、微信公众号等平台将实干业绩、经验做法、工作成效展示好、宣传好，树立编办良好形象。全年被中央编办录用信息1篇、市委编办录用信息24篇，文成新闻网、两办信息、党史学习教育简报等录用10余篇。

（沈倩倩）

发展计划管理

【概况】 2021年，文成县发展和改革局设10个行政科室，分别为办公室、发展规划综合科、经济体制改革科、固定资产投资科、行政审批科（挂交易监理科牌子）、粮食科、物资储备科、社会科、人事科、价格监督检查分局。行政编制22名，行政工勤编制1名，事业编制51名。年末在职干部68人。

【经济赶超】 2021年，纳入国民经济和社会发展计划的38项主要指标有33项完成计划目标，受县域经济动能转型期和疫情交织影响，2021年GDP、交通投资、社会消费品零售总额、数字经济核心产业增加值、实际利用外资等5项指标未达预期。地区生产总值116.52亿元，增长5.7%。出台《文成县打造高质量发展建设共同富裕示范区山区样板的行动方案》《文成县跨越式高质量发展五年行动计划》等政策体系，争取《关于支持文成县大健康产业发展的若干举措》助推高质量跨越式发展。森林氧吧小镇通过省级特色小镇命名验收，天湖悦动小镇成功转入省级特色小镇创建对象；大花园获得2021年度考核优秀档次及2021年浙江省政府督查激励。

【共同富裕】 2021年，成立以县委书记刘中华为组长的文成县打造高质量发展建设共同富裕示范区山区样板领导小组。同步成立文成县委社建委，负责推进共同富裕示范区建设及组织实施社会建设领域重大工作事项。出台《文成打造高质量发展建设共同富裕示范区山区样板的行动方案（2021—2025年）》，《文成县打造幸福康养“侨家乐”旅游新业态，助推农民增收致富》入选全省共同富裕示范区建设第一批典型案例清单。

【项目投资】 2021年，文成县完成有效投资62.04亿元，增速13.1%，排名全市第四。其中，民间投资增速27.2%、全市第一，高新技术产业投资增速26.7%、全市第八，制造业投资增速68.7%、全市第一，交通投资全年完成23.03亿元、完成率90.67%，生态环保、城市更新和水利设施投资增速30.6%、全市第四。省市县长项目文成娃哈哈宏振食品科技有限公司智能化饮料项目落地。净水湾康养、时尚旅行产业等2个项目列入省重大产业项目清单。全力推进重大项目建设，全年申报省重点项目12个，列入省重点项目6个。全年共申报省集中开工项目8个，列入省集中开工项目4个。列入浙江省“六个千亿”产业投资工程项目17个，完成率115.7%。文成抽水蓄能、温武古铁路、通用机场项目前期加快推进。

【主体培育】 2021年，县发改局聚焦战新、高新、数字经济、现代服务业等高质量经济主体，强化部门联动，凝聚合力，精准谋划推进市场主体培育提质增效，实行实体经济和总部经济两手抓战略，实现数量与质量的“双提升”。加强考核，将主体培育任务落实到部门、乡镇，要求责任落实到人。全年梳理建库培育市场主体单位65家，成功培育34家。其中，工业完成11家，建筑业完成11家，批零住餐完成9家，其他服务业完成3家。

【平台创建】 2021年，文成县大花园典型示范县建设2021年度评估结果优秀，纳入文成县2021年度计划的31项目标指标全部达标。先后举办“我是小园丁助力大花园”主题研学活动、文学旅游高峰论坛、浙江山水旅游节、刘伯温故里太公祭活动、荷花节、原创民谣音乐会等一系列500人以上群众参与的大花园专题活动。注册成立“两山银行”公司，印发《文成县“两山银行”试点实施方案》，开展优质生态资源资产收储工作。推进月老山、铜铃山度假酒店等优质生态资源资产收储工作，打造“分散化输入、集中式输出”的生态产品价值转化平台。委托省发规院完成2019年和2020年GEP核算编制工作，核算报告待省发改委公布。2021年完成投资5.2亿元，非政府投资占比为75.29%。推动“产业飞地”高标准落地—市域外，在上虞经济技术开发区打造一块规划面积约1900亩的以高端装备制造业为主的产业飞地，签订共建框架协议；市域内，与泰顺县共同在瓯江口打造一块规划面积约1200亩的以先进制造业为主的产业飞地，签订共建框架协议；在瑞安市仙降街道打造一块规划面积123亩的以高端制造业为主的产业飞地，布局打造山海协作样板，签订共建框架协议。首个跨区域工业飞地抱团项目，平湖—文成“飞地经济”产业园项目完工，到位建设资金1.5亿元。全方位多领域开展合作事项，文瑞“消薄飞地”完工并实现返利434万元，共建乡村振兴示范点4个，在科技、教育、医疗、文化等领域达成合作项目22个，完成消费扶贫金额2.23亿元。文瑞山海协作产业园完成政府性投资5050万元；社会性投资25.2亿元。全县山海协作产业合作项目到位资金27.2亿元。

【信用体系建设】 2021年，县发改局进一步规范信用信息归集，不断完善企业、自然人、社会组织、事业单位、政府机构等5类主体信用档案，实现市、县2级信用信息归集全覆盖。推动部门联动和协同应用，以行政领域信用应用为突破口，依法依规实施联合奖惩，在行政审批、行政监管、公共服务、公共资源交易、国家工作人员招录、表彰奖励等事项全面应用公共信用产品。全年公共信用信息查询应用72716次。规范失信约束措施，对《关于进一步推进司法审判领域失信联合惩戒的通知》《关于全面推进安全生产领域失信联合惩戒工作的通知》2个文件进行清理。开展信用服务机构排查和双公示数据错误修正，修正双公示数据错误信息312条。开展“屡禁不止、屡罚不改”严重违法失信行为专项治理，对3家严重违法10次以上的企业进行核查，实行主管部门严管措施，完成严重失信行为对象退出工作闭环。继续深化“信易+”试点信用场景建设，全年“信易游”获得优惠的旅客2608人，“信易贷”发放贷款3829户27041.86万元。探索“信用+全域旅游智慧营销”信用应用场景建设，在全市信用应用场景路演评比选表现突出，成功列入温州市2021年十大信用应用场景重点创建名单。规范公共信用修复机制，统筹指导和监督信用信息异议处理及信用修复工作，全年协调指导企业信用修复6家。开展诚信主题宣传活动，8月8日前后，组织开展“诚信知识问答”、公开发布“红黑榜”“以诚修身，以信立德”等系列活动，市民参与1.3万多人次，知识点传播数86710人次，发放“诚信”宣传倡议书1.1万余份，不断营造全社会诚实守信的浓厚氛围。

【招标采购项目】 2021年，全县完成各类招标采购项目1719宗，交易总额44.39亿元，增收节支7.42亿元。其中，建设项目57个，中标价33.22亿元，节约资金5.29亿元，下浮率13.06%；政府采购项目789个，采购金额4.25亿元，节约资金4707.36万元，节约率9.97%；土地交易15宗，成交价为6.44亿元，增值资金13230万元，增值率25.87%；产权交易12宗，成交价4820.99万元，增值资金3410.03万元，增值率241.68%。采取“分类处理、先易后难，双线并行、线下为主，原路退回、变更审核，台账管理、销号落实”即“32字工作法”推进保证金清退和成交款上缴工作。实现一般企业投资项目从赋码备案到竣工验收审批“最多80天”，民生事项和企业事项网上办理开通率100%，办结率68%以上。全面推广运用浙江省政务服务网在线监管平台3.0系统，实现在线审批4个100%，全年完成备案项目231个，核准项目3个，审批项目132个。

【数字社会系统建设】 2021年，县发改局狠抓数字社会系统建设，推进文成县数字化改革。建设文成县数字社会门户，完成左侧10大数字新服务微门户和右侧12个“有”重点工作领域微门户上线。综合应用市县贯通率和综合应用功能上线率均100%，“浙农码”赋码量50062次。“共富帮”应用、“侨家乐”品牌民宿应用等2个场景应用纳入温州市数字化改革重大应用“一本账S0”清单。“共富帮”应用通过建立新型产业帮扶机制，重塑申报管理制度，实现线上申报流程数据跑、项目绩效一键察、财政补助资金一键达。“侨家乐”民宿品牌成为浙江省三大区域品牌之一，《文成县打造幸福康养“侨家乐”旅游新业态，助推农民增收致富》入选《浙江省高质量发展建设共同富裕示范区典型案例清单》。“少年行”中小学实践教育智慧系统应用纳入省教育厅数字化试点项目清单。樟山未来社区和武阳未来乡村上架浙里办“我的家园”，教育、健康、养老等领域应用落地未来社区（乡村），助力“我的家园”成为百姓的线上美好家园。

【规划编制】 2021年，县发改局在全市率先制定出台“十四五”规划目录体系、率先完成网上立项审批。梳理发展规划1项、空间规划35项、专项规划26项。编制完成《文成县“十四五”规划基本思路》，《文成县国民经济和社会发展第十四个五年规划和二〇三五年远景目标纲要》经多轮修改完善，顺利通过专家评审和发布。《文成县重大建设项目“十四五”规划》顺利通过专家评审并发文，“十四五”重大建设项目264个，“十四五”计划总投资611亿元。文成县天湖旅游度假区等20个重大项目、文成县生态产业园1个重大平台、文成县苔湖欧陆风情街1个开放平台、文成刘伯温文化产业园1个文化产业平台、文成猴王谷森林康养基地和文成悦慢森林康养基地等2个健康产业平台、文成县二源高山蔬果1个特色农业强镇纳入市"十四五"规划纲要"六个重大"清单。文成县通用航空机场、S220文成玉壶至渡渎段等14个项目及浙江文成经济开发区纳入《温州市重大建设项目"十四五"规划》。

【粮食安全】 2021年,县发改局抓好粮食储备,提升中心粮库智能化水平,完成中心粮库智能出入库系统建设。开展"五优联动"试点工作。落实"五优联动"优质晚稻订单400吨,收购价格较一般晚稻提高14.65%,实现政府、企业、农民互利共赢。改善和提升粮农售粮环境,增加必要的输送机、除杂机等"三机"设备,推广"一站式"收购模式,为粮农提供便捷的服务。与瑞安市粮食部门开展"余缺调剂"合作,落实省市粮食部门关于产销合作的相关文件精神,签订代收购瑞安本地375.43吨晚籼谷协议。抓好粮食市场监测预警和应急管理体系建设。开展粮食供需平衡情况调查,加强粮情监测,为政府科学决策提供依据和建议。

【物价管理】 2021年,县发改局抓好价费管理,核定文成县城乡(非)居民生活垃圾处理、文成县体育中心操场地下停车库停车服务、文成县青叶文武学校、育英学校、求知中学、振中学校、武阳书院、海亮华侨学校收费标准,文成县超定额用水累进加价水费标准、文成县旅游景区服务中心停车场停车服务收费标准等定价工作,上报县政府调整大峃镇泉台村、珊溪镇环秀村生态公墓(墓地)墓穴使用费标准、调整文成县生猪定点屠宰服务费标准请示,百丈漈景区门票(景交车)调价,百丈漈自来水、污水定调价,周壤镇生态公墓定价、文化广场停车场停车服务收费标准的前期工作完成;出台《关于新冠肺炎疫情防控期间临时降低非居民用水用电价格的通知》《关于延长阶段性降低企业用水价格期限的通知》等政策。抓好价格监测,对列入日常监测的粮食、食用油、肉禽蛋、蔬菜、线材等重要商品和服务价格实行1月2报制,建材价格每月1报制,液化气价格、温州市粮油肉等商品集市价格应急监测快报表、生猪肉价格采取1周1报制,定时定责上报监测数据及价格动态分析。抓好价格认定,依法依规办事,切实履行价格认证职能。全年办理各类价格认定64件,认定总金额500.75万元,认定结论零推翻。抓好成本监审,成本队全年完成6项成本工作,涉及集散中心、文化广场、体育场、安福寺等停车场服务收费、周壤镇生态墓地和县城东污水处理。

【疫情防控】 2021年,县发改局组建专班精准防控,全体党员干部积极响应、主动参战,自觉放弃假期家庭团圆的机会,第一时间到岗到位。局党委研究成立以局长为组长的领导小组,指导疫情防控工作,组建应急物资保障组、重要生活物资保障组、抗疫党员冲锋队等队伍,重点成立以机关支部党员为主力的粮安志愿者队伍,长期坚持到生产一线督促粮食安全生产和应急救灾工作,定期对下属粮库开展各项检查和指导工作。其中,12月10日到12月13日,应急组发出车次15个,为13个部门和乡镇调拨配送帐篷238顶,棉被98床,被单70件,被套70件,垫子(床褥)70件,折叠床78张,大衣160件,手提灯41盏。有效满足防控工作和人民群众需求,为全县疫情防控大局提供强有力的物资保障。协调部门专门开通物资运输绿色通道,建设应急粮食供应点,实行乡镇售粮点统一分区配送制度,保障防疫防控期间全县重要民生商品存量充足、价格不涨、质量不降、供应不断。全年调配帐篷、简易床、棉被等各类应急物资1300余件次。

【民生保障】 2021年,县发改局持续推进光伏建设,其中二源华润光伏项目完成前期工作,推进"整县屋顶分布式光伏试点县"工作。配合省市做好国家经济动员、民参军等全局性摸底，申报"民参军"企业1家。率先在全市开展"五优联动"试点，实施"五优+五代"提质扩面，落实新增成品粮规模170吨，推进粮食乡镇储备库智能化建设，完成南田库、二源库、三源库监控智能集成。

（赵忠武）

统计工作

【概况】 2021年，文成县统计局内设办公室（执法监督科）、经济核算科、社会统计科3个科室，下设文成县统计普查中心、文成县社会经济调查队、文成县统计执法稽查大队3个公益一类事业单位。行政编制7名，其中局长1名，副局长2名，总统计师1名，中层领导职数3名；参照公务员管理事业编制4名，其中中层领导职数2名；事业编制15名，其中中层领导职数5名。围绕全县发展大局，完善重点经济指标研判预警机制，以GDP核算为核心，重点针对固定资产投资、工业、商贸、服务业等重点领域跟踪监测，建立定期核查制度，确保统计数据如实反映经济社会发展成果。

【经济工作】 2021年，文成县深入实施"四大工程"，科学统筹疫情防控和经济社会发展，经济运行呈现"企稳回升、持续恢复"的良好态势，综合实力不断攀升，发展动能加快转换，高质量发展迈出新步伐，顺利实现"十四五"的良好开局。

据温州市统计局统一核算，文成县2021年实现生产总值116.52亿元，按可比价格计算增长5.7%，两年平均增长4.6%。其中，第一产业增加值9.78亿元，增长1.5%；第二产业增加值30.67亿元，增长6.8%；第三产业增加值76.06亿元，增长5.8%。

农业总产值14.32亿元，增长2.1%。粮食播种面积11.22万亩，增长2.5%；粮食总产量4.63万吨，增长1.4%。畜牧业形势有所好转，猪、牛、羊存栏数增长较多，年末生猪存栏0.26万头，增长81.5%；牛存栏0.13万头，增长8.3%；羊存栏0.76万头，增长9.5%。

全县规上工业增加值4.58亿元，增长12.5%。规上工业销售产值27.01亿元，增长22.7%。高新技术产业较快恢复，高新技术产业增加值2.25亿元，增长19.1%；装备制造业增加值2.18亿元，增长6.7%；战略性新兴产业增加值1.05亿元，增长28.7%；数字经济核心制造业增加值0.41亿元，增长16.2%。全社会用电量6.03亿千瓦时，增长11.4%；工业用电量1.87亿千瓦时，增长23.6%。

服务业增加值76.06亿元，增长5.8%，拉动GDP增长3.8个百分点。其中交通运输、仓储和邮政业增长23.1%，信息传输、软件和信息技术服务业增长12.6%，批发零售业增长12.0%，金融业增长5.0%。服务业企业生产经营向好，1—11月，规上其他服务业营业收入5.88亿元，增长22.7%；其中，互联网、软件和信息技术服务业增长28.0%，其他营利性服务业增长25.0%。

固定资产投资62.04亿元，增长13.1%；其中，民间投资29.91亿元，增长27.2%。重点领域投资总体改善，交通投资23.03亿元，下降5%；高新技术产业投资1.83亿元，增长26.7%；生态环保和公共设施投资7.84亿元，增长30.6%；制造业投资2.58亿元，增长68.7%。房地产开发投资18.06亿元，增长6.4%。商品房销售面积8.50万平方米，下降43.7%。

全县社会消费品零售总额50.71亿元，增长4.2%；限上消费品零售总额7.42亿元，下降0.2%。线上交易保持活跃，实现网络零售额21.64亿元，增长19.1%。批发零售业发展形势严峻，限上批发业销售额30.17亿元，增长6.1%；限上零售业销售额4.13亿元，下降1.9%；限上住宿业营业额 0.64亿元，下降21.4%；限上餐饮业营业额0.51亿元，下降21.7%。

全县财政总收入17.98亿元，增长14.5%；一般公共预算收入11.75亿元，增长15.0%；税收收入7.87亿元，增长18.5%。同时，金融市场持续稳定。12月末，金融机构人民币存款余额399.54亿元，增长5.5%；金融机构人民币贷款余额286.81亿元，增长20.9%。

全县规上工业营业收入21.16亿元，增长26.3%。规上工业利润总额1.12亿元，增长76.6%。规上工业研发费用0.74亿元，增长40.7%。

城镇居民人均可支配收入47507元，增长8.7%；农村居民人均可支配收入22580元，增长10.0%。低收入农户人均可支配收入14863元，增长15.8%。

【统计服务】 2021年，县统计局围绕全县发展大局，完善重点经济指标研判预警机制，组织农业、工业、商贸服务业、投资、低收入农户、城镇化等领域监测调研，报送监测分析和调研文章29篇，获县领导批示6篇。开展“三服务”，局领导班子带队对17个乡镇、9个部门开展统计业务指导，组织线上线下业务培训52次2300余人次，实现在库单位业务指导全覆盖。发布“七人普”公报，向社会公众解读近10年文成县人口的发展变化特点。以实用为原则，对《文成县统计概览》《文成县统计年鉴》《文成县统计月报》进行全面改版升级，详尽收集提供市对县考核指标、26县考核指标等，实时找准文成县经济坐标。全年工作得到上级统计机关肯定，年度考核被市局评为优秀。统计政务信息完成年度任务，完成率居全市第4位。

2021年4月7日，工作人员到珊溪镇开展粮食监测数据质量互查（县统计局提供）

【统计法治】 2021年，县统计局加强统计执法监督。构建上下联动，专业协同的执法工作机制，结合“双随机”抽查、专业数据异常波动和统计违法线索核查等，发现违法线索，做到有案必查，违法必究。全年稽查企业26家，立案3家，结案3家，罚款1.2万元。优化数据质量管控机制，平台即报即审责任到人。开展统计数据质量全面自查、重点抽查、随机检查55次，基本覆盖全部规上企业和固定资产投资项目，发现并整改问题单位27家。加强统计法治宣传，向各级党委政府及部门发放《统计法应知应会》310份。依托“宪法宣传日”等，开展统计法治宣传，发放宣传资料1700余份、宣传品2200余份。做好国家统计督察迎检，第一时间根据要求梳理下发《文成县统计督查问题落实清单》《资料清单》，提交县政府主要领导进行动态部署落实。建

2021年8月18日，县委书记刘中华（右五）在指导低收入农户统计监测工作（县统计局提供）

立违反统计法精神的文件和做法动态清理机制。

【统计基层基础建设】 2021年，县统计局推进统计基层基础规范化。制定实施《2021年文成县统计基层基础规范化建设实施意见》，以“三查三促”“一考两评”行动落地“双基”建设，查机制促闭环、查台账促规范、查数据促质量；考核规范化建设评选示范点、评选先进个人，页面加前面的文字内容。围绕统计法规、统计创新、业务提升、技能比拼等内容，开设“统计知行学堂”，推进统计干部由专业型向复合型转变。坚持基层统计队伍能力建设不松懈，通过线上“远程视频+钉钉直播”，线下集中培训，打造统计精兵。推进统计名录建设优质化，以“六张清单”起底跟踪，部门乡镇联动落实，既龙头企业清单、成长型企业清单、经营问题企业清单、上规培育清单、退库清单、名录信息待更新清单。抓好调查单位清查工作，重点对空壳、虚假、不达标等不符合国家统计制度规定的调查单位进行全面筛查，做好新增单位的入库和在库单位的退出管理。推进统计经费保障制度化，制定出台《文成县加强统计基层基础建设奖补办法》，统计调查奖补标准提高50%，保障统计调查工作高质量开展。根据统计工作落实、统计数据质量、统计规范化建设等重点工作，对“四上”企业统计员进行“四等级”分层评价，评出优秀、良好、合格和不定等级4个梯队，根据不同梯队给予相对应的奖金奖励，激发企业统计员工作热情。

【先进名录】

先进个人一览表

表51

姓名	荣誉名称	发文时间	授予部门
叶紫微	第七次人口普查国家级先进个人	2021.9	国务院第七次人口普查领导小组

（朱烨槟）

审计工作

【概况】 2021年，文成县审计局完成审计项目14个，查出主要问题金额5.04亿元，其中违规金额2.93亿元、管理不规范金额2.11亿元。审计处理处罚金额3.64亿元；移送司法机关、纪检监察机关和有关部门处理事项1件，移送处理人员2人；审计促进整改落实有关问题金额2.05亿元；审计后挽回（避免）损失53万元。出具审计报告和专项审计调查报告17篇；审计提出建议45条，被采纳45条；推动被审计单位制定整改措施32项；促进被审计单位制定、完善规章制度16项；提交审计信息55篇，被批示、采用37篇。向社会公告审计结果17篇。获评2021年市级全面深化改革开放突出贡献集体、“建设清廉机关 创建模范机关”县级示范单位、县级先进基层党组织等荣誉称号。

【财政审计】 2021年，县审计局以推动高质量发展为主题，聚焦财政安全和财政资金绩效，加大对重点资金、重点项目和重点领域的审计监督力度，促进财政经济安全和财政资金规范高效运行，延伸抽查部门单位31家、乡镇机关10家、国有企业7家和获得财政补助的民营企业9家。审计发现政府财务报告编制主体重复、报表数据不准确，政府债券资金以拨代支，国有企业经营收益未及时上缴、多头开设银行账户等问题。强化审计整改督促，促成11家企业纳入国有资本经营预算；力促非税收入1.37亿元上缴国库，拍卖成交款6581万元上缴国库，清退死亡人员

2021年7月8日，审计人员到县瑞康气体有限公司了解生产经营状况和奖补政策落实情况（县审计局提供）

养老保险个人账户资金33万元，19家国有企业撤销各类银行账户44个。

【专项审计调查】 2021年，县审计局聚焦民生重点领域，实施文成县生活垃圾治理情况专项审计调查，重点关注垃圾分类设施建设情况、生活垃圾分类实施情况、生活垃圾治理日常监管情况以及生活垃圾分类专项资金保障等，发现生活垃圾分类设备未正常使用、生活垃圾混合运输、多支付工程款、未按规定为部分保洁人员办理参加社会保险等5个方面19个问题，助推县政府出台《文成县生活垃圾分类“两定四分”工作实施方案》《文成县乡镇生活垃圾分类考核办法》等制度全面规范垃圾分类投放管理。开展县红枫公交公司财务收支审计，进一步规范文成县红枫公交公司车管、油电卡、营运收入管理。

【领导干部经济责任审计】 2021年，县审计局完成科技局、文联、城建中心、二源镇、西坑畲族镇等5个部门3个乡镇11位领导干部经济责任审计，提出审计建议31条。力促土地罚没款未执行到位、专项资金未及时使用、未按规定发放补贴、内控制度管理不规范等典型问题得到整改规范，推动被审单位建立健全相关制度6项。移送线索，促县纪委监委查处为同学揽“生意”的干部渎职行为，力促被审单位查处用单位加油卡给私家车加油的“私车公养”行为。

【审计整改】 2021年，县审计局针对被审计单位近5年屡审屡犯、未整改到位的审计整改问题进行分类梳理，列出“问题清单”，将清单报送县人大、县政府、县委审计委员会、县

2021年7月22日，审计人员上街了解清运保洁作业及垃圾处理等情况（县审计局提供）

委考绩办，通过多方借力，倒逼整改落实。县人大收到审计“问题清单”后，专门召开审计查出问题整改落实情况专题询问会，组织6家单位，就清单罗列的问题整改落实情况开展专题询问；县委考绩办将“问题清单”纳入乡镇考绩“七张清单”，一对一督促有关单位逐项销号，收效良好，1个月整改14个问题。

2021年6月24日，全体党员到西坑畲族镇让川村毛泽东像章文化博物馆参观学习（县审计局提供）

【内审监督】 2021年，县审计局推动文成县委县政府研究出台《关于进一步加强内部审计工作的意见》，健全内部审计工作领导机构，为内审工作顺利开展提供组织保障。针对性开展业务指导，组织内审会员单位30余人，召开内审工作培训会，提升内审人员业务水平。

【党史教育】 2021年，县审计局先后通过开展“学党史、感党恩、跟党走”读书交流会、组织“学党史、感党恩、做表率”主题演讲比赛、班子成员党课轮流讲、邀请在党56年的审计局退休老干部讲党课、组织党员干部到西坑畲族镇让川村参观毛泽东像章文化博物馆等多载体多形式推动党史学习教育走深走实。坚持把“办实事、解难题、减负担”贯穿党史学习教育全过程，开展“双服务”“双报到”、为所在社区“献一计”“解一难”“办实事”“圆梦微心愿”等活动，发动全局党员主动为所在社区解决民生实事24件；组织党员干部到结对帮扶村南田镇龙上村开展“学党史 办实事·圆梦微心愿”活动，帮助龙上村解决村庄绿化建设缺口资金10万元，为27位困难群众和党员实现微心愿。

【先进名录】

先进个人一览表

表52

序号	姓名	荣誉名称	发文时间	授予部门
1	周　倩	县级2019年政府财务报告先进个人	2021.3	文财〔2021〕48号
2	吴炜炜 邢文辉 施明仁	县“学习强国”学习先进评选活动“学习之星”“挑战擂主”“飞跃之星”	2021.4	中共文成县委宣传部文宣发〔2021〕22号
3	郭少琼	2021年度温州市机关党建优秀调研成果三等奖	2021.11	中共温州市委直属机关工委

续表52

序号	姓名	荣誉名称	发文时间	授予部门
4	赵汉然	2021年度优秀大数据审计案例评选结果信息系统优秀案例	2021.1	温州市审计局 温审办数据〔2021〕12号

先进集体一览表

表53

序号	单位名称	荣誉名称	发文时间	授予部门
1	文成县审计局	2020年度县(市、区)审计机关考核优秀单位	2020.12	温州市审计局 温审人〔2020〕57号
2	文成县审计局	县级2020年度考绩优秀单位	2021.2	文成县委 文成县人民政府 文委发〔2021〕6号
3	文成县审计局	县级2020年度全县“清廉机关”建设考核示范单位	2021.3	中共文成县委直属机关工作委员会 文直委〔2021〕16号
4	文成县审计局	市级2020年度全市审计信息工作考核结果优秀单位	2021.3	温州市审计局 温审办〔2021〕5号
5	文成县审计局	县级2021年度提升型、规范型、引领型“清廉机关”建设“引领型”单位	2021.6	中共文成县委直属机关工作委员会 无文号
6	文成县审计局	县先进基层党组织	2021.6	文成县委 文委发〔2021〕28号
7	文成县审计局	县2020年度落实全面从严治党主体责任工作考核优秀单位	2021.2	文成县委 文委发〔2021〕7号

（张王伟）

市场监督管理

【概况】 2021年，文成县市场监管局设13个内设机构：办公室、组织人事科、法规科、信用监督管理科、市场合同监督管理科（广告监督管理科）、质量发展与监督管理科、标准计量与合格评定科、食品安全协调科、食品生产流通安全监督管理科、餐饮服务监督管理科、特种设备安全监察科、网络交易监督管理科（信息化办公室）、知识产权监督管理科（商标监督管理科）；4个直属机构：文成县市场监管综合行政执法队、登记注册分局（行政审批分局）、消费者权益保护分局（投诉举报处置中心、旅游市场监督管理分局）、药品医疗器械监督管理分局（化妆品监督管理分局）；8个市场监督管理所：大峃、珊溪、玉壶、南田、西坑、百丈漈、峃口、黄坦市场监督管理所；辖4个事业单位：文成县计量与质量检测所、文成县消费者权益保护委员会秘书处、文成县食品药品综合检测中心、文成县非公有制经济组织党建指导服务中心。年末，在职干部153人。全年县市场监管局紧扣重点目标，持续建设高标准市场体系，强化高水平监管体系，打造高质量服务体系，锻造高素质队伍体系，全年工作获得省、市部门和县委县政府肯定，县年度工作考绩被评为优秀单位。

【商事改革】 2021年，县市监局提升工商登记便利化，依托企业注销“一网服务”平台，将企业简易注销时限压缩至20日。制定《文成县放宽住所（经营场所）登记条件实施细则》，市场主体受益并领取营业执照2364户。助力“无证明城市”建设，对许可证遗失，药品、医疗器械经营许可证变更以及延续需要提交的无犯罪或未结案证明等采取自我承诺制度。实现食品经营许可与营业执照设立、注销等合并办理，推动企业开办、变更、注销的“一件事”向“整件事”迭代升级。继续实行企业首套公章免费政策，全年为1200多户企业领取由政府买单的公章，实现企业开办“零支出”。

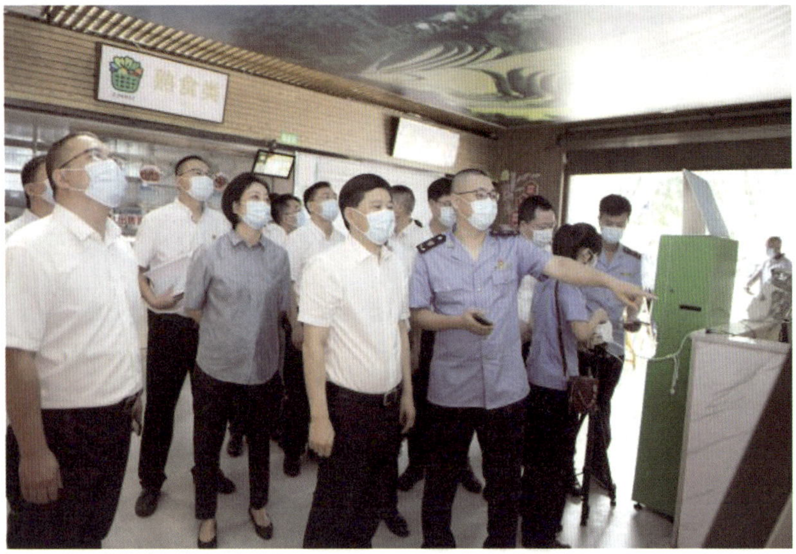

2021年8月19日，省市场监管局局长章根明（前左）到文成调研（县市场监管局提供）

2021年1月15日，实施审批住所承诺制（县市场监管局提供）

【优化市场】 2021年，文成县新增小微企业1135家，其中8大产业小微企业392家；全年主体申请贷款1025户，完成授信11.5亿元，首贷户244户，贷款8.5亿元。激发“小个专”非公经济发展，建成全省首个“小个专”党建之家，率先开展“小个专”党建云平台试点，打造全省首个小个专“党员直播间”，特色做法被《浙江新闻联播》《浙江日报》《中国市场监管报》报道。促进平台经济治理，建设电商经营主体库343户，查处网络案件50件，违法线索立案查处率100%。推进“互联网+监管”平台应用，实现监管事项入驻率、掌上执法率、抽查事项覆盖率3个100%。深化“双随机、一公开”新型监管模式，完成“双随机”事项66项，任务完成率100%。实施企业全生命周期一体化管理，“浙江企业在线”激活主体17532家，“证照分离”告知承诺按时核查率100%，“企业画像”（食品）信用标签准确率100%。

【质量提升】 2021年，县市监局培育县长质量奖企业1家、质量创新奖企业3家，全年新增

2021年9月17日，全省首个“小个专”党员直播间开播（县市场监管局提供）

“品字标”企业3家，其中“丽水山耕”认证2家，品牌企业数12家，品牌企业销售占比48.7%。开展“浙江制造”标准研制，指导中星钢管有限公司为主制定并发布《全自动伺服三线冷拔管机》浙江制造团体标准。推进旅游质量提升，出台《文成县旅游产业质量提升行动实施意见》，树立服务行业质量提升特色样板。新增品牌服务指导站1个；打造“文成大米”地理标志商标。落实专利申报指导，全县有效发明专利129件，高价值发明专利0.87件/万人；新增专利授权559件、PCT国际专利申请1件。发放商标、专利等补助54.7万元，开展银企对接办理商标质押贷款1.25亿元，专利质押贷款6050万元。

【放心消费】 2021年，县市监局以放心消费营造高品质氛围，推进放心消费重点县建设，全年建成放心消费单位1160家，无理由退货承诺单位455家，放心消费商圈8个，打造放心消费“一地一品牌”，放心消费工作得到省、市局肯定，多次在省、市工作会议上做典型经验交流。全年受理处置各类消费投诉355起，举报146起，在规定期限内办结率100%。

【食品安全】 2021年，县市监局巩固食品安全创建成果，创设“黄牌督办”机制，推动食品安全党政同责。推进民生实事落地，实现全县68家学校食堂“智能阳光厨房”全覆盖，建设网络餐饮单位阳光厨房179家，“外卖在线”平台激活商家201户，创建农村家宴“阳光厨房”23家；完成全程可追溯单位（“浙食链”）注册激活300家、“阳光工厂”9家，完成百丈漈农贸市场全程可追溯创建试点；打造城南“五化”农贸市场，创建放心市场4家，实现放心市场全覆盖；重整农贸市场空间规划，将农贸市场专项规划列入全县国土规范编制，编制《文成县农贸市场专项规划（2021—2025）》；继续强化进口冷链食

2021年11月19日，“金融赋能 放心消费”战略合作签约仪式举行（县市场监管局提供）

品物防，落实“凡进必检、未检禁售、违规严惩”物防工作要求，明确“4+1不得”；深化食品抽检分离改革，抽检任务100%实施“硬分离”，全年抽检食品934批次。

【药械监管】 2021年，全县药品经营企业52家，医疗器械经营单位58家，医疗机构125家。巩固零售药店“哨点”作用，关停整改药店17家次，约谈12家次。推进药械化安全系列行动，开展药品、医疗器械、化妆品领域打假治劣提升行动，检查药品、医疗机构经营单位337家次。强化药械化服务水平，建成药事服务站4家、药事服务车1辆，建立个人用药档案1500余份，慢性病健康档案600余份，完成送药2000余份。

2021年4月2日，全省首批民生药事服务站建成（县市场监管局提供）

【特种设备保障】 2021年，全县在用特种设备1767台，全年排查特种设备隐患123起，整改123起，发放指令书44份，查处案件3起。实施特种设备安全风险隐患防控能力提升工程，开展特种设备使用单位推广应用分类评价系统475家、重大风险隐患日志管理103家。加强电梯安全监管，提高电梯安全责任保险覆盖率80%以上；落实起重机械安全监管，实现243台起重机械双限位加装全覆盖。电梯应急救援中心全年接警90次，其中人员被困82起，解救人员131人次。

【三比一讲】 2021年，县市监局锚定省局“三比一讲”争先创优任务10大板块63个子项目指标，顺利交出“三比一讲”争先创优竞赛优异答卷，实现“在线固证”存证固证数、建成“阳光厨房”“浙江外卖在线”商户端激活、放心工厂等指标完成率全省前列，29项量化任务指标提前获得全额得分28项，29个动态指标中全部完成基准任务，荣获全省系统三等奖。其中，40项指标完成率居全省第1（含并列第1），《中国市场监管报》《中国医药报》、浙江卫视等省级以上媒体先后报道文成工作经验3次。

2021年1月22日，春节前市场价格检查（县市场监管局提供）

【综合执法】 2021年，县市监局查处案件331件，结案311件，罚没款总额226.04万元，其中万元以上案件44件，移送公安3件，办理简案快办50件。开展保护消费安全综合执法行动，查办案件54件。开展打击无合法来源进口商品综合执法行动，查获非法销售成品油案件1起，油品约1吨，无合法来源燕窝系列案件19件，罚没款3.51万元。开展民生领域案件查办"铁拳"行动，与市局联合查办的温州国鹏生物科技有限公司等涉嫌生产销售非法添加醋酸泼尼松食品案被国家市场监督管理总局挂牌督办，入选为长三角联动执法典型案例，被省局列为向社会公布案件。强化执法系统协调，查办双打案件44件，罚没136.97万元。落实公平竞争集中统一审查试点工作，集中统一审查以县政府和县府办名义发布的规范性文件8件。

【基础建设】 2021年，县市监局夯实基础建设保障，完成应急指挥平台四期建设，实现全县农贸市场远程监管100%全覆盖，接入农贸市场10家、阳光厨房远程视频28家，完成电梯智慧物联网设备接入902台。加强计量标准建设，计量所新增计量标准1项，免费为42家企业开展计量检定139台件，免去费用7.1万元；打造"家门口的免费快检室"，完成进村入户免费巡检54次，检测样品387批次；全年接受食品委托检验54批次，为企业和个人减免检测费用3.2万元。

【基层提质】 2021年，县市监局开展市场监管所"双百"行动，在大峃所和黄坦所分别开展"双百"示范所和消薄所建设；围绕刘基故里、云江秀水等优势打造县级清廉站所示范点，建成清廉站所示范点2个，合格站点3个。开展中层干部公开竞职演讲，通过"海选"选拔中层正职后备干部9名，中层副职后备干部12名；强化干部队伍执法水平，提升干部执法证持证率，全局共有行政执法证件119本，执法岗位持证率达到100%。

【先进名录】

先进个人一览表

表54

序号	姓名	荣誉名称	发文时间	授予部门
1	余　坚	工作突出个人	2021.6	中国个体劳动者协会
2	黄　欧	浙江省优秀党务工作者	2021.6	中共浙江省委
3	邹敏敏	政务信息工作先进个人	2021.3	浙江省市场监督管理局
4	徐旭斌	表现突出个人	2021.12	浙江省市场监督管理局
5	李一伟（温州市局代表队）	优秀组织奖	2021.9	浙江省市场监督管理局
6	周　冀	成绩突出个人	2021.1	浙江省市场监督管理局
7	王思如	成绩突出个人	2021.9	浙江省"小微企业三年成长计划"工作领导小组
8	洪德芳（温州代表队）	团体第二名	2021.10	浙江省药品监督管理局
9	周　冀	十佳所长	2021.1	温州市市场监督管理局
10	赵盈盈	先进个人	2021.3	温州市市场监督管理局
11	李一伟	微党课二等奖	2021.7	温州市市场监督管理局

续表54

序号	姓名	荣誉名称	发文时间	授予部门
12	王雅凤	优胜奖	2021.10	温州市市场监督管理局
13	张成云	优胜奖	2021.10	温州市市场监督管理局
14	王思如 庆祝中国共产党成立100周年——巩固基层治理，非公党建力量不可或缺	优秀调研成果二等奖	2021.12	中共温州市市场监督管理局机关委员会
15	金小曼 ——《数字化改革赋能机关党建的探索与思考——以文成县市场监督管理局为例》	优秀调研成果二等奖	2021.12	中共温州市市场监督管理局机关委员会
16	李一伟 ——《试论基层消费维权的问题和建议》	三等奖	2021.1	温州市市场监督管理局 温州市市场监督管理学会
17	李巧巧	优秀药品GSP检查员	2021.3	温州市市场监督管理局
18	胡晓晓	食品抽样业务标兵	2021.7	温州市市场监督管理局
19	朱　赟	食品抽样业务标兵	2021.7	温州市市场监督管理局
20	李一伟	食品抽样业务能手	2021.7	温州市市场监督管理局
21	林浩南	食品抽样业务能手	2021.7	温州市市场监督管理局
22	魏一州 ——《温州国鹏生物科技有限公司、文成县娟姐艾灸馆、文成县宏康养生馆生产销售有毒有害食品案》	一等奖	2021.12	温州市市场监督管理局
23	周瑞珊 ——《文成县南田镇伟光电瓶车修理店等电动车专项整治系列案件》	优胜奖	2021.12	温州市市场监督管理局
24	陈华亮 ——《文成县佳音茶叶有限公司侵犯地理标志专用权案》	优胜奖	2021.12	温州市市场监督管理局
25	胡晓晓	先进个人	2021.4	中共文成县委办公室
26	包陈杰	实施铁军锻造工程铁军标兵	2021.2	中共文成县委 文成县人民政府
27	周成满	招商引税和财政增收突出贡献个人	2021.2	中共文成县委 文成县人民政府
28	赵东莹	美丽城市创建突出贡献个人	2021.2	中共文成县委 文成县人民政府

续表54

序号	姓名	荣誉名称	发文时间	授予部门
29	周友朴	生态环保和五水共治突出贡献个人	2021.2	中共文成县委 文成县人民政府
30	赵汉海	突出贡献个人	2021.5	中共文成县委 文成县人民政府
31	郭钦化	突出贡献个人	2021.5	中共文成县委 文成县人民政府
32	程文元	优秀共产党员	2021.6	中共文成县委
33	邹敏敏	文成县2021年度优秀通讯员	2021.11	中共文成县委宣传部
34	李一伟	二等奖	2021.4	中共文成县委宣传部 中共文成县委组织部
35	金一鸣	学习强国“挑战擂主”	2021.4	中共文成县委宣传部
36	叶东东	学习强国“飞跃之星”	2021.4	中共文成县委宣传部
37	周　凤	学习强国“飞跃之星”	2021.4	中共文成县委宣传部
38	金双双	先进个人一等奖	2021.12	文成县财政局

先进集体一览表

表55

序号	单位名称	荣誉名称	发文时间	授予部门
1	文成县市场监督管理局（与温州市局合办案件：浙江某公司涉嫌生产销售非法添加醋酸泼尼松食品案）	2021年总局食品安全挂牌督办案件	2021.7	国家市场监督管理总局
2	文成县市场监督管理局（与温州市局合办案件：浙江某公司涉嫌生产销售非法添加醋酸泼尼松食品案）	典型案例		长三角一体化联盟 （沪、苏、浙、皖市场监督管理局）
3	文成县市场监督管理局	政务信息工作先进单位	2021.3	浙江省市场监督管理局
4	文成县市场监督管理局	新闻宣传工作先进单位	2021.3	浙江省市场监督管理局
5	文成县市场监督管理局	成绩突出集体	2021.1	浙江省市场监督管理局
6	文成县市场监督管理局	成绩突出集体	2021.2	浙江省打击侵犯知识产权和制售假冒伪劣商品工作领导小组办公室 浙江省市场监管工作联席会议办公室
7	文成县市场监管综合行政执法队	药品稽查执法工作成绩突出集体	2021.1	浙江省药品监督管理局

续表55

序号	单位名称	荣誉名称	发文时间	授予部门
8	文成县市场监督管理局（林星星、文成新悦房地产开发有限公司侵害消费者依法得到保护的个人信息权利案）	典型案例(消保维权类)	2021.4	浙江省市场监督管理局执法指导处
9	文成县市场监督管理局（与温州市局合办案件：温州查处温州国鹏生物科技有限公司等销售非法添加“醋酸泼尼松”百草康风茶案）	典型案例	2021.10	浙江省市场监督管理局
10	文成县市场监督管理局	先进集体	2021.3	中共温州市委 温州市人民政府
11	文成县市场监督管理局非公有制经济组织党建指导服务中心(小微企业发展服务中心)	十佳集体	2021.1	温州市市场监督管理局
12	文成县市场监督管理局	优秀等次	2021.1	温州市市场监督管理局
13	文成县市场监督管理局	先进单位	2021.3	温州市市场监督管理局
14	文成县市场监督管理局（温州百意资产管理有限公司发布违法印刷品和电梯广告案例）	典型案例	2021.3	温州市市场监督管理局
15	文成县市场监督管理局（文成县黑雪朗诵培训有限公司发布违法校外培训广告案）	典型案例	2021.10	温州市市场监督管理局办公室
16	文成县市场监督管理局	优胜奖	2021.7	温州市市场监督管理局
17	文成县市场监督管理局	三等奖	2021.11	温州市市场监督管理局
18	文成县市场监督管理局（知识产权类：文成县艺威电子商务有限公司销售侵犯注册商标专用权的商品案；药械化类：文成县红日医院使用过期药品案；食品安全类：温州国鹏生物科技有限公司、文成县娟姐艾灸馆、文成县宏康养生馆生产销售有毒有害食品案；其他类：文成程永武因阻碍执行公务被行政拘留案）	执法典型案例	2021.12	温州市市场监督管理局
19	文成县市场监督管理局	先进单位	2021.4	中共文成县委办公室
20	文成县市场监督管理局	考绩优秀单位	2021.2	中共文成县委 文成县人民政府

续表55

序号	单位名称	荣誉名称	发文时间	授予部门
21	文成县市场监督管理局	实施民生幸福工程先进集体	2021.2	中共文成县委 文成县人民政府
22	文成县市场监督管理局	美丽城市创建突出贡献集体	2021.2	中共文成县委 文成县人民政府
23	文成县市场监督管理局	突出贡献集体	2021.5	中共文成县委 文成县人民政府
24	文成县大峃市场监督管理所	突出贡献集体	2021.5	中共文成县委 文成县人民政府
25	文成县市场监督管理局	组织奖	2021.4	中共文成县委宣传部 中共文成县委组织部

（邹敏敏）

应急管理

【概况】 2021年，文成县应急管理局设在大峃镇西门街50号，同时挂“文成县安全生产委员会办公室”牌子，由局长兼任主任。核定行政编制14人，参公编制13人，事业编制18人，下设县应急指挥中心、县应急管理监察大队、县减灾救灾服务保障中心、县应急管理宣教中心等4个下属事业单位，内设办公室（挂人事教育科牌子）、政策法规科（挂行政审批科、规划科技科牌子）、救援减灾科、火灾防治管理科、危险化学品安全监管科、安全生产基础科、综合协调科等7个职能科室。全年全县有危险化学品生产单位1家，经营带储存单位1家，票据贸易公司2家，油漆涂料经营点1家，加油站9个，烟花爆竹批发公司1家，长期经营点15个；工贸行业企业104家，其中粉尘和高温熔融金属企业18家。全县发生各类安全生产事故2起，死亡1人，相比前两年平均数分别下降50%和33%。未发生较大以上安全生产事故，保持安全生产形势总体稳定。

【安全生产专项整治】 2021年，县应急管理局针对全县道路交通、消防安全、危化品、工矿、危旧房、建设施工、地质灾害、城市管理、旅游安全、涉水涉渔、特种设备等11个重点领域开展安全生产专项整治。部署出台县级“8＋3”重点领域安全生产专项整治方案，制定各领域风险链关键节点管控措施和责任清单，把控各项人数节点，以“鱼骨图”的形式梳理各领域重大事故风险链关键节点；根据重点领域成立专委会8个，制定出台各项运行制度。各领域全年工作任务301项，全部完成。

【安全生产风险普查】 2021年，县应急管理局加强“遏重大”工作，组织开展各领域安全生产风险普查行动。完成风险普查1181项，其中消防领域完成数为783项；工矿领域完成数为248项；旅游领域完成数为14项；道路交通领域完成数为70项；危化领域完成数为10项；城市运行领域完成数为2项；建设施工领域完成数为54项。

【隐患整改曝光】 2021年，县应急管理局开展安全生产专项检查和执法计划检查，重点对粉尘涉爆、高温熔融金属作业、有限空间与喷涂作业以及存在重大事故隐患的企业进行整治与执法，按照要求完成年度执法检查计划，检查企业54家，发现违法行为23起，移送3起（其中有1起为涉嫌危险作业罪的行刑衔接案件），立案处罚20

起，检查处罚率37%，非事故处罚金额占比100%，罚款36.85万元，同比上涨149%。按期完成市级隐患挂牌企业（文成县舒美尚兴门业有限公司）隐患整改验收；持续推进隐患曝光，督促企业落实隐患整改，在温州都市报曝光的市级隐患企业10家，完成整改10家；今日文成曝光22家，整改22家。

【企业风险管控体系建设】 2021年，县应急管理局以全县的高危行业企业、“三场所一企业”、工贸行业危险化学品使用企业和加工制造类小微企业为重点，督促企业全面做好日常安全风险分级管控和隐患排查治理，推动企业主体责任落实到位，推进全县企业安全风险管控体系建设，完成风险管控体系建设企业109家，其中完成风险评估小微园2个。推进企业安全生产三级标准化创建，通过评审的企业8家。

【“三服务”活动】 2021年，县应急管理局领导带队开展“三服务”活动，在巨屿镇、百丈漈镇开展安全生产指导提醒培训会，对于铸造企业电气隐患排查整治能力不足问题，邀请市级安全生产专家到企业开展隐患排查并指导企业对发现的隐患问题整改落实到位；开展企业安全在线系统使用指导，开通属地乡镇账号，督促企业落实省厅系统应用。

【烟花爆竹“打非治违”工作】 2021年，春节、清明、国庆等旺季期间，县应急管理局组织开展烟花爆竹打非专项行动。检查烟花爆竹领域企业42家次，发现隐患61条，整改隐患61条，下发责令限期整改指令书5份。查处烟花爆竹相关违法行为3起，移送2起，处罚1起，罚款1.6万元。全县危化和烟花爆竹行业安全生产形势稳定。

【危化品领域“打非治违”工作】 2021年，县应急管理局深化剧毒、涉爆专项整治行动工作，联合县公安局、县市场监督管理局开展检查，对辖区内的17家乙级使用单位，1家丙级使用单位进行信息核对、资料核查和综合考评。开展危化品领域“打非治违”亮剑行动，制定《文成县应急管理局关于深入开展危化品企业“低、小、散”专项治理的工作方案》，对全县危化品企业开展治理工作，检查危化领域企业54家次，发现隐患106条，整改隐患106条，下发责令限期整改指令书7份，查处危化相关案件5起，其中行刑衔接1起（文成县东英汽摩配加工厂未经许可非法储存危险化学品案），其他危化相关违法行为4起，罚款18.9万元。

【宣传阵地建设】 2021年，县应急管理局为拓展安全宣教阵地，开展安全文化示范点创建工作，创建市级安全文化示范学校3个、示范农村10个、示范社区4个、示范家庭6个、示范企业4家，体验馆2家。

【常态化宣传】 2021年，县应急管理局开展线上宣传，在“温州文成”微信公众号，宣传应急管理工作动态和安全知识信息，发表文章109篇；在温州市应急局网站上，报送信息266篇，录用发表87篇。在县府橱窗开设应急管理知识宣传栏12期。

【安全教育培训】 2021年，县应急管理局开展线上取证培训，通过文成应急管理云平台，组织227家企业的负责人和安全管理员参加安全生产培训，通过考核取得证书424人。推进全省百万员工安全大培训工作，组织企业员工参与学习，考试通过1480人。

【森林防灭火能力提升】 2021年，县应急管理局组织学习森林火灾扑救知识、森林火险判断与林火预防、森林火灾扑救现场指挥、安全避险法等4次培训，对全县森林消防队员，一线指挥员，乡镇分管领导等培训288人次；以文成县雷霆应急救援中心为基础，建设森林消防以水灭火队伍，人员25人。

【避灾安置点和综合减灾示范社区建设】 2021年，县应急管理局完成避灾安置点规范化建设12个(通过市级验收),创建完成1个省级综合减灾示范社区(西坑让村省级综合减灾示范社区),全县创成国家级综合减灾示范社区11个,省级综合减灾示范社区7个;完成避灾安置点可视化项目建设107个;完成避灾安置点3年1次的安全性检测149个。

【防震减灾】 2021年,县应急管理局在防震减灾工作上,获得2021年度省级防震减灾工作先进集体称号。2021年,完成黄坦地震台和叶田下地震台的"三化"改造项目,全县完成全部的"三化"改造台站6个。

【防汛防台】 2021年,县应急管理局组织对地质灾害隐险防范区、小流域山洪危险区、危老旧房、在建工地工棚等领域风险人员排查,建档立卡1568人,每人实行赋码(安全码)管理;调整落实网格责任人和转移责任人1389人;组织县级防指组织成员单位负责人及业务骨干、乡镇、村社防汛防台负责人开展培训,全县开展培训会28场,其中县级3场,乡镇级25场;开展风险隐患排查整治,组织检查2198人次,检查4250处,发现隐患23处,全部完成整改。

【应用场景可视化应急预警广播系统】 2021年4月29日,全市应急广播现场推进会在文成召开。文成县建成1个覆盖全县244个行政村所在地和57个重点自然村的数字化应急广播系统,站点252处,带可视化监控45处,实现村村全覆盖,解决预警"最后一公里"。应急广播系统可接入省市应急广播系统,实现省市共享。

(王克雄)

消防救援

【概况】 2021年,全县接警出动224起,同比上年下降1.75%,发生火灾114起,同比上升0.9%;出动消防车364辆次,消防人员2193人次,抢救被困人员16人,疏散人员7人,抢救财产价值1464.8万元。完成全国"两会"、建党百年大庆、重点节日等一系列重大活动消防安保任务。

【消防执法】 2021年,县消防救援大队围绕平安护航建党百年安保目标,以"8+3"重点领域、"百日攻坚"等系列行动为抓手,推进高层建筑、居住出租房、合用场所、企业厂房等重点领域隐患治理,有效消除一批火灾隐患。全年检查单位1682家,发现隐患808处,督促整改802处,责令改正705处,处罚74家,查封7处,行政强制5处,"三停"13家,罚款22.34万元,拘留8人。排查居住出租房1072家、合用场所2838家,整治提升3人以上"通天房"式出租房593家、疏散不独立的合用场所1425家。严格落实"两类场所""四色"消防安全管理工作,构建常态化管控机制。推进161栋高层建筑消防安全综合治理,联合公安、市监、综合执法等部门印发《电动车管理联合执法常态化制度化工作方案》,全年办理消防车通道处罚案件15起,电动自行车领域专项执法行动案件465起,完成市、县两级重大隐患挂牌整治单位(区域)7家,完成20幢失管或老旧高层住宅消防设施改造提升和9个乡镇微型消防站建设等市、县政府民生实事项目。

(程步园)

公共资源交易管理

【概况】 2021年,文成县公共资源交易中心为文成县发展和改革局管理的公益一类事业单位,机构规格为副科级,办公地点位于大峃镇西门街50号,内设综合督查科、交易管理科、信息管理科、建设项目交易科、政府采购科、土地产权交易科6个科室,核定编制15人。经县编办审批,编外用工6人。

【招标投标业绩】 2021年度,县公共资源交易中心完成各类交易项目873宗,交易总额44.39亿元,增收节支7.42亿元。其中,建设项目57宗,中标价33.22亿元,节约资金5.29亿元,平均节约率13.06%;政府采购项目789个,采购金额4.25亿元，节约资金0.47亿元，平均节约率9.97%；土地交易15宗，成交价6.44亿元，溢价金额1.32亿元，溢价率25.87%；产权交易12宗，成交价4820.99万元，溢价金额3410.03万元，溢价率241.68%。被温州市政务服务局评为2021年度温州市政务服务工作优秀单位。

【服务平台建设】 2021年度，县公共资源交易中心打造“数字开标+云端服务”平台。工程建设项目推出交易系统升级版，通过开设“不见面开标”直播间，嵌入视频直播功能和文件提取功能，实现直播管理。实现从“现场开标”走向“线上开标”。政府采购从采购计划申报到项目采购招标文件生成、中标公告发布、中标合同签订，可通过“政采云”线上平台电子化操作。土地交易、国有产权交易实现网上挂牌、报名、网络竞价等一系列交易电子化。构筑“风险预警+智慧监管”平台。创新打造“项目招投标全过程智慧监管平台”，综合大数据分析结果监测和预警交易各方履职情况，通过交易行为关联分析模型，挖掘违法违纪问题线索。全年发现28家疑似串围标企业，查处违规行为14起，没收3个项目7家单位投标保证金。项目建设“三色警示”应用模块通过线下分配端口设立网格员，线上设置监测、监督、管理、指挥、统计5大功能，探索通过信息化系统对各环节风险管控数据的采集、分析、研判，找准潜在安全风险和监管漏洞，压实责任。初步形成“线上千里眼监控，线下监督员联动”的一体化联动监管体系。通过平台诊断，预警约谈68人次，对6家施工单位下达整改告知书。搭建“综合评价+信用杠杆”平台。草拟《文成县招标投标信用综合评价暂行办法》《招标投标信用综合评价投标行为评价细则》《招标投标信用综合评价代理行为评价细则》，试行12个部门及建设单位的联动评价和信息共享。整合“投标保金+履约保险”平台。推行担保公司保函、保险保函等做法，拓展中小微企业融资渠道。“一网二保”电子保函平台嵌入公共资源交易系统，为企业释放投保金资金沉淀问题。新搭建的交易金融服务平台把线下门槛高、程序多、审核慢的担保抵押质变提升为线上门槛低、程序少、审核快的信用(保险)担保。为企业节约投标融资成本1000余万元，帮助企业减少融资成本近60%。研发“工程赋码+溯源监管”平台。开展清廉村社赋能大治理工作，调研撰写《关于文成县村社工程管理问题的专项报告》，印发《文成县村社工程项目建设管理办法》《文成县村社工程项目问题整治工作方案》。利用科技手段打造工程信息溯源平台，探索小额村社建设工程“工程码”管理模式。在平台运作上，整合群众“前台”监督、职能条线监督和纪检组织“后台”监督力量，深化数据比对、过程监测、预警提醒、综合评估研判等功能，确保数字监督精准到位。向20个村级工程颁发“电子身份证”，涉及金额1400余万元。

【营商环境优化】 2021年度，县公共资源交易中心出台《关于深化招投标制度改革工作方案》《关于开展公平竞争审查相关工作的通知》等系列文件，按照“谁制定、谁审查”的原则，清理废除政策措施中妨碍统一市场和公平竞争的各种规定和做法。出台《工程项目招投标领域营商环境专项整治工作方案》，会同住建、水利、交通、公安等单位开展专项整治工作。清理、排查、纠正在招投标法规政策文件、招标公告、投标邀请书、资格预审公告、资格预审文件、招标文件以及招投标实践操作中对不同所有制企业设置的各类不合理限制和壁垒。对排摸出的涉嫌地方保护的《关于印发文成县工程招标代理机构选定实施细则的通知》《关于印发工程建设项目承包商诚信管理办法的通知》《文成县政府投资小额工程建设项目招投标指导意见》给予废止。实行“宽进严出”准入门槛，根据“非禁即入”的原则，经审核通过均可申请进驻建设工程招标代理管理平台监管系统承接业务。

2020年度市对县考绩考核涉及公共资源交易部分共有招投标信息化程度和外地企业权益保护两块，文成县均获满分。

【标后监督管理】 2021年度，县公共资源交易中心出台《文成县政府投资类项目标后监督管理办法》，成立工程建设项目标后监管领导小组。印发《文成县村社工程项目建设管理办法》。出台《关于开展政府投资项目标后管理检查工作的通知》，分设水利、交通、住建类督查工作组督查工程状态。在项目抽查上，强化交易和施工两场联动，以长效机制助推“闭环管理”。在交易现场完善工程项目约谈机制，推行投标企业承诺制，即在招标文件设置承诺书，要求投标企业提交诚信投标承诺书。在施工现场探索复合式检查，定期开展标后履约明察暗访，定期召开项目标后履约通气会，形成标后履约检查“一查二看三座谈”模式。围绕人员考勤、关键人员在岗、工程进度等情况进行检查，实行一季一通报。在工程项目现场设置“人脸考勤机”，“脸谱化考勤”破解末端监管问题。对中标项目“五大员”在岗情况实施脸谱考勤，每月采集信息，把监管重点从场内向场外延伸。出台《文成县政府投资类项目建设工程招投标全过程管理实施办法》，明确项目单位、行业主管部门及公共资源监管等相关部门职责，建立联动监管机制。

【招投标市场整治】 2021年度，县公共资源交易中心调整优化招投标违法案件联动管理工作领导小组，办公室设立投诉举报专线，负责全县招投标工作的政策制定、协调指导、服务管理、问题督办、案件查处等工作。推行《文成县招投标违法案件联动管理办法》，建立健全纪委（监委）、发改、公安、住建等部门协作配合的新机制。明确领导小组及办公室、各牵头部门和参加部门的职责任务及运作方式。出台《关于建立招投标违法行为专项治理工作联席会议制度的通知》，明确联席会议工作职责、成员单位和组成人员及运行机制。在整治打击方面，坚持党委主导、政府主抓、纪委主推、部门主责，构建“四主一体”治理格局。首创专项治理“五联动”（宣传发动，统筹联动、机制推动、督查驱动、网络促动）工作模式。下发《对招标投标监管工作中说情、过问情况实行记录、报告的规定》《发现问题处置参考指南》，竖起刀刃向内的制度利剑。对“五大行业”“五类主体”“五种情形”进行排查分析，梳理2013年以来项目招投标情况，为巡察工作提供线索，收集、移交案件线索12条。水利部门对文成玉泉溪治理、交坑小流域治理项目涉嫌串标的6家企业进行行政处罚。调研撰写《关于文成县村社工程管理问题的专项报告》，根据《关于开展漠视侵害群众利益问题专项治理工作的通知》文件要求，出台《文成县村社工程项目问题整治工作方案》，进一步强化全县村社工程项目监督管理。

（雷云锋）

政务服务

【概况】 2021年，文成县政务服务中心核定编制17人，年末在职人员17人。设有综合科、业务科、督查科及下属两个事业单位：代办服务中心、信息服务中心。中心进驻涉批单位34家，进驻事项2085项，人员219人（医保、社保、税务设分中心），全年全县办件320570件。

【打造一流营商环境】 2021年，县政务服务中心推进“最多80天”改革工作。落实最多15个工作日改革，为176个企业和个人服务702件。包括申请政务网账号及密码、赋码、可研、初步设计、选址、用地、方案、工程规划许可、施工许可、竣工、各种变更等为企业基建项目网上申报提供代办服务，解决建设项目投资自主申报难问题，实现最多跑一次目标。全年办理一般企业投资项目223个，工作考核指标实现率均达到100%。落实46个涉企“一件事”改革，重点关注企业反映难点事项，督促协调企业水电气网报装联办、5G基站建设、新能源汽车充电桩报装、光伏报备验收并网等4件"一件事"联办事项的落地实施和向乡镇延伸，做好机关内跑改革工作，申报3个新增一件事（残疾人证办理、华侨回国定居落户、农村分户）。

【"线上+线下"双融合】 2021年，县政务服务中心按照数字化改革、深化"一件事"改革、政务服务2.0建设和"一窗受理、集成服务"等工作要求，结合实际，实行"受办分离"机制和"无差别受理"，推进优化营商环境和数字化改革应用场景建设和"一件事"专窗建设，加强线上线下融合，使办事群众、企业都能够体验到人性化、零等候、就近办、掌上办的政务服务。深化"互联网+政务服务"，推进政务服务2.0收件系统的使用，配置和核验标准化事项1564项，完成100%的事项接入；向财政争取54万元统一为县政务服务中心、各分中心、乡镇行政服务中心购置政务服务2.0配套的外设（高拍仪、平板电脑）130套。全年通过政务服务2.0办件205702件，政务服务2.0占比达标率90.5%。推进"跨区域通办""全市域通办"和"长三角一网通办"工作。深化跨区域通办服务，推出跨部门联办新机制，推进政企银合作，聚焦群众办事高频事项，推进政务服务从分项办理到整体推进，推进政务服务大厅向智慧化政务综合体转型，减少群众来回跑，跑多部门的时间，实现政务服务便利化有效提升。推进政企研联动服务机制，推进工程银行保函，保证保险保函。解决资金占用的问题，缓解资金压力，为企业添便利、降成本减负担，也降低保证金管理风险，助力公共交易公平、公正。

【涉侨服务迭代升级】 2021年，文成县为侨服务"全球通"应用被纳入《全省数字化改革重大应用"一本账S0"目录》。根据海外侨胞多样化诉求，梳理重大需求、多跨场景、重大改革"三张清单"，精心搭建为侨服务"全球通" 场景应用，实现涉侨业务多跨办理。8月20日，场景应用正式上线，县公证处等部门197项涉侨高频事项实现线上办。为侨服务"全球通"2.0在浙里办上线，一级页面接入省市综合应用进行展示，是文成县第一个纳入全省多跨场景重大应用"一本账"的应用，列入全市"重大应用"中"创氛围"重要跑道。省委书记袁家军9月8日到文成调研时，对打造全国首个为侨服务"全球通"的创新做法给予高度评价。10月19日，举行为侨服务"全球通"场景应用启动仪式，实现上百项涉侨业务一网通办，当天晚上，为远在意大利米兰的温籍华侨李小平线上办理杭州的不动产权登记。结合侨胞的实际办件需求，创新推出有无违法犯罪记录公证一件事等7项特色业务作为二期开发的重点内容。

【基层政务服务工作】 2021年，县政务服务中心推进基层政务服务规范化建设复查工作的落实。对乡镇进行指导、完善，抓好督促、整改，督促基层政务服务中心完善工作，落实指标任务。10个乡镇通过验

2021年6月11日，文成县"瓯e办"政务服务自助终端工作推进会召开（县政务服务中心提供）

收。推进“瓯e办”推广使用工作，对“瓯e办”事项优化调整和政务服务2.0适配改造，完成相关测试工作，多次召集各乡镇和银行负责人召开会议，对“瓯e办”的年度工作进行部署和推进，对设备网点布局进行优化调整7台次，推广和宣传使用“瓯e办”，7月份开展宣传月活动，在多个乡镇开展现场宣传。全年设备办件量达44336件。推进政务服务2.0建设向乡镇延伸，分批做好标准化事项的核验、配置和应用工作，采购设备配置，梳理配置事项，组织开展业务培训，全年完成所有17个乡镇的2.0系统开通、事项配置、设备安装、指导使用等，办件量逐步提升。

【群众满意度和获得感】 2021年，县政务服务中心做好“好差评”管理工作，及时查看“好差评”工作台，进行文本审核及差评处理，全年产生49件差评，其中申诉成功47件，整改复核完成2件。加强对窗口的服务监督，进行电话回访322通，无不满意，收集到建议与意见19条。做好审批办件情况的督促工作，将超期办件情况纳入红旗窗口评比指标，指导部门做好预防办件超期工作。开展满意度问卷调查，结合千人评议活动开展群众满意度问卷调查，8月与11月开展2次，收回调查问卷124张，有效地了解了办事群众对各审批窗口及办事过程的直观感受。

2021年，周村社区代办服务中心(县政务服务中心提供)

【帮办代办服务】 2021年，县政务服务中心设立特色服务代办帮办专窗。在一楼大厅设立专窗，派专人导引，为特殊群体(尤其是老年人及老、弱、病、残等)开辟绿色通道；在二楼设立投资项目综合区块代办帮办服务专窗，落实政府重大投资项目、社会企业投资项目及群众民生事项代办等服务。重点针对“碳达峰、碳中和”项目的代办服务，召开专题会议并建立政务代办服务专班。中心代办的项目8个(光伏项目一个)，其中有4个项目领取施工证。创建基层红色代办服务示范点，根据温政服〔2021〕14号文件精神，召开乡镇专职副主任会议专题部署基层红色代办服务，对大峃镇周村社区、玉壶镇中村等村便民中心进行调研指导，完成红色代办服务点的建设和运行。全面推广“三员合一”代办代跑创新工作。“三员合一”代办代跑工作机制作为文成县村级代办帮办工作的重点，在大峃镇屿根社区试点的基础上全面铺开，每个乡镇都设立1至2个“三员合一”村级示范代办点，工作被县委宣传部列入民生幸福工程项目之一。“三员合一”村级示范代办点为群众代办便民服务事项1794件。

【涉批中介服务市场化改革】 2021年，县政务服务中心全面深化涉批中介服务市场化改革，实现“网上中介超市”全覆盖，中介机构、信用信息等明确需自动导入的数据100%导入省市平台。清理没有法规依据的鉴定评估事项，实现“最多评一次”，甚至免评估(梳理涉企鉴定评估中介事项目录清单39项，包括业主委托、审批部门委托、承诺告知等3类)。落实涉批中介机构服务考评制度66项次。开展政府性投资项目涉批中介服务网上竞价比选工作，政府性投资项目涉批中介服务网上比选项目2个。

(戴丰珍)

财政　税务

综　述

2021年,文成县财政总收入17.98亿元,增长14.5%;一般公共预算收入11.75亿元,增长15.0%:其中,税收收入7.87亿元,增长18.5%。企业所得税0.65亿元,增长9.4%;个人所得税0.55亿元,下降24.0%。一般公共预算支出53.80亿元,增长5.4%;其中,民生项目支出42.63亿元,增长4.5%。

财　政

【概况】 2021年,文成县实现地区生产总值116.52亿元,增长5.7%。其中,第一产业增加值9.78亿元,增长1.5%;第二产业增加值30.67亿元,增长6.8%;第三产业增加值76.06亿元,增长5.8%;三次产业结构为8.4:26.3:065.3。全社会固定资产投资62.04亿元,增长13.1%。全社会消费品零售总额50.71亿元,增长4.2%。全县贸易进出口总额6.14亿元,增长13.9%。其中,出口额4.42亿元,增长1.0%;进口额1.72亿元,增长69.5%。全县城镇居民人均可支配收入47507元,农村居民人均可支配收入22580元,分别增长8.7%和10.0%。全县完成财政总收入17.98亿元,增长14.5%。其中,一般公共预算收入11.75亿元,增长15.0%,占财政总收入的65.4%,占地区生产总值的10.1%;一般公共预算支出53.80亿元,增长5.4%。全县财政收支平衡,预算执行情况良好。

【组织财政收入】 2021年,县财政局强化税收征管,完善征管措施,增强收入形势预判和科学决断能力,加强重点行业、重点税源的管理,全年税收收入7.87亿元,同比增长18.5 %,占一般公共预算收入的67.0%。争取项目资金,全年争取到上级转移支付资金28.88亿元、地方政府债券10.58亿元,各类补助资金共计39.46亿元。规范非税管理,坚持依法行政,强化监督检查,全年完成非税收入3.88亿元,同比增长8.6%。政府性基金收入10.49亿元,增长285.7%。其中,国有土地使用权出让收入6.91亿元,增长381.0%。

【支持经济发展】 2021年,县财政局统筹安排1.41亿元保障西坑畲族镇毛泽东像章文化博物馆、文成县人民医院新建工程、农村“四好”公路、景文高速西坑连接线工程、G322文成樟台至龙川段改建工程等项目资金需求。支持生态工业、现代服务业、全域旅游等产业发展,全年兑现扶持企业优惠政策2.87亿元,其中惠企“直通车”补助资金3955万元。落实各项优惠政策,支持电子商务、建筑业、批发零售业及房地产业等产业发展,引入总部经济企业33家,全县总部经济企业合计226家,入库税收7.12亿元,完成年初目标的118.6%。统筹安排涉农资金8.02亿元,重点支持“三农”发展。入围省级乡村振兴产业发展项目示范县建设名单,获得省财政补助资金6000万元。完成“一事一议”财政奖补项目33个,申报2022年度“一事一议”助推美丽乡村建设项目,获得省补助资金2000万元。

【兜底民生事业】 2021年,县财政局全年民生支出42.63亿元，增长4.5%，占一般公共预算支出的79.2%。支持教育事业发展，全年教育支出8.59亿元，保障全县中小学校和幼儿园建设，助力创成省级教育基本现代化县。支持社会保障事业发展，社会保障和就业支出7.40亿元，落实养老保险省级统筹、医疗保险市级统筹，最低生活保障月标准提高至城乡同标886元。支持卫生健康事业发展，卫生健康支出6.34亿元，保障县人民医院发热门诊和17家乡镇卫生院发热诊室等项目资金，投用移动式核酸检测实验室专车。支持交通运输事业发展，全年交通运输支出2.89亿元，保障文瑞高速、文泰高速、青文高速玉壶互通至文成枢纽段、文成南互通等重大交通项目资金需求，温州西部交通枢纽初见雏形。保障疫情防控，全年筹集并下达疫情防控资金8741万元，从职工医保基金中划转上缴新冠疫苗采购预算专项资金4345万元，县级财政配套145万元，保障新冠疫苗接种工作顺利进行，累计接种新冠疫苗46万剂次。

【深化财政改革】 2021年，县财政局深化国库集中支付动态监控系统改革。在原有157个县机关事业单位实行动态监控的基础上，进一步扩大监控范围，将全县17个乡镇也视同县级预算单位纳入财政国库集中支付动态监控。制定《文成县县级国库集中支付动态监控管理办法》，采取“系统自动预警+人工筛查”管理模式，对预算执行业务进行事后跟踪监控，动态监控覆盖率为100%。全年县级预算单位授权支付67106笔，支付金额16.31亿元。构建乡镇财政管理新格局。印发《关于进一步完善乡镇财政管理体制的通知》等文件，将全县17个乡镇划分为3类，对不同类别乡镇实行不同比例分成，建立“固定奖励、超收分成、自求平衡”的基层财政管理体制。推进国资国企改革。采取“1+1+4+X”层级结构，搭建“财政局(国资办)—国控公司—国有营运公司—下属企业”的国有企业发展新体系，优化全县64家企业主体或产权股权。修改完善《文成县县属国有企业机构设置与员工总额管理办法》等15项制度，其中11项在县委、县委办、县府办发文实施，4项在县国资办发文实施。

【强化财政监管】 2021年，县财政局加大财政检查力度，采取基层单位自查、县级专项检查的方式，对全县17个乡镇、159个部门单位及下属单位(包括四场一圃)的财政资金管理情况开展专项检查，主要包括内控制度建设、财政性资金存放情况、往来款清理等方面，财政资金的安全性进一步提高。严格政府采购监管。推行“互联网+采购”模式，政采云平台交易总金额4.55亿元，交易笔数11130笔，完成交易额4.32亿元，进行中交易额2359万元。电子卖场交易订单10082个，完成金额1.10亿元。加强政府债务管理。全年新增地方政府债券额度10.58亿元，申请发行一般债券资金2.80亿元，申请发行专项债券资金7.78亿元。全县政府债务总额56.85亿元，其中一般债务余额39.27亿元，专项债务余额17.58亿元，政府债务率为100%以内，债务风险总体可控。

【优化队伍建设】 2021年，县财政局做好“三为”服务活动。全局党员入社区“双服务、双报到”实现全覆盖，全年共慰问困难党员、困难群众、退休困难老党员等35名，开展尊老助老志愿服务活动3次。开展党史学习教育。以财政“五学”机制为抓手，全年组织开展理论学习中心组学习12次，专题研究探讨5次。局党支部开展支部学习75次、主题党日活动82次。提升党组织活力。常态化开展内部“微检查”，贯彻执行廉政谈话制度，全年开展谈心提醒127人次，实现全覆盖。坚持党建带群建，开展各类文体活动，浓厚局机关文化氛围，激发财政干部干事创业热情。

（项宇轩）

税　务

【概况】 2021年，文成县税务局围绕“六大工程”建设要求，结合党史学习教育，以高站位推进全面从严治党为支撑点，以高质量组织税费收入为立足点，以高标准提升税收治理能力为着力点，稳步推进税收征管改革，推进文成税收现代化建设。税务局有内设机构11个，派出机构4个，事业单位1个，另设机构2个。年末，在职干部职工139人。

【党建工作】 2021年，县税务局坚持党的领导，强化政治机关意识。深化落实“纵合横通强党建”机制体系与《深入推进税务系统党的建设高质量发展两年行动方案(2021—2022年)》，发挥党建联盟“向内聚合力，向外促发展”优势。深化“三个党建联盟”，整合资源，实现由税费业务协作向党建业务融合。加入“筑梦青春党群联盟”。深化清廉机关模范机关建设工作，创成县级“双建”示范单位。1名干部获评全市税务系统“十佳党支部书记”称号。1名干部获评全市税务系统“十佳党员”称号。“智税e联”党员工作室获评全市税务系统“十佳党员工作室”称号。大峃税务所获评全市税务系统“十佳基层党组织”称号。机关党委获评文成县“先进基层党组织”称号。

【党史学习教育】 2021年，县税务局唱响3首红歌，以“党的光辉照我心”“党的恩情永不忘”“永远跟党走”为主题开展活动。深入3个教育基地，在毛泽东像章纪念馆、刘英纪念馆、刘基廉政教育基地开展“情景式”“浸入式”教学。上好“三堂课”，发挥党委书记带头作用上好全局党课，班子成员上好分管股室、所在支部的联合党课，支部书记上好党员干部党课，推动主题党课层层落实。在温州市税务系统党史知识竞赛获个人团体“双第一”，1名干部代表市税务局参加温州市党团知识竞赛获团体二等奖。关于党史学习教育的批示被税务总局《每日

2021年3月15日，“花田税宣队”在油菜花田间开展“花田话税收”优惠直通车服务(县税务局提供)

2021年4月13日，县税务局开展“与税同行，筑梦童心”税法进校园活动(县税务局提供)

要情》第108期录用，摄影作品《跨越时空的敬礼》入选税务总局青年学党史成果展。

【组织收入】 2021年，县税务局坚持“以月保季、以季保年”工作思路，开展重点行业企业调研、税收增减因素和趋势分析，促进组织收入持续、稳定、协调、高质量增长。全年组织收入30.86亿元，同比增长30.16%。其中，税收收入14.33亿元，同比增长16.39%；社会保险费收入14.14亿元，同比增长29.33%；非税收入2.39亿元，同比增长417.58%，剔除新划转的土地出让金后，同比增长44.81%；构成一般公共预算收入税收收入7.87亿元，同比增长18.45%，税收占比为67%。

【减税降费】 2021年，县税务局抓好继续实施和新出台的税费优惠政策落实，强化税费优惠政策落实4项直达工作机制。聚焦支持中小微企业，落实小型微利企业和个体工商户减半征收所得税新政，减免税额864.72万元；小微企业普惠性税收减免税额2540.48万元。聚焦支持科技创新，落实研发费用加计扣除享受金额1.2亿元，减免税额3000万元。聚焦扩大有效投资，办理留抵退税1.01亿元，同比增长154.08%。全县减负降本减税2.7亿元；办理出口退税2368.32万元。做好煤电保供和制造业中小微企业延缓缴纳税费工作，全年办理169户次，缓缴金额884万元。

【优化营商环境】 2021年，县税务局开展“便民办税春风行动”，开辟办税大厅“绿色通道”，建立乡镇“移动便民缴费站”，助力农户、老年群体便利办税。拓宽缴费途径，实现全县33个农商行网点“免排队办理”，非现金征缴率100%。开展主题税收游园会、税法进校园等活动，创新漫画、视频等传播形式。持续巩固和推进“非接触式”办税，网上综合办税率达98.12%。加快退税办理审核速度，增值税退税、出口退税办理时长均缩短至2个工作日以内，排名位于全市税务系统前列；深化不动产司法处置“一件事”改革，实现不动产登记、交易、交税业务“一窗受理、并行办理”。开展局长直播“文成县税收营商环境宣讲”，受到广泛好评。落实政务服务“好差评”制度，排队叫号系统实现好评率100%，自助终端实现好评率99.97%。

【征管改革】 2021年，县税务局采取领导示范学、全员深入学、统筹结合学，全面学习贯彻中办、国办《关于进一步深化税收征管改革的意见》和浙江省《关于进一步深化税收征管改革的实施方案》，制定“1+3”文成方案，保障改革扎实推进。以党支部、青年理论学习小组为平台开展大讨论，对重点改革措施逐条逐项全面研究。专报《深化税收征管改革 服务文成高质量发展》获县长罗招政肯定性批示。参与全省改革项目“揭榜挂帅”，建立“税检组

2021年4月19日，县税务局在时代广场举行“春风里，与税同行”主题税收游园会活动（县税务局提供）

审”监督机制入选省税务局“揭榜挂帅”榜单。做好增值税专用发票电子化试点扩围，落实“首票服务制”，重点做好交通、医疗等重难点领域攻坚任务。全县开具增值税电子发票53.2万份，开具比例81.18%。

【税务法治】 2021年，县税务局落实落细行政执法“三项制度”，推进行政执法信息网上录入、流转、监督、查询，助力税务执法“全过程留痕、可回溯管理”。全面实行长江三角洲区域申报发票类税务违法行为行政处罚裁量基准和税务轻微违法行为“首违不罚”清单，体现执法温度。强化税收执法权责清单运用，完善清单动态调整机制。加大执法督察力度，严格落实税收执法责任制，实施执法过错追究。不断深化网格化内控机制建设，提升税收执法督察和内部审计质效。开展现金税费征缴百日攻坚行动，抽调业务骨干集中办公开展自查，全面核查省税务局下发的12661条数据。完成省市税务局复查工作，完成复查提出的10个问题整改，完成6类疑点数据清册62条疑点及590条作废发票数据的风险排查。配合外部审计检查，对上海税收审计组反馈的3条问题，全部整改到位。

【税收征管】 2021年，县税务局做好被征地农民养老保险征收工作，做好国有土地使用权出让收入等10项非税收入划转征收工作，全面落实财产行为税“十税合一”简并申报，以及增值税、消费税与附加税费申报表整合。开展成品油行业税收秩序专项整治，调减增值税发票综合服务平台企业库存油量1.3万吨。推行耕地占用税“复核+信息共享”闭环流转体系，真正实现“零次跑”，其中获取“未批先占”信息12户次，补缴税款46万元。分步推进所得税核定征收转查账征收工作，稳妥抓好个人所得税预扣预缴质量管理、年度汇算清缴和事后抽查工作，初步形成事前事中事后一体化工作机制。加大系统数据清理力度，做好数据质量检测及5C指标数据清理。

2021年7月30日，县税务局青年干部到企业开展“问计问需”走访活动（县税务局提供）

【队伍建设】 2021年，县税务局抓好“红色讲堂”“实干学堂”两大课堂，统筹开展青年理论学习、税费业务知识学习，开展各类教育培训16期，完成培训1067人次。开展业务比武选拔工作，选拔16名业务骨干参加税收法制、社保非税和税收分析条线业务比武，以考促学、以练促学。落实省税务局“三定”要求。统筹干部选拔任用和岗位交流，优化队伍活力。根据工作需要，选拔正股级干部1人、副股级干部1人，完成股级干部试用期转正4人；完成股级干部岗位交流4人次，一般干部岗位轮换9人次。开展首次差额职级晋升工作，完成职级晋升30人次。1名干部荣获全省税务系统先进工作者。1名干部被评为“县派村优秀第一书记”，荣获省税务局脱贫攻坚专项工作嘉奖。

【税务文化】 2021年，县税务局以“五型机关 清廉税务”品

2021年12月2日，县税务局开展税法等税收相关法律法规宣传（县税务局提供）

牌为主线，构建“5+245”指标考核体系，被评为全市税务系统“一局一品”创建精品项目。结合伯温廉政文化、刘英孝廉文化，打造机关“党旗红 税务蓝”文化场景、“一所一主题”清廉阵地。发挥好工青妇“三个家”作用，开展“青年诵新语”“巾帼颂党恩”“寻访红色记忆”等活动9次，荣获县直机关职工拔河比赛第一名；珊溪税务所创成市级文明单位。大峃税务所荣获“2020—2021年度浙江省青年文明号”称号。创新打造特色“青廉工程”品牌，走深走实“新兵树廉”“骨干强廉”“头雁筑廉”三部曲，护航“青年奋进”。专报《文成县税务局深耕廉政文化建设打造“青廉工程”特色品牌》获省税务局党委委员、纪检组组长袁继军批示。

【先进名录】

先进个人一览表

表56

序号	姓名	荣誉名称	发文时间	授予部门
1	蔡长征	全省税务系统先进工作者	2021.12	国家税务总局浙江省税务局、浙江省人力资源和社会保障厅
2	王李玮琼	“农民讲党史 农村看发展”第二届温州市农民故事大赛二等奖	2021	中共温州市委宣传部、温州市农业农村局

先进集体一览表

表57

序号	单位名称	荣誉名称	发文时间	授予部门
1	文成县税务局	温州市扩大新时代对外开放突出贡献集体	2021.4	中共温州市委、温州市人民政府
2	文成县税务局珊溪税务所	市级文明单位	2021.12	温州市精神文明建设指导委员会

（柳增楠）

金融　保险

综　述

2021年,文成县银行业金融机构13家,保险业金融机构10家,金融机构本外币存款余额418.70亿元,比上年末增长6.4%,其中人民币存款余额399.54亿元,增长5.5%。金融机构本外币贷款余额286.86亿元,比上年末增长20.9%,其中人民币贷款余额286.81亿元,增长20.9%。保险业金融机构保费收入39203.38万元,较年初减少1611.84万元,减少3.95%;赔付支出13658.26万元,较年初增加581.63万元,增长4.45%。

金融保险服务

【概况】　2021年,文成县金融工作服务中心按照全县金融发展需求和上级金融主管部门的部署要求,坚持围绕县委、县政府中心工作,扎实服务全县经济社会发展大局,中心内设综合科、金融科、市场科、发展科4个职能科室,编制11名,主任1名,副主任2名,中层领导职数4名;全县有银行12家,保险公司10家,农村资金互助会7家,小贷公司2家,典当行1家,民间借贷服务中心1家。全县累计有境外上市企业1家,浙江省股权交易中心科创助力板挂牌企业1家、成长板挂牌企业1家、创新板挂牌企业25家。

【单位负责人名录】

党组书记、主任:夏德明

党组成员、副主任:刘珍芝

副主任:赵友红

【巡察整改】　2021年4月9日至6月8日,泰顺县委交叉巡察组对文成县金融工作服务中心党组开展常规巡察,9月28日反馈巡察意见。党组高度重视,召开党组会研究落实整改工作,成立巡察整改工作领导小组。研究制定《巡察整改方案》,明确整改时间,进度安排,细化整改措施。实行挂图作战,确保整改到位。反馈的23个问题,制定46条整改措施,全部完成,整改完成率100%。

2021年8月17日,县金融服务中心党员到浙江省第一次党代表大会会址参观学习(县金融服务中心提供)

【金融服务】 2021年，县金融工作服务中心组织政银企对接会，通过信保公司、银行机构介绍融资担保产品，企业讲解发展计划、融资需求，为企业与银行、政策性担保公司搭建对接的桥梁，持续向银行机构了解、跟进企业融资需求解决情况。开展金融服务进企业活动。全年牵头走访制造业、农业、旅游业等企业30余次，了解企业经营情况、融资需求，向企业宣传普及股改、挂牌等资本市场政策、知识，宣传温州市金融综合服务平台，促进企业通过更多渠道了解银行的信贷产品，培育企业通过挂牌上市直接融资方式解决资金需求；鼓励金融机构开展金融服务进民企活动，对接提供12亿余元融资支持。加强部门合作，参加工商联、经信组织的政企恳谈会，讲解政策性融资担保、民宿经营权抵押贷款等信贷业务，让企业了解更多的信贷信息，促进银企信息对接，将企业融资需求情况联系银行进行对接。

2021年11月16日，县金融服务中心开展银行、保险机构千人评议现场问卷调查活动（县金融服务中心提供）

【金融创新】 2021年，县金融工作服务中心鼓励村镇银行借助地方法人机构的优势，开展最多跑一次，无须再等“贷”项目。村镇银行通过上线智慧柜员机，引入“瓯e办”便民服务终端，搭建集金融、政务、信息交流等功能于一体的综合服务平台，提供业务自助化办理渠道，提升客户业务办理便利度和满意度；推出“随”系普惠贷款产品，运用“浙里贷”“温融通”等金融服务平台，加强与县域小微企业、个体工商户对接。12月末，通过“随”系普惠贷款产品累计发放5.2亿元信贷资金。谋划建立担保品融资登记服务平台，畅通融资登记渠道。通过对各类担保品抵押贷款情况进行摸底调查，组织各银行召开担保品平台座谈会，探讨平台建设可行性；筹备专题工作会议，研究建立各类担保品统一登记平台相关事宜，明确担保品类别和单位职责做好平台建设前期准备工作。

【资本市场】 2021年，市对县企业上市考核任务是有限转股份企业1家（完成规上企业股改、新三板、科创助力板挂牌另外加分），股改意向企业文成宏旭门窗制造有限公司完成股份制改造，公司更名为浙江宏旭高昇装饰股份有限公司，挂牌意向企业浙江中星钢管机械有限公司成功挂牌浙江省股权交易中心科创助力板和上交所科创企业培育中心（浙江）。浙江天湖旅游股份有限公司、浙江云沃汽车科技有限公司和浙江中星钢管机械有限公司都有挂牌新三板意向，长期目标向北交所上市。企业与中介机构进行初步对接，开展新三板挂牌前期调研工作。完善企业上市扶持政策，在原有惠企直通车中有关上市扶持政策的基础上，结合当前资本市场制度改革，完善企业股改挂牌上市扶持政策，优化扶持政策兑现程序，起草政策初稿；做好上市后备企业培育,全面系统地梳理全县企业,特别是科技属性高、成长性强的中小企业作为上市后备企业储备。

【处置工作】 2021年,县金融工作服务中心按照“一企一策”的思路,通过应急转贷、信保基金、小额贷款保证保险、白名单制度等政策工具,帮助市场前景好、主业稳定的企业渡过难关。成功帮助宏旭门窗、兴隆家具等公司对接金融机构获得贷款支持,帮扶成效显著,宏旭门窗从“白名单”销号。加强对逃废债行为的打击力度,要求各银行金融机构发现有逃废债苗头的企业或个人及时报送到县金融中心,顺利终结文成首例企业预重整案件。

【民间融资备案】 2021年,县金融工作服务中心制定文成县推进2021年度《温州市民间融资管理条例》宣传工作方案,明确宣传任务目标,详排宣传计划,强化责任落实,组织开展多层次、多角度、多形式、有针对性的宣传工作,联合公安、人行、市监开展大型民间融资管理条例宣传5次,要求银行保险开展非法集资宣传,配合市金融办开展非法集资宣传月。民间借贷备案累计备案8406笔,备案金额累计17.8亿元。

【处置非法集资】 2021年,文成县实现非法集资新发案件与金额连续第三年下降,新发非法集资案件2起230万元,新立100万元以上非法集资案件呈逐年减少趋势。“天罗地网”“金融大脑”等监测系统共下发5条预警,及时对这5家风险机构进行排查反馈。

【地方金融监管】 2021年,县金融工作服务中心加强日常监管,每季度对县内小贷公司、资金互助会进行现场监管,在内部自查的基础上,通过听取汇报,查阅财务报表、台账和资金流向等方式对地方金融组织进行现场检查;建立健全非现场检查机制,对每类地方金融组织实施月度日常检查、半年专项检查,联合第三方机构对小额贷款公司、资金互助会开展现场检查,及时出具风险提示函确保规范运营。强化非现场检查手段,将小额贷款公司、资金互助会等地方金融组织纳入非现场监管系统,提升监管精确化。完成对小额贷款公司和农村资金互助会2020年度的考核;其中百川小额贷款未参与2019年、2020年度考核,被列入退出类小贷机构。全年下发检查通知书28份,限时整改通知书9份,均整改到位。排查走访辖内第三方财富管理公司,经与县市监局核对筛选,全县有符合第三方财富管理公司定义的公司8家,通过实地走访,其中停业7家,公司地址改为经营其他业务。剩余1家普富管理公司及下设4家分公司处于暂停营业状态,未开展业务。排查汽车消费贷款担保业务,针对市金融办下发9家公司进行排查了解,结合人民法院了解的情况,9家公司分别在文成县涉及汽车消费诉讼案件40件,在咨询案件诉讼对象时,发现诉讼对象均为文成籍人员,但是涉及的汽车消费案件发生地点均不在文成县域内,40起案件之所以起诉到文成县法院,是根据诉讼对象户籍地进行属地管辖诉讼,其中杭州中成汽车销售服务有限公司在文成另有2起诉前调解案件,一件成功调解,一件失败。

【先进名录】

先进集体、个人一览表

表58

姓名	荣誉名称	发文时间	授予部门
刘珍芝	金融服务实体经济工作先进个人	2021.2	文成县委、县政府

(徐英芳)

银行保险业监管

【概况】 2021年，中国银保监会温州监管分局文成监管组在温州银保监分局的授权和统一领导下，依法依规独立负责全县银行业、保险业机构及其业务活动的监管工作，主要职责是加强基层党建、干部队伍建设工作；分析当地经济金融形势，监测金融风险信息，做好下情上达；做好县域法人机构及银保分支机构监管工作；维护县域银行业、保险业竞争秩序；做好与地方政府及相关部门协调沟通工作；办理分局授权和交办的其他具体工作。

【单位负责人名录】

组　　长：王建聪

【银行业机构】 2021年，辖内银行业金融机构13家，包括工商银行文成支行、农业银行文成支行、中国银行文成支行、建设银行文成支行、邮储银行文成支行、温州银行文成支行、民泰银行文成支行、台州银行文成小微专营支行、浙江文成农村商业银行、浙江文成北银村镇银行、泰隆银行文成小微专营支行、平安银行文成社区支行、宁波银行温州文成大峃小微综合支行。

【保险业机构】 2021年，辖内保险业金融机构10家，包括中国人寿文成支公司、太平洋寿险文成支公司、平安寿险文成营销服务部、人保财险文成支公司、中华财险文成支公司、国寿财险文成支公司、大地财险文成支公司、平安财险文成支公司、太平洋财险文成营销服务部、天安财险文成营销服务部。

【银行业运行情况】 2021年，全辖银行业金融机构各项存款余额415.55亿元，较年初增加23.64亿元，增长6.03%，其中人民币存款396.41亿元，较年初增加19.21亿元，增长5.09%；各项贷款余额286.91亿元，较年初增加49.07亿元，增长20.63%，其中涉农贷款196.72亿元，较年初增加53.84亿元，增长37.68%。

【保险业运行情况】 2021年，全辖保险业金融机构保费收入39203.38万元，较年初减少1611.84万元，减少3.95%；赔付支出13658.26万元，较年初增加581.63万元，增长4.45%。

【非现场监管】 2021年，文成监管组按月审核辖内银行业金融机构上报的监管报表、报告；加强非现场监测，制作银行业运行情况统计表，开展内部风险研判工作；组织召开年度工作会议，监管情况通报会等各项会议。

【法人机构监管】 2021年，文成监管组持续推进文成农商行与文成北银村镇银行2家法人机构审慎经营，重点加强信用

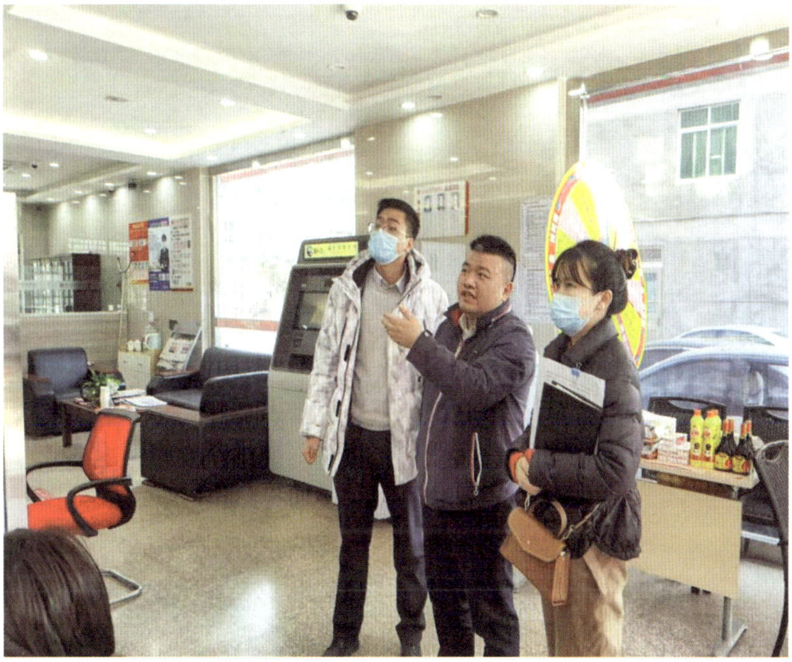

2021年1月19日，文成监管组到北银便民服务点调研走访（文成监管组提供）

风险、流动性风险、操作风险监管力度。全年组织召开审慎监管会谈4次,外部审计3方会谈2次,下发年度监管意见书2份。结合日常监管情况,对2家法人机构的资本状况、资产质量、公司治理和内部控制、盈利状况、流动性状况、市场风险状况等方面开展系统全面的评价,形成2020年度监管评级结果。

【保险业监管】 2021年,文成监管组召开县域保险机构监管工作会议,督导保险机构聚焦"窗口建设",深化政保合作,做精做细保险服务,加大对重点项目的推广;加强合规风险防控,补足合规力量,重点抓好基层机构、外勤销售从业人员的教育培训工作,全面提升合规意识;把保障疫情防控和复工复产作为当年全行业的重要政治任务,争取上级公司在产品开发、资金运用等方面的支持,为"六稳""六保"提供更加有力的保险保障;牢固树立改革理念与创新思维,以创新思维谋划好机构发展路径,多分析不足、多发现问题,多提出破题化解的举措。

【金融支持复工复产】 2021年,文成监管组要求各银行保险机构全力保障疫情防控应急物资和生活物资重点生产企业金融需求。对受疫情影响的小微企业,应制定一企一策金融服务预案。不得盲目抽贷、压贷、断贷,对一级响应到期的贷款,原则上应给予展期、续贷,不转逾期、不计罚息,不下调贷款分类,不影响征信。同时要求对受疫情影响较大的行业企业,采取减免利息、减低贷款利率等措施,支持企业渡过难关。对受疫情影响暂时失去收入来源的人群,要在信贷政策上予以适当倾斜,灵活调整住房按揭、信用卡等个人信贷还款安排,合理延后还款期限。全年全县银行机构对受疫情影响出现还款困难的企业及个人办理无还本续贷业务,投放金额7.78亿元;对受困的小微企业(含个体工商户、小微企业主)发放信用贷款,新增贷款15.99亿元;小微企业贷款新增28.1亿元,小微企业减费让利1614.23万元。

2021年11月18日,温州银保监分局副局长朱园圆(前排左二)到文成开展走访调研活动(文成监管组提供)

【监管政策落地专项督导】 2021年,文成监管组为加强对监管政策的跟踪落实,强化监管政策执行力,组织开展文成县银行业金融支持经济高质量发展相关工作。将重要文件打包发送至辖内机构城域网邮箱,督促机构认真组织学习贯彻落实文件精神并做好会议记录;召开银行业金融支持经济持续恢复和高质量发展推进会;对文成农商银行、工商银行文成支行开展现场督查工作,通过窗口指导、下发监管提示单等手段督促机构增强服务经济高质量发展的主动性;结合文成实际,因地制宜,创新信贷产品满足企业多元化金融需求,实现金融活水精准浇灌;坚持把开展"百行进万企"融资对接工作与推动自身业务发展结合起来，问需于企、问计于企，送政策知识、送资金服务，把金融服务送出去，把客户迎进来；正确处理业务发展与风险防控的关系，不断增强从业人员职业操守，持续完善风险管理长效机制，走出一条行稳致远的可持续发展之路。

（王 晖）

人民银行

【概况】 2021年，中国人民银行文成县支行在温州市中心支行的正确领导下，以习近平新时代中国特色社会主义思想为指导，认真贯彻党的十九大和十九届历次全会精神，以党建引领工作全局，推进党史学习教育，坚决落实金融支持共同富裕、绿色金融、金融反诈等重大决策部署，维护区域金融稳定，强化金融为民服务，推动党建和业务融合发展。

【党史学习教育】 2021年，人行文成县支行制定《中国人民银行文成县支行党史学习教育工作推进方案》，成立工作领导小组，强化统筹协调，不断夯实推进党史学习教育。组织收看习近平总书记在庆祝中国共产党成立100周年大会上的重要讲话，激励党员把学习习近平总书记"七一"重要讲话精神的成果转化为奋进新征程、建功新时代的实际行为，加大金融支持实体经济、乡村振兴、共同富裕、生态工业和文化旅游等重点领域。在全市范围内率先成功举办以"百年征程 初心不改"为主题的金融系统微党课竞赛，将党史学习教育影响力扩展至金融系统，营造党史学习教育社会氛围。召开退休干部"学党史、强信念、悟思想"专题学习会，引导老同志唱响时代主旋律。上报的《习近平的七年知青岁月》有感荣获"巾帼心向党 奋进新征程"女职工悦读荐书优秀心得评选活动总行三等奖、省级一等奖；组织参加杭州中支"饮水思源头，殷殷爱党情"主题征文活动，荣获优秀征文奖；组织参加温州市中支"学好党史国史，讲好央行故事"理论宣讲比赛，荣获优胜奖。通过组织党员参与系列活动，推动党史学习教育成果转化，做到学史力行、爱岗敬业。

【信贷政策精准滴灌】 2021年，人行文成县支行强化窗口指导，引导加大对文成经济社会发展的金融支持。全年全县本外币贷款余额286.9亿元，同比增长20.9%，比年初增加49.5亿元。为辖内5589户普惠小微企业办理贷款延期共11.98亿元，为企业节约信贷成本约0.2亿元，发放信用贷款8.16亿元，平均获得信贷时间1.8天，有效地为企业解决融资难题。通过行长联席会议强化窗口指导，做好房地产贷款调控工作。召开新型农业经营主体融资对接会，加强对新型农业经营主体信贷支持，向389个新型农业经营主体发放贷款1.9亿元。推动"贷款码"工作在文成落地，为1052家市场主体提供扫码融资，授信3.9亿元，加权平均利率为5%。持续推进首贷户工作，全年完成首贷户253户，首贷金额8.57亿元，加权平均利率为4.17%，利率水平为全市最低。指导金融机构办好农民资产受托业务，向1306户农户发放贷款，金额9787万元。

【共同富裕金融山区样板】 2021年，人行文成县支行深入天顶湖农庄、邱老汉农庄以及金丝皇菊种植基地等地，深挖龙头企业带动农户创收增收新模式，探索金融支持企业发展、支持农户就业增收新途径，开展企业调研8次，撰写文成特色企业共同富裕典型案例3篇，地方政府共同富裕激励政策研究1篇，受到上级行和县委县政府高度关注，被《温州日报》和《温州都市报》刊登录用。探索做好绿色金融工作。强化绿色金融机制建设，与县生态环保局、县资规局联合发文《关于开展森林碳汇质押贷款业务试点的通知》，结合实际、以点带面，推动辖内特色领域绿色金融发展。引导加大对农业废弃物资源化利用等绿色企业信贷支持，签约授信250万元。落实碳减排支持工具相关工作，走访县发改、生态环境等部门，努力推动形成项目清单，促进银企对接。将文旅产业、普惠小微和强村惠民等3大领域作为金融支持共同富裕的着力点，为“侨家乐”等民宿、文旅配套基建发放贷款7.94亿元，为全县5357户普惠小微企业办理贷款延期11.54亿元，发放信用贷款8.06亿元，发放支农再贷款5.7亿元，为2987个农户提供低息资金用于经营发展。

【赋能普惠金融发展】 2021年，人行文成县支行围绕老年人出行、就医、消费等高频事项和服务场景，提出“七方面十七点”工作细则，包括推进互联网金融应用适老化改造、提升老年人金融业务便利性、完善老年人便捷办理支付结算业务的配套措施、强化老年人防诈反诈宣传、推进金融科技和数字化技术在涉农金融领域的应用、规范金融业生僻字处理流程、循序推进系统升级等，指导各金融机构利用科技设备，延伸柜面业务，对特殊客户开设绿色通道，为行动不便老年人提供上门业务办理，解决了他们的金融服务需求。

【“爱老计划”存款保险宣传品牌】 2021年，文成县有幸被选为浙江省存款保险重点宣传县之一。人行文成县支行结合爱老养老这一社会责任，创新打造存款保险“爱老计划”宣传品牌，设计宣传LOGO和3大行动计划（乡音行动、暖心行动、老年课堂），全市首推存款保险网格化宣传方式，首个发布方言版宣传视频。完成行政村宣传覆盖和金融机构业务嵌入工作完成率100%，宣传覆盖超2万人次，与文成网信办、县委宣传部合作的存款保险宣传视频在抖音、微信视频号等平台投放，播放点赞数突破1万人次。宣传工作材料《绘图谱 突主题 为民生——打造山区存保宣传样板》在上级行支持下，获《金融稳定专报》录用，在省专业会议上获领导肯定。

【金融市场整治】 2021年，人行文成县支行严厉打击电信诈骗犯罪，贯彻全省打防治理电信网络新型违法犯罪工作会议精神，多次召开会议部署推动工作，全辖金融机构成功劝阻可疑涉诈案件5起，拦截资金20.18万元，重点约谈涉案账户较多的4家机构，对5家金融机构开展现场督导。通过神秘人暗访、电话询问等形式对银行机构账户管理工作进行明察暗访，了解银行机构在“源头”存在的问题与漏洞，督导重点银行网点加强对3个月不动户开展排查管控，督导银行机构开展“进企业、进校园、进社区、进农村”宣传活动，组织开展反诈宣传381次，发放宣传折页47957份，制作宣传文案49篇。做好洗钱罪打击定罪，梳理移送的洗钱线索13起，与县公安局就反洗钱案件、地下钱庄等调查及洗钱定罪工作，每月不定期进行会商。成功立案一起赌博案件，一起非法外汇经营案件。与县检察院、纪委监委合作，建立防范化解金融风险协作机制。

（王志杰）

中国银行

【概况】 2021年，中国银行文成县支行贯彻总行、省市行党委的战略部署，抢抓共同富裕示范区建设的机遇窗口，统筹推进业务发展与改革创新，呈现结构趋优、质量趋好、活力增强的态势，抓好客户群拓展、存款业务增长、不良资产管控、党建工作、内控案防建设5大重点工作，坚定发展信念，明晰拓展目标，不断开创新局面，取得新突破，创造新成绩。年末，在职员工56人，下设综合管理部、业务发展部2个职能部门，下辖支行营业部、大峃支行以及玉壶支行3家经营性网点。

【单位负责人名录】

行　　长：徐晓伟
副 行 长：厉　亚　王　峥
党组书记：徐晓伟
纪检委员：厉　亚
组织委员：王　峥

2021年4月1日，文成中行党总支联合多家党建共建单位开展“红色经典忆党史　缅怀先烈颂党恩”活动（文成中行提供）

【主要经营业绩】　2021年年末，文成中行本外币存款余额45.75亿元，较年初增加1.51亿元，其中人民币存款41.18亿元，较年初新增0.49亿元，外币存款7168万美元，较年初增长1732万美元；四大行本外币存款余额市场占比26.62%。本外币贷款余额11.33亿元，较年初增长1.49亿元，其中公司贷款5394万元，较年初下降5908万元，个人贷款（含卡透支）107897万元，较年初新增20802万元。不良资产余额381万元，较年初下降320万元，不良率0.34%，较年初下降0.38个百分点，全年实现不良清收1981万元。

【重点项目】　2021年，文成中行以存款为重点，打好日均存款基础，加大行外资金、拆迁款资金、外汇资金等存款的争揽工作，配合基金、理财、保险、国债、贵金属等产品，按需配置、交叉营销，提高客户金融资产。以存款为重点，日均、时点存款，本币、外币，“两手抓、两手硬”，合理运用各类负债类产品，多吸收低成本存款，促进存款早增、多增、稳增；重点抓好负债收入，调整存款结构，降低付息成本，提升中收。以住房贷款为重点，消费贷款和经营贷款为补充的“一体两翼”格局，做大贷款业务。推进“中银e贷”等重点产品，将消费贷款做活、做出品牌。跳出文成做普惠，主动对接外地文成籍商会开展走出去营销，开展本地源头营销，对普惠已批未提足、房贷还款50%以下等客户开展清单式营销及全员普惠营销。

【内控建设】　2021年，文成中行严管队伍转作风，坚持“四导向”员工考核机制，推进文成内控“1144”工程，强基固本强队伍。全年开展排查行动25次，轮岗行动22人次。全力攻坚化解疫情防控、原油宝产品处置等突发风险与困难，为平安发展强基固本，保驾护航。

2021年5月31日，文成中行向玉壶镇东溪小学捐赠图书600册（文成中行提供）

【文明建设】 2021年，文成中行构建“担当、诚信、专业、创新、稳健、绩效”企业文化，持续关注与尽心关爱老弱幼群体，急客户之所急，想客户之所想，让社会真切感受到中行的担当与温暖。7月，文成中行连续开展助力南田镇乡村振兴系列活动，以党建带动乡村振兴、以乡村振兴丰富党建，通过慰问帮扶、支持乡村小微企业、延伸金融服务触角等多种方式，特邀市级名医为孤寡老人开展健康扶贫义诊活动，争取为老人们带去实实在在的实惠。“六一”特别推出“童心向党，筑梦成长”系列活动，为家庭困难、品学兼优的孩子们送上儿童节礼物，赠送适合小学生阅读的图书600余册，帮助孩子们实现“微心愿”。每周三量血压测血糖日、每周六小陈志愿者服务日、每月亲情补位相伴日、每季医学专家问诊日、每年重阳节孤寡老人慰问日等。配合“见人知名，见名知情”活动及时了解百姓群众的生活需求，接送预约客户到市县医院体检，固定为侨眷老人建立个人“健康档案”，探望留守的侨胞老人，帮助孤寡客户打扫家里的卫生，检查水电气安全。

【先进名录】

先进个人一览表

表59

序号	姓名	荣誉名称	发文时间	授予部门
1	夏丹丹	中国银行浙江省分行优秀女职工	2021.2	中国银行浙江省分行
2	赵　翱	浙江省分行“优秀青年”	2021.4	中国银行浙江省分行
3	余苗苗	中国银行浙江省分行模范劳动者	2021.4	中国银行浙江省分行
4	余苗苗	个人金融开门红十佳理财经理	2021.5	中国银行温州市分行
5	叶茜茜	“金瓯红，创党建高地”微党课比赛二等奖	2021.6	温州市金融办
6	李　佳	综服经理劳动竞赛优胜奖	2021.8	中国银行温州市分行
7	胡佳佳	庆祝中国共产党成立100周年主题演讲比赛二等奖	2021.9	中国银行温州市分行
8	叶茜茜	庆祝中国共产党成立100周年主题演讲比赛三等奖	2021.9	中国银行温州市分行
9	余苗苗 林潇如 陈　潺	2021年贵金属销售精英	2021.11	中国银行温州市分行

先进集体一览表

表60

序号	单位名称	荣誉名称	发文时间	授予部门
1	文成玉壶支行	第20届浙江省分行“青年文明号”	2021.4	中国银行浙江省分行
2	文成县支行	个人金融开门红PK赛中获得优胜奖	2021.5	中国银行温州市分行
3	文成县支行	温州市气排球比赛三等奖	2021.5	中国银行温州市分行
4	文成玉壶支行	全国养老特色标杆网点	2021.6	中国银行总行
5	文成玉壶支行	中国银行温州市分行先进基层党组织	2021.6	中国银行温州市分行
6	文成县支行	“颂歌献给党”微视频大赛一等奖	2021.6	中国银行温州市分行

续表60

序号	单位名称	荣誉名称	发文时间	授予部门
7	文成县支行	二季度星级示范党支部流动红旗	2021.7	中国银行温州市分行
8	文成县支行	“伯温杯”金融知识竞赛三等奖、最佳表演奖	2021.10	中国人民银行文成县支行
9	文成县玉壶支行	2021年浙江省分行“先进职工之家(小家)”	2021.11	中国银行浙江省分行
10	文成营业部	2021年贵金属销售最佳销售网点	2021.11	中国银行温州市分行
11	文成县支行	贵金属创收优胜支行奖	2021.11	中国银行温州市分行

(毛林娜)

工商银行

【概况】 2021年,工商银行文成支行本级2个部门为市场业务部和综合管理部,辖内2个网点为营业部和玉壶支行,全行在职员工52人。年末,支行全部存款时点余额41.03亿元,较上年新增2.14亿元,增量四行占比第一,各项存款时点余额38.06亿元,其中对公存款余额10.73亿元,储蓄存款余额27.33亿元,同业存款余额3亿元;各项贷款时点余额13.10亿元,较上年新增4亿元,增量在四行中占比第二,其中个人贷款余额6.30亿元,对公贷款余额6.81亿元。全年实现拨备前利润5366万元,中收979万元。

【业务发展】 2021年,工行文成支行与文成县委、县政府密切接触,快速建立起友好合作关系。外出走访100余次,成功打造文成金融机构与政府合作的新格局,GBC联动效能大幅提升,各项成效强力提振工行的社会影响力。在业务发展上紧贴重要部门,紧盯重大项目。在基础设施建设领域,跟进乡村振兴共同富裕示范项目,参与美丽乡村、未来乡村建设项目,瞄准省级经济开发区创建项目。县政府计划对工业园区进行重组改造,申报省级经济开发区支行,支行密切关注省级经济开发区创建工作,跟进产业园区的规划与建设。在优势资源转化领域,支行支持碳达峰行动可再生能源类项目,跟踪掌握永久基本农田连片整治项目和探索矿山项目,以“水经济”引领健康饮料食品加工。9月份新引入的娃哈哈集团投资的饮料智能化生产基地,基本结算账户开立工行,支行与该企业日常保持密切联系,跟进项目建设融资需求。

【内控管理】 2021年,工行文成支行加强案件防范工作,降低案件风险。定期组织召开案防工作领导小组会议、案防分析会和员工异常行为合议

2021年7月1日,中国工商银行文成支行党总支党员举行“庆百年 学党史 守初心”党日活动(工行文成支行提供)

小组会议，分析提出管理要求，督促各部门和人员认真落实案防分析会议决议，防范案件风险；通过走访公安、法院等司法部门、回访贷款企业、家访以及融安e信、“资讯平台”以及上级行下发数据等方式，对支行全体员工开展异常行为排查；执行蹲点坐堂制度，加强营业网点现场管理，通过现场坐堂、日常检查、突击检查、录像检查、召开专题会议等，不断提升网点内控管理水平和防案能力。强化内控合规教育，提升全行员工合规意识。开展“内控合规管理建设年”活动，根据2021年温州分行“内控合规管理建设年”活动实施方案，通过开展系列合规文化宣教及管理活动，推动合规文化在文成支行的落地实施，引导全行进一步强化制度执行，提高全行员工合规意识，防控各项业务风险。

【党建引领】 2021年，工行文成支行自党史学习教育以来，扎根山区特色，以“我为群众办实事”专题实践为契机，把助力乡村振兴发展作为办实事、解难题的出发点和落脚点，全面提升服务效率和水平，更好满足区域绿色经济多样化的金融需求。工行“红”守护生态“绿”，文成支行为乡村振兴增添金融动能。支行主动融入区域战略发展，巧引金融“活水”灌溉美丽乡村；聚焦“两山”转化和碳达峰碳中和，探索信贷支持全域生态修复模式和“生态修复+”模式。

（陶炜育）

建设银行

【概况】 2021年，中国建设银行文成支行围绕“守规矩、强基础、重创新、比贡献”总体思路，以“员工收入持续增长”为目标，加强队伍建设，提升合规风控水平，全面推进从严治党、从严治行，各项业务得到较好发展，风险防范能力水平得到有效提升。支行下辖本部营业部和玉壶支行2个网点，在职员工42人。

【单位负责人名录】

党总支书记、行长：傅华文

纪检委员、副行长：胡建海

【经营业绩】 2021年年底，文成建行本外币余额37.98亿元，比年初新增1.21亿元；贷款余额12.03亿元，比年初新增1.41亿元。全年实现中间业务收入1547万元，净利润3077万元。

【重点项目】 2021年，文成建行抓住乡村振兴及文成县新城区建设的发展契机，对接文成县“十四五”规划重大建设项目中城镇化建设项目和光伏新能源项目，为文成县政府重点项目建设贡献力量。成功批复文成县城市建设投资集团有限公司城镇化建设贷款2.3亿元，专项用于文成县大峃镇龙川B地块安置小区（龙川家园）项目建设。成功参团银团贷款项目文成县新区资产经营公司关于文成县苔湖城中村二期改造，承贷份额4亿元。成功批复文成大唐新能源有限公司基础建设贷款6850万元，专项用于文成县大峃镇25兆瓦农光林光互补光伏项目。助力企业复工复产，响应省银监《关于建立“双保”应急融资支持机制的通知》，为受疫情影响的外贸型企业——文成县杰威织带有限公司送上“双保贷”200万元，为企业输入金融活水，解决外贸渠道受阻、外汇回款延期等因素造成的资金周转困难。

【内部管理】 2021年，文成建行落实“服务年”活动，明确职责分工，改进工作作风，推进各项举措，确保工作不拖沓、不积压、不敷衍，在全行构建“坚持以人民为中心，对外服务好最广大客户，对内服务好最广大员工”的服务体系。筑牢制度防火墙，加强动态管理，确保行内外规章制度得到有效落实。领导干部带头做制度执行的表率，引导员工树立尊崇制度、敬畏制度、严格执行制度的意识，坚决杜绝“以人情世故代替规章制度”“以领导要求代替制度要求”，切实维护制度的严肃性、权威性。强化纪律教育，推进清廉建设，引导干部员工增强廉洁自律意识、自觉抵制不正之风。

（郑 鹏）

农业银行

【概况】 2021年，中国农业银行股份有限公司文成县支行下辖4个网点，4个部门，3个金融服务点，员工75人。文成农行压实"一岗双责""两个责任"，强化目标履职，坚持团结奋进，推进党建、党廉与业务经营深度融合，主要经营指标全面向上向好。

【单位负责人名录】

行　　长：唐崇锐
副 行 长：吴文安
　　　　　丁　宏
党委书记：唐崇锐
纪委书记：潘长强

【党的建设】 2021年，文成农行全面加强政治建设、思想建设、组织建设、作风建设、纪律建设和制度建设，推动党建与业务深度融合、互促共进。定期召开党委会和党委理论中心组学习会，传达学习习近平新时代中国特色社会主义思想、党的十九届六中全会精神、《习近平谈治国理政》(第三卷)、习近平总书记重要讲话重要指示批示和党中央重要会议重要文件精神，不断增强"四个意识"、坚定"四个自信"、做到"两个维护"。主动用科学理论解决在党建和经营中的问题，重点做好支持实体经济、乡村振兴、普惠金融服务、风险防控等工作，切实将学习成效转化为驾驭科学发展的高强本领。

【经营业绩】 2021年，文成农行存贷款总量创新高，经营指标持续向好。全年各项存款余额58.51亿元，占四行份额33.97%，比年初下降0.87%，比基期提升0.89%；各项贷款余额44亿元，占四行份额54.68%，比年初下降0.47%，比基期提升1.17%。

【普惠信贷】 2021年，文成农行成功获批文成县苔湖二期、大唐新能源光伏项目贷款15.69亿元。全年成功投放项目贷款5个(投放金额7.3亿元)、净增6.02亿元。

【个贷和农贷】 2021年，文成农行强化客户维护拓展，个人业务基础更加扎实。强化资产业务发展带动作用，利用优惠利率和异地房产抵押、增信机制，开展个人生产经营贷款、住房按揭、农户贷款、家装分期等营销，年末个贷比年初增加1641万元。农行创新产品"供销贷"和"政银担"贷款分别办理118笔2981万元、83笔2041万元。持续优化客户分层维护机制，突出域外客户营销，打造"华侨之家"品牌，抓好贵宾客户资产配置提升计划、"新客新资金"营销等活动，个人金融资金和存款持续增长。

【数字化转型持续推进】 2021年，文成农行强化掌银、聚合码、电子医保凭证等产品营销推广，加快推进场景建设。营销全市唯一的非义务制教育学校项目——文成职高智慧校园项目，年末上线率95%以上，营销落地财富中心小区智能充电桩项目。

【平安经营】 2021年，文成农行坚持把好准入关，持续开展潜在风险排查，加快不良贷款清收处置，各项贷款不良率持续下降。年末各项贷款不良率0.17%，比年初下降0.09个百分点。持续构建大内控管理体系，高度重视疫情防控、电信网络诈骗治理、员工行为管理、消费者权益保护、企业文化建设等工作，内控评价保持系统内一类行，没有发生各类案件和重大违规违纪事件、重大负面舆情、重点事实风险。

（赵汉贵）

温州银行

【概况】 2021年，温州银行文成支行在职员工30人，内设综合部、业务部、营业部，下设玉壶社区支行和县前社区支行。年末，本外币存款余额为 30.95亿元，比年初增加2.35亿元，增长 8.2 %；各项贷款余额47.96

亿元,比上年减少0.16亿元。

【业务发展】 2021年,温州银行文成支行投放重大项目3个,投放金额8.365亿元;投放小微贷款(普惠口径,以下也是)2.42亿元,比年初增加0.55亿元。

【内控管理】 2021年,温州银行文成支行坚持依法合规经营、稳健经营;狠抓内控建设,压实内控责任,确保安全经营。年初行长室与各部室负责人签订安保、内控责任书,组织员工防暴预案、灭火演练两次,提升应对突发事件能力;加强员工的培训学习,各部室坚持每周学习制度;每年开展员工行为排查和上门家访工作,打造良好的行业廉洁文化。

【党工团建】 2021年,温州银行文成支行做好党建和企业文化建设,不断提升文明服务水平。开展"不忘初心、牢记使命"主题教育,实现主题教育的5大目标;联合人民银行文成县支行举办"百年征程 初心不改"主题微型党课竞赛,支部党员富菲静荣获第一名,赢得荣誉;开展"学习百年党史,争当三个先锋"走进红色教育基地瑞安国旗馆开展党史教育、观看一次重大党史题材电影——《风云1927八七会议》等活动;做好脱贫帮扶工作,向二源镇陈钟村派驻第一村指导员,资助10万元。

【企业荣誉】 被温州银行总行评为2021年度温州银行先进基层党组织

（胡慧琼）

农商银行

【概况】 2021年,文成县农村商业银行股份有限公司(以下简称县农商银行)下辖营业部1家,支行11家,分理处19家,定时定点金融服务点8个,共39个营业网点,员工300多人。年末,各项存款余额171.83亿元,比年初增加19.84亿元;各项贷款余额130.8亿元,比年初新增30.28亿元;全年总收入9.66亿元;利润总额3.12亿元。连续10年被评为全县"纳税第一大户"。荣获"温州市百强企业""民企最满意银行""浙江省创建和谐劳动关系暨双爱活动先进企业""2021年生态文成建设工作突出贡献集体""2021年浙江省农户小额普惠贷款推广工作组织工作奖"等荣誉。

【单位负责人名录】
董事长:李滋存
行　长:刘慧芳
监事长:胡旭鸥
副行长:吴振光　王欲晓

【党建工作】 2021年,县农商银行坚持把党的领导和法人治理有机结合,提高党委决策水平。夯实阵地,推进业务、党建同谋划,新设3家党支部。党史教育走深走实,学习氛围更"浓",走访全省系统唯一中华人民共和国成立前老党员朱永满,聆听红色故事,传承红色基因。

【数字赋能】 2021年,县农商银行数字化融入管理决策,全年召开数字化转型会议3次,加强部门间联动,在思维统一及

2021年1月26日,县农商银行桂山丰收驿站正式开业(县农商银行提供)

数字化工具运用上形成合力。强化业务和科技部门联动，从客户资金流向综合分析和挖掘客户潜在价值，形成“总部支撑+支行落实”机制。运用省联社系统、行内自主开发的一键查询系统等增强风险防控能力。

【业务攀升】 2021年，县农商银行推进零售金融业务提升，把服务好“两个文成人”作为主攻方向，精准营销和分层分类两项抓手，以普惠授信为载体，深耕本土网格强化精准营销。公司类业务有序开展。总部支行两级联动，实行清单制维护、名单制走访，推动支行有意识重视对公业务，争取“多点开花”。政府类服务质效提升。与社保合作再升级，30个网点挂牌接入社保系统。118名金融专员进村（社区）活动开局良好，与市场监管局签订“金融助商惠民”战略合作协议，助推放心消费建设。为全县8家单位推广应用智慧食堂系统，与县政务服务中心、大数据中心合作，推进“四个办”服务均等化工作，银政合作进一步深推。

【改革提效】 2021年，县农商银行致力总部“瘦身健身”。新设立市场发展部，建立在外文成人办事不回乡服务渠道。打造“敏捷银行”，深化网格管理，将全县业务网格从46个扩充为88个，由支行业务管理人员兼

2021年9月3日，县农商银行与县委组织部联合开展文成县“共同富裕金融专员”进村（社区）行动（县农商银行提供）

任客户经理下沉网格。打造“活力银行”，推进薪酬改革，构建“月度薪酬+年度薪酬”模式，突出支行增量考核，拉大收入差距，建立全员等级制度，推行“赛马制”全面激发员工干事创业热情。

【优化管理】 2021年，县农商银行在场服务质效增强，实现厅堂管理一体化，通过优布局，明流程、强营销、重考核及明晰营业经理岗位职责，提升服务水平。财务精细管理深化，加强资产负债结构分析，优化同业资产结构，提升资产收益率。加强风险管理，运用“12345”风险防控体系，加强不良贷款过程管理，推进不良贷款全流程机制建设。商圈建设成效初显，明确全域收单为基础，“侨乡”“文旅”“农贸市场”三大特色商圈的“1+3”工作思路，重点建设6大集镇农贸市场商圈。

（李济宁）

北银村镇银行

【概况】 2021年，浙江文成北银村镇银行股份有限公司（以下简称文成北银）落实金融赋能浙江省山区26县跨越式发展，金融支持文成共同富裕示范区样板建设的要求，始终以普惠金融为己任，为广大农村客户提供“高效、便利、快捷、优质”的金融服务；为继续延伸金融服务触角，兴华金融便民服务点获批开业，峃口金融便民服务点获批试营业。下辖营业部1家，玉壶、珊溪、南田支行3家，巨屿、周壤、西坑等金融便民服务点10家。全行各项资产

2021年3月23日，珊溪支行员工到当地小学开展“暖春”行动暨金融反诈骗知识宣讲活动（文成北银提供）

15.16亿元，各项存款13.74亿元，各项贷款10.01亿元。全年开展招聘9次，录用24人，员工总数112人。

【单位负责人名录】

党支部书记、董事长：
　蒋增浩
党支部副书记、行长：
　毛征辉
副 行 长：张　科
风险总监：李　达
行长助理：夏兆淮

【业务发展】 2021年，文成北银各项存款余额为137408万元，较年初增加14548万元；各项贷款余额100101万元，较年初增加10065万元；贷款户数10093户，较年初增加3999户，增幅65.62%；实现税前利润731万元，净利润661.87万元。立足县域特色及银行发展实际，制定年度目标：打造全省贷款户数前十佳村镇银行和全省100万元以下贷款余额占比前十佳村镇银行。创新推出“京禧贷”“百业贷”“联连贷”等特色信贷产品，向县域个体工商户、小微企业主提供便捷、高效的金融服务，助力县域实体经济发展。制定支持乡村振兴系列劳动竞赛方案、“百千亿工程”计划方案，使考核制度科学，激励客户经理队伍奋勇拼搏，促进业务发展。依据全年经营计划，制定月度、年度业务发展目标，明确FTP价格，以模拟利润完成为指挥棒，科学制定考核方案，配套专项劳动竞赛方案，激发经营机构拓业创业的斗志。

【公司治理】 2021年，文成北银发挥党支部在公司治理中把方向、管大局、保落实的作用。组织召开股东大会1次、股东大会临时会议2次，审议通过议案20项；召开董事会6次，审议通过议案61项；召开监事会5次，

2021年3月28日，吉林农安北银村镇银行领导到百丈漈金融便民服务点调研（文成北银提供）

审议通过议案49项；召开专门委员会12次，审议通过议案55项。完成董监事会换届选举工作，选举产生新一届董事会和监事会。增设董事会“三农”及小微企业金融服务委员会，董事会战略决策水平和监事会监督保障作用持续提升。

【科技建设】 2021年，文成北银全面进入业务系统整合、数据优化升级的新发展阶段。根据工作会议精神，落实“一把手”年度工作报告精神，围绕“科技兴行”理念建立健全北银科技平台。OA系统保单下单功能成功上线，实现自主购买金融保险；延伸优化智慧柜员机系统，推动生物识别应用，成功上线智慧柜台人脸识别功能，实现非柜面业务风险防控降低人员操作风险；对接农信银资金清算系统，实现金融服务渠道拓展，业务功能优化，为接入支付宝、微信等网联系统提供前置条件；实现信贷系统电子打印、核心系统集中放款，实现科技赋能目标，改造业务条线经营模式；手机银行上线特色产品，提升竞争力；完成北银系村镇银行新一代系统招标和差异化工作，推动核心系统更新换代，保障业务可竞争性。

【支农惠民】 2021年，文成北银坚持“立足县域，服务‘三农’，支持小微”的经营宗旨，坚持做“小额、分散、特色”的信贷原则，推进整村授信，做好农村金融服务。全年各项涉农贷款余额90200万元，较年初增加9077万元，涉农贷款占比90.11%。针对不同农户的金融需求，完善农户小额普惠贷款“无感授信、按需增信、随时用信”模式，创新推出各具特色的金融产品和金融服务。为解决农户贷款问题，利用“京禧贷”信贷产品，应贷尽贷、能贷速贷，最大限度地提升贷款申贷获得率；为让农户远离非法高利贷，利用“百业贷”信贷产品，以“无抵押”的优势，助推农户走上致富路。为更好践行普惠金融，满足农村金融需求，通过设立金融便民服务点，下沉服务重心，切实推进“农村包围城镇”网格化服务方式，为更简单、快捷、高效地服务三农夯实基础。各经营机构利用“瓯E办”，将政府一些行政服务、行政审批事项，包括医院挂号、不动产信息查询、办事进度查询等服务延伸至最基层。

【企业风采】 2021年，文成北银擦亮服务名片。定期开展下乡入户宣传，金融服务送上门，“公益+业务”宣传齐上阵，营造良好的舆论环境。完善“十二大功能区”，持续强化非银服务。在营业场所设立农产品生活区、助农直销区，提供免费代收存放快递等服务，满足客户需求，真正为老百姓带来一站式、全方位、零距离的综合式服务，把有温度的百姓银行理念变成老百姓看得见、摸得着的普惠价值。

每月为客户过好“一生日”，不断增进留守儿童与老人

2021年6月7日，文成北银助力高考，为文成学子保驾护航（文成北银提供）

的感情联系，提高北银美誉度；定期组织金融知识讲座，丰富老百姓的金融知识储备，提升客户防范金融风险的意识和能力，履行社会责任。

（周丹丹）

2021年3月9日，邮储银行温州市分行行长陈丽丽（中）到文成县支行调研（邮储银行文成县支行提供）

邮政储蓄银行

【概况】 2021年，邮储银行文成县支行在职员工43人，其中合同工41人，劳务工2人。内设综合管理部、综合业务部、风险合规部、营业部，下设珊溪镇支行、城关支行。2021年5月，党支部书记、行长曹小巧调离，屠琼雅接任；2021年7月，胡耳东副行长调离，周舟接任。

【经营效益】 2021年，邮储银行文成县支行全年实现收入3910万元、利润1885万元。

【主要指标】 2021年，邮储银行文成县支行各项存款余额176004万元，比年初净增12046万元。其中个人存款154916万元，比年初净增9946万元；公司存款18142万元，比年初净增1528万元。各项贷款结余97015万元，2021年净增24282万元，其中小额贷款净增15029万元，消费贷款净增4043万元，住房贷款净增2020万元。小企业贷款结余10571万元，2021年净增3145万元。公司贷款放款14734万元，结余10734万元。贷款投放优于上年同期，信贷收入占比55.35%。涉农贷款结余72358.72万元，2021年净增16803.7万元，增速30%；普惠涉农贷款余额55053.2万元，净增8260.22万元；普惠涉农小微贷款余额68095.01万元，净增13831万元，增速25%。不良贷款结余1045.46万元，比年初下降192.5万元；不良率为1.08%，比年初下降0.62%。逾期贷款金1043.69万元，比年初下降172.86万元，逾期率为1.08%。全年催收不良贷款金额664.84万元，核销177.06万元。

2021年8月13日，邮储银行浙江省分行行长徐维进（右三）到文成县调研山区26县共同富裕示范区建设工作（邮储银行文成县支行提供）

【社会公益】 2021年，邮储银行文成县支行热心公益，践行企业社会责任。支行开展腊八节送腊八粥公益活动、开展3·15“金融消费者权益日”宣传活动、开展“捡垃圾 倡文明”志愿服务活动等，响应县委、县政府号召，参与公益活动，关心困难群体，用心回报社会。

【企业荣誉】 2021年12月，邮储银行文成县支行被温州市精神文明建设指导委员会评为市级文明单位。

（刘 静）

人保财险

【概况】 2021年，文成人保面对经济下行压力、行业政策调整、市场竞争加剧等不利影响，坚持“稳”字当头，持之以恒抓好基础性工作，适应车险经营模式转型，提高车险专业化发展和精细化运营能力，推动车险高质量发展；抢抓机遇、对接政策、上下联动，深化政策性业务与商业性业务的融合；按照“扩面、增品、提标”的要求，持续推进水稻、杨梅、茶叶等险种承保扩面工作，优化地方特色农产品保险；拓宽医保业务领域，形成大病保险和非大病保险业务两轮驱动的良好发展态势。文成人保设有综合部、理赔分部、农险业务部、商团业务部、营销业务部、修理厂业务部、个险业务部、社保理赔部8个本级部门。下设3个营销服务部，分别为大峃镇营销服务部、珊溪镇营销服务部、南田镇营销服务部。办公地点在文成县大峃镇苔湖街8幢66号，新办公区域占地面积1686.06平方米，在岗员工33人。文成人保业务覆盖车险、财产险、意外险、责任险、货运险、信用保证险、健康险、政策性农业保险等所有保险领域。获取总保费收入9134万元，利润930万元。

【单位负责人名录】

经　　理：陈盟达
副 经 理：叶坚梁
总经理助理：陈士玉
党支部书记：陈盟达

【保险服务】 2021年，文成人保联合大地财险温州分公司、北京联合保险经纪公司举办“文成县校（园）方安全防控活动”。活动组一行对所辖学校、幼儿园进行细致的消防安全排查，重点查看消防配备是否符合要求、灭火器数目是否充足，灭火器是否在使用有效期范围内等问题；2月22日，文成人保总经理室一行到文成交警城关中队开展“人民保险心服务、温暖伴您过大年”活动。深化警保合作，做好“两站两员”和“快处快赔”等惠民创新服务，加深警保联动的力度和深度，共同维护道路交通安全环境；文成人保于3月2日组织前往文成县财政局进行“电动自行车综合保险”展业，为电动自行车出行安全加一把牢固的锁；3月10日，文成人保展业人员全员出动，在大峃镇、珊溪镇、南田镇、巨屿镇开展“温州益康保”进社区、进乡镇、进单位活动；3月19日，文成人保珊溪镇营销服务部开展“杨梅采摘期气象指数保险”“农业雇主责任险”培训活动；3月24日，为满足广大疫苗接种人群的风险保障需求，文成人保非车业务部/银保业务部联合文成县移动公司前往西坑畲族镇推广新冠疫苗保险；4月27日，文成人保南田镇营销服务部前往南岳村开展杨梅采摘期气象指数保险承保验标工作；4月30日，文成人保联合文成县交警大队前往西坑畲族镇民族学校开展“星光守护”校园安全教育活动；7月15日，文成人保联合文成公安局交通警察大队前往龙南村开展“2021文明出行‘百镇百课’电动车安全教育进乡镇”活动，培养电动车安全出行意识；8月25日，文成人保联合文成县交警大队在文成县政府十字路口开展“大手牵小手”交通文明劝导活动。引导小朋友自觉关注、遵守交通法规；11月24日，文成人保分管领导一行受邀参加文成县农村公路灾毁保险理赔培训会，加快推进全县“四好农村路”高质量发展，助力打造共同富裕示范区县域样板。

【承保服务】 2021年3月3日，文成人保成功签出支公司燃气责任保险第一单，全年签单燃气责任保险5000笔，为文成县天然气用户提供1.6亿元风险保障；3月4日，文成人保成功出单“乡村民宿保”全市首单，为文成某民宿提供200万元风险保障，实现保费收入1000元；4月，文成人保珊溪镇营销服务部主要负责人结合文成县地域特点，成功出单“小微经营户保险”，为客户提供总计7.6万元风险保障，收取保费500元；5月21日，文成人保农业农村保险部重点学习农险合规要求。根据要求做好投保资料审阅后跋山涉水进行现场验标，确保梅林符合承保条件。全年承保梅林24332亩，保费收入近453万元；签出温州市中蜂养殖保险试点第一单，为文成县阿标大叔蜜蜂养殖专业合作社负责人赵碎标养的571箱蜜蜂提供总计342600元风险保障。6月8日，温州银保监分局文成监管组、文成县农业农村局、市分公司农业农村保险部、文成人保一行组织前往文成县阿标大叔蜜蜂养殖专业合作社，将温州市首份中蜂养殖保险保单交到蜂农手上；7月14日，文成人保成功以共保体模式与文成县农业农村局签约低收入农户医疗补充保险，为低收入农户加上一层防护网，减轻低收入农户因病返贫、因病致贫的负担，缓解该人群看病困难问题；10月16日，文成人保成功出单首单“守护保”，为文成县二源镇人民政府提供总计301.2万元风险保障。

【理赔服务】 2021年5月21日，文成人保根据天气形势立马启动应急预案，确保查勘人员第一时间赶赴现场。大峃镇、珊溪镇部分地区严重积水，查勘人员无法使用车辆出行，只能蹚着水勉强奔赴现场认真分辨车辆事故原因，确保5起报案熄火案件原因准确；文成县周壤镇西山岩头—路山、路山—第一自然村、湖岙—外南等路段出现滑坡，为不影响后续排除安全隐患等工作。文成人保查勘人员接到报案后立即行动赶赴现场进行定损；7月19日，为应对第6号台风“烟花”，文成人保紧急召开台风防御部署会议，立即制定启动大面积灾害防灾和理赔工作应急预案，迅速开展一系列台风防御工作；11月5日，文成县建设西路发生一起重大交通事故。文成人保理赔分部理赔人员查询到肇事车辆在丽水人保办理承保手续事实后，立即启动重大案件应急预案，迅速赶赴现场协助交警处理事故。

2021年5月21日，工作人员在现场勘察（文成人保提供）

【企业文化】 2021年，文成人保主要负责人带队前往退休员工家开展慰问活动，为他们送上温馨的祝福；2月11日，文成人保经理室成员前往理赔分部慰问大年三十仍坚守在岗位辛勤付出的公司员工；文成人保于3月8日引入《防范非法集资宣传教育参考资料》开展非法集资专题培训会。培训用典型十大案例警醒员工注意非法集资的常见套路，凡事多留个心眼；3月8日，文成人保党支部一行给全体女职工带去了温馨的节日问候，组织全体女职工收看了“悦读畅享”读书征文成果线上展示活动，让女职工切实感受广大女同胞温婉却又刚强的魅力；3月15日，文成人保联合文成县医疗保障局参加

2021年10月13日，文成县“爱心助学、情暖校园”校园公益活动走进西坑镇民族学校（文成人保提供）

“守护安全，畅通消费”3·15国际消费者权益日活动。群众井然有序地前往摊位了解“通信网络防诈骗 不听 不信 不转账”等有关消费者权益日知识；5月10日，文成人保组织开展反洗钱反恐怖融资系列活动；6月1日儿童节，文成人保工会秉承关心职工家庭幸福感宗旨，早早准备好活动等待下课的小朋友们；11月29日，文成人保工会组织前往大会岭登山，在漫山红枫的季节开展赏“枫”健步行活动；为庆祝省公司保费收入即将突破300亿元，成为全国系统第三家跨入“三百亿元军团”的省级分公司，文成人保积极响应“跨越二百亿，奋进新征程”号召，凝聚起奋进新时代、开启新征程的磅礴力量，营造浓厚的舆论氛围。

【公益服务】 2021年1月27日，文成人保党支部组织前往黄坦镇慰问贫困学生，为他们送上饮料、油等生活物品以及红包；9月27日，文成人保工会组织开展“PICC员工爱心日”捐款活动，用以帮扶慰问遭遇突发困难的员工；10月13日，校园方责任保险共保体公司联合保险经纪公司赴西坑镇民族学校参加由文成县教育局主办的“爱心助学，情暖校园”公益活动。

【先进荣誉】

文成人保被中共文成县纪律检查委员会、文成县监察委员会评为2021年度全县千人评议活动行业服务类金融系统保险业满意单位。

文成人保被中国人民财产保险股份有限公司温州市分公司评为2021年度全市系统先进单位。

文成人保获得中国人民财产保险股份有限公司温州市分公司颁发的2021年度经营管理综合奖三等奖。

（叶晨韵）

国寿财险

【概况】 2021年，中国人寿财产保险文成县支公司设有综合岗、理赔部、银保部、车行业务部、政保部、重客业务部、新零售部等7个部门，在职员工13人，业务涵盖车险、财产险、农险、财产险、信用保证保险、健康险、建工险、意外险等所有财险业务。全年保费收入1148.94万元，同比减少43.40%；理赔支付金额1014.47万元，同比增长12.07%。保费规模位居文成市场第四名。

【单位负责人名录】

经　理：谢作国

副经理：项旭濛

党支部书记：谢作国

【家财险】 2021年，国寿财险文成县支公司全新推出家财险，不仅对房屋的承保以及财险、管道作出相应的保障，还对家用电器、盗窃、现金丢失、银行账户丢失等相关财产进行全方面保障，家财险的推出得到了新老客户的热情响应。

【医疗责任险】 2021年，国寿财险文成县支公司与浙江省文成县人民医院（文成县人民医院医共体）及文成各大乡镇卫生院达成医疗责任险合作，为文成当地的医护关系发展保驾护航。

（赵　军）

科技　教育

综　述

2021年，文成县国家级星创天地1家、国家高新技术企业12家、省级科技型中小企业63家、省级高新技术企业研发中心2家、省级星创天地1家、省级众创空间1家、市级新型研发机构1家、市级企业技术研发中心5家、市级众创空间1家，温州国家农业科技园区示范区3家，获省“尖兵”“领雁”研发攻关计划立项1项。县政府与浙江大学签约共建文成杭州紫金科创飞地，县现代农业与康养产业研究院列入全市高能级创新平台。组织实施省市县科技项目93项，落实科技经费817.4万元。安排农业科技项目27项，经费272万元。完成技术交易额1.4亿元，兑现企业研发经费补助508万元。年末，全县拥有小学24所，在校生1.56万人，小学学龄儿童入学率100%；初中16所，在校生0.76万人；中等职业教育学校1所，在校生0.15万人；普通高中3所，在校生0.32万人；幼儿园27所，在园幼儿0.62万人。中小学专任教师0.18万人；中等职业教育(不含技工学校)专任教师129人。

科　技

【概况】　2021年，文成县科学技术局总编制数22人，其中公务员编制5人，事业编制17人。下设办公室、综合管理科(挂行政审批科牌子)、科技创新与人才服务中心、现代农业与康养产业研究院等4个职能科室。年末，局机关行政人员6人，事业干部15人。文成县被评为2019—2020年全省科技特派员成绩突出单位。

【科技政策】　2021年，县科技局落实《文成县惠企政策“直通车”若干意见》《文成县科技计划项目实施细则》《文成县创新券实施细则》，实施科技企业“双倍增”行动计划，全力建设以国家高新技术企业、科技型企业等为载体的企业科技创新平台。

【科技投入】　2021年，县科技局组织实施省市县科技项目93

2021年3月27日，文成糯米山药关键技术研究及产业化发展研讨会召开(县科技局提供)

项，落实科技经费817.4万元。安排农业科技项目27项，经费272万元。兑现企业研发经费补助500万元。

【科技合作】 2021年，引进浙江省林科院文成研发中心落地文成农康研究院，文成农康院设立浙江省博士后工作站，全职引进温州科技职业学院博士/教授高层次人才1名，硕士研究生1名，招录硕士研究生1人，完成草莓脱毒苗快繁试验，成功繁育草莓脱毒苗30余万株。文成县与浙江大学正式签约，计划共建文成杭州紫金科创飞地，面积1536平方米，以“研发创新在外地、成果转化在文成”的模式，引导文成的企业到杭州创建研发中心，招引高层次人才团队到科创飞地创新创业。

【科技创新】 2021年，新增国家高新技术企业3家，省科技型中小企业12家。引进文成首家民办非企业单位“文成宇弘智能物联网研究院”。2020年，文成县科技创新指数80.4分，较上年上升16.5分，全县全社会R&D支出1.23亿元，占GDP比重1.1%，实现破1目标。创新指数进步位次提升57位，位列全省第21，全市第三。

【农业科技】 2021年，文成高山果蔬星创天地被列入省级星创天地备案名单，文成县高山果蔬国家农业科技园区示范区（二源镇）、文成县杨梅国家农业科技园区示范区（珊溪镇）、文成县高山生态茶农业科技园区示范区（周山畲族乡）等列入温州国家农业科技园区示范区。建设市级高山果蔬产业创新服务综合体，研发定制浙江省首条具有SC认证的糯米山药鲜切速冻生产线，实现糯米山药周年供应，全县的糯米山药从以前鲜销的初级模式向精深加工产品高附加值模式转变。“基于文成中蜂全产业链开展关键技术研究与示范”获省2022年“尖兵”“领雁”研发攻关计划立项，获210万元经费支持（第一期126万元）。

【科技特派员】 2021年，省市下派科技特派员28人，省科技特派员团队2个，县派科技特派员5人。全年实施科技特派员扶贫项目30项，争取上级科技经费350万元。发挥科技特派员“科技惠农”作用，省农科院科技特派员梁森苗牵头成立文成县杨梅科技服务队，在周山畲族乡成立首个乡镇科技特派员茶叶工作室，在双桂乡成立首个乡镇博士专家服务工作站。引进新品种新技术20个，建立科技特派员示范基地24个。开展送技术、送政策、送信息服务，举办科技培训7场，开展乡村振兴献智服务超过200人次。3名科技特派员被评为全省科技特派员工作成绩突出个人，1名科技特派员被评为全省农业科技先进工作者，5名科技特派员被评为县优秀科技特派员，1名科技特派员被聘任为县招才大使。文成“红壳稻”地方品种在2021浙江·长江下游水稻新品种大会进行展示。中央电视台《三农群英汇》《振兴

2021年4月2日，省农科院科技特派员梁森苗（中）举办杨梅种植技术现场教学（县科技局提供）

路上》电视栏目播出科技特派员王友明先进事迹,《科技日报》刊登科技特派员朱隆静先进事迹。报受理。开展党史学习教育,开展“办实事、解难题、减负担”专题实践活动,县科技局在浙江省加快发展县党务干部培训班上做典型发言,县科技局被评为2020年度全县清廉机关单位和全县2020年度“学习强国”先进学习管理组。

【科技服务】 2021年,县科技局申报全球精英引进计划青年人才项目1人、市特支计划科技创新青年拔尖人才1人、市特支计划科技创新领军人才1人、市特支计划科技创业领军人才2人、企业科技类高水平创新团队1个;申报市级领军型人才创业项目1个,指导申报新动能工程师4人。实施创新课题“建设科技大脑,深化科技管理数字化改革”,先试先行实施科技大脑助推科技数字化改革,全年科技项目全部通过科技大脑申

2021年10月13日,省农科院科技特派员张成浩(右)在二源镇指导高山蔬菜秋季种植(县科技局提供)

【先进名录】

先进个人一览表

表61

序号	姓名	荣誉名称	发文时间	授予部门
1	张　壹	2020年度文成县优秀事业干部	2021.3	文成县人力资源和社会保障局
2	夏文希	2020年度文成县优秀事业干部	2021.3	文成县人力资源和社会保障局
3	黄利琴	2020年度文成县优秀事业干部	2021.3	文成县人力资源和社会保障局
4	刘　标	2020年度文成县优秀事业干部	2021.3	文成县人力资源和社会保障局
5	周晓东	2020年度民主主义优秀党员	2021.3	中共文成县委直属机关工作委员会
6	周旭宝	2020年度民主主义优秀党员	2021.3	中共文成县委直属机关工作委员会
7	张　壹	2020年度民主主义优秀党员	2021.3	中共文成县委直属机关工作委员会
8	夏文希	2020年度民主主义优秀党员	2021.3	中共文成县委直属机关工作委员会
9	邓昌斌	文成县优秀专业技术人才	2021.5	中共文成县委人才工作领导小组
10	陈知龙	文成县优秀专业技术人才	2021.5	中共文成县委人才工作领导小组
11	吴坤龙	2020年度温州市农业丰收奖三等奖	2021.7	温州市农业农村局
12	周宗华	2020年度考核优秀等次	2021.9	中共文成县委、文成县人民政府

续表61

序号	姓名	荣誉名称	发文时间	授予部门
13	周旭宝	2020年度考核优秀等次	2021.9	中共文成县委、文成县人民政府
14	刘 标	文成县第三期年轻干部综合素质提升培训班优秀学员	2021.11	中共文成县委组织部、中共文成县委党校

先进集体一览表

表62

序号	单位名称	荣誉名称	发文时间	授予部门
1	文成县科技局	2020年度“清廉机关”合格单位	2021.3	中共文成县委直属机关工作委员会
2	文成县科技局	2020年度学习强国先进学习管理组	2021.4	中共文成县委宣传部
3	文成县	全省科技特派员工作成绩突出先进单位	2021.8	中共浙江省委办公厅、浙江省人民政府办公厅

（包丽君）

教 育

【概况】 2021年，文成县各级各类学校72所（含幼儿园），在校学生34229人。其中民办学校15所（含幼儿园），在校学生6446人。3～5周岁幼儿园入学率100%，小学与初中学龄儿童入学率均为100%，初中毕业生升学率98.42%。外来务工子女入学率100%，其中在公办学校就读比例85.29%。全县人均教育经费投入2851.29元。中小学生人均占地面积33.88平方米，建筑面积17.55平方米，生均投入教育技术装备1341.02元，生均纸质图书藏书量55.01册，每百名学生拥有有效计算机25.2台。创成省现代化学校3所、文明校园1所、艺术教育实验学校1所、一级幼儿园2所、健康促进学校2所，获省校本研修先进集体1个。

2021年文成县各类学校基本情况表

表63

指标	学校数（所）	专任教师数（人）	在校学生数（人）
幼儿园	27	455	6212
小学	24	853	15625
初中	16	952	7550
普通高中	3	287	3237
职业高中	1	129	1543
特殊教育	1	22	62

【学前教育】 2021年，全县幼儿园27所，其中公办园16所、民办园11所。在园幼儿6212人，园均规模227人。教职工744人，其中专任教师455人，在编教职工251人（含员额报备制25人，劳动合同制38人）。新改建公办幼儿园3所（兴福堂、二新、玉壶东背），新增学位810个；建成高端民办幼儿园1所（悦阳幼儿园），学位360个。创成省一级园2所、二级园3所，等级园占比100%，其中一、二级幼儿园在园幼儿覆盖面85.5%；新增普惠性幼儿园1所，普惠性幼儿园占比96.88%。创建市绿色幼儿园2所、“无废”幼儿园2所、AAAAA平安幼儿园1所、教育优秀装备园1所，获温州市校本研修先进集体1个。

【义务教育】 2021年，全县小学24所，在校生15625人，校均规模651人。入学率、巩固率、毕业生升学率均100%。教职工911人，其中专任教师853人；初中16所（含九年一贯制学校9所），学生7550人，比上年增加106人，校均规模472人。入学率、巩固率均100%。教职工1177人，其中专任教师952人。新创省义务教育学校标准化学校2所，全县标准化率100%。创成省现代化学校2所、艺术教育实验学校1所，获评省校本研修先进集体1个。创成市文明校园5所、“小而优”示范学校2所、教学新常规示范学校1所，劳动教育示范学校1所、中小学生劳动基地1个，“三全四课五育”试点校3所、健康促进学校3所、数字家长学校16所、“无废”学校5所、AAAAA平安校园1所、党建示范学校3所，获评市教育技术先进集体2个。

【普通高中教育】 2021年，全县普通高中3所，其中民办1所，学生共3237人，比上年增加224人。招生1150人，毕业923人。教职工328人，其中专任教师287人。文成中学创成省级文明校园、市“无废”学校、市数字化家长学校，文成二高创成省健康促进学校、市“三全四课五育”试点校、市“无废”学校、市党建示范学校。高考质量整体实现九连升。一段率、本科率、上线率分别为17.25%、59.11%、99%；文化类上特殊（重点）线170人，比上年增加11人，上升0.82个百分点。文成二高获温州市教育教学优秀单位称号。

【职业教育】 2021年，全县职业高中1所，在校学生1543人，比上年增加157人。招生539人。毕业360人，比上年增加38人。教职工137人，其中专任教师129人，“职教双师型”比例95.92%。毕业生“双证率”100%，初次就业率99.38%。职业高级中学党支部获评温州市基层先进党组织，创成市文明校园、中小学生劳动实践基地，园林专业被列为省高水平建设专业。学生周斌斌参加2021年高职电子商务专业考试获浙江省第一名。

【成人教育】 2021年，全县成人教育中心（社区学院）1所，乡镇成人文化技术学校（社区学校）15所，村居教学点24个，成人教育机构网络实现县、乡镇、村居全覆盖。全年举办各类社会培训73653人次，占全县常住人口的25%。南田镇社区学校获评浙江省教育现代化社区学校，巨屿镇社区学校获评温州市示范社区学校，二源镇社区学校获评温州市一级社区学校。大峃镇老年学堂获评温州市老年教育优质（示范）学校。成人高中（“双证制”）在册学员839人。全年招生385人，毕业394人。获职业证书57人，获证率14.47%。

【特殊教育】 2021年，全县特殊教育学校1所，学生62人，教职工22人。全县在册6—14周岁持证残疾少年儿童247人，在校就读247人，入学率100%。其中，送教上门服务28人。

【民办教育】 2021年，全县民办中小学4所，其中高中1所，九年一贯制学校3所。在校学生4119人，其中高中677人，初中1787人，小学1655人。教职工481人。民办幼儿园11所，在园幼儿1650人。秋季撤拼关停办园条件差的民办园3所、教学点2个。落实资金3398万元,对民办学校实施政府购买服务。引导民办学校进行分类登记,12所民办学校登记为非营利事业单位;评出优秀民办学校11家,优秀校园长2人,优秀教师13人。严格落实民办义务教育学校在审批地招生、公民同招和百分百摇号政策。小学一年级招生181人,初中招生699人。

2021年10月20日,市教育局专职副总督学倪彤(左三)、人事处处长刘添梁(左二)率团在武阳书院正心厅举行"名师送教"进点文成活动(县教育局提供)

【基础设施建设】 2021年,全县投入项目建设资金2.0637亿元,建成投用兴福堂(新建)、二新(改建)、玉壶东背(改建)3所公办幼儿园,新增学位810个。企业投资7000多万元,建成文成县第一所高端民办幼儿园——悦阳幼儿园,学位360个。建成投用巨屿镇东垟小学扩建项目,持续推进铜铃山幼儿园、周壤幼儿园、龙船垟幼儿园、黄坦镇小项目建设,开工建设珊溪实验幼儿园、南田幼儿园扩建项目。完成实验中学、珊溪镇中心小学拆扩建工程前期工作。职业高级中学完成建筑物主体工程的50%。投入资金3500万元,完成实验小学等14所学校通槽厕所改造,35所学校校舍外立面改造、塑胶操场翻建、食宿楼改建等64个项目,文成中学等10所学校校园文化建设。投入资金732万元,建成投用85个新型教学空间。投入资金420万元,安装2300套中小学可调节课桌椅、220台教室和考场空调、250套新风系统。学生图书人均递增1.75册。

【教师队伍管理】 2021年,全县引进高层次人才1人。新聘教师124人,其中社会招聘62人,校园招聘24人,招聘学前教育劳动合同制38人。定向培养22人。获评温州市"瓯越情"优秀校长1人、优秀教师11人、优秀班主任5人、优秀乡村教师3人、中小学学校思政课教师年度人物1人。开展中小学有偿补课和教师违规收受礼品礼金问题专项整治,对全县71所中小学、幼儿园近3000名教师进行全覆盖检查,查处教师有偿辅导1起,警告处分1人并调离到边远学校。落实教育培训经费800万元,教师人均完成培训110.95学时。推荐6名校园长参加市研修班学习,7名校园长参加任职资格培训;推荐参加"国培计划"培训班学习1人、"浙派名师"培训班学习2人、市级研修班学习29人;评出县学科骨干教师118名、骨干班主任23名,获评市学科骨干教师35名、骨干班主任15名。培养正高级教师1人,高级教师30人。培养省教坛新秀1人,县高级专业技术人才2人。17个县级名师工作室开展活动72次。"市名师送教"活动在文成县设立25个工作室,进驻学校17所,指导学员308名。

【教育质量提升】 2021年,文成县教育局以社会主义价值观为核心,深入开展"四品八德"德育系列活动,构建"三全四课五立"育人新模式,推进"一校一品”德育特色项目建设。创成省文明校园1所、绿色学校2所、艺术教育实验学校1所，市绿色学校2所、“三全四课五育”试点校4所、健康促进学校5所、劳动教育示范学校4所、“无废”学校10所，实验小学列为温州市2021年“五水共治”(河长制)重点项目节水教育基地。开展科技节、艺术节、读书节、体育节活动，学生参加温州市第33届艺术节比赛获奖70项，其中一等奖2个、二等奖22个、三等奖46个。实施“明眸皓齿”工程，对全县中小学生实行视力免费检测，全县近视率降低1.02%。全面实施“课程品质、课堂教学、质量评价、教师素养、教研机制”五大优化行动，提高课堂教学效率，推进学生有效学习。高考质量整体实现九连升。全县参加高考考生973人，一段(本科)上线625人。其中，上特殊(重点)线170人。一段率、本科率、上线率分别从2016年的9.06%、43.18%、96.7%提升到2021年的17.25%、59.11%、99%；全市前2000名考生比率从2017年的0.95%提升到2021年的3.36%。

【教育改革创新】 2021年，文成县教育局推进人事制度改革，逐步将高、中级教师职称评审权下放到学校，全年新增3所试点学校。实施幼儿园教师劳动合同制改革，首次招聘38名。推进办学模式改革，组建“优质龙头学校+”融合型和共建型义务教育集团校，实现集团学校教育理念经验共享互通，促进城乡之间、校际教育均衡优质发展。2021年组建教共体实现乡村小学和初中全覆盖，结对学校共36所，其中融合型8所、共建型28所。省政府民生实事“新增教共体”项目总进度100%。与宁波市奉化区两地10所学校签订对口协作框架协议书，搭建合作平台，实现区域优质教育资源共享。

2021年11月26日，宁波市奉化区教育局局长周永龙(右)与文成县教育局局长薛乐之签订对口协作框架协议书(县教育局提供)

【教育环境优化】 2021年，县教育局全面落实“双减”政策，以优化作业为抓手，减轻学生作业负担。研训院出台各学科《优化作业设计与管理指导意见》，实行“基本作业+弹性作业”的模式，分层布置作业，关注学生学习个性和水平差异。《向未来绘“五度”斜角，优作业接“双减”落地》在全市现场会上作典型交流。全面拓展课后托管服务工作，实现全县所有公办义务教育学校、有课后服务需求的学生全覆盖。课后托管服务学生参与率93.6%，初中晚自习参与率93.3%。从严治理校外培训机构，14家学科类培训机构9家转为非学科类机构，5家转为非营利学科类机构，全市率先完成转登记工作，营利性学科类培训机构压减率100%。

【校园疫情防控】 2021年，全县教育部门做好疫情防控工作。严格根据“五个一律”要求，全方位实施校园闭环管理，做好师生核酸检测、疫苗接种工作。3～11周岁学生疫苗全程接种率100%，12～17周岁全程接种率98.69%。强化校园安全治理工作。健全校园安全联动机制，落实安全工作“五到位”，实施“网格化”管理。开展对校园周边隐患排查整治，学校自查发现各类安全隐患691项，整改682项，整改率98.69%；巡查发现隐患76项，整改74项，整改率97.4%。省市县平安办督查发现隐患51项，整改51项，整改率100%。投入资金237万元，加强智安校园建设，提高校园安全管理水平。关爱弱势群体，贫困生资助实施全覆盖，全年资助10245人次，资助金额975万元。规范营养餐资助管理，资助3585人次，资助金额286.8万元。文成籍归侨侨眷联谊会开展第九年助学活动，资助家庭贫困的大学生27人，资助金额13.5万元。温州银行文成分行资助武阳书院、文成第二高级中学学生50人，每人2000元，资助金额10万元。

2021年6月11日，党史宣讲团成员在二源镇校开展党史宣讲活动（县教育局提供）

【党的建设】 2021年，推进基层党组织标准化、特色化、项目化建设，打造“红色领航、立德树人”区域党建品牌，创建温州市党建示范校4所。教育系统党员参加县微型党课比赛获一等奖1人，二等奖2人，三等奖2人。培养入党积极分子45人，接收预备党员25人，预备党员转正28人。加强党风廉政建设，落实县委第三巡察组第九次巡察反馈整改任务19项，党纪处分2人，批评教育5人，清退款项2250元。推进清廉学校建设，引领型、规范型、提升型“清廉学校”创建率分别为10%、40%、60%。落实意识形态主体责任，组建老中青3个层次的党史宣讲团，开展“红色根脉”宣讲活动26场次，覆盖32所学校，参与师生12000多人次。办理、答复信访350件，办结率100%。

【先进名录】

先进个人一览表

表64

单位	姓名	荣誉名称	发文时间	授予部门
巨屿镇中心幼儿园	周晓燕	温州市优秀教育工作者	2021.9	温州市教育局
公阳小学	张理新	温州市优秀教育工作者	2021.9	温州市教育局
文成中学	季爱群	温州市优秀教师	2021.9	温州市教育局
武阳书院	何志伟	温州市优秀教师	2021.9	温州市教育局
实验小学	刘越秀	温州市优秀教师	2021.9	温州市教育局

续表64

单位	姓名	荣誉名称	发文时间	授予部门
第三实验小学	赵碧云	温州市优秀教师	2021.9	温州市教育局
县中心幼儿园	陈斌斌	温州市优秀教师	2021.9	温州市教育局
大峃镇龙川小学	谢美君	温州市优秀教师	2021.9	温州市教育局
黄坦镇中心小学	王珊珊	温州市优秀教师	2021.9	温州市教育局
珊溪中学	胡永雪	温州市优秀教师	2021.9	温州市教育局
珊溪镇中心小学	包爱雪	温州市优秀教师	2021.9	温州市教育局
南田中学	林文忠	温州市优秀教师	2021.9	温州市教育局
少年业余体育学校	朱雪芬	温州市优秀班主任	2021.9	温州市教育局
周壤镇周南小学	郑碎芬	温州市优秀班主任	2021.9	温州市教育局
西坑镇校	郑海飞	温州市优秀班主任	2021.9	温州市教育局
文成中学	谢美娟	温州市中小学学校思政课教师年度人物	2021.9	温州市教育局
第二实验小学	胡瑞链	温州市“担当作为好支书”	2021.12	温州市委组织部
职业高级中学	苏志敏	温州市“瓯越情”优秀校长	2021.9	温州市人民教育基金会
实验中学	金　曙	温州市“瓯越情”优秀教师	2021.9	温州市人民教育基金会
少年业余体育学校	陈旭琴	温州市“瓯越情”优秀班主任	2021.9	温州市人民教育基金会
珊溪中学	朱应庆	温州市“瓯越情”优秀乡村教师	2021.9	温州市人民教育基金会
黄坦镇中心小学	叶淑芬	温州市“瓯越情”优秀乡村教师	2021.9	温州市人民教育基金会
大峃镇中樟小学	包美玲	温州市“瓯越情”优秀乡村教师	2021.9	温州市人民教育基金会
二源镇校	赵沛龙	浙江省教科研先进个人	2021.12	浙江省教育科学规划领导小组
县学生实践学校	邢美芳	市级先进教研组长	2021.7	温州市教育教学研究院

先进集体一览表

表65

单位	荣誉名称	发文时间	授予部门
第二高级中学	温州市教育教学质量优秀单位	2021.10	温州市教育局
巨屿镇中心幼儿园	温州市教育装备优秀园	2021.12	温州市教育技术中心
第三实验小学	温州市教育技术工作先进集体	2021.2	温州市教育技术中心
巨屿镇校	温州市教育技术工作先进集体	2021.2	温州市教育技术中心
二源镇校	智慧教育综合试点成果合格单位	2021.12	浙江省教育厅
二源镇校	浙江省近视防控特色学校	2021.12	浙江省教育厅
南田中学	温州市教科研先进集体	2021.10	温州市教育教学研究院

续表65

单位	荣誉名称	发文时间	授予部门
南田中学	温州市“数据驱动教育教学改进”种子学校	2021.12	温州市教育局
第二实验小学	温州市校本研训示范学校	2021.6	温州市教育教学研究院
桂山小学	温州市“小而优”示范学校	2021.12	温州市人民政府教育督导室
公阳小学	温州市“小而优”示范学校	2021.12	温州市人民政府教育督导室
二源镇校(小学)	温州市小学新教学常规示范学校	2021.12	温州市教育局
岀口镇校	温州市劳动教育示范学校	2021.12	温州市教育局
中小学综合素质实践基地	温州市中小学生劳动基地	2021.10	温州市教育局
职业高级中学	温州市中小学生劳动基地	2021.10	温州市教育局
文成中学	浙江省文明校园	2021.1	浙江省委、省政府
实验小学	温州市文明校园	2021.12	温州市文明办
第二实验中学	温州市文明校园	2021.12	温州市文明办
职业高级中学	温州市文明校园	2021.12	温州市文明办
岀口镇校	温州市文明校园	2021.12	温州市文明办
大峃镇龙川小学	温州市文明校园	2021.12	温州市文明办
求知中学	温州市文明校园	2021.12	温州市文明办
百丈漈中心幼儿园	温州市绿色学校	2021.12	温州市教育局
二源镇中心幼儿园	温州市绿色学校	2021.12	温州市教育局
实验小学	浙江省艺术教育实验学校	2021.5	浙江省教育厅
第二高级中学	温州市“三全四课五育”试点校	2021.1	温州市教育局
实验小学	温州市“三全四课五育”试点校	2021.1	温州市教育局
第二实验小学	温州市“三全四课五育”试点校	2021.1	温州市教育局
巨屿镇校	温州市“三全四课五育”试点校	2021.1	温州市教育局
百丈漈镇校	温州市健康促进学校	2021.12	温州市教育局
南田镇三源小学	温州市健康促进学校	2021.12	温州市教育局
第二高级中学	浙江省健康促进学校	2021.12	浙江省教育厅
实验小学	浙江省健康促进学校	2021.12	浙江省教育厅
文成中学	温州市数字家长学校	2021.11	温州市教育局
实验中学	温州市数字家长学校	2021.11	温州市教育局
南田中学	温州市数字家长学校	2021.11	温州市教育局
职业高级中学	温州市数字家长学校	2021.11	温州市教育局
实验小学	温州市数字家长学校	2021.11	温州市教育局
少年业余体育学校	温州市数字家长学校	2021.11	温州市教育局
第三实验小学	温州市数字家长学校	2021.11	温州市教育局
岀口镇校	温州市数字家长学校	2021.11	温州市教育局
南田镇中心小学	温州市数字家长学校	2021.11	温州市教育局
南田镇三源小学	温州市数字家长学校	2021.11	温州市教育局

续表65

单位	荣誉名称	发文时间	授予部门
南田镇十源学校	温州市数字家长学校	2021.11	温州市教育局
二源镇校	温州市数字家长学校	2021.11	温州市教育局
巨屿镇校	温州市数字家长学校	2021.11	温州市教育局
巨屿镇东垟小学	温州市数字家长学校	2021.11	温州市教育局
黄坦镇中心小学	温州市数字家长学校	2021.11	温州市教育局
珊溪镇中心小学	温州市数字家长学校	2021.11	温州市教育局
百丈漈镇校	温州市数字家长学校	2021.11	温州市教育局
平和小学	温州市数字家长学校	2021.11	温州市教育局
文成中学	温州市“无废”学校	2021.11	市美丽温州建设领导小组
第二高级中学	温州市“无废”学校	2021.11	市美丽温州建设领导小组
实验中学	温州市“无废”学校	2021.11	市美丽温州建设领导小组
第二实验中学	温州市“无废”学校	2021.11	市美丽温州建设领导小组
实验小学	温州市“无废”学校	2021.11	市美丽温州建设领导小组
第二实验小学	温州市“无废”学校	2021.11	市美丽温州建设领导小组
第三实验小学	温州市“无废”学校	2021.11	市美丽温州建设领导小组
县中心幼儿园	温州市“无废”学校	2021.11	市美丽温州建设领导小组
县实验幼儿园	温州市“无废”学校	2021.11	市美丽温州建设领导小组
职业高级中学	温州市“无废”学校	2021.11	市美丽温州建设领导小组
第二高级中学	温州市党建示范学校	2021.4	中共温州市教育局委员会
周壤镇校	温州市党建示范学校	2021.4	中共温州市教育局委员会
巨屿镇校	温州市党建示范学校	2021.4	中共温州市教育局委员会
黄坦镇培头小学	温州市党建示范学校	2021.4	中共温州市教育局委员会
职业高级中学	温州市基层先进党组织	2021.6	中共温州市委
玉壶镇中心小学	温州市青少年研学旅行示范线路	2021.7	温州市教育局
县实验幼儿园	AAAAA平安校园	2021.12	温州市教育局
珊溪中学	AAAAA平安校园	2021.12	温州市教育局
南田镇中心幼儿园	温州市“九把钥匙”实践园	2021.3	温州市教育局

（胡加斋）

文化 卫生 体育

综 述

2021年，全县拥有文化站17个，文化馆1个，博物馆1个，公共图书馆1个，电影放映单位2个，城市书房4家，百姓书屋7家，文化驿站21家，文化礼堂257家。公共图书馆藏书51.20万册，比上年增加1.72万册。有医疗卫生机构150家，床位数827张。其中，医院5家，卫生院17家，村卫生室65家，各类诊所39家。卫生技术人员2039人，其中执业(助理)医师1008人，注册护士760人。全县医疗机构总诊疗215.26万人次，下降18.7%，入院人数1.58万人，基层就诊比例66.3%。全县建成百姓健身房4个，村级全民健身广场1个，体育设施进公园1个，篮球场地4个，社区多功能运动场1个，登山健步道2条。全年发行体育彩票2450.65万元。

文化事业

【概况】 2021年，文成县文化和广电旅游体育局是县政府工作部门，为正科级。挂牌文物局牌子。主要承担公共文化、旅游和体育产业发展、文广旅体行业监管和执法等行政管理职能，以及文化、旅游、体育的部分事业或公益职能。局机关内设办公室、资源开发科、市场管理科、市场拓展科、广电体育管理科、文化遗产科、文化艺术科等7个行政科室，下属县文化市场综合行政执法队(以下简称执法队，副科级)、县文化馆、县图书馆、县博物馆、县非物质文化遗产保护中心(以下简称非遗中心)、县智慧文旅信息中心、县体育事业发展中心(以下简称体育中心，副科级)等“一队三馆三中心”。2021年年末，全局在职在编干部职工89人。

【公共文化服务提质增效】 2021年，建成城市书房4个、百姓书屋6个、文化驿站2个(公阳水碓宅和玉壶镇侨韵)，进一步完善“15分钟品质文化生活圈”。创新推出文成本土图书品牌“遇书阁”，在野舍武阳、九溪民宿等民宿建成5家。新设流动汽车图书馆，提供上门服务。南田镇综合文化站和石庄村、铜铃村、垟头村文化礼堂列入浙江省公共文化场馆服务功能拓展先行先试单位。委托第三方对全县乡镇综合文化站开展“一季一次”的服务效能评估和群众满意度调查，对送戏下乡60%的演出地点进行质量评估。实施文化惠民工程。围绕庆祝建党百年主题，举办音舞诗画情景剧《浩气长存》、“百年峥嵘颂 赞歌献给党”大合唱比赛、民营剧团戏剧周展演、文成首届原创民谣音乐会、“追寻红色记忆 重温红色经典”书香之旅等形式丰富的线上线下活动。继续做强“山水舞台”“周末剧场”等文化品牌，“山水舞台”演出82场。联合省话剧团打造历史话剧《刘伯温霜台忠魂》，联合省艺校打造革命史诗剧《浩气长存》，新编越剧《刘伯温智斩玉面郎》等文艺精品。开展“红色文艺小分队”送文化下乡和文化进万家活动，送戏下乡240场，送书下乡1.8万余册。开展小蝌蚪故事屋、巧手巧心公益培训等100余场。县文化馆被文化和旅游部第五次全国文化馆评估定级为国家一级馆。县图书馆入选浙江省文化和旅游厅第一批“满意图书馆”。

【文化遗产保护传承发展】

2021年，落实文物单位直接责任人公告公示制度，出台国省保单位文物安全“一点一策”方案，建立文物部门层层联系、公安内保重点联系、打击文物犯罪会商、消安委联合检查、委托第三方评估等文物安全5项制度，聘请137名业余文保员并开展岗位培训，开展消防环境管理承包责任制试点。开展文物安全大排查大整治大提升工作，对全县135个文保单位4类隐患进行地毯式排查，整改各类大小安全隐患183个。深入20个国省保单位和木构类民居建筑消防演练和防盗宣传。完成7个点上消防工程项目，有序推进13个安防工程项目。理顺国保单位刘基庙及墓责任分工，安装入侵探测、微震动监测报警和应急广播系统，全面强化国保单位刘基墓的安保水平。夯实文物保护基础。组织平和东方太阴宫、黄坦依仁天灯柱抢修工程，国省保单位完成本轮修缮。完成蔡坑朱氏宗祠抢修工程和松龙岭古道、五十二岭古道提升工程，推进雅庄古民居、省图旧址、武阳堂等修缮工程。完成全县75处石窟室和摩崖石刻调查。提升博物事业水平。举办临时展览8场，各类特色文博体验活动37场次，展览配套活动30余场次，共征集原电影公司影片资料、窑址考古调查形成的成果资料和文创产品、城镇开发中坟墓构件等500多件。推进地方文化和非遗传承。排查地方文化元素475条，20个重点文化基因解码报告通过省厅验收（优秀报告4个），刘伯温故里被列为全省第二批文化标识培育重点县。开展刘伯温诞辰710周年纪念活动，成立温州大学国学研究院刘伯温文化研究所。“太公祭”“刘伯温传说”通过省级非遗项目评估，完成“刘伯温传说”抢救性记录，拍摄3个省遗短视频。出版《走近刘伯温》等3本文成地方课程读本，推送200篇“淡墨文成”公众号地方文化文章并结集出版（第一辑）。西坑让川悦慢民宿被评为市级优秀非遗体验基地，西坑鳌里被评为市级非遗传承基地，打造珊门社区（寨山公园）叶式太极拳项目、中堡社区南拳项目、上房社区剪纸项目等3个“非遗在社区”示范点。

2021年7月16日，文成县原创民谣音乐会在文化中心广场举办（县文广旅体局提供）

【文旅产业创新融合发展】

2021年，文成县累计接待游客327.59万人次，同比增长18.96%，实现旅游收入41.91亿元，同比增长18.51%。推进景区创建，成功创成铜铃山镇AAAAA级景区镇，成为温州2021年唯一创成单位。南田镇创成AAAA级景区镇，二源镇、峃口镇、珊溪镇成功创成AAA级景区镇（乡）。创成高村、坦岐、鳌里AAA级景区村和21个AA级及A级村庄。新培育民宿15家，创成省级文化主题民宿1家、银宿4家，市级精品民宿1家。新培育“侨家乐”品牌民宿5家，创成市五星级侨家乐民宿2家、四星级2家、三星级5家，侨家乐民宿获评浙江省三大民宿品牌之一。培育5家民宿“浙宿好礼”，成功入选浙江省第二届乡村民宿伴手礼大赛。召开全市“侨家乐”品牌民宿现场推进会，在全市掀起“侨家乐”热潮。紧扣建党百年的有利契机，按照“场景式打造、沉浸式体验”的目标，投资1.5亿元完成项目40余个，成功打造“初心之旅”红色旅游品牌。刘英纪念馆成功列入AAA级景区创建单位，西坑鳌里红色古村落创成“温州市红色旅游主题教育基地”单位，“初心之旅”成功获评“温州市青少年红色研学线路”“浙江省52个红色网红打卡点”，全年接待游客14.6万人次。编制完成《文成县红色旅游发展规划》《文成县初心之旅策划总体方案》《西坑畲族镇鳌里红色古村落规划》《刘英纪念馆提升方案》。推出初心之旅“文成之光”系列作品，如纪录片、红色故事、连环画、红色演艺、红色文创、党课、手绘地图等系列创作成果，其中《文成之光》红色故事纳入“建党百年在浙江”系列丛书。完成文成县“初心之旅”红色旅游讲解员培训49名。红色旅游工作获评县委、县政府“铁军团队”称号。强化“微改造、精提升”高位推进。高标准制定出台《文成县旅游业“微改造、精提升”五年行动方案(2021—2025年)》，自我加压加码，完成自主项目申报130余个，总投资超1亿元。“百县千碗”工程打造了伯温文化、红色文化、畲族文化、亲子文化等4家网红餐厅。成功打造出鳌里红军网红餐厅，打造20款文成特色冷菜。完成2021年文成十大碗评选，伯温猪脚入选2021年浙江瓯菜十大名菜。开展“诗画浙江·百县千碗”首届文成味道美食评选活动，评出阳光大酒店和野舍武阳民宿2家作为文成番薯粉丝体验店。举行“百县千碗”美食线下评选活动。创成古韵公阳学生研学基地、浙南民俗博物馆研学基地、毛泽东像章文化研学基地3个市级研学旅行基地，创成天圣逸境研学营地。市场拓展成效显著，出台《2021年文成县游客招徕奖励办法》，配套开发文成县游客招徕奖励系统。全年32个大团、99班飞机切位。承接采购大会和推介会50余次。创新推出利用网络云互播进行旅游推介。举办文化旅游合作大会10场。首次创建文成“城市音乐小站”平台，刺激夜生活消费。

【文化执法监管常抓不懈】 2021年，从严监管文化、文物、旅游、体育相关企业和场所，实施1日1查、节假日巡查、举报受理、明察暗访等制度，实现全时段、全区域、全覆盖。执法队出动巡查362人次，检查各类企业185家次，巡查密度较上年同期增长15.6%。受理投诉举报21起，处置办结21起，反馈满意率100%。持续推进案件办理。统筹联动，加大重点领域监管。多次与公安、市监、应急、新闻出版等多部门联合执法检查，发挥联动效应，扩大执法震慑作用，共同促进市场健康、繁荣、有序发展。精准聚焦，持续深化专项整治。开展日常巡查工作的同时，根据上级主管部门部署，以及本地实际情况开展各类专项整治行动。开展“8+3”旅游领域安全生产专项整治行动、“平安护航建党百年”旅游领域安全隐患大排查大整治专项行动、文成县旅游领域安全生产百日攻坚实施方案等安全生产专项工作。

【强化党建引领打造精干文旅团队】 2021年，开展党史学习教育。认真组织学习近平总书记“4+2”指定书目、“七一”讲话和百年历史决议等文件，精心设计党史应知应会测试、主题党日活动、警示教育活动、“建党百年路、文旅新征程”微党课赛课活动、“六讲六做”宣讲学习等载体，提高党员干部政治站位。推进“为民办实事”项目17项，推进机关“双建”。按照政治工作载体化、党建抓手品牌化、团队打造实战化、党建阵地家园化的思路，全面抓好推进“模范机关”“清廉机关”创建，打造“见证初心”分享会、“侨家乐”党群联盟、文旅“青年说”等党建品牌。

【“迎建党百年，享美好生活”系列庆祝活动】 2021年3月，文化馆利用微信公众平台，每月一期分享红色文艺作品，与广大群众一同赏析作品的艺术内涵和精神内涵。4月上旬，文成县第九届民营剧团戏曲展演暨“庆祝中国共产党成立100周年”戏曲展演在县文化中心剧院精彩连演，为市民带来别样的戏曲文化体验。6月征集30幅以“迎建党百年，享美好生活”为主题的摄影作品，到巨屿、珊溪等乡镇开展巡展，作品充分展现在党的领导下文成人民的幸福生活，记录新时代祖国的发展和繁荣昌盛。6月30日，文成县庆祝中国共产党成立100周年“七一”表彰暨文艺演出在县文化中心大剧院举行，创排大型音舞诗画情景剧《浩气长存》，以郑敬衡、周定、赵刚等革命先烈的生平事迹为素材，演绎了峥嵘年代的共产党人含悲舍家、矢志不渝的家国情怀，献礼“建党百年”，该剧还在文成电视台分五个档期播出。6月底，“迎建党百年 享美好生活”文化下乡巡演走进各乡镇文化礼堂，累计演出20场。6月29日，“百年峥嵘颂 赞歌献给党”大合唱比赛在文化中心举办，18支参赛队伍及1支由海外青年侨胞组成的助演队伍放声高歌。7—11月，创作精品文艺作品《周定》《潘翠英》《胡家六英烈》等，宣讲党史弘扬党的精神。

2021年6月30日，文成县庆祝中国共产党成立100周年“七一”表彰暨文艺演出在县文化中心大剧院举行（县文广旅体局提供）

【满意图书馆创建】 2021年，文成县图书馆参与满意图书馆创建，在硬件设施与基础服务效能方面均取得改善与提升。5月11日，浙江省文化和旅游厅公布第一批“满意图书馆”达标名单，全省有70家公共图书馆达标，温州地区12家参评公共图书馆全部通过，其中包括文成县图书馆。按照《浙江省公共图书馆服务大提升行动方案》工作安排，从服务保障、服务效能、服务评价3个方面进行提升，例如配备了母婴室，新增盲道、无障碍停车位、图书自助消毒机等。

【峃口镇百姓书屋】 2021年10月建成。该百姓书屋坐落于文成县峃口镇综合文化站内，由原峃口镇人民政府老办公楼改建而成，人口集聚，交通便利，室内面积200平方米，配备有先进的RFID自助借还设备，可实现与温州地区所有公共图书馆和城市书房间通借通还。

【阅读推广活动】 2021年，文成县第十届全民“伯温读书节”暨第七届网络文化节举办，推进书香文成建设。以“阅读红色经典、传承优秀文化”为主题，围绕庆祝中国共产党成立100周年，在全县范围内开展全民开卷、经典相伴、书香满城三大板块各类读书活动，面向家庭、社区、学校、企业、机关及农村等不同群体的推广阅读，满足“老、中、青、幼”等不同群体的阅读需求。表彰2020年度优秀阅读推广人和阅读之星。举办图书馆之夜、“以书换书 接力阅读”——换书大会、第十七届未成年人读书节青少年漫画大赛、巧手巧心、小蝌蚪故事屋、点点作文公益培训、众悦阅读书会、阅读马拉松等活动。围绕庆祝中国共产党成立100周年，创新推出线上线下红色阅读活动。开展“追寻红色印记 重温红色经典”书香之旅活动、红色故事——党史上的今天系列活动、“红色剪纸颂党史，献礼建党100周年”、党史百年红色经典图书推荐、“建党百年 峥嵘岁月”21天打卡计划、红色诗歌朗诵、设立红色经典图书专架、红色经典图书推荐、《红船从“浙”里起航——中国共产党在浙江（1921—1949）》特展、“百座城市 千家书房”——百年党史知识线上竞答活动、“红游浙江·重温初心”打卡红色足迹，从红船起航、“百年荣光 薪火相传”博看网2021年知识竞答等活动。

【国内外交流合作】 2021年，为促进文成县与周边县区的文化交流，充分宣传、展示和推介刘基文化，推进区域文化的共同繁荣发展，文成县图书馆先后赴温州市洞头区图书馆、永嘉县图书馆开展“刘基文献推广”文化走亲活动，推广刘伯温文化丛书《刘伯温文化遗产研究》《文成太公祭》《刘伯温传说》等刘基文学和现代刘基研究专家的学术著作文献。

【不可移动文物的保护和管理】 2021年，文成县博物馆（文物保护管理所）完成不可移动文物保护工作的各项工作任务。全面落实文成县文物公示公告工作，明确各文保单位责任人责任；开展文物消防安全入户培训；开展方坑太阴宫、雅庄古民居、浙江省图书馆临时办公旧址等各级文保单位修缮工程；完成全县第二批15个文物平安工程，各项工作稳步推进。

【博物馆重要陈列展览】 2021年，文成县博物馆凝聚“线下+线上”展览合力，推出线上1个，线下9个，其中包含临时展览8个，流动展1个，流动10场次，全年累计参观16万人次，接待团队讲解100余场次、1.64万人次。主要展览：1—3月，“美意延年，画满乾坤”——木版年画展；3—4月，文成县中小学美术、书法教师优秀作品展——向党100周年献礼活动；4—5月，“情系党恩 力创精品”建党百年根艺精品展；5—6月，“深山秘境 大美乌金”本地瓷器展；6—7月，“百年华章 浙里文成”图片展；7—8月，“百年华诞，艺心向党”——文成县书法美术摄影作品展；9—11月，“戏说生活”文物展；11—12月，“牛鼻子兮归来——黄尧先生牛鼻子系列漫画展”；建党百年文物展线上展，累计观看点击量3000余人次；流动展览“秘境生灵——安吉小鲵科研成果展”进中小校园、乡镇、社区。

【文博宣传】 2021年，打造“5·18国际博物馆日”“文化和自然遗产日”“二十四节气”“我们的节日”“四季课堂”等文博宣教品牌5项，累计活动参与人数1.04万人次，开发“文成县博物馆”视频号，属全市首例，获省、市领导点赞，累计观看人数2万人次。全年累计开展第二课堂活动43场，累计线下活动参与人数5610人次，其中未成年人3880人次，线上活动参与1.6万人次。在温州市“讲述故事”比赛中获三等奖1项。开发“瓯窑羊”鼠标垫、“建党百年”盲盒胶卷、“中秋文保单位”月饼文创产品3款。助力“双减”政策，加强馆校合作，增设博物馆校外活动，利用博物馆馆内资源，开设博物馆研学活动4场，培养学生团队协作能力、动手能力、视听能力，协同校外教育。

【非遗代表性传承人】 2021年11月22日，刘伯温传说传承人刘日泽、太公祭传承人刘德铭2人被浙江省文化和旅游厅确定为第六批省级非遗代表性传承人。6月15日，王延宽、柯步判、胡炯平、吴克英、吴苏友、雷加浩、刘德铭7人被温州市文化广电旅游局确定为第五批市级非遗代表性传承人。

【传承基地、体验基地创建】 2021年，西坑畲族镇鳌里文化礼堂被温州市文化广电旅游局评定为第六批温州市“南田民居营造技艺”非物质文化遗产传承基地，文成县悦慢民宿被评定为2021年度优秀非遗体验基地。峡谷景廊陶瓷艺术体验基地、猴王谷木偶戏体验基地、丰农非遗体验基地、九溪欢乐谷南拳体验基地被评定为文成县第二批非物质文化遗产体验基地。

【文化遗产出版成果】 2021年，光明日报出版社出版浙江省哲学社会科学规划课题成果《作为非物质文化遗产的刘伯温传说》和文成县地方课程读本《走近刘伯温》《指尖上的文成》《民风民俗看文成》。团结出版社出版“淡墨文成”公众号作品合集《淡墨文成(第一辑)》。

【侨家乐伴手礼入选“浙宿好礼”】 2021年11月10日，第二届“浙宿好礼”乡村民宿伴手礼大赛系列活动最终现场评审在杭州举行。文成野舍武阳南田红米饭、居云山舍乌衣红曲酒、隐心谷健康福袋3件作品入选综合奖。文成县迴塘梅子酒入选匠心奖。

【《问道刘伯温》发布】 2021年，为纪念刘伯温诞辰710周年，打造文旅深度融合发展新样板，县文化和广电旅游体育局策划推出10集《问道刘伯温》系列文旅故事短视频，在各大网络平台陆续发布后反响热烈。

2021年7月29日，首届刘伯温故里文化旅游节暨刘伯温710周年诞辰太公祭秋祭大典在刘基庙举行(县文广旅体局提供)

【第一批温州市文化和旅游特色消费集聚区、示范点】 2021年，“苔湖侨乡风情街”被温州市文化和广电旅游局评定为第一批温州市文化和旅游特色消费集聚区，“森林氧吧主题邮局”“嘉南美地养生度假景区”“无同餐厅”“品味明朝茶器营”“寒舍迴塘民宿”“野舍武阳伯温家宴”“开臣璞居侨家系列店”等7家被评定为第一批温州市文化和旅游特色消费示范点。

【先进名录】

先进个人一览表

表66

序号	姓名	荣誉名称	发文时间	授予部门
1	夏宁宁	知识测试个人三等奖、执法文书制作三等奖	2021.11	温州市文化广电旅游局
2	吴海红	温州市文化遗产保护利用工作先进个人	2021.4	温州市文物局
3	陈依倩	优秀团干	2021.4	文成团县委

先进集体一览表

表67

序号	单位名称	荣誉名称	发文时间	授予部门
1	文成县图书馆	浙江省文化和旅游厅第一批“满意图书馆”	2021.5	浙江省文化和旅游厅
2	文成县图书馆	2021长三角地区公共图书馆阅读马拉松大赛优秀组织奖	2021.11	上海图书馆、南京图书馆、浙江图书馆、安徽省图书馆
3	文成县图书馆	“文成畲族民间历史文献特色馆藏建设”获得浙江省图书馆特色藏书建设创新案例三等奖	2021.12	浙江省图书馆学会
4	大峃街城市书房	2021年温州市五星城市书房	2021.12	温州市文化广电旅游局
5	城南城市书房	2021年温州市四星城市书房	2021.12	温州市文化广电旅游局
6	体育中心城市书房	2021年温州市三星城市书房	2021.12	温州市文化广电旅游局
7	文成博物馆	我为温州文物代言比赛三等奖	2021.9	温州博物馆
		温州市十佳博物馆	2021.3	温州市文广旅局
8	《刘伯温·霜台忠魂》	入选浙江文化艺术发展基金2021年度资助项目	2021.11	浙江文化艺术发展基金会
9	《做强“山水舞台”品牌助推文旅融合发展》	浙江省第23届公共文化论坛征文一等奖	2021.11	浙江省文化馆 浙江省群众文化学会
10	《山里的妹子来喊山》	浙江省第二十届群众音乐大赛银奖	2021.11	浙江省文化和旅游厅
11	《现代化视域下“周末剧场”品牌的培育与提升》	公共文化服务现代化主题征文二等奖	2021.11	浙江省文化和旅游厅
12	《红豆》	温州市第七届戏剧小品大赛创作、表演铜奖	2021.12	温州市委宣传部 温州市文化和旅游局
13	《二胡的基本演奏法》	“浙江省全民艺术普及最佳微网课”二等奖	2021.12	浙江省文化和旅游厅
14	《传统米塑小寿桃和抛梁馒头的制作与区别》	“浙江省全民艺术普及最佳微网课”二等奖	2021.12	浙江省文化和旅游厅
15	《春天的芭蕾》	温州市第四届歌坛争霸赛优秀奖	2021.12	中共温州市委、温州市人民政府
16	《问春》	温州市第十八届群众声乐大赛银奖	2021.12	中共温州市委、温州市人民政府

续表67

序号	单位名称	荣誉名称	发文时间	授予部门
17	《亲吻祖国》	温州市第十八届群众声乐大赛金奖	2021.12	中共温州市委、温州市人民政府
18	《蒙古族印象》	温州市群众广场舞大赛银奖	2021.12	中共温州市委、温州市人民政府
19	隶书《刘基诗》	温州市第八届视觉艺术优秀作品大展入展	2021.12	温州市委宣传部、温州市文化和旅游局
20	隶书《诗人得以联》	温州市第八届视觉艺术优秀作品大展入展	2021.12	温州市委宣传部、温州市文化和旅游局
21	《沁园春·雪》	温州市第八届视觉艺术优秀作品大展入展	2021.12	温州市委宣传部、温州市文化和旅游局
22	《沁园春·长沙》	温州市第八届视觉艺术优秀作品大展入展	2021.12	温州市委宣传部、温州市文化和旅游局
23	大山里的跨越	温州市第八届视觉艺术优秀作品大展金奖	2021.12	温州市委宣传部、温州市文化和旅游局
24	红旗下成长	温州市第八届视觉艺术优秀作品大展铜奖	2021.12	温州市委宣传部、温州市文化和旅游局
25	柿夜	温州市第八届视觉艺术优秀作品大展入展	2021.12	温州市委宣传部、温州市文化和旅游局
26	健身美好生活	温州市第八届视觉艺术优秀作品大展入展	2021.12	温州市委宣传部、温州市文化和旅游局
27	夜市瓜果香	温州市第八届视觉艺术优秀作品大展铜奖	2021.12	温州市委宣传部、温州市文化和旅游局
28	《忘却的记忆》	温州市第八届视觉艺术优秀作品大展入展	2021.12	温州市委宣传部、温州市文化和旅游局
29	《风景》	温州市第八届视觉艺术优秀作品大展入展	2021.12	温州市委宣传部、温州市文化和旅游局
30	文成县文化馆	国家一级文化馆	2021.12	文化和旅游部
31	执法队	市文化和旅游法律法规知识竞赛业务知识测试团体二等奖	2021.11	温州市文化广电旅游局
		市文化和旅游法律法规知识竞赛执法文书制作三等奖	2021.11	温州市文化广电旅游局

（王灵华）

档案管理

【概况】 2021年，文成县档案馆无人员调动，年末在职人员11人，临时工2人，内设2个科室（办公室、保管利用科）、1个下属事业单位（文成县电子文件和数字档案备份中心）。

【档案信息服务】 2021年，县档案馆接待查阅利用者2133人次，查阅案卷8732卷，提供数字化成果信息5339卷（册），复（打）印资料12337份（页）。通过浙江省档案服务网为异地查档87人次，邮送档案32份。

2021年6月9日，“档案见证乡村发展”图片展和新“档案法”宣传活动在巨屿镇孔龙村文化礼堂举行（县档案馆提供）

【档案信息化建设】 2021年，县档案馆加快档案数字化改革的进程。全县17个乡镇建设规范化档案室，做到收集档案数字化100%，“村档乡管”100%，实现档案信息资源的安全保存和便捷利用。利用“馆室一体化”平台，查档直通车，在全县范围内实现查档不出镇，试点乡镇在村内就可以查阅档案，实现全县档案信息资源远程利用和社会共享服务，实现让“数据多跑路，群众少跑路”的目标。

2021年7月10日，文成县代表温州市高质量通过档案服务农村基层社会治理全国试点工作验收（县档案馆提供）

【档案法制宣传】 2021年，县档案馆改变“6·9”国际档案日宣传活动方式，围绕“档案话百年”宣传活动主题，开展档案见证乡村发展、“档案法”进村社、“档案法”知识主题竞赛等系列活动，结合党史学习教育到挂钩村开展“我为群众办实事”实践活动，在商议村集体经济发展的路子的同时，为联系帮扶村群众家庭建立家庭档案，实现档案和民众的零距离，扩大档案工作的社会知晓度和影响力。

【档案安全管理】 2021年，县档案馆建立日常维护制度，及时切断电源；经常性地检查库房，加强档案信息安全教育、强化安全防范意识，制定各项规章制度，严格技术措施，加强检查监督，杜绝档案信息失密、泄密现象的发生，确保档案信息网络系统安全。

【档案队伍建设】 2021年，县档案馆强化干部档案业务知识学习。组织干部学习新"档案法"，安排干部参加上级组织的业务培训和业务交流。锤炼干部队伍政治素养。文成县档案馆严肃党内政治生活，坚持每月开展主题党日活动，严格落实"三会一课"、民主生活会、组织生活会、民主评议党员等制度。开展党史学习教育，组织党员干部观看《风云1927之八七会议》《悬崖之上》《红船》等红色影片，组织参观文成县革命烈士陵园、浙江省一大陈列馆等，重温入党誓词、传承红色基因，不断将党史学习教育引向了深入。

（金爱丹）

史志编修

【概况】 2021年，中共文成县委党史研究室（文成县地方志研究室），是县委主管中共地方党史、地方志工作的机构和中共文成党史、地方志的科研机构，属县委直属的正科级事业单位，下设综合科、党史科、方志科，编制8人，年末在职人员7人。全年形成书稿334万字，其中定稿成书4册（套）89万字，总计印刷14700册，全年赠书8000余册。

2021年12月31日，温州市村志编修工程试点推进会在文成召开（党研室提供）

【党史三卷编纂】 2021年，县委党研室在汇集整理老一辈党史工作者艰苦工作成果的基础上，进一步对文成党史资料作了考证和研究，力求去伪存真。多次组织人员到温州、瑞安、文成档案馆查找核实史料，到离退休老干部家中走访，记录口述史。为完成党史三卷编修工作，向兄弟县市征得8本党史三卷，以供编写人员学习参考。在编写过程中倒排工作时间，明确工作分工，按季开碰头会，加快编纂进度，完成5编55万字资料长篇的编写，完成第一编的意见征求。

【村志编修】 2021年，根据市地方志编纂委员会会议和市领导有关指示精神，正式启动西坑畲族镇、铜铃山镇的行政村村志编修试点工作。1月份，邀请省市专家对村志主编、副主编和资料员进行培训；4月份，形成初稿；9月份，进行评审；11月底，完成样书出版印刷；12月底，全市村志编修工程试点工作推进会在文成召开。

【文成年鉴】 2021年，文成县1年1鉴任务。《文成年鉴（2021）》以文成县现有行政区划为界，时间以2020年1月1日至12月31日为限。采用分类编辑法，以类目、分目、条目（有的含子目）3个基本层次组成框架结构，设卷首特载、文成概览、大事记、机构。百科以自然、政治、经济、文化、社会5大部类为序排列。卷末设附录、索引。全书字数74.6万，图片200多幅，装帧为彩色精装本。

【其他史志书籍编写】 2021年，县委党研室完成《文成县政府工作报告汇编（2003—2021）》

2021年6月24日，文成党史连环画《文成烽火》首发式在周壤乡校举行(党研室提供)

出版，全书收录2003年至2021年文成县第十三届人民代表大会第一次会议至第十六届人民代表大会第五次会议的历次县政府工作报告。完成《文成县抗击新冠肺炎纪事》的出版。全书计10万字，图片315幅，全面、客观、系统地记述抗击新冠肺炎疫情防控期间文成人民在县委、县政府领导下，守望相助、共克时艰，坚决打赢疫情防控阻击战、发展经济主动仗的情景。

【史志宣教】 2021年，县委党研室开展中国共产党成立100周年系列活动，6月底前编辑出版党史连环画《文成烽火》、红色革命小故事《文成之光：周定的故事》《文成之光：刘英故事》等资料，开展赠书读书用书系列活动，全年赠书8000余册。开展党史宣教活动，挖掘红色资源，展示党的光辉历程，制作《红色追寻》系列片10期，分别在电视台、《今日文成》等新闻媒体连续播出。在《今日文成》开辟“山城史迹”专栏，讲述文成重要革命人物和英雄事迹，全年刊出26期。设立《文成史志讲坛》平台，邀请专家学者以流动的形式在机关单位、农村、学校、文化礼堂等开展党史和地方志巡讲，全年宣讲11期；开展党史图片展，联合举办《百年华章 浙里文成》图片展，生动展示文成人民在中国共产党的带领下，克服艰难险阻、奋发图强，取得瞩目光辉业绩的光荣实践史。联合文广旅体局推出两条“初心之旅”红色研学路线，策划“重走红军路”和“红色研学旅行”等活动。

【帮扶结对】 2021年，县委党研室继续派遣1人为驻村第一书记，提供帮扶资金5000元，慰问10户困难户。

(纪迎春)

2021年4月16日，副主任兰潮平在大峃镇金马村文化礼堂宣讲《文成红色历史》(党研室提供)

社会科学界联合会

【概况】 2021年，文成县社会科学界联合会（以下简称“县社科联”）与中共文成县委宣传部合署办公。年末，编制3人，在岗3人，人员使用由县委宣传部统筹安排。县社科联下辖社团研究会9家，注册会员和社科志愿者队伍800余人，涉及刘基、富弼、周必大、赵超构等文化名人和新四军历史、华侨、长寿文化以及体育等方面。2021年度，继续把社科研究列入《文成县文化精品创作扶持奖励实施办法》，通过省市两级重大课题立项和政府优秀社科成果奖，调动全县各专业学者的研究积极性，培养带动课题研究人才。

【社科普及活动】 2021年，县社科联通过专家授课、观看视频、交流讨论等形式，组织全县社科界开展百年党史、习近平总书记系列重要讲话等理论学习200余次。通过讲坛讲座、线上宣讲、微型党课等形式，面向基层群众开展党的十九届六中全会、共同富裕、刘基战略学等主题宣讲1385次，受众达数万人。开展刘伯温文化和旅游节、太公祭、刘伯温文化进高校、进机关、进社区、进校园等宣传普及活动。全年以“建党100周年”为契机，举办“跟着诗歌学党史”暨文成县2021年社科普及周、文成县第十届全民“伯温读书节”、第七届网络文化节等系列活动，向乡镇伯温书屋赠送红色经典书籍，分享红色阅读故事等。拍摄制作7集系列短片《名家话伯温》、动画片《少年刘伯温》等；配合创作大型历史话剧《刘伯温·霜台忠魂》，在温州东南剧场首演；以中国明史学会刘基分会为依托，完成《刘基研究通讯》首期编印；出版地方课程读本《走近刘伯温》《指尖上的文成》《民风民俗看文成》等一系列科普读物。11月份，县社科联邀请温州大学人文学院教授林亦修、丽水学院教授吕立汉，分别在县委党校四楼多功能厅、文成中学报告厅等地开展《伯温讲坛》，主题涉及《刘基人文思想和领导干部素养》《漫谈刘基传奇人生》《向先贤刘基学习致敬》等方面，受众数千人。

【社科基地建设】 2021年，全县新增1个省级社科基地：文成县浙南民俗博物馆；新增1个市级社科基地：文成县毛泽东像章文化博物馆；新增2个县级社科基地：梧溪赵超构出生地、红色坦歧·星火1935。年末，全县有社科普及基地33个，其中

2021年7月22日，中国明史学会刘基分会成立大会暨第四届刘基文化学术研讨会在浙江工贸学院召开（县社科联林永汉提供）

省级2个、市级14个、县级17个。

【刘基文化研究】 2021年7月23日，刘伯温诞辰710周年纪念大会暨中国（温州）刘基文化学术论坛在文成举行，其间与中国明史学会合作，成立“中国明史学会刘基分会”，邀请毛佩琦、周群、黄涛等知名学者担任正副会长，促成温州大学挂牌成立“国学研究院刘伯温文化研究所”，并进行授牌仪式。100多名国内外刘基文化研究专家、学者齐集文成，探讨伯温文化。初步拟定理论研究方案，讨论确定刘基战略学第一次学术研讨会方案，发布倡议召集专家对刘基战略学进行研究。建立刘基战略思想课程开发人才库，多次开展刘基战略思想主题磨课会，初步形成3项较为成熟的课程。11月11日至13日，文成社科联与浙江石油分公司温州公司、中国联通温州分公司等单位合作，在文成县举办“刘基战略思想研修班”。

【地方文化研究】 2021年，县社科联与浙南民俗馆联合开展“从馆藏老物件看社会发展和时代变迁”系列主题活动。以普及社科为线索，进行新旧社会对比，通过民俗实物，直观了解中国共产党领导全国人民着力提高生活水平的历史事实，激发党员爱国爱党热情。县社科联与浙南民俗馆共同搜集整理编辑具有浓厚地方特色和生活气息的《中华一块宝》，并加以详细的注解，带您寻找人类发展智慧的结晶。为方便流传，还请中央电视台到现场拍摄，让专业人员配上朗诵和演唱，制成光盘作为配套资料发放，很好地传承文成民俗这一地域文化瑰宝。深挖革命故事，协助做好周定烈士纪念馆的建设、刘英纪念馆的修缮以及红色文化旅游开发等工作。推动赵刚纪念馆的建设，完成赵刚烈士资料的前期收集整理、赵刚烈士纪念馆的选址和设计方案。

【社科课题研究】 2021年，完成文成县标识刘伯温等论文6篇；《刘基“仕江西”事的明、清史籍书写变动》获2021年温州市优秀社科论文三等奖。落实社科赋能山区26县跨越式高质量发展行动，向高校、民营企业和各研究会、学会借智借力，与浙江省商务研究院合作开展《建设诗画大花园，推进文成跨越式高质量发展》课题研究。11月，协助温州大学教授王刁明率领的课题组，在文成县大峃镇、玉壶镇等地，就省级课题“浙江国家重点生态功能区共同富裕之道”开展为期一周的调查。

【畲乡文化传承】 2021年，县社科联根据第三届“长三角江南文化论坛”要求，确定西坑畲族镇让川村作为浙江省的乡村文化传承创新典型案例的候选案例。省社科联要求文成社科联协助征集有关候选案例材料，6月前将文字材料、图片和视频等相关材料报送至所在市社科联，

2021年4月20日，文成县2021年社科普及周活动启动仪式在珊溪镇音乐广场举行（县社科联林永汉提供）

由市社科联统一汇总后报送，省社科联将联合相关智库，组织专家对推荐案例材料进行评审，确定最终于论坛上发布的15家案例，作为长三角乡村文化传承创新典型案例。

【“十亩之间”读书会】 2021年，县社科联以“十亩之间读书会”、“伯温读书节”、“伯温讲坛”、社科普及基地创建为载体，以“社科普及周”活动为着力点，推进科普工作向常态化发展，使社科影响力逐渐扩大。县社科联联合县作家协会、县社区学院、非遗中心、县博物馆在“十亩之间”农庄，不定期举办吸引书友的读书会，内容包括文史、国学、茶艺、民俗，经典书籍等，贯穿“有读有分享”，采取“有问有答”的方式互动交流，让读书“活”起来。

【跟着诗歌学党史】 2021年，文成县社科普及周活动，以“党史学习教育”为主，抽调社科社团和有关单位社科专家，组成“党史宣讲团”分赴各乡镇和学校以及企业等地开展“党史课堂”活动。4月20日，联合县委组织部、县委宣传部、县委党校、县委党史研究室在珊溪镇音乐广场举办首期“党史课堂”活动，主题为“跟着毛泽东诗词学党史”。活动分为4个章节，每个章节都会有主讲人的课堂讲座、相应红色经典的节目表演和学员问答环节。现场的党员干部和学员还一起重温毛泽东诗词《沁园春·雪》。

【其他活动】 2021年，第十届全民“伯温读书节”、第七届网络文化节，在县委老干部活动中心5楼举行，有关人员在仪式上宣读“4·23全民阅读活动倡议书”，举行“向乡镇伯温书屋赠送红色经典书籍”活动、“百年征程百年梦”红色经典诗词诵读、“分享红色阅读故事”活动、文成县网络文化传播实训基地授牌仪式。

（林永汉）

卫 生

【概况】 2021年，文成县共有医疗卫生单位150家，其中县属医疗卫生单位10家（其中县级医院2家），民营医院3家，乡镇卫生院17家，门诊部1家，诊所39家，医务室14家，卫生所1家，村卫生室65家（其中政府办村卫生室53家、非政府办12家）。全县设置巡回医疗点73个。全县卫生健康系统正式职工1368人，卫生技术人员1183人，其中副高及以上职称158人，中级职称358人。全县共有执业（助理）医师1008人，注册护士760人，床位838张；每千人口执业（助理）医师3.5人、每千人口注册护士2.64人、每千人口床位数2.91张（按照常住人口28.82万计算）。全县注册全科医生数140人，每万人全科医师数3.4人。全年全县医疗机构诊疗215.26万人次，住院1.58万人次，基层就诊率66.32%，县域就诊率92.47%。全年全县户籍出生人口2175人，人口出生率5.32‰，死亡人口2732人，

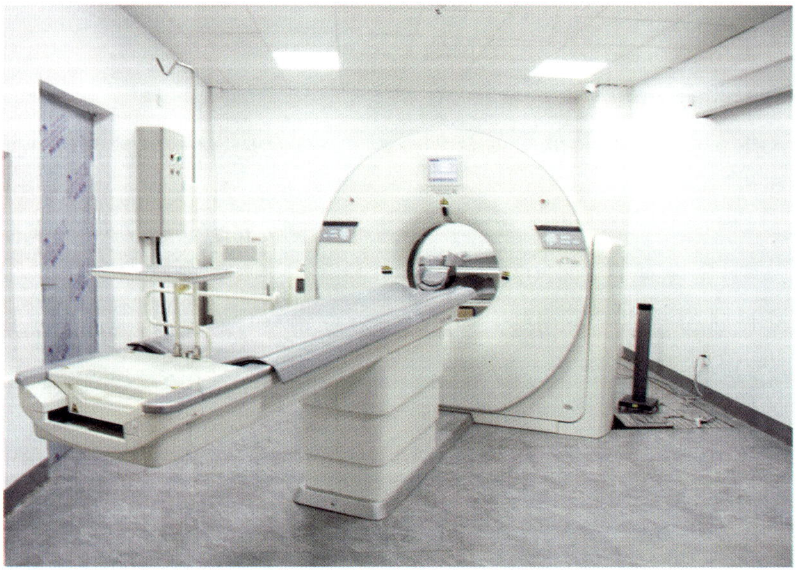

2021年1月27日，全县首个方舱CT在县人民医院正式启用（县卫健局提供）

人口自然增长率-1.36‰。当年出生1993人，其中一孩出生952人，二孩出生854人，三孩出生113人，四孩及以上74人。全年全县人均期望寿命80.61岁，孕产妇死亡率0，新生儿死亡率0.66‰，婴儿死亡率1.98‰，5岁以下儿童死亡率3.30‰。

2021年12月31日，县人民医院发热门诊整体搬迁并投入使用（县卫健局提供）

【县域医共体建设】 2021年，县卫健局以贯彻省人大决定为主线，探索推进县域医疗卫生服务项目规范化、载体化建设，创新推进关键环节集成改革，完善扁平化、同质化、制度化管理，推动优质医疗资源精准下沉、有序扩容，新技术、新项目不断增加。推进“三医联动”“六医统筹”改革，加强部门协同联动，完善药耗招采、医保支付、公立医院现代管理制度建设等，推行院长年薪制、“县招乡用”、岗位竞聘等机制，提升管理精细化水平。开展公立医院“经济管理年”综合改革评价工作，科学控制医疗费用不合理增长。加强人员队伍模块化培训，不断提升医共体同质化、专业化水平。全年县级医院下沉基层排班846人次，接诊5081人次，上转病人286人次。

【公共卫生应急体系建设】 2021年，县卫健局坚持“外防输入、内防反弹”总策略和“动态清零”目标不动摇，推进县公共卫生临床中心，建成投用百丈漈卫生院定点医院医学隔离病房和玉壶镇、百丈漈镇2家县级洗消中心，新增移动核酸检测实验室专车1辆和负压急救车3辆、疫苗冷链配送车1辆。完成覆盖县域17家乡镇卫生院的发热诊室建设，投资2000多万元建成县级规范化发热门诊。完善疫情防控应急预案，多次开展演练复盘，优化机制衔接和人员配置，提高应急水平。

【新冠病毒疫苗接种】 2021年，出台《文成县新冠病毒疫苗接种工作实施方案》等工作方案，建立工作专班和督查指导工作机制，升级接种台48台，实行分片包干、分村（居）动员、精准宣传、压茬推进，推进新冠疫苗接种工作。截至12月31日，全县接种新冠疫苗45.05万剂次，其中18周岁以上人群全程接种16.4万剂次，接种率99.3%；12～17周岁人群全程接种1.39万剂次，接种率117.64%；3～11岁人群全程接种2.09万剂次，接种率93.05%。

【卫生基础设施建设】 2021年，医疗卫生基础设施建设加速推进，县人民医院新建项目住院楼装修施工进入收尾；门诊楼完成铝合金、玻璃安装，吊顶等施工过半；县中医院完成眼视光中心建设，打造区域医院“龙头科室”；按时序完成周壤镇、二源镇、黄坦镇、周山乡、桂山乡卫生院标准化建设任务。推进市政府民生实事“健康防疫”工程，新增完成12家村卫生室建设。

【健康文成建设】 2021年，文成县实施健康文成28项行动，构建共建共享大健康格局。推

2021年5月27日，文成县人民政府与温州医科大学附属第一医院举行医疗卫生"山海"提升工程合作签约仪式(县卫健局提供)

进健康服务活动进188个农村文化礼堂，居民健康素养水平提高至35.6%。实施中小学健康促进行动，推进"明眸皓齿"工程，中小学生总体近视率下降1.22个百分点，学生体质健康标准达标优良率56.8%。开展应急救护培训，年度新增应急救护普及率4.5%。完成无偿献血3160.25人次，完成率101.3%。

【爱国卫生运动】 2021年，国家卫生县城巩固和卫生乡镇创建工作提质提效，二源镇、平和乡、双桂乡、黄坦镇、巨屿镇、珊溪镇6家单位通过省级考核，累计创成国家卫生乡镇5个，其余11个乡镇全部通过国家卫生乡镇创建省级暗访。深化"厕所革命"，新改建农村户厕3661个，农村卫生厕所普及率100%。实施"五五健康基础工程"，创成市级健康乡镇2个，健康村51个，健康单位34家和健康家庭3136户。

【医疗卫生"山海"协作提升】 2021年，按照"一年见成效、两年大变样、五年新飞跃"的要求，文成县纵深推进温州医科大学附属第一医院与县人民医院的帮扶合作，加快打造山区医疗共同富裕示范样板。从6月开始，温附一医院下派专家常驻县人民医院开展重点帮扶，全年下沉帮扶1730人次，开展培训带教442次，下沉门诊7871人次，下沉手术182台次。

【未来医疗健康场景建设】 2021年，文成县认真贯彻落实省市重要决策部署，对标"未来乡村"蓝图愿景，坚持需求导向，强化数字赋能，整合提升"最后一公里"医疗卫生资源，打造"线上+线下"联动、"人工+自助"互补的未来医疗健康场景，加快区域5G云诊室、健康小屋等未来健康空间打造，做

2021年9月13日，省级试点未来乡村医疗健康场景武阳村智慧健康站建成投用(县卫健局提供)

好健康检测一体机、智能药柜、自助机、大屏监管、门禁系统等智能化、便捷化适配设备配置，实现智慧诊疗、远程诊疗、中医理疗、自助就医等一站式多跨场景服务，高质量完成武阳村智慧健康站建设。

【卫生健康数字化改革】 2021年，县卫健局围绕数字化改革发展要求，坚持把数字化建设贯穿到党委领导和医疗卫生发展全过程，成立以局主要负责人为总召集人的工作专班，下设6个工作小组，第一时间制定数字化改革专班方案，将数字化建设重点任务落实到岗、具体到人。推进县域数字医共体建设，打造"检查检验共享常态化""住院服务智慧化""就医结算便利化"医共体统一线上协同体系，在县中医院等7家单位完成智慧诊间改造并投入试用。完成文成120指挥调度云平台项目建设，全县14辆120急救车全面接入市平台，完成县级医院和乡镇卫生院5G云诊室接入工作，通过家门口的互联网医院为人民群众提供城市优质医疗健康服务。

【中医药事业改革发展】 2021年，文成县推进中医药联合门诊工作，医共体下派中医师109人次，服务患者1975人次。做强县级医院2个名医工作室，持续优化中医药人才培训机制，带动做好基层中医药适宜技术推广，乡镇卫生院能够开展6类20项中医药适宜技术，村卫生室能够开展4类15项中医药适宜技术。发挥中医药防治新冠肺炎优势，对隔离病人开通绿色通道，实行代配、代煎、代送一条龙中医药治疗服务。国家中医药局发文公布2019—2021年全国基层中医药工作先进单位，文成县光荣上榜。

【基层卫生】 2021年，文成县做实做细12类基本公共卫生服务项目，全年拨付经费2721.3万元，项目绩效评价排名全市第二。完善基层医疗机构绩效指标体系，南田镇、峃口镇、二源镇3家卫生院建立标化当量内部绩效分配机制。珊溪镇、南田镇卫生院顺利创成国家优质服务基层行推荐标准。常住人口签约率44.01%，10类重点人群签约覆盖率83.29%。推进两慢病改革省级试点，建成11家标准化慢病管理中心，实现"两提高、两稳定、两降低"目标。

【疾病预防控制】 2021年，文成县强化新冠肺炎等重大传染病控制，重大传染病报告率100%。加强国家免疫规划和补种强化工作，适龄儿童免疫规划疫苗接种率保持在90%以上。保持高血压、糖尿病患者规范管理率在70%以上，顺利通过省级慢病综合防控示范区复审评估。做好新冠疫苗接种技术培训、疫苗保障工作，在疫情大战大考中迎难而上，县疾控中心党支部被评为"浙江省先进基层党组织"。

【卫生监督执法】 2021年，文成县通过"双随机检查+线下专项检查+线上智慧监管"三管齐下，不断提升卫生监督执法水平，全省县级卫生行政执法效能进入A档，县卫生健康行政执法大队党支部获"县先进基层党组织"荣誉称号。全年县卫生健康行政执法大队深入医疗机构和其他公共场所开展监督检查3775户次，出具监督意见书460份；办结行政处罚案件419件，罚没款71.52万元，办案数同比增长25.8%。

【计划生育服务】 2021年，继续对符合条件的计划生育家庭实行奖励优惠政策，投入5477.2万元，受惠17558人次。开展"出生一件事"多证联办1516例，改造提升5处公共场所母婴室，均达省级四星及以上标准。实施计生特殊家庭扶助关爱政策，"三岗"联系人、责任医生签约服务、开通就医绿色通道等实现全覆盖。投入8万余元为全县246名村居企业计生协秘书长购买意外险和"温州益康保"保险。

【妇幼保健】 2021年，全县产妇1499人，产前筛查1366人，筛查率91.13%。高危孕产妇1142人，住院分娩率99.93%。开展婚前医学检查948人，婚检率90.08%；国家免费孕前优生健康检查1772人，人群覆盖率90.22%，孕产妇艾滋病、梅毒和乙肝检测率均100%。新生儿遗传代谢性疾病筛查477人，筛查率96.95%。3岁以下儿童发育监测5484人，发育监测率95.01%。宫颈癌筛查2421人，乳腺癌筛查2452人。签发"出生医学证明"558份，受理委托鉴别"出生医学证明"2份。

【公立医院党建】 2021年，文成县公立医院建设强化党建引领，圆满完成25个党组织换届。高质量推进党史学习教育全覆盖，让学史明理、学史增信、学史崇德、学史力行成为全体党员干部的共同追求、一致行动。多种形式推进党史学习教育入脑入心，创新推出《党史课堂——党史百年我领读》，扎实推进"办实事、解难题、减负担"实践活动，开展为民办实事155件，为基层减负12件，为企业解难2件，办结微心愿106个。纵深推进示范党组织规范化建设，南田镇卫生院党支部入选市示范四化党支部创建。探索实施公立民营医院党建结对共建，县人民医院和民营医院开展党建联盟签约。战疫一线党旗红，急难险重显担当，系统党员干部逆行出征，筑牢防线，县人民医院党支部书记唐宁被评为"浙江省担当作为好支书"，县人民医院郑国炯被评为温州市优秀共产党员，大峃镇卫生院金邦省被评为文成县优秀共产党员。

【人才队伍建设】 2021年，文成县坚持"抓人才就是抓发展"，推进"510计划"等人才政策落地落细，卫技人才队伍不断壮大。全年通过岗位考录55人，校园招聘11人，柔性引进专家12人。全年录取定向医学生23人，组织参加继续教育325人次、参加医师规培66人次，自主评聘副高以上职称21人，其中正高6人。兑现人才奖励56.24万元，3名正高人员被推荐入选县级优秀专业技术人才，提拔任用表现突出人员5人。

【深化清廉医院建设】 2021年，文成县坚持以文润廉、以管创廉、以制筑廉、以纪保廉，加快高标准清廉医院建设。推进清廉文化建设，组织领导干部专题学习10余次，发送清风短信554条。开展医风医德专项治理，收到锦旗12面，表扬信1封，退还"红包"1888元。试点推进5家单位市级清廉医院培育点建设，完善网格监督、处方点评、医药代表接待等制度，筑牢防范机制。坚持严管厚爱，"治病救人"，开展提醒谈话68人次，给予通报批评2起，警告1人，严重警告2人，记大过处分1人，开除1人。

【先进名录】

先进个人一览表

表68

序号	姓名	荣誉名称	发文时间	授予部门
1	唐　宁	浙江省担当作为好支书	2021.10	中共浙江省委组织部
2	张剑锋	2020年度县域医共体工作成绩突出个人	2021.8	中共浙江省委办公厅、浙江省人民政府办公厅
3	郑国炯	温州市优秀共产党员	2021.6	中共温州市委员会
4	周爱玉	2021年温州市病媒生物防制职业技能竞赛优秀奖	2021.7	温州市爱国卫生运动委员会办公室、温州市卫生健康委、温州市总工会

续表68

序号	姓名	荣誉名称	发文时间	授予部门
5	陈　茜	2021年温州市病媒生物防制职业技能竞赛优秀奖	2021.7	温州市爱国卫生运动委员会办公室、温州市卫生健康委、温州市总工会
6	苏志程	2021年温州市病媒生物防制职业技能竞赛优秀奖	2021.7	温州市爱国卫生运动委员会办公室、温州市卫生健康委、温州市总工会

先进集体一览表

表69

序号	单位名称	荣誉名称	发文时间	授予部门
1	文成县	全国基层中医药工作先进单位	2021.12	国家中医药管理局
2	文成县	2020年健康浙江建设考核优秀等次单位	2021.7	浙江省委省政府健康浙江建设领导小组办公室
3	文成县疾病预防控制中心	浙江省先进基层党组织	2021.7	中共浙江省委员会
4	文成县疾病预防控制中心	温州市工人先锋号	2021.4	温州市总工会
5	文成县疾病预防控制中心	2021年温州市病媒生物防制职业技能竞赛团队三等奖	2021.7	温州市爱国卫生运动委员会办公室、温州市卫生健康委、温州市总工会
6	文成县人民医院	温州市文明单位	2021.12	温州市精神文明建设指导委员会

（胡晓群）

体　育

【概况】 2021年，文成县体育事业发展中心为县文化和广电旅游体育局下属公益一类事业单位，机构规格相当于副科级；内设群体科、竞训科，核定全额拨款事业编制6名，设主任1名，副主任1名，中层领导职数2名。县体育服务中心为县体育事业发展中心下属公益一类事业单位，机构规格相当于正股级，经费形式为财政全额拨款，核定事业编制15名，其中领导职数3名。

【领导名录】 县文化和广电旅游体育局党组成员、县体育事业发展中心主任：吴刚；县文化和广电旅游体育局党组成员：王建文。

【体育设施】 2021年，全县共建设完成百姓健身房2个、社区多功能运动场1个、体育设施进公园1个，市级健身步道2条，篮球场4个，县全民健身综合馆竣工并投入使用。

【群众体育】 2021年，全县举办体育赛事活动20余次，组织社会体育指导员培训2次，组织国民体质测试活动1次，完成测试近1200人，开设游泳、排球、柔道、跆拳道、射箭、足球、瑜伽、体能等体育公益培训班，培训人数800多人次，开展“送体育下乡”活动3次。1月4日，2020年文成县“华董杯”元旦乒乓球邀请赛在体育馆举行，26支代表队，125名选手参赛。3月20日，文成县首届“长运驾校杯”乒乓球比赛在文成县体育馆举办，22支队伍，66名乒乓球爱好者参赛。3月25—27日，第十五届职工气排球比赛在县体育馆举办，来自全市的16支队伍，120余名运动员参赛。4月

29日，2021年文成县“庆五一”拔河比赛在县体育馆举办，来自全县的10支队伍参赛。5月29—30日，2021年文成县“体彩杯”台球比赛在穿越网咖台球俱乐部举行。8月1日，2021年“全民健身日”活动暨浙江省农村文化礼堂运动会（选拔赛）象棋比赛在大峃镇珊门文化礼堂开赛。8月7—8日，2021年“全民健身日”活动暨浙江省农村文化礼堂运动会（选拔赛）3V3篮球赛在县体育馆开赛，来自全县的50余支队伍，200余人参赛。9月11日，“党旗红·争先锋”2021年县直机关职工拔河比赛在县体育馆内开幕，260余人参赛。9月12日，2021年浙江省社区运动会乒乓球比赛（温州选拔赛）在文成县体育馆举办，100余名乒乓球爱好者参赛。10月29日—11月3日，2021年文成县干部职工篮球比赛在县体育馆开赛。11月11—12日，2021年浙江健康文成国民体质监测在县体育馆开展，上传数据样本量1198条。11月20日，文成县“环浙登顶11峰”登山活动在文成县大会岭红枫古道举办，来自全县的11支队伍，150余人参赛。11月20—21日，2021年文成县“体彩杯”羽毛球公开赛在县体育馆开赛。11月27—28日，2021年文成县钓鱼比赛在巨屿镇方前村云居寺前鱼塘开赛，来自全县各地的230名钓鱼爱好者参赛。

2021年，南田镇龙岙村室外篮球场投入使用（县体育事业发展中心提供）

【竞技体育】 2021年，文成县成功承办温州市第十七届运动会青少年部射箭、排球、柔道3个项目，获得市运会优秀赛区称号；组队参加温州市第十七届运动会排球、柔道、射箭、射击等16个项目比赛，共获35金16银34铜；设有三集中训练的少体校1所，下设田径、柔道、跆拳道、摔跤、排球、射箭等项目；向浙江省体育技术学院输送短期集训优秀运动员4人，向市体校输送优秀运动员35人。4月10—11日，2021年文成县中小学生阳光体育运动会棋类比赛在县体育中心体育馆开赛，来自全县22所中小学，277名棋手参赛。4月24—25日，2021年文成县中小学生阳光体育运动会乒乓球比赛在文成县体育馆

2021年10月9日，温州市第十七届运动会（青少年部）柔道比赛在文成县体育馆举办（县体育事业发展中心提供）

举行，来自全县26所中小学，230名选手参赛。5月22—23日，2021年文成县中小学生阳光体育运动会羽毛球比赛于县体育馆举行，来自全县19所中小学校的140余人参赛。7月15—21日，文成籍射箭运动员林岳桉与队友一同获得全国射箭U14锦标赛混合团体亚军。7月26—30日，温州市第十七届运动会（青少年部）女子排球比赛在文成县体育中心体育馆举行，来自全市各县（市、区）的7支代表队伍，130余名运动员参赛。7月27—31日，温州市第十七届运动会（青少年部）射箭比赛在文成县体育中心田径场举行，来自全市各县（市、区）的9支代表队伍，70余名运动员参赛，其中文成县代表队以5金1银4铜的成绩获得团体总分第三名与道德风尚奖。8月4—6日，文成县代表队在温州市第十七届运动会（青少年部）摔跤比赛中获4金1银5铜。10月9—11日，温州市第十七届运动会（青少年部）柔道比赛在文成县体育馆举办，来自全市各地的9支队伍，120余名运动员参赛。10月15—17日，2021年文成县中小学生阳光体育运动会篮球比赛在县体育馆和文成中学开赛，来自全县的27所学校，460人参赛。10月24—25日，2021年文成县中小学生阳光体育运动会7人制足球比赛在文成中学举办，来自全县的19所学校，420余人参赛。11月20—25日，文成县代表队在温州市第十七届运动会（青少年部）田径比赛上获5金3银7铜。

2021年5月15日，浙江省气排球锦标赛（文成站）在县体育馆举办（县体育事业发展中心提供）

【浙江省气排球锦标赛】 2021年5月15—16日，2021年浙江省气排球锦标赛（文成站）在县体育馆举办，来自全省的44支队伍，375名运动员参赛。

【重要会议】 2021年5月31日，文成县少年业余体育学校全体运动员和教练员在县全民健身综合馆举行温州市第十七届运动会（青少年部）赛前动员大会。12月21日，文成县少年业余体育学校全体运动员和教练员在县体育馆举行冬季训练动员大会。

【领导视察】 2021年1月22日，温州市体育局副局长徐延鸿携检查小组一行到文成县铜铃山镇开展冰雪运动场所安全监督检查。12月11日，体育中心主任吴刚带队检查体育娱乐场所防疫工作。12月29日，省体育局体育经济处处长姜建成一行到文成县铜铃山运动休闲小镇开展省级运动休闲乡镇认定评估工作。

【荣誉表彰】 2021年9月1日，文成县铜铃山冰雪运动小镇入选“2021年度长三角地区精品体育旅游项目”。9月29日，文成绿水尖滑雪场滑雪项目被认定为2021年度浙江省运动休闲旅游优秀项目。

（朱佳利）

社会生活

综述

2021年，根据城乡一体化住户调查，全县居民人均可支配收入33647元，增长9.7%。其中，城镇居民人均可支配收入47507元，增长8.7%；农村居民人均可支配收入22580元，增长10.0%。低收入农户人均可支配收入14863元，增长15.8%。全县居民人均消费支出28480元，增长16.2%；其中，食品支出8519元，增长12%。按常住地分，城镇居民人均消费支出39348元，增长15.2%；农村居民人均消费支出19803元，增长16.4%。年末，全县企业职工基本养老保险人数6.88万人，城乡居民基本养老保险人数10.69万人，城镇职工基本医疗保险人数3.37万人，城乡居民基本医疗保险人数31.23万人。失业保险人数1.42万人，工伤保险人数4.50万人，生育保险人数2.08万人。城乡居民享受最低生活保障人数0.83万人。

人力资源

【概况】 2021年，文成县人力资源和社会保障局核定编制73个，在职人员66人，其中行政14人，参公29人，事业23人。局机关设立7个科室，机关党总支1个。局直属事业单位7家。全局办公地点比较分散，有局本部、就创中心、社保中心、档案室4个。全局共有中共党员36名。

【人才资源开发】 2021年，县人社局开展“510计划”攻坚行动，开展“高校毕业生双线招聘”系列活动11场，组织企事业单位前往云南、兰州、西安等高校招才。举办高层次紧缺人才“空中面试”专场，吸引84名“双一流”本科毕业生及硕士研究生参加面试，成功引进高层次人才17人。

【博士后工作站】 2021年12月，经浙江省博士后工作办公

2021年2月2日，文成县人力资源春季招聘会召开（县人社局提供）

室批复同意，文成县现代农业与康养产业研究院设立浙江省博士后工作站，为文成县首家博士后工作站。

【人员录用调配】 2021年，县人社局严格执行公开选调和调配制度。完成全县事业单位招聘工作人员的考录工作。通过校园招聘、定向培养、事业招考招聘236人。办理全县事业人员调动131人次，其中县内调动94人，县外调入3人，调出34人。

【毕业生就业服务】 2021年，县人社局落实未就业毕业生扶持政策，引导和鼓励高校毕业生面向企业、农村基层就业。完成大中专毕业生档案的受理、登记、存管等1128份，档案寄出390份。完成大学生实习人数270人，高校毕业生招引就业岗位开拓2746个。设立3个高校人才工作联络站，建立大学生驿站2个，设立村级大学生服务点，实现全县244个村全覆盖。

【职称评聘】 2021年，县人社局完善人民医院医供体、教育系统职称评审流程和评价考核体系，开展自主评审。全年文成县人民医院医共体高级职称自主评聘申报人员24名，评审通过正高6人，副高15人。教育系统全年组织自主评聘学校16所，副高级参加评审20人，评审通过13人，中级参加评审56人，评审通过31人，初级评审通过7人。开展2021年度农业、广电、文化、环保、水利、工程建筑、资规等行业专业技术职称网上申报审核推荐，推荐145人参加上级评审，其中正高9人，副高69人，中初级67人。全县企事业单位大中专毕业生从事本专业或相近专业技术工作满一定年限予以初定初级职称，审核通过139人取得初级职称，其中教育75人。建立以教育、卫生、新闻、资规等行业主管部为主的评审委员，其中新闻、资规的评审委员会为首次建立；教育开展中初级评审，参评82人，评审通过76人，卫生开展高级职称推荐，参评8人，推荐申报7人。新闻组织助理记者、编辑初级职称评审，参评6人，评审通过5人。办理人员交流调动、人员转隶等岗位聘任审核406人，岗位聘任变动894人，职称计划申报岗位审批263人。

【人事管理】 2021年，县人社局根据省“暖心八条”等相关文件精神，各单位按一线防控人员人数的30%核增优秀指标，根据浙江省人力资源和社会保障厅文件精神，首次对事业单位年度考核优秀人员给予嘉奖一次，嘉奖奖金标准为1500元。完成2020年度事业单位工作人员3729人参加考核。其中，被评为优秀等次1097人、合格2504人、不定等次128人，因请假半年以上不参加考核7人，因接受审查未结案不参加年度考核1人。

【工资福利】 2021年，县人社局全面保障工资福利，按照工资政策规定，高效有序，认真做好工资晋升、职务变动、退休审核、精减退职、遗属补助、工龄认定、津贴补贴、绩效奖励等工资福利管理职能工作。做好事业单位在职人员工资的正常晋升与职务变动人员的工资变动工作，全年办理工资系统上操作469家事业单位6416件业务，涉及7万多人次；核实政转企干部春节退休慰问18人；办理退休人员退休手续及浙政钉一件事工作162件；审核符合机关事业单位遗属、精减退职人员困难生活补助312人，进行待遇调整及备案；完成全县事业单位管理人员职员等级的资格审核工作，确定管理十级、九级任职资格95人；根据浙人发〔2018〕88号文件精神，办理机关事业单位人员工龄重新认定257人。

（金茜茜）

劳动就业

【概况】 2021年，全县新增城镇就业人数2930人，城镇失业人员再就业1461人，年末城镇登记失业人数815人，城镇登记失业率为1.87%。举办人力资源招聘会3次。全年完成用人单位劳动用工书面审查5446

家，收受劳动人事争议仲裁申请案件55件，结案率为100%。

【就业和再就业】 2021年，县人社局完善政策，促进就业和再就业，维护社会稳定。加强就业服务和管理，强化职业技能培训完善就业援助制度。执行各类人员的认定标准，做好各类人员的认定和各项扶持政策落实工作。为26家企业发放创业担保贷款0.38亿元，帮扶企业和个体工商户275家；完成培育就业创业孵化基地4家和创业孵化示范企业16家；落实小微企业吸纳高校毕业生社保补贴3.2万元，惠及企业11家18人；发放社保费返还1994万元，惠及企业769家；发放企业稳岗补贴252.6万元，惠及企业73家4701人；发放留岗留薪补助7.5万元；发放企业外地员工留文补贴5万元，鼓励引导外地员工留文过年。落实完成以工代训支出675.5万元，惠及企业365家，累计发放参保职工技能提升补贴44万元，惠及240名职工。

【劳动技能培训】 2021年，县人社局举办创业大赛6场，组织专家助力乡村振兴活动33期，举办乡村合作创业带头人培训班12期1299人。全面支持企业开展技能人才自主评价，完成组织企业认定备案12家。完成建设技能大师工作室5个、高技能人才培训基地1个和家政服务网点2个（大峃镇、巨屿镇）。

【劳动法律法规宣传】 2021年，县人社局加强劳动保障法律法规宣传力度，开展“双爱”活动，维护全县企业和谐发展的良好环境。融合新型媒体与传统媒介，利用电视频道、微信公众号、宣传栏、横幅标语等各类载体平台，全覆盖、无死角宣传《保障农民工工资支付条例》《劳动合同法》等相关劳动保障法律法规，开展《保障农民工工资支付条例》专题宣传6场、劳动保障法律法规宣传活动5次，发放各类宣传资料1500余份，制作宣传标语横幅50余条，接受群众咨询答疑300余人。

【劳动关系调处】 2021年，县人社局推行“人性化”仲裁服务，坚持法律程序的严肃性与仲裁调解的灵活性紧密结合，增强柔性调解与人性仲裁的有序衔接，推进“人性仲裁”，提高服务效能。指导企业、联合工会以及其他相关部门贯彻落实有关劳动关系政策，健全劳动关系协调机制，加强协调劳动关系三方机制建设；配合上级部门做好推广企业工资集体协商制度，强化技能人才工资收入激励机制，促进企业建立健全工资共决机制和正常增长机制等工作；优化新业态劳动用工服务政策，引导新业态劳动用工规范有序。加强疫情防控期间劳动关系指导协调，明确疫情防控期间劳动关系相关政策解答口径，坚持“双维护”原则。

【劳动监察】 2021年，县人社局突出治理建设工程领域，建立常态督查、重点督查、专项督查相结合的督查体系，重点排

2021年4月1日，文成县“510计划”专场招聘会到云南省举办（县人社局提供）

查在建工程项目农民工工资支付情况、六项制度落实情况，全年排查在建工程项目66个、出动检查人员300余人次，对检查发现的薄弱环节、突出问题进行通报并函告属地乡镇、行业主管部门及项目主管，发出通报5期，函告15份。推进企业工资支付数字化监管全覆盖工作，创新开发“一企一码、安薪有我”劳动维权平台并于9月中旬正式上线运行，不断提高根治欠薪智能化水平。创新工作方式方法，以“督查+通报+整改+回头看”的模式，构建全链条无死角欠薪监管体系。开展制造业企业、工程建设领域、欠薪失信联合惩戒三大专项治理，以重大项目劳资纠纷、漠视侵害群众利益、建党百年安薪护航等专项治理行动为契机，对三大领域协同开展根治欠薪日常专项检查90余次、出动检查人员560余人。

（金茜茜）

社会保障

【概况】 2021年，全县职工养老保险参保人数 68765人，领取待遇人数12895人；机关事业养老保险参保人数13177人，领取待遇人数4488人；城乡居民养老保险参保人数106877人，领取待遇人数62213人；被征地养老保险参保人数3476人，领取待遇人数1494人。领取失业金1369人次。全县企业退休人员基本养老金月人均水平为2842.53元；全县城乡居民养老保险基础养老金最低月标准255元。

2021年5月31日，社保业务经办点挂牌仪式在县农商银行举行（县人社局提供）

【社保扩面】 2021年，县人社局通过创新工作机制和方法，争取领导支持，落实责任、强化督查，加强政策宣传等多项举措，扩面工作取得成效。深化全民参保，强化精准扩面和动态管理，扩大以养老保险为重点的全民参保计划实施范围，在参保人群基本全覆盖上力求新突破。全年全县户籍法定人员基本养老保险参保率99.69%。

【社会保障水平】 2021年，全县参加职工养老参保人数68765人，领取待遇人数12895人；机关事业养老参保人数13177人，领取待遇人数4488人；城乡居民养老参保人数106877人，领取待遇人数62213人；被征地养老参保人数3476人，领取待遇人数1494人。全县企业退休人员基本养老金月人均水平为2842.53元；从2021年8月1日起，全县城乡居民养老保险基础养老金最低月标准从195元调整到255元（每人提高60元，高于市里要求提高的35元），调整力度历年来最大，相当于提高30%。在享受城乡居民养老金待遇的且年满80周岁的老年人的高龄补贴从30元/月提高到50元/月。2020年12月15日前产生的被征地农民，参加被征地农民基本生活保障制度的，从2021年1月1日起，保障金标准由原720元/月调整到814元/月。

【市民卡服务】 2021年，全县发行实体市民卡38.5万张、电子市民卡23.23万张，新发、补换三代社保卡5.2万张。实体市民卡发卡量占全县户籍人数的98%，基本实现人人持卡；激活率77%，居全市首位。开发上线“利民补助一键达”“交通一卡通”等应用场景，实现所有补助“一屏查、一处领、一键达”，一张社保卡可在全国300多个城市刷卡乘坐公共交通。

【社保基金监管】 2021年，县人社局紧盯社保基金安全目标，建立健全内控互查等管理制度，加大社保基金监督力度，强化基金联网监管、第三方审计，全力守护老百姓养命钱。下发《关于开展我县养老保险基金管理风险排查工作的实施方案》，围绕“养老保险基金政策执行”“养老保险基金支付使用”等5个方面进行风险排查。组织科室自查，科室互查，社会保障科、社会保障管理中心、登记服务中心3个科室交叉互查，社保基金由财务人员互查。通过基金风险排查，强化社保内控稽核工作，加强社保内控制度建设，建立各岗位之间权责分明、相互制衡、分段把关、分人负责的经办管理机制。通过人工比对、现场调查、电话联系等方式核查社保疑点，对全县企业退休人员、机关事业退休人员、供养人员、享受城乡居民待遇人员、享受被征地农民基本保障待遇人员进行排查。

【其他事项】 2021年，县人社局加强对重点领域、重要岗位、关键环节的监督，在人事考录、干部选拔任用、行政执法、重大项目支出等重大事项上，始终坚持民主集中制原则，领导班子讨论决定。开展社保、就业等专项资金检察，确保各项资金合理使用、安全运行。配合市县作风巡查，对巡察组反馈的问题，及时整改落实。全年接待群众来信来访，及时办理人大代表议案建议6件。

【先进名录】

先进集体一览表

表70

序号	单位名称	荣誉名称	发文时间	授予部门
1	文成县人力资源和社会保障局	2021年度全面落实从严治党主体责任工作优秀单位	2022.1	中共文成县委、文成县人民政府
2	文成县人力资源和社会保障局	2021年温州市人力社保系统窗口单位业务技能练兵比武竞赛团体三等奖	2021.6	温州市人力资源和社会保障局

（金茜茜）

医疗保障

【概况】 2021年，文成县医疗保障局核定行政编制7名、全额事业编制26名，内设行政科室3个：办公室、综合业务科、基金监管科，下属事业单位3个：县医疗保险服务中心、县医保基金核算服务中心、县医保信息稽核服务中心。全县定点医药机构36家，其中县级公立医院2家，乡镇卫生院17家（村卫生室38家），民办医疗机构2家，零售药店15家。全县基本医疗保险参保人数345987人（其中城乡居民医疗保险参保人数312263人，城镇职工医疗保险33724人），户籍参保率99.79%，医保基金累计结余70372.39万元。基金运行整体安全、平稳，部分基金结余较多。文成医保局本着“以安全为前提、发挥基金最大效率”的原则，做好精密预算、确保收支平衡。

【医保重点领域改革】 2021年，县医保局以建立管用高效的医保支付机制为目标，稳步推进DRGs支付方式、按病种付费改革，初步实现患者得实惠、基金得保障、医院得发展的3方共赢局面。3月底确定2021年总额DRGs预算，完成2020年度城乡居民住院费用DRG点数付费清算工作。落实国家药品、医用耗材集中带量采购政策和省医保支付标准与集中采购价格协同机制，合理确认年度约定采购量，推进各批次集采医药耗材采购和协议签订，中选产品如期结算。实现所有公立医院100%线上采购，全县医疗机构开展4批集中药品和1批耗材带量采购，采购药品97种、耗材1种，集中带量采购中选产品按时结算率99.42%；完成2批33种药品全年采购，第三批药品集中采购平均协议执行比例超100%。为患者减少药品、医用耗材支出2953万元。第五批和第六批集中药品与第二批耗材带量采购正式启动。成立全面做实医保市级统筹工作领导小组，对照“一计划四清单”，把市级统筹作为硬任务抓实抓好。坚持早启动、细落实、深参与、高统筹、勤协调、快调整的工作方针，结合县情，紧跟市局政策步伐，安排专人对接、驻点市局，认真对照梳理县市医保政策、业务经办、信息业务的差异，为市级统筹工作打下基础。从4月开始，全程参与4轮医保市级统筹实施方案、5轮温州市全民医疗保障办法的拟定工作，完成全县医保基金征缴标准统一后，医保基金、财政负担、群众负担等风险测算和评估。

【医保经办服务】 2021年，县医保局全面推广医保电子凭证，由“刷卡时代”向“扫码时代”迈进。推进医保电子凭证应用，不断拓展使用范围，一场“码”时代的医保改革在全县全面铺开。通过成立工作专班，先后4次召集相关部门进行专题研究部署，制订工作计划并逐条细化，将各部门（乡镇）在工作中的目标、任务、要求和具体工作安排层层分解，确保相关部门密切配合。全年医保电子凭证激活率93.72%，全市排名第六，定点医疗机构结算率11.31%，药店结算率53.10%。

【医保扶贫】 2021年，县医保局落地医保帮扶政策，由“以点代面”向“四个100%”迈进。以保障贫困人口基本医疗待遇为出发点，以解决贫困群众实际需求为着力点，以形成医保帮扶工作闭环为落脚点，建立群众参保、业务结算、基金到账、政策宣传等4个100%工作机制，确保医保帮扶落到实处。全年全县资助困难群众免费参保17595名，资助资金703.8万元；困难群众住院救助23288人次，救助金额879.19万元；门诊救助63126人次，救助金额182.05万元；化解2020年度困

2021年6月16日，全市首辆医保流动服务车启动仪式在二源镇湖田村举行（县医保局提供）

难人员实际发生的医疗费用个人自负超5万元的9人，化解金额23.24万元。

【医保基金监管】 2021年，县医保局联合公安、司法等5个部门出台《文成县深入开展打击欺诈骗保专项整治行动工作方案》，对县内所有定点医疗机构开展打击“三假”专项整治行动，重点聚焦“假病人”“假病情”“假票据”等欺诈骗保问题，实现对定点医药服务机构和患者的费用初审、现场监督检查、智能监控全覆盖。查处参保人涉嫌隐瞒存在第三方责任骗取医保基金报销支出案1例并移交公安，成功追回医保基金1.16万元。参与温州市基金监管信用体系建设。深入研究省、市关于信用体系建设相关方案和指导精神。在参保单位信用主体试点建设方面，深度挖掘清单条款和场景内涵，逐项落实，分别和县发改、人社、市监等8个单位对接，确定12个应用场景，拟定具有文成县本地特色的信用应用场景。通过前期的意见收集、部门对接、系统培训，成功在各医保药店上墙“信用等级”标志牌。完成落地应用场景14个。贯彻落实国家、省、市医疗保障局标准化和信息化建设要求，加快推进统一的医疗保障信息业务编码标准，实现编码标准“纵向全贯通、横向全覆盖”，形成全国医疗保障“通用语言”，完成国家医保医师、医保护士、医保药师、医药机构、医保药品、医保服务项目、医保材料的编码匹配工作。

【医保服务品牌创建】 2021年，县医保局依托医保信息系统，在全市率先实现基本医保、大病保险、医疗救助、低收入农户补充医疗保险、军人优抚对象五位一体的“一站式”直接刷卡结算。畅通异地就医备案渠道，除经办窗口、电话、浙里办App外，补充上线国家异地就医备案小程序，让群众快捷备案、方便就医。全年异地就医刷卡3438人次，医保基金支付3128.58万元。通过“互联网+医保+流动”模式，将医保结算服务、送医送药上山、流动服务车等特点深度结合。率全市之先推出“医保流动服务车”，每周为全县17个乡镇及其沿途所有村社超10万山区群众常态化巡回服务，开通应急配送或免邮快递配送服务，实现偏远山区群众就医购药“不用跑”。高质量推进政务服务2.0，全面实行“综合柜员制”，推行“更简更快更优”服务。将医疗费用报销，由省规定时限的20个工作日，缩短为平均10个工作日，加强医银合作窗口，提升医银联通社会知晓率，在全县范围推广“家门口的医保经办服务”模式，构建城区“15分钟医保服务圈”，梳理出18个民生事项。实现社保医保一件事、出生一件事联办，所有窗口业务实现2.0系统收件。全年认领医保事项24项，2.0系统收件1000余件。

2021年12月29日，为晦山医院工作人员开展医保政策培训（县医保局提供）

【党风廉政建设】 2021年，县医保局落实全面从严治党主体责任工作，持之以恒正风肃纪，提高干部素质、建设忠诚干净担当的医保队伍，打造

“双建”医保品牌。成立“双建”工作领导小组，召开全体干部动员部署会，制定出台“双建”实施方案，建立挂账督办制度，明确重点工作任务持续跟踪问效。各科室梳理问题清单15项，提炼工作特色做法，全力打出“双建”机关的“组合拳”。联合其他部门，开展党建联盟“学党史、感恩党、当先锋”主题党日活动，夯实医保队伍战斗堡垒，提高医保政策力度。联合县人民医院、中医院、县农商行等党支部，赴乡镇文化礼堂、养老机构，向群众宣传城乡居民基本医疗保险、医疗救助和异地就医结算等医保政策，普及打击欺诈骗保知识，推广医保电子凭证，解答群众对医保政策的疑问。坚持创建工作和强学提能相结合，围绕人民群众健康需求，梳理党员干部“我为发展献一计”医保事项12项。抓实建强“医保青年理论学习小组”、医保党员先锋岗，举办医保经办综合素养提升培训会、参加首届市医保知识竞赛、全市“医保擂台 四比四创”活动，打造“新医保 心服务”高素质专业化干部队伍。深化廉政意识，多形式开展廉政教育和日常监督，每季度召开党风廉政建设专题例会，用“身边事”警示教育“身边人”，全体干部签订廉洁从政承诺书，突出“清廉醒脑”，引导党员干部知敬畏、存戒惧、守底线。开展谈心提醒26次，廉洁警示教育5次、发放廉洁学习材料200余份。紧盯医保费用零星报销、基金支出划拨、定点医药机构认定等岗位，结合风险程度，制定人员轮岗交流制度。全面落实中层岗位三色“廉洁码”，梳理出权力清单内容17项，廉政风险点19项。打造医保廉政文化走廊，将医保部门职责、《浙江省医疗保障系统工作人员十条禁令》融入其中，营造“清廉医保”模范机关形象。

2021年12月1日，市医疗保障局党组书记、局长董步显（前排左三）到文成县开展医保工作调研（县医保局提供）

【先进名录】

先进个人一览表

表71

序号	姓名	荣誉名称	发文时间	授予部门
1	赵建敏	2020年度优秀等次公务员	2021.9	中共文成县委组织部
2	吴　琼	2020年度优秀等次公务员	2021.9	中共文成县委组织部
3	刘荣恩	2020年度优秀等次事业人员	2021.9	文成县人力资源和社会保障局
4	黄齐合	2020年度优秀等次事业人员	2021.9	文成县人力资源和社会保障局

（王紫菁）

民政优抚

【概况】 2021年，文成县民政局设有办公室、社救福利科、行政审批和社会事务科等行政科室3个；移民服务中心、民政事务中心、殡葬管理所、婚姻登记服务中心、火化殡仪馆、社会养老服务指导中心、社会基层治理中心等事业单位7个。全局领导班子成员6人；在编公务员14人；在编事业干部47人；党员69人。全年全县改造提升居家养老服务照料中心10个，建成乡镇社会工作站7家、儿童之家34家；建成AAA级婚姻登记服务中心；持续推进殡仪馆改造提升工程、文成县未成年保护中心、三级救助站、慈善和社会组织双孵化基地建设，夯实民政基础设施。

【党的建设】 2021年，县民政局深入贯彻落实党的十九届六中全会精神，扎实推进党史学习教育，召开领导小组及办公室专题会17次，理论中心组党史专题学习10次，举办党史学习教育专题读书班4期，领导上党课7次。坚持全面从严治党，严格落实党风廉政建设，通过“民政晨学”、党史知识竞赛、参观红色基地等丰富多彩的党建活动，传承红色基因，坚定理想信念。深化“党建+民政”工作，推进党建与业务工作深度融合，切实把“四个意识”“两个维护”体现在全面从严治党和民政工作各方面，殡葬领域增加免费政策7项、拆除违规墓穴306穴；救助领域送达幸福清单8394份、社会救助“一件事”联办102例；一老一小领域成立“便民益家”党建联盟，开展为老服务、儿童关爱等活动10余场，受惠服务对象1200余人，将学习教育成果转化为工作实效。

【社会救助】 2021年，全县低收入农户8491户11610人，在册低保对象6324户8344人，发放低保金额6150.77万元；全年新增低保对象247户405人，注销581户802人。最低生活保障标准由814元/人/月提档至886元/人/月，城乡特困人员基本生活标准由1321元/人/月提高至1427元/人/月。全县在册困境儿童245名，占全县未成年人的0.3%。其中社会散居孤儿7人，事实无人抚养儿童175人，贫困家庭儿童20人，自身困境儿童43人，发放生活补助357.65万元。残疾儿童通过“添翼计划”在温州康复中心参加康复活动3人。全年救助困难流浪乞讨人员21人次，其中主动来站求助12人次，公安护送救助1人，街面主动救助4人，外地救助站寻亲回乡救助4人，送返原籍1人，自行返乡16人，救助5.77万元。全年支出临时救助资金377.5万元，解决困难群众临时性、突发性生活困难2800人。全县社会救助定期补助对象341人，发放定期补助270万元。

【养老事业】 2021年，县民政局建成全县第一家认知障碍照

2021年3月11日，市民政局党组书记、局长胡正武（前排中）到文成调研（县民政局提供）

2021年1月13日，省民政厅厅长王剑侯（前排左二）到文成开展困难群众慰问活动（县民政局提供）

护养老机构——文成县佰乐笑来养护院并投入运营；为全县2282名高龄老人发放补贴291.57万元；投入216.92万元购买温州中佳健康长者服务中心养老服务，为全县1800多名养老服务补贴对象提供助洁、助浴、理发、量血压等上门居家服务。推进全县7家养老机构、14个乡镇养老服务中心、104家居家养老服务照料中心意外险参保工作。按照每户不少于6000元、最高不超过10000元标准完成500户困难老年人家庭适老化改造。建成大峃镇养老服务中心康养联合体试点和文成县日月星养老中心认知障碍照护专区。评定文成县日月星养老中心、安福怀老养老院为三星级养老机构，西坑镇、二源镇、周山乡3家乡镇养老服务中心为四星级养老服务中心。联合消防大队、市场监督管理局定期对养老机构消防安全、食品卫生等安全问题进行排查整治，全年检查65次。做好养老服务机构的疫情防控和督查指导工作，全年开展督查70次，筹集口罩10000个、防护服50套、手套2000双等抗疫物资。

【五社联动】 2021年，县民政局狠抓基层减负落地，投放《浙江省村（社区）减负清单指引（2020版）》5000份；全面落实“三岗十八级”薪酬待遇，组织招录专职社区工作者14名；分层分类推进农村社区建设，投入46.5万元改造提升一批村社活动场所，龙南村、街头村、吴垟村等6村入选浙江省引领型农村社区；龙溪村、樟台村、雅坪村等11村入选温州市完善型农村社区；建成南田、百丈漈、峃口、巨屿、周壤、二源、铜铃山等7个乡镇社会工作站，投入建设经费50万元，服务项目经费119.51万元。倡导党政机关、企事业单位干部、村社干部和志愿者参加全国社会工作者职业水平考试，全年报考人员1900人（历史新高），通过123人，其中中级10人，初级113人。年

2021年8月24日，县委书记刘中华（右二）开展养老服务工作专题调研（县民政局提供）

末，全县有持证社会工作者580人。培育孵化社工机构2家，新增社工岗位20个，全县社会工作服务机构15家，开发社工岗位99个；为2020年通过全国社会工作者职业水平考试的116名社工人才发放一次性补助经费13.1万元。优化社会组织发展环境，打击整治非法社会组织5家，其中劝散4家，引导登记1家。全县登记在册社会组织361家，备案社区社会组织1007家。每万人拥有社会组织数55个，城乡社区平均拥有社区社会组织15家，社区自治类、服务类、平安类、文体类社会组织全覆盖；社会捐赠款物总额466.87万元；新增慈善组织2家，依托西坑村安仁坊打造慈善超市1家，县民政局、县慈善总会、县社会组织发展基金会联合设立“社区社会组织慈善帮扶基金”32万元，助推社区自治服务能力提档升级。

【区划地名】 2021年，县民政局进一步推进地名普查成果转化，加强地名文化建设，完成《文成县地名总体规划(2021—2035)》编制并公布实施；更新全国地名信息库文成县数据26930条，新增地名上图率100%；编印《文成县地名志》。进一步细化充实全县标准地名(门牌地址)时空数据库，完成所有地名地址数据地理信息图上标注；全覆盖实地动态巡查界线界桩7次，修复文平线、文瑞线界桩警示牌2个；新命名云著名邸，锦丽雅园，幸福大厦，书香嘉园等10个建筑物(住宅小区)，徐汇路，文澜路，屿江路，联新路等9条道路，办理门牌(证)874件，变更18件。

【殡葬改革】 2021年，县民政局坚持“一周三查，一月一通报”工作模式，全年督查1400余人次，查处通报违规情况。全力推行“身后一件事”零跑腿、节地生态安葬生前奖补机制、“一穴多葬”节地葬法，通过生前奖补、树立典型，引导群众丧事简办、节地安葬，年均节约社会办丧经费约2亿元。实施殡葬服务提标扩面工程，执行殡葬减免惠民政策，加大惠民殡葬减免力度，减免各类费用1300余万元。全年县殡仪馆火化遗体2559具，火化率100%；新增骨灰寄存412例。减免殡葬基本费205万元，惠及2509户群众。

【婚姻登记】 2021年，全县办理结婚登记1001对，离婚申请577对，离婚登记301对，补发婚姻登记证254件；受理婚育户联办事项758件；出具无婚姻登记记录证明10件，婚姻登记合格率100%。

【福利彩票】 2021年，全县销售各种福利彩票约1581万元，筹集福利彩票公益金约320万元，返还福利彩票公益金53万元。

【慈善事业】 2021年，全县有慈善分会5个、社区工作站55个、村级帮扶基金35个，登记在册义工780人。通过开展“慈善

2021年5月12日，省民政厅副厅长江宇(右三)到文成调研社区治理和社工站建设工作(县民政局提供)

一日捐”、设立个人慈善冠名基金、开通“定向捐资”绿色通道，募集资金530万元。全年开展慈善临时救助3045人次，支出救助金593万元。

【移民工作】 2021年，文成县水库移民后期扶持工作坚持“情系移民，用心服务，和谐融入”的理念，深化水库移民融入发展，以更高质量的扶持水平，实现库区和移民安置区经济社会共同富裕。全年落实移民项目资金2838.39万元，涉及移民直补发放、基础设施建设、移民美丽乡村建设、壮大村级集体经济等。其中，物业购置、产权购置等生产开发类项目2049.31万元，资金占比72.2%，同比上年增长6.3%，移民村每年可增加经营性收入110余万元。成功争取到全省共同富裕项目资金850万元。

2021年6月28日，文成县殡仪馆改造提升工程正式开工(县民政局提供)

【先进名录】

先进个人一览表

表72

姓名	荣誉名称	发文时间	授予部门
陈　宏	2020年度推进温州市域治理现代化先进个人	2021.3	中共温州市委、温州市人民政府

（陈　宏）

乡镇概貌

综述

2021年，文成县辖12个镇，5个乡，城市社区14个，居委会1个，行政村229个。

大峃镇

【概况】 2021年，大峃镇位于温州市西南部、飞云江中上游，距温州市区87千米，是文成县的县城。因地形似举翅待飞的白鹤，又名“鹤城”。全镇区域面积125.3平方千米，划分为府前、永安、象溪徐岭、双垟金炉、龙川中樟、樟台塔山、里阳等7个片区，下辖35个行政村、14个城市社区，户籍人口10.49万人、常住人口7.32万人，有5.6万余人侨居在世界50多个国家和地区，多侨居在欧洲。全镇行政事业编制数159名，实际在编在岗159名。全镇有党组织218个，其中两新组织65个，党员3358名，中华人民共和国成立前老党员22名。先后获得国家卫生县城、浙江省示范文明县城、浙江省第二批现代商贸特色镇等荣誉称号，并荣获浙江生态省建设突出贡献集体三等功。大峃镇人民政府内设党政综合办公室、党建工作办公室、经济发展办公室、综合信息指挥室、村镇建设办公室、社会事务办公室、农业农村办公室、财政财务办公室等8个行政科室，镇人大、纪委、监察办、人武部和群众团体等组织按照有关规定设置。大峃镇事业单位下设政务服务中心、农业综合服务中心、综合治理和社会事业服务中心等3个服务中心，其中农业综合服务中心由农业站、农经站、林业站、水利管理站等4个站组成；综合治理和社会事业服务中心由文化体育站、计划生育服务站、财政所、统计站、劳动保障所、安全生产监督管理所、民族宗教事务管理所、旅游工作服务站等8个站所组成。

【党代会】 2021年2月7日，中共大峃镇第十四届代表大会第五次会议召开，县委常委、镇党委书记赵东佐向大会作题为《发展壮大第一级 提升县城首位度 全面加快国际化休闲旅游目的地城市建设》的工作报

2021年10月29日，中国共产党文成县大峃镇第十五次代表大会在县文化中心剧院举行（大峃镇提供）

告，全面总结2020年工作，精心绘制“十四五”美好蓝图，研究部署2021年任务目标，以“起跑就是冲刺、开局就是决战”的奋斗姿态，确保“十四五”开好局、起好步，以优异成绩庆祝中国共产党成立100周年。

2021年10月29日，中共大峃镇第十五次代表大会召开，大会选举产生中共大峃镇第十五届委员会和纪律检查委员会委员。县委常委、镇党委书记王坚向大会作题为《勇扛新时代使命担当 决胜美丽县城主动战 打造高质量发展建设共同富裕示范区镇域样板》的工作报告，回顾总结镇第十四次党代会以来的各项工作，研究部署往后5年任务。

【人代会】 2021年3月24日，大峃镇第十六届第八次会议召开，林永波代表镇人民政府向大会作《政府工作报告》，夏建武代表镇人大主席团向大会作《人大工作报告》。大会听取《2020年镇政府民生实事人大票决确定项目完成情况和2021年镇政府民生实事候选项目形成情况的报告》，审议通过《政府工作报告》《人大工作报告》《大峃镇“十四五”规划纲要》《大峃镇2020年地方财政预算执行情况和2021年地方财政预算（草案）的报告》《民政工作报告》《环境工作报告》。大会选举产生雷海武、王秀珍（挂职）等为大峃镇副镇长。大会票决产生县城交通环线工程、教育设施改善工程、公共卫生设施提升工程、文化基础设施建设工程、城镇管网改造提升工程、城镇自来水工程、环境整治提升工程、道路交通建设工程等8大类共13个项目为2021年镇政府民生实事项目。

2021年12月26日，大峃镇第十七届人民代表大会召开，林永波代表镇人民政府向大会作《政府工作报告》，夏建武代表镇人大主席团向大会作《人大工作报告》。大会听取《2021年镇政府民生实事人大票决确定项目完成情况和2022年镇政府民生实事候选项目形成情况的报告》，审议通过《政府工作报告》《人大工作报告》《大峃镇2021年1至11月财政预算执行情况和年度预算调整（草案）报告》《民政工作报告》《环境工作报告》。大会选举夏建武为人大主席，钟建忠为人大副主席，林永波为镇长，潘跃、苏城、孟世清、赵军勇、雷海武、陈盈楠、王秀珍（挂职）、龙凤（挂职）等为副镇长。大会票决产生革命老根据地红色文化研学中心（县委党校）项目、文成县实验中学拆扩建工程、文成县智慧交通便民服务中心、城镇管网改造提升工程、G322樟台至龙川段沿线景观改造提升工程、泗溪河夜游项目、季马安置小区、城北环山绿道二期等8个项目为2022年镇政府民生实事项目。

【党史学习教育】 2021年，大峃镇坚持规定动作和自选动作相结合，创新方式方法，丰富内容载体，推动党史学习教育往

2021年3月16日，诚意社区预备党员白丽秀（右）和党员陈金柳在学习中国共产党历史（大峃镇提供）

深里走、往实里走。策划开展“千名党员进党校”“对话百年”等系列特色活动，“线上+线下”集体学习5700余人次，省级以上主流媒体刊发经验做法20余篇。同步持续深化“百千万”行动，整合“两千两百”基层治理队伍，把学习党史同解决群众“急难愁盼”结合起来，解决民生小事12580件、矛盾纠纷712件、历史遗留问题6件。

2021年6月22日，大峃镇“光荣在党50年”纪念章集中颁发仪式在樟台片区会议室举行(大峃镇提供)

【基层党建】 2021年，大峃镇出台《大峃镇村社组织“健康运行指数”评价办法(试行)》，召开“三比三看”村社擂台3次，评出“先进村社”39个，整转提升县较差村社2个，处置“不合格”村社干部4人，比学赶超氛围愈加浓厚。高标准推进镇村阵地建设，全年优化提升党群服务中心13个，周村、上马等10个村社被评为县级基层党建示范村社，龙德嘉苑、嘉盛花苑、世纪嘉园等3个小区创成党建试点小区，增设周村社区、龙溪花园作为“共享社·幸福里”试点。扎实组建文川龙韵、高山农业、红星引航等7个全域党建联盟，村村结成帮促关系，共建共享推动人居环境整治、村庄项目建设，打造“发展共同体”。两新组织双覆盖攻坚新增两新党组织46个，推动基层党建“全领域建强、全区域提升”。

【清廉建设】 2021年，大峃镇调整党风廉政建设和反腐败重要工作组织领导与责任分工，召开专题研究部署党风廉政工作会议5次，开展警示教育40余次，班子成员谈心谈话200次，梳理岗位廉政风险点225个。强化农村集体“三资”和小额工程的监督管理，灵活运用“四种形态”处理党员93人次，立案查处违法违纪案件18件，党纪处分21人，创成“清廉村居”14个。创新推出“村社诊疗五步法”，举办4期村(社)监会主任上挂历练活动，每季度联合监督查，发现问题92个，完成整改92个，村监会履职能力明显得到提升。

【经济发展】 2021年，大峃镇着力提升省级服务业集聚区平台功能，打造富有区域特色的核心经济商圈，实施背街小巷整治提升项目，新丰巷、白铁巷等6条背街小巷成为第二代“网红打卡点”；二新片区旅游商业便民综合体建设收尾，具备招商条件。抓好市场主体培育，激发各类市场主体活力、动力、潜力，全年新增市场主体1327家、规上企业11家。大峃镇获评“浙江省第二批商贸特色镇”称号，苔湖社区获评“浙江省第二批商贸发展示范村”称号，小店经济、数字经济进一步“燃起来”。2021年全镇地区生产总值约49亿元，同比增长6.5%；财政总收入约7.11亿元，同比增长7%；规上工业产值约3.69亿元，同比增长2.8%；城镇居民人均可支配收入81009元，农村常住居民人均可支配收入26504元，同比分别增长15.9%和16.7%。

【重点项目建设】 2021年，大峃镇加速樟山新区开发，一期市政道路“无障碍”施工，二期房屋启动征收、完成入户调查工作，完成樟山未来社区申报；加快推进旧城改造进度，二中片区城中村改造、下沙垟城中村改造、龙船垟城中村改造二期、龙川B地块安置小区等项目有序推进。全年完成固定资产投资24.1亿元，完成率106.64%，形成项目加速集聚、加速推进、加速产出的强劲态势。开展“拓空间强保障”六大行动，清理“批而未供”土地312.8亩，处置“供而未用”土地553.4亩，项目建设要素保障不断强化。

【招商引资】 2021年，大峃镇全面实施招商引资“一号工程”，领导干部带头外出招商，优化和落实招商引税优惠政策，推动招商项目早落地开工、早投产见效。全年实现招商引资到位资金约4.47亿元，完成全年任务的148.96%，引进总部经济企业2家，入库税收1943.11万元。

【环境整治】 2021年，大峃镇锚定“国际化旅游休闲目的地城市”建设目标，推进美丽县城、美丽城镇、美丽乡村、美丽通道、美丽山水、美丽田园等环境再造“六大行动”，加强城市精细化管理。G322樟台至龙川段沿线景观改造提升工程、伯温路部分路段立面整治提升工程、泗溪河沿岸部分立面夜景提升工程、大峃街老公安局楼维修工程等一批县城风貌整治项目完工；开展5期“两最”村居评比，评出“最美村居”7个、整改“最脏村居”4个，打造全域秀美新格局。狠抓城市精细管理，联动实施“背街小巷+网格员+路段长+劝导员”4个全覆盖攻坚，全力整治环境“脏乱差”，巩固“省示范文明县城”创建成果。

【公共服务】 2021年，大峃镇紧抓全省“大通道”和全市“大干交通”的机遇，实现溧宁高速文景段、文成玉壶至渡渎段黄泥岗头隧道工程“无障碍”施工，推进樟山南互通、S220青文泰公路政策处理。提高办学品位和水平，县幼二新分园、悦阳幼儿园建成投用，文成县职业高级中学、启智学校加速推进，县委党校新建工程举行开工仪式。文成县人民医院新建工程、公共卫生临床中心及配套用房项目完成主体建设，公共卫生等重大突发事件应急体系不断健全。加快市政设施建设，新建和改造城镇污水管网9.1千米，不断完善县城功能。

【富民强村】 2021年，大峃镇实施高质量全面小康巩固计划，鼓励符合条件的经济薄弱村和低收入农户通过宅基地复垦、资金筹集等途径实现“飞地”增收，全年共向经济薄弱村发放建设用地复垦补助82.41万元、旱改水项目政策处理经费47.07万元。向低收入农户发放“飞地抱团”投资分红1319户、178.07万元。落地苔湖文化创意园项目，增强偏远村社“造血”功能。扶持糯米山药、茶叶、杨梅等优势产业，高山农业品牌进一步打响。

2021年5月12日，省民政厅副厅长江宇（前中）到大峃镇调研社工站建设和运行情况（大峃镇提供）

【社会保障】 2021年，大峃镇规范完善城乡居民养老保险、医疗保险、最低生活保障等制度，实现“应保尽保、应退尽退”，全年全镇居民养老保险参保率、居民医疗保险参保率分别为95%、96.54%，城乡低保低边年复核1548户、2229人，增保68户、102人，注销174户、232人，推进低保工作的透明化、规范化。加大社会救助力度，主动发现、扩大救助面，维护社会稳定，全年办理临时救助67户、31.45万元，“益康保”赔付925户、202.57万元。推进社会救助体系高品质建设，严格落实特困供养政策，确保农村留守儿童、失独老人、重度残疾人等特困供养人员的基本生活保障。

【基层治理】 2021年，大峃镇优化基层调解模式，成立“和立方”金牌调解员队伍，全年成功调处各类矛盾纠纷1379件，其中疑难案件8件，涉及金额200余万元。开展信访突出问题“双月攻坚”行动，每起信访案件落实一个包案领导、若干名稳控干部，“5+2”“白加黑”掌握信访对象动态，成功化解信访积案62件，受理信访举报1106件，办结1099件。夯实基层治理“两千两百”工程，全面发挥鹤城大姐、楼栋长在平安维稳、安全生产等基层工作中的基础性作用，全年排查各类安全隐患1400余处，完成率100%。

【依法行政】 2021年，大峃镇开展“入村蹲村服务破难”行动，班子带头深入走访49个村社，收集群众意见建议158条，解决各类问题22个。自觉接受人大依法监督、政协民主监督，广泛接受社会监督，办理人大建议和政协提案，办结率和满意率均为100%。加强法治政府建设，严格落实负责人出庭应诉制度，全年办理行政诉讼案件20件，依法落实信息公开制度，按期答复政府信息公开申请37件。

【先进名录】

先进个人一览表

表73

序号	姓名	荣誉名称	授予部门	发文时间	备注
1	苏　城	县域治理现代化工作突出贡献个人	中共文成县委、文成县人民政府	2021.5	文委发〔2021〕26号
2	朱旭新	推进温州市域治理现代化先进个人	中共温州市委、温州市人民政府	2021.3	《关于表彰推进温州市域治理现代化先进集体和个人的通报》
		嘉奖一次	中共文成县委、文成县人民政府	2021.9	文委发〔2021〕31号
3	郑　辞	2021年第二季度“破难先锋”个人	文成县铁军锻造工程指挥部	2021.10	文铁指〔2021〕5号

先进集体一览表

表74

序号	单位名称	荣誉名称	授予部门	备注
1	大峃镇人民政府	温州市域治理现代化先进集体	中共温州市委、温州市人民政府	温州市委、市政府文件 2021年3月1日

续表74

序号	单位名称	荣誉名称	授予部门	备注
2	大峃镇人民政府	全省“五水共治”(河长制)工作考核优秀乡镇(街道)	省美丽浙江建设领导小组	浙治水办发〔2021〕5号
3	大峃镇	浙江省第二批现代商贸特色镇	浙江省商务厅	浙商务发〔2021〕106号
4	大峃镇人民政府	被征地农民参加基本养老保险专项工作成绩突出集体	温州市人社局	温人社发〔2021〕93号

（张丽映）

珊溪镇

【概况】 2021年，珊溪镇区域面积139.82平方千米，下辖22个行政村(居)。户籍人口4.43万人、常住人口2.18万人。全镇共有党组织105个，党员1804名，其中中华人民共和国成立前老党员12名。高分通过国家卫生城镇验收，收获全面实施乡村振兴战略突出贡献集体、省级特色农业强镇、省级文化强镇、浙江省AAA级景区镇、退役军人服务保障体系建设先进单位等多项荣誉。镇人民政府内设党政综合办公室、党建工作办公室、经济发展办公室、综合信息指挥室、村镇建设办公室、社会事务办公室、农业农村办公室、财政财务办公室8个行政科室，镇人大、纪委、监察办、人武部和群众团体等组织按照有关规定设置。行政编制58名，其中党委、政府领导职数按照换届选举规定配备，中层职数17名。珊溪镇事业单位下设政务服务中心、农业综合服务中心、综合治理和社会事业服务中心3个服务中心，其中农业综合服务中心由农业站、农经站、林业站、水利管理站4个站组成；综合治理和社会事业服务中心由文化体育站、卫生和计划生育管理服务站、财政所、统计站、劳动保障所、应急管理中心、民族宗教事务管理所、旅游工作服务站、退役军人服务站9个站所组成，事业编制46名，中层职数15名。

【党代会】 2021年10月27日，中共珊溪镇第十五届代表大会第一次会议召开，镇党委书记吴丰代表中共珊溪镇第十四届委员会向大会作题为《勇担使命 赶超发展 奋力打造共同富裕山区样板镇》的工作报告，回顾总结十四届党代会工作，研究部署今后五年的奋斗目标和主要任务，动员全镇上下勇担使命、奋战奋进，全面开启镇域治理现代化新征程，在赶超发展中展现新担当新作为，确保高质量高水平实现乡村振兴，打造共同富裕山区样板镇。

【人代会】 2021年12月25日，珊溪镇第十七届人民代表大会第一次会议召开，镇长林日进代表镇人民政府向大会作《政府工作报告》，孟世忠代表镇人大主席团向大会作《人大工作报告》。大会听取《2021年镇民生实事人大票决确定项目完成情况和2022年镇民生实事候选项目形成情况的报告》，书面审查《2021年地方财政预算执行情况和2022年地方财政预算(草案)的报告》《民政工作报告》《环境工作报告》。大会选举孟世忠为珊溪镇人大主席，毛海伟为珊溪镇人大副主席，选举林日进为珊溪镇人民政府镇长，叶金成、夏澎云、章啐孟、郑吴静、赵烨、王鸣鹿、谈文栋为珊溪镇人民政府副镇长。会议通过《政府工作报告》《人大工作报告》《2021年地方财政预算执行情况和2022年地方财政预算(草案)的报告》《民政工作报告》《环境工作报告》5个决议，票决产生珊溪实验幼儿园建设项目(续建)、云江两岸绿道工程、城镇道路工程、第二人民医院建设工程、珊溪镇小学扩建工程、自来水厂扩建工

2021年3月6日，温州市庆祝建党100周年百名音乐家百场巡演第一场走进文成珊溪（珊溪镇提供）

程、李井农贸市场主体工程、施工桥维修加固工程、生活垃圾综合处理处置工程、公交始末站建设工程10个项目为2022年镇政府民生实事项目。

【新冠肺炎疫情防控】 2021年，珊溪镇应对年末突然严峻的疫情防控，落实上级各项指令，实行专班运行，做好政策解析、物资调配、监督检查等工作，推出“五用物资包”等做法，实施“红色微网格”，全面推动落实“铁桶”战术，将全镇划分为174个“红色网格”，结对联系群众6479户，开展“洗楼式”大排查、“洗脑式”大宣传，严密落实“源头查控+硬核隔离+精密智控”工作机制，守好珊溪小门，保障全镇经济实现全年红。

【基层党建】 2021年，珊溪镇认真落实党建和意识形态工作责任制，全年整改落实“七张问题清单”问题28个。巩固深化党史学习教育成果，深入开展周一夜学、每日晨会等学习活动，持续深化思想宣贯，依托学习强国和青年大学习“线上学”，打造刘英纪念馆和月光支部等阵地“线下学”，组织党史主题宣讲、微型党课赛课等活动，累计开展理论学习活动70余场。围绕“清廉村居”“精神家园”建设，改造提升浙江省爱国主义教育基地刘英纪念馆，打造孝廉街头，创成街头等4个基层党建示范村，杨梅红党建联盟获评市级两新党建示范点，进一步擦亮“瓯江红”基层党建品牌。完善“1+3+X”组织架构，落实“六个固定”基本制度，创推党员管理“六化”标准，划分微网格，实现村干部联片、党员联户，打造基层坚强堡垒，使原来的问题村变成市县两级基层党建示范村社。实现文化礼堂、新时代文明实践中心基层思想阵地全覆盖，成立新时代服务志愿队26支，打响“云江

2021年5月28日，举行第二届“尚”牌有机包头鱼文化节暨珊溪镇特色农产品展销会（珊溪镇提供）

姊妹”“桑榆金辉”等志愿服务品牌，开展活动260余场，参与人次7000余人。

【经济发展】 2021年，珊溪镇实现生产总值7.33亿元，完成财政收入2.08亿元，完成固定资产投资2.62亿元，农村居民可支配收入24780元。全镇现有总部企业15家，其中2021年新增总部企业8家，实现招商引税1.04亿元。

【产业培育】 2021年，珊溪镇以杨梅产业为抓手，创成“果香湖韵”市级乡村振兴示范带，获得市“三位一体”改革示范镇、AAA级景区镇等称号，通过省级特色农业强镇验收，“三位一体”农合联改革进一步深化。发挥专项债券促发展补短板作用，谋划“月光支部”等26个了项目，完成红色街区一期工程，推出红军亭、革命烈士故居等多个沉浸式红色文化景点，串起“红色坦歧·星火1935”初心之旅1.0版，运行后迅速成为周边县市党史学习教育网红打卡点。

【项目建设】 2021年，珊溪镇坚持把重点项目建设作为城镇发展大局的重要抓手，推行重点项目破难攻坚机制，针对要素制约等重点问题，组织开展联动攻坚，一批重点项目落地实施，红色文化旅游项目、李井抗震安居小区沿街配套工程等4个固定资产投资项目开工建设并入库纳统，裕景湾、云澜观邸、珊瑚岛、珊溪实验幼儿园等11个项目加快推进，86个项目建设稳步推进，完成固定资产投资排名全县第一。

【环境整治】 2021年，珊溪镇以国家卫生城镇创建为抓手，推动“五美”提升，持续发力“环境综合整治”“三改一拆”“三边三化”“两最三比”系列组合拳；以“青山白化”专项治理工作为契机，重点围绕文泰高速沿线开展整治工作，集中整治私坟400座，“青山白化”现象基本消除。加强对道路、河道两侧违章进行清除，针对存量违章、一户多宅进行集中拆除，共拆除违法建筑6处1035平方米。强力推进“五水共治”工作，进一步夯实“河长制”，细化网格管理，水质常年保持优于Ⅱ类标准，开展珊溪坑、李井坑河道治理，推进22个村农村饮用水安全巩固提升工程，全镇河道防洪能力、农村饮用水安全不断提升。推进塘山村美丽乡村精品村建设，井源、万里等6个美丽乡村达标村建设，进一步丰富果香湖韵乡村振兴市级示范带内涵。

【脱贫攻坚】 2021年，珊溪镇严格落实“小康码”“一户一策一干部”，巩固饮水安全、住房安全，精心谋划抱团增收项目，帮助经济薄弱村和838户1192人农村困难家庭实现脱贫增收致富，发展壮大村级集体经济，实现“两不愁三保障”突出问题清零、年家庭人均收

2021年9月1日，市委宣传部到珊溪爱国主义教育基地调研（珊溪镇提供）

入8000元以下情况清零、集体经济薄弱村清零，高质量完成低收入农户高水平全面小康攻坚任务。

【民生事业】 2021年，珊溪镇西山养老服务中心投入运营，残疾人之家投入使用，孤寡老人、残障人士等弱势群体得到关爱。围绕“两不愁三保障”要求，精心谋划抱团增收产业项目，巩固脱贫成果，全年完成总收入1337.27万元，其中经营性收入728.67万元。关注民众难点，强化民生保障，办理115件民生“小事”，新型农村合作医疗、农村住房保险、农村社会养老保险等有效落实，受益面逐年扩大，全镇参加城乡居民养老保险参保人数13551人，参保率99.8%；医疗保险参保人数44459人，参保率99.73%。推进扫黑除恶专项斗争，联合多部门开展“平安护航建党百年”大巡防，抓好“8+3”重点领域安全隐患动态排查整治工作。加强矛盾纠纷排查工作，完成镇矛调中心规范化建设，通过一站式接收、系统化研判、全链条解决，将矛盾纠纷扼杀于萌芽状态，全年受理纠纷417起，成功调解403起，受理信访13件，办结11件，正在办理2件，信访发生率与同期相比明显下降，社会氛围和谐稳定。

2021年10月14日，“关爱夕阳　医艺同行”温州医科大学结对帮促珊溪井源村重阳节志愿服务活动（珊溪镇提供）

【先进名录】

先进个人一览表

表75

序号	姓名	荣誉名称	发文时间	授予部门
1	林微燕	全面实施乡村振兴战略突出贡献个人	2021.3	中共温州市委、温州市人民政府
2	陈隆华	2020年度优秀等次事业单位工作人员	2021.5	文成县人力资源和社会保障局
3	金　钠	2020年度优秀等次事业单位工作人员	2021.5	文成县人力资源和社会保障局
4	严　俊	2020年度优秀等次事业单位工作人员	2021.5	文成县人力资源和社会保障局
5	夏春蓓	2020年度优秀等次事业单位工作人员	2021.5	文成县人力资源和社会保障局
6	金晨晨	2020年度优秀等次事业单位工作人员	2021.5	文成县人力资源和社会保障局
7	赵碎彬	2020年度优秀等次事业单位工作人员	2021.5	文成县人力资源和社会保障局
8	章碎新	2020年度优秀等次事业单位工作人员	2021.5	文成县人力资源和社会保障局
9	王伟杰	2020年度优秀等次事业单位工作人员	2021.5	文成县人力资源和社会保障局

续表75

序号	姓名	荣誉名称	发文时间	授予部门
10	王　城	2020年度优秀等次事业单位工作人员	2021.5	文成县人力资源和社会保障局
11	郭李玲	2020年度优秀等次事业单位工作人员	2021.5	文成县人力资源和社会保障局
12	郭　宠	2020年度优秀等次事业单位工作人员	2021.5	文成县人力资源和社会保障局
13	夏文洁	2020年度优秀等次事业单位工作人员	2021.5	文成县人力资源和社会保障局
14	林爱明	2020年度优秀等次事业单位工作人员	2021.5	文成县人力资源和社会保障局
15	王福光	2020年度优秀等次事业单位工作人员	2021.5	文成县人力资源和社会保障局
16	夏景裕	2020年度优秀等次事业单位工作人员	2021.5	文成县人力资源和社会保障局
17	郑　浩	2020年度优秀等次事业单位工作人员	2021.5	文成县人力资源和社会保障局
18	刘华威	2020年度优秀等次事业单位工作人员	2021.5	文成县人力资源和社会保障局
19	胡　叠	2020年度优秀等次事业单位工作人员	2021.5	文成县人力资源和社会保障局
20	王梭梭	2020年度优秀等次事业单位工作人员	2021.5	文成县人力资源和社会保障局
21	柳孟群	2020年度优秀等次事业单位工作人员	2021.5	文成县人力资源和社会保障局
22	林佳挺	文成县优秀共产党员	2021.6	中共文成县委
23	刘振城	文成县优秀共产党员	2021.6	中共文成县委
24	夏春蓓	文成县优秀共产党员	2021.6	中共文成县委
25	金晨晨	文成县优秀党务工作者	2021.6	中共文成县委
26	蓝建荣	嘉奖一次	2021.9	中共文成县委、文成县人民政府
27	吴　丰	嘉奖一次	2021.9	中共文成县委、文成县人民政府
28	刘化切	嘉奖一次	2021.9	中共文成县委、文成县人民政府
29	赵建军	嘉奖一次	2021.9	中共文成县委、文成县人民政府
30	林微燕	嘉奖一次	2021.9	中共文成县委、文成县人民政府
31	张　磊	嘉奖一次	2021.9	中共文成县委、文成县人民政府
32	王韵诗	嘉奖一次	2021.9	中共文成县委、文成县人民政府
33	罗建周	嘉奖一次	2021.9	中共文成县委、文成县人民政府
34	刘振城	嘉奖一次	2021.9	中共文成县委、文成县人民政府
35	毛丽君	嘉奖一次	2021.9	中共文成县委、文成县人民政府
36	刘颖颖	嘉奖一次	2021.9	中共文成县委、文成县人民政府
37	刘芬芬	嘉奖一次	2021.9	中共文成县委、文成县人民政府
38	王仕挺	嘉奖一次	2021.9	中共文成县委、文成县人民政府
39	王　健	嘉奖一次	2021.9	中共文成县委、文成县人民政府
40	王　玲	嘉奖一次	2021.9	中共文成县委、文成县人民政府
41	朱小涛	嘉奖一次	2021.9	中共文成县委、文成县人民政府
42	刘希堃	嘉奖一次	2021.9	中共文成县委、文成县人民政府
43	夏文洁	文成县2021年度优秀通讯员	2021.11	中共文成县委宣传部

续表75

序号	姓名	荣誉名称	发文时间	授予部门
44	郑　浩	“庆建党百年 享美好生活”浙江省第二十届群众声乐大赛银奖	2021.11	浙江省文化和旅游厅
45	郑　浩	温州市第十八届音乐舞蹈节原创舞蹈大赛表演奖	2021.11	温州市文化和旅游局
46	周月华	2021年度全市优秀禁毒社工	2021.11	温州市禁毒办
47	郑　浩	温州市第十八届音乐舞蹈节原创音乐大赛表演奖	2021.12	温州市文化和旅游局

先进集体一览表

表76

序号	单位名称	荣誉名称	发文时间	授予部门
1	珊溪镇纪委（监察办公室）	2020年度乡镇纪检监察工作考核优秀单位	2021.1	中共文成县纪委办公室
2	珊溪镇雅坪村	2020年度温州市美丽乡村样板村	2021.1	温州市“千村整治百村示范”工程建设领导小组办公室
3	珊溪镇塘山村	2020年度温州市美丽乡村样板村	2021.1	温州市“千村整治百村示范”工程建设领导小组办公室
4	文成县杨梅红产业党建联盟	温州市两新党建示范点	2021.2	中共温州市委组织部、中共温州市委新经济与新社会组织工作委员会
5	文成县珊溪镇人民政府	全面实施乡村振兴战略突出贡献集体	2021.3	中共温州市委、温州市人民政府
6	文成县珊溪镇人民政府	文成县杨梅国家农业科技园区示范区	2021.9	温州市科学技术局
7	珊溪镇杨梅红产业党建联盟	县级十大共富党建联盟	2021.11	中共文成县委组织部
8	文成县珊溪镇人民政府	文成县珊溪特色农业强镇	2021.11	浙江省粮食安全和推进农业现代化领导小组农业“两区”办公室
9	珊溪镇坦岐村	2021年浙江省AAA级景区村庄	2021.12	温州市文化广电旅游局
10	文成县珊溪镇	浙江省AAA级景区镇	2021.12	温州市文化广电旅游局
11	文成县珊溪镇	2021年度“三位一体”综合合作改革二类示范镇	2021.12	温州市“三位一体”农村合作体系建设工作领导小组办公室
12	文成县珊溪镇	浙江省文化强镇	2021.12	浙江省文化和旅游厅
13	文成县珊溪镇	退役军人服务保障体系建设先进单位	2021.12	中共浙江省委退役军人事务工作领导小组

（金晨晨）

玉壶镇

【概况】 2021年,玉壶镇是浙江省著名侨乡,也是全国第五个、浙江省首个国际慢城,地处文成、瑞安、青田三县交界处,镇域面积182.11平方千米,户籍人口5.17万人,常住人口2.22万人,在外华侨6.8万人,分别旅居在欧洲、中北美洲等40个国家和地区,先后荣获国家级生态镇、全国文明村镇、文成县唯一的“最美浙南水乡”示范镇、浙江省小城镇环境综合整治省级样板镇、新时代美丽城镇省级样板、省级园林镇等称号。

【党代会】 2021年10月27日,中共玉壶镇第十五届代表大会第一次会议召开,镇党委书记赵沛标向大会作题为《继往开来、再谋新篇,以慢城铁军担当奋力打造共同富裕侨乡样板》的工作报告,高举习近平新时代中国特色社会主义思想伟大旗帜,全面总结过去五年的工作,明确之后五年的目标任务,团结带领全镇各级党组织和广大党员干部群众,不忘初心、牢记使命、砥砺前行,奋力谱写新时代“侨韵玉壶·国际慢城”在高质量发展中开创共同富裕山区样板的辉煌篇章。

【人代会】 2021年12月26日,玉壶镇第十七届人民代表大会第一次会议召开。镇长罗运魁代表镇人民政府向大会作《政府工作报告》,镇人大主席刘坚代表镇人大主席团向大会作《人大工作报告》。大会听取《2021年镇民生实事人大票决确定项目完成情况和2022年镇民生实事候选项目形成情况的报告》,书面审查《2021年地方财政预算执行情况和2022年地方财政预算(草案)的报告》《民政工作报告》《环境工作报告》。大会选举产生刘坚为玉壶镇人大主席。会议通过《政府工作报告》《人大工作报告》《2021年地方财政预算执行情况和2022年地方财政预算(草案)的报告》《民政工作报告》《环境工作报告》等5个决议,票决产生狮岩寨休闲公园建设工程、建城区亮化提升工程、侨韵风情街区改造提升工程、玉泉溪流域综合治理工程(延伸段)、西江二桥、高标准农田建设工程、国际慢城城郊野区板块基础设施提升工程、朱阳九峰景区入口公路玉壶至东溪段提升工程(通景公路)8个项目为2022年镇政府民生实事项目。

【经济建设】 2021年,玉壶镇始终坚持将经济指标作为推动工作的重要参考和重要抓手,完成固定资产投资14700万元。聚力精准招商,招商引资到位资金5895.38万元。坚持“走出去”“请进来”策略,强化企业对接,新增企业法人31人,增长率19.62%。坚持节点化攻坚、专班化推进,加快重点项目建设。东大门慢城广场一期结顶销售、华丽璞星级酒店平稳推进,形象效果开始显现,将为玉壶旅游配

2021年1月6日,省园林城镇玉壶镇(玉壶镇提供)

套提供重要补充；玉泉溪综合整治工程有序推进，完成堤防堰坝工程800平方米、护岸加固1500平方米、游步道1880平方米、滩地治理35000平方米、绿化景观打造800平方米；文青高速工可通过评审，朱阳九峰通景公路、青文泰公路黄泥岗头隧道等重大基础设施建设取得突破性进展。完成批而未供83.8亩，完成率61.21%；供而未用百分百完成，综合考绩排名第二；推进垦造耕地工作，新增6个旱改水及垦造水田项目，验收216.39亩。

【产业培育】 2021年，玉壶镇突出打好"侨韵牌"、唱响"慢城歌"，做好业态布局和招引。基本完成慢城旅游休闲风情街招商工作，入驻店铺30家，侨贸经济初步形成。打造漫悦里咖啡风情街，咖啡吧、酒吧开业数量40余家，侨乡业态氛围逐渐向好。谋划布局旅游相关配套产业，抓好"侨家乐"民宿招引落地，"水云见·侨"精品民宿开工建设，"羞答答"城市主题民宿知名度不断打响。利用生态资源禀赋，推广慢食、慢行、慢养生运动，发展农旅观光和休闲康养产业，龙一、吴垟区块美丽田园建设稳步进行，150余亩的油菜花田吸引大量游客观赏，形成示范带动效应。云顶山庄森林康养招牌做大做强，森林覆盖率超90%，基地有近1000亩金银花、黄栀子、太子参、黄精、白芨、芍药、浙贝母、银杏、厚朴、红豆杉等中药材。推出药膳、药粥、药煲，将本地特色的鸡、鸭、蛋、鱼、菜与当地农家菜相结合，供游客享用。强调康养产品与文化相融合的主题营造，结合科普展示、刘基文化博览、当地农家风情体验等，形成整体的生态森林康养环境氛围。

2021年3月9日，省委统战部常务副部长王晓峰（右五）到玉壶侨联走访调研（玉壶镇提供）

【环境再造】 2021年，玉壶镇开展环境整治行动，拆除旱厕30个，投入100万元在各行政村开展垃圾分类工作，加快建设无害化处理设施，做到城区垃圾无害化处理率100%，城乡生活垃圾无害化处理率98%，切实改善各村的环境和面貌。注重优化提升人居环境，全年累计拆除违建5处，约870平方米。建立"清洁家园""志愿服务""联合执法"三大机制，干群同心，合力攻坚，共同参与环境治理，推动环境建设由运动战向持久战转变。加强精细化管理，畅通城乡交通脉络。设芝水街、玉壶街、漫悦里街区为市容交通秩序"严管示范街"，在各路段安装5个智慧自动抓拍监控，有效改善机动车乱停乱放、机动车严重违法、非机动车无序通行等违法行为。

【社会事业】 2021年，玉壶镇不断完善社保体系，完成医疗保险参保28530人，继续扩大城乡居民养老保险覆盖面，参保人数14676人，全年发放养老金涉及10630人。完善城乡低保救助机制，实行动态管理，应入尽入、应退则退，全年新增低保18户26人、注销17户20人，低边注销8户14人，发放农村低保金269.22万元。落实临时救助、困难慰问212人，发放高龄津贴、优抚关怀、社救定补等各类资金90余万元。开展拥军优属活动，发放农村籍退役士兵老年生活补助金48.2万元，重点优抚对象生活补助69.3万元，发放大学生士兵一次性奖励金7.3万元。推进公共服务补短板，新建金星社区、朱雅社区两所养老服务中心；民生工程抓紧抓实，城镇自来水提升工程全面完工，提升供水能力，改进净水工艺，人民群众饮水安全得到切实保障；朱阳九峰景区入口公路玉壶至东溪段提升工程逐步推进，青文泰公路全长3.92千米，按照二级公路标准建设，总投资约4.2亿元。

【基层治理】 2021年，玉壶镇以“开门三件事”“双十清单”“十个一”等为内容，全面开展农村基层组织“两个分量”主题教育，深化党建带侨建品牌，全面落实党管意识形态工作原则。意识形态主体责任工作考绩排名全县第一，组织工作排名第三。落实好意识形态工作责任制，建成投用农村文化礼堂17个。落实“三人驻堂小组”工作机制，宗教领域保持和谐稳定。围绕风险联排、矛盾联调、问题联治、队伍联合、平安联创，探索深化“五联”模式，做实“一中心八专区”矛调中心改革品牌，建立“一窗受理、多元化解、司法断后、闭环运行”的矛盾纠纷化解新模式。全年社会矛盾纠纷调处化解中心通过“线上+线下”受理事件809件，成功化解768件，矛盾纠纷多元化解一次性调解成功率94.9%，诉讼服务专区全年立案数同比下降19.18%，诉前调解成功率45.51%，同比上升30.82%，成功受理化解矛盾纠纷案件131件，其中诉前调解70件，非正常死亡4件，信访纠纷12件，海外纠纷25件，源头治理取得显著成效。

【村集体经济】 2021年，玉壶镇挖掘农村闲置宅基地、房舍、校舍、林地等资源，引入宅基地复垦、旱改水、民宿等项目，通过资产出租、定存收息、抱团增收等方式盘活闲置资源，实现村集体经济效益最大化。全年全镇村集体经济总收入2274.23万元，其中经营性收入758.8万元，同比增长43.98%，较全县平均水平高25个百分点。

【党建联盟】 2021年，玉壶镇与农村、银行等领域结成6个党建联盟，通过组织联建、活动联办、问题联解，破解企业投资经营中的痛点难点问题，其中“双定三减区”帮助企业引进侨才10余名，对接企业融资500余万元，为36家农户增收30余万元，被列入县十大共同富裕党建联盟；“侨乡悠镇”党建联盟与瑞安市侨家乐产业党建联盟跨区域结对签约。

【抽水蓄能】 2021年，文成县抽水蓄能电站(东坑岭站点)项目纳入《国家抽水蓄能中长期规划(2021—2035年)》，列为国家“十四五”重点实施类项目，东坑岭站点位于文成县玉壶镇西北部，总装机容量120万千瓦，规划建设4台300兆瓦抽水蓄能发电机组，年发电总量超25亿千瓦时，项目综合效益优良。项目静态总投资63亿元，动态总投资75亿元。电站上水库正常蓄水位235米，调节库容942万立方米；下水库正常蓄水位235米，调节库容956万立方米。

【2021年集体荣誉录】

浙江省园林城镇

温州市无违建乡镇

浙江省文明村(吴垟村)

市级基层党建示范村(中村村)

全国侨联系统优秀“侨胞之家”

县政协先进片联络组

文成县环境再造工程先进集体

文成县铁军锻造工程先进集体

【先进名录】

先进个人一览表

表77

序号	姓名	荣誉名称	年度	授予部门
1	邓端昕	2021年度优秀等次公务员	2021	中共文成县委组织部
2	张友新	2021年度优秀等次公务员	2021	中共文成县委组织部
3	邢国炜	2021年度优秀等次公务员	2021	中共文成县委组织部
4	陈　欢	2021年度优秀等次公务员	2021	中共文成县委组织部
5	陈海轮	2021年度优秀等次公务员	2021	中共文成县委组织部
6	陈　默	2021年度优秀等次公务员	2021	中共文成县委组织部
7	郑澍祥	2021年度优秀等次公务员	2021	中共文成县委组织部
8	胡志坚	2021年度优秀等次公务员	2021	中共文成县委组织部
9	刘勇敏	2021年度优秀等次公务员	2021	中共文成县委组织部
10	胡晓晓	2021年度优秀等次公务员	2021	中共文成县委组织部
11	叶李泠	2021年度优秀等次事业干部	2021	县人力资源和社会保障局
12	杨上朝	2021年度优秀等次事业干部	2021	县人力资源和社会保障局
13	苏晓丽	2021年度优秀等次事业干部	2021	县人力资源和社会保障局
14	郑慧敏	2021年度优秀等次事业干部	2021	县人力资源和社会保障局
15	郑士海	2021年度优秀等次事业干部	2021	县人力资源和社会保障局
16	林春丽	2021年度优秀等次事业干部	2021	县人力资源和社会保障局
17	林惠妮	2021年度优秀等次事业干部	2021	县人力资源和社会保障局
18	谢少见	2021年度优秀等次事业干部	2021	县人力资源和社会保障局
19	吴先龙	2021年度优秀等次事业干部	2021	县人力资源和社会保障局
20	季志鹏	2021年度优秀等次事业干部	2021	县人力资源和社会保障局

（叶金鑫）

南田镇

【概况】 2021年，南田镇围绕发展总体思路目标，融入县域“一轴两片多极”空间发展布局，依托文瑞山海协作生态旅游文化产业园和天湖旅游度假区两大省级平台，发挥生态资源、高山台地、名人文化3种优势，续写环境美、生活美、产业美、人文美、治理美的“五美南田”新篇章，获得浙江省先进基层党组织荣誉称号，成功创成浙江省乡村旅游重点镇、浙江省第二批商贸特色镇、浙江省AAAA级景区镇，为打响“浙南闽北文化旅游目的地名镇”全力奋斗。

【抗击疫情】 2021年，南田镇保持疫情防控高度警惕，理顺镇级“五队两清单”高效运转机制，建立疫情防控应急处置指挥体系，推进建立免疫屏障，接种各针剂疫苗30655针次，落实落细常态化防控措施，抓好商超、农贸市场、宗教活动场所等重点场所的管控，创新绘制疫情防控应急处置作战图，动员镇村干部200余人对21个村、5个重点项目工地、23家民宿及全镇1.42万常住人口进行“洗

2021年1月12日，副省长陈奕君（前排右一）到南田镇武阳村调研生态资源转化产业项目（南田镇提供）

楼式”排查，开展社区演练，做到“常态复盘”，确保突发情况处置“零失误”，实现南田镇疫情防控工作高效、精准、有序。

【经济发展】 2021年，南田镇推进项目建设，锚定重大项目19个，重点推进两大“省152”工程，在武阳开展未来乡村单村型示范创建，全面推进“未来乡村”十大场景落地，打造“伯温文化产业链、侨家乐民宿联盟共富链、大明通宝智慧链”三大链条。全年完成固定资产投资18320万元。提升引育动能，抓好主体引育突破年，引进温州驰阳市政工程有限公司、温州云静山春农旅科技有限公司、温州睿能进出口贸易有限公司3家总部经济企业，入库总部经济企业税收141.9万元，招引内资2800万元。抓好主导产业，抓好文、旅、农三大产业发展，推进文旅景点开发，加速伯温西路特色街、文创园等项目建设，推动民宿精品化，在完成6家“侨家乐”的基础上继续改造提升“迷途武阳”民宿，加速建设亲然里高端民宿，扩大子孙田粮、无同大米等高山大米的品牌影响力，推进稻香小镇建设。全年全镇接待游客56.3万人，旅游综合性收入1.3亿元，带动村民致富2000余人。

【环境优化】 2021年，南田镇高品质塑造特色城镇，完善城镇基础配套，提质公共服务，深化产城融合，推进美丽城镇和乡村振兴示范产业配套建设，成功创成浙江省AAAA级景区镇。高标准建设美丽乡村，紧盯偏远村庄和城乡接合处，以清洁家园、“两最三比”等评选活动为契机，严抓严整，紧治“最脏村”，力赞“最美村”，全面推进环境卫生、路灯亮化、村庄绿化等工作，创成中国美丽休闲乡村武阳村，创成AAA级景区村高村民族村和九都村。高要求打造亮点标识，依托城市农园、悦色荷田、荷韵稻香等一批高山台地特色美丽田园，打造特色打卡点，通过“太公祭”

2021年7月29日，纪念刘伯温诞辰710周年太公祭在南田镇举行（南田镇提供）

“荷花节”等特色文旅活动的开展，形成伯温故里乡土生活特色旅游的标识。

【民生事业】 2021年，南田镇社会保障不断完善，全年城乡居民医保参保35901人，参保率99.8%以上，城乡居民养老保险新参保111人，灵活就业参保44人，统一发放各类困难对象补贴补助，惠及低保人员、重点优抚对象、60周岁以上农村籍退役士兵等1098人，依照“应保尽保，应退尽退”原则，注销低保对象及特困供养对象29户30人，注销低边对象6户9人。城镇居民人均可支配收入47507元，同比增长8.7%；农村居民人均可支配收入22580元，同比增长10%；低收入农户人均可支配收入14863元，同比增长15.8%。社会事业全面发展，对接群众需求，推进九宅底安置、外宅旧村改造等重点民生项目，推进2021年票选的低保、低边“三老”人员适老化改造、公交始末站提升等民生实事项目，运营好农村公路，推进南山线、十黄线至黄垟坑等7条重要道路建设，改造提升环镇绿道。社会环境和谐稳定，强化社会治理能力，推进社会治理服务中心建设，深化“最多跑一次”“最多跑一地”改革，完成社会治理服务中心建设及基层站所进驻，完善矛盾纠纷联调机制，加强矛盾纠纷排查与化解，全年调处各类纠纷114起，调解成功率100%，结合“8+3”重点领域开展安全生产专项整治工作，开展全镇安全生产风险普查，排查居住出租房95家，合用场所249个，发现安全隐患247处，全部整改到位。

2021年9月8日，省委书记袁家军（前排中）到南田镇武阳村考察（南田镇提供）

【基层党建】 2021年，南田镇推进党建示范点全域建强，按照市级示范点创建标准，拼盘资金150余万元，改造九都、武阳、新南、五源4个“瓯江红”党建示范点，打造出武阳村党建引领乡村治理、九都村党建引领产业振兴2个党建品牌，武阳村被评为全国乡村治理示范村，新南村创成市文明村社，九都村被评为2021年度县优秀基层党组织。优化党员队伍结构提升战斗力，吸收返乡创业人才、返乡大学生、后备村社干部51人成为共产党员，其中35周岁以下占比56.8%，大专学历以上占比25.5%。坚持初心践行为民宗旨，开展党史学习教育，组织现场教学4次，开展专题学习12次，要求连片领导下村上党课64次，开展“全镇党员进党校”轮训6场，创新举办两新支部“岗前学习半小时”，发扬“马上就办、办就办好”的实干作风，创新实施工作的百分制量化机制，责令考核长期靠后的富民村“一肩挑”主动辞职，形成“不进也是退、不干就让位”的干事氛围。推进清廉建设规范权力运行，开展乡镇换届纪律“十严禁”宣传，审查相关候选人资格56人次，组织疫情防控、村干部日常履职等工作督查，查摆问题82个，对镇村干部谈心提醒70人次，严重警告处分5人，党内警告处分9人，构建良好的政治生态。

【先进名录】

先进个人一览表

表78

序号	姓名	荣誉名称	发文时间	授予部门
1	胡国华	文成县优秀共产党员	2021.6	中共文成县委
2	戴文倩	文成县优秀共产党员	2021.6	中共文成县委
3	方仕渊	2020年度“四大工程”先进集体(铁军锻造工程组织工作)	2021.2	中共文成县委、文成县人民政府
4	丁鲁静	2020年度“四大工程”先进集体(铁军锻造工程宣传思想文化工作)	2021.2	中共文成县委、文成县人民政府
5	潘　梁	2020年度“四大工程”先进集体(铁军锻造工程统战工作)	2021.2	中共文成县委、文成县人民政府
6	蔡华琰	2020年度“四大工程”先进集体(铁军锻造工程党管武装工作)	2021.2	中共文成县委、文成县人民政府
7	周　莹	2020年度人大宣传信息工作先进个人	2021.4	文成县人大常委会办公室
8	吴圆圆	文成县优秀党务工作者	2021.6	中共文成县委
9	梁慧敏	县域治理现代化工作突出贡献个人	2021.5	中共文成县委、文成县人民政府
10	刘键明	2020年度全县绿色高质量发展、重大创建工作突出贡献个人(招商引税和财政增收工作)(土地要素保障工作)	2021.2	中共文成县委、文成县人民政府
11	徐广森	文成县优秀党务工作者	2021.6	中共文成县委
12	刘仙菊	县域治理现代化工作十佳网格员	2021.5	中共文成县委、文成县人民政府
13	黄林德	县域治理现代化工作十佳调解员	2021.5	中共文成县委、文成县人民政府

先进集体一览表

表79

序号	单位名称	荣誉名称	发文时间	授予部门
1	文成县南田镇党委	浙江省先进基层党组织	2021.6	中共浙江省委
2	南田镇	浙江省乡村旅游重点镇(南田镇旅游风情小镇)	2021.7	浙江省文化和旅游厅、浙江省发展和改革委员会
3	南田镇	浙江省第二批商贸特色镇	2021.12	浙江省商务厅
4	南田镇	五星基层武装部	2021.1	温州军分区
5	南田镇	浙江省AAAA级景区镇	2021.12	温州市文化广电旅游局
6	南田镇	2020年度全县绿色高质量发展、重大创建工作突出贡献集体(招商引税和财政增收工作)	2021.2	中共文成县委、文成县人民政府

续表79

序号	单位名称	荣誉名称	发文时间	授予部门
7	南田镇	2020年度“四大工程”先进集体(铁军锻造工程宣传思想文化工作)	2021.2	中共文成县委、文成县人民政府
8	南田镇	2020年度“四大工程”先进集体(铁军锻造工程党管武装工作)	2021.2	中共文成县委、文成县人民政府
9	武阳村	2021年中国美丽休闲乡村	2021.11	农业农村部办公厅
10	武阳村	第八批全国民主法治示范村	2021.3	司法部、民政部
11	武阳村	第二批全国乡村治理示范村	2021.11	农业农村部
12	武阳村	全省第一批低(零)碳村	2021.11	浙江省生态环境厅
13	武阳村	第二批浙江省高质量就业社区(村)	2021.7	浙江省人力资源和社会保障厅
14	武阳村	浙江省华侨国际文化交流基地	2021.2	浙江省侨联
15	武阳村	温州市示范性未来乡村试点	2021.12	温州市农业局
16	光明村	文明村	2021.12	温州市精神文明建设指导委员会
17	武阳村	温州市基层党建示范村	2021.11	温州市委组织部
18	九都村	先进党组织	2021.6	中共文成县委
19	九都村	省级森林人家	2021.12	省林业局
20	新南村	县级基层党建示范村社	2021.11	中共文成县委组织部
21	新南村	文明村	2021.12	温州市精神文明建设指导委员会
22	新南村	温州市安全文化建设示范社区	2021.12	温州市安全生产委员会办公室
23	高村民族村	浙江省AAA级景区村	2021.12	温州市文化广电旅游局

（林颖颖）

黄坦镇

【概况】 2021年，黄坦镇地处文成县西南部，距县城10千米，全镇总面积196.5平方千米，总人口305万人，常住人口1.03万人。下设雅梅、王宅、稽垟、黄垟、富岙、云湖6个社区，32个行政村，其中7个少数民族村。耕地面积2.1万亩，山林面积22.2万亩，森林覆盖率71.36%，毗邻珊溪水库，全域均属库区范围。黄坦镇人民政府位于黄坦镇共宅文化礼堂。单位编制内职工88人，其中公务员编制44人，事业单位编制44人。单位内设11个科室机构，分别为党政办、党建办、经济发展办、村镇规划建设办、社会事务办、综治(信访)办、计生办、财政办、便民服务中心、农业综合服务中心、综治社会服务中心。全年在贯彻落实“四大工程”及上级其他工作部署的基础上，紧盯镇域“产业、环境、民生”等领域痛点难点问题和发展急需，紧盯“大峃黄坦一体发展”需要，以生态产业园建设和城镇开发为主战场，以“项目建设”和“市场主体培育”为主抓手，全面有序高效推进黄坦“生态产业、城镇功能、生活环境、民生保障、社会管理”等5方面发展，将黄坦逐步打造成工业强镇、产城融合高质量发展示范区，实现“宜业宜居、幸福黄坦”目标。

【经济指标】 2021年，黄坦镇GDP实现6.3亿元，同比增长5.2%；全年固定资产投资任务2.6亿元100%完成，每季度投资完成率均在全县前列。实现农林牧渔业总产值1.51亿元，同比

2021年4月21日，省政协副主席陈小平（左二）到黄坦镇就“建设种业强省”“送科技下乡”开展专题调研（黄坦镇提供）

下降1%；实现工业总产值2917万元，同比增长50.3%；实现建筑业产值约6146万元，同比增长7.6%；实现批发和零售业产值约1.08亿元，同比增长10.5%。

【工业发展】 2021年，黄坦镇利用好空间规划调整机遇期，调整好镇区开发边界、优化好“三区三线”，镇区范围从原来1.7平方千米扩容到4平方千米，生态产业园中约1000亩永农划转为可开发工业用地，可开发规模扩展到4000余亩。完成生态产业园土地政策处理793.53亩。完成时尚旅行产业制造项目一期建设，完成通园路建设。围绕针织鞋业、汽摩配、农产品深加工等重点发展行业，配合、主动参与抓好园区招商工作，时尚旅行产业制造项目一期成功招引8家企业入驻，温州向东机电等汽摩配项目、宇力科技等针织鞋企盯引工作顺利推进并开工建设。生态工业即将成为黄坦乃至全县经济的主要新增长极。

【农业发展】 2021年，黄坦镇推进农业全产业链发展，将黄坦打造成县域农业发展新引擎。种养链方面，鲜切花平稳发展、糯米山药种植突破1500亩、蓝龙虾试养成功并突破百亩，特色水果种植、中蜂养殖持续壮大。加工链方面，农业健康产业园项目获得县委县政府同意，完成园区54.98亩的征地工作，博海、味多多等2家农业加工企业成功签约。供销链方面，黄坦镇农产品交易中心建成并投入使用，实现产、供、销一体化。服务链方面，通过市级“三位一体”综合合作改革示范镇创建。

【建筑业服务业发展】 2021年，黄坦镇成功引入愿缘福、富利、航大、登科等建筑业企业，资质建筑业企业总量10家，本地建筑业产值和税收实现基本留在本地目标，建筑业在全县地位大幅上升，有望成为文成建筑业重要增长点。推动家具市场、汽车驾校、摩托车驾校等项目前期工作，一木家具、逢左花卉园艺等商贸企业成功上规，仙人居用地瓶颈得以突破，

2021年8月7日，拍摄于黄坦镇依仁村澳洲淡水龙虾养殖基地（黄坦镇提供）

2021年1月20日，黄坦镇抗旱应急引水工程正式通水(黄坦镇提供)

凤凰山文化园暨栖真寺扩建工程开工，服务业新支点开始构建。

【城镇面貌】 2021年，黄坦镇成功通过国家级卫生城镇省级验收，在“两最三比”工作中，投入400多万元整治环境卫生，先后开展人居环境整治150多次，清理河道5条共2.5千米，拆除旱厕23个，清理卫生死角700余处，清理河道10条，整理房前屋后100多处。完成应急引水工程，基本解决建成区用水难问题。完成自来水厂改造提升工程，全面提升净水工艺。完成云峰村城镇管网二期改造工程，改造户数约650户，服务人口约2600人。黄坦镇中心小学、卫生院、敬老院顺利完工，城镇“教、医、老”平台承载力不断提高。加油站成功投入使用，居民日常生活越发便利。完成云湖路、通园路、经一路、经二路等道路网建设，开工建设环栖村垟小区道路工程，完成通园大道、中兴路、入城口改造等道路工程前期，启动农园路、环镇西路项目前期，镇区道路网从2条横向道路变为三纵三横并向环状发展。

【脱贫攻坚】 2021年，黄坦镇低收入农户数量降至894户993人，年人均收入超过9281元，家庭人均收入低于8000元全面清零。开展低收入农户“飞地抱团”项目，吸引低收入农户1014人参与“飞地抱团”项目，签约率80.34%。开展城乡低保核查评议以及残疾人服务、福彩助学等工作，救助困难群体，保障困难群众基本生活，新型农村合作医疗保险完成率98.5%以上。

【安全生产】 2021年，黄坦镇强化红线意识、底线思维，围绕“8+3”重点领域遏制重大生产安全事故专项整治行动和民房、两类场所百日攻坚、双月攻坚行动，从严从实从细抓好安全生产各项工作，建立红、灰、黄、绿“四色”差异化管理措施，固化长效管控机制。实施居住出租房、合用场所清查整治行动，对新增的居住出租房、合用场所落实“随增随改”措施。全年排查在册居住出租房37家、合用场所201家，其中新增居住出租房23家，合用场所41家，需改造提升合用

2021年11月25日，拍摄于黄坦镇凤凰山文化园项目施工现场(黄坦镇提供)

场所10家，整改到位。健全消防救援应急体系，完成微型消防站场地建设，消防车及设备采购，落实安全生产专项经费100多万元。

【疫情防控】 2021年，黄坦镇严格落实疫情中高风险地区人员的摸排与健康检测工作，接收指令后，第一时间进行洗楼式排查。加强对超市、农贸市场、酒店宾馆、养老院、学校等公共场所、娱乐场所、重点场所人员健康监测和出入管理，普及"一米线"设置。兼顾不使用或不会操作智能手机的老年人等群体，做好人工服务引导。全面落实"三队三单"要求，组建流调溯源队32支71人、封控机动队32支218人、核酸采样队9支186人，编制物资储备清单、集中隔离点清单、核酸点采样清单，镇、村2级开展疫情防控演练34次，做好全镇新冠疫苗接种工作，正面宣传疫苗安全性和有效性，完成县防控办下达各阶段人员的接种任务。

【社会治理】 2021年，黄坦镇办理来电来信案件291件，其中来信37件，办结34件，化解率92%。网络信访14件，办结14件，化解率100%。"12345"热线办理240件，办结236件，化解率98%。省级交办件共6件，成功化解6件，实现"零信访"，灵活运用"三靠前"工作体系。靠前"风险评估"，项目进场前，对项目风险进行评估；靠前"联合会商"，每周定期会商；靠前"联动化解"，成功征地产业园区300亩。

【基层党建】 2021年，黄坦镇依托擂台赛和村社健康运行10条，铺开季度村级组织运行"成绩单"晾晒。擦亮"共享社幸福里"红色管家新底色，通过"栖村垟"示范点小区微党建推动"大治理"。带头探索成立7个跨地域、跨领域、跨行业、跨层级的党建联盟，以"企业+合作社+农户"为指导，打造糯米山药、鲜切花、特色水果、蓝龙虾和中蜂养殖等优势特色产业高地，带动村民增收2.2万元，全年全镇村集体经济收入2248万元，同比提高12.68%。开展示范整固，创成镇级示范点7个，县级示范村2个和整固村整改1个，周岙底村、依仁村分别被评为县级基层党建示范村社和十佳村社。

2021年4月13日，市长姚高员（前排右三）到黄坦镇温州逢左现代花卉产业园调研（黄坦镇提供）。

【先进名录】

先进个人一览表

表80

序号	姓名	荣誉名称	发文时间	授予部门
1	赵汉洲	2020年度全县绿色高质量发展、重大创建工作重点项目攻坚突出贡献个人	2021.2	中共文成县委

续表80

序号	姓名	荣誉名称	发文时间	授予部门
2	吴　抗	2020年度全县绿色高质量发展、重大创建工作大干交通突出贡献个人	2021.2	中共文成县委
3	陈方健	2020年度全县绿色高质量发展、重大创建工作招商引税和财政增收突出贡献个人	2021.2	中共文成县委
4	苏裴裴	2020年度“四大工程”组织工作先进个人	2021.2	中共文成县委办公室

先进集体一览表

表81

序号	单位名称	荣誉名称	发文时间	授予部门
1	黄坦镇	2020年度全县绿色高质量发展、重大创建工作重点项目攻坚突出贡献集体	2021.2	中共文成县委
2	黄坦镇	2020年度全县绿色高质量发展、重大创建工作土地要素保障突出贡献集体	2021.2	中共文成县委
3	黄坦镇	2020年度“四大工程”经济赶超工程先进集体	2021.2	中共文成县委
4	黄坦产业园项目破难攻坚团队	2020年度“四大工程”铁军锻造工程铁军团队	2021.2	中共文成县委
5	黄坦镇应急取水工程破难攻坚团队	2020年度“四大工程”铁军锻造工程铁军团队	2021.2	中共文成县委
6	黄坦镇	2021年度“三位一体”综合合作改革示范镇	2021.12	温州市“三位一体”农村合作体系建设工作领导小组办公室

（周杜杰）

西坑畲族镇

【概况】 2021年，西坑畲族镇地处文成县西北部，辖区总面积48.29平方千米，下辖8个行政村，其中3个畲族民族村，党组织36个，党员631名，户籍人口12203人，其中畲族人口2466人，是浙江省18个民族乡镇之一。境内有千年古刹安福寺，AAAA级景区龙麒源，AAA级景区村西坑村、让川村、梧溪村。镇内设党政综合办公室、党建工作办公室、经济发展办公室、综合信息指挥室、村镇建设办公室、社会事务办公室、农业农村办公室、财政财务办公室等8个行政科室，镇人大、纪委、监察办、人武部和群众团体等组织按照有关规定设置。行政编制22名，其中党委、政府领导职数按照换届选举规定配备，中层职数7名。西坑畲族镇事业单位下设政务服务中心、农业综合服务中心、综合治理和社会事业服务中心等3个服务中心，其中农业综合服务中心由农业站、农经站、林业站、水利管理站等4个站组成；综合治理和社会事业服务中心由文化体育站、计划生育服务站、财政所、统计站、劳动保障所、安全生产监督管理所、民族宗教事务管理所、旅游工作服务站等8个站所组成，事业编制23名，中层职数13名。先后获国家卫生城镇、浙江省美丽乡村示范乡镇、浙江省AAAA级景区镇、浙江省文成森林氧吧小镇等荣誉称号，2021年获评温州市基层党建示范乡镇称号，省政府命名森林氧吧特色小镇。

【党代会】 2021年10月24日，中共西坑畲族镇第十五次代表

2021年10月24日，中共西坑畲族镇第十五次代表大会在小镇客厅召开（西坑畲族镇提供）

大会召开，县委常委赵东佐、县委组织部副部长蔡晓艳、县监委委员朱荣锋到镇指导。镇党委书记蓝绯绯代表西坑畲族镇党委向大会作题为《抢抓机遇再加力 乘势而上开新局 为推进西坑高质量发展全面建成宜居宜游宜业文旅名镇而努力奋斗》的工作报告，回顾5年来工作，研究部署未来5年工作规划及任务目标，动员全镇上下同欲、决战决胜，为高质量打造民族地区共同富裕西坑样板，为全面建成宜居宜游宜业文旅名镇而努力奋斗。中共西坑畲族镇第十五次代表大会进行换届选举，以全票通过选出镇党委委员10名、纪委委员5名。大会选举产生蓝绯绯为西坑畲族镇党委书记，雷文宾、刘俊杰为西坑畲族镇党委副书记；张磊为西坑畲族镇纪委书记，钟胜杰为西坑畲族镇纪委副书记。

【人代会】 2021年12月23日，西坑畲族镇第十五次人民代表大会召开，镇长雷文宾代表西坑畲族镇人民政府向大会作《政府工作报告》，回望“十三五”时期工作及2021年度主要工作，全镇上下在县委、县政府和镇党委的正确领导下，在镇人大的监督支持下，向全镇人民交出了一份满意的答卷。未来5年，西坑畲族镇将紧紧抓住文成打造国际化休闲旅游目的地机遇，奋力推进“宜居宜游文旅名镇”，全力打造文景泰旅游中心镇、文成旅游集散副中心镇，以奋进之笔书写新时代西坑的“美丽答卷”。刘玉明代表镇人大主席团向大会作《人大工作报告》。大会选举产生雷文宾为西坑畲族镇镇长；刘玉明为西坑畲族镇人大主席。

【新冠肺炎疫情防控】 2021年，西坑畲族镇全体干部群众听党指挥、上下同心，坚决贯彻上级疫情防控决策部署，彰显铁军本色，涌现出一批抗疫先进人物。紧跟上级部署，结合自身工作实绩，强部署、落职责、防风险，将保障群众的生命安全视作第一要务。西坑建设项目多、外来务工人员复杂，西坑畲族镇不畏艰险、迎难而上，

2021年11月，西坑畲族镇党员干部开展疫情防控工作（西坑畲族镇提供）

2021年11月29日，市委组织部部长杨胜杰到让川民族村开展党的十九届六中全会精神宣讲（西坑畲族镇提供）

不打折扣、不留余力完成洗楼排查、疫苗接种、密接人员等突发事件处置等各项工作，赢得上下各级的一致好评。

【基层党建】 2021年，西坑畲族镇推进“红色根脉强基工程”建设，推动基层党建工作质量整体跃升，打造新时代党建高地，为完成未来5年的目标任务提供坚强的组织保障。严格落实意识形态责任制“四张清单”，强化舆论引导，加强正面宣传，凝聚推动共同富裕的强大力量。深化铁军锻造工程，坚持抓班子带队伍，严把用人导向，锻造与时代要求匹配的干部队伍。落实全面从严治党主体责任，常态化开展政治监督，系统推进各类专项整治，统筹推进清廉村居建设，涵养风清气正的政治生态。

【经济发展】 2021年，西坑畲族镇全力保障溧宁高速文景段及百丈漈连接线工程、322国道西坑至景宁交界段改建工程，2条大交通开通后西坑将融入温州市区1小时交通圈，实现从偏西一隅向联通文景泰、串联5镇9大景区的交通枢纽蝶变。森林氧吧小镇平台建设扎实推进，建成森林氧吧小镇客厅、毛泽东像章文化博物馆、浙江省佛学院，成功引进并加速推进净水湾康养项目、龙麒源旅游度假区等2个省“152”工程。探索农业供给侧结构性改革，发展农旅融合农业产业，打造西坑食用花卉、中蜂、糯米山药等特色农副产品品牌。全年完成固定资产投资约1.9亿元，完成率73%。培育住餐类限上企业1家，招引落地中外合资企业2家，批发贸易企业1家，全年完成招商引资约1.7亿元，完成率89.5%。

【环境建设】 2021年，西坑畲族镇打好“五水共治”“三边三化”“大拆大整”等系列组合拳，开展垃圾、公厕、污水等“三大革命”，优化人居环境。开展美

2021年9月，龙麒源景区航拍实景（西坑畲族镇提供）

2021年12月，摄于毛泽东像章文化博物馆内部（西坑畲族镇提供）

丽城镇省级样板镇创建，初步通过省级验收。推进AAAAA级景区镇创建。成功协办全市微改造精提升现场会。鳌里村获评AAA级景区村。依托小城镇环境综合整治、环境再造、美丽城镇、美丽乡村建设等系列行动，不断擦亮生态底色。让川民族村在文成县“两最三比”卫生检查中获评“最美村”，多次接受省、市、县级领导检阅，环境卫生、村容村貌均获得一致好评。“最脏村”凤鸣民族村通过高效整治，环境大幅提升，在年底成功摘帽。

【产业升级】 2021年，西坑畲族镇挖掘本地红色文化资源，打造以毛泽东像章文化博物馆、周定烈士纪念馆为核心的“初心之旅”红色精品路线。深挖畲族文化底蕴，以“畲家长桌宴”为引，打造畲族风情特色街区，引入畲艺文创、新媒体微创空间等业态，以畲族风情游撬动乡村经济。弘扬传统文化，成立天圣山佛数研究院，推进中国汉传佛教数字化工程，推出“一瓢香”素食馆，建成市级“E境康养众创空间”。引进开元芳草地、希尔顿惠庭等知名品牌酒店。年末，全镇有餐饮住宿类市场主体68家，床位500余个，全年旅游综合收入约6.88亿元，年增长23%。

2021年11月，温州电信总公司总经理陈峰（中）到凤鸣民族村调研民生保障工作及凤鸣小区推进情况（西坑畲族镇提供）

【民生工程】 2021年，西坑畲族镇装修提升居家养老服务中心、百姓书房及各村文化礼堂等一批民生项目。配套提升叶岸金溪花苑小区、加速建设让川安置小区等。启动城镇后垟区块旧村改造，加速推进凤鸣小区、吉光凤羽隧道、综合功能站、污水处理厂、城镇饮用水水厂等民生项目建设。探索实施“6+1”扶贫帮困机制，落实低收入农户抱团增收、中蜂养殖折股量化微扶贫等举措。各村村集体经济总收入平均增加83.9%，经营性收入均实现超10万元。

【社会保障】 2021年，西坑畲族镇扩大社会保障覆盖面，医疗保险参保率99.7%，完成失地保险指标1069.5个，完成率97.6%，完成益康保参保1498人，参保率全县前三。做好常态化疫情防控工作，组织群众完成疫苗接种16311针次。

【基层治理】 2021年，西坑畲族镇结合镇级“一中心四专区”社会矛盾纠纷调处化解中心，全面实施“雪亮工程”，推出“周祖发调解工作室”，基本实现矛盾纠纷就地化解。推进“全科网格2.0”建设，落实“红色代办”工作机制，建立畲大嫂志愿服务队，叶岸村、凤鸣民族村被评为浙江省善治示范村。开发运用小镇客厅“小镇大脑”智慧系统，推动旅游咨询、旅游服务、VR体验、互动沙盘等数字化功能建设与运用。谋划西坑、叶岸、梧溪、让川等4村为核心的村域型未来乡村规划。

【先进名录】

先进个人一览表

表82

姓名	荣誉名称	发文时间	授予部门
叶永湖	温州市“十大强基先锋”	2021.12	中共温州市委组织部

先进集体一览表

表83

序号	单位名称	荣誉名称	发文时间	授予部门	备注
1	西坑畲族镇让川民族村	乡村旅游微改造案例获副省长成岳冲批示	2021.8	《浙江政务信息（专报）》	岳冲2021第635号《浙江政务信息(专报)》第810期
2	西坑畲族镇让川民族村	一事一议财政奖补建设成效显著村	2021.12	浙江省财政厅	浙财基〔2021〕34号
3	西坑畲族镇鳌里村	省级第十批(2022年度)历史文化(传统)村落保护利用重点村	2021.11	浙江省“千村示范、万村整治”工作协调小组办公室	浙村整建办〔2021〕10号
4	文成县西坑畲族镇	省级民族乡村振兴试点	2021.12	浙江省民族宗教事务委员会	浙民宗发〔2021〕35号
5	西坑畲族镇让川民族村	“微改造、精提升”实践案例作为全市2021年“微改造、精提升”暨乡村旅游人才培训班现场观摩点	2021.10	温州市文化广电旅游局	
6	西坑畲族镇让川民族村	第二批温州市文明示范村	2021.12	温州市精神文明建设指导委员会	温文明委〔2021〕16号
7	西坑畲族镇天圣逸境	2021年温州市中小学生研学实践教育营地	2021.8	温州市教育局、温州市文化广电旅游局	温教技〔2021〕109号
8	文成森林氧吧小镇	文成森林氧吧小镇为第五批省级特色小镇	2021.11	浙江省省人民政府	浙政发〔2021〕34号

续表83

序号	单位名称	荣誉名称	发文时间	授予部门	备注
9	西坑畲族镇让川民族村	第二批市级基层党建示范村(社区)	2021.11	中共温州市委组织部	温组发〔2021〕134号
10	文成县西坑畲族镇	2021年度"浙江省森林城镇"	2021.12	浙江省关注森林组织委员会	浙森组〔2021〕3号
11	西坑畲族镇鳌里红色古村落	第二批温州市红色旅游教育基地	2021.12	温州市文化广电旅游局	温文办〔2021〕69号
12	西坑畲族镇鳌里村	浙江省AAA级景区村庄	2021.12	温州市文化广电旅游局、温州市农业农村局	温文办〔2021〕71号
13	西坑畲族镇浙江花城食用花卉养生基地	2021年度浙江省中医药文化养生旅游示范基地	2021.12	浙江省文化和旅游厅、浙江省卫生健康委员会、浙江省农业农村厅、浙江省中医药管理局	浙文旅产〔2021〕24号
14	西坑畲族镇一红餐	第三批"诗画浙江·百县千碗"省级美食体验(示范)店	2021.12	浙江省文化和旅游厅、浙江省商务厅	浙文旅产〔2021〕27号
15	文成县西坑畲族镇	2021年度新时代美丽城镇建设基本达标镇	2021.12	浙江省城乡环境整治工作领导小组	浙城乡环治〔2021〕3号
16	文成县西坑畲族镇	2021年度美丽城镇建设市级样板镇	2021.12	温州市美丽城镇建设领导小组办公室	温美镇办发〔2021〕2号
17	文成县西坑畲族镇	第二批浙江省职工疗休养基地	2021.12	浙江省总工会办公室	浙总工办发〔2021〕72号
18	西坑畲族镇浙江毛泽东像章文化研学基地	2021年温州市中小学生研学实践教育基地名单	2021.8	温州市教育局、温州市文化广电旅游局	温教技〔2021〕109号
19	西坑畲族镇鳌里村南田民居营造技艺传承基地	第六批温州市非物质文化遗产传承基地	2021.11	温州市文化广电旅游局	温文办〔2021〕63号
20	西坑畲族镇悦慢民宿非遗体验基地	2021年度温州市优秀非遗体验基地	2021.11	温州市文化广电旅游局	温文办〔2021〕63号

百丈漈镇

【概况】 2021年，百丈漈镇位于县城北部，整体处于南田山夷平面（俗称高山小平原或小台地）上，以全国最高瀑布“百丈漈”作镇名，镇域面积47.85平方千米，其中耕地面积6175亩，林地面积31731亩。辖篁庄、镇头、西段、西里、长塘、石庄村、八都村、长垄（少数民族村）、大会村、黄岭村10个行政村，人口1.3万人。最高点大会顶，海拔796米；最低点下培山脚，海拔约200米；平均海拔600多米。辖区内有中华第一高瀑——百丈漈（落差207米）、天顶湖、峡谷景廊、天顶湖农庄等景区景点，保存有石庄古建筑群、大会岭古枫道、大会岭会云禅寺和篁庄福慧寺等。全镇在编工作人员51人。全年全镇固定资产投资3.41亿元，同比增长18.4%，超额完成全年任务，贡献率位居全县前列。全年规上工业产值7.38亿元，同比增长18.6%，实现规上企业安全生产标准化建设全覆盖。创成省级美丽城镇示范镇，省级天湖悦动小镇顺利从培育类升格为创建类。

【疫情防控】 2021年，百丈漈镇深化“源头查控+精密智控+硬核隔离”机制，发挥各级领导班子、基层广大党员、群众作用，通过“一图一码”，严守镇区单元“小门”、农村百姓“家门”，构建“最强防火墙”。落实“五队三单”，建立“1+3+3+N”的工作体系，确保工作的延续性和持续性，用干部的“辛苦指数”换取群众的“安全指数”。建立常态化巡查机制，组建由公安、市监、执法、镇干部组成的联合督导队伍，通过“党群连心·分组包户”工作织网定格，以“1+32+138”体系深化入格管理，累计开展“洗楼”“扫楼”等专项行动10余次，排摸1.3万人次，开展“扫街”排查40余次，排查各类经营主体327家、建档327家、场所码张贴327家，做到排查、建档、张贴三个100%。利用微信群、短信、“小喇叭”广播、巡逻宣传车常态化开展疫情防控宣传。发动网格员、党员志愿者、村“两委”干部等力量身着鲜亮的“志愿红”走街串巷，组建“天湖姐妹志愿者队伍”用地道方言宣传防控知识、防控政策，全天候不间断地开展宣传工作，发放防疫宣传手册1.6万余份，开展流动宣讲60余次。

2021年1月6日，温州市委常委、组织部部长杨胜杰（右三）到篁庄村开展“三服务”活动（百丈漈镇提供）

【产业发展】 2021年，百丈漈镇发展农业合作社40个，杨梅种植基地11个，蓝莓基地3个。建成大月湾特色田园综合体、西里桃园村等特色农业项目，引进圣腾数字农业园，通过研发数字系统，将农业数字化，实现指间上“一键智控”。通过天顶湖农庄品牌效应，带动农户“目的性”种植、“品牌式”打造、“链条式”销售，打造“高山蔬菜”农业品牌，村民人均增收1.3万元。全镇入园企业85家，在产企业45家，在建企业14家，规上企业23家，入驻“高精尖”企业4家。全年规上工业产值9.47亿元，同比增长49.03%。引进云沃、图伟、华源华塔等高科技型、成长型企业，其中图伟获得专利14项；华源华塔外商投资近2000万美元，刷新文成县外商在文单体项目的投资强度纪录；汉景汽摩配有限公司荣获县长质量奖、万喜精密铸造有限公司获文成县质量管理创新奖，实现规上企业安全生产标准化全覆盖。

【生态旅游】 2021年，百丈漈镇先后创成AAAA级景区1个、AAA级景区5个，旅游人数160万人次，旅游收入7.2亿元。发展民宿49家，旅游床位1044张，成功打造浙江三大民宿品牌之一的“侨家乐”民宿3家，实现综合收入6000万元以上。承办全省首届生态运动会、全县旅游发展大会、达瓦孜高空钢索等各类活动20余场次，乡村旅游再掀热潮。

【城乡环境】 2021年，百丈漈镇推进美丽系列创建行动，创成美丽庭院800余个，美丽田园2000多亩，美丽乡村6个，建成美丽公路2条，获得全省美丽乡村示范乡镇、市级“十大最美田园”、市级10大最美绿道等荣誉称号。推进乡村振兴重大战略，创成天湖闲情市级乡村振兴示范带。发展“月光餐饮经济”，完成百丈漈路、天湖路2条美丽街区立面改造、景观配套和夜景亮化工程。深化“五水共治”，天顶湖水库清淤工程完成清淤24万多立方米，城镇污水三级管网基本完工，污水零直排区完成建设，“三沿五区”青山白化治理率100%。建成区绿地率24.13%，林木覆盖率23.08%，人均公园绿地面积41.67平方米。创成全国醉美休闲农庄、省级园林式居住区，石庄传统村落被评为省级优秀村庄。开展环境大治理活动，集中开展完成675处乱点治理，绿化整理造型12000多平方米，形成全员发动、全员参与的格局。

【民生事业】 2021年，百丈漈镇落实镇级“飞地抱团”增收项目2个，实现低收入农户收入同比增长7.5%；建成安置小区3个，房屋295套，解决1032人住房问题；拆除违建约10万平方米；完成C、D级危房整治350间；改造提升公厕33个、新建公厕17个；生态化改造公墓49座、拆除新建私坟3座；完成11个山塘、4个水库提升工程，保障群众水源安全。推进社保扩面，参保率100%。创成放心餐饮单位37家、省四星级农贸市场、省级“五化”农贸市场；建成镇级健身房、篁庄足球场、篮球场并对外开放；创成省五星级文化礼堂2个、市四星级文化礼堂1个；建成避灾场所14处；建成省级新时代文明实践站和图书馆并投入使用。推进民生实事项目40余个，建成四好农村路8条，村道覆盖率100%；镇卫生院完成市级规范化建设，招引建成总投资1.5亿元的喃山医院；镇中心学校各项指标位居全县前列，镇幼儿园成功创成省一级幼儿园，引进上海爱绿教育集团，打造2个幼儿户外拓展基地，教育水平逐年提升；建成镇级居家养老服务中心，完成3个村级居家养老照料中心建设。

【平安建设】 2021年，百丈漈镇增强平安维稳工作的底线意识，营造人人参与的治理格局。围绕14类重点场所，整合部门力量，“清单制”列问题、“销号制”督整改，“有隐必查，有隐必改”。深化“全科网格2.0”建设，探索“互联网+”一网治理模式。落实法治政府建设主体责任，进一步规范政府工作程序和行政行为。坚持社会矛盾化解速度和质量并重，矛调中心受理397件，化解380件，化解率95.71%，受理网上投诉问题1323件，妥善解决1295件，完成率97.88%。组建信访代跑员队伍，变被动接访为主动揽访。实施“法律进村居”，实现10个行政村法律顾问全覆盖。强化政府系统全面从严治党主体责任，刚性落实中央八项规定精神，持之以恒纠治“四风”。认真落实政府党风廉政建设主体责任，加强对重点部门、重点岗位、重点项目的监察监督、审计监督和廉政风险防控，乡镇财政资金全部纳入国库集中支付，严格落实财务报销内控制度，打造风清气正的政务环境。

【基层党建】 2021年，百丈漈镇坚持把抓好党建工作作为主职主业和最大政绩，全年党委会专题研究党建工作12次、基层党建工作推进会3次，讲党课5次，逐级压实责任，确保基层党建工作抓深抓实。推进干部“学、写、讲、做、帮”五位一体的“素质提升”计划，为干部进行量身制定，在项目一线、重点工作、急难险要等基层一线岗位历练干部，提速推进“152”天湖康旅、千禧酒店等9个县级重点项目建设进度，为民办实事218件。以“规矩、规章、规范”建设为抓手，制定出台《百丈漈镇干部队伍建设十条工作规范》，从政治纪律规范、项目管理规范、资金管理规范等10个方面入手，始终紧扣资金安全这条主线，以规范制度、强化干部队伍职业操守为抓手，认识岗位风险，加强各级领导干部资金责任意识、纪律意识、守法意识，实现干部管理全面化。聚焦“问题发现靠党建、问题发生查党建、问题解决看党建”，以中心工作成效衡量加强党的领导和党的建设，用“七张问题清单”检验抓党建带全局，全年全镇“七张问题清单”总计问题33个，完成销号27个，完成率81.8%。未销号6个问题，主要以历史遗留及审计问题为主。扩大学习教育范围，拓展学习的广度和深度，结合党史学习教育，提高学习的质量和效果。将意识形态工作专题纳入日常考核，与各项工作一同部署。研究意识形态工作2次，组织学习16次，召开舆情工作分析会3次，不断构建风朗气清的网络生态。创成省五星级文化礼堂2个、市四星级文化礼堂1个，实现文化礼堂全覆盖，结合阵地建设组织开展红色教育、建党百年“红歌”比赛、“党史知识问答比赛”、“红色运动会”等活动30余场次，发挥文化礼堂阵地作用。发挥省新时代文明实践所及文化中心建设，多次代表县里接受省、市对县意识形态考核，并得到充分肯定。

2021年6月25日，百丈漈镇举行“学党史 颂党恩 跟党走”百丈漈镇“农商银行杯”庆祝中国共产党成立100周年红色运动会(百丈漈镇提供)

【村干部考评体系】 2021年，百丈漈镇创新设立对党忠诚度等5项指标，采取百分制量化考核的方式，结合科室打分、日常扣分、民主评分等方式，月通报季排名，全时段、多维度考量村干部的日常表现，颁发优胜红旗村12个、黄旗警示村4个，提升基层党的组织力和群众信任度。创新“三红模式”，靶向城镇集聚发展带来的管理盲点，创新红色管家，弥补小区党建空白，举办各项活动37余场，解决问题138件。紧扣群众最关心的、政策、资金、项目等核心要素，对群众正负面清单及时记录，及时上报，年终全面兑现各类奖惩措施。针对“侨家乐”发展过程中遇到的问题，组建以党员、业主、群众为主体的侨家团队，实现党委政府、产业联盟、村委会3级良性互动。抓好要害部位、重要岗位、关键环节出台《百丈漈镇廉政风险防控机制建设工作实施方案》，采取自上而下和自下而上相结合的方式，开展“青廉工程”，通过“十个一活动”和“育苗、护苗、壮苗”计划，构建干部“八小时外生活圈”。全年督查基层站所12次，开展村级督查25次，发现整改问题9个，完成清廉“村居、站所、企业”建设7个。

【人才管理】 2021年，百丈漈镇聚焦农业、工业、旅游业3大领域，全面开展“筑巢引凤”工程，全年吸引企业管理人才、专业人才33名，G类及以上人才12名，自主开展特色人才活动2次，有3家企业参加县级以上巡回引才活动专场。邀请省农科院专家开展农业调研，对10个村的农业种植进行指导。柔性引进高级工程师15名对企业进行业务指导，推动特色主导产业晋等升级。依托本土绿领人才赵东远，实现天顶湖农庄游客接待量90万人次，辐射带动镇区周边285户农户共同发展致富；引进寒舍迴塘、爱绿教育集团、开臣璞居等高端“侨家乐”民宿人才，全市“侨家乐”推广发展会议在百丈漈镇召开，被新华社等媒体多次刊发。打造圣腾数字化精品农业产业园，通过带动农户“目的性”种植、“品牌式”打造、“链条式”销售，亩均收入25万～30万元。圣腾农业与国家古树研究院合作，引进高精尖技术人才，成功孵化北果南移基地4个，带动周边村民人均增收4.6万元；图伟企业花重金引进国内制动器顶尖人才，获得国家专利14项，在国家航空制动领域占有一席之地；嘉南美地在海归人才徐一凡的带领下，从原本即将停滞状态，迅速焕发生机，带动从一个项目到一个城的整体腾飞。

【先进名录】

先进个人一览表

表84

序号	姓名	荣誉名称	发文时间	授予部门
1	林　溪	浙江省退役军人服务保障体系建设“先进个人”	2021.12	浙江省委退役军人事务工作领导小组
		建党一百周年演讲比赛第一名	2021.6	温州军分区
		优秀专武干部标兵	2021.12	温州军分区
2	林来来	浙江省“放心消费在浙江”成绩突出个人	2021.1	浙江省市场监督管理局
3	刘芬芬	文成县优秀党务工作者	2021. 6	中共文成县委
4	余珊珊	文成县优秀党员	2021. 6	中共文成县委
5	赵海飞	文成县优秀党员	2021. 6	中共文成县委
6	朱希恒	文成县优秀党员	2021. 6	中共文成县委
7	王国钱	温州市加快建设区域中心城市突出贡献个人	2021. 1	中共温州市委、市政府
8	魏英雄	文成县“四大工程”组织工作先进个人	2021. 2	中共文成县委
9	刘　懿	文成县“四大工程”宣传思想文化工作先进个人	2021. 2	中共文成县委
10	黄亦锋	文成县脱贫攻坚突出贡献先进个人	2021.2	中共文成县委
11	蔡军军	全省大花园典型示范县和省级特色小镇创建突出贡献先进个人	2021. 2	中共文成县委

续表84

序号	姓名	荣誉名称	发文时间	授予部门
12	程　皓	文成县美丽城镇创建和美丽乡村创建突出贡献个人	2021.2	中共文成县委
13	刘肃炜	文成县生态环保和五水共治突出贡献个人	2021. 2	中共文成县委
14	包裕福	文成县人口普查突出贡献个人	2021. 2	中共文成县委

先进集体一览表

表85

序号	单位名称	荣誉名称	发文时间	授予部门	备注
1	文成县百丈漈镇	浙江省森林城镇	2021.12	浙江省关注森林组织委员会	《关于认定杭州市余杭区闲林街道等54个城镇为“浙江省森林城镇”的通知》浙森组〔2021〕3号
2	文成县百丈漈镇	全省第二批名山公园	2021.12	浙江省林业局、浙江省发展和改革委员会、浙江省自然资源厅、浙江省文化和旅游厅	《关于公布全省第二批名山公园名单的通知》浙林保〔2021〕78号
3	文成县百丈漈镇	美丽城镇	2021.12	浙江省城乡环境整治工作领导小组	浙城乡环〔2021〕3号

（包裕福）

峃口镇

【概况】 2021年，峃口镇处于珊溪水库工程下游，赵山渡水库的上游区域，位于一级、二级水源保护区范围内，属于全县生态保护重点区域，总面积29.19平方千米，下辖6个行政村，户籍人口1.29万人，常住人口4700多人。地表水水质达到Ⅱ类标准，是温州“大水缸”的“重要位置”。峃口生态资源丰富，是自然环境优美的国家级生态镇。“两岸青山夹绿带”，全域森林面积32719亩，活立木总蓄积量159009立方米，森林覆盖率70.5%，环境空气达到国家一级标准。峃口是悠久繁荣的峡谷型古商埠、水路交通的枢纽型中转站。峃口镇设镇党政综合办公室、党建工作办公室、经济发展办公室、综合信息指挥室、村镇建设办公室、社会事务办公室等6个内设机构，镇人大、纪委、监察办、人武部和群众团体等组织按有关规定设置。行政编制24名，其中党委、政府领导职数按照换届选举规定配备，中层领导职数7名。下设政务服务中心、农业综合服务中心、综合治理和社会事业服务中心等3个服务中心，其中农业综合服务中心由农业站、农经站、林业站、水利管理站组成。综合治理和社会事业服务中心由文化体育站、卫生和计划生育管理服务站、统计站、财政所、劳动保障所、应急管理中心、退役军人服务站组成。事业总编制21名，其中领导职数12名。

【党代会】 2021年10月27日，中共峃口镇第三届代表大会召开，镇党委书记周友银向大会作题为《谋篇启航新征程　砥砺奋进再出发　奋力实现跨越赶超高质量发展“共富图景”》的工作报告，回顾总结2016年以来的工作，系统谋划之后5年任务目标，动员全镇上下更加紧密地团结在以习近平同志为核心的党中央周围，坚持保持一往无前的奋斗姿态、风雨无阻的精神状态，提剑劈波斩浪，一张蓝图绘到底、一任接着一任干，奋力实现跨越赶超高质量发展“共富图景”。大会听取并审议通过党委工作报告，书面审议通过镇纪委工作报告，选举产生中共峃口镇第三届委员会委员和纪律检查委员会委员。

2021年3月23日，竹柏下的党史课，聆听百岁党员的红色经历（峃口镇提供）

【人代会】 2021年12月26日，峃口镇第三届人民代表大会第一次会议召开。大会听取并审议厉琰乾所作的《政府工作报告》和王庆捷所作的《人大主席团工作报告》《2021年镇民生实事项目完成情况和2022年镇民生实事候选项目形成情况的报告》，书面审查《关于峃口镇2021年财政预算执行情况和2022年度预算调整（草案）的报告》《民政工作报告》《生态环境状况和环境保护目标完成情况的报告》。大会依法选举产生镇人大主席、副主席，镇长、副镇长。会议通过了《政府工作报告》《人大工作报告》《2021年财政预算执行情况和2022年度预算调整（草案）的报告》《民政工作报告》《生态环境状况和环境保护目标完成情况的报告》等5个决议，票决产生峃口镇自来水管网工程、峃口至渡渎公路改造提升工程（一期）、峃口镇美丽庭院提升工程、峃口镇生态复绿公园建设工程、峃口至樱花岛道路提升工程、峃口镇停车场改造提升工程等6个项目作为2022年镇政府民生实事项目。

【新冠肺炎疫情防控】 2021年，峃口镇严格按照上级防控办要求，落实好疫情防控各项措施。牢固树立“安全无小事、平安大于天”理念，坚持党建引领，党员示范，党群联动，第一时间组建54个微网格，动员131名党员、村民代表等人格充实力量，慎终如始抓好重点人、重点物、重点事的疫情常态化防控工作。推进疫情防控与疫苗接种工作，常态化布防，坚决将疫情挡在“门外”，引导群众有序接种疫苗，实现“应接尽接”。工作开展有条不紊，率先挂图作战，分工详细明确，部署落实迅速。完成各行政村防控演练全覆盖，封控区全覆盖，核酸采样和疫苗接种工作完成到位，做好洗楼式排查工作，筑牢疫情防控防线，确保疫情防控工作全覆盖、无死角，“守一方净土，保一方平安”。

【基层党建】 2021年，峃口镇党委始终围绕核心任务攻坚克难，高标准推进党建示范带创建，成功创成新联村市级党建示范村以及九山村县级基层党建示范村。以中国共产党成立100周年为契机，开展“党群连心·我为群众办实事”系列实践活动，全镇领办服务项目40余个，切实把群众利益放在工作首位；精心谋划开展美丽庭院上微党课，前往平阳凤卧参观浙江一大旧址等“学党史，感党恩、当先锋”系列主题活动50余次。其中，《竹柏树下听百岁老人讲百年党史》受到人民网、中新网等国家级媒体争相报道。筑牢基层党组织战斗堡垒，完成乡镇换届选举工作，候选人均满票当选，实现乡镇换届选举“满堂红”。开展“村社擂台·三比三看”活动，营造比学赶超的良好氛围。其中，峃口第一季度健康运行指数排名全县第二，九山村连续荣获2021年第一、第二两轮村社擂台赛“十佳村社”称号。通过成立的红色代办站、“爱心食堂”、芳邻守望志愿者服务队等，组织村“两委”干部、党员志愿者灵活参与“红引擎”示范村创建，促进市级党建示范村成功落地新联村、县级基层党建示范村落地九山村。新联村治村五招的经验做法得到市委组织部领导重要肯定批示。

【经济发展】 2021年，峃口镇重点围绕“总部经济”这一主线，成功引进建筑企业1家，完成入库总税额1420万元，位居全县排名第二。新招引的企业与峃口村等3个村签订租赁协议，助力3村集体经营性收入增加7.2万元，并将在30年内每5年递增10%租金，示范引领更多村以入股民宿分红、抱团购买物业等形式壮大村集体经济。全镇全年村集体经济总收入628.99万元，经营性收入175.89万元，同比增长15.7%、46.2%，各项经济指标稳中有升。紧扣共同富裕主题，做好樱花岛乡村主题公园提档升级工作。

【环境提升】 2021年，峃口镇坚持把环境提升作为推动乡村振兴战略落实的重要举措，不断深入开展环境卫生治理工作，不断提升农村人居环境水平，为打造“生态旅游目的地镇”奠定环境基础。加快基础设施建设，完成红色教育广场建设，将其打造成党味浓厚、功能完备、档次较高的“红色教育基地”，提升当地群众的幸福指数和爱国热情，加快推进镇给水管网改造工程、城东村驮坟—富竹湾公路施工建设。以中央环保督查问题整改为新起点，开展飞云江二期治理“回头看”工作，挨家挨户动员清理飞云江周边卫生环境，加强水源保护工作，持续推进“河长制”，严厉打击各类涉水违法犯罪行为，提升科学化管理水平。启动美丽田园项目建设、巩固提升渡渎村美丽田园200亩，精心谋划打造美丽乡村，推进“两最两美”评选活动，开展美丽城镇创建工作，高质量推进甲岸堂污水处理站，垃圾分类、室外运动器材等项目建设完善。峃口镇被温州实施乡村振兴战略领导小组办公室评为2021年第四季度“人居环境最干净乡镇”。

【基层治理】 2021年，峃口镇以党建为引领，以服务聚民心，牢牢把握党对基层的绝对领导，开展“我为群众办实事”实践活动，形成以综治中心为平台、以网格联户为基础的基层

2021年3月30日，峃口镇“学党史、感党恩、当先锋”系列主题活动走进美丽庭院（峃口镇提供）

治理服务体系，切实将矛盾纠纷化解在基层、消除在萌芽状态，加快构建基层社会治理新格局。全年处理大小矛盾纠纷50起、接待来访群众15批次，按期结案率100%，依托新联村“三治一引领”模式和数字化改革红利，探索基层治理新路径，坚决筑牢平安基石。

2021年11月3日，文成县数字乡村暨智慧助老平台开通仪式在峃口镇新联村举行（峃口镇提供）

【民生服务】 2021年，峃口镇始终坚持立党为公、执政为民的本质要求，坚定不移用心用情用力增进民生福祉，让人民群众更具幸福感、获得感、安全感。针对重点难点问题深入基层收集民意，新联村大胆创新，率先为在家留守老人安装智慧监控、佩戴智能手环，开展平安创建，成功创成四星级健康乡镇和四星级食安办，AAA级景区镇。优化内部环境，新成立上岙小区党支部，线上线下开展志愿服务活动，村级社会信用体系及智慧治理平台、百姓书屋、土地整治等民生项目建设，促进民生基础设施建设提档升级。巩固拓展脱贫攻坚成果与乡村振兴有效衔接，全面开展网格化管理，严格落实“一户一策一干部”，推行“小康码”，建立镇村精准帮扶机制，对全镇368户低收入农户全覆盖监测帮扶，实现全年无返贫。城乡居民医疗保险参保8679人，缴纳保费300余万元，发放军人优抚资金21万余元。

【先进名录】

先进个人一览表

表86

序号	姓名	荣誉名称	发文时间	授予部门
1	胡瑞烨	加快建设区域中心城市突出贡献个人	2021.2	中共温州市委、温州市人民政府
2	赵淑清	2020年度实施“四大工程”统战工作先进个人	2021.2	中共文成县委、文成县人民政府
3	胡慧艳	2020年度全县绿色高质量发展、重大创建工作招商引税和财政增收突出贡献个人	2021.2	中共文成县委、文成县人民政府
4	潘一谷	2020年度实施“四大工程”党管武装工作先进个人	2021.2	中共文成县委、文成县人民政府
5	郑丽丽	文成县优秀党务工作者	2021.6	中共文成县委
6	胡海飞	文成县优秀共产党员	2021.6	中共文成县委
7	周友银	嘉奖	2021.9	中共文成县委、文成县人民政府
8	郑丽丽	嘉奖	2021.9	中共文成县委、文成县人民政府

续表86

序号	姓名	荣誉名称	发文时间	授予部门
9	胡瑞烨	嘉奖	2021.9	中共文成县委、文成县人民政府
10	陈云云	嘉奖	2021.9	中共文成县委、文成县人民政府
11	李国平	嘉奖	2021.9	中共文成县委、文成县人民政府
12	王　茜	嘉奖	2021.9	中共文成县委、文成县人民政府
13	金云岳	嘉奖	2021.9	中共文成县委、文成县人民政府
14	吴冬冬	嘉奖	2021.9	中共文成县委、文成县人民政府
15	潘一谷	嘉奖	2021.9	中共文成县委、文成县人民政府

先进集体一览表

表87

序号	单位名称	荣誉名称	发文时间	授予部门
1	峃口镇纪委(监察办公室)	2020年度乡镇纪检监察工作考核优秀单位	2021.1	中共文成县纪委办公室
2	峃口镇新联村	2020年度温州市美丽乡村样板村	2021.1	温州市“千村整治百村示范”工程建设领导小组办公室
3	峃口镇	2020年度全县绿色高质量发展、重大创建工作突出贡献集体(人口普查)	2021.2	中共文成县委、文成县人民政府
4	峃口镇食安办	2021年浙江省四星级乡镇(街道)食安办	2021.11	浙江省食品药品安全委员会办公室
5	峃口镇	2021年温州市AAA级景区镇(乡、街道)	2021.12	温州市文化广电旅游局
6	峃口镇新联村	温州市基层党建示范村	2021.12	中共温州市委组织部
7	峃口镇	2021年度新时代美丽城镇建设基本达标	2021.12	浙江省城乡环境整治工作领导小组
8	峃口镇	2021年第四季度“人居环境最干净乡镇”	2021.12	温州实施乡村振兴战略领导小组办公室

（潘蕾蕾）

巨 屿 镇

【概况】 2021年，巨屿镇位于文成县南部，东南与平阳县接壤，西南连珊溪镇，西北倚黄坦镇，东靠峃口镇，距县城19.8千米。全镇总面积56平方千米，下辖14个行政村，总人口2.3万余人，为全县工业重镇。镇党委下设4个村党委，8个党总支，33个党支部，其中两新党支部25个，有党员1305人，其中中华人民共和国成立前老党员32名。巨屿镇人民政府内设4个行政科室.镇事业单位下设5个站所。纪委、监察办、工会、人武部和群众团体等组织按照有关规定设置。行政编制36名，事业编制26名，中层领导职数28名。在编在岗干部56人，其中县管干部15人，退二线领导3人，事业干部22人。巨屿镇以建设“宜居宜业宜游”美丽巨屿为目标，以工业提质和农业康旅为双引擎，推进“四大工程”，获评国家级卫生镇、省级美丽河湖、省级文化礼堂示范乡镇、温州市市域治理现代化先进集体等荣誉称号，被评为文成县2021年度考绩优秀乡镇。

【党代会】 2021年10月28日，中共巨屿镇第十五次代表大会召开。全镇63名正式代表，39名列席代表参加会议。大会听取并审议通过巨屿镇党委书记叶锋所作的题为《凝聚磅礴力量 推进共同富裕 全力打造“宜居宜业宜游”美丽巨屿》的党委工作报告，书面审议通过镇纪委工作报告，选举产生中共巨屿镇第十五届委员会委员和纪律检查委员会委员。会议指出，过去5年，巨屿镇党委以打造“产城联动示范区”和“云江秀水十里画廊核心区”为抓手，完成各项工作任务，荣获国家级卫生镇、省级森林城镇、省级美丽河湖等称号，全镇呈现经济快速发展、社会不断进步、人民安居乐业、社会和谐稳定的良好局面。会议强调，站在新的历史起点上，广大党员要始终保持忠诚之心、为民之心、敬畏之心，高举习近平新时代中国特色社会主义思想伟大旗帜，不忘初心、牢记使命，团结和带领全镇干部群众，与时俱进，开拓创新，全力打造“宜居宜业宜游”美丽巨屿，努力实现巨屿新跨越。

【基层党建】 2021年，巨屿镇召开意识形态专题会议2次，开展理论中心组会议17次。组织开展党史等内容宣讲70余次，集中观影等各类活动20余场，受益党员1000余人次。活动信息被多家省市媒体采纳刊播。高水平建设党建示范带。突出服务导向，打造市级党建示范村、市级两新党建示范点孔龙村。突出共富帮带，打造村集体经济创收标杆稠泛村。突出红色传承，打造镇级红色教育基地穹口村。暖心服务推动小区党建。对秀水嘉园二期小区党支部活动阵地进行提档升级，新增图书，增加功能区，组建小区微信群，推出多功能服务，受到小区群众一致欢迎。保质保量完成党员发展目标。全年新发展党员35名，其中35周岁以下21名，女性16名，大专以上学历15名。党员年龄结构、学历水平均有较大提升。推进干部比拼，每季度开展一次村社干部“三比三看”擂台赛。创新推出“最牛最熊”村干部比选。全心全意提升干事效率。对各村民生实事、重点项目进行挂牌盯办，按节点通报，对进度不理想的进行谈话教育，对超前完成的进行通报表扬。健全人才工作机制。打造“事务办理便捷通道”，健全外地引入人才保障机制。建立企业、镇、村3方就业信息服务网络，对标企业人才需求，确保招聘精准化。搭建人才成长平台，建设国际康养旅游人才平台和绿领人才平台，开拓60个就业岗位。精准引进第三产业人才，为农村实用人才提供综合性服务。营造亲才重才氛围。开展特色人才活动4次，参与150人次。组织党员干部大走访活动，协调解决外来务工专业人才生活难题，全年为企业人员解决子女就学、住房问题10件。

2021年10月28日，中共巨屿镇第十五次代表大会召开(巨屿镇提供)

【产业发展】 2021年，巨屿镇新增规上企业4家，实现工业总产值13.35亿元，同比增长26.39%。其中，规上工业总产值12.13亿元，同比增长26.19%。推动企业效益提质增效，加速推进工业扩容，拓宽发展空间。引导市场主体培育，利用产业功能区特点，加强产业整合能力强的企业产业链招商和行业龙头企业上下游招商，形成产业集群和良性产业生态链。精准开展“一人一企”驻点服务，通过“送政策、帮企业，送服务、解难题”专项行动，有针对性地助推企业发展。对标新时代新要求，加强招商引资。新引进总部经济企业2家，总部经济招引共产生入库税收1022.52万元。娃哈哈项目迅速落地，引进“COCO蜜”项目。流转闲置农田400亩，打造以特色民宿为主导，开展山地车、电动越野车、亲子游等项目的“农业+拓展业+民宿型”的综合性旅游项目。与杭州村尚民宿管理有限公司签约打造未来乡村．云江洲上项目，涵盖以巨屿镇花竹岭村为核心沿飞云江两边延伸的整体区域，沿江长度约1.8千米，总面积约46公顷，总投资1亿元。推进1.02亿元的乡村旅游国家专项债项目、成功申报第二笔约1.36亿元的未来乡村建设(一期)国家专项债项目。

【重点项目】 2021年，巨屿镇美丽乡村建设完成村入口景观提升、村内道路改造提升验收。桃缘侨家农家乐项目进入施工收尾阶段。花竹岭民宿一期项目完成办证，旅游服务中心一号楼基础完成，二号楼框架结构正在建设。景观堰坝完成60%主体建设。云江三号地块完成30%地下室工程，云江四号地块办理工程规划许可证。投资4850万元打造温州市级“云江水韵闲情乡村振兴示范带”，完成垟地边美丽乡村样板村等14个重点项目。未来乡村项目有序推进，谋划22个项目。城乡面貌得到极大改善，发展环境进一步夯实，产业结构日趋完善合理。

2021年4月2日，巨屿镇开展“巧手制作清明果 民俗文化传爱心”活动(巨屿镇提供)

【社会事业】 2021年，巨屿镇新冠疫苗接种工作扎实有序。按照属地管理原则全面摸底，全面动员，通过分管区管控、分时段接种等措施，确保工作衔接到位、有力有序有效进行，第一针剂接种率全县第一，取得阶段性胜利。人居环境全面提升。成功创建国家卫生城镇，坚持做到任务明确、责任明确，成立14个攻坚小组。指挥部不定期召开专题会，研究解决创卫工作中的热难点问题。组织开展7日攻坚，出动人员1000余人次，整改脏乱点536处。精准脱贫攻坚工作持续深化。开展道德讲堂、文艺演出、家风家训等活动，通过召开脱贫表彰大会形式，用身边的典型人和事引导、鼓舞、激励群众，激发群众自我发展的内生动力，带动民风改善。按照县委要求持续用力抓好产业，发展特色产业，壮大集体经济，规范项目管理，结合花竹岭整村民宿、云江宴会等抱团增收项目，推进改革步伐，提升村集体经济。

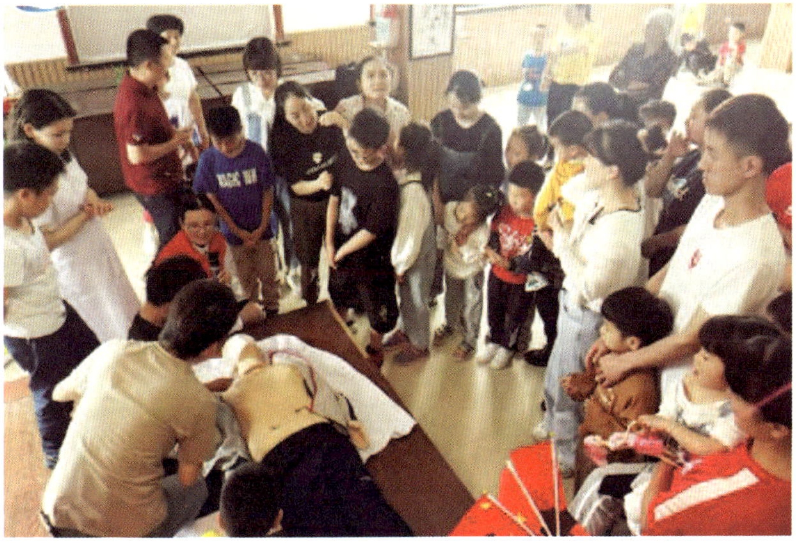

2021年5月30日，开展“童心向党，经典传承”庆“六一”主题活动（巨屿镇提供）

【社会治理】 2021年，巨屿镇基础建设不断完善。14个行政村实现监控全面覆盖，率先建构起“全域覆盖、全网共享、全时可用、全程可控”的智慧防控体系，实现视频监控点数量全县第一、覆盖面积全县最广。智慧化管理不断升级。基于浙政钉政务平台，与电信合作开发“数智巨屿”镇村办公管理平台，以“互联网+区块链+政务”技术应用为手段，融合线上线下，填补数字治理的大数据空白，帮助镇村干部实现轻松管理、高效管理。驻村工作队管理不断加强。落实第一书记、驻村工作队季度座谈会和驻村工作队每月向党委汇报工作制度。常态化开展驻村工作队监督检查，倒逼队伍熟练掌握脱贫攻坚政策及村情户情。

【先进名录】

先进个人一览表

表88

序号	姓名	荣誉名称	发文时间	授予部门
1	张　涵	全市纪检监察执纪执法业务骨干集训班	2021.8	中共温州市纪律委员会、温州市监察委员会
2	叶丽君	浙江省第二十届群众音乐大赛银奖	2021.11	浙江省文化和旅游厅
3	叶丽君	第七届温州艺术节暨第九届市民文化节创作奖银奖	2021.12	温州艺术节组委会、温州市市民文化节组委会
4	叶丽君	2021年乡镇文化员才艺大赛最佳风采奖	2021.11	文成县文化馆
5	周一民	2019—2020年省农村指导员工作成绩突出个人	2021.8	中共浙江省委办公厅 浙江省人民政府办公厅

先进集体一览表

表89

序号	单位名称	荣誉名称	发文时间	授予部门
1	文成县巨屿镇	推进温州市域治理现代化先进集体	2021.3	中共温州市委、温州市人民政府

续表89

序号	单位名称	荣誉名称	发文时间	授予部门
2	文成县巨屿镇	2020年度组织工作先进集体	2021.2	中共文成县委
3	文成县巨屿镇	文成县2020年度先进妇女组织	2021.3	文成县妇女联合会
4	文成县巨屿镇孔龙村	2021年度温州市志愿服务最美志愿服务村(社区)	2021.11	中共温州市委宣传部 温州市精神文明建设指导委员会办公室 温州市精神文明建设指导中心 温州市民政局 共青团温州市委
5	文成县巨屿镇	2020年度文成县党委系统信息工作先进集体	2021.4	中共文成县委办公室
6	文成县巨屿镇孔龙村	2021年度温州市未成年人思想道德建设优秀阵地	2021.11	温州市精神文明建设指导委员会办公室
7	文成县巨屿镇孔龙村	第十六批温州市文明村镇	2021.12	温州市精神文明建设指导委员会办公室
8	文成县稠泛村	第十六批温州市文明村镇	2021.12	温州市精神文明建设指导委员会办公室
9	文成县巨屿镇	浙江省农村文化礼堂建设示范乡镇	2021.10	中共浙江省委宣传部

（刘伊琳）

周壤镇

【概况】 2021年，周壤镇是文成县著名侨乡，全镇面积30.94平方千米，下辖10个行政村，户籍人口19668人，常住人口约5600人，有16000多人旅居海外20多个国家和地区，担任副会长以上的侨领有50多人。全镇行政事业编制46名，在编在岗44人；有党组织25个，党员425名。先后获得浙江省卫生城镇、国家卫生乡镇、浙江省美丽乡村示范乡镇等荣誉称号。

【党代会】 2020年10月29日，中共周壤镇第十四届代表大会第一次会议召开，镇党委书记陈光向大会作题为《赓续初心扬帆进、踔厉奋发干新绩，打造高质量发展建设共同富裕示范区侨乡样板》的工作报告，回顾总结五年工作，研究部署2022年任务目标，动员全镇上下坚定信心决心、持续奋战奋进，聚力打造环境优美、宜居宜养的中心城区“后花园”。

【人代会】 2021年12月23日，周壤镇第十六届人民代表大会第一次会议召开。镇长张瑞华代表镇人民政府向大会作《政府工作报告》，林小波代表镇人大主席团向大会作《人大工作报告》。大会听取《2021年镇民生实事人大票决确定项目完成情况和2022年镇民生实事候选项目形成情况的报告》，书面审查《2021年地方财政预算执行情况和2022年地方财政预算（草案）的报告》《民政工作报告》《环境工作报告》。大会选举产生林小波为周壤镇人大主席。会议通过《政府工作报告》《人大工作报告》《2021年地方财政预算执行情况和2022年地方财政预算（草案）的报告》《民政工作报告》《环境工作报告》5个决议，票决产生城镇自来水工程、农村文化礼堂提升工程、陈茂烈孝廉文化工程、交通提升工程、灯笼坪教育研学基地、周墩村整村提升、大坑村整村提升、安居保障工程8大类7个项目作为2022年周壤镇政府民生实事项目。

【新冠肺炎疫情防控】 2021年，周壤镇400多名党员干部始终坚持以人民之心为心，一线驰援、一线奋战，创新实施“卡口守、网格查、条线排、群众报”等系列防控举措，24小时完成10个村居的卡口设置，以精准的管控力、高效的执行力完成疫情防控阶段性工作。针对侨乡流动人员多、留守老人及留守儿童基数大、管控任务重这一现实，以农村排屋为单位，推选160名楼栋长锁定责任区，率先建立“楼栋长联系户情动态—微网格信息汇总上报—大网格收集完成指令”的疫情动态信息零报告制和基层不稳定因素排摸的零报告制，赢得市县主要领导的充分肯定，并在全县推广。面对日益严峻的疫情形势，坚持“源头查控+硬核管控+精密智控”，实行疫情防控责任清单上墙“挂图”作战，推进“三队两单”与“红色楼栋长”深度融合，突出抓好关键环节、关键人员、关键节点，全力落实落细各项措施，守护人民生命健康安全。

【基层党建】 2021年，周壤镇深化基层党组织全领域建强，高质量完成10个村组织换届工作，“一肩挑”党组织书记平均年龄较上届下降5岁。面对换届后新老村干部工作能力素质不一、干事热情动力不同等情况，制定并完善《周壤镇村级组织考核管理办法》，深化村干部擂台比武机制，持续选优配强驻村工作组，为村级办实事385件，二季度村社健康运行指数全市第七。

【重点项目】 2021年，周壤镇“德和侨心”乡村振兴示范带9个重点项目、49项任务清单完成创建任务的121.7%，“跨时空·爱相聚”文旅项目一期4个项目开工建设，发展后劲显著增强。发挥乡贤资源优势，以“干部上门请、蝶变组团看”的方式，引入浙江华翊建筑有限公司、温州吉鑫建筑劳务有限公司、温州华晨建设有限公司等总部经济7家，入库税收3100余万元，实现乡镇财政税收收入翻三番，在全市乡镇（街道）党（工）委书记工作交流会上取得第五的好成绩，获得市长姚高员的4次点赞。整合侨乡文化、孝廉文化、中医药养生文化，以农文旅融合为突破口，拓展民宿1家，将华兴中药材基地拓展为浙江省中医药文化养生旅游示范基地，谋划推进岙底灯笼垟亲子农园、岭南茶厂等生态休闲基地建设。

【人居环境】 2021年，周壤镇坚持城镇规划、建设、管理“三驾马车”并进，对城镇入城口、主街区、城镇道路、垃圾中转站、农污设施、公厕等基础设施进行新（改）建，先后拆除旱厕230座，改造提升公厕24座、新

2021年1月31日，县长罗招政（左三）调研周壤镇基础项目建设情况（周壤镇提供）

建12座，拆除脏乱点485处，打造512处美丽节点，创成9个“一村一品”，背街小巷整治形成一套可复制可推广的典型经验，先后吸引50余批次的兄弟县区人员到镇参观学习。完善城镇基础设施，加速推进侨情古韵文化村、欧陆风情村等重点项目，高标推进“德和侨兴”乡村振兴示范带建设。全面深化“五水共治”“三改一拆”“三边三化”“美丽城镇”“清洁乡村”行动，“污水零直排区”建设高分通过市级复核验收。创成2个美丽乡村、4个A级景区村庄、2个AA级景区村庄，石飞垟区块获评4—5月份全市最美田园，岙底村获评6—7月份全县最美村庄，高分创成国家级卫生乡镇。

【民生福祉】 2021年，周壤镇新建（改造提升）避灾点13处，完成7个村的饮用水安全提升工程，建成镇敬老院、镇文化中心，镇中心幼儿园进行内部精装修，镇卫生院迁建工程进入主体验收阶段，城镇饮用水工程完成县城提水工程。新（建）改造提升8条农村“四好公路”20.9千米，贯通大坑至金珠林场通景公路。实施低收入农户高质量全面小康计划，全面推行脱贫攻坚“小康码”，完成310户低收入农户建档立卡工作，实现“两不愁三保障”突出问题、年家庭人均收入8000元以下现象、集体经济薄弱村“三清零”，全镇10个村经营性收入196万元，同比增长84%。“平安周壤”建设扎实有效，突出抓好重点隐患整改、重点人员稳控，创新基层治理“1200”工程，落实楼栋长160个，创成海内外“侨贤帮帮团”品牌，联动破解治安难防、矛盾难调等难题，平安工作、信访工作连续多年获得县级荣誉，1—6月份平安建设综合考评全市第一。

2021年2月25日，副县长金一玲（左二）督查周壤镇文化中心建设情况（周壤镇提供）

【自身建设】 2021年，周壤镇全面推进“最多跑一次”改革，政务服务中心完成70%民生服务事项入驻，进一步优化办事流程。全面建立集体学法制度，严格落实法治政府建设主体责任，宪法意识和法治观念进一步加强。不断健全行政规范性文件合法性审查备案机制，全面清理行政执法主体资格，促进规范公正文明执法。自觉接受人大依法监督和社会舆论监督，提高人大代表建议的办理质量。贯彻全面从严治党要求，严守政治纪律和规矩，健全廉政风险防控惩治体系，推进清廉政府建设。出台《周壤镇内部控制制度》《周壤镇财务管理制度》，推广内控系统全面应用，规范财政资金支出管理。严格落实中央八项规定精神，树立清正廉洁、干净干事的政府形象。

【先进名录】

先进个人一览表

表90

序号	姓名	荣誉名称	发文时间	授予部门
1	潘文鑫	2020年度全县绿色高质量发展、重大创建工作突出贡献个人奖	2021.2	中共文成县委、文成县人民政府
2	吕忠义	浙江省"最美公务员"	2021.3	中共浙江省委组织部、中共浙江省宣传部
3	叶　颖	优秀共产党员	2021.6	中共文成县委
4	胡红燕	文成县禁毒讲师	2021.6	文成县禁毒委员会办公室
5	胡红燕	2020年度"禁毒工作先进个人"	2021.2	温州市禁毒办

先进集体一览表

表91

序号	单位名称	荣誉名称	发文时间	授予部门
1	文成县周壤镇	2021年度浙江省美丽乡村示范乡镇	2021.12	浙江省农业农村厅办公室
2	文成县周壤镇周墩村	2021年度浙江省美丽乡村特色精品村	2021.12	浙江省农业农村厅办公室
3	文成县周壤镇	周壤镇"德和侨心"乡村振兴示范带被评为市级乡村振兴示范带	2021.12	中共温州市委、温州市人民政府
4	文成县周壤镇	2021年度新时代美丽城镇建设基本达标乡镇	2021.12	浙江省城乡环境整治工作领导小组
5	文成县周壤镇	2021年1—6月份平安建设综合考评全市第一		中共温州市委、温州市人民政府
6	周壤镇项山村文化礼堂	2020年度五星级农村文化礼堂	2021.4	中共浙江省委宣传部、浙江省农村文化礼堂建设工作领导小组办公室

（吴佳颖）

二源镇

【概况】 2021年，二源镇位于文成县西北部高山平台，东邻玉壶镇，南倚大峃镇，西连百丈漈镇，北靠南田镇。距县城20千米，总面积45平方千米，其中耕地9396亩、林地39247亩。辖区内最高海拔951.8米，最低海拔590米。境内全年雨量充沛，气候宜人，土壤肥沃，农业基础扎实，旅游资源丰富，素有"文成粮仓"美誉。2021年2月，文成县农业经济开发区得到温州市委编办批复设立管理委员会，4月正式揭牌成立，7月得到文成县委三定方案批复，与文成县二源镇合署办公。二源镇内设党政综合办公室、党建工作办公室、经济发展办公室(挂农业开发办公室牌子)、综合信息指挥室(挂综合行政执法办公室牌子)、村镇建设办公室、社会事务办公室、政务服务中心、农业发展服务中心、综合治理和社会事业服务中心(挂退役军人服务站牌子)、商旅服务中心。辖11个行政村，总人口3842户12235人。先后获得省级特色农业强镇、浙江省卫生镇、浙江省美丽乡村、省级农业绿色发展示范区、国家级卫生城镇、省级美丽城镇达标镇、AAA级旅游景区镇等荣誉称号。

【党代会】 2021年10月25日，中共二源镇第十四届代表大会召开，镇党委书记周智华向大会作题为《凝心聚力 激情创业 奋力开创农业强镇跨越发展新局面》的工作报告，回顾过去5年的工作，研究制定今后5年的工作思路。镇纪委书记刘小洲以书面形式向大会作题为《从严治党 标本兼治 全面深入党风廉政建设和反腐败工作》的报告。大会选举产生中共二源镇第十四届委员会及中共二源镇第十四届纪律检查委员会。

【人代会】 2021年7月20日，二源镇第十五届人民代表大会第十一次会议召开，镇长刘世多代表人民政府向大会作《政府工作报告》，人大主席王君巧代表镇人大主席团向大会作《人大工作报告》。大会听取和审查《2021年镇政府民生实事票决确定项目完成情况和2021年镇民生实事候选项目形成的情况的报告》，进行2021年镇政府落实民生实事项目情况满意度测评和2021年镇政府民生实事项目票决，书面审查《二源镇生态环境状况和环境保护目标完成情况的报告》《二源镇民政工作报告》《二源镇财政2021年预算执行情况和2021年预算(草案)的报告》。会议通过《政府工作报告》、《人大工作报告》、《2021年预算执行情况和2021年预算草案的报告》《民政工作报告》《环境工作报告》等5个决议，票决产生四好公路建设工程、四好农村路提升改造工程、二源镇卫生院改造工程等7个项目作为2021年镇政府民生实事项目。

2021年12月24日，二源镇第十六届人民代表大会第一次会议召开，镇长刘世多代表人民政府向大会作《政府工作报告》，人大主席王君巧代表镇人大主席团向大会作《人大工作报告》。大会听取和审查《2021年镇政府民生实事票决确定项目完成情况和2022年镇民生实事候选项目形成的情况的报告》，进行2021年镇政府落实民生实事项目情况满意度测评和票决2022年镇政府民生实事项目，书面审查《二源镇生态环境状况和环境保护目标完成情况的报告》《二源镇民政工作报告》《二源镇财政2021年预算执行情况和2022年预算(草案)的报告》。会议通过《政府工作报告》《人大工作报告》《2021年预算执行情况和2022年预算(草案)的报告》《民政工作报告》《环境工作报告》等5个决议，选举产生人大主席1名、镇长1名、副镇长5名。票决产生7项民生实事项目。

2021年10月25日，中共二源镇第十四届代表大会召开(二源镇提供)

【新冠肺炎疫情防控】 2021年，二源镇实行"大数据+网格兜底排查"等机制，开展返文到文人员“洗楼大排查”，严格执行国外及国内中高风险地区返文人员管控措施，统筹推进全镇人员不定期核酸检测，坚决守牢守住外防输入底线。全镇党员干部投身一线，全力动员辖区群众参与疫苗接种，组织接种疫苗11934人次，推进3~11周岁儿童疫苗接种工作，确保12周岁以上人群新冠疫苗接种率达到省定目标，脱漏率和加强针接种率排名均靠全县前列，切实筑牢疫情防控健康防线。始终坚持两手抓、两促进，协调推进疫情防控和经济社会发展，紧盯重点行业、重点场所、重点人员排查，常态化开展疫情防控监督检查，压实疫情防控主体责任。从严从紧落实公共场所查码，测温、戴口罩等标准动作，确保疫情防控工作落实落细，全力打好疫情防控阻击战。

2021年7月6日，在镇文化站(临时疫苗接种点)开展疫苗接种(二源镇提供)

【基层党建】 2021年，二源镇推进党史学习教育，完善领导干部“干事清单”，推进各项工作有序开展，提升行政效能和服务质量。统筹推进清廉工程建设，全面铺开廉政建设系统教育，持续引导年轻干部坚定理想信念。挖掘全镇各村特色清廉元素，持续优化组织、制度、阵地等建设，规范化建设村级管理制度，提升村务监督实效。

【招商引资】 2021年，二源镇围绕镇域发展规划，编制产业招商大纲，建立目标企业库，开展靶向招商。招引总部企业9家，引进税收466万元，其中新增招引企业7家，完成税收270万元。成功申请文成县农业经济开发区配套设施项目专项债资金2.12亿元。签约落地红松茸示范基地、草莓种苗快繁产业等4个项目(含华润集团有限公司林光互补项目前期工作)。启动新招引、新洽谈，文成国际智慧农业示范园、浙南数字化育苗(越夏)中心等项目在加速落地中，完成华润光伏项目落地工作，实现招引外资500万美元。

【生态环境治理】 2021年，二源镇规范化开展镇区环境卫生死角清理与镇域所属公厕修复，建立行政村卫生保洁长效机制，完善河道保洁长效管理体系，常态化组织村级“两最三比”活动；优化建成区和四格、湖田、岭头、山头村垃圾分类设施，开展保洁人员技能培训，建立垃圾分类从源头到处理的闭合管理；组织开展“除四害”活动，做好病媒生物防制工作。国家级卫生城镇验收，完成省级美丽城镇达标镇和AAA级旅游景区镇创建。二源村、湖田村、岭头村在县级农村人居环境“两最三比”中荣获“人居环境最干净村”称号。

【社会保障】 2021年，二源镇严格落实“四不摘”要求，力保脱贫“成色足”，持续加大科技、产业“造血”等帮扶举措，推进“中蜂养殖”“飞地抱团”等增收项目，实施低收入农户“就近就业”，全面做好低收入农户增收。落实好低保低边226户281

人，新增低保低边16户26人，变更低保低边8户19人，注销低保低边26户27人，实现动态管理，确保应保尽保；落实好医疗救助、低保、五保等社会保障政策，切实保障贫困户脱贫不返贫。

【社会事业】 2021年，二源镇始终坚持规划先行，统筹推进镇域空间结构优化。宫前安居工程完成供地和土地平整等工作；文体中心工程完成表土剥离及主体建设方案设计。完成榅树根村乡贤馆，庄后、朱山、谈阳、四格、陈钟村文化礼堂等项目工程建设，优化提升二源村文化礼堂。建成新自来水厂，破解镇区及周边居民近3000人的生产生活用水难题。推进“四好农村路”建设，投资478万元，新建谈阳—庄后段村道，完成陈村—东坑、陈村—呈岭、二新线—四格、二新线—坑底等4条村道改造提升；投资96万元，进行龙下垄桥、永安桥、新塘坑桥等3座老旧危桥改造提升；安排资金1275万元，启动岩背美丽乡村建设，打造门前屋后庭院景观节点，完成整村绿化、亮化工程提升；投资86.6万元，完成食用花卉基地观光旅游配套设施工程，新建生态旅游公厕一座。投资248万元，推动文瑞未来农业项目实施，在湖田村建设含乡村大数据覆盖、智慧农业数字产业应用的未来乡村数字赋能平台。争取资金3000万元，实施云上农开田园综合体项目，推进农、工、旅、文融合发展。争取资金1200万元，启动乡村振兴人居环境提升集成创新示范建设项目，实施湖田弱电上改下、主街道白改黑、村容村貌景观节点打造等人居环境提升工程。

【社会治理】 2021年，二源镇启用社会治理服务中心，深化1+4+X工作模式，自主研发并投用“平安二源‘数治’矛调云平台”“平安二源网格云平台”，加快社会治理工作数字化进程。健全社会化防控体系，新增高清摄像头11处，启动“云

2021年，二源镇垃圾投放点（二源镇提供）

2021年9月，二源镇新自来水厂通过验收（二源镇提供）

眼工程”项目。推进扫黑除恶、反电信诈骗、禁毒反邪教等专项斗争，对接4个平台打通数据壁垒，全年上报各类信息2115条，同比增长47%。严格落实安全生产责任制，健全应急管理机制，建设微型消防站1个，建立安全生产应急队伍15支，提高消防、食品及疫情防控等安全抽查频率，提升食品安全、防汛抗旱、消防安全等监管水平，强化社会治安多维管控。

【依法行政】 2021年，二源镇继续深化“最多跑一次”改革，持续完善“互联网+政务服务”，优化整合窗口服务，推进政务服务便民化。开展“八五”普法宣传，加快公共法律体系建设。构建矛盾纠纷多元化解体系，全年受理并调解纠纷65件，“浙里访”咨询投诉平台受理79件，连续3年无重大社会治安事件。

【先进名录】

先进集体一览表

表92

序号	单位名称	荣誉名称	发文时间	授予部门	备注
1	文成县二源镇	全国“示范性退役军人服务中心(站)”	2021.1	浙江省退役军人事务厅	《关于公布浙江省首批全国“示范性退役军人服务中心(站)”的通知》
2	文成县二源镇	国家农业科技园区示范区	2021.9	温州市科学技术局	关于公布2021年浙江省温州国家农业科技园区示范区名单的通知
3	文成县二源镇	浙江省中医药养生基地示范园	2021.12	浙江省文化和旅游厅 浙江省卫生健康委员会 浙江省农业农村厅 浙江省中医药管理局	《关于给予生态省建设突出贡献集体和个人记功奖励的决定》(浙政发〔2021〕19号)
4	文成县二源镇	浙江省AAA级景区城和AAA级景区镇(乡、街道)	2021.12	温州市文化广电旅游局	温文办〔2021〕72号
5	文成县二源镇	浙江省文化强镇、文化示范村(社区)	2021.12	浙江省文化和旅游厅	浙文旅公共〔2021〕43号
6	文成县二源镇	2021年度落实全面从严治党主体责任工作优秀单位	2021.12	中共文成县委 文成县人民政府	文委发〔2022〕8号

(刘　业)

铜铃山镇

【概况】 2021年，铜铃山镇地处文成县西北部，东临畲乡民族西坑镇，西接景宁畲族自治县东坑镇，西北与景宁畲族自治县梅歧乡相邻，南连泰顺县黄桥乡，距县城45千米，镇区总人口10845人，区域面积155平方千米，平均海拔850米，辖8个行政村，分为下垟、石垟、岭后3个社区和石垟林场、叶胜林场、种羊场3个国有场部。气温冬冷夏凉，夏能避暑冬可赏雪，是文成境内少有的避暑观雪胜地。境内生物多样、旅游资源丰富，享有“避暑胜地”“天然氧吧”的美誉，有“壶穴奇观，华夏一绝”的铜铃山国家AAAA级景区和月老山、猴王谷等2个国家

AAA级景区，有天鹅堡室内滑雪场、绿水尖室外滑雪（草）场等2个浙江省运动休闲旅游优秀项目，有迷途绵岭、隐心谷树屋等众多精品民宿，是浙南闽北地区一处集森林康养、避暑度假、休闲旅游、养生度假、运动休闲于一体的绝佳胜地，是名副其实的旅游大镇。全镇有行政事业编制46名，实际在编在岗47人。全镇有党组织32个，党员521名，其中中华人民共和国成立前老党员6名。先后荣获“国家卫生乡镇”“省美丽乡村示范乡镇”“省森林城镇”“省首批职工疗养基地”等称号，承办“浙江省小城镇环境综合整治”现场会。

【党代会】 2021年10月25日，中共铜铃山镇第二届代表大会第一次会议召开，镇党委书记李正益向大会作题为《奋进新征程 协力绘宏图 高质量谱写铜铃山绿色振兴共同富裕新篇章》的工作报告，回顾总结2021年工作，研究部署2022年任务目标，动员全镇上下进一步凝心聚力，勇扛使命、勇闯新路、勇当先锋，奋力开启镇域社会主义现代化建设新征程，努力打造高质量发展建设共同富裕示范区山区样板。会议选举产生中共铜铃山第二届委员会委员李正益、徐秀秀、林柱、周国安、周裕前、余荣中、邢榕云、王健、陈旭锋、赵海珍等10人，李正益为书记，徐秀秀、林柱为副书记；选举产生中共铜铃山镇第二届纪律检查委员会委员周国安、张斌、陈友路、郑淑君等5人，周国安为书记。

2021年12月16日，中共铜铃山镇第二届代表大会第二次会议召开，选举李正益、徐秀秀、林柱、周国安、刘芬、郑圣利、郑淑君等7人为中共文成县第十四次代表大会代表。

【人代会】 2021年12月20日，文成县96～98选区（铜铃山镇）选举陈锋、胡立帅、胡立杆、徐爱军、李聪莲、张加龙、赵小荣等7人为文成县第十七次人民代表大会代表。

2021年12月23日，铜铃山镇第二届人民代表大会第一次会议召开。徐秀秀代表镇人民政府向大会作《政府工作报告》，胡立杆代表镇人大主席团向大会作《人大工作报告》。大会听取听取和审议镇人民政府工作报告、镇人大主席团工作报告、审查本镇财政预算执行情况和财政预算草案的报告、审议民政工作报告、镇人民政府关于2021年度生态环境状况及环境目标完成情况的报告；票决通过2022年民生实事项目。选举产生胡立杆为铜铃山镇人大主席，徐秀秀为铜铃山镇镇长，周裕前、陈思利、钟明亮、王韵诗为铜铃山镇副镇长。

【新冠肺炎疫情防控】 2021年，铜铃山镇全面铸就疫情防控坚固屏障，以守好“小门”为着力点，创新推行红色网格防控机制，因地制宜、精细划分91个红色网格；落实常态化防控举措，扎实开展好测温扫码、重点场所定期消杀、重点地区人员排摸管控等，严格落实管控重点地区、归国华侨等方向归文人员；抓好抗疫全覆盖持久宣传，结合实际将最新的疫情形势、成效、预防措施、疫苗接种信息等宣传到位。

【基层党建】 2021年，铜铃山镇全面实施“党建+”红色领航行动，注重加强实绩导向，建立健全铜铃山铁军锻造长效机制，推行“积分奖励”考核办法，按季度开展“三比三看”村干部擂台赛，搭建科室比拼大擂台，建立考绩“三张清单”，定期晾晒重点指标、重点工作推进情况，让红红脸、出出汗成为常态，营造浓厚的干事创业氛围；推动清廉村居建设，开设问廉议事厅（试点），打造阳光阵地，运用“四种形态”，开展正风肃纪检查62次处理74人次，开展谈心提醒300余次，给予8名违纪党员党内警告处分、2名违纪党员给予严重警告处分、1名违纪党员留党察看；选拔优秀镇村干部成立“红铃铛”宣讲团，起航“红色热土”主题活动向建党百年献礼，全方位掀起学习热潮；创新“1+3+X”红色网格工作法，精细划分124个红色网格，率先夺取疫情防控第一个红旗镇，做深做实疫情常态化防控，延伸平安综治、防汛防台、精准脱贫等基层社会治理方面。

【经济发展】 2021年，铜铃山镇坚持把招商引资作为经济发展的突破口，量化目标、落实责任，着力振兴镇域实体经济。推动省级森林氧吧小镇等一批事关铜铃山长远发展的战略性平台落地，谋划推进国际森林康养城、铜铃山景区改造提升、森林康旅项目、天鹅堡5期、下垟未来城营地等5大亿元以上项目，荣获省首批“乡村氧吧”镇、首批“浙江省职工疗休养基地”。文成森林氧吧小镇被命名为第五批省级特色小镇。

【招商引资】 2021年，铜铃山镇实现小镇平台存量70家以上，培育规上市场主体5家，建成“侨家乐”品牌民宿3家；招商引资招引到资金13867万元，任务数8000万，任务完成率173.34%。

【城市建设】 2021年，铜铃山镇始终树立“项目为王”理念，建立“一个项目、一张清单、一个专班”工作机制，抢抓“重要窗口”建设期，持续提升城镇能级、打造旅游重镇项目主平台。全县唯一一个新增“152”项目（国际森林康养城）落户铜铃山镇，总投资约20亿元，完成签约和一期政策处理。

【重大交通建设】 2021年，铜铃山镇坚持大干交通、干大交通，全面保障文景高速、G322“零障碍”施工，完成下垟—都铺、都铺—桂竹、苍垟—高二电等“四好”公路建设，开工建设下庄—苍垟“四好”公路，谋划G322至岭后片、G322至景区连接线公路的前期工作，加快形成以国道、高速为主干，通村道路为支线的全域交通网络。

【土地要素保障】 2021年，铜铃山镇完成城镇总规和控规，完善风景名胜区、生态红线、自然保护地、省级森林公园等一系列条线规划，向上争取最大发展空间；全面挖掘土地要素资源，完成旱改水470亩、建设用地复垦70多亩，要素保障日益增强。

【全域旅游化改造】 2021年，铜铃山镇先后承办国家体育产业示范基地创建工作推进会、浙江省首届生态运动会（文成站）暨铜铃山系列赛事（C2汽车丛林穿越挑战赛、风筝邀请赛、第四届冰雪运动嘉年华）等10余场高质量省市现场会及赛事，全力打造以森林康养为特色的休闲度假产业，成功开发精品旅游线路4条，推进天鹅堡旅游综合体、绿水尖滑雪（滑草）场综合服务中心、猴王谷森林康养基地、浙南民俗文化产业园、休闲运动赛事基地等精品项目扩面提质，促进文旅体深度融合。

【脱贫攻坚】 2021年，铜铃山镇探索扶贫帮扶新模式，完成全县脱贫攻坚“小康码”试点工作，落实“一户一策一干部”结对帮扶230户299人以及低收入农户“飞地抱团”248人，独创“微种养”增收计划，启动扶贫资金50万元，累计帮扶92户，户均增收3000元，投资建成绿色农产品直销站，多渠道增加村集体经济收入。

【社会事业】 2021年，铜铃山镇坚持“民之所需，政之所为”，补短板、强弱项，镇域范围内实现电网改造、农村饮用水改造提升、村级避灾场所等建设全覆盖，镇幼儿园秋季招生开学，开工建设一期安置小区、镇自来水厂、镇运动综合馆等，启动镇变电所、镇污水处理厂、镇卫生院迁建等项目前期工作，不断推进社会事业取得进步。

【基层治理】 2021年，铜铃山镇定期开展安全生产大检查200余次，落实防汛防台浙江安全码全覆盖，定期开展平安、禁毒、扫黑除恶、反邪教等宣传活动；推进“全科网格2.0”建设，建立“统一登记、精准分流、就地调处、实时督办”的工作闭环机制，受理报送办理事项9232条、便民服务4099条，创新建立红色流动调解室，成功化解历史遗留矛盾纠纷36件，调解金额300余万元，群众满意度、幸福感大幅提升。

【先进名录】

先进集体一览表

表93

序号	单位名称	荣誉名称	发文时间	授予部门	备注
1	文成县铜铃山镇	文成县“四大工程”先进集体	2021.2	县委办公室	文委发〔2021〕8号
2	文成县铜铃山镇	长三角精品旅游目的地	2021.9	长三角地区体育产业协作会	无文号
3	文成县铜铃山镇铜铃村	第二批温州市示范型儿童之家	2021.11	温州市妇联温州市民政局	温妇〔2021〕24号
4	文成县铜铃山镇	文成县森林氧吧小镇2020年度考核优秀	2021.11	浙江省特色小镇规划建设工作联席工作会议办公室	浙特镇办〔2021〕12号
5	文成县铜铃山镇	浙江省三星级乡镇	2021.11	浙江省食品药品安全委员会	浙食药安办〔2021〕13号
6	文成县铜铃山镇	文成县森林氧吧小镇	2021.11	浙江省人民政府	浙政发〔2021〕34号
7	文成县铜铃山镇	美丽城镇	2021.12	浙江省城乡环境整治工作领导小组	浙城乡环治〔2021〕3号
8	文成县铜铃山镇	省级引领型农村社区	2021.12	浙江省民政厅	浙民基〔2021〕209号
9	文成县铜铃山镇	新增建设用地奖励	2021.12	浙江省自然资源厅	浙自然资厅函〔2021〕1041号
10	文成县铜铃山镇	AAAAA级景区镇	2021.12	浙江省文化和旅游厅	浙文旅资源〔2021〕48号

（陈淑君）

周山畲族乡

【概况】 2021年，周山畲族乡以山得名，是文成县两个民族乡镇之一，地处文成县东南部，距县城25千米，平均海拔600多米，乡域面积14平方千米，下辖益群、官垟、周垟、上坑、双新、际下等6个行政村，总户数1689户，总人口4968人，其中民族村4个(周垟、上坑、双新、际下)，畲族人口1564人，占总人口31.5%。全乡有党支部16个，党员286名，其中中华人民共和国成立前老党员2名。第三季度村社“健康运行指数”综合排名生态型乡镇全市第二、在温州市农村人居环境“两最三比”活动中评为第三季度“人居环境最干净乡镇”。周山畲族乡人民政府内设党政综合办公室、乡村振兴办公室2个行政科室，乡人大、纪委、监察办、人武部和群众团体等组织按照有关规定设置。行政编制14名，其中党委、政府领导职数按照换届选举规定配备，中层职数2名。周山畲族乡事业单位下设政务服务中心、应急管理中心、社会治理中心、村镇建设服务中心4个服务中心，事业编制15名，中层职数6名。

【党代会】 2021年1月29日，中共周山畲族乡第十四届代表大会第六次会议召开，会议听取并审议题为《在危机中育先机 于变局中开新局 奋力开启“美丽畲乡·养生周山”建设新征程》的工作报告，书面审议乡纪委工作报告。会议号召，全乡各级党组织和广大党员干部要更加紧密团结在以习近平同志为核心的党中央周围，按照县委、县政府的决策部署，以逢山开路、遇水搭桥的精气神，以踏石留印、抓铁有痕的执行力，干在实处，走在前列，为“美丽畲乡·养生周山”的发展按下快进键！

2021年10月26日，中共周山畲族乡第十五届代表大会第一次会议召开，会议听取并审议题为《奋进新征程 接续谱华章 为建设“美丽畲乡·养生周山”而不懈奋斗》的工作报告，书面审查中共周山畲族乡纪律检查委员会工作报告，选举产生中共周山畲族乡第十五届委员会及中共周山畲族乡第十五届纪律检查委员会，并通过有关工作制度、决议等。

2021年2月1日，周垟民族村成功入选2020年浙江省“一村万树”示范村（周山畲族乡提供）

【人代会】 2021年3月25日，周山畲族乡第十六届人民代表大会第九次会议召开，会议听取并审查《政府工作报告》《人大工作报告》，书面审查了《2020年地方财政预算执行情况和2021年财政预算（草案）的报告》《民政工作报告》《环境工作报告》，依法选举吴国英为周山畲族乡人大主席。票决产生乡自来水厂建设项目前期、供电所续建工程、乡卫生院续建工程、行政村路面硬化、宅基地复垦项目、高标农田建设项目、照明工程提升项目、环境提升工程等8项民生实事项目，通过大会各项决议。

2021年12月23日，周山畲族乡第十七届人民代表大会第一次会议召开，会议听取和审议《政府工作报告》《人大工作报告》，书面审查了《2021年度财政预算执行情况及2022年财政预算草案的报告》《民政工作报告》《环境工作报告》，依法选举吴国英为周山畲族乡人大主席，钟胖男为周山畲族乡人民政府乡长，叶佰通、白梓锋、蒋炳凤为周山畲族乡人民政府副乡长。票决出周山畲族乡自来水厂工程、周山畲族乡管网改造提升建设工程、周山畲族乡周垟村至东隆顶星空露营基地道路提升工程、上坑民族村村内栏杆建设、周垟民族村畲之旅研学示范基地配套设施建设、双新民族村文化礼堂建设、益群村包山底水渠工程、际下民族村基础设施建设等8个项目为2022年民生实事项目。

【产业发展】 2021年，周山畲族乡提速“畲之旅”民宿整村推进工程，完成旧粮库改造提升、彩色稻田周边设施提升等配套项目，新增2家民宿（畲枫民宿、来滨名宿），重点培育侨家乐民宿“稻语小筑”。民宿全年接待游客超1.2万人次，营业额突破180万元，研学基地通过对接小众创意旅行、浙江行知文化有限公司等成功开设畲族文化体验、农事体验等研学班30余期。紧盯“高山生态云雾茶小镇”建设，开发新茶园80亩、改造提升老茶园200亩，新增茶叶生产许可SC认证企业2家，茶产量同比增长4.8%，成功挂牌县内首家浙江省科技特派员工作室（茶产业），加快科技成果转化。重点开发助农电商平台打造助农直播基地，通过快团团微信小程序及网络直播等方式线上销售猕猴桃、糯米山药、茶叶等本地特色农产品，营业额达40万元，成功打开线上助农帮销绿色通道。

【民生福祉】 2021年，周山畲族乡全面开展“平安护航建党百年”安全隐患大排查大整治及“安全生产月”等专项行动。持续开展安全隐患整治“回头看”，对整改情况进行复查督导，织密辖区安全网。推动农村人居环境整治持续升温，连续4个季度被评为全县“人居环境最干净村”，其中第三季度在温州市农村人居环境“两最三比”活动中评为“人居环境最干净乡镇”，乡村“颜值”不断提升。推进民生项目，完成浙江温州35千伏峃口输变电工程及乡卫生院改建工程，自来水厂工程完成设计并进行土地报批前期工作，给排水管网建设完成设计，12亩宅基地复垦完成项目前期启动工作，各项民生项目有序推进。

2021年4月8日，文成县首家省科技特派员工作室挂牌仪式在官垟村举行（周山畲族乡提供）

2021年8月26日，库区“三个100”助学活动走进周山畲族乡（周山畲族乡提供）

【党史学习教育】 2021年，周山畲族乡精心策划“寻访畲家红色记忆”“我身边的老党员”“看电影学党史”等系列主题活动，下发党史学习教育必读书目884册，领导班子成员开展党史专题宣讲及上党课32场次。

【基层党建】 2021年，周山畲族乡夯实基层党建工作基础，按季度开展“村社擂台 三比三看”暨“五个指数”述职会，调动各村干部在重点工作上克难攻坚、在急难险重任务中冲锋在前的工作动力。创建一个县级党建示范点——周垟民族村，不断增强基层党组织的创造力、凝聚力和战斗力。全县首场“光荣在党50年”纪念章颁发仪式在周山畲族乡举行，向符合条件的13位党员送去独特的荣誉。做大做强村集体经济，全年全乡6个村村集体经济总收入达319.04万元，经营性收入123.07万元，致富增收迈上新路子。

（吴美芬）

双桂乡

【概况】 2021年，双桂乡总面积22平方千米，地势东南高西北低，像个“V”字形峡谷区，下辖4个行政村，耕地3335亩，水田2054亩，旱地1359亩，山林10128亩，总人口9720人。双桂乡克服疫情影响，以富民强乡、全面建设小康为主线，迎难而上，砥砺前行，推动全乡经济社会持续健康发展，完成年初既定各项目标任务。

【生态资源】 2021年，双桂乡境内峰峦叠翠、山清水秀，拥有深厚的耕读文化、佛教文化，始建于道光十五年的净因禅寺曾经是文成最有名的佛教圣地和旅游景点，民国时期著名的佛教学者叶均居士原籍双桂桂东村，叶均居士对佛法的弘扬有较大贡献；农品资源丰富，肉兔、蜜柚、蓝莓、酒曲、糯米等农副产品远近闻名，自然景观有余姚岭红枫古道、鹤狮洞、雪峰漈、天化寺等秀美景点，农旅融合生态发展潜力大。

【环境提升】 2021年，双桂乡常态长效抓环境。坚持把环境建设作为提升核心竞争力的长效工程来抓，整合“四边三化”“两最三比”“五水共治”等生态创建载体，加强对沿江、沿路、沿街的环境卫生管理，落实建城区生活垃圾长效管理机制，乡域环境得到显著改善。全面深入创国卫，严格对标对表，开展“点线面”相结合密网式大清理活动，确保无死角、无遗漏；结合“网格化”管理，分职责定地点，落实好创国卫责任，维护环境整治成果，全乡环境品质有大幅提升。美丽经济奠基础，结合美丽庭院、美丽节点、美丽城镇等创建基础，因地制宜推进村庄空间整合，重点打造桂西村道铺民房集聚点、桂东别墅群等两块民宿区域；通过规划引领、多渠道筹资、乡村配合共同努力推进，特色民宿初具雏形，不断推动“一时美”向“一直美”转变，为催生乡村美丽经济发展营造良好环境。

【民生保障】 2021年，双桂乡常态化落实疫情防控要求，强化网格管理，定期开展洗楼式排查，坚持预防预备和应急处突相结合，全力筑牢基层安全防护墙；动员开展疫苗接种工作，做到辖区应接种人员应接尽接，做好人员情况统计和数据报送工作，确保预约接种有效、有序完成，全面筑牢免疫防线。全力守牢安全底线，依托网格、夜巡、联巡等机制，开展安全生产、燃气安全、防汛、森林消防等重点领域及重点城市的安全隐患排查整治工作，全年整改安全隐患到位96处，确保安全生产形势持续稳定。完善提升公共设施。自来水水源截污工程、桂西村高标农田建设、公路护栏建设、适老化改造、桂东村农田操作道等项目陆续完工，群众生产生活条件进一步提高；桂西村、垟山村文化礼堂改建提升等待验收，文

2021年5月11日，双桂乡与浙江省柑橘研究所签订结对共建协议书（双桂乡提供）

化礼堂全域覆盖，乡村公共文化设施全面改善，群众的安全感和幸福感明显提升。

【产业培育】 2021年，双桂乡加快推进现代农业。依托千亩富硒农产品基地，打造农业大数据商业平台展示中心，以“平台+基地+农户”模式，引入社会资本，利用数字化、信息化技术，推动规模化、品牌化进程，最大限度打破销售区域限制、降低农产品投入产出比、提高农民收益。破解农业发展瓶颈，成功与浙江省柑橘研究所签订结对共建协议书，组建博士专家工作服务站，定期引进人才开展科技培训，提高双桂农户特色农产品种养技术和管理模式，解决双桂柑橘类水果种植规模小而散、种植技术偏低、病虫害防治技术较差等问题，促进双桂柑橘产业健康可持续发展。壮大主体引育，依托本地特色生态资源和在外经商群体规模较大的优势，组织专班前往义乌、杭州等地走访在外桂商并洽谈主体引育工作，有潜在意向企业2家；成功引进总部经济企业1家，完成小升规1家，谋深农旅招商项目，抓好桂溪河景观提升改造工程、酒文化街区、现代果园等项目前期工作。

【社会治理】 2021年，双桂乡加强基层综合治理。常态化落实疫情防控工作，坚持“外防输入、内防反弹”总策略，构筑“微网格”片区化管理，定期开展洗楼式排查，持续动员开展疫苗接种，切实守住疫情“零输入”底线。开展扫黑除恶、禁毒、反邪教等平安维稳工作，开展矛盾纠纷排查化解，不断完善综治“防控网络”建设，积极巩固平安成果。累计组织平安宣传12场次，化解矛盾纠纷19起，调解成功率100%，未发生安全维稳重大问题。强化公共服务供给，推动协调共荣发展，文教科卫和工青妇等工作，不断促进老龄、红十字会、公益和慈善事业发展；支持人武工作，做好民兵、征兵、退役军人事务管理工作；全面促进民族、宗教、侨务、统计、档案保密等工作共同发展。

【基层党建】 2021年，双桂乡把握正确选人用人导向，根据干部德、能、勤、绩、廉等方面的表现选拔任用中层干部1人次，按干部任免的任职条件，在编制职数限额内调整，没有超编超职数配备干部。通过股级干部选拔任用工作，配强配优中层干部队伍，为完成各项重大任务提供人才保障，激发广大干部干事激情。严肃换届纪律、加强换届风气监督，营造风清气正的换届环境，平稳推进“两代表一委员”换届工作圆满完成，未发生安全维稳重大问题。开展党史学习教育，围绕中心工作，发动全乡党员助力国卫创建、产业培育发展等工作，坚持以学促行、以行践学，着眼“办实事、解难题、减负担”专题实践活动及“优作风、强执行、办实事”专项行动，切实让群众感受到党史学习教育带来的变化和成效。全年开展党史学习教育宣讲活动25场，720人次，办理民生实事194件。增强

2021年7月16日，双桂乡机关党支部全体成员开展“瓯江红 百年风华 红动浙南”主题党日活动（双桂乡提供）

基层服务实效。打造集党群活动、教育培训、形象展示、资源整合、服务群众于一体的“一站式”党建服务平台党群服务中心示范点，以党建示范为引领，聚焦基层公共服务的“服务”落脚点，不断创新基层公共服务供给方式，打通基层公共服务“最后一公里”。

【先进名录】

先进个人一览表

表94

序号	姓名	荣誉名称	发文时间	授予部门
1	富绍平	2020年度全县招商引税和财政增收突出贡献个人	2021.2	中共文成县委、文成县人民政府
2	陈晓茜	文成县优秀共产党员	2021.6	中共文成县委
3	陈永久	连续三年考核优秀获三等功	2021.9	中共文成县委、文成县人民政府
4	王佳艳	2020年度文成县优秀共青团干部	2021.4	共青团文成县委
5	许文武	2020年度实施“四大工程”先进个人	2021.2	中共文成县委、文成县人民政府
6	黄顺富	2020年度全县人大宣传信息工作先进个人	2021.4	文成县人大常委会办公室
7	钟时圳	县域治理现代化工作突出贡献个人	2021.5	中共文成县委、文成县人民政府

先进集体一览表

表95

序号	单位名称	荣誉名称	发文时间	授予部门
1	双桂乡	2020年度全县人口普查工作突出贡献集体	2021.2	中共文成县委、文成县人民政府
2	双桂乡人大	2020年度全县人大宣传信息工作先进单位	2021.4	文成县人大常委会办公室
3	双桂乡	县域治理现代化工作突出贡献集体	2021.5	中共文成县委、文成县人民政府

（池晓芬）

平和乡

【概况】 2021年，平和乡位于县城东南面，处于文成、平阳、瑞安3县的交界处，乡政府驻地平和村，辖区总面积22平方千米，下辖平和、双垮、田东、郭山、新田、东方6个行政村，56个自然村，总人口数2804户8425人。乡党委下设东方村党委、平和村党总支及4个村党支部，组建5个两新党组织，共计17个党支部413名党员。茶叶是平和乡的主导产业，有茶园种植面积近5000亩，占全县的1/4，拥有全县最大的茶叶基地——九龙山茶园，享有“全国最美三十座茶园”称号，茶产业基础良好，素有“文成茶乡”之称。平和乡政府下设党政综合办公室(挂党建工作办公室牌子)、经济发展办公室、综合信息指挥室(挂社会事务办公室牌子)3个行政内设机构科室,政务服务中心、农业综合服务中心、综合治理和社会事业服务中心3个事业单位综合性公共服务中心。年末在编在岗29人,其中领导班子12人。

【产业发展】 2021年,平和乡聚焦茶叶这主导产业,引进福建茶企1家,与日省名茶开发有限公司签订合作协议,提升九龙山茶场红茶、乌龙茶加工厂房、露天茶座等。在新引进制茶人才的推动下,新研制红茶、乌龙茶,填补夏秋茶空白,实现农业增效、农民增收。新培育示范性茶叶合作社2家。探索建立针形茶产业联合体,在运行上统分结合,茶农从单纯地贩卖茶青成为股东之一,取得二次收益,针形茶收益比往年提升30%。建立平和乡茶青交易市场,掌握茶青价格话语权。建成"三位一体"助农服务中心,不断助力茶农共同富裕。争取落地"茶之旅"项目(一期)1500万元,启动平和乡茶文化中心、茶园观景平台建设,完工茶园骑行道、茶主题公园、渔趣园,高分通过九龙茶韵市级乡村振兴示范带创建。

【项目建设】 2021年,平和乡坚持加快项目建设,全年实现固定资产投资845万元。启动东方村中国传统村落建设,全速推进东方至九龙山产业道路硬化工程。聚焦民生项目,进场开展平和乡自来水厂建设场地平整,推进平和乡卫生院迁建、乡文化站、美丽城镇建设等项目前期工作。狠抓重点要素保障,完成东方村50亩旱改水项目,完成平和、田东2处5.7亩宅基地复垦。

【环境再造】 2021年,平和乡致力人居环境提档,每月开展村级环境整治擂台评比,结合"两最三比""创卫攻坚",在全乡开展环境大整治、大清理,乡村面貌得到极大改善,以优秀档次高分通过国家卫生乡镇创建。加快梅垟下"乡村公园"节点打造和入城口环境整治。生态保护提档,完成梅垟下河道治理,做好一级水源地水源保护工作,完成搬迁安置协议签订,6月底完成民房拆除。

【疫情防控】 2021年,平和乡坚持守牢疫情防控底线,严格落实"三队三单"工作要求,制定疫情防控应急分区图,结合地理、自然条件情况划分为13个封控区,按照"五包一"要求成立13支封控机动队伍,相应成立乡级应急机动队伍,定期开展应急演练,做到"召之即来、来之即战"。规划设置9个核酸采样点,提前做好防疫应急物资、核酸采样点物资储备配备。发挥好45个村级"微网格"作用,平战结合,突出抓好重点环节、重点场所、重点人群管控,滚动开展"洗楼式"排查,精准做好防疫宣传、核酸检测、疫苗接种等工作。

【平安建设】 2021年,平和乡全力建设"平安平和",深化基层治理网格体系,加大社会治安综合治理力度,推动平安维稳、信访化解、扫黑除恶、反电信诈骗、反邪教等工作,确保社会大局总体平安稳定。全面落实安全生产责任制,开展安全隐患大排查大整治,守牢防汛防台、森林防火、食品药品、道路交通、燃气等安全底线。

【社会事业】 2021年,平和乡年内在册低收入农户284户379人,其中低保213户274人(含五保户15户15人),低边71户105人,全年新增低收入农户4户5人,清退7户9人,调整3户4人。实施中蜂养殖折股量化,新田村43户低收入农户通过中蜂养殖实现每年人均增收640元。安排环卫保洁、卫生防疫、养老托幼服务、社会就业等公益性岗位21人,通过茶园管理雇佣就业7人,茶青采摘劳动创收98人。做好低收入农户抱团增收,签约完成419人,人均每月分红112.5元。完成家庭医生签约服务369人,落实重点青少年"多对一"结对帮扶9人,实施雨露计划等帮扶14人。建成平和乡养老服务中心，深化“全托+日托”养老服务，开设“老年灶”3个，全力打通山区养老服务“最后一公里”。壮大村集体经济，全年全乡村集体经济总收入388.04万元，其中经营性收入152.87万元，增速34.2%。

【基层党建】 2021年，平和乡坚持高质量抓好党史学习教育，开展“红色先锋”宣讲、“红色歌曲”教唱、“红色主题”活动等3个接地气的“红色系列”宣传教育活动，常态化开展好党史学习教育督导检查。全方位夯实基层党建基础，全年发展党员14人，成立两新党组织5个，提任中层正职干部5人，实施完成田东村、东方村党建示范点。全面履行从严治党主体责任，严格落实一岗双责，开展各类廉政谈话70余次，开展各类正风肃纪监督检查27次，自办案件立案1件。全面加强换届纪律宣传，严格有序推进党委、人大换届工作。

（潘李珍）

公阳乡

【概况】 2021年，公阳乡地处县城的东南方，东连平和乡，南接平阳晓坑，西邻周山畲族乡，北倚峃口镇。下辖公阳村、联源村、紫华村、驮尖民族村等4个行政村。全乡总面积18.2平方千米，平均海拔537米，气候宜人。所在平原田面积1800多亩，适宜发展农业，是富饶的农业产区，特殊的地理位置及肥沃的土壤，使公阳农产品在质量上、口感上比其他乡镇更胜一筹。主要农产品有红柿、薏米仁、茶叶、铁皮石斛、覆盆子、火龙果、栀子花、黑木耳等。公阳乡内设党政综合办公室（挂党建工作办公室牌子）、综合信息指挥办公室（挂社会事务办公室牌子）、经济发展办公室3个机构，下设政务服务中心、农业综合服务中心、综合治理和社会事业服务中心3个服务中心。全年完成基层党建、乡村振兴、重点项目、城镇建设、人居环境整治、平安创建等重点工作任务，提升民生福祉，全乡各项事业保持平稳健康发展态势，人民群众安全感、幸福感明显提升。

【党代会】 2021年11月22日，中共公阳乡第十三届代表大会第七次会议召开，乡党委书记吴键向大会作题为《乘势而上开新局　砥砺奋进谱新篇　建设“千年古韵·康养公阳”打造高质量发展建设共同富裕示范区乡镇示范标杆》的工作报告，紧扣“美丽经济、美丽城镇、美好生活”的高质量发展目标，统筹推进经济赶超、环境再造、民生幸福、铁军锻造“四大工程”，争创国家公园、省级美丽城镇、省级农业强镇，建设“千年古韵·康养公阳”，打造高质量发展建设共同富裕示范区乡镇示范标杆。

【人代会】 2021年12月24日，公阳乡第十六届人民代表大会第一次会议召开，选举产生乡长1名，副乡长3名。每月15日为开放接待日，加强对乡属部门的民主评议和监督工作，组织闭会期间代表活动8次，集中学习4次。全年召开主席团会议4次，组织全体成员学习各种法律法规2次，解决民生实事12件，走访群众200人次。

【党史教育】 2021年，公阳乡开展党史学习教育专题宣讲近50场次，组织多元化活动10余场，解决民生实事160余件。以学习教育式、岗位拉练式、为民办事式等“3+”主题党日活动模式，发布党建资源清单，切实推动学习教育走深走实。

【基层党建】 2021年，公阳乡以“强党建、聚合力、促发展、赢未来”为目标，以“党建链”为支点，与泰顺县筱村镇建立“柿子红”筱阳党建联盟。谋划云上筱阳乡村旅游项目、中医药+康养项目2个项目的开发与合作，推进乡村旅游的三产融合，推动形成强企富民的利益融合发展链条。

【廉政建设】 2021年，公阳乡明确换届风气监督工作职责和目标任务，严格落实“三个谈遍”要求，围绕班子成员、县级两代表一委员、下辖党组织书记等3类对象，“一把手”累计谈心谈话23人次，做到“应谈尽谈”，全面掌握干部思想动态。严督干部作风问题，梳理出领导班子攻坚清单3项，领导班子成员、科室负责人干事清单40项。坚定不移保持反腐败的高压态势，持之以恒抓牢日常监督、警示教育、作风建设，营造风清气正的政治生态。

【要素保障】 2021年，公阳乡完成建设用地复垦3.7亩，清理批而未供土地14.9亩，供而未用土地5.5亩，清理进度排名全县第一。推进旱改水耕地提质改造，完成公阳村旱改水44.6亩。

【产业发展】 2021年，公阳乡在农业方面，建设公阳村奇花异果农业产业园项目，开发树葡萄酒、树莓酒等多种果酒，延长产业链、提高产品附加值，惠及周边农户。在乡村旅游方面，举办后疫情时代的第二届“云上利柿节”，建设鹿堡特色文化街区，试营业精品民宿“水云见·乡见”，完善乡村旅游配套设施，激发乡村旅游活力，建成温州市学生研学实践基地；公阳村建成浙江省文化示范村。

【项目建设】 2021年，公阳乡建设“古韵公阳，太极小镇”乡村旅游项目，投资8595万元，包含太极文化综合研学基地（太极古韵园）、公阳乡游客服务中心及停车场、淘沙湾康养公园提升、“桃之夭夭”整村民宿推进项目、自驾车营地、环城公路建设及提升、环乡公路休闲绿道工程、公阳乡特色文化街区、“荷塘月色”景观等10个子工程，其中，“荷塘月色”景观工程完成，环城公路建设及提升工程（一期）完成招投标程序，太极文化研学基地项目绘制施工图，其他项目在方案设计中。

【基础建设】 2021年，公阳乡强化规划引领，重点推进鹿堡特色文化街区和公阳“荷塘月色”核心休闲街区建设，推进“文化+特色村镇”融合发展，植入特色农业和太极文化元素，推进文旅“跨越赶超”，古韵公阳的城镇风貌成效初显。峃口至公阳通乡公路改建工程提速推进，完成固定资产投资6949.4万元。加速推进乡卫生院（医共体）建设，完成门诊规划建设。

【城乡面貌】 2021年，公阳乡按照“全面启动，分步推进，样板引路，高质量美丽”的原则，推进美丽城镇项目建设，“一图一码”动态管理建设成效，成功创建省级美丽城镇达标乡镇。重拳开展环境专项整治，完成5条背街小巷整治出新，完成拆除违法建筑220平方米。实施道路秩序管理，新建停车场2个。建立紫华村鹿堡美丽田园示范点，规模化、集约化种植彩色稻，通过开展示范和试点工作，带动面上活动开展。

【生态文明】 2021年，公阳乡紧抓绿水青山的先天优势，打好农村“三大革命”、清洁家园、美丽田园等组合拳，生态环境品质不断提升。全域推进垃圾分类，新建垃圾分类管理房2个，新设2个垃圾分类兑换点，2个点位生活垃圾“四分类”全面到位。

【民生保障】 2021年，公阳乡持续做深做实“飞地抱团增收”工作，建立健全“共富帮”“小康码”系统常态化管控机制，巩固提升脱贫攻坚成果。人均可支配收入和集体经济增长均在9%以上。推进新冠肺炎疫情防控，稳步推进疫苗接种工作，第一针剂、第二针剂、第三针剂的接种率在同类乡镇排名第一，守住人民群众生命安全底线。

【社会治理】 2021年，公阳乡成立“柿子红”志愿者服务站3个，探索实践“全生命周期”基层治理新模式。利用大数据、物联网等前沿科技手段，助推共治共管、共建共享的全域治理格局。推广4K超高清智能终端的安装。全年完成安装286户，占常住户数的90%。

【先进名录】

先进个人一览表

表96

序号	姓名	荣誉名称	发文时间	授予部门
1	潘文鑫	2020年度考核优秀	2021.9	中共文成县委
2	李丙滚	2020年度考核优秀	2021.9	中共文成县委
3	李丙滚	2020年度全县绿色高质量发展、重大创建工作突出贡献个人	2021.2	中共文成县委 文成县人民政府
4	章碎孟	2020年度考核被确定为优秀	2021.9	中共文成县委
5	蔡华琰	文成县优秀共产党员	2021.6	中共文成县委
6	蔡华琰	党管武装工作先进个人	2021.2	中共文成县委、文成县人民政府
7	吴美琴	市第七次人口普查突出个人	2021.10	温州市人民政府第七次人口普查领导小组办公室、温州市人力资源和社会保障局、温州市统计局
8	邢　涛	2021年温州市青年理论宣讲大赛暨第十一届微型党课大赛决赛文艺宣讲一等奖	2021.9	中共温州市委宣传部、中共温州市委直属机关工作委员会、温州市教育局温州市国资委、共青团温州市委、温州日报报业集团、温州广电传媒集团
9	邢　涛	2021年全省共青团"学党史、强信念、跟党走"主题演讲比赛三等奖	2021.10	共青团浙江省委、中共浙江省委党史和文献研究室、浙江日报报业集团
10	金贵南	文成县优秀党务工作者	2021.6	中共文成县委
15	王海威	县域治理现代化工作突出贡献个人	2021.5	中共文成县委

先进集体一览表

表97

序号	单位名称	荣誉名称	发文时间	授予部门
1	公阳乡	县级十大共富党建联盟	2021.11	中共文成县委
2	公阳乡	党的建设、平安文成和法治文成建设宣传思想文化工作突出贡献集体	2022.1	中共文成县委
3	公阳乡	2020年度落实全面从严治党主体责任工作优秀单位	2021.2	中共文成县委、文成县人民政府
4	公阳乡	2020年度工作目标绩效考核优秀单位	2021.2	中共文成县委、文成县人民政府
5	公阳乡	2020年度组织工作先进集体	2021.2	中共文成县委、文成县人民政府

（吴美琴）

桂 山 乡

【概况】 2021年，桂山乡域总面积27.5平方千米，下辖4个行政村，户籍人口6447人。境内风景秀丽、资源丰富，有龙井瀑、仙岩山、凤凰狮子山、古鳌源头、千年银杏树等原生态资源，拥有万亩竹园、千亩田园，森林覆盖率90%以上，有“稻香竹海、鳌源桂山”之美誉。桂山乡人民政府内设党政综合办公室、经济发展办公室、综合信息指挥室、政务服务中心等4个行政科室，乡人大、纪委、监察办、人武部和群众团体等组织按照有关规定设置。行政编制14名，其中党委、政府领导职数按照换届选举规定配备，中层职数3名。桂山乡事业单位下设便民服务中心、农业综合服务中心、综合治理和社会事业服务中心等3个服务中心，其中综合治理和社会事业服务中心由文化体育站、财政所、统计站、安全生产监督管理所等4个站所组成，事业编制14名，中层职数5名。

【党代会】 2021年10月26日，中共桂山乡第十四次党员代表大会召开，乡党委书记郑宁向大会作《凝心聚力启新程 真抓实干开新局在桂山跨越式高质量发展的共富道路上砥砺奋进》的工作报告，高举习近平新时代中国特色社会主义思想伟大旗帜，全面贯彻党的十九大和十九届二中、三中、四中、五中全会精神以及习近平总书记重要讲话精神和省、市、县委系列决策部署，全面总结回顾乡党委五年来的工作，选举产生新一届中共桂山乡委员会和纪律检查委员会，团结带领全乡上下心无旁骛抓落实，凝心聚力谋发展，在全力开创桂山跨越式高质量发展新局面中展现新担当、新作为，努力实现桂山奋发赶超、共富崛起。大会选举产生郑宁为中共桂山乡党委书记，徐俊、赵洲望为中共桂山乡党委副书记，项旭旸、颜颖颖、钟佳瑾、刘延森、李辉为中共桂山乡党委委员。

【人代会】 2021年12月24日，桂山乡第十六届人民代表大会第一次会议召开，徐俊代表乡人民政府向大会作政府工作报告，回顾总结过去五年工作，过去五年是桂山改革发展史上不平凡的五年，在乡人大的监督支持下，向全乡人民交出一份满意的答卷。通过五年的努力，坚定信心、抢抓机遇，应对一系列难事、急事，办成一系列大事、喜事，办好一系列好事、实事，踏实“共富”赶考第一步。大会选举产生徐俊为桂山乡人民政府乡长，吴明龙、林烨、雷本勇为桂山乡人民政府副乡长。

【经济发展】 2021年，桂山乡重点以黄年糕、熏兔、番茄等特色产业为突破口，实现高山产业全面高质量发展。完成黄年糕文化展示馆建设并投入生产

2021年6月10日，市科协到桂山番茄育苗基地验收市级科普基地(桂山乡提供)

运营，实现日产黄年糕1000余公斤，桂山黄年糕产业联盟项目成功申报省乡村振兴集成改革试点。完成平溪草夫子熏兔加工厂提升，进一步优化桂山熏兔品牌品质。完成现代蔬菜种苗繁育基地建设，一期200亩，成功育苗销售成苗50万株，年产值逾600万元。启动新型股份合作制模式精品番茄种植项目，完成大棚建设和精品番茄种植，亩均净收入达1万元。招引义乌商会回乡投资侨家乐项目，项目选址初步完成，项目设计和土地流转工作有序开展。建立健全人才引育机制，通过与农业头部企业、省级科研院所3方联动，成功招引中国农业科学院蔬菜花卉研究所、浙江省农业科学专家朱直升等专业人才返乡投资创业。注重本土人才培养，全年开办各类农技班、工匠人才班6场，累计培训280余人次。

2021年7月24日，市委常委、组织部部长杨胜杰（前中）到桂山乡调研（桂山乡提供）

【民生实事】 2021年，桂山乡坚持以人民为中心，用心用力解决桂山民生短板难题，“一号民生工程”通乡公路全线7.9千米全面贯通，缓解“出行难”；按照医共体标准建设的乡卫生院迁建工程全面提速，解决群众看病难问题；农村饮用水工程也进入收尾阶段，改善“吃水难”窘境。

【挂钩帮扶】 2021年，桂山乡结合“小康码”开展“一户一策一干部”结对帮扶共257人，发动各村无劳动能力低收入农户207人参加抱团增收项目，投入资金194万元，全年收益15.52万元，让低收入农户实现“坐在家中分红”。做好低收入农户补充保险政策、家庭签约医生、大病补充医疗保险等工作。持续开展助老扶幼。开展各类健康体检、理发等老年服务11次，帮助33名困难学生“0跑路”获得助学金3.3万元，帮助2位学生申请雨露计划，落实帮扶资金1.2万元。

【疫情防控】 2021年，桂山乡高度关注德尔塔、奥密克戎等变异株输入风险，加强国内中高风险地区到乡人员管控，完善3队3单建设，开展洗楼摸清返乡人员底数，加强防疫物资储备，落实9处核酸采样点，开展全员核酸采样演练。按规定落实合用场所“温州防疫码”扫码核验等措施，落实“喜事缓办、丧事简办、宴会不办”，取消喜事26场，简办丧事23场，落实新冠病毒疫苗60岁老人第一针接种，加强公共场所疫情防控，落实县级道路硬隔离6处，设置防控服务点2处，备足应急处置力量，落实24小时应急值守，开展常态化疫情防控下丧葬礼俗整治工作。

【土地经济】 2021年，桂山乡聚焦土地发展，做足经济文章。精心谋划，精准发力，成功达成“三年三百亩”旱改水目标，美丽田园整治取得阶段成效，三垟田块成为全市首批通过验收的红旗田块。

【生态环境治理】 2021年，桂山乡“五水共治”“三改一拆”工作推进，通过“拆、改、管、查”组合拳，建立健全拆违防控机制，拆改工作和治水工作均居全县前列。以美丽城镇创建为抓手，完成三垟凤狮村、桂库村、平溪村等3个美丽乡村建设任务，平溪村创成A级旅游村。推进新入城口再造工程，拆除违章建筑1500平方米，提升美丽田园1000亩。完成“稻香桃源居”绿化景观提升工程，沿千亩田园景观步行道和龙井坑游步道两侧种植3000多株桃花。完成福全村庄环境提升工程和桂库古鳌源头景观提升项目，为村庄休闲旅游增添美丽。2021年顺利通过美丽乡镇省级验收并成功命名省级美丽城镇。

（包海贵）

2021年9月6日，县科技局和科技特派员到桂山乡指导工作（桂山乡提供）

附　录

2021年文成县国民经济和社会发展统计公报

2021年，文成县坚持以习近平新时代中国特色社会主义思想为指导，全面贯彻党的十九大和十九届历次全会精神，深入实施“四大工程”，统筹疫情防控和经济社会发展，认真落实县委县政府工作要求和目标任务，坚持稳中求进工作总基调，完整准确全面贯彻新发展理念，综合实力不断攀升，高质量发展迈出新步伐，经济社会发展迈上新台阶。

一、综　合

根据温州市统计局统一核算，2021年全县生产总值116.52亿元，按可比价计算，比上年增长5.7%，两年平均增长4.6%。其中，第一产业增加值9.78亿元，增长1.5%；第二产业增加值30.67亿元，增长6.8%；第三产业增加值76.06亿元，增长5.8%。三次产业增加值结构为8.4∶26.3∶65.3。人均地区生产总值为40414元（按年平均汇率折算为6264美元），增长4.6%。按照我国地区生产总值统一核算和数据发布制度规定，地区生产总值核算包括初步核算和最终核实两个步骤。经最终核实，2020年文成县生

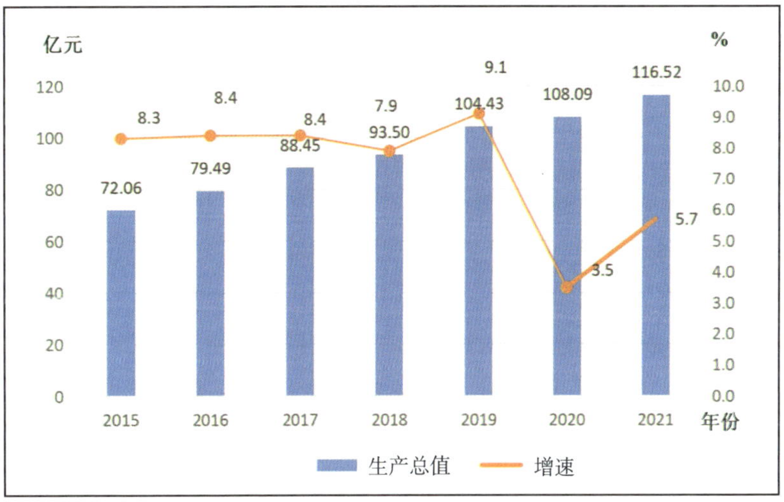

2015—2021年文成县地区生产总值及增速

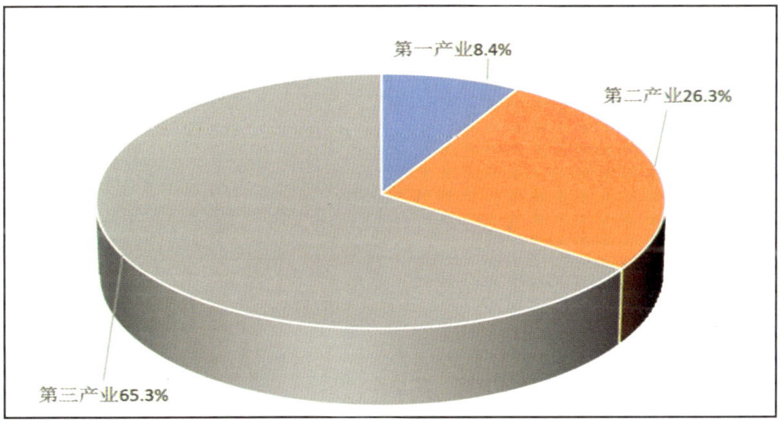

2021年文成县三次产业增加值结构

产总值108.09亿元。三次产业增加值结构为9.0:25.2:65.8。

全县辖12个镇、5个乡。城市社区14个、居委会1个、行政村229个。共有社会团体178个、民办非企业单位183个,基金会1个。全县户籍人口40.67万人,其中男性人口21.55万人,女性人口19.12万人。全年人口出生率7.0‰,死亡率6.7‰,自然增长率0.3‰。根据2021年5‰人口变动抽样调查推算,年末全县常住人口28.85万人,常住人口城镇化率44.3%。

年末市场主体总数2.05万户,新增市场主体0.43万户。新增城镇就业人数0.29万人,城镇失业人员再就业1461人,城镇登记失业人数0.08万人,城镇登记失业率2.0%。

二、农　业

全年农业总产值14.32亿元,增长2.1%。其中,农业产值12.00亿元,增长1.0%;林业产值1.15亿元,增长2.4%;牧业产值0.78亿元,增长24.7%;渔业产值0.20亿元,增长4.3%;农林牧渔服务业产值0.19亿元,增长6.0%。

全年农作物播种面积26.84万亩,下降2.1%。粮食播种面积11.22万亩,增长2.5%,其中稻谷种植面积7.28万亩,增长4.4%。粮食总产量4.63万吨,增长1.4%,其中稻谷产量3.56万吨,增长3.5%。在经济作物中,蔬菜播种面积10.93万亩,增长1.4%;水果产量5.06万吨,增长1.4%;茶叶产量0.05万吨,增长2.8%。

全年完成森林抚育面积0.14万亩,造林面积0.91万亩,其中新增人工造林0.81万亩。木材产量2.24万立方米。

全县生猪存栏0.26万头,增长81.5%;牛存栏0.13万头,增长8.3%;羊存栏0.76万头,下降1.1%;家禽存栏24.56万羽,下降14.2%;禽蛋产量265吨,下降32.2%。兔存栏17.67万只,下降0.1%。

全年水产品产量0.13万吨,增长4.3%。

三、工业和建筑业

全年工业增加值13.72亿元,增长12.8%。规模以上工业增加值4.58亿元,增长12.5%;其中制造业增加值增长10.0%,电力、热力、燃气及水生产和供应业增长25.6%。规模以上工业销售产值27.01亿元,增长22.7%。规模以上工业企业实现利润1.09亿元,增长78.5%。

新产业新业态新模式加速成长。在全年规模以上工业中,高新技术产业增加值2.25亿元,增长19.1%;装备制造业增加值2.18亿元,增长6.7%;战略性新兴产业增加值1.05亿元,增长28.7%;数字经济核心制造业增加值0.40亿元,增长16.2%。

全年实现建筑业总产值55.42亿元,增长28.3%;其中,建筑业省内产值48.48亿元,增长13.3%。资质建筑业企业利润0.98亿元,增长74.1%。

2021年文成县规模以上工业增加值

表98

指　标	实绩(亿元)	比重(%)
工业增加值	4.58	100.0
其中:轻工业	0.47	10.4
重工业	4.10	89.6
其中:国有企业	0.40	8.7
有限责任公司	0.36	7.9
私营企业	3.73	81.5
外商投资企业	0.09	1.9

四、固定资产投资和房地产业

全年完成固定资产投资62.04亿元，增长13.1%；其中，民间投资29.91亿元，增长27.2%；基础设施投资31.63亿元，增长3.5%。第一产业投资0.07亿元，下降2.1%；第二产业投资3.35亿元，增长81.2%；第三产业投资58.62亿元，增长10.7%。

全年房地产开发投资18.06亿元，增长6.4%。企业房屋施工面积105.01万平方米，增长12.8%。商品房销售面积8.50万平方米，下降43.7%；商品房销售额10.43亿元，下降44.7%。

五、国内贸易和对外经济

全县社会消费品零售总额50.71亿元，增长4.2%；其中，限上消费品零售额7.42亿元，下降0.2%。网络零售额21.64亿元，增长19.1%。

限额以上消费品零售额中，日常消费品类较快回升。粮油类0.23亿元，增长37.5%；肉禽蛋类0.07亿元，增长6.2%。消费升级类商品增长较快，节能智能家居产品热销。文化办公用品类0.06亿元，增长2.3%；家具类0.05亿元，增长1.6%；石油及制品类0.92亿元，增长64.2%；家用电器和音像器材类0.07亿元，增长54.6%。其中，能效等级为1级和2级的商品增长58.4%。智能家用电器和音像器材增长58.0%。

全县外贸进出口总额6.14亿元，增长13.9%；其中进口总额1.72亿元，增长69.5%；出口总额4.42亿元，增长1.0%。

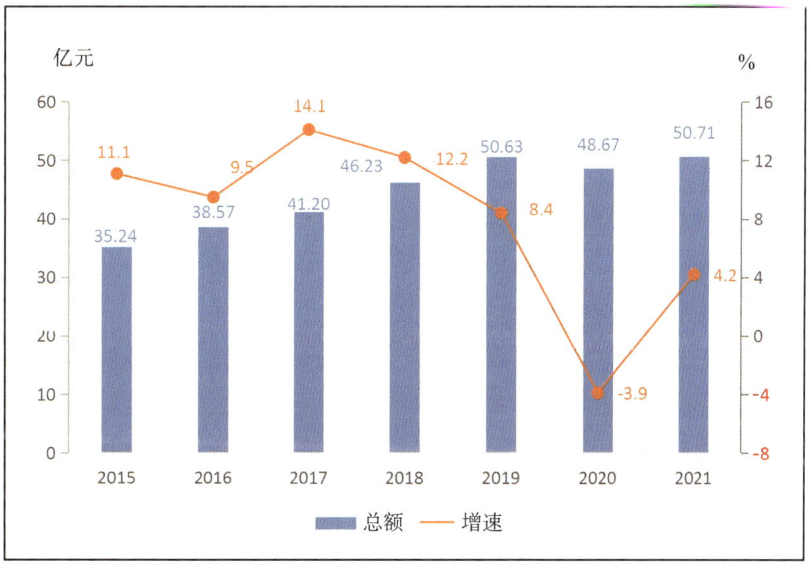

2015—2021年文成县社会消费品零售总额及增速

六、交通和电力

年末全县拥有公路总里程1719千米。其中，国道77千米，省道16千米，县道526千米，乡道137千米，专用公路27千米，村道935千米。高速公路34千米，一级公路9千米。实有城市公交车52辆，城乡公交车122辆，出租车35辆，年载客量270万人次。水路客船4艘，年载客量3万人次。年末，机动车保有量6.39万辆，增长6.2%；其中汽车保有量5.38万辆，增长3.7%。

全社会用电量6.03亿千瓦时，增长11.4%；工业用电量1.87亿千瓦时，增长23.6%；建筑业用电量0.60亿千瓦时，增长0.2%；城乡居民生活用电量2.13亿千瓦时，增长1.8%。

七、财政和金融

全县财政总收入17.98亿元，增长14.5%；一般公共预算收入11.75亿元，增长15.0%；其中，税收收入7.87亿元，增长18.5%。企业所得税0.65亿元，增长9.4%；个人所得税0.55亿元，下降24.0%。一般公共预算支出53.80亿元，增长5.4%；其中，民生项目支出42.63亿元，增长4.5%。

年末，金融机构本外币存款余额418.70亿元，比上年末增长6.4%，其中人民币存款余额399.54亿元，增长5.5%。金融机构本外币贷款余额286.86亿元，比上年末增长20.9%，其中人民币贷款余额286.81亿元，增长20.9%。

2021年文成县金融机构本外币存贷款情况

表99

指标	年末数(亿元)	比上年增长(%)
各项存款余额	418.70	6.4
#住户存款	318.44	11.3
非金融企业存款	43.91	-3.2
各项贷款余额	286.86	20.9
#住户贷款	183.06	22.2
非金融企业及机关团体贷款	103.74	18.5

八、教育和科学技术

年末，全县拥有小学24所，在校生1.56万人，小学学龄儿童入学率100%；初中16所，在校生0.76万人；中等职业教育学校1所，在校生0.15万人；普通高中3所，在校生0.32万人；幼儿园27所，在园幼儿0.62万人。中小学专任教师0.18万人；中等职业教育(不含技工学校)专任教师129人。

年末，全县拥有12家高新技术企业，其中新增3家。省科技型中小企业66家，落实企业研发费补助500万元。全年专利授权量680件，其中发明专利授权量52件。

九、文化、卫生和体育

年末，全县拥有文化站17个，文化馆1个，博物馆1个，公共图书馆1个，电影放映单位2个，城市书房4家，百姓书屋7家，文化驿站21家，文化礼堂257家。公共图书馆藏书51.20万册，比上年增加1.72万册。

年末，全县共有医疗卫生机构150家，床位数827张。其中医院5家，卫生院17家，村卫生室65家，各类诊所39家。卫生技术人员2039人，其中执业(助理)医师1008人，注册护士760人。全县医疗机构总诊疗215.26万人次，下降18.7%，入院人数1.58万人，基层就诊比例66.3%。

年末，全县建成百姓健身房4个，村级全民健身广场1个，体育设施进公园1个，篮球场地4个，社区多功能运动场1个，登山健步道2条。全年发行体育彩票2450.65万元。

十、人民生活和社会保障

根据城乡一体化住户调查，全县居民人均可支配收入33647元，增长9.7%。其中城镇居民人均可支配收入47507元，增长8.7%；农村居民人均可支配收入22580元，增长10.0%。低收入农户人均可支配收入14863元，增长15.8%。

全县居民人均消费支出28480元，增长16.2%；其中，食品支出8519元，增长12%。按常住地分，城镇居民人均消费支出39348元，增长15.2%；农村居民人均消费支出19803元，增长16.4%。

年末，全县企业职工基本养老保险人数6.88万人，城乡居民基本养老保险人数10.69万人，城镇职工基本医疗保险人数3.37万人，城乡居民基本医疗保险人数31.23万人。失业保险1.42万人，工伤保险4.50万人，生育保险2.08万人。城乡居民享受最低生活保障人数0.83万人。

十一、生态环境和应急管理

全年环境空气质量达到一级标准的有222天，二级标准的有124天。空气质量优良率为100%。

索 引

说 明

一、本索引采用主题分析法编制。
二、索引按主题词首字拼音字母顺序和音序排列，按标引词首字的汉语拼音音序排列，首字相同按第二字音序排列，以此类推。
三、标引词后的阿拉伯数字表示内容所在的页码。
四、正文索引仅限于具体条目、类目、分目及条目中的“综述”“概况”“概述”“先进名录”不作索引。
五、《特载》《大事记》《附录》的内容不作索引。

阿拉伯数字

A

B

C

T

扫描二维码关注
文成史志官方订阅号